白峰街道志

《白峰街道志》编纂委员会　编

方志出版社
Publishing House of Local Records

图书在版编目（CIP）数据

白峰街道志 /《白峰街道志》编纂委员会编. — 北京 : 方志出版社，2022.12
ISBN 978-7-5144-5454-3

Ⅰ. ①白… Ⅱ. ①白… Ⅲ. ①区（城市）—地方志—宁波 Ⅳ. ① K295.55

中国版本图书馆 CIP 数据核字（2022）第 247715 号

责任编辑：高孟君
责任校对：刘玉霞
责任印制：梅中英
出 版 者：方志出版社
地　　址：北京市朝阳区潘家园东里 9 号（国家方志馆 4 层）
邮　　编：100021
网　　址：http://www.zgfzcb.cn
发　　行：方志出版社图书营销中心（010-67110500）
印　　刷：杭州良诸印刷有限公司
开　　本：889 毫米 ×1194 毫米　1/16
印　　张：38.5 印张
字　　数：1274 千字
版　　次：2022 年 12 月第 1 版
印　　次：2022 年 12 月第 1 次印刷
定　　价：468.00 元

《白峰街道志》编纂委员会

（2018年5月至2021年12月）

主　任：陈冠俊　沈建亚
副主任：汪越海　乐静毅　吴盈盈　陈益君　王曙辉
委　员：朱胜祥　贺红燕　傅雷飞　刘继宏　汪静艳
　　　　吴先明　郑旭辉　沈立明　邱卓敏　汪锋晔
　　　　虞旭东　徐　忆　徐智富　陶　刚　黄铭月
　　　　仇成章　王永久

（2022年1月—　）

主　任：蔡南耀
副主任：陈益君　徐　炯　汪锋晔　毛峻林
委　员：刘继宏　汪静艳　徐智富　吴先明　王玉琦
　　　　陶　刚　黄铭月　仇成章　王永久

《白峰街道志》编纂办公室

（2018年5月至2021年12月）

主　任：乐静毅　王曙辉
副主任：汪国胜　张明德
主　编：曹永成
副主编：张明德
编　辑：王诚意　张天元
电脑操作（打字）：胡康娟

（2022年1月—　）

主　任：毛峻林
副主任：汪国胜　张明德
主　编：曹永成
副主编：张明德
编　辑：王诚意　张天元
电脑操作（打字）：胡康娟
统　稿：柳中愉

《白峰街道志》评审领导和专家

（按姓氏笔画为序排名不分先后）

王无锋　毛峻林　张立平　柳中愉　高训贤

《白峰街道志》资料员名单

（按姓氏笔画排列排名不分先后）

王汉夫　王林双　王祖飞　王炳相　白　珊　乐奎华　乐嘉峰　吕宇丰　汪益峰　金意钊
冯贻楠　李明元　李红琴　李幸君　张德礼　张祥利　沃雪飞　陈初蕾　周惠忠　周君娜
周志芳　徐永法　胡凯恺　顾世龙　顾春燕　顾碧芬　曹静飞　舒燕平　蒋碧蓉　虞芳芳
颜祥发

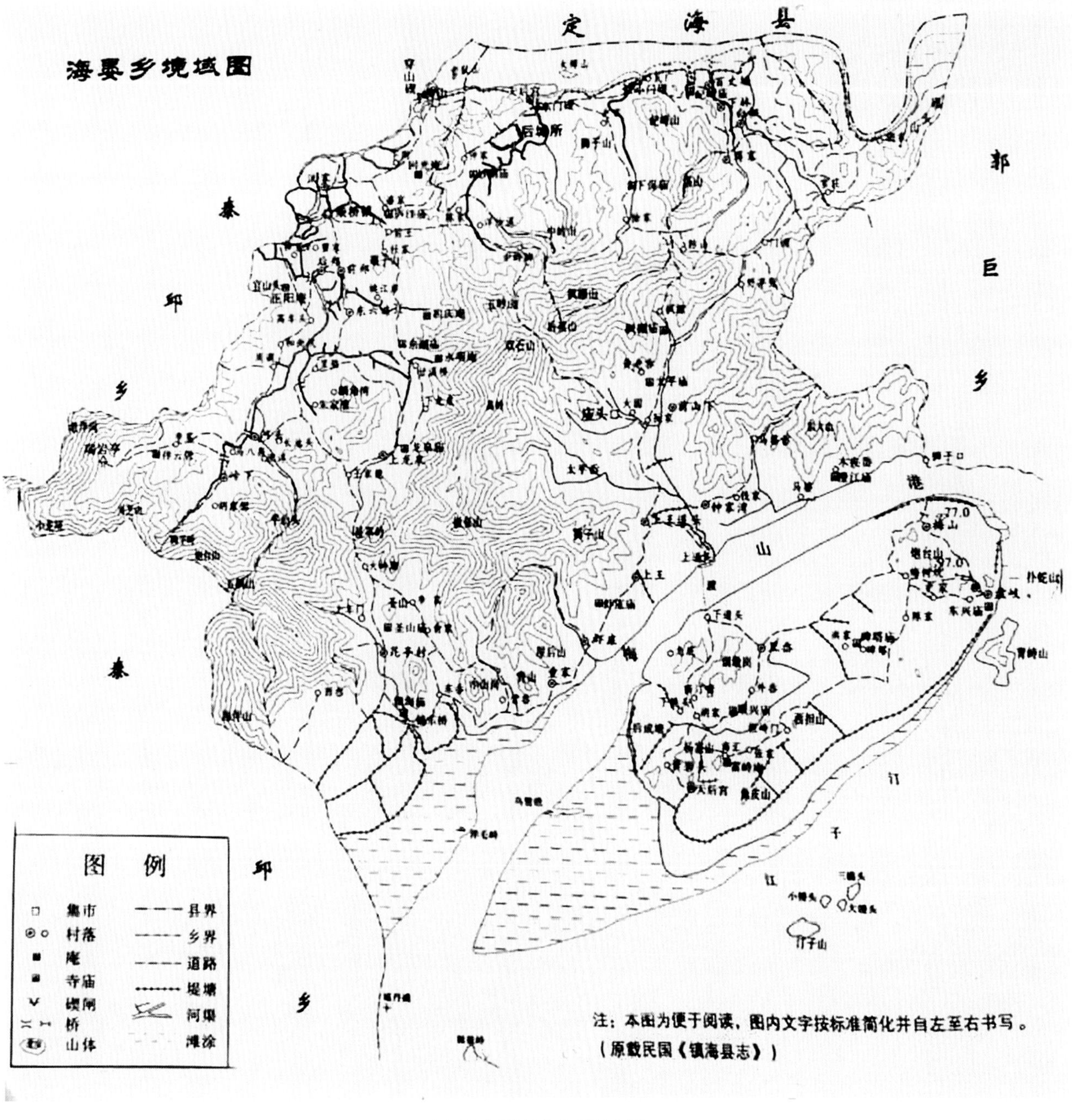

1912年海晏乡境域图

地图来自2020年9月出版的《北仑区地名志》（由浙江工程勘测院绘印地图）翻拍，古代地图来自《春晓镇志》电子稿

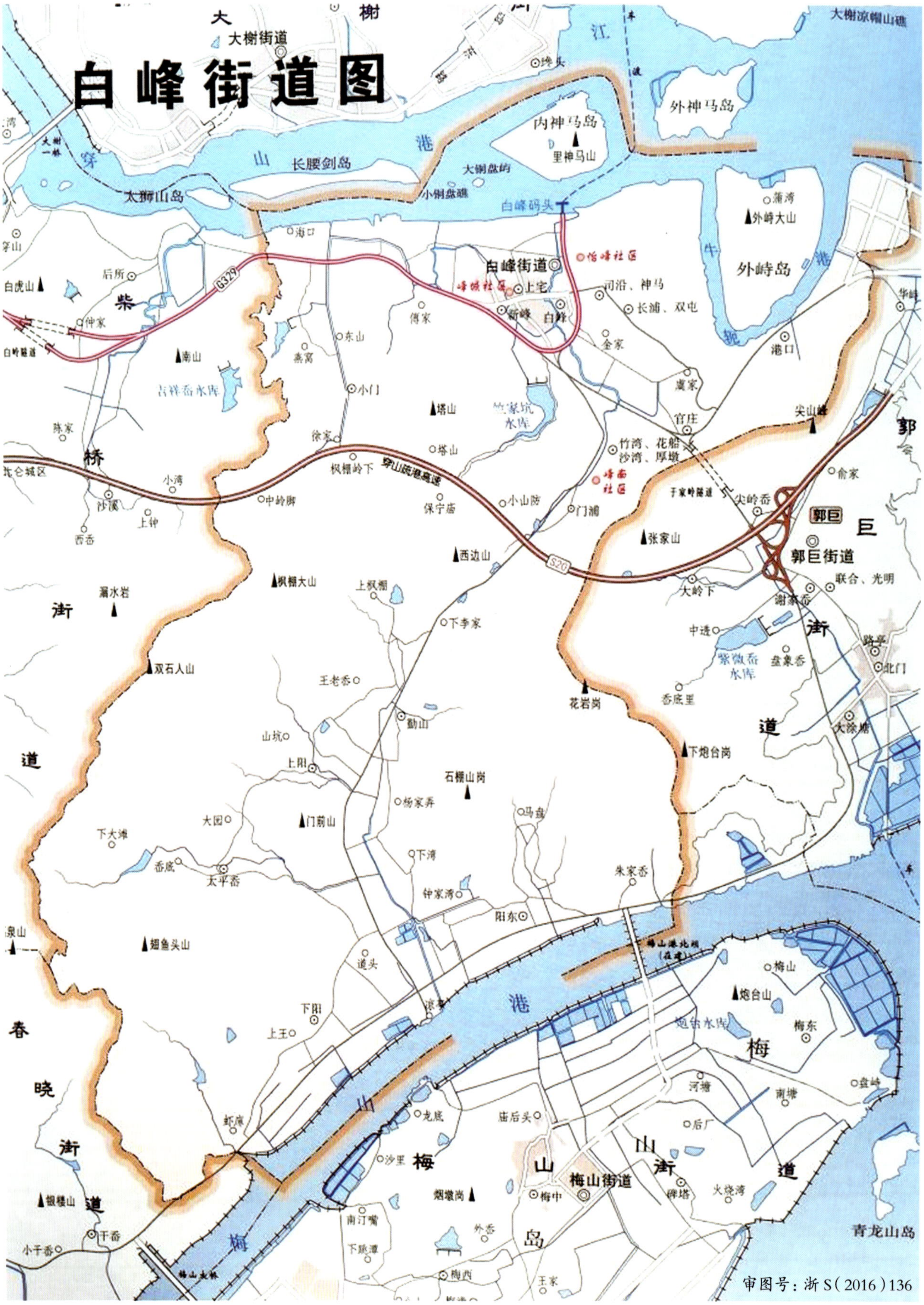

2018 年白峰街道行政区域地图

白峰街道城区全景

2016 年 8 月 11 日，宁波市北仑区白峰街道授牌仪式

白峰街道办事处

2018 年 9 月，宁波市市长裘东耀（右二）在白峰街道调研

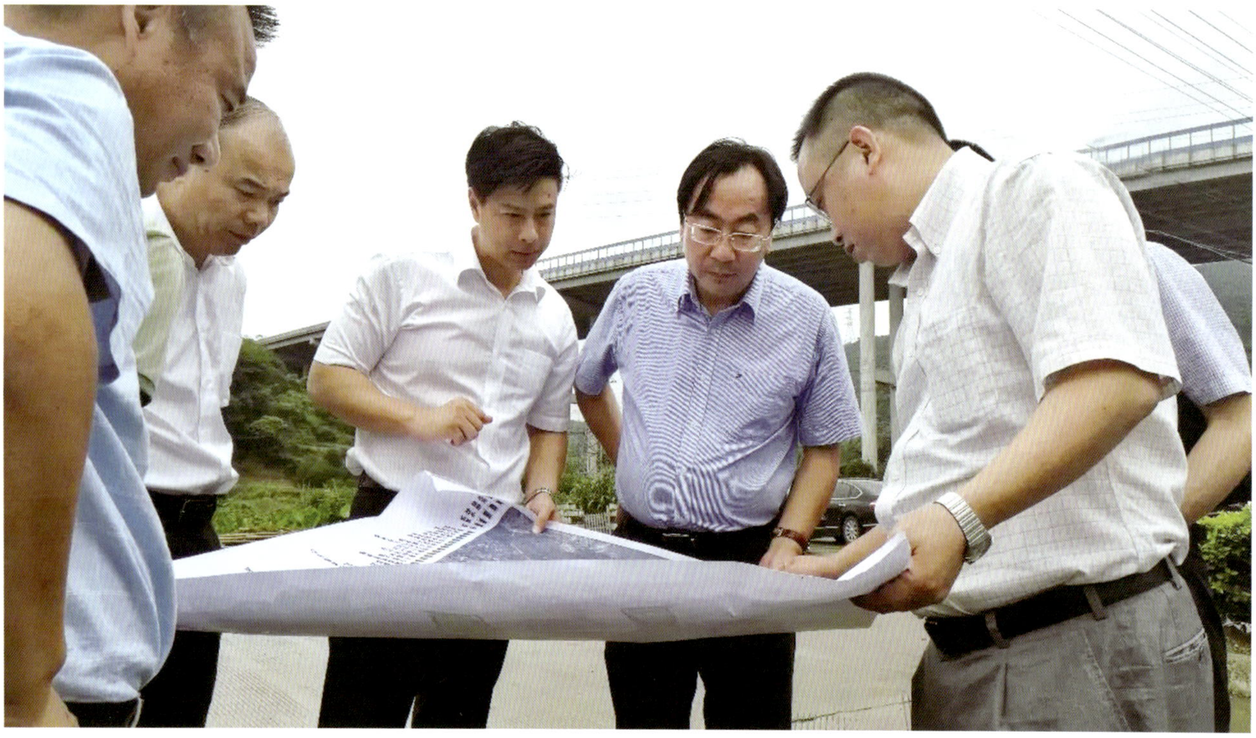

2016 年 9 月 14 日，宁波市委常委、北仑区委书记马卫光（右二）在白峰小门村调研

2017 年 8 月 15 日，宁波市委常委、北仑区委书记毛宏芳（前左三）在白峰街道阳东村调研

2019 年 5 月 12 日，宁波市委常委、北仑区委书记梁群（中）在白峰街道调研

2017 年 9 月 22 日，浙江省教育厅副巡视员方天禄（前左二）在白峰街道调研

2012 年 5 月，北仑区委副书记、区长华伟（左一）在白峰镇调研

2018 年 1 月 26 日，北仑区委副书记、区长胡奎（左四）在白峰街道调研

2017 年 12 月 13 日，宁波市纪委副书记、市监委副主任包晓莹（右二）在白峰街道阳东村调研

2019 年 6 月 12 日，宁波市委宣传部副部长、网信办主任林大吉（前右三）在白峰街道门浦村调研

2019 年“六一”儿童节前夕，北仑区人大常委会主任邬志刚（左二）慰问白峰小学

2021 年 10 月 19 日，区政协主席陈召华（前左二）调研白峰街道文明典范城市创建和精特亮工作

白峰“新农村”建设新面貌

宁波舟山港穿山港区

2019 年 1 月 6 日，北仑区国际山地越野赛在白峰街道举行

2009 年 4 月 28 日，“扬帆起航”庆“五一”中央电视台“心连心”艺术团赴宁波慰问演出在北仑港四期码头举行

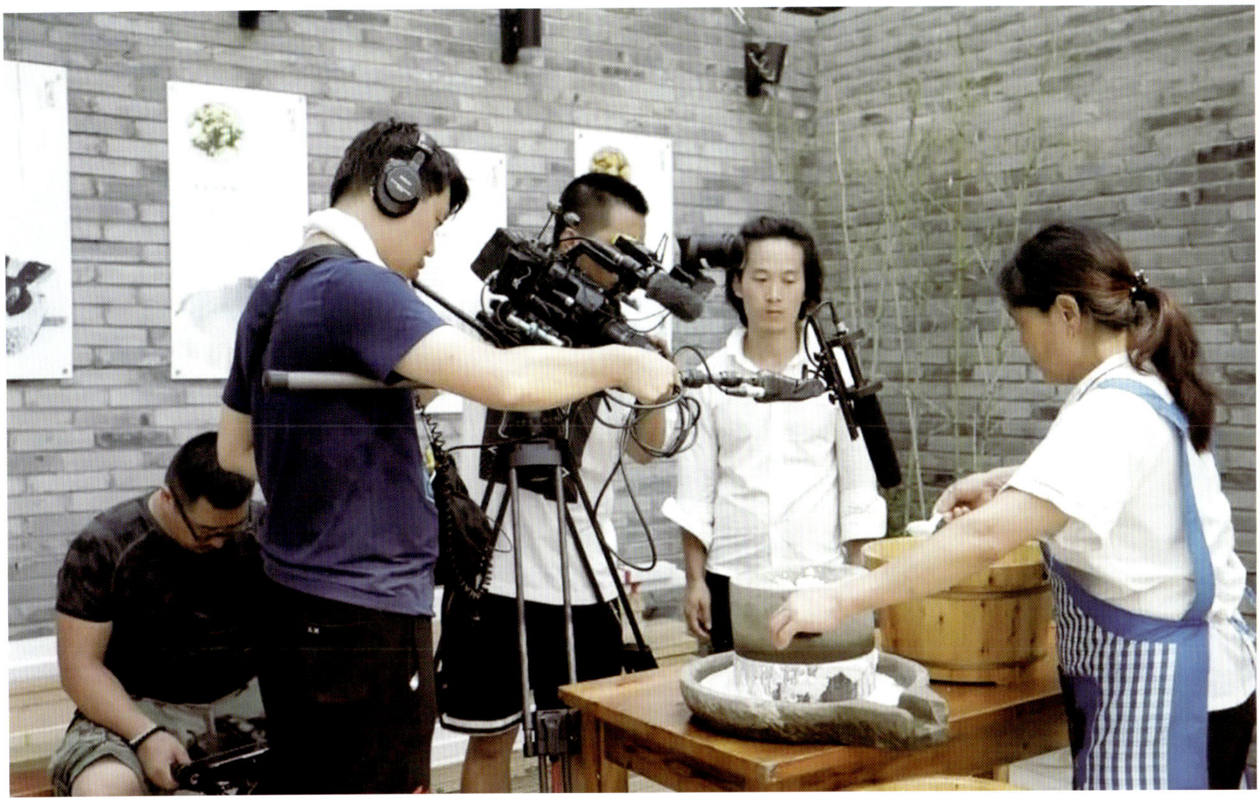

2019 年 8 月，中央电视台纪录片《螃蟹的征途》摄制组在白峰拍摄“虾庲”年糕的制作过程

2011 年 11 月 12 日，北仑区白峰镇第四届全民运动会

2021 年 6 月 28 日，白峰街道庆祝中国共产党成立 100 周年文艺演出

2005 年“八一”前夕，白峰镇“军警民”共建联谊晚会

2017 年 8 月，北仑区首场文化礼堂文艺团队才艺大比拼在白峰影剧院举行，白峰街道白峰村代表队表演古典舞《采薇》

2020 年 11 月 15 日，“相约银龙 2020 年北仑·白峰首届丰收旅游节”启动仪式

2019 年 9 月 24 日，万洋众创城正式入驻白峰街道

2017 年 8 月，白峰街道办事处与青海省天峻县舟群乡人民政府举行友好合作签约仪式

白峰汇润“益童成长”儿童关爱活动之走进宁波大学

2017 年 3 月 21 日，宁波市、北仑区、白峰街道有关领导参加白峰革命历史纪念馆开馆仪式

北仑白峰幼儿园

白峰小学

20 世纪 60 年代初白峰中学教学楼

2018 年，白峰中学教学楼

东海少年军校学生参观军舰

白峰街道社区卫生服务中心

白峰舟渡码头

白峰文化活动中心

白峰盛威体育馆

2018 年 12 月 30 日，第五届年糕文化节现场

2019 年 5 月 4 日，北仑区首届青年毅行徒步大会暨“知行合一·美在白峰”新时代文明实践活动启动

2018 年 11 月 11 日，全国老年人齐步走大联动——白峰街道活动点

2019 年 8 月 10 日台风“利奇马”来袭，白峰街道干部群众全力抗台风

白峰街道志愿者助力美丽乡村建设

2015 年 4 月 30 日，宁波白峰至舟山普陀山快艇航线首航

2020 年 4 月 15 日，宁波舟山港铁路穿山港站正式启用

外峙岛浮桥

白峰东大河

外峙盐场

阳东村钟家湾横河长廊

原双石人山村“知青”居住点

虾庳石屋

虾庳龙潭美景

白峰湿地公园

日头山

下阳村上王文化长廊

双石人山双石

小门村梯田

宁波中营北仑风电场

司沿村石牌坊

外峙岛碑

上阳村仿制旌义亭、圣旨碑

阳东村“黎明拂晓”景观

勤山村蕉山下休闲长廊

上阳村庚阳亭公园

小门村新农村民居

司沿村司前文化礼堂

白峰峰城碶

竺家坑水库

阳东村黎明外沿海中线

329 国道白峰段

1982年10月投产的原国营镇海啤酒厂厂房（位于下阳村道头凉亭）

小门村徐家大院

门浦村胡家大屋“善继堂”

阳东村猫礁庙戏台

马盘王家大门

上阳村宅角屋连三进

勤山村焦山下地楼

上阳村后新屋石鼓

旧时“石亮介”

古老门木刻

山防老洞桥　　庲头洞桥

上王长沙汀庙

小门村宁国禅寺

●锡瓶壶

●锡酒壶

●瓦茶壶

●闷碗

●火熜

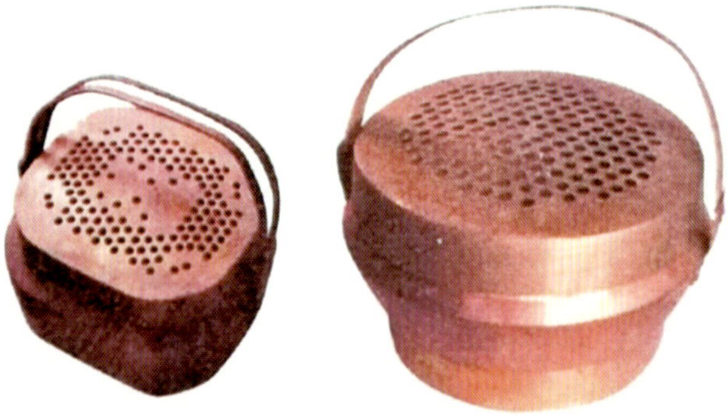

旧时家庭日用品

20 世纪 60—70 年代结婚三大件："三五牌"台钟、自行车、缝纫机

20 世纪 80—90 年代结婚三大件：电视机、洗衣机、电冰箱

21 世纪结婚三大件：房子、车子、电脑

白峰漆塑

白峰漆绘

2022年4月21日，在白峰街道办事处二楼会议室召开《白峰街道志》评审会。参加评审会的专家和领导有北仑区政协原副主席、《北仑区志》主编高训贤，中共北仑区党史研究室（区地方志办公室）副主任贺海波，区委办四级调研员郑春光，区地方志办公室原主任张立平，《北仑区志》副主编柳中愉，区教育局原局长王无锋，街道党工委副书记毛峻林

白峰街道领导与《白峰街道志》编纂办公室人员合影

左起：王诚意、张明德、曹永成（《白峰街道志》主编）、张哲鹏、徐炯（街道人大工委主任）、蔡南耀（街道党工委书记）、陈益君（街道办事处主任）、毛峻林（街道党工委副书记、志书编纂办公室主任）、张天元、胡康娟、汪国胜

序一

白峰街道下阳村道头是我出生的地方，我在这里整整生活了十八年，后来因求学、参军、工作离开白峰，但故乡一直是我的牵挂。

盛世修志是中华民族的优良传统。恰逢新时代，《白峰街道志》的出版，为后人留下一部系统、翔实的地方志书，也是一本我们这些移居外地者可寻根觅踪、沟通信息以解思乡之情的志书。古人云“治天下者以史为鉴，治郡国者以志为鉴”，我怀着十分欣慰和崇敬的心情，衷心祝贺《白峰街道志》问世。

《白峰街道志》是一部反映白峰历史的“百科全书”，其全面、系统地记录了白峰街道自然、政治、经济、文化、社会等各个领域的历史变迁和近、现代各项事业的兴衰及现状，内容极为丰富翔实。它横排门类，纵记史实，优劣同记，得失共见，实事求是，鉴镜可循，在存史、资政、教化方面有着不可替代的作用。同时，这本志书是全国和世界各界人士了解白峰的一个很好的窗口，也必将进一步激发后人热爱祖国、热爱家乡，为建设更美好的新白峰出力，献计献策、建功立业。

编写街道志所涉历史时间跨度大、内容范围广，需要做大量的采、访、查、编、校等工作。所有这些离不开白峰街道党工委、街道办事处的高度重视，各界有关人士的鼎力支持，以及编撰人员的辛勤工作。你们为白峰街道修志作出了卓越的贡献，我在此表示由衷的感谢。

读史明志，衷心祝愿白峰街道以史为鉴，遵循习近平新时代中国特色社会主义思想，为建设富强、民主、文明、和谐、美丽的社会主义现代化国家，谱写更加灿烂的新篇章。

中国广播电视学会原副会长

浙江省广播电视厅原党组书记、厅长

（注：原名为方养富）

2022年5月

序二

宁波市北仑区《白峰街道志》即将付梓，我们从心底表示祝贺。虽然我们到白峰任职时间不长，但这里秀丽的山海风光、勤劳朴实的人民、厚重翔实的历史、丰富多彩的文化都给我们留下深刻的印象。近日拜读了《白峰街道志》付梓稿，使我们大开眼界，思绪万千，进一步了解到白峰有此丰厚的内涵，获益匪浅。

白峰环境优越，土地肥沃，资源丰富，早在新石器时代，就有先民在此生息繁衍。白峰人民在改造自然、改造社会的悠长曲折历史中，曾历经艰难困苦，英勇奋斗，勤奋耕耘，拼搏进取，创造了一方文明。特别是中华人民共和国成立后，从20世纪50—60年代兴修水利，20世纪70年代农田建设，到改革开放后乡（镇）、村工业兴办和私营商业发展，20世纪90年代民营工业的崛起和小城镇的成形，以及21世纪深水良港的建设、旅游业的兴起和城乡面貌的焕然一新等等，白峰人民创造了一个个辉煌的业绩，写下了一卷卷历史的篇章。

中华民族素有编史修志的优秀文化传统，世代相承，盛世尤重修志。然而，有着千百年历史的白峰街道却从来未有修志之举，诚为憾事。如今，首部《白峰街道志》即将问世，可以填补这个空白，为当今的白峰人民留下一份宝贵的精神财富。志书内容丰富，广泛涉及白峰的政治、经济、军事、文体、卫教、民俗、自然、地理和宗教等内容，全面展示了白峰历史巨变和深厚的文化底蕴。革命故事跌宕起伏，增强了本志的可读性；碑记、诗词、乡里传说引人入胜，陶冶了人们的情操；古迹、景点琳琅满目，使人无比向往；非物质文化遗产丰富多彩，并得到了世代传承；精神文明建设欣欣向荣，促进了社会的可持续发展。志书更以较大篇幅展现了白峰经济社会发展情况，充分肯定了人民群众在创造历史中的作用，体现了以生产力和生产关系的变革与发展为主线的编纂思想。同时，也证明了没有改革开放，就不可能有今天的白峰街道，更不可能有白峰人民今天这样富足、文明的新生活。

修志为用。志书不仅是一项传承文明、文化的系统工程，同时具有现实的实用价值。古人云：“以铜为鉴，可以正衣冠；以人为鉴，可以明得失；以史为鉴，可以知兴替。”《白峰街道志》为我们在历史长河中总结经验、吸取教训提供了宝贵的资料，帮助我们继续探索白峰街道经济社会发展规律，充分发挥志书这一地方性重要文献的“资政、教化、存史”功能，从而在新的征程中奋发开拓，勇于创新，谱写出更加绚丽多彩的新篇章。《白峰街道志》也为各界朋友了解白峰提供信息，进而激发乡情，增加亲情，扩大友情。

编纂街道志是一项十分繁杂、细致、缜密的工作。《白峰街道志》的顺利出版，是全体编纂人员以高度的责任感和事业心，广征博采、求真务实、辛勤笔耕、同心协力的结果，也是各方人士予以热情关注、出谋献策、悉心指导的结果，就此机会，谨向他们表示衷心的感谢。

追溯历史，感慨万千；展望未来，任重道远。最后引用杰出的史传学家朱润东先生的一段话来结束序言："整个的中国，不是一家一姓的事，任何人追溯到自己的祖先的时候，总会发现许多可歌可泣的事实，有的显焕一些，有的黯淡一些。但是每当我们想到自己的祖先，曾经为自由而奋斗，为发展而努力，乃至为生存而流血；我们对于过去，固然看到无穷的光辉，对于将来，也必然抱有更大的期待。前进啊，每一个中华民族的儿女。"

中共宁波市北仑区白峰街道党工委书记

宁波市北仑区人民政府白峰街道办事处主任

2022 年 5 月

凡　例

一、本志依据国务院《地方志工作条例》和中国地方志指导小组《地方志书质量规定》，以马克思列宁主义、毛泽东思想、邓小平理论、“三个代表”重要思想、科学发展观、习近平新时代中国特色社会主义思想为指导，坚持辩证唯物主义和历史唯物主义的立场、观点和方法，全面、客观、系统记述白峰街道内自然、经济、政治、文化和社会的历史与现状。

二、本志系北仑区白峰街道（镇、乡）首部志书。全志贯通古今，记述上限追溯事物发端，下限2018年。其中党政领导任免延伸至2021年年末。正文前彩照采集至定稿时。

三、设立白峰街道前，境域建置几经变动。本志在第一篇“政区”、第七篇“政治”、第十五篇“社会”中提及的2003年8月至2016年7月“白峰镇”含郭巨境域，其他篇中不包含。

四、全志设16篇，篇下设章、节、目。首列总述、大事记，总摄全志；专记（附录）随篇（章），从录殿后。

五、本志体裁采用述、记、志、传、图、表、录，以志为主体。文字表述除引用历史资料照录原文外，采用现代汉语语体文。

六、中华人民共和国成立前，用历史纪年括注公元纪年，同一段同一年号出现两次以上时只括注首次。志内所称“解放前、后”系指1949年5月28日白峰境域解放前、后。本志中多次使用同一名称时，在每篇首次出现时用全称，括注简称，其后用简称。

七、本志使用数字和标点符号按照国家技术监督局《出版物上数字用法的规定》和《标点符号用法》等规定。表格内年月日间使用脚点“.”。计量除转引历史资料时保持当时单位外，按国家现行法定计量单位，一般采用公制，不足1公顷的保留“亩”的用法。货币单位“元”指人民币，其他币种用全称。

八、本志中数据，中华人民共和国成立前取自历史资料，中华人民共和国成立后采用区、街道（镇、乡）统计部门资料，统计部门未作统计的择用主管部门或有关部门（村）提供的资料。

九、本志记述人物遵循“生不立传”原则，主要收录白峰籍或居留白峰境内，对白峰街道（镇、乡）有重大贡献或有影响的已故人士，排列以生年为序。特设“革命烈士”专节。对未入传的古代人物、获区级以上劳动模范、市级以上表彰的各类先进生产（工作）者（含中高级职称的专业技术人员和白峰籍人士在境外工作有较大贡献者）则分别列表。

十、本志资料取自正史、县（区）地方志和专业志、档案、文件、报刊、家谱和部门（村）专题资料及有关人士提供的文稿、材料等，均经考证鉴别后载入。

十一、涉及境域内原政区、地名、单位名称等均依当时名称记述，必要时括注今名；党和行政领导人的职务，亦均依当时实际担任的职务记述。

目　录

第四篇 工业 盐业 建筑业

第五篇 商贸服务业

第六篇 水 利

第七篇　政　治

第八篇 军 事

第九篇 民政 司法 公安

第十篇　交通　邮电

第十一篇　教育　科技　卫生

第十二篇 文化 体育

第十三篇　财税　金融

第十四篇　城乡建设

第十五篇 社 会

第十六篇　人物　荣誉

丛　录

总 述

白峰街道位于北仑区陆域东部，北纬 29° 53′5.71″～29° 48′48.09″、东经 122° 0″ 59.30″～121° 58′6.12″。距北仑区人民政府所在地约 15.5 千米。东与郭巨街道相接，西与春晓街道、柴桥街道相连，南与梅山保税港区隔港相望，北濒穿山港与大榭开发区相邻。全境总面积 49.06 平方千米，海岸线长 22.67 千米，有岛礁 9 座。至 2018 年年末，街道辖 12 个村、2 个社区，共有居民 8049 户、20160 人，其中，汉族 20049 人，少数民族 14 个、111 人。

地处东海之滨的白峰属亚热带季风气候区，温和湿润、四季分明、雨量充沛、日照充足，1971—2018 年，年平均降水量 1310.2 毫米，年平均气温 16.8℃，年平均日照时数 1826.2 小时，年平均无霜期 246 天，自然条件优越，物产丰富。有时会受台风、旱涝、寒潮等灾害性气候的影响。

白峰原名白枫，因古时在地岛礁上（约今遮山）有一棵罕见的树叶灰白的枫树而得名。“枫”“峰”同音，后改称白峰。

白峰历史源远流长。早在新石器时代，就有先民在境内生息繁衍。据 1980 年新峰村百丈社海边出土的陶器罐、碗、鼎足、模印回字纹、单孔石刀、石戈等表明，在战国时期，白峰就有村落。境域历来有“唐涂宋滩”之说。金鹊寺（原名报恩寺）始建于唐大顺二年（891）。宋时，境内就有小亹（门）、门浦、太平、马婆等村名。时有古人在小门、白峰、司前、外峙一带“煮海为盐”，司前村民为煮盐设厂，有上厂、中厂、下厂之分，司前下厂的地名沿用至今。南宋高宗建炎四年（1130）在司前岙午栖跳建立白峰巡检司城。

秦王政二十五年（前 222）秦置郡县，白峰境域先后属鄮县、句章县、鄞县。宋仁宗庆历七年（1047），隶属鄞县海晏乡。宋熙宁十年（1077）境域划归定海县（1687 年改定海县为镇海县）。宣统三年（1911），白峰境域分属镇海县海晏乡、郭巨乡。民国 19 年（1930），白峰境域置小亹（后改小门）、白峰、五境、上道、马盘、庚阳 6 乡。民国 24 年（1935）后，各乡多次兼并。民国 36 年（1947），分属镇海县穿山乡、上阳乡。1950 年 6 月实行区公所建制，境域设白峰、上阳、山江 3 乡，隶属郭巨区。1951 年 5 月，析上阳乡为上阳乡、下阳乡。1956 年 2 月，设白峰、上阳 2 乡。1958 年 10 月，建郭巨人民公社，隶属之。1961 年 4 月，恢复区公所建制，境域建白峰、上阳 2 个人民公社，隶属郭巨区。1965 年 5 月，划归柴桥区管辖。1983 年 10 月复为白峰乡、上阳乡，隶属郭巨区。1985 年 7 月撤县扩区，境域划归宁波市滨海区（1987 年 7 月后称北仑区）。是年 11 月，郭巨区改称办事处。1987 年 1 月，由区直管。1992 年 5 月，白峰、上阳 2 乡合并组建白峰镇。2003 年 8 月，撤销郭巨镇，与白峰镇合并。2016 年 7 月，撤销白峰镇建制，成立白峰街道，郭巨境域析出。

白峰民风淳朴，富有正义感，素有反抗外来侵略和反封建压迫的革命斗争传统。1936 年初，白峰籍进步青年徐长海参加上海职业救国会，抗日战争爆发后，返回白峰与胞兄徐建农一起参加抗日救亡运动，并先后英勇就义。解放战争时期，中国共产党（简称“中共”）地下党员冯和兰等在境内发展党组织，有 40 多名农民骨干组成核心小组，参与组建农会，开展“二五减租”“永年佃权”等斗争。中共党员余力行等在境内组织成立江南武工队。

白峰经济历来以农为本。传统种植水稻、番薯，部分土地种植棉花、茶叶、金柑等经济作物。在封建土地私有制下，农民受到地主的剥削，以及生产工具、耕作技术极其落后，加之病虫害频繁、抵御自然灾害的能力低下，生产力受到严重束缚，农业经济相当薄弱。中华人民共和国成立后，经过土地改革，废除了封建土地私有制。嗣后，又引导农民走互助合作化道路，依靠集体力量，大力兴修农田水利、革新农具、围塘造闸、防治病虫害、改良作物品种和栽培技术，使农业生产得到较快恢复和发展。1964年，水稻亩产量470.25千克，比中华人民共和国成立初期提高2倍多。中共十一届三中全会后，境内调整种植结构，大力发展多种经营。1983年，全面实行农村经济体制改革，实施家庭联产承包责任制，农民生产积极性高涨，又由于作物新品种的推广应用，农作物产量及经济效益明显增长。1988年，政府支持农业适度规模经营并出台一系列扶持政策，境内粮食、瓜果、蔬菜、花木等各类种植大户应运而生。20世纪90年代后，随着境内开发建设和种植业结构的调整，粮食作物产量大幅缩减。2005年，全面实施农村股份经济合作制改革，为集体经济在市场经济条件下继续发展注入新的活力。2006年起，境内陆续诞生从事各类农产品生产经营及服务的农民专业合作社，有力地推动白峰农村经济的持续发展。白峰水产资源丰富，渔业生产是传统产业，早期为个体捕捞，后渐趋专业化、合伙化生产。历史上白峰副业生产还有猪、牛、羊、兔、鸡、鸭、鹅等畜禽养殖，长期以来以农户散养为主。改革开放为白峰副业生产带来生机，副业生产专业化、规模化、产业化趋势日益明显，并出现一大批水产、畜禽养殖专业户。因长期乱捕滥捞导致水产资源逐渐枯竭，1995年开始执行“伏季休渔”制度。因生态环境保护需要，境内畜禽养殖场逐年减少。至2018年，境内有村股份经济合作社27个，农业、畜牧业、渔业经济实体98家，其中农民专业合作社11个。有耕地1099公顷，花木种植面积1073公顷，畜禽养殖专业户25户，淡水养殖面积16.9公顷。培育“双石”蘑菇、“明州雀舌”茶叶、“品禾”农产品等一批具有一定知名度的农业品牌。

白峰的工业，最早可以追溯到战国时期。唐朝中后期，因水道交通和渔业发展，手工造船业兴起，从事木业和竹业的个体工匠增多。北宋初期，境内有烧窑业。北宋崇宁三年（1104），置穿山盐场。民国时期，境内工业以农副产品加工、手工业作坊和个体工匠为主，从事简单房屋建造、木船修造、农具制作和粮油加工。1956年，政府对农业、手工业和资本主义工商业进行社会主义改造，把分散的手工业作坊和个体手工业者按行业门类组织起来，成立生产合作社。时有符合条件的生产合作社按“就地取材，就地加工，就地销售”原则，始建窑厂（砖瓦厂）、制茶厂、榨油厂、粉丝加工厂等队（村）办企业。1971年2月，建镇海盐化厂，成为境内第一家国营工业企业。中共十一届三中全会后，境内以村、乡（镇）企业为主力的第二产业发展迅猛，新办企业不断增加，产业门类、产品种类逐步扩大，并逐渐涉足全国市场。1997年，共有镇办企业25家，从业人员1132人，年总产值15473万元。1992年，随着社会主义市场经济制度的确立，境内以民营为主力的第二产业迅速崛起，港、澳、台商和外资企业陆续入驻。1995年在小门设立白峰工业园区。至2003年末，境内村办企业、乡（镇）企业先后完成转制，退出历史舞台，民营企业成为境内经济的重要组成部分。为顺应市场经济发展，通过技术创新、产品更新，企业更迭、组合，优化投资环境等途径，白峰第二产业经济蓬勃发展，并从量的扩张逐渐转向质的提高。至2018年末，白峰街道从事工业、盐业、建筑业企业704家，门类包括纺织服装、卫具、食品、金属制品、机械、电子电器、化工、电力、造船修船、建筑、盐业等。“永发”保险柜先后被评为“浙江名牌产品”“中国名牌产品”，远销海内外。“盛威”（SAFEWELL）作为国际知名保险柜品牌，享有极高信誉。“虾康”年糕生产作坊达近10家，成为白峰民俗文化的一张靓丽名片。

历史上，境域因地处穷乡僻壤、交通不便、商业落后，自然集镇陈旧破烂。清乾隆十一年（1746），上阳、白峰等地有乡间小店20余家。民国时期，境内上阳庚头“每日市”是当时镇海县较为出名的集市。抗战爆发，因时局动荡、物价飞涨、市场混乱，境内商业举步维艰。中华人民共和国成立后，境内停业的个体商店、作坊先后复业。商业历来为私营，1956年，随着政府对私营工商业进行社会主义改造的不断深入，境内小商小贩大多被纳入合作商业，供销合作社和集体商业成为商业经济的主体。在较长一段时间内，商业部门在计划经济指导下进行购销活动，为发展生产、保障供给起到一定的作用，但与价值规律长期背离，阻碍了经济与社会的正常发展。1984年中共十二届三中全会后，商业由计划经济体制逐步向市场经济体制转轨，流通渠道逐渐开放，集市贸易日益活跃。1998年后，集体商业和基层供销合作社进行产权制度改革。1999年，境内商业形成以私营为主，多种经济成分、多条流通渠道、多种经营方式并存，在竞争中谋求发展的新格局。在市场经济条件下，旅馆、餐饮、摄影、文体娱乐、修理等社会服务业也得到全面发展，商贸服务业的经营门类和产品越来越适应社会不同层次人们日益增长的物质文化生活的需要，并呈现良好的发展态势，同时提升白峰发展层次。进入21世纪，境内现代化物流业快速兴起，并成为白峰重点发展产业。2010年后，随着境内徐家大院、外峙岛、北堤景观、银龙线等一批旅游景区和景点陆续开发建成，特色农庄、农家乐不断涌现，以及2015年始每年在岁末年关举办以“虾康”年糕文化为载体的年糕文化节，旅游业逐渐成为白峰新常态下的经济增长点。2018年，境内商贸服务业经济实体达1165家。

中华人民共和国成立后，特别是改革开放以来，白峰的社会经济发展速度较快，人民的生活水平也随之不断提高。境内农村居民人均年收入由1978年的不足200元提高到2018年超过18000元。现在，穿讲究时尚，吃重视营养，住要宽敞，小轿车进入越来越多的寻常百姓家。空调、彩电、冰箱、洗衣机、组合音响、智能手机等各种电器设备为大多数农户所拥有。

白峰面貌日新月异。中华人民共和国成立初期，白峰集镇面积0.25平方千米，所谓“街道”仅是一条长约100米的石板路面小街路。20世纪80年代中期后，随着经济的发展，集镇建设步伐加快。2003年白峰定位为北仑副中心城区后，白峰城区渐露新姿。至2018年，城区面积达1.1平方千米，建成三横七纵的街道10条，而且全部是水泥或沥青路面，主要街道两旁设人行道和绿化带。各类公共建筑和商铺鳞次栉比、错落有致。尤其是白峰综合市场和各大超市，商品交易十分活跃。同时，一大批崭新的楼房别墅如雨后春笋般在农村崛起，并实现村村通电、通自来水、通水泥公路、通公交，电话、有线电视进入农户。白峰城乡生产、生活、生态有机统一。2017年，围绕“全域景区化”的总体要求，开始探索一条生态、文化和农业、旅游融合发展的美丽乡村建设之路。是年，白峰街道获评浙江省“美丽乡村示范乡镇”，2018年获评宁波市“十佳美丽乡镇（街道）”。

交通邮电事业迅猛发展。旧时交通极为闭塞，陆路步行，水路靠人摇木船。明、清时期，境内先后设上梅渡、神马北渡、轮江外峙渡、神马司前渡。中华人民共和国成立后，乡村道路逐渐拓宽。1955年11月，穿（山）白（峰）线国防公路（329国道穿山至白峰路段）竣工，打开白峰对外交流的大门。嗣后，区（县）道白仰线、白梅公路、白峰至中宅公路陆续建成通车；1985年329国道延伸至舟山海峡轮渡白峰码头；2004年12月区道沿海中线公路建成通车；2012年12月S20穿山疏港高速公路建成通车。随着国道、区道、高速公路的通达，村道公路也逐年修筑。境内公路不仅线路增多，路基拓宽，桥梁、路面的等级以及公路的线型逐步得到改善和提高，白峰陆路交通大为改观。同时，境内渡运、航线陆续新辟，为宁波通往舟山定海、普陀山的“交通要冲”。2015年宁波穿山港铁路支线动工建造。2018年末，境内共有国道线1条、区级公路4条、过境高速公路1条，乡村道路四通八达，实现村村通公交。另建有客运码头3个、大小货运码头35个。在道路通畅与完善的基础上，各类交通工具急剧增多，人们出行方式也趋多样化。1954年白峰乡政府有了第一台手摇电话机。1992年先后开通程控电话、移动电话和无线寻呼，现代通信设施日臻完善。21世纪，宽带也进入寻常百姓之家。至2018年末，境内手机普及率达90%以上。

白峰教育现代化雏形逐渐凸显。明清时期，境内就有义塾、私塾。民国36年（1947），境内共有乡中心国民学校2所、保国民学校6所。旧社会，白峰农村遗留下来大量文盲。中华人民共和国成立后，教育事业得到重视和发展，政府利用夜校开展扫盲教育，农民逐渐摆脱“目不识丁”的状态。1951年，境内设白峰乡、上阳乡2所中心小学。1958年，各大队先后办起简易幼儿园，另创办白峰中学，时仅设1个班级。“文化大革命”期间，教育事业受到挫折。中共十一届三中全会后，教育事业逐步走上健康发展的道路。1984 年，境内共有小学 15 所、中学 2 所。1988 年，全国第一所具有海军特色的东海少年军校在境内创办。后整合教育资源，小学、中学分别相继合并。1998 年达到高标准普及九年制义务教育和高标准扫除青壮年文盲的要求。2001—2006 年，实现高中教育普及。2018 年，境内有幼儿园 3 所、小学 1 所、中学 1 所，另有成教中心学校 1 所。全街道形成了从学前、小学、中学到成人教育的教育体系。

科技事业蒸蒸日上。中华人民共和国成立后，特别是改革开放以来，白峰工业、农业生产的发展逐步转移到依靠科技进步的轨道上来。境内各科技机构在科普宣传、组织科技培训、推广工农业新技术、开展科技咨询和管理科技队伍等方面做出努力，取得一定成效。通过育秧技术推广，提高农业生产效益。大力提倡反季节蔬菜栽培，丰富老百姓的“菜篮子”。1988 年，白峰针机厂 XD 系列旋锻变径机 NZS 三角植绒机荣获国家“星火”成果铜牌奖、浙江省“星火”成果三等奖。1998—2006 年，宁波永发集团有限公司的宁波市箱柜安防智能设备工程技术中心被列为浙江省省级工程技术中心，期间永发集团有限公司被列为国家级高新技术企业。2009 年，种植“双石”蘑菇的白峰蘑菇基地获市级农业实用技术推广项目三等奖。2013 年，白峰农业服务公司蘑菇种植园运用新栽培技术获得蘑菇大丰收，获评“市级农业标准化示范区”。

白峰医疗卫生事业发生翻天覆地的变化。中华人民共和国成立后，相继建立保健站、乡卫生所，同时开展传染病、地方病等疾病的防治和爱国卫生运动。人民医疗保障体制逐步建立健全，妇幼保健工作不断得到加强，群众健康水平普遍提高。白峰镇卫生院几经翻建，扩大规模，2006 年白峰镇卫生院改称白峰镇社区卫生服务中心，2017 年成为北仑第二人民医院白峰分院。2018 年，全境有社区卫生服务站 2 个、村级卫生室 10 个，配备乡村医生 10 名。

文化事业日趋繁荣。中华人民共和国成立后，文化设施有较大的发展，先后建立农村俱乐部、电影放映队、影剧院、文化站、广播站、图书室等。2010 年投入使用的白峰文化活动中心总用地面积 2.5 万平方米，内设图书馆、舞蹈排练厅、书画展览厅、乐器排练厅、乒乓球室、羽毛球室、台球房、健身房等，综合广场设有大舞台和影剧院。白峰图书馆藏书 3.2 万余册，设有基层图书流通站 11 家。影剧院常年有新片上映和各类剧团演出，节目丰富多彩。各种文艺团体经常排练新节目，每逢重大活动登台献艺。书法作品多次在区、市、省乃至全国比赛中获奖。另境内有 8 家农村文化礼堂。白峰广电事业由小到大不断发展，1991 年广播网络覆盖全境，是年建电视转播台，信号覆盖白峰主要区域，1995 年与北仑有线电视台联网，2018 年有线电视用户 5860 户。境内文学艺术人才辈出。白峰籍现代文学作者主要有方文、周志锋、李建树、石志藏等，戏剧影视编剧有胡涌等，书画名家有王念萱等。

体育事业向全民化发展。中华人民共和国成立后，加强体育运动、增强体质逐步成为白峰人民群众的共识，特别是改革开放以后，体育设施趋于完善。进入 21 世纪，全民健身蓬勃开展。2018 年建盛威体育馆，占地面积 7266 平方米。至 2018 年年末，街道、村（社区）共有活动场所 17 个，企、事业单位共有活动场所 16 个，并购置各类健身器材。同时还经常举办各种体育赛事，丰富群众体育活动。

白峰儿女吸吮了数千年的历史精华，奋发图强。改革开放使白峰焕发青春，第一、二、三产业全面进步，综合经济实力显著增强，城乡品位明显提升，人民生活水平稳步提高，社会各项事业健康协调发展。背靠着树茂林密的青山，面对着水深湾阔的天然良港，中共白峰街道党工委、街道办事处不忘初心，带领白峰儿女紧紧抓住北仑新区“二次创业”的机遇，以建设生态白峰、北仑港重要组成部分、宁波市制造工业的重要基地、北仑重要物流中心之一为目标，不断开创白峰经济和社会发展的新局面。白峰以崭新姿态出现在新的历史舞台上，再创造出无愧于新时代的辉煌业绩。

大事记

秦

秦王政二十五年（前 222）

立郡县制，置会稽郡鄞、鄮、句章 3 个县，白峰街道境域属鄮县东境。

隋

开皇九年（589）

废会稽郡，置总管府。并鄞、鄮入句章，时白峰街道境域隶属之。

唐

武德四年（621）

析句章县，置姚州、鄞州，隶越州不设县，白峰街道境域遂为鄞州东境。

武德八年（625）

鄞州废，更置鄮县隶越州，白峰街道境域遂为鄮县东境。

开元二十六年（738）

于越州鄮县置明州，白峰街道境域隶属之。

五代

后梁开平三年（909）

武肃王（吴越王）钱镠巡明州，明州遂归吴越国。为避梁太祖朱温祖讳，改鄮县为鄞县，白峰街道境域为鄞县东境。

宋

北宋淳化元年（990）

诏令浙江各县农村募民垦殖，均租减租。

北宋庆历七年（1047）

鄞县置 18 个乡，白峰街道境域属海晏乡辖。

北宋熙宁八年（1075）

旱，疫疠大作、藉尸郊野。

北宋熙宁十年（1077）

划鄞县海晏、灵岩、太丘 3 个乡归定海县。自此，白峰街道境域始归定海县。

北宋崇宁三年（1104）

建立清泉盐场，穿山盐场隶属之。穿山盐场在今白峰街道境内小门、白峰、外峙一带，人们在此煮海水烧盐，司前村民为煮盐设厂，有上厂、中厂、下厂之分。

南宋建炎三年（1129）

康头（今上阳村）王氏先祖因避兵乱，由明州迁往霞浦。传三世于绍熙年间（1190—1194）迁入白峰境域康头定居。

南宋建炎四年（1130）

设置白峰巡检司。绍兴二十六年（1156）降属海内寨指挥，立寨于午栖跳，其地遂称司前岙。

南宋绍熙五年（1194）

旱，大饥，人取草木食之。

南宋开禧二年（1206）

穿山盐场（子场）升为正场。白峰司前盐厂隶属之。

元

大德八年（1304）

四月　在定海设千户所，调蒙古军 300 人防守，并统辖白峰等 4 个巡检司，以防御倭寇侵掠。

至正四年（1344）

海啸。

明

洪武七年（1374）

正月 暂罢市舶司，严海禁，以防倭寇。

洪武十四年（1381）

编造黄册，分户记录丁口、田地。丁服役，田纳粮。

正统十三年（1448）

在上阳太平岙岙口筑巡检司城。

弘治十七年（1504）

大饥。

正德三年（1508）

六月至十二月 境内无雨，谷物无收。民以野菜为食，以至卖儿鬻女。冬又大雪，河池冰不化，草木萎死，冻死饿死者甚众。

正德六年（1511）

海水溢进塘内，漂没民居。

嘉靖二十四年（1545）

大荒，谷价飞涨，银一钱换谷一斗，道路饿殍相望。知县金九成率民修筑海塘，自大碶毕家碶起，历石方碶，八凤洋至五龙汉，约5千米，民称金公塘。

嘉靖二十八年（1549）

七月 浙江海盗汪直、陈东等与倭寇相勾结，大掠浙东。沿海地区倭寇之患大炽。

是年 海盗陈思盼窜入庚头（今上阳村），被定海卫指挥刘隆击退。不久陈思盼为汪直所灭。

隆庆三年（1569）

秋，暴风霪雨、海啸连发，海潮从沿海灌入。

万历十六年（1588）

大饥，瘟疫盛行，死者甚多。米价每石银一两六钱。

崇祯六年（1633）

六月 飓风，雨如注，民房倒塌，外洋海船损坏十之八九。

崇祯十三年（1640）

六月 大旱，米价踊贵，一石价银三两余，乡民3个月无米，人取白泥充饥，多得腹胀病。

清

顺治十二年（1655）

清政府迁舟山百姓至定海（今北仑、镇海），部分百姓迁移白峰定居。

顺治十六年（1659）

五月初一 郑成功军攻定海，自穿山登陆，直逼江南，结阵10余里，炮攻县城。后由青峙下船，游弋于龙山后海，又转至梅山港、青龙港及庚头、上王（今白峰街道上阳村、下阳村），继而移泊至昆亭（今春晓街道）。前后10余日始撤离。

顺治十八年（1661）

清廷为防南明军队进犯，发表“迁界令”，强迫海晏（白峰境域隶属之）等乡沿海30里内居民迁于内地，并严禁出海采捕。

康熙二年（1663）

奉檄沿海一带钉定界桩，仍筑墩堠台寨，竖旗为号。设兵卒昼夜巡探。

大旱，自上年夏五月（6月）不雨至是年秋七月（8月），降雨量尚不满缶，奇荒异常。七月十八日（8月31日）才下大雨。

康熙八年（1669）

清政府因郑经退保台湾，准沿海居民撤桩展界复业，并许近海采捕。

康熙二十三年（1684）

四月 诏令浙江等省，允许沿海百姓载500石以下船只可往海上贸易、捕鱼，出海前须预先禀报地方官，登记、具保、给票、烙号。

康熙二十六年（1687）

改定海县为镇海县，海晏乡隶属之。定海县之名历经后梁、两宋、元、明至康熙二十六年，计770余年。次年，在舟山昌国故址置定海县。

雍正三年（1725）

七月十八日 大雨海潮涌入，民登屋脊或大树上避水。

乾隆十二年（1747）

七月十四日 台风登陆，白峰海塘摧毁，水浸金家庄，11 人死亡。

乾隆十六年（1751）

八月 大旱 6—9 月（闰五月至八月）不雨，田禾受灾十分之七，发公帑赈济，减免秋粮。

道光元年（1821）

夏秋季霍乱盛行，乡民死者甚多。

道光二十三年（1843）

八月初八 大风雨，水高 1 丈，舟行桥上。牲畜溺死，房屋崩塌、棺木漂流，不计其数。

宣统三年（1911）

九月十六日 革命军攻占镇海各地。

中华民国

民国元年（1912）

遵照南京临时政府令，革除旧制陋习、改用阳历、易冠服、废跪拜、剪除发辫、劝禁缠足、禁鸦片、禁赌博、禁蓄婢宿娼、严禁贩卖人口，解放“堕民”。

民国 4 年（1915）

境内霍乱流行。

民国 8 年（1919）

5 月 五四运动中，境内学校教师及进步青年到柴桥参与游行示威宣传，联合工商界，成立组织，掀起反帝反买办，抵制日货，反土豪劣绅热潮。

民国 9 年（1920）

因去岁歉收，米价昂贵，饥民相属于道。海晏等乡贫民结群吃荒，簇拥米店求施。

民国 10 年（1921）

3 月 19 日 午后 4 时许地震，窗户震动有声，缸水荡动，人坐立不安，摇晃欲倒，历时三四秒复宁。

是年 风水成灾。灵岩、泰邱、崇邱、海晏四乡塘堤、道路、桥梁多坏，田禾、棉花遭损，县知事盛鸿焘转请会稽道尹黄颁发急赈银 4000 元，续请拨发工赈银 22650 元修复。

民国 11 年（1922）

3 月 21 日 庚头（今白峰街道上阳村）、昆亭、三山等地乡民不堪盐税重剥和盐警肆虐，聚众 3000

余人，攻打柴桥盐局，焚毁警长住舍。翌日，盐警调集百余人，扬言报复。乡民鸣锣召众，至28日，在对抗中死乡民4人，负伤数人。经县知事偕海晏、郭巨两乡自治会会长赴盐务总署陈说利害，盐署慑于民愤，允许降低盐税、约束盐警，事方平息。

民国16年（1927）

3月18日　镇海县农民协会成立。其中海晏乡农民协会扩及小门等21个村，发动农民进行“二五减租”，猛击地主反扑。海晏乡农民协会还组织纠察队，发动千余会员示威游行途经小门、后所、沙溪、紫石等地，吓得地主劣绅不敢露面。农民运动迅猛发展，农村出现一派新气象。

民国17年（1928）

9月　开展扫毒运动，禁鸦片，割尽烟苗（罂粟花）。

民国19年（1930）

夏　撤销海晏乡建制。境域置白峰、小门、五境、上道、马盘、康阳6个乡。

民国21年（1932）

夏秋　白峰、上阳和三山、昆亭、梅山、郭巨一带海涂出现赤潮，贝藻及鱼虾大批死亡。

民国22年（1933）

5—8月　霍乱大流行，死者甚多。

民国23年（1934）

夏秋　大旱，田土龟裂。沿海滨江地区近年迭受咸潮倒灌，咸质上升，田禾霉烂，受灾严重。

民国24年（1935）

完成保甲设置，撤并乡镇公所，白峰境域的上道乡、马盘乡合并称上马乡。

民国26年（1937）

8月　淞沪抗战开始，境内修筑防御工事。自龙山至白峰沿海各要津建造钢筋水泥碉堡。海塘开挖战壕，主要港口打篱笆桩（今白峰涨浦山仍有水泥碉堡一只，保存完好）。

民国27年（1938）

6—10月　疟疾流行。

8月　日军侵占舟山以后，对境内不断进行炮击和飞机轰炸，造成房屋炸毁，人员伤亡。还窜到部分乡村进行烧杀抢掠，奸淫妇女，给境内人民带来深重灾难。

民国29年（1940）

是年　夏秋80余天无雨，早稻歉收，晚稻无收；又因干旱引起霍乱流行，死亡甚众。

民国31年（1942）

4月2日　中共地下党员徐建农(白峰小门村人)不幸被国民党贺宝利部逮捕，4月6日在三山大碶门(现咸昶村西青龙碶）被反动武装枪杀。

9月27日 一艘“里斯本丸”日本货船载着1816名英国战俘从香港前往日本。该船行至舟山外洋，遭盟国鱼雷攻击而沉没，东极岛周围渔民全力抢救上岸380余人，除伊文思等3人外，幸存战俘后仍被日军抓到日本做劳工。定海国民兵团四大队部副官缪凯运历经千难万险将伊文思等3人从舟山青浜岛转移，途径桃花、六横、郭巨，再到庚头。在庚头（今白峰街道上阳村）受到中共党员李伋的接待，负伤的英国战俘得到当地村民善待。3天后，伊文思等3人安全转移到象山，并辗转到达重庆。

民国32年（1943）

10月 中共地下党员徐长海因叛徒出卖，不幸被捕，翌日在柴桥大溟山嘴英勇就义。

民国35年（1946）

2月 以教书为掩护的中共党员冯和兰、竺冠玉和进步教师吴家安等，在上阳办起庚头、蕉山、太平、上王4所农民夜校。他们以夜校为阵地，教育农民，培养积极分子，壮大革命力量。

4月 在中共党员冯和兰支持下，在下湾成立中共上阳地下党小组，组长林志伟、副组长吴家安。

5月 上阳乡农会成立，600余农会会员参加成立大会，公推王联芳为干事长。农会为实现“永佃制”和“二五”“双二五”减租坚持斗争。

6月 境内教育界联合柴桥等地教育界开展“反饥饿”罢教运动半个月，迫使县政府补发教员欠薪和学校3个月经费，并补发6月薪谷100千克。

民国36年（1947）

12月22日 中共三东工委指派余力行赴上阳成立江南武工队。翌年2月，该部缴获大碶警察所枪械后，编入东海游击总队。时，境内下湾自然村中共地下党员张和发参加江南武工队大碶警察所缴枪运动。

民国38年（1949年9月30日止）

5月28日 白峰全境解放。

8月 庚头农民协会筹集粮食2000千克、马草2000担、军柴10万千克，支援解放军解放梅山、登步等岛。

9月20日 上阳成立乡政府、村农会和民兵组织。时隶属穿山乡的今白峰境域各村也相继成立村农会和民兵组织。

中华人民共和国

1949年

10月1日 中华人民共和国成立。至11月底，全面废除保甲制，建立村级人民政权。

同月下旬 各乡分别召开农代会，开展民主反霸和减租减息工作。

同月 暴雨成涝，秋汛大水，水稻受淹，造成严重减产。

同月 境内各村建立民兵组织。

1950年

春 农村开展生产度荒、生产自救运动，县人民政府拨大米20吨，以工代赈、兴修水利。

6月 调整区乡建制，境内设白峰乡、山江乡、上阳乡，隶属郭巨区公所。

同月 白峰乡、山江乡、上阳乡均建立农民协会。

10月 县“土改”工作队进驻境内，贯彻“依靠贫农、雇农，团结中农，中立富农，打击地主阶级”的路线和政策，开展废除封建土地所有制的改革（简称“土改”）。无地农民分得土地，农民耕者有其田。至翌年5月基本完成。

1951年

1月1日 境内各村群众参加抗美援朝游行。

2月 开展评定阶级成分。镇压反革命运动开始。

3月 1950年，朝鲜内战爆发。美国随即进行武装干涉，并派遣海军第七舰队侵入中国台湾海峡。同时，美国飞机多次侵入中国领空，轰炸丹东地区，战火即将烧到鸭绿江边。威胁新中国的国家安全。中国政府发表声明，对美国侵略行径进行严厉谴责和抗议。在此危急关头，中共中央应朝鲜党和政府的两次请求，作出“抗美援朝、保家卫国”的战略决策。响应毛主席“抗美援朝、保家卫国”的号召，境内青年踊跃报名参加志愿军，入朝参战。

同月 各村普遍学习、宣传《中华人民共和国婚姻法》。

同月 在县“土改”工作队帮助下，上阳乡朱家岙张惠仁，组织8户贫苦农民的互助组。次月，根据“自愿互利、等价交换、民主管理”原则，境内各村先后开始组建互助组。

5月 从上阳乡析出道头等村，建立下阳乡。

6月 白峰乡、山江乡、上阳乡、下阳乡分别建立新民主主义青年团乡支部。

是年 镇海县培训首批接生员，白峰境域各乡派人参加培训，时，取消“产婆”“老娘”旧称，概称“接生员”。

是年 境内各乡建立民主妇女联合会。

是年末 境内土地改革全面完成。

1952年

1月 开展“三反”（反贪污、反浪费、反官僚主义）运动。

2—4月 贯彻中共中央“积极领导、稳步前进”的农业合作化方针和“入社自愿、退社自由”的办社原则，境内各乡开始试办以土地入社为特点的初级农业生产合作社。

9月 全面取缔反动会道门。

是年 培训速成识字教师师资，加速扫除文盲。

是年 政府号召贯彻新《中华人民共和国婚姻法》，开始办理婚姻登记。

是年 下阳乡朱家岙张惠仁出席浙江省农业劳动模范代表大会。

1953年

7月1日 全国第一次人口普查，境内总人口达11605人。

9月 自7月起连续60余天无雨，水田龟裂。

10月 白峰、上阳分别成立供销合作社。

11月 根据中央人民政府、国务院关于实行粮食计划收购和计划供应（简称“统购统销”）的指示，境内各乡分别召开农民代表会议，广泛宣传粮食“统购统销”的政策、目的和意义，并采取群众自报、民主评议办法，分户落实“统购统销”计划。

是年 各乡召开干部大会，学习中国共产党在过渡时期的总路线、总任务。

1954年

1月 开始实行粮食“统购统销”。

4—6月 白峰、山江、上阳、下阳等乡分别建立农村信用合作社。

8月 下阳乡张惠仁农业合作社被评为1953年度浙江省农业爱国丰产模范单位。

9月 贯彻中央棉花计划供应与棉花计划收购的通知，正式实行棉花与棉布“统购统销”、棉花与棉布凭票定量供应办法。

1955年

3—6月 贯彻浙江省委关于农业生产合作社“全力巩固，坚决收缩”方针，境内缩减近四分之一农业社。

4月 开始修筑穿（山）白（峰）线国防公路，计长8千米，至11月10日全部竣工。在白峰举行通车典礼。

7月初 进行粮食“三定”到户试点。9月底，基本实行粮食定产、定购、定销到户。

8月 贯彻毛泽东《关于农业合作社问题》的指示，批判“坚决收缩”的方针，执行“全面规划、加强领导”的方针。秋后，合作化运动再次进入高潮，至年末入社农户占总农户的65%以上。

10月 成立县兵役委员会，始行义务兵役制。

同月 各农业生产合作社相继推广脚踏打稻机，历时数千年的稻桶逐步退出历史舞台。

是年 推广种植连作稻，至翌年境内基本实行连作稻全覆盖。

是年 由下乡工人、学生和农民组成的开荒队到上阳乡双石人山开荒，种植番薯。

1956年

2月 开始撤区并乡。白峰乡、山江乡和霞峙乡3村、4村，以及大榭乡神马村合并组建江峰乡，后改为白峰乡；上阳乡与下阳乡合并称上阳乡。

同月 上阳乡黎明社张惠仁、蕉山社贺玲娣出席浙江省第四届农业劳模会议。

同月 学习宣传《农业发展纲要四十条》。

同月 掀起除“四害”（老鼠、麻雀、蚊子、苍蝇）、讲卫生热潮。

3月 境内基本实现初级形式农业合作化。

同月12日 境内私营工商业者向政府申请公私合营，小商小贩组织合作商店。至年末基本完成对私营工商业的改造。

8月1日 第13号强台风侵袭境内，风力达12级以上，暴雨大作，海水倒灌、牲畜到处漂浮。冲倒海塘5千米，造成农作物被淹400公顷，倒塌房屋200余间，上阳片区死亡21人。时任上阳乡妇联主任、中共党员贺玲娣在抗台风抢险中为保护人民生命财产献出宝贵生命，年仅24岁。8月4日，宁波专署、镇海县委、郭巨区委等党政领导20多人到贺玲娣灵柩前致哀。11日，宁波专署批准贺玲娣为革命烈士。

是年 手工业基本实现合作化。

是年 高级社进入全面发展阶段，并允许“地主、富农、反革命分子”三类人入社。至年末，境内组建白峰等14个高级农业生产合作社。

是年 白峰竺家坑水库动工兴建。

1957年

2月 屺峙社傅良月出席浙江省第五届劳模会议。

同月 境内全面开展增产节约运动。

9月 境内各乡召开干部大会，在合作化、粮食“统购统销”和党的领导等几个主要问题上划清大是大非，坚定社会主义立场。

是年 农村全面推行“五保户”制度。为无依无靠、无劳动力社员提供保吃、穿、住、医、葬和孤儿保教服务。翌年人民公社化时，开始出现集体供养形式，先后办起敬老院。

1958年

1月 提出“反右倾、鼓干劲”口号，大力宣传“鼓足干劲、力争上游、多快好省地建设社会主义”总路线。

6月 境内掀起“大跃进”热潮，“大办农业”“大办钢铁”“大办工业”，郭巨区在白峰小门村造起小高炉，开展大炼钢铁运动。

8月 中共中央公布《关于在农村建立人民公社的决定》。

9月 白峰中学创办，设1个班级。

10月 郭巨人民公社成立，镇（乡）政府建制撤销，实行“政社合一”的人民公社体制，今白峰街道境域隶属郭巨人民公社，下设管理区。

10月 境内各管理区（大队）先后办起公共食堂、幼儿园、托儿所，实行“组织军事化、生活集体化、行动战斗化”。

同月17日 南京军区司令员许世友上将响应中央关于“军队干部下连队当兵”的号召，到驻白峰解放军某部六连当兵，住村民乐如存家，历时1个月余。

是年 白峰仰岛湾至郭巨公路建成通车。

是年 小门村樟岙水库动工兴建。

1959年

1月 开展土壤普查工作。

3月 为了支援社会主义建设，境内38名农村青年响应国家号召赴宁夏地区工作。

同月 贯彻中共中央第二次郑州会议精神，纠正人民公社存在的平均主义和集中过多两种倾向的“共产风”。

5月23—24日 南京军区在穿山半岛举行登陆作战演习，南京军区司令员许世友、东海舰队司令员陶勇亲临演习现场观摩。

8月 上中旬，组织党员干部学习《人民日报》社论《克服右倾情绪、厉行增产节约》和宁绍《倡议》，反“右倾”，鼓干劲，以统一对“大跃进”形势的看法。

是年 虾庲长水流水库、小门石佛堂水库动工兴建。

1960年

5—6月 境内各管理区（大队）向“十边”地要粮。郭巨公社（白峰隶属之）党委建立“见缝插针”的指挥部（时白峰境域属郭巨人民公社）。

11月 贯彻中共中央指示，明确人民公社“三级所有，队为基础”，在农村纠正“一平二调”（搞平均主义，无偿调用生产队耕牛、农具和社员财物）、浮夸、强迫命令、特殊化和瞎指挥等不正之风（简称“五风”）。

1961年

1月 境内开展整风整社运动。

5月 农村传达贯彻中共中央《农村人民公社工作条例（草案）》（即《农业六十条》）。复建区公所，撤销大公社和管理区，分设小公社，公社设党委和管理委员会。经调整，境内建立白峰、上阳2个公社。

开始调整生产大队和生产队规模，并重新分配自留地。

6月15日 中共中央发出《关于讨论和试行农村人民公社工作条例修正草案的指示》。嗣后，农村取消了分配上的部分供给制（供给制成为照顾五保户和困难户的办法），停办公共食堂，社员口粮分配到户。

10月 贯彻党中央关于“低标准、瓜菜代”的方针，动员群众见缝插针种蔬菜，采集野菜、红刺根，制作代食品。由于粮食严重不足，境内许多社员因营养不良患浮肿病。

1962年

2月 各公社开始以生产队为基本核算单位，贯彻按劳分粮政策。

9月4—6日 14号台风伴大暴雨，镇海县总雨量219.2毫米，境内大部分稻田被淹。

是年 黄龙坑水库动工兴建。

1963年

3月 开展“向雷峰同志学习”“助人为乐、大做好事”活动。

7月12日 白峰公社、上阳公社分别派出代表参加县政府召开的早稻良种评选会，总结推广枫林农科大队全面选用良种增产经验。

是年 各大队开办保健站，培训保健员。

1964年

1月 “以阶级斗争为纲”，开展忆苦思甜教育运动。

2月 开展“农业学大寨”“工业学大庆”运动，掀起平整土地、兴修水利的热潮，贯彻农业“八字宪法”。

7月1日 第二次全国人口普查。境内总人口15688人。

10—11月 境内各公社党委组织干部学习“五反”（反对贪污盗窃、反对投机倒把、反对铺张浪费、反对分散主义、反对官僚主义）文件，开展“小四清”（清政治、清经济、清组织、清思想）运动。

1965年

2月 学习贯彻中共中央《关于农村社会主义教育运动中目前提出的一些问题》即“二十三条”。

同月 境内各公社（白峰公社、上阳公社）成立贫下中农协会筹备委员会。

1966年

8月 贯彻中共中央《关于无产阶级文化大革命的决定》，境内各公社、大队、学校等单位陆续成立“文革小组”。“文化大革命”运动开始。

10月 镇海县社会主义教育工作团一行分别进驻白峰公社和上阳公社，开展社会主义教育运动。

12月26日 上阳至白峰公路动工建设。

1967年

2月 学校“停课闹革命”，“革命大串联”运动开始。

3月 公社人武部成立“支持无产阶级革命造反派”（支左）办公室。地方工作由人武部主持，各公社建立生产办公室，统揽党、政、财、文大权。

5月1日 上白公路竣工通车，境内始设起讫客运站——上阳车站，位于道头凉亭。

9月 境内中小学“复课闹革命”。缩短学制，小学5年，初、高中各2年。

秋 发生旱灾，因断水境内晚稻大面积无法种下。

是年 白峰公社组织社员到梅山围塘，上阳公社组织社员到昆亭围塘。

1968年

9月30日 境内公办小学下放到生产大队，由贫下中农管理学校。毛泽东思想宣传队进驻中小学，领导学校“斗、批、改”。

10月20日 县革委会直接领导的镇海县群众专政指挥部（简称“群专”）成立。随之，境内白峰公社、上阳公社及各大队也相继成立群众专政指挥部或群众专政小组。

是年 群众性“农业学大寨”运动深入开展，搞副业被作为“资本主义尾巴”批判，运销小鸡、小鸭、竹笋、茶叶等被视为投机倒把行为予以打击。

是年 知识青年到境内插队落户。

1969年

2月 公社革命委员会成立贫下中农毛泽东思想宣传队，分别进驻学校和供销社，实行贫下中农管理制度。

6月 境内各公社、大队开展整党建党活动，至翌年5月结束，党员恢复组织生活。

是年 白峰、上阳两个公社分别兴办农机厂。

1970年

1月 撤销各级群众专政指挥部（小组）。

是年 白峰、上阳两个公社分别成立工业办公室。

1971年

12月30日 晚6时47分发生地震，震级3.5级，境内房屋摇动，窗户震颤有声。

是年 镇海县人民政府投资24.6万元，在下阳村道头凉亭建国营镇海盐化厂。

1972年

1月 整顿财贸队伍，每个供销社（分社）派驻由贫下中农组成的工作队。

是年 白峰、上阳两个公社分别成立农科站。

1973年

3月 境内掀起以治山、治水、农业基本建设为中心的“农业学大寨”新高潮。

7月 国务院港口建设领导小组组长粟裕遵照国务院总理周恩来指示到镇海考察，确定在甬江口建设新港。粟裕在去梅山考察途中，曾在上阳凉亭休息。

1974年

8月19—23日 境内遭7413号台风袭击，上阳（昆亭）盐场有66.7公顷盐田被冲坏。

1975年

12月 境内各公社召开“农业学大寨”誓师大会，提出苦战三五年，把公社建成大寨式公社。

是年 贯彻中央“一对夫妇只生一个孩子”号召，实行计划生育，并提倡晚婚晚育。

是年 各大队开办合作医疗站，培训“赤脚医生”。

1976 年

1 月 8 日 国务院总理周恩来逝世，境内各单位、团体通过各种形式举行悼念活动。

9 月 9 日 中共中央主席毛泽东逝世，境内各单位、团体纷纷集会，举行为期 1 周的悼念活动。

10 月 6 日 中共中央粉碎江青反革命集团。23 日起，境内举行集会游行，庆祝“文化大革命”结束。

1977 年

6 月 各公社干部、群众联系实际，深入揭批江青反革命集团罪行。

8 月 22—25 日 第 7 号强台风侵袭，普降大暴雨。境内多处民房、桥梁被毁。

1978 年

7 月 29 日 镇海县由宁波地区划归宁波市管辖，白峰境域随属。

1979 年

2 月 11—22 日 县委召开全县四级干部大会，传达贯彻中共十一届三中全会精神，讨论如何把党的工作重心转移到社会主义现代化建设上来。

9 月 23 日 上阳公社石子运输船，装石子到上海后，回来时在大戢洋被定海运输船撞沉，死亡 1 人。

10 月 境内农村开始推行家庭联产承包责任制。

是年 全面复查“文化大革命”中冤假错案，对多年来遵守政府法令、老实劳动的地主、富农分子，经过群众评审，一律摘掉帽子，给予农村人民公社社员的待遇。其子女成分全部定为人民公社社员，享有同其他社员一样的待遇。落实归侨、侨眷的侨务政策。

1980 年

4 月 白峰公社百丈大队北侧海边出土战国时代罐、碗、鼎足等陶器及石戈等文物。该遗址面积数千平方米，文化层厚 1.5～2 米。

7 月 根据 1979 年 7 月第五届全国人民代表大会第二次会议通过修正的《中华人民共和国地方各级人民代表大会和地方各级人民政府组织法》《中华人民共和国选举法》规定，恢复因“文化大革命”而中断的县、公社人民代表大会选举制度。县、公社两级人民代表大会代表由选民直接选举。嗣后，辖区内白峰、上阳二公社分别召开第七届公社人民代表大会，选举产生公社管理委员会。

1981 年

是年 落实“文化大革命”中被查抄物资政策和解决遗留问题，至 1984 年结束。

是年 镇海县人民政府决定利用原国营镇海盐化厂厂址（上阳道头）建国营镇海啤酒厂。1982 年 10 月正式投产。

1982 年

3 月 境内开展“全民文明礼貌月”活动。

同月 白峰公社文化站建立。

7 月 1 日 第三次全国人口普查，境内总人口达 20989 人。

8 月底 镇海县委抽调部分机关干部协助境内各公社稳定完善农业生产责任制工作。

1983年

1月 贯彻中共中央《关于印发〈当前农村经济政策的若干问题〉的通知》，总结推广农村联产承包责任制。

5月31日 浙江省委决定宁波地、市合并。实行市领导县的体制，撤销宁波地区建制。

10月 改革基层行政体制，撤销人民公社，恢复乡（镇）人民政府，实行政社分设。境内复设白峰乡、上阳乡人民政府，各大队改称村民委员会。

12月 纺织品敞开供应，结束30年凭票供应历史。

是年 各村全面实行以农户为单位的家庭联产承包责任制。

1984年

8月14日 经镇海县委决定，对土地承包期进行调整，延长土地承包期为15年。

1985年

7月1日 国务院批复浙江省政府，同意镇海撤县划区。按甬江分界，甬江以北为镇海区，甬江以南为滨海区。

8月9日 市政府发文《关于调整宁波市滨海区、镇海县行政区划的实施方案》，区划调整后的滨海区辖5镇15乡。白峰乡、上阳乡位列其中，由郭巨区委区公所管理。

9月10日 庆祝第一个教师节。境内各乡党政领导分别参加学校的庆祝活动。

是年 329国道白峰至涨浦山海峡轮渡码头接线建成通车。公路全长1.3千米，砼路面，完成“亮灯工程”。

1986年

1月27日 白峰海峡车渡码头竣工，该码头全长157米，可靠泊1000吨级以下船舶。31日，白峰至定海鸭蛋山汽车轮渡试航成功。

7月1日 全面颁发居民身份证，历时半年。境内年满16周岁及以上的居民领到身份证。

9月1日 开始全面实施九年制义务教育。

同月9—12日 全面复查各类冤假错案；清理历史上遗留下来的房产问题；落实中华人民共和国成立前地下党“三老”（老党员、老游击队员、老交通员）人员的政策，境内“三老”人员有3人，即王志康、张惠信、张和法。

10月 全国爱国卫生运动委员会在宁波市召开全国农村改水工作会议，全国人大常委会副主任、中央爱国卫生运动委员会主任廖汉生出席会议。会议期间，中央爱卫会副主任、卫生部长崔月黎和各省、直辖市、单列市的分管领导40余人莅临白峰乡水厂实地参观考察。

是年 各乡开展“整党”活动，至11月底结束。

是年 落实知识分子政策基本结束，根据“政治上消除影响、经济上适当补助、工作上合理使用、生活上妥善安排”原则，认真做好落实工作。

1987年

7月 滨海区更名为北仑区。

9月1日 实施“划块管理、定额到人、节约归己”的新公费医疗制度。

同月9—11日 第12号台风袭击境内，连续3天普降暴雨，稻田被淹、民房倒塌、桥梁被冲垮，损失严重。

同月16日 17时15分，上阳梅山渡发生重大沉船事故。“上梅渡3号”渡轮在驶离上阳码头20米时，突然尾部进水，船体迅速沉入水中，60名乘客和3名船员全部落水。经附近的船员、群众营救和落水者自救，脱险52人，死亡11人。

1988年

2月中旬 甲型肝炎大流行。境内各乡政府和卫生院采取多种措施进行防治，下旬得到控制。

8月7日 8807号台风在象山登陆，境内大部分农田受淹。

10月14日 宁波市少年国防教育基地——东海少年军校在驻白峰某快艇支队基地成立。

1989年

4月9日 东海舰队司令员聂奎聚，共青团中央书记处书记、全国少工委主任李源潮，市委书记孙家贤等考察北仑东海少年军校。

6月26日 白峰乡、上阳乡的党委、政府学习中共十三届四中全会公报，一致拥护中共十三届四中全会作出的决定，一致拥护江泽民当选为中共中央总书记和调整后的中央政治局常委。

同月 小门村发生由婚宴引起的局灶型霍乱暴发流行，经区防疫站及时查处防治，疫情迅速得到控制。

7月19日 9号台风在象山县南部登陆，境内白峰乡、上阳乡受到严重影响，农作物被淹。

12月29日 329国道穿山至白峰段修建工程开工，1991年11月5日竣工通车。

是年 境内白峰乡、上阳乡分别成立乡计生协会。

1990年

3月30日 境内村级财务清理工作基本结束，财务清理工作从1989年11月开始，历时5个月。

7月1日 第四次全国人口普查，境内总人口达21240人。

9月5日 北仑区千余名学生和群众迎送亚运圣火。上午7时至8时30分，亚运圣火经小港开发区至白峰海峡汽车轮渡码头传至舟山；下午1时10分至2时，火种按原路返回宁波。

是年 清除境内所有露天粪缸，卫生面貌得到改善。

1991年

1月9日 上阳乡黎明村发生重大报复杀人案。村民王布根残酷杀害村党支部书记王某元等3人。郭巨边防派出所干警闻讯出击，奋勇搏斗，将凶犯击毙。

4月2日 白峰电解锰厂厂区发生大面积滑坡，下午4时40分，10间厂房及厂区道路和3座50吨～100吨级码头塌入海中。

6月 境内各乡开展第二次普法教育。

7月 境内各村经济合作社相继建立。

12月27日 境内普降大雪，气温骤降至-7℃。

1992年

5月13日 区委召开二届六次全委扩大会议，传达浙江省政府关于北仑区扩镇并乡方案请示批复：上阳乡与白峰乡合并组建白峰镇。

8月15日 境内第一家港澳台商工业企业——宁波贝仑水产冷冻有限公司成立。

是年 白峰境内程控电话开通。

1993 年

1 月 1 日 取消粮食统销制度，实行在需求总量控制下的市场供应，不再使用各种粮票。

12 月 境内开展“毛泽东同志一百周年诞辰”系列纪念活动。

1994 年

1 月 15 日 上阳至白峰公路开工（沙石路改水泥路），是年 11 月 19 日公路竣工通车。

5 月 26 日 北仑区民营（私营）企业协会白峰分会成立。

同月 30 日 白峰卫生院与 37591 部队卫生科联合派出 30 名医务人员，分为 2 组，对偏僻地（上阳）小学、海岛（外峙）小学 200 余名小学生进行体检。

10 月 10 日 白峰自来水厂门浦引水段开始供水，总投资 10 万元，日供水量 300 立方米。

同月 31 日 坐落在 329 国道东侧白峰煤气站开业。总投资 400 万元，施工半年，装气容量 210 立方米，同时配备液化气专用运输车。

12 月 白峰镇（百丈）百亩蔬菜基地建成。

1995 年

2 月 18 日 北仑区发生“2·18”海难事件，柴桥镇穿山村“浙甬 18 号”船从舟山沈家门返航，在峙头洋小猫岛附近海面沉没。白峰镇马盘村村民沈云海（男，30 岁）在该事件中失踪。

同月 26 日 蒋岙自然村村民李永满夫妻在家中淋浴时，因煤气中毒身亡。

6 月 白峰小门至舟山普陀山航线（甬普线）开通，航程 19 海里。

12 月 2 日 白峰有线电视与北仑有线电视联网开通。

是年 开始执行“伏季休渔”制度。

是年 白峰镇通过市“双基”（基本普及九年制义务教育和基本扫除青壮年文盲）验收。

1996 年

2 月 28 日 白峰镇首家集团公司——永发保险箱（集团）有限公司成立并投入生产，在峰城大酒店召开成立大会。省、市、区各级有关领导和新闻单位以及全国各地约百家业务单位的代表到会祝贺。

同日 区人民政府仑政〔1996〕11 号文件批准白峰镇《关于要求撤销白峰镇双石人山村并入白峰镇太平村的请示》，双石人山村正式撤销，并入太平村。

5 月 27 日 白峰镇卫生院基建确定，征地 3.8 亩，建筑面积 1418 平方米，总投资 120 万元。

1997 年

1 月 1 日 境内开始实施最低生活保障制度。

同月 6 日 根据《中华人民共和国村民委员会组织法》规定，境内各村村民委员会任期届满，各村分别进行换届选举。

2 月 25 日 境内干部群众收看、收听邓小平追悼大会实况转播，深切悼念邓小平同志。

8 月 18 日 21 时，第 11 号台风在温岭登陆，境内潮位比常年高 50 厘米左右，小门、百丈、屺峙、道头、黎明海塘不同程度进水，较为严重；外峙盐场海塘、轮江海塘进水受害面积 26.67 公顷。白峰（梅山）盐场海塘进水。全镇倒房 45 间，粮田受淹 500 公顷，经济作物受淹 160 公顷，海塘被冲垮千余米，经济损失 3328 万元。上阳（昆亭）盐场海塘倒塌，83.73 公顷盐田被淹。

10 月 15 日晚 勤丰村村民王某康（男，43 岁），杀害本村村民梅某飞（女，33 岁），并分尸。于

1998年5月19日判处王某康死刑，立即执行。

11月1日零时起 在全镇范围内（除外峙村、神马岛、山防村、双石人山自然村外）实施殡葬制度改革，推行火葬。

同月18日 投资150万元、工期1年的白峰卫生院门诊楼落成。

同月27日 投资50余万元、工期1年的白峰第二小学落成。

1998年

2月 开展村级集体资产产权登记工作。

4月15日 投资53万元的有线电视光缆改装完毕，上阳13个村、白峰片官庄等5个村都用上光缆。

同月29日 在蒋岙村角山岭下举行进港公路开工典礼。白峰至童家峙建二级水泥路6.6千米，投资3600万元。

6月18日 白峰小学迁建工程开工，投资400万元，占地面积1.6公顷，建筑面积5000平方米。

7月26日 勤山村万寿山公墓第一期竣工。

10月20日 白峰电信、邮政支局分别挂牌营业。

12月5日 离外峙渡西100米的海塘滑坡150米，直接经济损失100余万元。

1999年

1月22日 穿山半岛进港公路全线贯通。

2月1日 白峰全镇26个村（小门村除外）实行村账由镇代理制。

3月22日 白峰镇政府召开第二轮土地承包工作动员大会，二轮土地承包工作开始启动。

6月2日 上阳自来水厂并入白峰自来水厂。

同月 竺家坑水库扩容工程竣工蓄水，蓄水量达135万立方米。22日，市长张蔚文一行考察竣工的竺家坑水库。

9月20日 投资近55万元覆盖神马、外峙、山防村有线电视光缆架通。

同月24日 白峰镇首届全民休育运动会在白峰小学举行开幕式。

2000年

5月11日 浙江省文化厅评定白峰镇文化站为省一级文化站。

6月8日 白峰镇中心小学被列入浙江小学书法教育研究会实践基地及宁波市书法教育研究会实验学校。

7月1日 开展第五次全国人口普查，境内人口达20160人。

9月12—15日 0014号“桑美”台风影响白峰，境内普降大雨到暴雨，局部大暴雨，平均雨量270毫米。农作物受淹损失严重。

2001年

7月 白峰小门至舟山桃花岛航线开通。

同月2日 仰岛小学并入白峰中心小学。

同月26日 白峰镇峰城社区居委会成立。

2002年

9月1日 上阳中学并入白峰中学。

同月 全镇开展古树名木调查，涉及6个村，共列入古树名木20株。

是年 免征山区、海岛、贫困村及困难户的农业税。同时，还免除重复征收的特产税，取消乡镇统筹、教育集资等收费项目。

是年 境内镇、村工业企业全部完成转制工作。

2003年

3月5日 宁波市建设委员会公布宁波市村镇规划编制与建设试点单位名单，白峰镇名列其中。

4月 白峰镇成立预防“非典”（传染性非典型性肺炎）领导小组，开展做好预防和监控协调工作。

同月22日 白峰小门客运码头整体移至大榭。

7月30日 浙江省政府批复：撤销郭巨镇、白峰镇建制，合并设立新的白峰镇。8月18日，以原两镇的行政区域组建新的白峰镇，镇政府驻地白峰龙口路43号。

是年 推行新型农村合作医疗制度，参保农民仅出资20元，就可享受每年最高2万元的住院医疗费用报销；同时，被征地人员养老保险全面推开。

2004年

1月1日 取消农业税。

2月2日 白峰镇成立防治禽流感工作领导小组，全面开展禽流感防治工作。

5月7日 小门村发生恶性杀人分尸案。19日，“5·7”恶性杀人分尸案告破，28岁男子姚某斌被同乡杨某辉、江某兰夫妇杀死。

同月27日 在上王村6名闽南籍持枪犯人被捕。

6月 成立白峰镇经济普查工作领导小组，全国第一次经济普查开始。

7月5日 白峰镇城管中队成立。

9月1日 “永发”保险箱获中国名牌产品称号。

10月6日 国务院副总理曾培炎一行到北仑港四期码头考察。

同月 成立白峰镇安全监督管理办公室。

11月 位于下阳村道头夹塘白峰镇敬老院装修完工。敬老院总投资70余万元，设床位80个，使全镇“五保户”集中供养率达到88%。

2005年

3月30日 按仑政〔2005〕21号文件，调整行政村规模，原白峰片27个行政村调整为13个行政村。

4月 境内开始换发第二代身份证。

5月9日 全镇各村进行门牌号统一编号。

同月16日 勤山村戴家岙革命烈士陵园竣工。

6月 中国邮政储蓄银行北仑白峰支行成立

8月6日 第9号台风“麦莎”在玉环登陆，强台风带来的特大暴雨对白峰境域造成重大影响，经济损失上亿元。次日，浙江省委副书记周国富、省委常委宁波市委书记巴音朝鲁，市委副书记、市长毛光烈到白峰村慰问“麦莎”台风受灾村民。

9月27日 区委书记姚力参加白峰镇召开的东部开发现场协调会，区有关部门派人参加会议。

11月26日 浙江省副省长王永明到白峰镇考察重大项目建设进展情况。

12月 白峰境内开始农村股份合作制改革。

2006年

1月1日 全国废止《农业税条例》，取消除烟叶以外的农业特产税，全部免征牧业税。

同月 白峰工商业联合会成立。

4月13日 区委书记姚力等区领导到小门村调研社会主义新农村建设工作。

5月17日 市委组织部部长姚志文考察小门村党员先进性教育成果，并调研新农村建设工作。

6月22日 白峰镇开展创建“生态北仑”活动，在城区植树绿化1500平方米，修建道路6170平方米。

8月17日 区委书记姚力在小门村进行新农村建设现场办公。

同月21日 白峰镇文体站成立。

同月30日 白峰镇怡峰社区居委会成立。

9月1日 从2006年秋季开始，义务教育阶段中小学全部免除学杂费。

同月23日 白峰镇政府搬迁到龙口路43号（原兴峰大酒店）。

10月20日 贵州黔东南州部分乡镇干部、村支书50人参观考察“省级文明村”小门村。

11月13日 宁波市委副书记邵占维参观考察小门村新农村建设。

12月27日 时任浙江省委书记习近平参加宁波—舟山港集装箱吞吐量突破700万标准箱庆典活动。

是年 为配合梅山保税港区建设，白峰镇梅西、七姓涂盐场废转。

2007年

2月27日 “小门村新农村建设文明基金”启动仪式在北仑影剧院举行，区委宣传部部长、镇党委和政府领导、永发集团和小门村部分干部村民参加启动仪式。

4月14日 浙江省委书记赵洪祝在市、区领导陪同下，在北仑港四期码头听取港口建设汇报。

同月18日 白峰镇计生服务站正式投入使用。

5月 下阳中心菜场建成投入使用。市场用地总面积8673平方米。

9月29日 北仑区慈善协会白峰镇慈善分会成立。

2008年

4月10日 白峰综合市场开业。市场总投资4000万元，建筑总面积18358平方米，内设231个摊位。

5月22日 第29届奥运会宁波起跑火炬传递在四期码头举行。

7月28日 白峰运管稽征站落成。

同月30日 720路公交线路开通，起讫站为白峰码头和小港红联公交车站。

8月20日 712路公交线路开通，起讫站为上阳和北仑公交总站。

9月5日晚上 白峰镇降暴雨，镇域内多处低洼道路、农田受淹，从晚上20：30至22：15全镇平均降雨量230毫米，其中小门村地块降雨量280毫米，冲垮溪坑2100米、渠道1800米，受淹农田1200公顷，冲毁桥梁5座，受淹房屋300户，上阳低洼房子积水1米，上阳小学大门被冲垮。

同月25日 区委统战部、区文化馆、白峰镇政府联合在白峰小学广场举行“纪念改革开放30周年”文艺晚会。

10月24日 白峰港航管理所落成。

2009年

1月22日 境内20年一遇的最低气温下降至-7℃，自来水管多处冻裂。

4月28日 “扬帆起航”庆“五一”中央电视台心连心艺术团赴宁波慰问演出在北仑港四期码头隆重

举行。

6月　白峰镇文化活动中心竣工，9月底投入使用。

9月4日　“2009年国家海上搜救桌面演习暨东海搜救演习”中的陆地演习部分在白峰镇阳东村举行。

2010年

6月17日　北仑区第三次全国文物普查，在白峰太平村岙口发现巡检司城遗址。

7月1日　勤山村戴家岙革命烈士陵园被宁波市委列入第二批“市级中共党史教育基地”。

同日　开展全国第六次人口普查，境内总人口达18589人。

12月3日　北仑青少年宫白峰分宫启用。

2011年

5月21日　虾康森林游步道开通，游步道长6000米，起点虾康水库，终点可到达上阳太平岙和柴桥街道甘溪。

6月14日　宁波市生态建设工作领导小组发文《关于命名表彰2010年宁波生态镇、街道、村的通报》（甬生态办发〔2011〕6号），正式命名白峰镇为“宁波市生态镇”。

11月22日　白峰镇红十字会成立。

2012年

6月8日　北仑区政府投资60万元资金新造“外峙1号”渡轮，可以运载拖拉机。

7月23日　新峰村下林地块安置山防高山移民房屋地基开工兴建。

8月8日　“海葵”台风在象山港登陆，24小时降雨量达150毫米，受台风影响，下阳、阳东、白峰部分农田受淹。上阳村的庙前畈、河涂等地积水1米以上，使花木被淹，花农损失惨重。

12月21日　阳东村钟家湾自然村郑家塘11号猫礁庙被确定为北仑区第十四批区级文物保护点。

同月　白峰综合行政执法中队成立。

是年　S20穿山疏港高速竣工通车。

2013年

1月9日　受连续低温、雨雪冰冻灾害天气的影响，位于勤山村枫棚山山顶的200千伏高压电线被冰块压断。北仑区供电局及来自全省720多名电工及白峰镇100余名民工开路抢修。

5月23日　太平岙巡检司城遗址被确定为北仑区第十五批区级文物保护点。

2014年

1月17日　白峰镇港口村外峙岛跨海自来水工程通过宁波自来水总公司验收合格。

2月14日　白峰镇农业公共服务中心被市农业局认定为“宁波市优秀基层农业公共服务中心”。

3月4日　北仑区党外知识分子联谊会白峰分会成立。

同月31日　白峰镇垃圾压缩中转站工程通过竣工验收，并投入使用。

6月30日　台湾高雄市旗山区两个社区代表队到白峰镇，分别参观访问小门村和怡峰社区。

7月29日　宁波北仑白峰品禾农产品专业合作社联合社正式成立。

9月12日　区农林局、白峰镇农办邀请白峰籍市植物研究专家、市药检所主任、中药师林海伦到白峰探寻中华水韭，关注濒危植物保护。

同月22日　第16号台风“凤凰”在浙江象山县鹤浦镇沿海登陆，受其影响，白峰镇有近200毫米的降水，上阳片区道路、农田受淹受损严重。经统计，全镇受灾农作物面积约 733.33 公顷，直接经济损失达 1500 万元。

11 月 总投资 3100 多万元的白峰污水处理站投入试运行。

12 月 16 日 上阳腾业砖瓦厂第一根烟囱安全拆除。

2015 年

1 月 25 日 白峰镇在下阳村上王文化长廊举办首届年糕文化节。

3 月 23 日 白峰镇入选宁波市公共文化示范区。

4 月 20 日 北仑区中华水韭保护地在白峰龙王宫山挂牌成立。

5 月 1 日 白峰—普陀山高速客轮正式营运。

6 月 13 日 白峰漆塑入选市级非物质文化遗产代表性项目名录。

同月 23 日 白峰上阳片排涝泵站建成。

7 月 12 日 第 9 号超强台风“灿鸿”过境白峰镇，影响重大，受灾农作物面积达 533.33 公顷，损失近千万元。

8 月 27 日 下阳村上王长沙汀庙举行宁波市民间信仰活动场所颁证仪式。

12 月 宁波穿山港铁路支线动工建设。

2016 年

4 月中旬 白峰镇推进契约式家庭医生签约服务。

7 月 22 日 浙江省人民政府批复宁波市人民政府《关于要求调整北仑区白峰镇行政区划的请示》（甬政〔2016〕23 号），撤销白峰镇建制，其行政区域改由宁波市北仑区政府直辖，设置白峰街道与郭巨街道。白峰街道办事处驻白峰龙口路 43 号。

8 月 11 日 北仑区举行白峰街道授牌仪式。

同月 宁波永发保险箱蝉联中国保险柜十大品牌榜首。

10 月 12 日 白峰街道文联成立并召开第一次代表大会。

12 月 23 日 举行白峰盛威体育馆奠基仪式。

2017 年

2 月 24 日 白峰街道总工会成立暨第一次代表大会召开。

3 月 21 日 白峰街道举行白峰革命历史纪念馆开馆仪式。

4 月 26 日 北仑区第二人民医院与白峰街道社区卫生服务中心举行结对合作签约仪式暨第二人民医院白峰分院揭牌仪式。

5 月 17 日 宁波市林业局副局长皇甫伟国一行到北仑区调研指导林业工作，实地考察白峰街道日头山森林游步道林相优化彩化工程项目。

8 月 2 日 白峰街道召开红十字会成立暨第一次会员代表大会。

9 月 21 日 白峰街道社区老年大学授牌暨 2017 学年开学仪式在街道社区老年大学操场上举行。

11 月 24—28 日 2017 浙江省农业博览会在浙江新农都会展中心、杭州和平国际会展中心举行，白峰品禾农产品合作社携手“福口乐”“阿辉”“虾龙”三家年糕企业参展。

12 月 5 日 白峰街道残疾人联合会第一次代表大会召开。

是年 为全面打造城乡“技防”一体化格局，进一步提升社会治理水平，白峰街道斥资 500 万元实现辖区视频监控全覆盖，由北仑数字广播电视公司负责建设，街道每年支付租赁费用约 100 万元。

2018 年

1 月 26 日 中共北仑区委副书记、区长胡奎带领区发改局、国土分局、规划分局、农林局等部门相关负责人赴白峰街道调研。

4 月 2 日 白峰街道举行戴家岙革命烈士陵园揭碑仪式暨清明祭扫革命烈士活动。

9 月 5 日 白峰街道召开第四次全国经济普查动员大会，安排部署近期经济普查的主要工作。

同月 11 日 历经 600 多天精心施工，白峰盛威体育馆建成投用。

同月 宁波市委副书记、市长裘东耀在白峰街道检查、调研。

11 月 18 日 北仑农商银行白峰支行正式挂牌开业。

第一篇 政 区

白峰街道地处中国海岸线中段穿山半岛中部，行政区划属宁波市北仑区。白峰街道原为白峰镇，2016年7月北仑区划调整，撤销白峰镇建置，成立宁波市北仑区人民政府白峰街道办事处。

白峰原名白枫，因在地岛礁上（约今遮山）有一棵罕见的树叶灰白的枫树而得名。“枫”“峰”同音，后改为白峰。街道以驻地得名。

白峰虽是新建街道，然当地文化底蕴深厚，历史悠久。唐、两宋时，境域称海堧之地，有“唐涂宋滩”之说。北宋时，境内就有小亹（门）、门浦、太平、马婆等村名，先民们在沿山近海繁衍生息，从事农、渔、盐之业。时置穿山盐场，在小门、白峰、司前、外峙一带煮海水烧盐，司前村民为煮盐设厂，有上厂、中厂、下厂之分，司前下厂的地名遗留至今。南宋建炎四年(1130)建砦兵制时，在司前岙午栖跳建白峰巡检司城，距今有888年历史。

白峰街道境域自秦王政二十五年（前222）立郡县制至2018年12月，大致可分为三个时期：第一个时期，自公元前222年秦置郡县至北宋熙宁十年(1077)的1299年间，整个境域随鄞县(现为宁波市鄞州区)区划变动，先后属鄮县、句章县、鄞县。第二个时期，自北宋熙宁十年境域划归定海县（1687年改定海县为镇海县）至1985年7月镇海县建制撤销，整个境域隶属镇海县（定海县）达908年（含1958年11月至1963年1月镇海县并入宁波市）。第三个时期，自1985年7月至2018年12月，整个境域隶属宁波市北仑区（1987年7月前称滨海区）。2018年末，为北仑区11个街道之一，下辖白峰、小门、新峰、司沿、渿口、官庄、门浦、勤山、上阳、太平、下阳、阳东12个村和峰城、怡峰2个社区。

第一章 境域 建置

白峰街道境域原为海域，在距今约5000年前才露陆地，其海岸线为中国大陆最东端。本章建置沿革表主要依据1994年版《镇海县志》、1996年版《鄞县志》和2013年版《北仑区志》，经考证后入志。

第一节 境域

白峰街道位于宁波市北仑区穿山半岛陆域中端。地理坐标北纬29°53′5.71″～29°48′48.09″，东经122°0′59.30″～121°58′6.12″。境域东与郭巨街道相接，西与春晓街道、柴桥街道相连，南与梅山保税港区隔港相望，北濒穿山港与大榭开发区相邻。辖区总面积49.06平方千米，海岸线长22.67千米。沿海有岛礁9座（岛4座、礁5座）。

境域329国道西接宁波市，舟渡码头渡轮直达舟山市，双向4车道沿海大通道穿越而过，穿山疏港高速公路与国家高速公路网相通。

白峰街道办事处驻白峰龙口路43号，距北仑区人民政府驻地新碶中心城区15.5千米，距宁波市中心城区43千米。

第二节　建置

白峰境域在夏、商时代称“东夷”地，春秋战国时期为越国地。战国中期属楚国。

秦王政二十五年（前222），秦置会稽郡，下辖句章、鄞、鄮等26县。白峰境域属鄮县（东境）。

自秦历两汉、三国吴、两晋、两宋，南朝齐、梁、陈，均为鄮县东境。

隋开皇九年（589），隋灭陈，并鄞、鄮、余姚3县入句章县，遂为句章县东境，属吴州辖。

唐武德四年（621），析句章县，置姚州、鄞州（不设县），白峰境域遂为鄞州东境。武德八年，鄞州废，更鄞州为鄮县，属鄮县东境。唐开元二十六年（738），分鄮县为慈溪、奉化、翁山（今舟山）、鄮4县，白峰境域仍为鄮县东境。唐时，鄮县曾设万龄乡、孝义乡、句章乡、龙山乡等，但白峰境域隶属何乡查无考。

五代后梁开平三年（909），改鄮县为鄞县，时为鄞县东境。

北宋庆历七年(1047)，鄞县置18乡，白峰境域隶属海晏乡。宋熙宁十年(1077)，划鄞县东南境之海晏乡、太丘乡、灵岩乡（今白峰、梅山、春晓、柴桥、霞浦、大碶、新碶等街道）归定海县，白峰境域随属定海县。

元、明时，建置袭两宋。

清康熙二十六年（1687），定海县更名为镇海县（次年在舟山昌国另建定海县），海晏乡隶属之。宣统三年（1911），白峰境域分属镇海县海晏乡、郭巨乡。

民国19年（1930），撤海晏乡建置，部分境域从郭巨乡析出，白峰境域始置小亹（后改小门）、白峰、五境、上道、马盘、庚阳6乡。海晏乡建置经历两宋、元、明、清，沿袭至民国19年撤销，历时共883年。

民国24年（1935），完成保甲设置，撤并乡、镇公所，白峰境域的上道乡、马盘乡合并称上马乡。民国25年（1936）初，建柴桥区署，境域小门、白峰、五境、上马、庚阳5乡隶属之。民国34年（1945）12月，撤销柴桥区署（民国37年又恢复），境域5乡合并为白峰、上阳、六和3乡。民国35年（1946）8月，镇海县原有78个乡镇兼并为49个，其中白峰境域缩编为上阳、和峰（白峰乡和六和乡合并）2乡。民国36年（1947）10月，全县缩编为34个乡镇，白峰境域分属穿山乡、上阳乡。

1949年10月，中华人民共和国成立后，镇海县甬江以南设2个区、20个乡镇，白峰境域仍属穿山乡和上阳乡。

1950年6月，调整乡、镇建制，时镇海县甬江以南设4区、54个乡镇。白峰境域置白峰、上阳、山江3乡。1951年5月，从上阳乡分出下阳乡。

1956年2月调整区乡建制，白峰乡、山江乡和霞屿乡三村、四村及大榭乡神马村合并组建江峰乡（未几改称白峰乡）；上阳乡和下阳乡合并称上阳乡。

1958年10月，全县农村实现人民公社化，甬江以南建郭巨、三山、柴桥、大碶、长山5个人民公社。白峰境域隶属郭巨人民公社，下设小门、白峰、上阳、下阳4个管理区。

1961年4月，撤销大公社，恢复区公所建制，分设小公社。时白峰境域从郭巨人民公社析出，成立白峰人民公社、上阳人民公社，属郭巨区公所管辖。

1965 年 5 月，撤销郭巨区公所，白峰、上阳 2 个人民公社划归柴桥区公所管辖。

1966—1976 年“文化大革命”期间，人民公社均成立革命委员会。

1983 年 10 月，改革基层体制，政社分设，复建乡人民政府，原人民公社的“社”职能由乡经济联合社承担（一年后联合社也被撤销）。至此，“人民公社”这一行政区划概念消失，白峰、上阳 2 个人民公社恢复乡建制，属郭巨区公所管辖，原来的生产大队亦改称村民委员会。

1985 年 7 月，国务院批准撤销镇海县，其所辖行政区域并入宁波市，设立宁波市镇海区、宁波市滨海区。行政区域按甬江分界，甬江以南为滨海区，甬江以北为镇海区。白峰、上阳 2 个乡隶属滨海区。10 月 1 日，两区分署办公，镇海县名消失。白峰境域隶属镇海县（定海县）历时 908 年。11 月 11 日，郭巨区署改称郭巨办事处，白峰、上阳 2 个乡隶属之。

1987 年 1 月，撤销郭巨办事处，各乡由区直管。7 月，滨海区更名为北仑区。

1992 年 5 月，北仑区开展扩镇并乡工作，白峰、上阳 2 个乡合并组建白峰镇。

2003 年 8 月，撤销郭巨镇建制，与白峰镇合并，组建新的白峰镇。

2016 年 7 月，撤销白峰镇建制，成立北仑区人民政府白峰街道办事处。时郭巨境域析出，单独成立北仑区人民政府郭巨街道办事处。

白峰街道建置沿革一览表

表 1-1-1

<table>
<tr><th colspan="2">历史年代</th><th colspan="4">沿革</th><th rowspan="2">说明</th></tr>
<tr><th>年代</th><th>纪年</th><th>属</th><th>县(区)</th><th>区</th><th>建置名称</th></tr>
<tr><td>秦
(前 221—前 207)</td><td>秦王政二十五年
(前 222)</td><td>会稽郡</td><td>鄮县
(东境)</td><td>—</td><td>—</td><td>《史记·秦始皇本纪》：秦王政二十五年，“王翦遂定荆江南地，降越君。置会稽郡。”会稽郡下有句章、鄞、鄮 3 县，白峰境域属鄮县</td></tr>
<tr><td>两汉、三国吴、两晋南北朝
(前 206—589)</td><td>—</td><td>会稽郡
(国)</td><td>鄮县
(东境)</td><td></td><td></td><td>自两汉（前 206）、三国吴、两晋至南北朝(589)均为鄮县东境。据光绪《鄞县志》、《晋书·成帝纪》记载，会稽时有称“国”</td></tr>
<tr><td rowspan="3">隋
(581—618)</td><td>开皇九年
(589)</td><td>吴州</td><td rowspan="3">句章县
(东境)</td><td rowspan="3">—</td><td rowspan="3"></td><td>《隋书·地理志》记载：废会稽郡，并余姚、鄞、鄮入句章，置吴州。白峰境域为句章县东境</td></tr>
<tr><td>大业元年
(605)</td><td>越州</td><td>《隋书地理志考证》：“……大业初，府废，置越州。”</td></tr>
<tr><td>大业三年
(607)</td><td>会稽郡</td><td></td></tr>
<tr><td rowspan="3">唐
(618—907)</td><td>武德四年
(621)</td><td>鄞州</td><td>—</td><td rowspan="3">—</td><td rowspan="3">—</td><td>宝庆《四明志》：“析句章，置姚州、鄞州……隶越州。”</td></tr>
<tr><td>武德八年
(625)</td><td>越州</td><td rowspan="2">鄮县
(东境)</td><td>《新唐书·地理志》：“(鄞)州废，更置鄮县隶越州。”白峰境域为鄮县东境</td></tr>
<tr><td>开元二十六年(738)</td><td>明州</td><td>《旧唐书·地理志》：“于越州鄮县置明州……”</td></tr>
</table>

续表 1-1-1

历史年代		沿革				说明
年代	纪年	属	县(区)	区	建置名称	
五代 (907—960)	后梁开平三年(909)	明州 望海军	鄞县 (东境)	—	—	至正《四明续志》:“朱梁避祖茂讳,始改鄮为鄞。”《舆地广记》:梁开平三年,“升(明州)为望海军节度。”
宋 (960—1279)	建隆二年 (961)	明州 奉国军	鄞县 (东境)	—		《宋会要》:“建隆二年,改望海军为奉国军……”
	庆历七年 (1047)				海晏乡	1996 年版《鄞县志》:“北宋初,鄞县分为 18 乡。”白峰境域属海晏乡
	熙宁十年 (1077)	明州 奉国军	定海县			宝庆《四明志》:“熙宁十年,割鄞县之海晏、灵岩、太丘三乡隶本县(定海)。”自此白峰境域始归定海县
	绍熙五年 (1194)	庆元府				《宋史·宁宗记》:绍熙五年闰十月“壬午,诏改明年为庆元元年。十一月……辛亥……升明州为庆元府。”
元 (1279—1368)	至元十四年 (1277)	庆元路	定海县	—	海晏乡	《元史·地理志》:“……(至元)十四年,改(庆元府)为庆元路总管府。”
	至正 二十七年 (1367)	明州府				《明史·地理志》:“太祖吴元年(元至正二十七年)十二月(改庆元路)为明州府。”
明 (1368—1644)	洪武十四年 (1381)	宁波府	定海县	—	海晏乡	嘉靖《宁波府志》:“鄞单仲友奏,明州同国号,请更名,上以郡有定海县,海定则波宁,始定今名。”
清 (1644—1911)	康熙二十六年(1687)	—	镇海县	—	海晏乡	乾隆《镇海县志》载,康熙二十六年,改旧定海县为镇海县。白峰境域随属
	宣统三年 (1911)				海晏乡 郭巨乡	2001 年 5 月《北仑区地名志》载,时白峰境域分属海晏、郭巨 2 个乡
中华民国 (1912—1949)	民国元年 (1912)		镇海县	第六区	海晏乡 郭巨乡	2 月,废宁波府
	民国 3 年 (1914)	会稽道				设会稽道,宁绍台同属,道尹驻宁波
	民国 16 年 (1927)					会稽道废,县直隶于省
	民国 19 年 (1930)				小亹(门)乡 白峰乡 五境乡 上道乡 马盘乡 康阳乡	设立区公所。撤海晏乡建制,部分境域从郭巨乡析出,境域始置 6 个乡
	民国 20 年 (1931)	第七专署				10 月,设浙江省第七行政督察专员公署(简称专署)
	民国 21 年 (1932)	第五特 区行署				11 月,改设浙江省第五特区行政督察专员公署

续表 1-1-1

历史年代		沿革				说明
年代	纪年	属	县（区）	区	建置名称	
中华民国（1912—1949）	民国 24 年（1935）	第五特区行署	镇海县	—	小门乡 白峰乡 五境乡 上马乡 庲阳乡	3 月，完成保甲设置，裁撤区公所。境域置 5 个乡（上道乡与马盘乡合并称上马乡）
	民国 25 年（1936）			柴桥区		建柴桥区署，境域 5 个乡隶属之
	民国 27 年（1938）	第六专署 宁波专署				10 月，改设浙江省第六行政专员公署
	民国 30 年（1941）					第六专署改称宁波专署
	民国 34 年（1945）				白峰乡 上阳乡 六和乡	第六专署进驻宁波。12 月，撤柴桥区署。境域合并为 3 个乡
	民国 35 年（1946）				上阳乡 和峰乡	1994 年 11 月《镇海县志》载：“白峰境域设上阳、和峰 2 乡。”
	民国 36 年（1947）	第三专署			穿山乡 上阳乡	2 月，撤第六专署，境域属第三专署辖。10 月，全县缩编为 34 个乡镇。境域分属穿山、上阳 2 个乡
	民国 37 年（1948）	第二行政督察区				复建柴桥区署。镇海县隶属第二行政督察区
	民国 38 年（1949 年 9 月 30 日止）5 月	第二专区 宁波专区				5 月 28 日，中国人民解放军进驻境内，境域解放。10 月成立新的乡人民政府。镇海县隶属宁波专区
中华人民共和国	1949 年 10 月	宁波专区	镇海县	柴桥区	穿山乡 上阳乡	10 月，中华人民共和国成立后，废保甲制，建村闾制，甬江以南（今北仑）设 2 个区、20 个乡镇
	1950 年 6 月			郭巨区	白峰乡 上阳乡 山江乡	6 月，调整区乡建制，时甬江以南为 4 区、54 个乡镇，白峰境域设 3 个乡，隶属郭巨区
	1951 年 5 月				白峰乡 山江乡 上阳乡 下阳乡	5 月，上阳乡析为上阳乡、下阳乡
	1956 年 2 月				江峰乡（后改白峰乡） 上阳乡	2 月，撤区并乡，其中甬江以南设 22 乡镇。时白峰境域设 2 个乡
	1958 年 10 月	宁波市郊区			郭巨人民公社	全县农村实现人民公社化，甬江以南建长山、大碶、柴桥、三山、郭巨 5 个人民公社。白峰境域属郭巨人民公社，下设小门、白峰、上阳、下阳 4 个大队（管理区）。11 月 21 日，撤县并市建立市郊办

续表 1–1–1

<table>
<tr><th colspan="2">历史年代</th><th colspan="4">沿革</th><th rowspan="2">说明</th></tr>
<tr><th>年代</th><th>纪年</th><th>属</th><th>县(区)</th><th>区</th><th>建置名称</th></tr>
<tr><td rowspan="12">中华人民共和国</td><td>1961 年 4 月</td><td colspan="2">宁波市郊区</td><td rowspan="2">郭巨区</td><td rowspan="5">白峰人民公社
上阳人民公社</td><td>撤销大公社和管理区，分设小公社。时白峰境域从郭巨人民公社析出，成立白峰、上阳 2 个人民公社。公社下辖生产大队，大队下称生产队</td></tr>
<tr><td>1963 年 1 月</td><td rowspan="2">宁波专区</td><td rowspan="5">镇海县</td><td>1 月，恢复镇海县建制</td></tr>
<tr><td>1965 年 5 月</td><td rowspan="3">柴桥区</td><td>撤郭巨区，境域划归柴桥区</td></tr>
<tr><td>1967 年</td><td rowspan="9">宁波市</td><td>宁波专区改称宁波地区</td></tr>
<tr><td>1978 年 7 月</td><td>7 月 29 日，镇海县从宁波地区划出，成为宁波市辖县</td></tr>
<tr><td>1983 年 10 月</td><td rowspan="2">郭巨区</td><td rowspan="4">白峰乡
上阳乡</td><td>10 月，改革基层体制，政社分设，复建乡人民政府，隶属郭巨区，下属大队改称村民委员会</td></tr>
<tr><td>1985 年 7 月</td><td rowspan="2">滨海区</td><td rowspan="2">7 月，国务院批准撤销镇海县，并入宁波市，下设镇海区和滨海区。白峰境域隶属滨海区。10 月 1 日，镇海、滨海 2 个区分署办公，镇海县被撤销。11 月，郭巨区改称郭巨办事处，境域隶属之</td></tr>
<tr><td>1985 年 11 月</td><td>郭巨区办事处</td></tr>
<tr><td>1987 年 1 月</td><td rowspan="4">北仑区</td><td rowspan="4">—</td><td>1 月，撤销郭巨办事处，由区直管。7 月，滨海区更名为北仑区</td></tr>
<tr><td>1992 年 5 月</td><td rowspan="2">白峰镇</td><td>全省开展扩镇并乡工作。境域白峰、上阳 2 个乡合并组建白峰镇</td></tr>
<tr><td>2003 年 8 月</td><td>8 月，撤销郭巨镇建置，与白峰镇合并，组建新的白峰镇</td></tr>
<tr><td>2016 年 7 月</td><td>北仑区人民政府白峰街道办事处</td><td>撤销白峰镇建制，成立北仑区人民政府白峰街道办事处。时郭巨境域析出，单独成立北仑区人民政府郭巨街道办事处</td></tr>
</table>

第二章　行政区划

白峰境域区划自北宋起才有较完整资料。

两宋时，县下辖乡，乡下辖里、村。元时，县下辖乡，乡下设都。明时因之。清时，乡村一律设乡，乡政府驻地称里，乡里下设都，都辖图。民国时期，县内设区，区下设乡或镇，乡镇下辖村里。

中华人民共和国成立后，仍设区、乡（镇），乡（镇）下辖村。1958 年后，改为政社合一的人民公社，公社下辖生产大队（管理区），生产大队又分若干生产队（小队）。1983 年 10 月，政社分设，恢复乡（镇）、村制，全县又划分几个区，区为县政府派出机构，领导若干个乡（镇），乡（镇）下辖村。2016年7月，撤销乡（镇）建置，成立街道，下辖村、社区。

第一节　民国以前

两宋（乡—里）

据宋宝庆《四明志》卷18《定海县志第一》载：熙宁十年（1077）鄞县海晏乡、灵岩乡、太丘乡3乡划隶定海县。其时，定海县在甬江以南（今北仑区，下同），设4乡、4里、20村。时白峰境域设小门村、太平村、马婆村，隶属海晏乡。

元、明时期（都—里—村）

元初，地方分编社、甲。延祐年间（1314—1320），始编都、图。全县辖6乡、21都，其中甬江以南地区为4乡（崇邱、灵岩、太邱、海晏）、10都（崇邱乡辖4都，余3乡各辖2都），都名无记载。据明嘉靖《定海县志》载，全县辖7乡、24都、90里。其中甬江以南辖4乡、13都、33里、29村。时白峰境域设小门村、马婆村，仍隶属海晏乡。

清代（里—庄—都—图）

清初全县设7乡、原设88里。雍正六年（1728）行顺庄法，改编为79图、607庄。宣统三年（1911），筹办自治组织，全县分设11乡、24都。白峰境域分属海晏乡、郭巨乡，庄数屡有增补。

据民国20年（1931）《镇海县志》载，清末，海晏乡共设里1个（太宁里）、都3个、图6个，图下记有自然村88个。其中白峰境域都、图、自然村为：

三都一图辖门浦、阮家、山傍、枫棚岭下、虾康、康头、照山下、上王、马婆村、太平岙、官庄、沦冈（轮江）、蔡家13个自然村。

郭巨乡不设都，只设六图、七图2个，图下记有自然村53个。其中白峰境域为七图，图下辖小山防、白峰、司前、金家峙、蒋家岙、沃家塘、下林、屺峙、百丈塘、张家墩、小门11个自然村。

第二节　民国时期

民国元年（1912），南京临时政府成立后，先建村里制。村以下为闾，1闾为25户。闾以下为邻，1邻为5户。民国19年（1930），县设7个区，撤销海晏乡建置，白峰境域内始置小亹（门）、白峰、五境、上道、马盘、康阳6个乡，属第六区管辖。民国24年（1935），完成保甲设置，撤区公所，减少乡镇公所，全县设97个乡镇，白峰境内置小门、白峰、五境、上马、康阳5个乡。

民国 24 年（1935）白峰境域行政区划一览表

表 1-2-1

乡名	小地名	旧有乡名
小门乡	中岭、沃家村	小亹（门）乡
白峰乡	百丈塘、沿亭（雁停）湾	白峰乡
五境乡	门浦、山防、官庄、轮江	五境乡
上马乡	上王道头、虾康、沙塘跟、钟家湾、马埠、郑家	上道乡、马盘乡
康阳乡	上枫棚、太平岙	康阳乡

民国 30—34 年（1941—1945）沦陷期间，民国县政府实际仅控制江南一隅。民国 34 年（1945）甬江以南设 2 个区、41 个乡，其中白峰境域设白峰、上阳、六和 3 个乡。

民国 36 年（1947）10 月，全县缩编为 34 乡镇、362 保、4481 甲。其时，白峰境域分属穿山、上阳 2 乡。穿山乡设 8 保、121 甲，上阳乡设 7 保、112 甲，维持至民国 38 年（1949 年 9 月 30 日止）5 月。

第三节　中华人民共和国成立后

1949 年 5 月 28 日，白峰境域解放，乡村建制沿旧，保甲制改为村闾制。

1950 年 6 月，调整乡镇建制，白峰境域置白峰、山江、上阳 3 个乡。

1951 年 5 月，析上阳乡为上阳乡、下阳乡。从穿山乡划入白峰乡的有白峰村、蒋岙村、屺峙村、百丈村、下林村、小门村，划入山江乡的有司前村、沿亭村。从上阳乡划入山江乡的有沦冈（轮江）村、仰岛湾村、山防村、官庄村、门浦村。1951 年初，从定海县金榭区大榭乡划入山江乡的有外峙村。

1951 年 5 月白峰境域行政区划一览表

表 1-2-2

乡	村
白峰乡	白峰村、蒋岙村、屺峙村、百丈村、下林村、小门村
山江乡	司前村、沿亭村、沦冈（轮江）村、仰岛湾村、山防村、官庄村、门浦村、外峙村
上阳乡	一东村（东园）、一北村（山坑）、一南村（石山）、蕉山村、枫棚村、下湾村、太平岙村
下阳乡	道头村、上王村、虾康村、钟家湾村、马盘村、外一村（朱家岙）

1956 年 2 月，镇海县开展撤区并乡，将山江乡、白峰乡合并，置白峰乡（是年，霞峙乡三村、四村，大榭乡神马村划入白峰乡）。将下阳乡、上阳乡合并置上阳乡。10 月，农村实现农业合作化，由宁波市组建的以下乡工人、学生和农民为主体的双石人山开荒队率先成立高级农业生产合作社。后各村陆续为高级农业生产合作社所取代。

1956年12月白峰境域行政区划一览表

表1–2–3

乡	辖高级农业生产合作社名称
上阳乡	石山（由南一社、南二社、太平岙合并）、勤丰（由枫棚、蕉山、下湾合并）、山坑、东园、双石人山 黎明第一高级农业生产合作社（钟家湾、马盘、黎明）、黎明第二高级农业生产合作社（道头、上王、虾康）
白峰乡	白峰（蒋岙）、屺峙（百丈、下林）、司前（沿亭） 门浦（山防、官庄）、轮仰（仰岛湾、轮江）、小门、神马、外峙

1958年10月，全县农村实现人民公社化，镇海县甬江以南建长山、大碶、柴桥、三山、郭巨5个人民公社，人民公社下辖大队（1959年改为“管理区”）、营或专业队。大队以下初称连、排（称组织军事化），旋改生产队、生产小队。时白峰境域归属郭巨人民公社，下设白峰、小门、上阳、下阳4个生产大队（管理区）。1959年4月小门管理区撤销，所辖各生产队并入白峰管理区。1959年12月撤销下阳管理区，所辖各生产队并入上阳管理区。

1961年4月，撤销大公社和管理区，分设小公社。时白峰境域设白峰人民公社、上阳人民公社，公社下仍设生产大队。

1961年4月白峰境域行政区划一览表

表1–2–4

公社	下辖生产大队
上阳人民公社	勤丰、山坑、石山、东园、蕉山、下湾、太平、双石人、道头、上王、虾康、钟家湾、马盘、黎明
白峰人民公社	白峰、小门、司沿、沿亭、外峙、山防、官庄、蒋岙、轮仰、门浦、屺峙、下林、百丈、神马

1963年，双石人大队并归石山大队。1966年，析出建专业茶场。1970年6月，昆亭人民公社干岙大队划归上阳人民公社。次年5月，又复归昆亭人民公社。

1983年10月，改革基层体制，政社分设，复建乡人民政府，下辖大队改称村民委员会。

1992年5月，全省开展撤区、扩镇、并乡工作。北仑区由20个乡镇调整为7个镇、3个乡。时白峰乡和上阳乡合并组建白峰镇，全镇辖28个村。

1992年5月白峰镇行政区划一览表

表1–2–5

村名			
小门	司前	勤丰	黎明
屺峙	沿亭	蕉山	马盘
下林	官庄	石山	钟家湾
百丈	轮仰	东园	下湾
白峰	外峙	山坑	道头
蒋岙	门浦	太平	上王
山防	神马	双石人	虾康

1996 年，经区人民政府批准，撤销双石人村，所辖自然村划归太平岙村。

2003 年 8 月，撤销郭巨镇，与白峰镇合并。全镇辖 52 个村（不含渔业队，下同）、2 个社区。

2003 年 8 月白峰镇行政区划一览表

表 1-2-6

郭巨片		白峰片	
村（社区）名	村（社区）名	村（社区）名	村（社区）名
洋涨	谢家岙	下湾	官庄
大涂塘	福民	太平岙	轮江
西门	华峙	道头	下林
东门	联合	上王	百丈
北门	双屯	虾康	小门
南门	长坑	钟家湾	沿亭
尖岭岙	长浦	马盘	山防
大岭下	上宅	黎明	蒋岙
路亭	中宅	门浦	神马
双岙	沙湾	勤丰	东园
盛岙	竹湾	山坑	屺峙
花船	后墩	白峰	石山
光明		司前	蕉山
东港社区		外峙	峰城社区

2005 年 3 月，调整村规模，全镇由 52 个村调整为 38 个村，仍设 2 个社区。2006 年 8 月，新设怡峰社区。

2013 年 10 月，由已拆迁的厚墩、竹湾、花船、上宅、中宅、沙湾、光明 7 个村合并，新建峰南社区。时撤销神马村，并入怡峰社区。

2016 年 7 月，撤销白峰镇建制，成立北仑区人民政府白峰街道办事处和郭巨街道办事处。白峰街道辖 12 个村、2 个社区。

2018 年 12 月白峰街道行政区划一览表

表 1-2-7

村（社区）	村民小组（个）	自然居民点	村委会驻地
白　峰	9	遮山下、上白路东、后新屋、后弄口、前新屋、上白路西、石板桥跟、祠堂横头、山防、蒋岙	遮山下 18 号
小　门	8	王家、燕窝、杨梅湾、官路墩、东山、文山头、徐家、郑家、上李家、沃家、水坑、史家、枫棚岭下	文山头 38 号
新　峰	8	傅家、岙里、周家、塘头弄、郑家、顾家、庄家园、向洋屋、百丈	峰城路 52 号
司　沿	10	郑家、下厂、官前、金家、大岙、小岙、涨浦山、岙里、许家、张家、袁家	金家 88 号
港　口	8	大众里、唐家、园夹岙、仰岛湾、胡家、蒲湾、南头、西山、前头岙、下江边、北岙	胡家 6 号

续表 1-2-7

村（社区）	村民小组（个）	自然居民点	村委会驻地
官 庄	5	马家、陆家、王家、虞家、胡家、张家	马家 68 号
门 浦	6	门浦、隔山王家、大涂岭、野毛张、小山防	茶厂跟 30 号
上 阳	10	石山、山坑、东园、阮家	东园 7 号
下 阳	25	沙塘西、夹塘、方家、凉亭、地厂、沙塘东、上王东、上王中、上王南、虾康	上王东 149 号
太 平	4	岙底、大园、岙口、双石人	岙底 43 号
阳 东	17	里马盘、外马盘、朱家岙、下湾、郑家塘、张家湾、钱家湾、石家湾、厂里	阳东新村 1 号
勤 山	9	蕉山下、杨家弄、上枫棚、下枫棚、黄老岙、龙爪岐、下李家	蕉山岐门外
峰城社区	13	安泰路一带	安泰路 1 号
怡峰社区	7	怡峰家园、里神马、神马新村	怡峰家园 A 区 8 幢 209 室

第三章 村 社区

2016 年 7 月，撤销白峰镇建制，成立北仑区人民政府白峰街道办事处（时郭巨境域析出），街道下辖 12 个村、2 个社区。

第一节 村

白峰村

村委会驻遮山下 18 号，位于街道办事处驻地南 300 米。白峰村是白峰街道办事处所在地，东临司前村，西至新峰村、小门村，南傍 329 国道、门浦村，北为穿山港岸线。地理坐标北纬 29° 52′ 54.41＂，东经 121° 59′ 37.05＂。白峰村于 2005 年 3 月由白峰、山防、蒋岙 3 个村合并组建而成。辖区面积约 6.2 平方千米。

村内有中小学校、农商银行网点、建设银行网点、农业银行网点、广电站、电信支局、移动公司、邮政支局、白峰街道社区卫生服务中心（北仑区第二人民医院白峰分院）、综合菜市场以及派出所、市场监督所、土管所、水管站等，村内有 20 余家企业和 200 多家店铺。

2018 年末，全村共有居民 832 户、2322 人（其中非农业户口 4 人）。有耕地 131.33 公顷，其中，水田 78.13 公顷、旱地 53.2 公顷，另有山林 215.47 公顷。

全村有白峰、山防、蒋岙 3 个经济合作社。

白峰经济合作社 社董事会驻遮山下 18 号村委会驻地。民国 36 年（1947）10 月属穿山乡。1950 年 6 月属白峰乡白峰村。1956 年 12 月与蒋岙合并称白峰高级社。1958 年 10 月属郭巨人民公社白峰管理区。1961 年 4 月为白峰公社白峰大队。1983 年 11 月称白峰乡（1992 年 5 月改镇）白峰村。2005 年 3 月与山防、蒋岙二村合并组建新的白峰村，保留原白峰经济合作社。2018年末，全社共有居民471户、1340人。有耕地66.07公顷，其中水田44.87公顷、旱地21.2公顷。社内有遮山下、上白路东、后新屋、后弄口、前新屋、上白路西、石板桥跟、祠堂横头8个自然村（居民点）。

山防经济合作社 社董事会驻遮山下18号村委会驻地。该社原有山防庙(保宁庙),清同治十年(1871)里人陈汉忠重修，社以庙得名。民国36年（1947）10月为上阳乡山防村。1950年6月属山江乡第十村。1956年12月属门浦高级社。1958年10月属郭巨人民公社小门管理区。1961年4月为白峰公社山防大队。1983年11月改为白峰乡(1992年5月改为镇)山防村。2005年3月与白峰村、蒋岙村合并组建新的白峰村，保留原山防经济合作社。2010年因建设穿山疏港高速公路需要，对山防实施“农村宅基地整理复垦异地安置项目”，于2012年开工建设，到2014年基本建成，建有房屋180套，建筑面积39600平方米。村民于2014年先后迁移至下林前头畈新建小区居住，原山防村的虞家、陈家、谢家、塔山、邵家、乐家6个自然村原址土地平整复耕，自然村废止。2018年末，全社共有居民237户、640人（其中非农业户口4人）。有耕地45.87公顷，其中水田19.2公顷、旱地26.67公顷。

蒋岙经济合作社 社董事会驻遮山下18号村委会驻地。蒋岙先祖主姓蒋而成名，沿用至今。民国36年（1947）10月属穿山乡。1950年6月属白峰乡蒋岙村。1956年12月属白峰高级社。1958年10月属郭巨人民公社白峰管理区。1961年4月为白峰公社蒋岙大队。1983年11月称白峰乡（1992年5月改镇）蒋岙村。2005年3月与白峰、山防两村合并组建新的白峰村，保留原蒋岙经济合作社。2018年末，全社共有居民124户、342人。有耕地19.4公顷，其中水田14.07公顷、旱地5.33公顷。

小门村

村委会驻文山头38号，位于街道办事处驻地西南2.4千米。东临白峰村山防大山及新峰村屺峙，西至柴桥街道后所、沙溪两村，南靠枫棚大山、蔡山，北傍穿山港岸线。地理坐标北纬29° 52′ 28.96＂，东经121° 58′ 6.12＂。“小门”曾名“小亹”,“亹”意为山峡中两岸相对如门之处，故名。辖区面积约5.6平方千米。

民国36年（1947）10月小门村属穿山乡。1950年6月属白峰乡。1956年12月属白峰乡小门高级社。1958年10月属郭巨人民公社小门管理区。1959年4月属白峰管理区。1961年4月为白峰公社上小门大队、下小门大队，1965年合并称小门大队。1983年11月称白峰乡（1992年5月改镇）小门村。2016年7月改称白峰街道小门村。辖王家、燕窝、杨梅湾、官路墩、东山、文山头、徐家、郑家、上李家、沃家、水坑、史家、枫棚岭下13个自然村。

村内建有白峰工业园区，永发集团、永港物流等40多家企业入驻园内，以生产、经营保险箱、线机、物流、混凝土等为主。境内有建于明崇祯十三年（1640）的宁国寺，1992年8月被定为区级文物保护单位。2014年5月，镇政府在小门“一门双烈士”故居墙上立纪念牌，以示纪念，教育后人。

2018年末，全村共有居民624户、1924人（其中非农业户口21人）。有耕地104.46公顷，其中水田73.33公顷、旱地31.13公顷，另有山林1222.13公顷。

小门村下设小门经济合作社，社董事会驻文山头38号村委会驻地。

新峰村

村委会驻峰城路52号，位于街道办事处驻地西0.8千米。东临白峰村、峰城社区，西靠小门村，南依白峰庵山头、塔山，北至穿山港岸线。地理坐标北纬29° 52′ 50.89＂，东经121° 59′ 8.94＂。新峰村于2005年3月由屺峙、百丈、下林3个村合并组建而成。辖区面积约6.5平方千米。

村内有白峰交警中队、白峰运管站、白峰公路管理所、白峰航管所等单位。

2018年末，全村共有居民480户、1339人（其中非农业户口16人）。有耕地69.5公顷，其中水田

42.23 公顷、旱地 27.27 公顷，另有山林 103.33 公顷。

全村有屺峙、百丈、下林 3 个经济合作社。

屺峙经济合作社　社董事会驻峰城路 52 号村委会驻地。屺峙由山峰得名，沿用至今。民国 36 年（1947）10 月属穿山乡。1950 年 6 月属白峰乡屺峙村。1956 年 12 月属白峰乡屺峙高级社。1958 年 10 月属郭巨人民公社小门管理区。1959 年 4 月属白峰管理区。1961 年 4 月为白峰公社屺峙大队。1983 年 11 月称白峰乡（1992 年 5 月改为镇）屺峙村。2005 年 3 月与百丈村、下林村合并组建新峰村，保留原屺峙经济合作社。2018 年末，全社共有居民 172 户、520 人（其中非农业户口 3 人）。有耕地 28.63 公顷，其中水田 17.63 公顷、旱地 11 公顷。社内有傅家、岙里、周家、塘头弄 4 个自然村。

百丈经济合作社　社董事会驻峰城路 52 号村委会驻地。百丈由海塘得名，沿用至今。民国 36 年（1947）10 月为穿山乡。1950 年 6 月属白峰乡百丈村。1956 年 12 月属白峰乡屺峙高级社。1958 年 10 月属郭巨人民公社小门管理区。1959 年 4 月属白峰管理区。1961 年 4 月为白峰公社百丈大队。1983 年 11 月称白峰乡（1992 年 5 月改为镇）百丈村。2005 年 3 月与屺峙村、下林村合并组建新峰村，保留原百丈经济合作社。2018 年末，全社共有居民 192 户、520 人。有耕地 28.13 公顷，其中水田 16.4 公顷、旱地 11.73 公顷。

下林经济合作社　社董事会驻峰城路 52 号村委会驻地。因地处西河下游，山上有林，故名下林。有郑家、顾家、庄家园、甸洋屋等小地名。民国 36 年（1947）10 月属穿山乡。1950 年 6 月属白峰乡下林村。1956 年 12 月属白峰乡屺峙高级社。1958 年 10 月属郭巨人民公社小门管理区，1959 年 4 月属白峰管理区。1961 年 4 月为白峰公社下林大队。1983 年 11 月称白峰乡（1992 年 5 月改镇）下林村。2005 年 3 月与屺峙村、百丈村合并组建新峰村，保留原下林经济合作社。2018 年末，全社共有居民 116 户、299 人（其中非农业户口 13 人）。有耕地 12.73 公顷，其中水田 8.2 公顷、旱地 4.53 公顷。

司沿村

村委会驻司前金家 88 号，位于街道办事处驻地东 0.5 千米。东为牛轭江，西至白峰村，南为官庄村、东香茗园，北靠怡峰社区、穿山港岸线。地理坐标北纬 29° 52′ 56.26＂，东经 121° 59′ 49.29＂。司沿村于 2005 年 3 月由司前、沿亭二村合并组建而成，二村各取一字为村名。辖区面积约 2.0 平方千米。

村内有舟山海峡轮渡白峰码头等单位。

2018 年末，全村共有居民 507 户、1486 人（其中非农业户口 40 人）。有耕地 71.6 公顷，其中水田 52.07 公顷、旱地 19.53 公顷，有山林 108.2 公顷。

全村有司前、沿亭 2 个经济合作社。

司前经济合作社　社董事会驻司前金家 88 号村委会驻地。宋建炎四年（1130 年）村北建有白峰巡检司，故名司前。民国 36 年（1947）10 月属和峰乡。1950 年 6 月属山江乡。1956 年 12 月为白峰乡司沿高级社。1958 年 10 月属郭巨人民公社白峰管理区。1961 年 4 月为白峰公社司前大队。1983 年 11 月称白峰乡（1992 年 5 月改镇）司前村。2005 年 3 月与沿亭村合并组建司沿村，保留原司前经济合作社。2018 年末，全社共有居民 393 户、1173 人（其中非农业户口 28 人）。有耕地 59.2 公顷，其中水田 45.07 公顷、旱地 14.13 公顷。社内有郑家、下厂、官前、金家、大岙、小岙、涨浦山 7 个自然村。

沿亭经济合作社　社董事会驻司前金家 88 号村委会驻地。据传该处乃大雁落脚之地，俗称“雁停湾”，后按同音习称“沿亭湾”，社（村）由湾得名。民国 36 年（1947）10 月属和峰乡，1950 年 6 月属山江乡，1956 年 12 月属白峰乡司沿高级社。1958 年 10 月属郭巨人民公社白峰管理区。1961 年 4 月为白峰公社沿亭大队，1983 年 11 月称白峰乡（1992 年 5 月改镇）沿亭村，2005 年 3 月与司前村合并组建司沿村，保留原沿亭经济合作社。2018 年末，全社共有居民 114 户、313 人（其中非农业户口 12 人）。有耕地 12.4 公顷，其中水田 7 公顷、旱地 5.4 公顷。社内有岙里、许家、张家、袁家 4 个自然村。岙里 12 号为徐小玉部队收编处旧址。

港口村

港口村村委会驻胡家6号，位于街道办事处驻地东2.6千米。东以郭巨街道华峙村为邻，西傍仰岛湾部队营房，南临官庄村、庵坑岭，北至穿山港岸线。地理坐标北纬29°52′39.25″，东经122°0′59.30″。港口村于2005年3月由轮仰、外峙两村合并组建而成，因地处北仑港（宁波港）四期码头港口得名。辖区面积约2.5平方千米。

2018年末，全村共有居民488户、1612人（其中非农业户口8人）。有耕地87.13公顷，其中水田33.13公顷、旱地54公顷，另有山林227.07公顷。

全村有轮仰、外峙2个经济合作社。

轮仰经济合作社 社董事会驻胡家6号村委会驻地。该地有轮冈山和牛轭江，故名轮仰。1949年8月属上阳乡，1950年6月属山江乡，1956年12月称白峰乡轮仰高级社，1958年10月属郭巨人民公社华峙管理区，1959年4月属白峰管理区，1961年4月为白峰公社轮仰大队，1983年11月称白峰乡（1992年5月改镇）轮仰村，2005年3月与外峙村合并组建港口村，保留原轮仰经济合作社。2018年末，全社共有居民231户、717人（其中非农业户口6人）。有耕地41.13公顷，其中水田19.8公顷、旱地21.33公顷。社内有大众里、唐家、园夹岙、仰岛湾、胡家5个自然村，2016年因穿山铁路支线建设需要全部征用拆迁，自然村废止。

外峙经济合作社 社董事会驻胡家6号村委会驻地。因位于宋代所建巡检司城之外，又地处海岛，故名外峙。1949年8月属定海县金榭区大榭乡。1951年5月划归镇海县山江乡。1956年12月称白峰乡外峙高级社。1958年10月属郭巨人民公社华峙管理区。1961年4月为白峰公社外峙大队。1983年11月称白峰乡（1992年5月改镇）外峙村。2005年3月与轮仰村合并组建港口村，保留原外峙经济合作社。2018年末，全社共有居民257户、895人（其中非农业户口2人）。有耕地46公顷，其中水田13.33公顷、旱地32.67公顷。社内有蒲湾、南头、西山、前头岙、下江边、北岙6个自然村。

官庄村

官庄村村委会驻马家68号，位于街道办事处驻地东南2.5千米。东靠港口村、仰岛湾部队营房，西至门浦村（隔山王家），南紧挨于家岭隧道，北为东香茗园。地理坐标北纬29°52′9.37″，东经122°0′27.17″。官庄村西北原为古代官宦坟庄(官衔、年代无考),故名官庄。辖区面积约1.5平方千米。

官庄村1949年8月属上阳乡。1950年6月属山江乡，1956年12月与门浦、山防合并称白峰乡门浦高级社。1958年10月属郭巨人民公社白峰管理区。1961年4月为白峰公社官庄大队。1983年11月称白峰乡（1992年5月改镇）官庄村。2016年7月改称白峰街道官庄村。辖马家、陆家、王家、虞家、胡家、张家6个自然村,其中王家、胡家、张家3个自然村于2016年因穿山港铁路支线建设征用拆迁,自然村废止。

2018年末，全村共有居民262户、728人。有耕地37.4公顷，其中水田25.33公顷、旱地12.07公顷，另有山林99公顷。

官庄村下设官庄经济合作社，社董事会驻马家68号村委会驻地。

门浦村

门浦村村委会驻茶厂跟30号,位于街道办事处驻地西南2.3千米。东邻官庄村乐家岐,西近勤山村龙爪岐,南临勤山村箬头山（日头山），北靠白峰村。地理坐标北纬29°51′39.53″，东经121°59′32.58″。因村中两山如门，溪流入海成浦，故名门浦。辖区面积约3.0平方千米。

门浦村1949年8月属上阳乡。1950年6月属山江乡。1956年12月与山防、官庄合并称白峰乡门浦高级社。1958年10月属郭巨人民公社白峰管理区。1961年4月为白峰公社门浦大队。1983年11月称白峰乡（1992 年 5 月改镇）门浦村。2016 年 7 月改称白峰街道门浦村。辖门浦、隔山王家、大涂岭、野毛张 4 个自然村。

村内隔山王家有株树龄 300 多年的桂花树，生长茂盛，1998 年被评为宁波市十大古树名木。

2018 年末，全村共有居民 351 户、1079 人（其中非农业户口 16 人）。有耕地 58.06 公顷，其中水田 36.53 公顷、旱地 21.53 公顷，另有山林 131.47 公顷。

门浦村下设门浦经济合作社，社董事会驻茶厂跟 30 号村委会驻地。

勤山村

勤山村村委会驻地岐门外，位于街道办事处驻地西南 4.5 千米。东靠日头山，西依枫棚大山、上阳村，南至阳东村下湾畈塘田，北为门浦村、枫棚岭。地理坐标北纬 29° 50′ 16.37″，东经 121° 58′ 29.27″。勤山村于 2005 年 3 月由蕉山、勤丰两村合并组建而成，各取一字为村名。辖区面积约 1.5 平方千米。

村内建有白峰戴家岙烈士陵园、白峰革命历史纪念馆、万寿山墓园。

2018 年末，全村共有居民 487 户、1391 人。有耕地 68.53 公顷，其中水田 58 公顷、旱地 10.53 公顷，另有山林 301 公顷。

全村有蕉山、勤丰 2 个经济合作社。

蕉山经济合作社　社董事会驻蕉山岐门外村委会驻地。村后有后照山，后称蕉山，社以山得名，沿用至今。1949 年 8 月属上阳乡。1950 年 6 月属上阳乡蕉山村，1956 年 12 月属上阳乡勤丰高级社。1958 年 10 月属郭巨人民公社上阳管理区。1961 年 4 月为上阳公社蕉山大队。1983 年 11 月称上阳乡蕉山村。1992 年 5 月上阳乡与白峰乡合并称白峰镇蕉山村。2005 年 3 月与勤丰村合并组建勤山村，保留原蕉山经济合作社。2018 年末，全社共有居民 304 户、829 人。有耕地 36.07 公顷，其中水田 33.8 公顷、旱地 2.27 公顷。社内有蕉山下、杨家弄 2 个自然村。

勤丰经济合作社　社董事会驻蕉山岐门外村委会驻地。以 1956 年建立的高级社名沿作社名。1949 年 8 月属上阳乡，1950 年 6 月属上阳乡枫棚村。1956 年 12 月属上阳乡勤丰高级社。1958 年 10 月属郭巨人民公社上阳管理区，1961 年 4 月为上阳公社勤丰大队。1983 年 11 月称上阳乡勤丰村。1992 年 5 月上阳乡与白峰乡合并称白峰镇勤丰村。2005 年 3 月与蕉山村合并组建勤山村，保留原勤丰经济合作社。2018 年末，全社共有居民 183 户、562 人。有耕地 32.47 公顷，其中水田 24.2 公顷、旱地 8.27 公顷。社内有上枫棚、下枫棚、黄老岙、龙爪岐、毛洋、下李家 6 个自然村。

上阳村

上阳村村委会驻东园 7 号，位于街道办事处驻地西南 5 千米。东南沿白梅线，东至勤山村，西依太平村、福泉山，南邻下阳，北靠后照山、双石人山。地理坐标北纬 29° 50′ 16.24″，东经 121° 57′ 56.84″。上阳村于 2005 年 3 月由东园、石山、山坑 3 个村合并组建而成，沿用原上阳乡名称。辖区面积约 7.4 平方千米。

上阳村内有“旌义亭”，明成化年间（1465—1487）宪宗朱见深敕书褒奖王氏先祖王孟训为义民而立。有“圣旨碑”一道，“文化大革命”期间，“圣旨碑”作为“四旧”被敲断作机器底盘。后在原青龙庵广场复制“圣旨碑”一道、“旌义亭”一座。

2018 年末，全村共有居民 849 户、2235 人（其中非农业户口 36 人）。有耕地 120.94 公顷，其中水田 99.47 公顷、旱地 21.47 公顷，另有山林 507.93 公顷。

全村有东园、石山、山坑 3 个经济合作社。

东园经济合作社　社董事会驻东园 7 号村委会驻地。因地处庚头，东有大园，故称东园。1949 年 8 月属上阳乡庚头村，1950 年 6 月属上阳乡一东村。1956 年 12 月属上阳乡东园高级社，1958 年 10 月属郭巨人民公社上阳管理区。1961 年 4 月为上阳公社东园大队，“文化大革命”期间改名为东风大队，1973 年复为东园大队。1983 年 11 月称上阳乡东园村。1992 年 5 月上阳乡与白峰乡合并称白峰镇东园村。2005 年 3 月与石山、山坑 2 村合并组建上阳村，保留原东园经济合作社。2018 年末，全社共有居民 261 户、707 人（其中非农业户口 30 人）。有耕地 31.33 公顷，其中水田 30 公顷、旱地 1.33 公顷。社内有东园、阮家 2 个自然村。社内建有宅角屋，明正德年间（1506—1521）为王氏第七代孙世珩所建，正门原有“贡元”匾额 1 块，后遗失。另建有洞桥 1 座，始建于宋末，民国 8 年（1919）王兆兰募资重修，为区级文物保护点。

石山经济合作社 社董事会驻东园 7 号村委会驻地。社西有石山，社以山得名，沿用至今。1949 年 8 月属上阳乡庾头村。1950 年 6 月属上阳乡一南村。1956 年 12 月与太平岙村合并以中间石山为名，称上阳乡石山高级社。1958 年 10 月属郭巨人民公社上阳管理区。1961 年 4 月为上阳公社石山大队，“文化大革命”期间改名红星大队，1973 年恢复原名。1983 年 11 月称上阳乡石山村。1992 年 5 月上阳乡与白峰乡合并称白峰镇石山村，2005 年 3 月与东园、山坑二村合并组建上阳村，保留原石山经济合作社。2018 年末，全社共有居民 350 户、928 人（其中非农业户口 6 人）。有耕地 55.6 公顷，其中水田 41.73 公顷、旱地 13.87 公顷。据民国《镇海县志》载，“在庾头村西一里许，溪流上架石梁三条，内有一条履足似软，非细察不觉，故村人易名软桥”，此桥原名务稼桥，建于明末，2004 年改建成钢筋水泥桥，此软石梁被对半裁断当作桥底脚。

山坑经济合作社 社董事会驻东园 7 号村委会驻地。社北面为山坑，以坑得名，沿用至今。1949 年 8 月属上阳乡庾头村。1950 年 6 月属上阳乡一北村。1956 年 12 月属上阳乡山坑高级社。1958 年 10 月属郭巨人民公社上阳管理区。1961 年 4 月为上阳公社山坑大队，“文化大革命”期间改名新风大队，1973 年复名山坑大队。1983 年 11 月为上阳乡山坑村。1992 年 5 月上阳乡与白峰乡合并称白峰镇山坑村。2005 年 3 月与东园、石山二村合并组建上阳村，保留原山坑经济合作社。2018 年末，全社共有居民 238 户、600 人。有耕地 34 公顷，其中水田 27.73 公顷、旱地 6.27 公顷。

太平村

太平村村委会驻岙底 43 号，位于街道办事处驻地西南 7 千米。东临白梅线，西依福泉山，南为下阳村，北靠双石人山、黄子山。地理坐标北纬 29° 49′ 36.40 "，东经 121° 57′ 16.34 "。村地处太平岙，以岙得名，沿用至今。辖区面积约 1.4 平方千米。

太平村 1949 年 8 月属上阳乡。1950 年 6 月称上阳乡太平村。1956 年 12 月与石山合并属上阳乡石山高级社。1958 年 10 月属郭巨人民公社上阳管理区。1961 年 4 月为上阳公社太平大队。1983 年 11 月称上阳乡太平村。1992 年 5 月上阳乡与白峰乡合并称白峰镇太平村。1996 年 2 月撤销双石人村，划归太平村。2016 年 7 月改称白峰街道太平村。辖岙底、大园、岙口、双石人 4 个自然村。

村内岙口有太平岙巡检司城遗址，2013 年 5 月被公布为区级文物保护点。

2018 年末，全村共有居民 152 户、381 人。有耕地 20.8 公顷，其中水田 18.2 公顷、旱地 2.6 公顷，另有山林 271.07 公顷。

太平村下设太平经济合作社，社董事会驻岙底 43 号村委会驻地。

下阳村

下阳村村委会驻上王东 149 号，位于街道办事处驻地西南 8.5 千米。东邻阳东村，西至春晓街道干岙村，南依梅山港，北临太平村。地理坐标北纬 29° 48′ 48.09 "，东经 121° 58′ 5.21 "。下阳村于 2005 年 3 月由道头、上王、虾庾 3 个村合并组建而成，沿用原下阳片区名称。辖区面积约 9.0 平方千米。

2018 年末，全村共有居民 773 户、2334 人（其中非农业户口 24 人）。有耕地 157.07 公顷，其中水田 63.27 公顷、旱地 93.8 公顷，另有山林 548.6 公顷。

全村有道头、上王、虾康 3 个经济合作社。

道头经济合作社 社董事会驻上王东 149 号村委会驻地。道头原为上阳至梅山渡船停靠点（码头），故称道头，社（村）以此得名，沿用至今。1949 年 8 月属上阳乡。1951 年 5 月属下阳乡。1956 年 12 月属上阳乡黎明第二高级社。1958 年 10 月属郭巨人民公社下阳管理区。1959 年 12 月改属上阳管理区。1961 年 4 月为上阳公社道头大队。1983 年 11 月称上阳乡道头村。1992 年 5 月上阳乡与白峰乡合并称白峰镇道头村。2005 年 3 月与上王、虾康两村合并组建下阳村，保留原道头经济合作社。2018 年末，全社共有居民 289 户、743 人（其中非农业户口 17 人）。有耕地 50 公顷，其中水田 20 公顷、旱地 30 公顷。社内有沙塘西、夹塘、方家、凉亭、地厂、沙塘东 6 个自然村。

上王经济合作社 社董事会驻上王东 149 号村委会驻地。因上王先祖原居住梅山称下岸，迁入此地称上岸，故名上王，俗称成名，沿用至今。1949 年 8 月属上阳乡。1951 年 5 月属下阳乡。1956 年 12 月属上阳乡黎明第二高级社。1958 年 10 月属郭巨人民公社下阳管理区。1959 年 12 月改属上阳管理区。1961 年 4 月为上阳公社上王大队，“文化大革命”期间改为上阳公社上游大队，1973 年复名上王大队。1983 年 11 月称上阳乡上王村。1992 年 5 月上阳乡与白峰乡合并称白峰镇上王村。2005 年 3 月与道头、虾康两村合并组建下阳村，保留原上王经济合作社。2018 年末，全社共有居民 264 户、974 人（其中非农业户口 7 人）。有耕地 60.47 公顷，其中水田 26.27 公顷、旱地 34.2 公顷。社内有上王东、上王中、上王南 3 个自然村。社内有株古槐树，被北仑区列为古树名木。2014 年 5 月，在上王长沙汀庙前“江南武工队建立处”立碑，以示纪念，教育后人。

虾康经济合作社 社董事会驻上王东 149 号村委会驻地。先祖在此建小舍张网捕虾，故称虾康，沿用至今。1949 年 8 月属上阳乡。1951 年 5 月属下阳乡。1956 年 12 月属上阳乡黎明第二高级社。1958 年 10 月属郭巨人民公社下阳管理区。1959 年 12 月改属上阳管理区。1961 年 4 月为上阳公社虾康大队，“文化大革命”期间改为上阳公社永丰大队，1973 年复名虾康大队。1983 年 11 月称上阳乡虾康村。1992 年 5 月上阳乡与白峰乡合并称白峰镇虾康村，2005 年 3 月与道头、上王两村合并组建下阳村，保留原虾康经济合作社。2018 年末，全社共有居民 220 户、617 人。有耕地 46.6 公顷，其中水田 17 公顷、旱地 29.6 公顷。社内以“虾康”年糕最为出名，另建有虾康龙潭登山游步道。

阳东村

阳东村村委会驻阳东新村 1 号，位于白峰街道办事处驻地东南 8 千米。东临梅山街道方门，西靠下阳村，南为梅山港，北依花岩、日头山一线。地理坐标北纬 29° 49′ 25.78＂，东经 121° 59′ 24.56＂。阳东村于 2005 年 3 月由黎明、马盘、钟家湾、下湾 4 个村合并组建而成，因地处下阳村东部，故名。辖区面积约 6.7 平方千米。

村内建有“双石蘑菇”基地、日头山游步道和名阳农庄。

2018 年末，全村共有居民 725 户、2158 人（其中非农业户口 3 人）。有耕地 171.87 公顷，其中水田 70.27 公顷、旱地 101.6 公顷，另有山林 422.6 公顷。

全村有黎明、马盘、钟家湾、下湾 4 个经济合作社。

黎明经济合作社 社董事会驻阳东新村 1 号村委会驻地。1956 年成立高级社时定名黎明，后沿作村名。1949 年 8 月与马盘村合并属上阳乡。1951 年 5 月属下阳乡。1956 年 12 月属上阳乡黎明第一高级社。1958 年 10 月属郭巨人民公社下阳管理区。1959 年 12 月改属上阳管理区。1961 年 4 月为上阳公社黎明大队。1983 年 11 月称上阳乡黎明村，1992 年 5 月上阳乡与白峰乡合并后改称白峰镇黎明村，2005 年 3 月与马盘、钟家湾、下湾三村合并组建阳东村，保留原黎明经济合作社。2018 年末，全社共有居民 82 户、244 人（其中非农业户口 3 人）。有耕地 13.53 公顷，其中水田 7.53 公顷、旱地 6 公顷。社内有朱家岙 1 个自然村。

马盘经济合作社 社董事会驻阳东新村 1 号村委会驻地。相传该地明末曾居有养马老妪，故名马婆岙。清光绪年间，里人王裘意等嫌该村以女人得名不吉，故改马婆为马盘，村由岙俗称成名，沿用至今。1949年8月属上阳乡。1951年5月属下阳乡。1956年12月属上阳乡黎明第一高级社。1958年10月属郭巨人民公社下阳管理区。1959年12月属上阳管理区。1961年4月为上阳公社马盘大队，“文化大革命”期间改名红光大队，1973年复称马盘大队。1983年11月称上阳乡马盘村，1992年5月上阳乡与白峰乡合并后称白峰镇马盘村，2005年3月与黎明、钟家湾、下湾三村合并组建阳东村，保留原马盘经济合作社。2018年末，全社共有居民364户、1012人。有耕地68公顷，其中水田24.53公顷、旱地43.47公顷。社内有马盘（里马盘）、外马盘2个自然村。

钟家湾经济合作社 社董事会驻阳东新村1号村委会驻地。因钟姓先祖在此地早居，由姓俗称成名。1949年8月属上阳乡。1951年5月属下阳乡。1956年12月属上阳乡黎明第一高级社。1958年10月属郭巨人民公社下阳管理区。1959年12月属上阳管理区。1961年4月为上阳公社钟家湾大队，“文化大革命”期间改名东方红大队，1973年复称钟家湾大队。1983年11月称上阳乡钟家湾村。1992年5月上阳乡与白峰乡合并后称白峰镇钟家湾村，2005年3月与黎明、马盘、下湾三村合并组建阳东村，保留原钟家湾经济合作社。2018年末，全社共有居民210户、720人。有耕地67.2公顷，其中水田18.87公顷、旱地48.33公顷。社内有郑家塘、张家湾、钱家湾、石家湾、厂里5个自然村。

下湾经济合作社 社董事会驻阳东新村1号村委会驻地。村东北原系山湾，因地势较低，故称下湾，俗称成名，沿用至今。1949年8月属上阳乡。1950年为上阳乡第三村。1956年12月属勤丰高级社。1958年10月属郭巨人民公社上阳管理区。1961年4月为上阳公社下湾大队，“文化大革命”期间改名东升大队，1973年复称下湾大队。1983年11月称上阳乡下湾村。1992年5月上阳乡与白峰乡合并后称白峰镇下湾村，2005年3月与黎明、马盘、钟家湾三村合并组建阳东村，保留原下湾经济合作社。2018年末，全社共有居民69户、180人。有耕地23.13公顷，其中水田19.33公顷、旱地3.8公顷。社内有下湾1个自然村。中共上阳地下党小组于1946年4月上旬一夜晚在下湾成立，2014年5月在下湾祥和公园内立有纪念碑，以示纪念，教育后人。

附录1：片村

庳头

曾用名庳阳。位于白峰西南5千米。含东园、石山、山坑3村。2001年，原共有居民849户、2235人。村民主姓王，南宋绍兴二十九年（1159）王氏先祖为避金兵之乱，由明州迁至霞浦，传三世迁居庳头定居。“庳”，小舍也；“头”，高阜也，古义高丘曰阳。其始祖王省元至此择高阜结草舍定居，故名庳头或庳阳。（见《王氏宗谱》）。中华人民共和国成立后，称上阳乡庳头村，后析为东园、石山、山坑三村（2005年3月三村合并为上阳村），而仍统称庳头，故为片村。

附录2：已撤销乡、村（自然村）

上阳乡

原乡政府驻道头村，全乡面积31.06平方千米。1936年初为上马、庳阳两乡，1941年两乡合并各取一字，得乡名为上阳，后一直沿用。1991年末辖14个村，原共有居民3513户、9475人。1992年5月，上阳、白峰两乡合并，称白峰镇，乡废。

双石人村

又名上阳茶场，有双石人1个自然村，以山得名。1955年建立宁波市双石人山开荒队，1963年至1965年并归石山大队，1966年由石山析出，建专业茶场，1980年10月称茶场大队经济合作社，1983年10月称上阳乡双石人村，1992年5月改称白峰镇双石人村。因人口少且交通不便，1996年2月经北仑区人民政府批准撤销双石人村村民委员会，所辖双石人自然村划归太平村，双石人村废止。

白峰等22个村（小村）

白峰村（小村）、蒋岙村、山防村、屺峙村、下林村、百丈村、司前村、沿亭村、轮仰村、外峙村、虾康村、上王村、道头村、钟家湾村、马盘村、利明村、下湾村、勤丰村、蕉山村、东园村、石山村、山坑村22个村，于2005年3月经区人民政府批准撤销，并合并设立新村（北仑区人民政府仑政〔2005〕21号文件《关于同意调整白峰镇行政村规模的批复》）。

神马村

北仑区人民政府仑政〔2013〕35号文件《关于同意撤销白峰镇上宅等8个村民委员会的批复》（2013年10月15日），同意撤销神马村村民委员会，纳入怡峰社区居委会管理和服务，村废止（其余7个村时属郭巨境域）。

童家岙

属下阳村虾康。以姓得名，因地处偏僻，旧时屡遭海盗抢劫。中华人民共和国成立后，居民陆续迁往虾康定居，1957年村废，原址垦作果园。

张家墩

属小门村。主姓张，民居建于较高土墩，故曰张家墩。1974年因土地平整，村民分别迁入王家和海口两自然村定居，原址平整成良田。

葛家湾

属新峰村屺峙。原共有居民6户、25人。曾为海湾滩涂，船民葛姓从慈溪迁此定居，故称葛家湾。后村民陆续迁至周家居住，原址垦作农地。

竺家坑

属白峰村山防。原共有居民7户、22人。主姓竺，因居于溪坑边，故名。1996年10月因竺家坑水库扩容，村民迁往司前涨浦山旁定居。

第二节　社区

峰城社区

峰城社区居委会驻安泰路1号，位于街道办事处驻地西1千米。地理坐标北纬29°52′56.37″，东经121°59′14.65″。社区东接329国道，西临新峰村下林直河，南至峰城路，北靠穿山港海岸线。因地处白峰中心，故名。

峰城社区成立于1993年5月，原称白峰镇新街居委会，2001年更名为白峰镇峰城社区居委会，2016年7月改称白峰街道峰城社区居委会。辖区面积约1.5平方千米，居民居住分散，农居混杂，属于典型的农村社区。

2018年末，全社区共有居民503户，其中户籍人口721人。下辖13个居民小组。

怡峰社区

怡峰社区居委会驻怡峰家园8幢209室，位于街道办事处驻地东北600米。地理坐标北纬29°53′5.71″，东经121°59′42.45″。东至司前长河，西依329国道，南接安泰路，北靠舟山汽渡码头、神马岛。以社区所在地居民小区怡峰家园得名。

怡峰社区成立于2006年8月30日。2013年撤销神马行政村建制，并入怡峰社区，怡峰社区区域扩大，住户及人口增加。2016年7月改称白峰街道怡峰社区居委会。辖区面积约0.4平方千米。

2018年末，全社区共有居民1980户、3642人，其中户籍人口213户、619人。下辖神马新村和怡峰家园A、B、C区3个居民区，7个居民小组。

社区下设神马经济合作社。

神马经济合作社　董事会驻怡峰家园8幢209室社区居委会驻地。神马经济合作社原为神马村，辖里神马、神马新村2个自然村，神马是一个海岛村，岛形如海上卧马，以岛得名。1951年前为定海县大榭乡神马村。1951年4月属镇海县榭南乡神马村。1956年12月为白峰乡神马高级社。1958年10月属柴桥人民公社大榭管理区。1961年4月属白峰公社神马大队。1983年11月称白峰乡（1992年5月改镇）神马村。2013年10月撤销神马村民委员会，划归怡峰社区，保留神马经济合作社。2018年末，全社共有居民179户、513人（其中非农业户口16人）。有耕地9.53公顷，其中水田8公顷、旱地1.53公顷。

第二篇　自然环境

早在15000年前，白峰境域海岸基本与大陆架一致，海域面积甚大，时舟山群岛与今白峰境域等连成一片。约12000年前起，全球气候转暖，海面上升，沿海岛屿与陆域分离，白峰境域平原渐陷海域，逐成汪洋。在距今约5000年起，海侵转入海退，露出一片潮汐出没的泥泞沼泽。经过长期生息、发展，境域海涂发育成陆，渐现农耕、村舍等人文景观。唐宋以后，有依山而居的越（粤）人陆续迁往白峰境域，煮海为盐，网罟而渔。自北宋始围堤筑塘，阻咸蓄淡，陆域不断扩大。历经元、明、清、民国，境内边滩淤涨迅速，加之气候适宜，经多世经营，广袤的涂地被改造成良地沃畴。20世纪中叶始，因围塘垦地建设新港，滩涂平原外延加速，渐成如今白峰境域海岸线格局。

白峰街道地处北仑区陆域东部，境域二面濒临东海，地形属丘陵岛屿类型。境域有大小山岗51座，海拔多在100～300米，属天台山余脉，为东南丘陵带。以太白山（北仑区与鄞州区交界处）为起点，山脉向东走向为白峰主山区。越狮子岭、昆亭岭，自九峰山、福泉山，向东进入白峰境内后直潜峙头洋。境内多峡谷小平原。沿海有岛4座（其中2座有人居住）、礁5个。有水系6条，海洋水道3条，穿山港道是境内重要的港口资源。

白峰街道属亚热带季风气候区，四季分明，温和湿润，无霜期长，光照充足，雨量充沛。常受季风交汇影响，气候多变，有台风、旱涝等灾害性天气出现，严重威胁农业生产和人民生命财产的安全。中华人民共和国成立后，随着防灾抗灾体系不断完善及其效益彰显，境内自然灾害日渐减少，旧时逃荒、饿死人及瘟疫流行等现象不复存在。

据1983年第二次土地普查，境内土壤分为红壤、黄壤、潮土、盐土和水稻土5种土类，18个土种。根据地貌特征，以低山丘陵土群为主，海涂平原土群为次。境域植被属中亚热带常绿阔叶林亚地带，浙闽山丘甜槠、木荷林区。历史上森林植被茂密，因屡遭摧残，原始植被几乎绝迹，代之以乔木、亚乔木、阔叶林、灌丛、草丛等次生植被以及人工引种植被。

境内自然资源丰富，尤以动植物资源、海洋资源种类居多。

近年来，由于生产发展导致境内环境污染问题日益严重，逐渐引起社会和政府的重视，环境保护成为一项基本国策和政府社会管理的重要任务，并逐年得到加强。

第一章　地貌　地质

白峰境域原为海域，经很长时期多次海进海退过程，在距今约5000年才陆地出露。后又历数十个世纪的大自然活动和人类改造自然活动，逐渐形成如今白峰境域的地形地貌。

第一节　地貌

境域地形属丘陵岛屿类型。丘陵分布于境域大部分村庄，陆域形状呈中间高、南北低的格局，地势从中间向南北倾斜。境域沿海山间多峡谷平原，系洪积和海积形成。岛屿（礁）分布于南北沿海。

地貌以成因分类主要有堆积地貌和构造侵蚀、剥蚀地貌。

堆积地貌广布于平原、山前、河谷及河口。有上阳等处的冲洪、坡洪积平原；有分布于其他山麓地带的冲洪、坡洪积斜地；有分布于滨海浅海、沉积平原和河流出海口，多呈弯月形的冲积平原。

构造侵蚀、剥蚀地貌主要见于山地，地质构造线附近最为强烈，呈北东向走向。由于组成山体的岩石抗风化能力和受构造破坏程度不同，形成浑圆低矮的丘陵或形态各异的高陡山峰、悬崖峭壁、奇峰怪石等山体。

另有少量海蚀地貌和海积地貌，分布于丘陵与冲海积平原。

第二节　地质

白峰境域地处大地构造分区的华南褶皱系（Ⅰ级）浙东南褶皱带（11 级）丽水—宁波隆起三级构造单元东侧，浙闽粤中生代火山岩带的北端。出露最老的地层是上侏罗统高坞组。

地质发展过程

依据所见的不整合面，境内地质发展可分以下几个时期：

燕山运动早期　这是火山强烈活动时期，境内经历了两个发展阶段。第一阶段（侏罗纪晚世早期）：该阶段早中期，火山活动强烈；晚期火山活动由喷发转为爆溢，岩浆从火山口溢出，在白峰等地冷却凝固，形成厚度巨大的貌似花岗岩的晶屑熔结凝灰岩（j3g）。与上覆砂砾岩假整合面的存在，显示该阶段火山活动强度渐弱，暂告结束。第二阶段（侏罗纪晚世晚期）：经过第一阶段火山活动后，境内相对宁静，处于剥蚀状态，在低洼的水塘、溪流内堆积该阶段底部的紫红色砂岩、砂砾岩，它代表湿热氧化的环境，标志第二阶段的开始。该阶段火山活动经历岩浆喷发—宁静—岩浆喷溢—岩浆超浅成侵入—再次岩浆超浅成侵入—火山活动止息的过程，这一过程先后形成分布境内的上侏罗统西山头组（j3x）火山碎屑流相的火山碎屑岩、茶湾组（j3c）火山沉积岩等岩种。

燕山运动晚期　经过早期强烈火山活动后，晚期进入较为宁静的时期，运动方式也发生变化。伴随构造带的继续运动，境内有微弱的火山活动、较弱的岩浆侵入和明显的垂直差异运动。在第一阶段（白垩纪早期），温州—镇海北北东向断裂带由挤压转为驰张，其东、西侧下降，接受沉积，标志着新火山活动的开始。在第二阶段（白垩纪晚期），境内处于全面隆起剥蚀状态，未留下堆积产物。而伴随隆起的垂直运动，导致岩浆多次侵入，形成白峰石英闪长岩小岩体。

喜马拉雅运动时期　进入新生代后，新构造运动控制了境内的地质发展。第三纪，境内应力场发生重大变化，处于近东西向挤压应力作用下，全面隆起，遭受剥蚀。隆起一直延续到第四纪早更新世，从而缺失第三纪和下更新统地层。第四纪中期起，由全面隆起转为隆起与下陷交替进行，垂直差异运动明显。在境内山麓部位由冲洪积、坡洪积和坡积组成，形成沟谷小平原。

地层

境内出露的地层有中生界上侏罗统和新生界第四纪。

上侏罗统（j3）　分布在境内丘陵区，由火山碎屑岩、火山熔岩、火山喷发沉积岩等组成，总厚度大于3000米。根据岩性、岩相、接触关系、岩石化学成分等特征，划分为高坞组（j3g）、西山头组（j3x）、茶湾组（j3c）、九里坪组（j3j）。境内主要分布的有高坞组（j3g）、西山头组（j3x）、茶湾组（j3c）。高坞组其岩性为流纹质晶屑熔结凝灰岩，貌似花岗岩；西山头组，其下部岩性为流纹质晶屑玻屑熔结凝灰岩、凝灰岩夹不稳定沉凝灰岩、上部岩性为英安质含角砾晶屑玻屑熔结凝灰岩；茶湾组，其下部岩性为凝灰质砂岩、沉凝灰岩，上部岩性为玻屑凝灰岩夹沉凝灰岩。

第四纪（Q）　分布于境内山麓和沟谷部位。依据岩性与成因类型、接蚀关系、化石、古气候、古地磁及年龄特征，划分为中更新统（Q2）、上更新统（Q3）和全新统（Q4）。中更新统分布在平地底部；上更新统分布在丘陵山麓部位；全新统分布在沟谷浅表部位。

岩石

境内岩石属弱碱质—钙碱质岩系，铝过饱和系列过碱性岩为主。

火山岩有火山碎屑岩、熔岩、潜火山岩3类。火山碎屑岩有凝灰岩、熔结凝灰岩、灿角砾（集块）岩和沉凝灰岩4类，广泛分布在境内丘陵和平原孤山。熔岩有流纹斑岩分布在竺家坑水库等地。潜火山岩主要分布于高山峭壁。

侵入岩有白峰石英闪长岩，面积2.6平方千米；白峰石英二长斑岩，面积0.1平方千米。围岩为火山碎屑岩，形成时代为燕山晚期，另有花岗斑岩脉分布于境内山地、丘陵地区，呈南北向展布。

构造

境内地质构造以断裂构造和火山构造为主要表现形式。

境域属北东向断裂。区域性丽水—奉化北东向大断裂带北段从北仑区境西部通过，对山体展布、侵入岩侵位和地震具有控制作用，总体走向40°～55°，倾向南东，倾角70°左右。境内有上阳村东大园—门浦断裂、后焦山西断裂，均属前第四纪断裂。

境域处于浙东中生代火山喷发带（温州—象山喷发带象山火山活动区），境域之南发育有上阳火山机体，四周的火山碎屑岩、熔岩、潜火山岩等均是其组成部分，属火山口喷发、岩浆喷溢和超浅成侵入的产物。

第二章　丘陵　岛礁　海涂

境内少高山，多为丘陵，山丘岩基主要由凝灰岩和流纹岩组成，按当地习惯，统称为“山”“岗”，共有大小山、岗51座；有岭16条，旧时为通往境外的主要通道；有岙8个。另有岛4座（其中外峙岛和里神马岛有村民居住）、礁5个、海涂1处。

第一节　山　岭　岙

山（岗）

双石人山　位于白峰西南6.5千米。海拔486.8米。东至后照山，西南靠福泉山，北为柴桥街道。

雁停湾山　白峰东北1.4千米。海拔50.1米。东为沿亭自然村许家，西近下司弄，南接雁亭湾岭，北濒穿山港。湾处海滨，据传旧时为宿雁之处，故名。西南山坡在南宋建炎四年（1130）建有白峰巡检司。

金家庄山　白峰南1千米。海拔93米。东麓有白峰至上阳公路经过，西傍竺家坑水库，南连虎山，北为角头山。东侧旧有金家庄，山以村庄名。东麓有口太婆井，水质甘洌，久旱不涸，为村民饮水之源。

涨浦山　山形似马腰，又名马腰山。白峰东北1.1千米。海拔39.8米。东连司前岙，西麓有清道光年间所建枫城碶，南为下厂自然村，北濒穿山港，为白峰河出海口。旧为涨网捕鱼之处，故名。宁波环海重工有限公司、冷冻厂等位于此山周围，西侧今建有舟山海峡轮渡码头。

轮江大山　以原轮江村得名。距白峰东3.2千米。海拔125.5米。东麓为郭巨街道华峙村，西靠岙里，南近尖峰山，北麓有墩石岩，岩旁为老碶头。以原轮江村得名。柴郭公路盘山而过，2004年并属港口村。

扇子山　又名园夹岙山。白峰东2.7千米。海拔82.8米。东近尖峰山，西濒仰岛湾，南至庵坑岭，北麓为园夹岙自然村。山形似扇子，因名。

外峙大山　白峰东北2.5千米。海拔116.2米。东为浦湾，西滨牛轭港，南接山岭，北靠寿门头。系外峙岛上最高山。清乾隆年间（1736—1795）建有北岙庙，今尚存。通舟山海底电缆大铁塔建于此。

樟岙山　位于白峰西南3千米。海拔92.1米。东麓有黄埠桥，故又名黄埠山，西至柴桥吉祥岙，南接后山岗，北麓为樟岙水库。以山下樟岙得名。

虎山　位于白峰南1.5千米。海拔106米。东靠农田，西连新大岭，南近门浦村，北接金家庄山。

日头山　又称箬雷山，因山较高，光照时间相对较多。白峰南3.8千米。海拔306米。东近墩石岩，西麓为龙爪岐，南至中坑戴家岙，北为野毛张自然村。绝顶处旧有箬雷台。

白象山　形如下山的白象，故名。白峰南5.6千米。主峰海拔172.5米。东靠马盘岙，西至下湾，南接钟家湾，北连青龙山。

塔山　白峰西南1.8千米。海拔256米。东连竺家坑水库，西至小门村，南靠塔山自然村，北连庵山冈。山顶古有石塔，今存遗址，故名。西南有外塔山，海拔103米。东南山麓唐乾宁三年（896）建有明慧寺，今已圮。

屺峙山　又名洋山岗。白峰西1.8千米。海拔122.7米。东连329国道，西靠小门河，南接沃家大山，北近葛家湾。古为海屿，草木甚少，故称屺峙山。

庵山　白峰西1.2千米。海拔133.2米。东近329国道，西是小门村沃家大山，南边蒋岙自然村，北接屺峙山。清道光十八年（1838）建有兆嘉庵，山以庵为名称庵山。

沃家大山　白峰西1.8千米。海拔133.2米。东近庵山岗，西麓为小门村沃家，故名，南接青坑山，北靠屺峙山。

狮子山　白峰西南6.7千米。海拔148.5米。东连农田，西靠狮后坑，南接道头自然村，北麓为太平岙口。以形得名。东麓有建于明正统十三年（1448）巡检司署遗址。

狮后坑山　位于白峰西南7.7千米。海拔313.3米。因东靠狮子山，故名。东为道头，西接犁尖山，南近上王，北为太平岙。2009年，在山头建风力发电场。

凉亭山　白峰南8千米。海拔19.1米。东为外三眼碶，西接凉亭自然村，南麓靠梅山港，北为道头农田。

孤山。据民国《镇海县志》载："在上王道头，五峰山脉至狮子山，过峡，海口突起，形如覆眉。"山麓曾建有凉亭，故名。

虾庚山 白峰西南8.1千米。海拔228米。东接虾庚自然村，西接高峙岗，南至童家岙，北连荫山狮子岗。以虾庚自然村得名。据元延祐《四明志》载："钓台圣井，即此。"

蕉山 原名照山。白峰西南4.8千米。海拔33米。东南为蕉山自然村，西有白（峰）梅（山）公路，南、北接农田。太阳初升即受其照，因名。据清乾隆《镇海县志》载："又名铁炉山，山旁有铁铺遗址。"

瓜子岩 白峰西南7.5千米。海拔313.4米。东为狮后坑，西连翅鱼碗（头）山，南临牛栏基，北靠太平村。山巅岩石矗立似瓜子，故名。

隐山 位于白峰西南7.9千米。海拔395.8米。东为狮后坑山，西接虾庚山，南为上王自然村，北连瓜子岩。

枫棚大山 又名五峰山。位于白峰西南4千米。海拔413米。东近炮台岗，西靠后照山，南为勤丰自然村，北连毓秀山，东侧有枫棚自然村，故名。处后蕉山东首，延伸向东有上苍山、下苍山、松树山、炮台岗，故又名五峰山。

后照山 位于白峰西南4.5千米。海拔477.1米。东靠枫棚大山，西北靠小门蔡山、柴桥街道，南连庚头自然村。

天打岩山 位于白峰街道西南6.5千米。海拔176米。东靠双石人山，西为福泉山，南是太平村，北接大滩岗上。据民国《镇海县志》载："在庚头太平岙，相传岩石为雷轰击而裂"。

碶头墩山 白峰南6.3千米。海拔140.1米。东近朱家岙，西连外马盘，南濒梅山港，北接碶头山。南麓有清光绪年间（1875—1908）所建碶闸，该碶傍山，因以名山。

龙王宫山 山上曾建有一小庙，被称为龙王宫，故名。白峰东南5千米。海拔250米。东近炮台岗，西接花岩岗，南是马盘自然村，北靠马盘岭。

和尚山 山顶光秃无草木，故名。白峰南6千米。海拔128米。东接外马盘，西北连白象山，南为阳东新村，北麓为马盘自然村。

驼山 白峰东南4.6千米。海拔268米。东接马盘岭，西北近花岩岗，南为马盘自然村，北靠杉树坑。

牛头山 白峰西0.6千米。海拔60.2米。东连下林自然村，西靠百丈农田，南接329国道，北近百丈自然村。以形得名。处下林自然村旁，故又曰下林山。

马腰山 白峰西南1.9千米。海拔106米。东近门浦村，西靠小山防，南是白梅线，北接野毛洞。顶峰形如马腰，故名。

西边山 处门浦野毛张自然村西边，故名。白峰西南3千米。海拔155.2米。东接石柱湾，西为火巴头，南连龙爪峧，北是山防自然村。20世纪80年代初，农民在山脚建茶园。

饭蒸山 白峰南3千米。海拔149米。东麓属郭巨街道。东连上厂山，西近青龙山，南接墩石岩，北靠大涂岭。山顶形圆，似倒覆饭蒸，故名。

角冲山 又称毓秀峰。白峰西南3.5千米。海拔159米。东接炮台岗，西近潘家山，南连蔡山，北靠小门村中岭脚自然村。据清乾隆《镇海县志》载："与钟灵峰相对，有钟灵、毓秀之称。"

青龙山 白峰南2.6千米。海拔104.8米。东南连饭蒸山，西北靠野毛张自然村。

蔡山 白峰西南4.3千米。海拔386米。西麓属柴桥街道。东连枫棚大山，西南近后照山，北接角冲山。

遮山 白峰东南0.3千米。海拔30.2米。东南连农田，西近白峰村，南端有白峰中学，北接329国道。孤山。白峰村处山西侧，每当日出必受其遮，故名。

岭墩山 又称萝卜蕉山。白峰南4.7千米。海拔201米。东是马盘自然村，西南靠马盘岭墩，北接召家山。处马盘岭最高处，故称岭墩山。

墩石岩山 白峰南偏东4千米。海拔400米。东南靠花岩山，西北接日头山。山顶数块岩石矗立，故名。

翘鱼碗（头）山 白峰西南8.1千米。海拔395.3米。东临扁担翘山，西南接福泉山，北接茅坪岗。现在建森林游步道。

凤凰山 白峰西南6.1千米。海拔99.7米。东西接农田，南近太平岙口，北靠上阳村。

杂树山 山上多杂树，故名。白峰西南8.8千米。海拔131.8米。东近上王潘家岙，西接西坑斗，南临虾庚自然村，北靠乱石棚山。山上建森林游步道。

乱石棚山 此山多乱石，故名。白峰西南8.5千米。海拔215.5米。东连上王自然村潘家岙水库，西靠西坑斗，南近杂树山，北接狮后坑。

碶头山 白峰南偏东5.5千米。海拔224米。东靠后山，西接马盘自然村，南临碶头墩，北靠大池坑。以山下有碶闸得名。

大潭岗 白峰东南2.6千米。海拔128米。山南麓属尖岭岙村。东连暗坑岭，西接冤家岭，南为郭巨尖岭岙自然村，北近仰岛湾。以山间一水潭得名。

炮台岗（1） 位于白峰东1.3千米。海拔107.7米。东连牛轭港，西近司前郑家，南接大岙岭，北为沿亭自然村。明嘉靖年间，山巅建有烽堠，故名。

后山岗 处小门徐家及水坑自然村后，故名后山岗。距离白峰西南2.8千米。主峰海拔128.2米。界柴桥街道。清乾隆《镇海县志》作窑岗山。东连小门徐家，西接柴桥吉祥岙水库，南是小门村雨林岙，北靠樟岙山。现为茶叶基地。

石硼山岗 山体下宽上窄，形如三角棚，且多岩石，故名。位于白峰南5.5千米。海拔205.2米。东靠马盘自然村，西接下湾自然村，南接白象山，北连马盘岭墩。

花岩岗 据民国《镇海县志》载:“西北与箬雷山接，山巅岩石苍白，亦名花岩山，其山阴有龙潭，山之南即马盘自然村。”位于白峰东南4.3千米。海拔406米。东是马盘岭，西接箬雷山，南连马盘自然村，北抵门浦万燕山。

炮台岗(2) 古时山上建有炮台，故名。位于白峰西南3.2千米。海拔237米。东接枫棚岭，西连蔡山，南靠上枫棚自然村，北濒小门枫棚岭下自然村。

东山岗 山在牛轭江之中，处西山港东侧，故名东山岗。位于白峰东2.4千米。海拔98.8米。东西连牛轭江，南靠外峙南头，北接外峙大山。

岭

冤家岭 岭南侧有天打洞，故称冤家岭。位于白峰东南2.5千米。海拔70米。东南起尖岭岙下李家，西北抵官庄村王家。长约1.2千米。昔为官庄、仰岛湾通郭巨之山径。

庵坑岭 白峰东南3.3千米。东南起郭巨街道华峙自然村岭头，西北抵仰岛湾。岭南麓旧有静山庵，故名庵坑岭。

西山岭 白峰东2.2千米。在外峙岛。东起北岙，西至西岙。以往为两岙间山径，故名。

枫棚岭 又名五峰岭。白峰西南2.8千米。海拔206.3米。东是西边山，西为后照山，南起勤丰上枫棚，北抵小门分水岭。昔为上阳、梅山等地通柴桥必经之路，自上（阳）白（峰）公路通车后，行人日稀。岭处枫棚大山，故名。岭巅旧有坐爱亭，取唐杜牧诗“停车坐爱枫林晚”得名。

分水岭 白峰西南2.4千米。东起山防自然村谢家，西抵小门村枫棚岭下。岭脊古为海晏、郭巨两乡分界线，故名。

野猪岭（老小岭） 白峰西南6千米。东起白峰庚头自然村，西抵柴桥大溟村。相传旧时有野猪出没于林间，故名。昔为庚头通柴桥便径。

大岙岭 白峰东南1.8千米。东南起官庄虞家，西北抵司前大岙。岭旁有解放大榭时牺牲的烈士墓塚。由自然村得名。

中岭　白峰西南4.2千米。东起小门中岭脚，西抵柴桥镇沙溪村。岭巅有中岭凉亭及钟灵庵。处附近诸岭之中，故名。

大涂岭　白峰南3.1千米。东起郭巨街道大岭下村，西北抵门浦村。岭东昔为郭巨大海涂，故名。是郭巨通柴桥5条岭中第一岭。

尖岭　白峰东南2.5千米。东南起郭巨尖岭岙，西北抵门浦。因岭巅尖而得名。

刺坑岭　白峰南偏西4.8千米。东起马盘自然村，西抵蕉山自然村岭外田畈。昔为马盘通柴桥小路，岭墩有凉亭，岭旁多刺树，故名。

石柱岭　白峰西南3千米。东起门浦，西抵山防自然村。长约1.5千米。据传岭上有石柱，故名。

马盘岭　白峰南偏东5千米。东北起郭巨紫微岙，西南抵马盘自然村。昔为马盘通郭巨山道。

龙爪岭（岭）　白峰西南3.2千米。东北起门浦，西南抵勤丰自然村。以龙爪岭自然村得名。

新大岭　白峰南1.6千米。处虎山与野毛洞之间。南起门浦村，北抵竺家坑水库。

角山岭　白峰南0.9千米。处竺家坑水库东，白峰至上阳公路西。东起公路，朝南沿水库抵山防自然村乐家。竺家坑水库建成后改为拖拉机路。横越角头山，以山得名。

岙

蒋家岙　白峰西南0.8千米。东连农田，东南近竺家坑水库，西靠塔山和庵山坑，北至白峰小山头。蒋姓世居，以姓得名。岙东南有白峰街道最大的竺家坑水库。

大岙　白峰东南1.4千米。东南起岙底，西北讫司前郑家。岙内有大岙自然村，因名。

马盘岙　旧名马婆岙。白峰西南5.1千米。岙内有外马盘、里马盘两个自然村。东为碶头山，西至钟家湾，南濒梅山港，北抵花岩山。以自然村得名。岙口有柏树塘和建于清道光年间的千亩塘，1956年毁于台风灾害，重建后改称门口塘，1999年建成标准海塘。

戴家岙　白峰南4.4千米。日头山西麓。岙内曾居戴姓而名。岙口有建于20世纪50年代的戴家岙水库。岙内建有白峰烈士陵园、革命历史纪念馆、万寿山墓园。

童家岙　白峰西南12千米。界柴桥街道。由原童家自然村而名。因地处偏僻，村民于1957年迁至虾庚自然村定居。

朱家岙　白峰东南7千米。岙口为梅山港，东北与郭巨街道交界。岙内原住朱姓，今为阳东村朱家岙自然村。

太平岙　原名乌石岙。白峰西南7千米。东起凤凰山口，西至岙底。有岙口、岙底、大园3个自然村。相传古时该地有猛虎伤人，后猎人灭虎，岙内从此太平，故改乌石岙为太平岙。岙口有明正统十三年（1448）所建寨城，驻太平巡检司，今圮。

王老岙　白峰西南4.7千米。东靠下枫棚，西连上阳村，南是庙山，北靠五峰山。今属勤山村。

第二节　岛　礁

岛

外峙岛　距街道办事处东2.6千米。面积1.37平方千米。最高点大山海拔116.2米。北岙有北岙庙，建于清乾隆年间（1736—1795），今尚存。渡口有建于清嘉庆年间（1796—1820）的天后宫。

里神马岛　位于街道办事处东北600米。面积0.581平方千米。主峰海拔107.3米。岛内有建有清雍正年间的梁家庙及建于民国14年（1925）的天主教堂，今均存。岛形如海上卧马，遂有神马之称，因处外神马岛之西，故名。

大铜盘岛 位于街道办事处西北1200米。面积0.011平方千米。最高点海拔24.2米。有废灯塔1座，无人定居。形如铜盘且面积较大，故名。

小铜盘岛 位于街道办事处西北1200米。面积0.003平方千米。最高点海拔10.8米。无人定居。小于大铜盘岛，因名。

礁

拦门礁 位于街道办事处西北1200米。干出高约0.3米，置有灯塔。因位于石门正中，阻拦船只航行，故名。旧时未置灯塔，常发生船只触礁事故，故俗称拦门虎。

捎马礁 距街道办事处东北角2.8千米，外峙岛东北角200米。干出高约0.4米。旁有浮标灯。

石地栿礁 距街道办事处1000米，涨浦山东北300米。干出高约0.2米。水下岩脊平坦，在穿山港航道中间，形似门栿，故名。1990年被夷平，万吨轮可平安出入。

射屙礁 距街道办事处西北面1300米，小铜盘岛沿岸130米。面积130平方米。最高点海拔1.5米。海鸟栖息，鸟屎成堆，故名。

小绞湾礁 距街道办事处西北面1500米。干出高2.7米。与陆地相连，处小绞湾泥涂上，故名。

第三节 海涂

7000年前，境域还是一片大海，海退显露一片盐碱沼泽，唐、宋时期尚谓之“斥卤之区”。由于陆岸不断外延，原有滩涂变为平原，今记现存滩涂。

童家塘海涂 该海涂位于昆亭村、干岙村南端，靠近梅山港沿海地段，东起上阳虾庚自然村童家塘，西至笠帽礁，总长度6700米，宽窄不一。面积为276.5公顷，现绝大多数面积承包给村民，主要养殖蛏子、蛤蜊类、泥螺、紫菜等水产品。

第三章 水系 水道（港道） 水文

白峰境域气候湿润，水气丰富，雨量充沛。境内河网密布，但其河流长度短、宽度窄，拦蓄能力低，水位受降水及外海潮位影响大，降水期大径流排海，少雨期水位明显下降易受旱。穿山港道自然条件优越，适宜建港口码头。

境属穿山半岛，沿岸潮汐属不规则半日潮，北岸平均潮差2.03米，南岸2.5米。24小时50分钟为一个周期，有两个高潮、两个低潮，高潮低潮间时差为6小时左右。

第一节　水系

小门河

位于小门村中部，老河道源于中岭溪、杨梅湾溪，会于石桥头至雨岭坝，过徐宅前会青坑水，经上保庙入黄埠桥而成河。20 世纪 70 年代重浚截直，自小门村址（旧上保庙）后成河，经沃家桥、郑家桥，穿 329 国道至新小门碶注入穿山港，长 1.84 千米，宽 10 余米。

白峰东大河

位于白峰村中部，源箬雷山，流经门浦后在虎山南麓周家边成河。北有分支接官庄水，同贯白峰集镇，过遮山桥、峰城内碶至涨浦山，西出峰城碶注入穿山港，长 3.64 千米，宽 20 ～ 40 米。

白峰西大河

位于街道西北部，源竺家坑，向南汇合白峰河，西北流穿 329 国道，沿下林山东北麓出百丈塘注入穿山港，长 2.28 千米，宽 15 米。中有新开支港，起下林山东侧，东接白峰河，长 720 米，宽 6 米。百丈塘碶南有分支屺峙河，南接屺峙山里岩门、外岩门水，同出百丈塘碶，长 600 米，宽 10 米。

康头河

位于上阳道头东北。源自双石人山、福泉山、后照山、枫棚大山、日头山诸溪。长 2 千米，水深 1.5 ～ 2 米。自北至南过五眼碶，经大浦河，流入梅山港。

虾康溪河

位于下阳村虾康，源荫山，东南陇中芝岩，流经虾康自然村余庆桥，折北出虾康碶注入梅山港，长 1.3 千米。

马盘河

位于阳东村马盘，源日头山南坡接马盘溪流，向南沿马盘自然村后成河，经柏树塘碶桥至马盘外碶，注入梅山港，长 1.16 千米，宽约 10 米。

第二节　水道（港道）

上（阳）梅（山）水道

上梅水道长约 800 米，有史以来是上阳通往梅山的唯一途径。遇到大风、台风，渡船（轮）停航，两地出入极为不便。至 2010 年 8 月 31 日，梅山大桥建成并通车，上梅渡轮完成历史使命，正式停航。

白（峰）舟（山）水道

白舟水道全长 15.7 千米。车渡码头始建于 1984 年 3 月，1986 年 1 月 27 日竣工，1986 年 1 月 31 日，白峰码头至舟山鸭蛋山汽车轮渡试航成功，单次通航时间约 50 分钟。

牛轭港水道

牛轭港又名外峙港、轮江或外峙江。在穿山港东口南侧，外峙岛与大陆之间。东起轮江盐场，西至雁停（沿亭）湾，全长 4 千米，平均宽度 0.15 千米。港道东、西两出口（曾是军港），水道两侧有小片泥滩。因港湾呈牛轭状，故名。

穿山港道

白峰街道北濒穿山港，穿山港道以舟山群岛为天然屏障，受季风影响小，海岸线长，岸坡陡，水深流急，有利于污染物向外海迁移扩散，万吨级船舶能自由出入，全年可作业天数长。白峰街道利用天然的港口资源大力发展临港产业，其中宁波舟山港穿山港区集装箱码头（宁波港四期码头）跨越白峰街道、郭巨街道境域，自 2004 年逐步投产以来，至 2018 年，建成 10 个集装箱专用泊位。

第三节　水文

水质

白峰境内河网密布，但短而窄，承受污染能力较小。20 世纪 60 年代后，随着化肥普遍使用、畜牧养殖业和城乡工业的发展，水质在不同程度上受到了污染。通过逐年整治，2017 年高质量通过省市剿灭劣Ⅴ类水考核验收。境内近岸海域海水水质为劣Ⅳ类，不能满足功能要求。

潮汐

境域二面环海，穿山半岛以北属非正规半日潮，潮流多往复流，落潮历时略大于涨潮历时，涨潮历时比落潮历时短约 1 小时。

白峰涨潮时刻一览表

表 2-3-1

日期	上午潮	下午潮
初一、十六	4：35	16：40
初二、十七	5：10	17：15
初三、十八	5：45	17：50
初四、十九	6：20	18：25
初五、二十	7：00	19：00
初六、廿一	7：35	19：40
初七、廿二	8：20	20：25
初八、廿三	9：10	21：20
初九、廿四	10：10	22：40
初十、廿五	11：30	23：25
十一、廿六	0：30	13：05

续表 2-3-1

日期	上午潮	下午潮
十二、廿七	1：40	14：05
十三、廿八	2：30	14：55
十四、廿九	3：20	15：35
十五、三十	3：55	16：05

潮位　潮位受气象及地形影响，在穿山半岛中部南北岸，具有北低南高的变化规律，夏季夜高潮位高于日高潮位，冬季夜高潮位低于日高潮位。根据实测汇载，穿山半岛以北最高潮位 5.05 米（1997 年第 11 号台风过境，大榭开发区国土规划局实测），穿山半岛以南最高潮位为 6.6 米（1997 年第 11 号台风过境，北仑区水利局实测）。

潮差　北岸潮差少于南岸。北岸穿山至竹湾一带，沿海平均潮差为 2 米，南岸梅山岛附近潮差 2.7 米，最大潮差北岸 3.6 米，南岸 4.7 米。

潮速与潮向　北岸海域涨潮平均流速为 1.5 米 / 秒，落潮流速为 1.04 米 / 秒，即涨潮流速大于落潮流速；南岸海域则涨潮流速小于落潮流速，其流速分别为 1.42 米 / 秒、2.7 米 / 秒。且南岸海域流速自东向西还具有逐渐趋缓的特点，潮流流向总体上呈西南一东北走向。潮速、潮向主要变化规律：夏季流速大于冬季流速，最大流速发生在高（低）潮后 2 ～ 4 小时内；涨、落潮主流向与地形等深浅基本一致。

波浪

白峰街道附近海域，由舟山群岛环抱而形成半封闭海区，外海来流影响较少，波浪以流内自生风浪为主。每月平均浪高 0.3 ～ 0.7 米，最大浪高 1.7 ～ 2.8 米。受外海波浪影响，台风时最大浪高可达 3.5 米。常年主要浪向北岸为北偏西，南岸为东、东北向。

第四章　土壤　植被

据 1983 年土壤普查，境内土壤分为红壤、黄壤、潮土、盐土、水稻土 5 个土类，11 个亚类，14 个土属，18 个土种。根据地貌特征，以低山丘陵土群为主，海涂平原土群为次。

境内植被有沿海滩涂草本植被、沿海丘陵针叶林植被、沿海丘陵阔叶林植被、沿海丘陵下木层植被、沿海丘陵高山植被和人工植被。

第一节　土壤

土壤种类

红壤类　分布于海拔 450 米以下低山丘陵区。土体风化深刻，呈红色或红黄色，土质黏重。土层深度一般在山前缓坡处有 30 ～ 60 厘米，山脊陡坡处为 5 ～ 10 厘米。土壤呈酸性反应，潜在酸度大，盐浸

pH 值为 4.7 ～ 4.9。有机质含量多在 1.38%～ 1.82%，缺磷缺钾严重。本类土壤大部为薪炭林地，山前缓坡地被垦为用材林地、果园地、茶地和其他园地。

黄壤类 分布在海拔 500 米以上山地和 450 ～ 500 米的低山凹坡处。土体水化明显，表土呈暗棕色，心底土棕黄色。土层深为 30 ～ 80 厘米，土壤 pH 值为 5.8 ～ 6.0。植被以剑竹、茅草为主，地表盖枯枝落叶层或腐殖质层，有机质含量为 3%～ 6.3%。部分被垦为用材林或茶园。

潮土类 分潮土与钙质潮土，潮土分布于溪谷两侧。成土母质为溪流洪积物或古海岸沙堤堆积物。土体多为砂砾泥混杂，肥力差，爽水，漏水漏肥。土壤呈微酸性反应，pH 值 5.5 ～ 6.5，有机质含量为 2%～ 2.5%。钙质潮土分布于江滨、海滨狭长地段。成土母质为近代浅海沉积物。土体深厚，通体呈浅棕色。土壤呈碱性反应，pH 值为 7.7 ～ 8.1，有机质含量为 1.5%～ 2.2%。

盐土类 主要分布于 20 世纪 70 年代后新围塘地和未围垦潮间带。成土母质为近代浅海沉积物和江潮淤泥，土体深厚，上下均现浅棕或灰褐色。土壤呈碱性反应，pH 值为 8.2 ～ 8.6，有机质含量为 1.0%～ 1.5%。

水稻土类 广布于低丘和沿海平原。经长期水耕熟化，犁底层发育，表土容重降低为 1.03 克 / 立方厘米，改善酸碱性状，pH 值多在 6.4 ～ 6.6。有机质含量丰富，一般为 3.89%～ 4.81%，全氮含量为 0.255%～ 0.279%，全磷含量为 0.04%～ 0.07%，速效磷平均含量为 8.2ppm，缺磷较普遍。

白峰境域土壤分类及分布一览表

表 2-4-1

土类	亚 类	土 属	土 种	地类	主要分布地区
红壤	黄红壤	黄泥土	—	山地	境内各山区、半山区
	侵蚀性红壤	石沙土	—	山地	境内各低丘上部
		岩秃	—	山地	大坑滩、日头山、大溪滩上部一带
黄壤	黄壤	山地黄泥土	—	山地	太平岙、南茶山、双石人山、太平岙金步山、黄子山、马家池；勤山村东山咀、龙爪岐；下湾龙口山；小门中岭二侧、石佛堂水库二侧；马盘庙后山；朱家岙山麓一带
			山地香灰土	山地	黄龙坑、小门蔡山顶
	侵蚀性黄壤	山地石沙土	—	山地	双石大滩岗、亮明头、小水潭一带；山坑小馒头、后蕉山一带；马盘庵基岗、蕉山刺坑岭登、狮后坑、隐山、小门、山防、枫棚岭登等山坡山岗上
潮土	潮土	洪积泥沙土	洪积泥沙土	旱地	境内丘陵区各溪流两侧与出谷洪积扇上
			砾塥洪积泥沙土	旱地	各溪流两侧与出口处
	钙质潮土	淡涂泥	直塥夜阴土	旱地	境内滨海带
盐土	滨海盐土	涂沙土	盐白泥	盐场	外峙盐场等
			涂泥土	海涂	沿海海涂滩地
	潮土化盐土	咸泥土	中咸泥土	旱地	境内沿海一带
水稻土	渗育型 潴育型	黄泥田洪积泥沙田	沙质黄泥田	水田	山防、龙爪岐梯田、石山、太平岙梯田、小门岙里以及各村沿山梯田
			洪积泥沙田	水田	境内溪流两侧
			焦塥洪积泥沙田	水田	除百丈、白峰、下林其余各村沿山田都有分布
		黄泥沙田	砾塥洪积泥沙田	水田	除百丈、白峰、下林其余各村溪流上部两侧都有分布
			黄泥沙田	水田	除百丈、白峰、下林其余各村山垄、山坡田都有分布
			砾塥黄泥沙田	水田	山区、半山区的山垄、山坡上部田

续表 2-4-1

土类	亚　类	土　属	土　种	地类	主要分布地区
水稻土	渗育型 潴育型	黄泥沙田	焦塥黄泥沙田	水田	山垄、山坡上部田
			白心黄泥沙田	水田	沿山麓坡田
			青泥心黄泥沙田	水田	沿山麓平原田
		淡涂泥田	直塥黄泥翘田	水田	除山防自然村其余各村平原水田都有分布
	潜育型	烂滃田	冷水田	水田	各村山区山边田

主要土种

直塥黄泥翘田　本土种属水稻土土类潴育型水稻土亚类，淡涂泥田土属。主要分布于沿海各村的下畈田。

本土种土壤剖面分化初步，层次发育弱，表土与犁底层土色灰褐，心底土以棕色为主。石灰反应：表土微弱，心土较强，底土强烈。耕性僵，心底土为大柱状结构，利于水分交换，利于土体脱盐、脱钙的进程。土壤理化性状：质地为粉砂质重壤土，上下匀一，肥力中上。据土样测定，表土有机质平均 3.61%（CV32.7%），全氮 0.21%（CV33.3%），速磷 6.0ppm（CV52.3%），速钾 138.3ppm（CV36.1%），为富钾性水稻土。

本土种土质较咸，地下水矿化度又高，在生产上作物易受返咸、返碱危害，促使作物僵苗或早衰。

黄泥沙田　本土种属水稻土土类潴育型水稻土亚类，黄泥沙田土属。主要分布在各村沿坡田、山垅田上。

本土种由红壤土水耕熟化而来，剖面形态及理化性状带有红壤类的土壤属性。据分析统计，表土平均厚 13.5 厘米（CV21%），心土铁、锰分离明显，出现铁、铁锰混杂和锰沉积 3 个层次，土体红黄，质地以重壤为主，块状结构。土壤肥力中下，据土样分析，表土有机质平均为 4.02%，全氮为 0.24%，速磷为 16.5ppm，速钾为 46ppm，表明缺钾性状。

本土种农业利用以种植水稻为主，粮食亩产在 600 千克左右，生产上存在发性差、缺素、日照短、水温低、易受干旱等影响。

直塥夜阴土　本土种属潮土土类钙质潮土亚类，淡涂泥土属。主要分布在海塘内外。

本土种成土年龄不足 200 年，土体具较强石灰反应，层次发育弱，母质层多出现在 50 ～ 60 厘米以下。质地重壤至轻黏，以重壤为主。氯化物盐类平均含量为 0.07%，地下水矿化度平均 0.68%，呈微碱性，表土呈微碱性反应。据农化样分析，有机质平均为 1.93%（CV22.56%），全氮为 0.095%（CV23.16%），速磷为 6ppm（CV67%），速钾为 201.8ppm（CV30.03%），缺磷多钾突出。

本土种以种植棉花为主，是一种高产土壤。微碱性，夜潮性显著，适宜棉花生产。

中咸泥土　本土种属盐土土类潮土化盐土亚类，碱泥土土属。主要分布在海塘内外。

本土种成土年龄 30 年左右，土层分化极弱，土壤仍处在盐渍化之中。据剖面分析，表土厚度不足 14 厘米，心底土为母质层。土体上下通体棕色，石灰反应强烈，含量 5%以上。土体含盐量高，总量在 0.3%左右。地下水矿化度在 1.26%左右，以氯化物为主。土壤有机质含量少，约为 1.11%，全氯为 0.075%，速磷为 10.5ppm，速钾为 371ppm，pH 值平均 8.4，呈碱性反应。

本土种以种植棉花为主，易受碱害影响，但棉絮质量较好，油菜籽籽粒饱满，千粒重高。

黄泥土　本土种属为红壤土类黄红壤亚类土壤。主要分布在低山丘陵坡地上。

本土种属土壤母质为凝灰岩、流纹岩风化体，以坡积物为主。土壤厚度不一，一般山坡下部坡度较缓，泥肉厚在 1 米以上；山坡上部土层不足 40 厘米。土体中间夹有大量砾石、沙粒。质地以中壤属多，肥力中下，表土有机质平均为1.7%（CV61.3%），全氮为0.08%（CV58%），速磷为2.9ppm（CV97.4%），速钾为103ppm（CV47%），pH值为6.2，为微酸性反应。

本土种多为用材林和薪炭林基地。缓坡地段，土层深厚，适宜发展林木、经济果树或茶园。

石沙土 本土种属红壤土类侵蚀型红壤亚类土壤。广泛分布在山地的上半部。

本土种属土壤母质为凝灰岩、流纹岩风化物，多为残积物，部分坡积物。土壤厚度不足30厘米，剖面呈“A-C”构型。土体多含岩石碎片，为重石质土。肥力中下，农业利用多为薪炭林或荒山、荒坡。不少地方垦殖为旱杂地，种植番薯等，或退耕还林，培植天然植被，保土保水，使石沙土向黄泥土方向发展。

第二节 植被

白峰地处亚热带，植被属中亚热带常绿阔叶林亚地带，浙闽山丘甜槠、木荷林区，是植被类型较复杂的地区之一。由于漫长的人类活动对植被造成极大破坏，同时受到沿海地区特殊地理环境影响，故境内植被类型特点既不同于又相似于内陆。现存的多是阔叶林、乔木、亚乔木、灌丛、草丛等次生植被及人工引种植被。

沿海滩涂草本植被

沿海滩涂草本植被总长约22.67千米。其中北边沿海16.67千米，南边沿海6千米。塘堤两侧历代芦苇丛生，塘下滩涂地还有蔍草、盐地碱蓬、小飞蓬和少量引种的田菁等群落。草本植被覆盖率为70%以上。20世纪60—70年代，在沿海海涂开展大规模围塘建海水养殖基地，滩涂草本植被受到严重破坏。后因开发需要，在沿海滩涂造田、建码头等，这一带的天然草本植被基本消失。

沿海丘陵针叶林植被

20世纪50—60年代，沿海丘陵针叶林植被约占境内林地的60%以上，可分暖性针叶林与温性针叶林两种类型。暖性针叶林有马尾松、黑松、国外松、杉木4个群系，其中马尾松纯林约占林地的30%。20世纪90年代因松材线虫病入侵，此类型针叶林基本绝迹。2018年有零星恢复生长。

沿海丘陵阔叶林植被

沿海丘陵阔叶林植被多为次生阔叶林，保存较好的有虾庲长水流水库两侧、上王潘家岙、太平岙狮后坑、太平岙底乌龙滩、枫棚庵坑、蕉山戴家岙、小门庄岙等坡地。其中：落叶阔叶林包括枫香、麻栎、沙朴等乔木植物群落；常绿阔叶林主要树种为樟科樟树、浙江楠、木荷、青柴等；山茶科植物有茶花、油茶、茶叶等。

沿海丘陵下木层植被

土壤贫瘠的山坡，常生长蕨、芒、白茅等草本植被。山坡常绿阔叶林下层有橡子树、檵木、黑饭、映山红、狗骨等。沟谷常绿阔叶林下木层有朱砂根、蔷薇莓、鳞毛蕨，且常伴中华常青藤、紫藤、野木瓜等。针叶林下木层常有檵木群丛、芝箕群丛等。

沿海丘陵高山植被

一般在地理高度400米以上山丘，如日头山岗、隐山岗、大滩岗、后照山、大溪滩一带，植被以茅草、剑杆为主。

人工植被

境内人工植被主要有三种：（1）人工林，多为竹、茶、果树林，分布在低丘缓坡，平原有少量果树林。竹以毛竹林为主，淡竹、乌竹、金竹、龙须竹、青皮竹等常与乔木混生，20世纪90年代后，引种雷竹、哺鸡竹。（2）平原植被，多为人工栽培农作物，现在主要种植蔬菜、瓜果、花卉等。（3）城镇绿化植被，主要是道路绿化带和行道树、公共绿地、公园绿地和单位、庭院植绿香樟、杜鹃、黄杨、草坪等人工植被，大多植于土壤深厚、肥沃的黄红壤亚类泥土属。

第五章　气候

白峰街道位于东海之滨，属亚热带季风气候区。温和湿润，四季分明，冬夏季风交替明显，冬夏长、春秋短，雨量充沛，无霜期长。天气多变，有不同程度的台风、旱涝、高温、低温等灾害性天气。

近几十年来，由于全球气候变暖，干旱、久雨、酷热、凉夏等异常天气频繁出现。最为明显的是冬天不冷，即暖冬。秋冬、冬春似乎失去时序交替的界限。农历的24个节气和一些古老的气象谚语，不少已经不灵。

第一节　四季气候特征

按候（5天为一候）平均温度在10℃～22℃为春、秋季，高于22℃为夏季，低于10℃为冬季。

1971—2018年境内四季平均起止日期和天数一览表

表2-5-1

季节	初日时间	终日时间	历期（天）	平均气温（℃）
春季	3月24日	6月1日	70	17.1
夏季	6月2日	9月27日	118	25.5
秋季	9月28日	12月1日	65	16.8
冬季	12月2日	3月23日	112	7.2

春季

气温开始波状回升，风向由偏北转向偏南，雨量逐渐增多。冷暖空气交替频繁，气温变化大，天气变化快，容易出现连阴雨天气，雨期长，雨日多，但雨量不是很大。偶有倒春寒和晚霜出现。雷雨、大风、冰雹等灾害性天气均可发生。平均气温4月14.9℃、5月19.5℃，4—5月雨量231毫米，雨日29天。入春最早是2006年3月4日，最迟是1972年4月11日。

春季连阴雨是3月下旬到4月底期间，连续4天或以上降水大于等于0.0毫米，且日照小于2小时的阴雨过程。1971—2018 年，境内春季连阴雨平均每年 1.1 次，最多的有 4 次，出现在 1983 年。平均每次维持 5.3 天，最长的 10 天，出现在 1975 年 4 月 10—19 日。

夏季

盛行东南风，是气温最高季节。初夏 6 月冷暖空气往往交汇于长江中下游一带，水气充足，有一段明显雨季（梅雨期），出现较集中的阴沉多雨天气过程，雨日多，雨量大，时有暴雨，是洪涝灾害多发季节。24 小时最大雨量 136 毫米，出现在 1984 年 6 月 13—14 日。

7—9 月由单一的西太平洋或大陈高压控制，多连续晴热天气。在受台风和东风波等热带天气系统影响时，常出现大的降水过程，因降水不均，气温高、蒸发大，有不同程度干旱。最热月 7 月平均气温 28.0℃，极端最高气温 40.5℃。大于等于 35℃的高温天数年平均为 9.8 天，最多 34 天，出现在 2003 年。夏末秋初常受台风和冷空气影响，形成雨量相对集中的“秋雨期”。本季是一年中降水量比较集中的季节之一，又是一年中灾害性天气最频繁的季节，主要有台风、暴雨、洪涝、干旱和高温。入夏最早是 1991 年 5 月 18 日，最迟是 1986 年 6 月 10 日。

秋季

一般为秋高气爽天气，气候宜人，吹西南风，多晴天。受极地南下的变性冷高压控制，形成晴朗少雨、温度适中、日夜温差大的所谓“十月小阳春”气候。随着冷空气势力逐渐加强，侵袭频繁，气温不断下降，有初霜冻出现。季平均雨量 147 毫米，平均气温 10 月 19.3℃，11 月 13.9℃。入秋最早是 1981 年 9 月 10 日，最迟是 2006 年 10 月 23 日。

冬季

盛行西北风，气候干燥寒冷，是一年中降水量较少季节。最冷月为 1 月，月平均气温 5.4℃，极端最低气温 -6.6℃，出现在 1977 年 1 月 31 日。本季常见的气象灾害有寒潮和大雪。入冬最早是 1976 年 11 月 14 日，最迟是 2001 年 12 月 13 日。

第二节　日照　气温

日照

据镇海县和北仑区气象局 1971—2018 年气象资料统计，日照受地形、地貌影响，沿海地区日照时数大于丘陵地带。白峰地处北纬 29° 53′ 5.71″～29° 48′ 48.09″，东经 122° 0′ 59.30″～121° 58′ 6.12″。日出最早是在夏至初的 6 月 20 日 5 时 2 分，日落在 17 时 59 分，日日照时长 12 小时 57 分。日出最迟是在冬至初的 12 月 20 日 6 时 58 分，日落在 16 时 28 分，日日照时长 9 小时 30 分。日出、日落的日间长短相差 3 小时 27 分。据有关气象资料，1971—2018 年境内年平均日照时数 1826.2 小时，年日照率为 41.3%。月日照平均时数 7 月最多，为 234.6 小时，日照率为 55.5%；2 月最少，为 103.3 小时，日照率为 33.4%。年际变化以 1971 年最多，为 2302 小时，2006 年最少，为 1564.5 小时。月际分布基本呈单峰型，7—8 月最多，1—2 月最少。

1971—2018年境内各月平均日照及百分率一览表

表 2-5-2　　单位：小时

月份	1	2	3	4	5	6	7	8	9	10	11	12	年平均
平均日照时数	104.7	103.3	121.4	148.3	162.7	145.9	234.6	226.1	164.6	158.9	127.6	128.1	1826.2
日照百分率	33.0	33.4	32.5	38.8	37.9	36.1	55.5	56.2	45.6	45.5	41.0	40.5	41.3
最多	175.9	178.2	199.4	225.6	225.1	232.1	349.3	330.3	235.5	264.6	206.6	217.7	2840.3
最少	53.0	37.6	45.2	96.1	87.0	56.5	141.7	101.2	101.2	86.8	53.4	43.1	902.8

气温

气温受地形特点和海拔高度影响，一般每上升100米，气温递减0.2℃，且随季节变化略有差异，如9月递减0.3℃，为最大，12月无变化。

据镇海县和北仑区气象局1971—2018年观测资料，年平均气温为16.8℃，年际变动一般在15.8℃～17.8℃，变幅为2℃。20世纪70—80年代，年平均气温为16.1℃，年际变幅仅1℃；20世纪90年代以来，因受全球气候变化影响，境内气候有明显变暖趋势，特别是1998年平均气温达17.8℃。

常年以7—8月为最热，月平均气温达30.3℃。据历史记载，极端最高气温出现在1921年7月，高达39.4℃。常年1月气温为最低，月平均气温2.2℃。又据历史资料，1931年1月30日和1937年2月13日，曾出现-10℃的天气。

1971—2018年境内35℃的高温天气平均日数及极值一览表

表 2-5-3

月份	6	7	8	9	年平均
平均日数（天）	0.9	6.2	3.1	0.2	10.40
极值（℃）	37.9	40.5	38.7	36.4	38.38

1971—2018年境内0℃以下低温天气平均日数及极值一览表

表 2-5-4

月份	11	12	1	2	3	年平均
平均日数（天）	0.1	4.4	6.6	4.0	0.6	15.70
极值（℃）	−1.4	−5.9	−6.6	−4.9	−2.5	−4.26

平均最高（低）气温　境内年平均最高气温20.2℃，年平均最低气温13.8℃，月平均最高气温出现在7月，最高值为32.0℃，年际极值35.4℃（2003年7月），月平均最低气温出现在1月，最低值为2.7℃，年际极值0.2℃（1977年1月）。气温日较差年平均6.4℃，月际变化1—2月和9月最小，4月、7月最大。

1971—2018年境内各月平均最高（低）气温及日较差一览表

表 2-5-5　　单位：℃

月份	1	2	3	4	5	6	7	8	9	10	11	12	年平均
平均最高	8.5	9.5	13.0	18.8	23.3	27.3	32.0	31.3	27.1	22.4	17.3	11.4	20.20
最高	12.1	13.3	17.2	22.7	26.8	29.8	35.4	34.3	29.9	25.5	20.0	13.4	21.50
最低	4.3	5.3	9.5	16.7	21.0	25.1	28.6	28.2	24.9	19.7	13.5	8.9	19.00
平均最低	2.7	3.7	6.7	11.6	16.5	21.0	25.0	25.0	21.4	16.2	10.6	4.8	13.80
最高	4.5	5.9	10.3	13.9	18.1	22.5	26.4	26.6	24.0	18.0	13.0	8.2	15.20
最低	0.2	1.1	4.9	9.6	14.8	19.1	23.3	23.4	19.4	13.9	6.7	2.4	13.00
日较差	5.8	5.8	6.3	7.2	6.8	6.3	7.0	6.3	5.7	6.2	6.7	6.6	6.40

气温的极值　境内大于等于35.0℃的高温天数平均为9.8天，最多的有34天，出现在2003年。多数出现在7—8月，占全年的89%，其中7月为最多，占60%，最早出现在1980年6月17日，最迟出现在9月7日（1995年和2003年）。持续天数最长16天，出现在1988年7月7—22日。极端最高值为40.5℃，出现在2005年7月5日。

1971—2018年大于等于35.0℃高温平均日数及极值一览表

表 2-5-6

月份	6		7			8			9	年平均
旬	中	下	上	中	下	上	中	下	上	
平均日数（天）	0.1	0.7	1.4	2.2	2.2	1.5	0.9	0.4	0.3	9.70
极值（℃）	36.8	37.9	40.5	39.0	38.4	38.5	38.0	37.4	36.4	38.10

小于等于0℃的低温天数平均为16天，最多的有28天（1971年），多数出现在12月下旬到2月上旬，占全年的73%，其中1月下旬到2月上旬为最多，占32%。最早出现在1979年11月19日，最迟出现在1978年3月13日。持续天数最长13天，出现在1971年1月29日到2月10日，极端最低气温-6.6℃，出现在1977年1月31日。

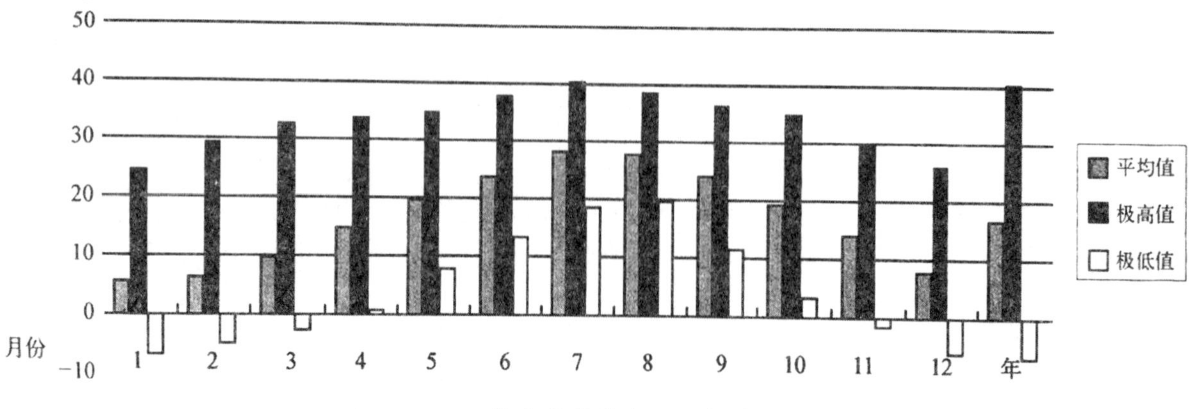

1971—2018年各月平均气温及极值变化图

1971—2018 年小于等于 0℃低温平均日数及极值一览表

表 2-5-7

月份	11		12			1			2			3		年平均
旬	中	下	上	中	下	上	中	下	上	中	下	上	中	
平均日数(天)	0.03	0.14	0.64	1.44	2.31	1.92	2.25	2.53	2.36	0.97	0.53	0.42	0.14	15.67
极值(℃)	−0.3	−1.4	−3.0	−5.0	−5.9	−6.2	−4.3	−6.6	−4.9	−3.9	−2.4	−2.5	−0.6	−4.26

第三节　降水　蒸发

降水

降水量及时间分布，境内 1971—2018 年平均降水量 1310.2 毫米，降水分布呈双峰型。3—9 月各月降水量均超过 100 毫米。有两个相对雨季。

3—7 月为第一个雨季，即春雨连梅雨，其中 3—5 月为春雨，雨量、雨日分别占全年的 26.4% 和 30.4%；6—7 月为梅雨期，又称“黄梅雨”，雨量、雨日分别占全年的 24.1% 和 18.2%。6 月雨量为全年之最，平均为 182.8 毫米，占全年雨量的 14.0%。平均入梅日期 6 月 13 日，最早 5 月 26 日（1971 年），最迟 6 月 23 日（1985 年和 2003 年）。平均出梅日期 7 月 7 日，出梅最早 6 月 18 日（2006 年），最迟 7 月 22 日（1986 年）。平均梅雨持续时间 24 天，最长的 43 天（1999 年），最短的 5 天（2006 年）。遇短梅或空梅易出现干旱酷热天气。平均梅雨量 230 毫米，最多 435 毫米（1994 年），最少 29 毫米（2005 年和 2006 年）。梅雨暴雨平均每年 1 次，最多 4 次，最少零次。

1971—2018 年境内入梅出梅日期、天数和雨量一览表

表 2-5-8

项目	入梅	出梅	梅期（天）	梅雨量（毫米）	暴雨（次）
平均	6 月 13 日	7 月 7 日	24	230	1
最早（多）	5 月 26 日	6 月 18 日	43	435	4
最迟（少）	6 月 23 日	7 月 22 日	5	29	0

第二个雨季出现在 8—9 月，平均雨量为 310.1 毫米，占年雨量的 23.7%，但相对比率较大。这段雨量主要决定于台风活动，当台风影响多的年份，常因狂风暴雨造成洪涝，否则易出现伏旱加秋旱。其中 9 月平均雨量 160.4 毫米，是全年次多的月份，10 月至翌年 2 月为相对干季，平均雨量 338.2 毫米，占全年降水量的 25.8%，最小的是 12 月，只有 57.9 毫米。历年最长连续降水日数 19 天，出现在 1996 年 4 月。

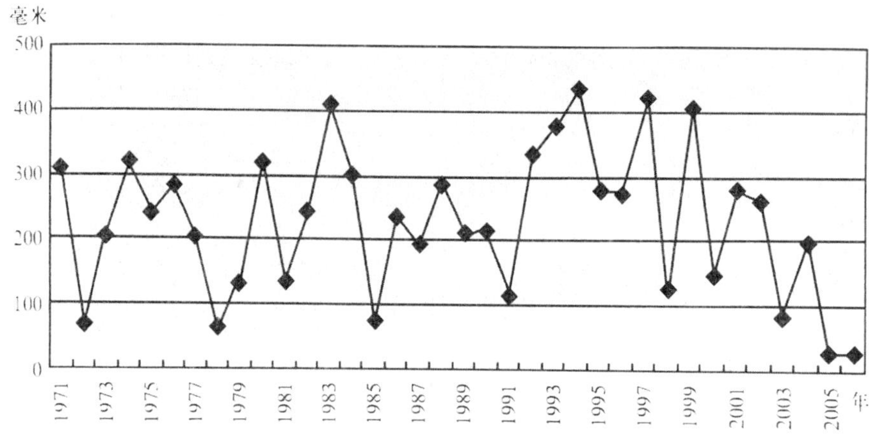

1971—2005 年梅汛期雨量变化图

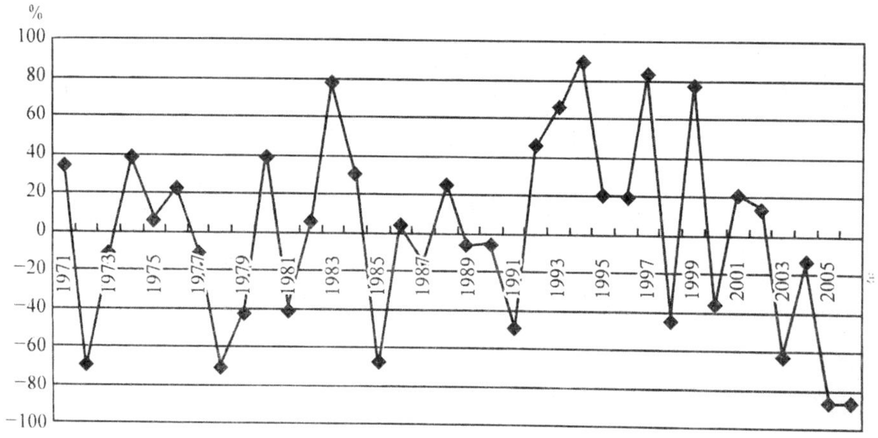

1971—2005 年梅汛期雨量距平百分率图

1971—2018 年境内各月平均雨量、极值和日最大雨量一览表

表 2-5-9　　单位：毫米

月份	1	2	3	4	5	6	7	8	9	10	11	12	年平均
平均	67.9	75.9	118.6	109.2	119.0	182.4	133.6	152.2	165.4	82.0	66.2	57.2	1329.60
最多	224.9	158.1	261.7	192.7	243.7	436.8	318.4	431.4	333.4	217.6	216.4	194.5	1633.20
最少	12.3	18.9	31.9	41.0	35.5	29.5	0.6	20.8	31.1	0.5	3.0	0.0	797.30
日最大	51.8	41.4	42.6	68.2	68.9	97.7	132.3	190.4	160.9	80.4	52.5	89.2	190.40

1971—2018 年境内各月最长连续降水天数一览表

表 2-5-10

月份	1	2	3	4	5	6	7	8	9	10	11	12	年平均
天数（天）	11	15	22	19	8	14	15	14	18	7	9	16	22.00
雨量（毫米）	155.50	117.00	166.70	216.90	50.70	180.50	180.60	269.50	251.30	89.70	89.10	73.10	166.70
出现年份	1998	2009	1996	1996	1977	1983	1983	2009	1990	1975	2000	2001	1996.00

1971—2018 年境内各月雨日数及最大雨量一览表

表 2-5-11

月份	1	4	5	6	7
日数（天）	1	3	6	21	18
最大雨量（毫米）	51.80	68.20	68.90	97.70	132.30
出现时间	2006.1.19	2004.4.30	2006.5.18	1994.6.10	1981.7.30
概率（%）	3	8	17	58	50
月份	8	9	10	11	12
日数（天）	16	24	5	2	1
最大雨量（毫米）	190.40	160.90	80.40	52.50	89.20
出现时间	2005.8.6	1981.9	1994.10.11	1997.11.15	2004.12.4
概率（%）	44	67	14	6	3

1971—2018 年境内各时段最大降水量一览表

表 2-5-12

分钟	30	60	180	360	720	1440
雨量（毫米）	69.70	81.20	131.10	161.90	211.30	283.40
出现时间	1994.9.5	1981.7.30	1981.9.23	2005.9.11	2005.9.11	2005.8.6

蒸发

1971—2018 年年平均蒸发量 1478.1 毫米，年际变化以 1971 年最大，为 1831.9 毫米，1999 年最小，为 1253.2 毫米。月际变化 2 月最小，为 62.8 毫米。7 月最大，为 213.8 毫米，9 月起随着日照及气温的变化而蒸发递减。

1971—2018 年境内各月平均蒸发量一览表

表 2-5-13　　单位：毫米

月份	1	2	3	4	5	6	7	8	9	10	11	12	年平均
平均	64.70	63.00	84.90	117.20	140.30	138.80	215.50	200.60	148.60	132.20	99.90	81.00	1486.70
最多	129.80	87.60	121.80	174.20	216.90	214.90	293.00	271.20	210.70	205.40	151.00	149.20	1831.90
最少	40.50	33.90	40.80	79.20	89.40	90.20	138.60	129.10	108.20	90.10	53.00	44.70	1253.20

第四节　风　雷　雾　霜　雪

风

风向及频率　境内风向分布具有典型的季风特征。夏季盛行东南风，冬季多西北风，春、秋两季为冬夏季风交替期，风向多不稳定。春季多偏东风，而秋季则多偏南风。常年最多风向夏季ESE，频率9%；冬季NW，频率10%。

1971—2018年境内各月最多风向及频率一览表

表2-5-14

月份	1	2	3	4	5	6	7	8	9	10	11	12	年
风向	NW	NNW	NW	ESE	ESE	ESE	ESE	SE	N	SSW	SSW	NW	NW
频率(%)	19.50	14.80	11.60	13.60	14.80	16.40	14.70	13.80	11.20	13.20	14.20	17.30	9.30

注：风向代号：E代表东、S代表南、W代表西、N代表北。

1971—2018年境内各月大风日数一览表

表2-5-15

单位：天

月份	1	2	3	4	5	6	7	8	9	10	11	12	年平均
平均日数	4.9	3.3	3.0	2.6	1.6	1.8	2.6	3.6	3.3	3.2	5.2	5.6	40.6
最多日数	10.0	7.0	7.0	5.0	5.0	8.0	8.0	8.0	9.0	8.0	11.0	10.0	69.0

风的年月变化 境内1971—2018年年平均风速5.0米/秒，最小的4.5米/秒。11月至翌年2月平均风速都大于5.5米/秒，相对大些；而4—8月都小于5.0米/秒，相对小些，以6月为最小。

1971—2018年境内各月平均风速一览表

表2-5-16

单位：米/秒

月份	1	2	3	4	5	6	7	8	9	10	11	12	年
平均风速	5.9	5.5	5.0	4.5	4.2	3.9	4.2	4.9	5.2	5.4	5.7	5.9	5.0
最大	7.8	8.0	6.6	5.5	5.4	4.7	6.5	6.9	6.2	6.7	7.7	8.0	6.0
最小	4.9	4.0	3.9	3.7	3.6	3.1	3.1	3.1	3.6	4.1	4.2	4.5	4.5

最大风速、极大风速与大风日数 境内最大风速各月均在22米/秒以上（9级风力），风向各个方向都有，但多数出现在偏北和偏东方位。最大风速多出现在8月、9月。主要是受台风影响所致。极大风速一般发生在强对流天气和台风天气。年最大风速（2分钟平均）为34.3米/秒，出现在1988年8月8日。年极大风速（瞬间）大于40米/秒，出现在1981年9月1日、1986年8月28日和1988年8月7日。年平均大风（大于等于7级）日数40.6天，最多的有69天，出现在1990年。

1971—2018年境内各月最大风速及大风日数一览表

表2-5-17

单位：米/秒

月份	1	2	3	4	5	6	7	8	9	10	11	12	年
最大风速	24	22	22	25	23	33	26	34	34	24	29	24	34.3
平均大风日数	4.9	3.3	3.0	2.6	1.6	1.8	2.6	3.6	3.3	3.2	5.2	5.6	40.6
最多大风日数	10	7	7	5	5	8	8	8	9	8	11	10	69

暴期

俗称寒流、大风为“打暴”，称台风夹暴雨为“做风水”。据舟山、宁波等沿海民众历年生产、生活实践积累，总结风暴发生概率，各予名称，作为生产、生活上气候参考。

暴期一览表

表 2-5-18

农历日期	暴名（暴）	农历日期	暴名（暴）
正月初九	玉帝	六月廿四	雷公
正月十三	上灯	七月初八	神煞
正月十五	三官	九月初九	重阳
正月十八	落灯	九月十九	观音
正月廿九	龙神	九月廿七	九月廿七
二月初六	六亨	十月初五	小林（十月五风）
二月初八	八亨	十月初十	十阳
二月十九	观音	十月十五	三官
二月廿四	癞蛳出洞	十月廿一	太子
三月初二	土地	十月廿五	土地落地
三初初三	梁王	十月三十	流星落地
三月初九	阎王	十一月十六	拖山
三月十五	三月半	十一月廿四	猢狲
三月十九	落洋	冬至前	冬至
三月廿三	娘娘	冬至后	九头
四月初八	牛王	十二月初五	乌龟
五月十三	关帝	十二月十二	土地
五月廿一	海神	十二月十八	沙和尚过江
六月十三	彭祖	十二月廿三	掸尘
六月十九	观音	十二月廿四	送神

雷

雷暴一般出现在3—9月，主要集中在6—8月，7月最多。1971—2018年，年平均雷暴天数28天，最多的有44天，出现在1980年，最少的仅8天，出现在1978年。常年平均初雷出现在3月1日，最早出现在2002年1月15日，最迟出现在2001年4月29日。常年平均终雷出现在10月6日，最早出现在1974年8月12日，最迟出现在2016年12月21日。

1971—2018年境内各月雷暴一览表

表 2-5-19

月份	1	2	3	4	5	6	7	8	9	10	11	12	年平均	日期	初期	终期
平均日数（天）	0	0	2	2	2	4	7	6	2	0	0	0	28	平均	3月11日	9月30日
最多（天）	1	5	8	3	7	9	14	14	8	2	1	1	44	最早	1月15日	8月12日
最少（天）	0	0	0	0	0	1	1	0	0	0	0	0	8	最晚	4月29日	12月9日

雾

雾是水气在低层大气中的凝结现象，水平能见度小于1000米。对高速交通、海运危害很大。境内1971—2018年年平均雾日27.7天，出现最多的是1997年和1999年，有49天，最少的是1975年，仅8天。1—5月和12月出现雾的频率较高，尤以3—4月为最多，8月最少。

1971—2018年境内各月平均雾日一览表

表2-5-20　　单位：天

月份	1	2	3	4	5	6	7	8	9	10	11	12	年平均
平均	3.6	3.3	4.4	4.2	2.8	1.3	0.5	0.3	0.5	1.3	1.9	3.6	27.7
最多	10	11	13	13	7	9	3	3	4	6	6	13	49
最少	0	0	0	0	0	0	0	0	0	0	0	0	8

霜冻

极端最低气温小于等于4.0℃是喜温作物冻害的临界值。1971—2018年境内出现初霜的平均日期为11月21日，最早出现在1996年11月9日，最迟出现在2008年1月3日。终霜的平均日期为3月22日，最早出现在2007年2月4日，最迟出现在1993年4月9日。年平均无霜期246天，最多的是1999年，为278天，最少的是1993年，为214天。

1971—2018年境内各月霜日及初终期一览表

表2-5-21

月份	11	12	1	2	3	初霜时间	终霜时间	无霜期
平均日数（天）	2.2	13.6	19.9	15.1	5.8	11月21日	3月22日	246
最多（天）	13	23	30	24	13	11月9日	2月22日	278
最少（天）	0	6	10	3	0	12月3日	4月9日	214

雪

降雪一般出现在11月至次年3月，境内年平均降雪日数6.1天，最多的1984年有18天，最少的1995年、2007年无降雪。平均初雪日期为1月3日，最早出现在1994年11月21日，最迟的出现在2000年1月27日。平均终雪日期为2月26日，最早的出现在1999年1月12日，最迟的出现在1975年3月27日。平均积雪日数1.5天，最多的1977年有13天。积雪深度大于等于3厘米，都发生在12月至次年3月，主要集中在1—2月，最大积雪深度14厘米，出现在1977年1月30日。

1971—2018 年境内各月雪日、积雪深度及初终期一览表

表 2-5-22　　　　　　　　　　　　　　　　　　　　单位：天

月份	11	12	1	2	3	初雪时间	终雪时间	年雪日	年积雪
平均	0.1	0.7	2.5	1.9	0.7	1 月 4 日	2 月 22 日	6	2
最多（早）	2	4	10	8	5	11 月 21 日	1 月 12 日	18	13
最少（晚）	0	0	0	0	0	2 月 7 日	4 月 2 日	0	0
积雪深度（厘米）	0	7	14	12	3	—	—	—	—

附录：气象谚语

小寒寒，惊蛰暖；小寒暖，立春雪。

小寒无雨，立春必旱。

小寒天气热，大寒冷莫说。

大寒不寒，春分不暖；大寒不冻，冷到芒种。

雷打立春节，惊蛰雨不歇；雷打雨水节，二月落不歇。

惊蛰闻雷，谷米不贵。

春分落雨到清明，清明有霜梅雨少。

清明断雪，谷雨断霜。

芒种雨涟涟，夏至火烧天。

小暑一个雷，要做七十二个野黄梅。

大暑不热，五谷不结。

小暑不见日头，大暑晒开石头。

立春之日雨淋淋，阴阴湿湿到清明。

雨水阴，夏至晴，梅里西风做大水。

惊蛰刮北风，从头另过冬。

春分不暖，秋分不凉。

春分刮大风，刮到四月中。

芒种火烧天，夏至水满田。

芒种刮北风，天旱断秧根。

过了白露节，夜寒日里热。

立冬落雨会烂冬，吃得柴尽米粮空。

小雪雪满天，来年五谷丰。

冬至晴一天，春节雨夹雪。

冬至落雨星不明，大雪纷纷步难行。

小寒大寒寒得透，来年春天天气暖。

日落胭脂红，明朝雨夹风。

日落云里走，雨在半夜后。

天上鱼鳞斑，晒谷勿用翻。

东闪风水来（雷光闪），南闪火门开，西闪猛东风，北闪雨就来。
日头落山一个洞，明天雨滴呒纳缝。
夏至西北风，晒煞河底老虾公。
日晕长流水，夜晕百草枯；日晕三更雨，月晕午时风。
西边黑云起，风暴在眼前。
春霜勿露白，露白要赤脚。
雷响惊蛰前，四十九日不见天。
太阳落山爬云进，明天必有风雨淋。
太阳上山吹横箫，有了今朝呒明朝。
燕子低飞蛇挡道，出门雨伞不可忘。
蚂蚁搬家山戴帽，倾盆大雨就要到。
几日南风几日暴，雷响一声台风跑。
海水发臭潮夹变，发风打暴在眼前。
春雾雨，夏雾火，秋雾凉风冬雾雪。
东风漫浪涌上山，搓转西风雨打弹。
冬至月头，卖牛买被；冬至月中，日风夜风。
雪登加霜，还要犯往。
五月端午晴，烂草刮田塍。
冬冷勿算冷，春冷冻煞犊（小牛）。
吃过端午粽，还要冻三冻。
泥鳅水上泡，大雨即刻到。
鲤鱼跳龙门，大雨后面跟。
重阳一朝雾，晚稻要烂腐。
热在三伏，冷在三九。
蜻蜓飞得低，呒纳好天气。
雷响头顶过，有雨也勿大。
一九二九，泻水勿流；三九四九，冰开捣臼；五九四十五，地气掉头转；六九五十四，笆头抽嫩枝；七九六十三，破衣二头甩；九九八十一，犁耙一齐出。

第六章　自然资源

白峰街道自然资源丰富，境域地处亚热带季风气候区，温暖湿润，有山丘、平原，以及交错纵横的水系，为各类野生动植物的生存、繁殖提供了优越的条件。若干野生动植物近年来向人工养殖和栽培转化，还有从外地引进的动植物。而且濒临东海，海洋资源也极其丰富。境内矿产资源以石矿为主，适用作建筑材料。

第一节　动物资源

境内野生动物大多生活在群山丛林，品种繁多，资源丰富，过去群众去山上打猎（俗称“扜野猫”，几个人带上手电筒、猎枪、猎狗晚上上山捕捉）。现在政府为保护生态环境，上缴猎枪，禁止捕捉野生动物。

兽类

华南虎　旧时本地有老虎，现在无。

豺　俗称“豺狗”，犬科。体色棕黄，重 30 千克左右。中华人民共和国成立前山区常见，今偶见。

豹　猫科。金钱豹，体形较大；云豹，体形较小。历史上曾出现过，今绝迹。

豹猫　又名拖鸡豹、狸猫，猫科。山区较常见，平原也有见。

南狐　亦名草狐，或称竹狗，犬科。居近山区和丘陵，今仍有见。

花面狸　俗称“白鼻狗”“上树狸”，灵猫科。居深山密林，今偶有见。

貉　俗称“田狗”“狸”，犬科。体色棕黄，重 20 千克左右。中华人民共和国成立前山区常见，今偶见。

野猪　别名山猪，猪科。山区常见，有时窜至平川。近年山林密度提高，野猪有增殖趋势。

豪猪　别名箭猪，豪猪科。形同猪，脊毛粗硬如箭，栖山区岩洞中。今仍有见。

小麂　别名黄麂，俗呼“带角麂”，鹿科。体形比獐小，有两只角，山区夜间出没，20 世纪 60 年代前麂多于獐，现獐多于麂，近年来小麂很少见。

小灵猫　俗称“香狸猫”，灵猫科。属国家二级保护动物，中华人民共和国成立前常见，现罕见。

獐　别名河麂，俗呼“烂木獐”，鹿科。国家二级保护动物，形似鹿，无角，有黄獐、白獐。中华人民共和国成立前山区常见，冬季雪天有时窜进山村。今偶见。

兔　别名野兔，兔科。色灰黄，繁殖率高，山区近期有所增殖，数量增多。

松鼠　松鼠科。过去山区松树林中很多，后因林相改变而逐渐减少，今偶有见。

田鼠　仓鼠科。四肢和尾都短，身小，为毛所掩盖。田野很多，危害作物，繁殖力强，近年用毒饵防治，数量有所抑制。

穿山甲　又名鲮鲤，穿山甲科。国家二级保护动物①，体和尾都有覆瓦状角质鳞甲，鳞片黑褐色。老兽鳞片边缘橙褐色，幼兽鳞片未角化色淡呈黄色。有铁甲、铜甲之分。山区偶见。

黄鼬　俗称“黄鼠狼”，鼬科。村宅、田野常见。

水獭　别名水狗，俗呼“河水鬼”，鼬科，国家二级保护动物。两栖习性，以水栖为主，晚间在河岸边偶见。

鼬獾　又名山老鼠、猸子，鼬科。形如鼠而比鼠大，穴居山坡，今仍有见。

刺猬　刺猬科。山坡、田野、地塝的草丛中偶见。

蝙蝠　蝙蝠科。喜栖息在居民木结构屋檐下和门、窗、墙壁缝隙，晚间捕食蚊类、昆虫，近年来民居结构改变较多，数量减少。

鸟类

鹰　鹰科。有芝麻鹰、熊鹰、岩鹰与海鹰之分。芝麻鹰原筑巢松林，今栖高山岩穴，少见。

---

① 2020 年 6 月，国家林业和草原局将穿山甲属所有种由国家二级保护野生动物调整为国家一级保护野生动物。

猫头鹰 俗呼“逐魂”，鸱鸮科。栖山间，今仍有见。

竹鸡 雉科。栖山区竹林间，今仍有。

稻鸡 秧鸡科。栖芦丛、稻田。重不足斤，夏秋花木地有见。

喜鹊 俗呼“鸦鹊”，鸦科。多营巢村舍树梢间，沿海尚有，山区偶见，平原基本绝迹。

乌鸦 俗呼“白头颈老鸦”，鸦科。山区还有，平原鲜见。

小嘴乌鸦 鸦科。似鸦稍小，高山林间有见。

环雉 俗称“雉鸡”“田鸡”“野鸡”，雉科。喜栖丘陵近山，今山区仍有见。

勺鸡 雉科。形同雉鸡，飞翔时，竖有一撮褐棕色毛冠。今山区偶见。

红嘴蓝鹊 俗呼“红嘴绿鹦哥”，鸦科。山区有见。

鹌鹑 亦称地鹁鸪，雉科。栖田野、芦丛间。今野生很少，人工饲养很多。

八哥 亦称鸲鹆，椋鸟科。杂食果实、种子和昆虫。雄鸟喜鸣，经笼养训练，能学人语。今山区仍有见。

画眉 画眉科。山区有见。

翠鸟 俗称“钓鱼郎”，翠鸟科。分河翠、山翠两种，山翠体略大。河翠栖河边，山翠栖山区，均以啄取鱼虾为食。今仍有见。

乌鸫 鹟科，鸫亚科。似八哥而小，黄喙黑羽短尾。春日尤善啭鸣，又称百舌，山区偶有。

苦恶鸟 亦称白胸秧鸡，俗称“风箱鸟”，秧鸡科。在水田或河滨觅食虫、螺或种子，唱声似“苦恶、苦恶”。今仍常见。

雀鹰 鹰科。体比鸦小，芝麻色，因常伺于篱笆捕食小鸟雀，故俗呼“篱笆枪”。今在山区园地边有见。

麻雀 亦称家雀，文鸟科。城乡田野到处都有。

大杜鹃 俗称“谷鸪”“布谷鸟”，杜鹃科。形似白头翁，体色暗灰，两翼暗褐，雌鸟胸呈棕色。春耕播种时鸣声“谷管”，农民听之意谓催耕催播。过夏后停鸣。

啄木鸟 啄木鸟科。栖山区林间，啄树木害虫为食，山区有见。

四声杜鹃 又称杜鹃、怨鸟，杜鹃科。候鸟，形如谷鸪，桑树放叶时长鸣“哥哥苦”达旦，人们以其鸣声谐音为“快快割禾”。小满蚕眠时停鸣。

白头鹎 俗呼“白头翁”，鹎科。山区偶见。

大雁 雁亚科。候鸟，秋分后自北南归，至春北飞。20世纪70年代前后，秋风一起常见雁群，今已鲜见。

斑鸠 鸠鸽科。有山斑鸠、灰斑鸠等，多栖村边竹林，清晨常鸣，平原偶见。

金腰燕 俗呼“蛇燕”，燕科。候鸟，形比家燕稍大，腰羽赭黄色，栖山村，筑泥窝于墙角楼板下。今仍有见。

家燕 燕科。候鸟，春分时从南方飞来，衔泥筑巢于屋檐下，哺育幼雏，以昆虫为食，秋分南迁。近些年来，城乡木结构房屋逐渐改建，筑巢场所锐减，数量明显减少。

鹁鸠 俗称“鹁鸪”，象其鸣声，鸠鸽科。天将雨时鸣声甚急，仍常有见。

小白鹭 又称鹭鸶，鹭科。候鸟，沿海沿江一带偶见。

鸳鸯 鸭科。候鸟，雌雄双居不离。山塘、水库中偶见。

苍鹭 俗称“长脚鹭鸶”，鹭科。候鸟，背部和尾部都苍灰色，高80～90厘米。捕鱼虾为食，山塘、水库宽阔处草边偶见。

凫 俗称“野鸭”“水鸭”，鸭科。候鸟，初冬至此，成群栖游于水库、海涂浅水处，山塘、水库常有见。春后离去。

海鸥 俗名“江猫”，海鸥亚科。多栖海岛，翱翔海空。

爬行类

蝮蛇　蝮亚科。剧毒，土名芝麻烂毒蛇、狗屙扑等，另有红口蝮蛇。各地都有。

尖吻蝮蛇　又名蕲蛇，俗称“五步蛇”，蝮蛇科。剧毒，深山区偶见。

翠青蛇　游蛇科。形似竹叶青蛇，无毒，林间有见。

竹叶青蛇　亦称一步倒，蝮蛇科。剧毒，山区、平原偶见。

眼镜蛇　又名犁馋头扑，眼镜蛇科。剧毒。激怒时前半身竖起，颈部鼓大，“呼呼”作声。山间、田野偶见。

龟壳花蛇　亦称烙铁头、假蕲蛇，蝰蛇科。喜捕鼠，又名老鼠夹蛇。有毒，山区、田野偶见。

银环蛇　俗称“寸白蛇”，眼镜蛇科。剧毒，山区、田野、屋前屋后常见。

赤链蛇　亦称火赤链蛇，俗称“烂田水扑”，游蛇科。无毒，水田中常见。

乌梢蛇　俗呼“大秤杆”，游蛇科。其色稍黄者称黄乌梢蛇。无毒，山间、田野都有。

水赤链蛇　游蛇科。栖田野，背黑腹红，无毒，农村野外常见。

黑眉锦蛇　亦称黄颔蛇，俗称“家蛇”，游蛇科。常在潮湿的居家出现，无毒。另有黑眉银蛇，同属。

红点锦蛇　亦称水蛇、黄领蛇，游蛇科。无毒，田野、水泽常见。

王锦蛇　又名菜籽花蛇、黄蟒蛇，游蛇科。各地都有。

壁虎　俗称“巴壁蜥”，入药名“守宫”，壁虎科。食蜘蛛、蚊、蝇及各种小虫。尾易断，能再生，常爬行在壁上。

蝘蜓　俗称“四脚蛇”，石龙子科。栖山野、草丛间，有时窜入庭院，入药称“铜石龙子”。

乌龟　龟科。背甲乌，体形略小，称乌龟；背甲略黄，体形稍大，俗亦称作“王八”。生活在平原池塘，今数量不多。

中华鳖　亦称甲鱼、团鱼、王八，鳖科。生活在河塘池沼，今野生的不多，人工饲养有发展。

两栖类

黑斑蛙　又名青蛙、田鸡，蛙科。背泥黑色，体略小者称芝麻蛙。多生长在稻田、池塘，也在旱地生活，以捕食各种小虫为生，人称护谷虫。现尚有，但量少。

蟾蜍　俗呼“癞蛤蟆”，又称蛤蚆，蟾蜍科。常栖于阴暗潮湿处，今常见。

虎纹蛙　蛙科。背面有黄绿棕色斑纹，黑色的俗称“田撞”，山区溪涧偶见。

雨蛙　亦称中国雨蛙，雨蛙科。山间常见。

棘胸蛙　亦称棘蛙、山鸡，俗称“石撞”，蛙科。后腿粗壮，弹跳有力，山区溪涧有见。

树蛙　别称斑腿树蛙、变色树蛙，树蛙科。生活在草丛、树上、竹上，山间有见。

昆虫类

蜻蜓　蜻蜓目。种类繁多，原到处可见，近年逐渐减少。

蝴蝶　蝶类统称，属鳞翅目。种类繁多，主要有蛱蝶、粉蝶、凤蝶等。各种花丛间常见。

斑蝥　芫青科。食豆花、豆叶。有毒，称斑蝥毒。常见。

螳螂　俗称“吃发郎”，螳螂科。山地、田间常见。

天牛　俗称“牵牛郎”“锯树郎”，幼虫古称蝤蛴，天牛科。为常见之害虫，山林、桑树、果木中常见。

蟋蟀　又名促织、吟蛩，蟋蟀科。常见。

蝼蛄　别名土狗，蝼蛄科。旱地作物害虫，常见。

此外有萤火虫、纺织娘、蝉、蝇虎、蜗牛等。

淡水水栖类

鱼类有河鲫鱼、乌鳢（俗称“乌鲤鱼”）、鲤鱼、青鱼、草鱼、鲶鱼、花鲢（俗称“胖头鱼”）、白鲢、团头鲂（俗称“扁鱼”）、鲌鱼（俗称“青条”“白条”）、玉如鱼（俗称“菜花鱼”）、溪鱼、塘鳢（俗称“土鲋鱼”）、鳜鱼（俗称“桂鱼”）、河鳗、黄鳝、泥鳅等。甲壳动物有中华绒螯蟹（俗称“毛蟹”）、溪坑蟹等。虾类有河虾、溪虾等。贝类动物有河蚌、田螺、蛳螺、河蛤等。

第二节　海洋资源

境域地处北仑区东部穿山半岛，中华人民共和国成立前，临近海域有很多随外洋海潮进来的大黄鱼、小黄鱼、带鱼、鲈鱼、鲳鱼、海蜇等，现已罕见，甚至绝迹。涨网作业还能捕到黄鲫、梅童鱼、虾孱及涂鳗、弹涂鱼等，但数量甚少。

鱼类

大黄鱼　亦称大鲜，因脑部有齿形“耳石”，又称石首鱼，石首科。系暖水性集体洄游鱼群，夏汛在近海产卵，为主要经济鱼类。20 世纪 70 年代中期，近海大黄鱼汛复发，尔后锐减。

带鱼　带鱼科。头尖齿锐，呈银白色，体扁长似带状，故名。性凶猛，食小鱼虾，亦自相残食。繁殖力强，年产卵 2 ～ 3 次。属暖水性上、中层洄游鱼群，为主要经济鱼类。近海洋面捕获的均系小带鱼。20 世纪 70 年代中期起，资源锐减。

鲈鱼　口巨齿尖，体侧扁，灰白色，有黑星斑点。性凶猛，食鱼虾，常游至港湾碶口，潜入塘河亦适应，可供养殖。

海鳗　海鳗科。栖深水海底，体圆长，形似蛇；尾侧扁，无鳞、皮光滑、腹白色，背、臀、尾鳍相连，无腹鳍，尖嘴狼齿、性凶猛，食鱼虾。境内海涂捕获者均称“狗鳗”。

涂鳗　塘鳢科。阔口尖齿，体圆短，无鳞多黏液，背黑褐、腹浅黄，海涂挖穴而居，潮涨出穴觅食，潮退入穴而栖，资源稀少。

鲳鱼　鲳科。体扁圆，头短口小，尾似燕尾，细鳞。呈银白色者称银鲳、白鲳；呈褐色，鳍长称长令、婆子。系上、中层鱼类，初夏洄游至近海产卵，捕获多系白鲳。

马鲛鱼　鲛科。口大齿锐，性凶猛，背呈兰黑，腹银白色，常栖息于上、中层水域。20 世纪 70 年代前近海盛产，今稀见。

河豚　鲀科。体圆筒形，皮粗无鳞，颔、肚下多刺绒，背蓝呈黄褐色斑纹，腹白。遇惊鼓气后腹似球，发出“咕咕”之声。肝脏、血液有毒素，人误食而殒命。

江鲦　俗称“赤鳊”，虎鱼科。体长圆略扁，头大吻短，口阔齿尖，无鳞多黏液，背、臀、尾鳍相连，常在海涂穴居。呈蓝色者称蓝赤鳊，淡红色者称红头赤鳊，各海涂均产。

雄鱼　亦名海黄颡，俗称“雄铁头”。口巨有须，背部及左右鳍各长一尖刺。与内河黄颡相似，但体呈银色。麦黄季节洄游至近海产卵，境内海域皆产。

舌鳎　舌鳎科。眼小口侧、体扁、眼鼻均在体上，色黄腹白，其形似舌，故名；白峰境内亦称鳎鳗。属底层鱼类，品种多，有粗鳞、细鳞、左手舌鳎、花舌鳎等。海洋捕获者粗鳞居多，海涂串、涨网捕获者均属细鳞。

鲻梭鱼　俗称“鲻鱼”，鲻科。头大而扁，身长、红眼、鳞大、骨软，呈银白色。品种分黄眼、乌鲻、三棱等，栖上、中层水域，成群逆水洄游于港湾，常随潮进入海涂觅食。性急躁，喜跳跃，胆小，受惊逃窜敏捷。潜入内陆水域后，变深褐色，生长快，俗称“淡水大头”，可供养殖。

鲚鱼 鳀科。体扁长梭形，头尖眼小，尾似凤尾，亦称凤尾鱼。雄性体大称刀鲚，雌性体小称玉鲚。资源丰富，沿海港湾四季皆产，尤以夏季为旺。

虾孱 狗鳗科。形似蛟龙，亦名龙头鱼。骨软、无鳞、色白，资源丰富，沿海盛产，尤以秋季居多。

梅童鱼 又名大头梅童，石首科。头大，眼小，体短，尾细略向上翘，色黄，形似幼大黄鱼。资源丰富，沿海港湾皆产，以夏季为旺。

弹涂鱼 俗称“弹鲈”，弹涂科。体似鳅，大如手指，长圆形，阔口快齿，灰褐色呈蓝色星斑。善跳跃，展鳍张口形凶猛，挖穴而居，退潮时跳跃于涂面觅食，资源丰富，但20世纪80年代后减少。

泥鱼 虎鱼科。体大及指，头大口阔，背黄腹白，常穴居，潮至出穴觅食，沿海皆产，以梅季为肥。

虾类

境域近海小型虾类资源丰富，多为涨网作业渔获物。

中国毛虾 俗称“糯米饭虾”，中国特有，每年春季游入境内海域，秋后离去，数量极少。

安氏白虾 俗称“白水虾”，臂虾科。因色纯白，光滑透明，故名。

脊尾白虾 亦称白水虾，臂虾科。清明节气盛产，沿海皆有。

细螯虾 俗称“麦秆虾”，春季产卵，附近海域有产，形似麦秆，又于麦黄时发汛，故名，并数量较多。

黄虾 对虾科。因色黄，故名。产于台风季节，又名台虾。甲壳薄，须特长。初夏体肥，育膏卵更佳，沿海各地皆产，近年少见。

跳虾 对虾科。系日本对虾种。体狭长，甲壳较厚硬，有彩色条纹。性急躁，跳跃有猛劲，俗称“强盗虾”。

中国对虾 对虾科。栖息浅海底层，4—6月产卵，生长迅速，越冬洄游。原系野生，20世纪80年代境内人工育苗成功，今为浅海养殖主要品种之一。

江虾 形似河虾而体稍小，烧熟后称红烤虾。

虾仔 体形微小，产于梅山港北侧江沿，清明后盛产，沿海村民凭潮水捕捞，一船两人。船后老大摇橹，船头一人站立用长杆网推。可鲜食，亦可酒醉。

蟹类

三疣梭子蟹 蝤蛑科，其形似梭子，故名，幼时亦称白蟹。体分头、胸、腹部，甲壳中间圆两端尖，四对足行动，两大螯捕食，善游能爬，性好斗，浅深海皆生，秋季为旺汛。雌性脐圆、螯短粗；雄性脐三角形、螯细长。10月后育膏肥壮，但境内涨网捕获者均为未育膏之白蟹。

锯缘青蟹 俗称“青蟹”，蝤蛑科。体扁厚椭圆形，壳光滑呈青黄色，双螯粗硬，前三对足指尖，第四对足形似桨。潮兴出游觅食，潮退蛰居涂泥，夏秋多而肥。

弧边招潮蟹 俗名“红钳蟹”，方蟹科。栖于高潮区海滩，挖穴而居，双螯一大一小，大螯超越蟹体，俗称“大刀谷乱”。螯呈紫红色，又名红钳蟹，以夏秋为肥，多以加工蟹浆而食。涨潮时，雄蟹举大蟹上下挥动，故称招潮蟹，境内滩涂都有。

日本大眼蟹 俗称“沙蟹”，方蟹科。栖于中潮区海涂，挖穴而居，夏浅秋深，潮退爬行涂面觅食。体灰黑色，壳薄，量多似散沙，故名。以梅季多而肥，俗称“黄梅沙蟹”。

螃元蟹 方蟹科。栖于高潮区海涂，挖穴而居。体大如拇指，壳银白色，双螯粗圆，清明时最肥。

管门蟹 栖于高潮区海涂，常守穴口，故名。形似螃元蟹，壳浅灰色，双螯呈黄色，行动敏捷。

和尚蟹 栖于中潮区海涂，壳圆硬而隆起，光滑似秃头，故名。细观壳体似“关公头”形，亦称关公头蟹。

算命蟹 栖于海塘脚泥涂处，潮落多居伏在浅水滩边，形如沙蟹，略小，背壳有浅色花纹，蟹嘴常吹水泡，俗称“算命蟹”。

贝藻类

缢蛏（蜻） 俗称“蛏（蜻）子”，蛏科。体如手指，壳薄呈灰白色，生长纹明显。壳闭合时两端仍开，头有两管吸吐食物。栖于中低潮海涂，挖穴而居，夏浅冬深。

蚶子 学名泥蚶，亦称血蚶，蚶科。体小形如斧，灰褐色，壳厚而坚，外表有突起条纹。原野生，今多为人工养殖。

毛蚶 蚶科。形似蚶子，体大壳表面有褐色绒毛，故名。原系野生，今有人工养殖，生长快，产量高。

圆蛤 又称青蛤，俗称“蛤皮”，蛤蜊科。体圆扁，壳面有蓝褐色、淡黄色等。栖中低潮区，挖穴而居，属野生，四季可采，以梅季为肥。

泥螺 阿地螺科。体似大豆，呈拖鞋状，小者称吐铁。壳圆薄而脆，色灰黄。栖中潮区，退潮时在涂面爬行觅食，活动能力弱，易捕捉。9月产卵，形似透明白球，俗称“泥螺蛋”。

香蛳螺 锥螺科。体呈尖锥形，似螺蛳，壳厚，色灰褐。栖于中潮区海涂，退潮时在涂面觅食，嗅觉灵敏，易捕捉，以夏秋为多，其味鲜香，故又名“割香螺”。有毒禁食。

铁蛳螺 锥螺科。形似香蛳螺，其体略尖长，螺纹明显，栖于高潮区，资源极丰富，沿海皆生，味微苦，食者甚少。

牡蛎 俗称“蛎蟥”，牡蛎科。外壳粗糙多形，内壳白而光泽，附着于高潮区礁岩等物，冬季采拾。

黄蛤 即红彩樱蛤，樱哈科。体如指甲，壳呈粉红色，形似瓜子，俗称“海瓜子”；以梅季为旺肥，又称梅蛤。

其他

海蜇 腔肠动物，无胃肠，用体腔消化，属暖水性大型水母，形如降落伞。生长于咸淡水适度的近海，游泳力弱，随潮流、风向漂浮。5月中旬在江口及港湾出现幼体，生长极快，夏秋为旺汛，近年资源枯竭。

章鱼 章鱼科。栖于深海，常随潮入涂，形似目鱼，体略小，八腕足特长，由吸盘行动拾食。

望潮 形似章鱼，在海涂挖穴而居，以其乘潮而兴、潮退而蛰之惯，故名望潮，近年资源枯竭。

鲎 鲎科。由头胸、甲腹和尾部组成，头甲呈半月形，腹甲三角伏，甲壳似钢盔，眼生于背两侧。尾如柄，细长而坚硬，能自由转动，口足皆藏腹下。栖于低潮区海底，雌雄相伴。沿海皆产，唯数甚缺。

江豚 鼠海豚科。哺乳类动物，因体似猪，又称海猪。游泳时常把头伸出海面呼吸，时起时伏，故称拜江猪。头圆无喙，眼小无背鳍，皮乌滑。食鱼、虾、乌贼等，喜三五成群洄游于咸淡水交界处，常在浅海出现。

第三节 植物资源

境内野生植物资源丰富，有古老的物种，也有新发现的物种，其中有中华人民共和国成立后引进的150余个品种。国家一级重点保护野生植物有中华水韭、银缕梅等，国家二级保护植物有五针松、香樟等。

境内野生植物主要有树木类、果木类、竹类3个群系，其次是药用植物、花卉植物，还有水生植物。

树木类

马尾松 松科。常绿乔木，叶两针一束。过去是境内主要植被，现存甚少。

黑松 松科。常绿乔木，叶两针一束。中华人民共和国成立后引入，山丘少见。

五针松 松科。常绿灌木，叶五针一束。中华人民共和国成立后引入，多作观赏用。

杉木 亦称刺杉，杉科。常绿乔木，主要用材树种。原零星分布，中华人民共和国成立后大面积人工种植。

柏木 别名璎珞柏，柏科。常绿乔木。

罗汉松 又称土杉，罗汉松科。常绿乔木，系观赏树种，广植于公园、庭院。

苏铁 即铁树，亦称凤尾松，苏铁科。常绿乔木，观赏树种。

垂柳 俗称“杨柳”，杨柳科。落叶乔木，系观赏树和行道、护堤树。

麻栎 壳斗科。落叶乔木，用材树种。

朴树 俗称“沙朴树”，榆科。落叶乔木，沿山平地、路旁、溪岸常见。

桑树 桑科。落叶小乔木，散栽村旁、田间。20世纪50年代末发展蚕桑生产，沿山区曾大面积种植湖桑。

薜荔 又称木莲，桑科。常绿藤本，常攀附树、墙、山崖上。果实富果胶，可制食用凉粉，称木莲糊。

香樟 樟科。常绿乔木，广栽山坡、河岸、村庄、寺观庙宇，为主要绿化、行道、用材树种。20世纪80年代起大量种植，宁波市定其为市树。

枫杨 俗称“溪口树”，亦称榉柳、麻柳、元宝树，胡桃科。多栽溪边及河谷低处。

楝树 又称苦楝，楝科。落叶乔木，广泛栽培。20世纪60年代末引入川楝树种。

油茶 山茶科。常绿灌木或小乔木。20世纪50年代由常山县引入，境内山区广泛种植。

茶树 又称茗，山茶科。常绿灌木。唐宋以来广泛栽培，茶叶为白峰主要特产。

棕榈 棕榈科。常绿乔木，广栽山坡，村落及道旁，棕榈丝可打绳索，作蓑衣，用途广泛，又作观赏树。

大叶黄杨 俗称“冬青卫矛”，冬青科。常绿灌木或小乔木，常植作绿篱。

油桐树 又称桐子树，落叶乔木，散种于山麓宅林中。

果木类

橘 芸香科。常绿灌木或小乔木，统称柑橘，传统品种有凤仙橘、朱红橘等。中华人民共和国成立后引入新品种繁多。

金柑 亦称金橘，芸香科。常绿小乔木或灌木，系白峰著名果品。

杨梅 杨梅科。常绿乔木，多散栽近村山麓。

梅 蔷薇科。落叶乔木，多散栽。

桃 蔷薇科。落叶小乔木，中华人民共和国成立前以红桃、夏白桃为主，中华人民共和国成立后引入品种繁多。

李 蔷薇科。落叶小乔木，中华人民共和国成立前大榭岛栽培颇多，称金塘李。中华人民共和国成立后，境内有种植。

枇杷 蔷薇科。常绿小乔木，多栽于庭院。

猕猴桃 亦名杨桃、洋桃，猕猴桃科。落叶木质藤本，山区野生。

柿 柿树科，落叶乔木，零星种植。果形色红稍小者，称吊红（蒂红）。

葡萄 俗称“紫葡萄”，葡萄科。落叶木质藤本。20世纪60年代后引入品种繁多，各地均有栽种。

梨 蔷薇科，梨属。落叶乔木，中华人民共和国成立后引入新品种较多。

栗 亦称板栗，壳斗科。落叶乔木。20世纪60年代曾在山区种植一批。另有茅栗，落叶小乔木，或呈灌木状。

无花果 桑科。落叶灌木或小乔木。居宅庭院偶植。

银杏 亦称白果树、公孙树，银杏科。落叶乔木。旧多植于寺庙及庭院住宅，高龄树尚有。

石榴 原名安石榴，石榴科。落叶灌木或小乔木，高2～7米。

樱桃 蔷薇科，李亚科，樱属植物。乔木，高2～6米，树皮灰白色。

竹类

毛竹 古亦称猫竹，禾本科。多年生常绿木本，栽培面广，为境内主要经济竹种。黄皮毛竹属变种。

雷竹 春雷动时出笋，故名。1985年引入。

哺鸡竹 俗称“赖孵鸡娘竹”，分白鸡竹和乌鸡竹。沿海棉区宅旁多植，主要笋用竹。

青皮竹 禾本科。原为华南地区优良丛生竹，20世纪60年代引植。因耐寒性弱，现仅丘陵山脚和房前屋后零星栽植。

桃子竹 禾本科。丛生型小竹，笋不能食用。

苦竹 亦称伞柄竹，禾本科。笋味苦，不堪食用。

箬竹 禾本科。灌木型野生竹类，竹叶大，可作笠帽等防雨用品和裹粽。

药用植物

蒲公英 又名黄花地丁，菊科。生田野、堤塘边。

黑皮三叶青 又名金丝吊葫芦、蕲蛇菊，百合科。多年生攀缘草木，产于高山岩间及深涧。

百合 百合科。多年生草本，生于山间茅草丛中。

黄精 百合科。多年生草本，山区林间有之。

玉竹 百合科。多年生草本，产于山间阴处沙渍土壤处。

七叶一枝花 百合科。多年生草本，产于高峰深山土壤肥沃处。

八角金盘 景天科。多年生矮状草本，产于高山坑深涧间。

石菖蒲 天南星科。多年生水草本，生于山谷、溪涧。

仙鹤草 即龙牙草，蔷薇科。多年生草本，生于山野、路旁。

茯苓 多孔菌科。产于山坡松林间。

灵芝 多孔菌科。产于高山松树、枫树间。

石斛 兰科。多年生常绿草本，产于高山阴处。

青木香 防己科。生于山麓草丛中。

紫花地丁 堇菜科。多年生草本，生于山坡、丘陵、竹园。

何首乌 又名夜交藤，蓼科。多年生缠绕草本，生于林间溪涧。

忍冬 亦称金银花，忍冬科。多年生半常绿缠绕藤本，生于山坡、田野间。

花卉植物

梅花 蔷薇科。有白梅、红梅、蜡梅等多种。落叶乔木，深山间偶有野生。

樱花 蔷薇科。落叶乔木。

月季 又称月月红，蔷薇科。落叶灌木，品种繁多。

梨花 亦名玉梨花，蔷薇科。落叶乔木。

茉莉 亦名“鬘华”，木樨科。常绿攀缘灌木。

桂花 即木樨，木樨科。常绿灌木，常见有金桂、银桂和四季桂等。

牡丹　毛茛科。落叶小灌木。

兰花　兰科。多年生常绿草本，有剑兰、草本、九头兰等，生于高山涧谷及涧边。

菊花　菊科。多年生草本。

荷花　亦称芙蓉、菡萏、草芙蓉，睡莲科。多年生水生草本。

水仙　又名雅蒜，石蒜科。多年生草本，广作盆景。

广玉兰　木兰科。落叶小乔木。

紫薇　俗称"百日红"，千屈菜科。常绿灌木。

紫荆花　又名紫珠花，豆科。落叶小乔木。

玉荷花　安息香科。落叶小灌木。

杜鹃花　亦称映山红，杜鹃花科。落叶灌木。

茶花　山茶科，常绿灌木。

木芙蓉　俗称"芙蓉花"，锦葵科。落叶灌木或小乔木。

夹竹桃　夹竹桃科。常绿灌木。

凤仙花　亦称指甲花，俗称"满堂红"，凤仙花科。一年生草本。

鸡冠花　苋科。一年生草本。

合欢　亦称马缨花，豆科。落叶乔木。

大丽花　亦称大理菊、天竺牡丹，菊科。多年生草本。

红花檵木　系金缕梅科檵木属。叶互生，卵形金缘，嫩叶淡红花，花紫色，4～8朵簇生于总花梗上，花期4—5月，喜阳，耐旱，耐瘠薄，耐修剪。

水生植物

有茭白、莲藕、水葫芦、绿萍、芦苇等。

附录：珍稀植物选介

植物的种类繁多，对环境的适应能力悬殊，有不少种类由于人为、自身或环境因素，难以正常繁衍或生长，数量越来越少，有的濒临灭绝，这就是所谓的珍稀植物。珍稀植物通常具有重要的经济、科研、生态价值，既是国家重要的战略资源，又是科学研究的重要材料。目前境内发现中华水韭、银缕梅等国家一级重点保护野生植物，在严格保护的前提下合理开发利用，以扩大种群，拯救珍稀物种，进而产生良好的经济效益。

中华水韭　中国特有的植物，起源古老，分类位置孤立，具有很高的科学研究价值。因水体环境污染，资源近枯竭。2018年在白峰境内花木地水沟内发现中华水韭，由于其生长环境非常苛刻，为使中华水韭能得到适宜的自然生长环境，在区农林局的帮助下，街道农办采取异地移植保护措施，地点在白峰街道阳东村"龙王宫"海景园林蔬果基地内的保护地，种植面积30平方米，数量200株，并获得成功。

银缕梅　金缕梅科，属落叶阔叶乔木。被列为"国家Ⅰ级重点保护野生植物名录"和"国际自然保护联盟（IUCN）极度濒危物种"，它也是国家重点保护的120种极小种群野生植物中的一个物种。2018年12月，宁波植物研究专家林海伦回北仑白峰勤山村老家探亲，到家乡高山上考察植物资源意外发现被称为"植物大熊猫"的珍稀植物——银缕梅，约在2.5千米长的山顶狭长区域范围内，共发现50多棵银缕梅，它们都生长在海拔300～450米的山顶附近，多数都生长在山风很大的迎风坡上。银缕梅最早出现于6700万年前的白垩纪地层化石中，是现存最为古老的被子植物（有花植物），种类是典型的活化石树种。

第四节　矿产资源

白峰街道地处丘陵地带，石矿资源丰富。石英闪长岩适用作建筑材料，岩体位于白峰境内小门村塔山北。大部分被第四纪覆盖，北侧出露较好，岩体内纹理较少，细粒结构，块状构造。矿物成分：中长石70%～75%，石英5%～10%，黑云母、角闪石5%～10%。据磨光样观察，色泽较好，质地坚硬，可作装饰板材，浮土小于1米，可以露采，储量约180万立方米。

区域内探明港口村仰岛湾一处矿泉水，水化学类型符合矿泉水标准，水量、水质、水温处于动态稳定状态，日涌水量20.5～23.7立方米。

勤山村龙爪岐黏土矿，预测资源量7.9万立方米。石山陈家弄等有陶土资源。

第七章　自然灾害

白峰街道濒临东海，地处温带和亚热带交接处，虽具有优越的自然环境，但气候复杂多变，灾害性天气时有出现。而且在各类自然灾害中，气象灾害所造成的损失占九成以上。境内自然灾害主要以台风为主，以及由台风引起的暴雨，另外干旱和洪涝灾害也较为常见。

旧时，每逢水灾白水连片、陆地行舟，轻者淹没田禾，重者房坍屋塌；每遇干旱地无产出、家无储粟，轻则流离失所，重则家破人亡。中华人民共和国成立后，坚持以人为本，防抢结合，掌握抗灾主动权，特别是历年兴建的水利工程不断发挥效益，成为抗灾抢险的重要支柱，使大灾变小灾、小灾变无害。

第一节　台风

台风（含热带风暴平均风力8～9级、强热带风暴平均风力10～11级、台风平均风力12～13级、强台风平均风力14～15级、超强台风平均风力16级以上）是影响白峰境域的重大灾害性天气系统。台风所经之处常有狂风暴雨、风暴潮，可冲毁海塘，淹没农田、村庄，对农业生产、航运、交通和人民生命财产安全造成损失。然而高温干旱季节，台风带来的降水可以缓解或解除旱情。

中华人民共和国成立前境内较大台风灾害一览表

表2-7-1

时　间	灾害记述
宋淳熙四年（1177）五月、七月、九月	五月、七月江潮大溢，九月丁酉，连日大风雨，驾海潮，坏堤100余丈，漂民田庐

续表 2-7-1

时　间	灾害记述
宋淳熙四年（1178）秋	大水。飓风助海潮成灾
元至正四年（1344）七月	飓风大作，海啸、塘崩、海溢，伤禾成灾
明隆庆三年（1569）秋	淫雨、飓风大作，海啸，村民惶惧，塌房漂没人畜无算
万历元年（1573）六月	大风，海浪涌高数丈，掀翻战船，冲坍房舍，人畜死伤不计其数
万历三年（1575）六月	大风、大潮、大雨，人畜庐舍受淹
万历十七年（1589）六月	海沸。民房多圮坍，民船、战船掀覆，压死、溺亡多人
万历十九年（1591）七月	东北风大作，大雨如注，海潮溢入田间
明崇祯六年（1633）六月	飓风，雨如注，民庐倒塌，外洋渔船漂没损坏十之八九，民众沉溺不计其数
清康熙四年（1665）七月	淫雨、飓风大作，拔木折屋
清雍正二年（1724）七月	海啸，海涂洗没
清雍正七年（1729）	飓风，涌潮坏塘堤
清乾隆七年（1742）八月十七日	飓风，大潮冲坍海塘
清乾隆十四年（1749）七月廿八日	飓风拔木，房舍多塌
清道光十七年（1837）七月廿四日	大风雨，江河皆溢
清道光二十三年（1843）八月初七、初八	大风雨，牲畜溺死，庐舍崩坏，棺木漂流甚多
清道光三十年（1850）八月	大风雨，平地水涨 2 尺
清同治三年（1864）六月初十	大风拔木，海船倾覆无数
光绪三年（1877）五月廿四日午时	大风拔木而走，屋瓦皆飞
清光绪九年（1883）七月初一	风雨大作，海潮骤涨，沿海堤塘皆坏
民国 4 年（1915）7 月 16 日	飓风雨甚，潮沸，海塘稻棉摧残殆尽
民国 8 年（1919）7 月 5 日	狂风夹雨，历 3 昼夜，折木倒屋，海潮泛滥，损早稻，禾棉
民国 11 年（1922）夏秋间，10 月 18—20 日	飓风、淫雨，水深数尺
民国 17 年（1928）9 月	水、风为灾，田禾、棉花损失甚巨
民国 18 年（1929）	风、虫灾
民国 22 年（1933）9 月	暴风淫雨，咸潮入灌，毁房数 20 余间、船 10 余艘
民国 38 年（1949 年 9 月 30 日止）7 月 24 日	4906 号台风在普陀登陆，风力 12 级以上，狂风暴雨袭击，淹农田 86.67 余公顷，毁屋 30 余间

中华人民共和国成立后境内台风灾害一览表

表 2-7-2

时间	灾害记述
1952 年 7 月 19 日	5207 号台风在温岭登陆，境内有暴雨影响，稻田受淹 33.33 余公顷，倒塌民房 10 余间
1956 年 8 月 1 日 24 时	1956 年 8 月 1 日 24 时，5612 号台风在象山港登陆，中心气压 923 百帕，风力 12 级以上，最高潮位 4.85 米，最大暴雨量 116.9 毫米，穿山半岛南部受灾最重，上阳乡（今属白峰街道上阳片区）死亡 21 人。冲垮海塘 5 千米，棉花和水稻各 200 余公顷受淹，倒塌房屋 200 余间，猪、羊牲畜到处漂浮，贺玲娣、林丁生、王寿康等为抢救人民生命财产光荣牺牲
1962 年 6—9 月	遭受 5 号、7 号、8 号、14 号 4 次台风影响，淹没田禾，冲毁民房 8 间

续表 2-7-2

时间	灾害记述
1963 年 9 月 12 日 21 时	6312 号台风从 9 月 12 日 21 时开始影响，12 日至 13 日连续暴雨，白峰境内最大降雨量达 660 毫米。山洪暴发，溪水猛涨，超过警戒水位 1 米以上。毁坏水利工程多处，冲毁耕田 20 公顷，大部分农田受淹
1966 年 9 月 7 日	6615 号台风从 9 月 7 日至 8 日清晨持续两天，平均日降雨量 400 毫米以上，农田被淹，交通受阻
1971 年 9 月 18—20 日	接连遭 7122 号、7123 号二次台风影响。平均日降雨量 163.1 毫米。损坏水利工程多处
1974 年 8 月 19—23 日	遭7413号台风的袭击，最大风力12级以上，最高潮位4.5米，过程雨量160.5毫米。上阳（昆亭）盐场有 66.7 余公顷盐田被冲坏
1976 年 6 月 28 日	受 7607 号台风倒槽影响，出现历时短的大暴雨。暴雨集中在上午 9 时 30 分至 11 时和 14 时一段内。多处河、塘、水库溢洪
1979 年 8 月 15—16 日	7909 号台风于 8 月 15—16 日正面袭击全境。阵风 35 米 / 秒，雨量 200 毫米以上，导致公路中断，农田受淹
1981 年 8 月 30 日至 9 月 3 日	8114 号台风自 8 月 27 日形成后，逐渐向境域沿海靠拢，风力增强到 12 级以上。台风中心距境域沿海 100 千米范围内达 27 小时之久，最高潮位出现在 9 月 1 日凌晨 0 时 50 分，实测为 4.97 米。大暴雨，台风导致大部分农田受灾
1983 年 9 月 25—28 日	25 日 14 时开始受到 8310 号台风的正面袭击，27 日 14 时以后逐渐转向，远离境域。8 级以上大风持续 24 小时，海塘决堤数处，决口数十米
1988 年 8 月 7—8 日	8807 号台风，在象山登陆，象山港口风速 43 米 / 秒，11 级以上风力达 2.5 小时，上阳潮位 4.4 米，日雨量 100 毫米以上。大部分农田受淹
1989 年 9 月 16—20 日	9 月 16 日，受 8923 号台风环流影响，16 时 30 分降特大暴雨，瞬间山洪暴发，泥石流翻滚直下，水库、溪塘水位暴涨，平地成泽国，交通阻塞，为历史罕见。8909 号热带风暴形成并直袭象山港，20 日 23 时，上阳潮位达 5.5 米，由于持续时间长、风力大、潮位高，农业生产损失严重
1996 年 7 月 24 日	9608 号台风在关岛洋面形成，8 月 1 日在福建登陆，风力大，白峰南北岸潮位高达 5 米。损坏海塘 1 处，长约 50 米
1997 年 8 月 18—20 日	9711 号台风于 8 月 18 日夜在温岭登陆。这次台风强度强、范围大，瞬间风速达 33.8 米 / 秒，潮位达 6.92 米，为历史最高潮位。部分江塘潮水漫顶而过，农田受淹。正值“大潮、暴雨、强风”三碰头，台风过境雨量 180 ~ 300 毫米。晚稻、棉花、蔬菜、花卉等绝收 20 余公顷
2000 年 9 月 12—15 日	0014 号“桑美”台风在关岛以东洋面形成，移动缓慢，影响白峰是在 12—15 日。境内普降大雨到暴雨，局部大暴雨，平均雨量 270 毫米。农作物受淹损失严重
2004 年 7 月 7—10 日	0407 号台风“蒲公英”和第 4 号热带低压影响境内，部分农作物受损
2005 年 8—9 月	8 月 6 日，0509 号台风“麦莎”袭境，恰逢大潮，出现“大潮、暴雨、强风”三碰头，风力 11 级，部分民房进水，大片农田被淹。9 月 11 日，0515 号台风“卡努”袭境，造成部分农田受淹，溪坑、桥梁损坏
2006 年 5 月 18 日	0601 号台风“珍珠”袭境，造成部分农田被淹
2012 年 8 月 8 日	强台风“海葵”在象山登陆。境内上阳庙前畈、河涂等地积水 1 米以上，使花木被淹，花农损失惨重

第二节　干旱

旱情一年四季都可发生，危害重的则属出梅后的夏秋干旱，若前期梅雨量偏小或空梅，则干旱更加严重。任意连续大于等于 6 旬总雨量距平百分率小于等于 -50% 至 -60%，或任意连续 3 ～ 5 个旬，总雨量距平百分率小于等于 -60% 至 -70% 为干旱，任意连续 6 个旬总雨量距平百分率小于等于 -60% 至 -70% 为干旱。

中华人民共和国成立前境内较重干旱灾害一览表

表 2-7-3

时间	灾害记述
宋熙宁八年（1075）	旱，疫疠大作、藉尸郊野
宋元符二年（1099）	亢旱
宋淳熙九年（1182）	旱，夏六月不雨，至秋八月黍稷枯死，大饥
宋淳熙十四年（1187）	不雨，禾黍无收，百姓采野菜为食，仍难以生
宋绍熙五年（1194）	旱，大饥，取草木为食
宋嘉定十四年（1221）	旱。虫害严重
元泰定元年（1324）	旱，翌年二月饥，赈粮
元至正六年（1346）	旱
明正统十年（1445）	久旱，民遭疾疫
明弘治十七年（1504）	旱，大饥
明正德三年（1508）六月至十二月	不雨，禾黍无收。大饥，蕨草采尽，以致鬻儿卖女以食。冬大雪，河冰不解，草木枯死，民受冻挨饿而死者甚多
明嘉靖二十四年（1545）	旱，饥荒，路有饿死骨
明万历十六年（1588）	夏秋亢旱，大饥，瘟疫流行。民有以子女易一餐者，有身怀百金田券而不得售而死者
明崇祯七年（1634）	旱，饥民取山上白泥为食，名曰“观音粉”
明崇祯十三年（1640）	大旱，大饥，民食观音粉，多病腹胀
明崇祯十五年（1642）	大旱，饥
明崇祯十六年（1643）	旱饥如故
清顺治元年（1644）	旱，大饥，取草木为食
清顺治三年（1646）	自四月不雨至秋七月，大旱
清顺治十一年（1654）	大旱，河底龟坼
清顺治十六年（1659）	大旱，禾稼枯焦
清顺治十八年（1661）	五月不雨至七月，大旱
清康熙元年（1662）	夏大旱
清康熙二年（1663）	夏大旱
清康熙十年（1671）	夏大旱
清康熙二十六年（1687）	大旱
清康熙三十五年（1696）	大旱，自去秋不雨至是年五月始雨，早禾尽萎，晚禾薄收

续表 2-7-3

时间	灾害记述
清雍正元年（1723）	旱，禾麦尽枯，民不聊生，有剥取榆树皮及采集水仙、蕨草、鬼绿、红刺根等以充饥，饿尸道路相望
清乾隆十六年（1751）	自闰五月至八月不雨，田禾被灾者十之七成，大饥
清嘉庆二十五年（1820）	大旱，自五月至七月不雨，河水涸赤，禾稼尽枯
清道光十一年（1831）	旱，大饥。民多疫死
清道光十二年（1832）	旱，饥。斗米五百文
清道光十七年（1837）	旱，禾尽枯
清道光二十七年（1847）	春旱，自正月不雨至四月
清同治三年（1864）	夏旱。秋、冬旱，五月不雨
清同治十年（1871）	夏大旱，虫食禾
清同治十一年（1872）	夏大旱，早禾尽死，河枯开裂，舟楫不通
清光绪五年（1879）	夏大旱，河皆龟裂，禾尽枯
清宣统元年（1909）	春夏严重干旱。民有“宣统元年，晒煞苗田”之说
民国 23 年（1934）	自初夏至秋无雨，田土龟坼，秋收绝望
民国 29 年（1940）	夏秋 80 余天无雨，早稻歉收，晚稻无收，又因干旱引起霍乱流行，死亡甚众
民国 31 年（1942）	夏干旱，早稻黄熟期遇强干飓风袭击，俗称“南风水”，损失惨重
民国 33 年（1944）	夏旱严重，收成轻者四成至五成，严重的颗粒无收。翌年灾荒

中华人民共和国成立后境内干旱灾害一览表

表 2-7-4

时间	灾害记述
1951 年 7—8 月	旱 33 天，稻田断水，受灾严重
1953 年 6 月下旬至 8 月底	旱，小河干涸见底，水田龟裂
1955 年 7 月 31 日至 9 月 12 日	旱 44 天，受旱农田上千亩
1958 年 5 月 19 日至 8 月下旬	干旱 97 天，农作物受灾，农民挖井挖池抗旱
1961 年 6 月 15 日至 9 月 4 日	干旱 81 天，河道断流，水库干涸
1962 年 12 月至 1963 年 4 月 17 日	干旱，早稻无法种植
1963 年 7 月 12 日至 9 月 6 日	干旱 56 天，晚稻无法种植
1964 年 6 月 29 日至 9 月 14 日	干旱 79 天，受灾农田近 133.33 公顷
1967 年秋	旱情严重，受灾农田近 66.67 公顷，果树、幼林枯死，生活用水困难
1971 年 6 月 24 日至 9 月 3 日	干旱 72 天，河流断水，塘库干涸，生活用水困难
1978 年 6 月 25 日至 9 月 9 日	干旱 77 天，生活用水困难，竹木枯死，秋粮大面积减产
1988 年 9 月 25 日至 12 月 30 日	干旱 98 天，农田龟裂，冬种作物死苗，生活用水困难
1991 年 10 月 5 日至 12 月 24 日	干旱 80 天，影响冬种作物播种移栽
1994 年 6 月 24 日至 8 月 20 日	干旱 58 天，高温干旱造成早稻高温逼熟，对农业生产带来一定影响
1996 年 7 月 14 日至 10 月 6 日	干旱 86 天，用水发生困难
2003 年 6 月 3 日至 8 月 8 日	干旱 66 天，持续高温干旱给经济作物生长和人民生活带来严重影响
2003 年 9 月 1 日至 2004 年 1 月 7 日	干旱 129 天，水库蓄水不足，用水紧张

第三节　洪涝

洪涝主要集中在5—7月（出梅前）的梅汛期和出梅后7—9月台汛期。

中华人民共和国成立前境内洪涝灾害一览表

表2-7-5

时间	灾害记述
宋淳熙八年（1181）五月	大水
明正德六年（1511）	海溢，漂弱居民
明万历二十六年（1598）九月	水灾
明万历三十九年（1611）六月	大水
清康熙二十九年（1690）九月	大雨连旬，平地水深5尺，淹没田禾，冲坏民房
清雍正三年（1725）七月十八日	大雨，海水大涨，乡民避水者栖于屋脊或大树上
清乾隆十二年（1747）七月	海潮大涨，东北风冲决海塘并溃，民房亦多圮坍
清道光三十年（1850）八月十五日	平地水涨3尺
清同治元年（1862）八月初一	大水，坏民房、田禾
清光绪二十五年（1899）六月十三、十四日	狂风暴雨昼夜不息，田禾庐舍多被淹没

中华人民共和国成立后境内洪涝灾害一览表

表2-7-6

时间	灾害记述
1949年10月	暴雨成涝，造成农业严重减产
1954年5—7月	暴雨成涝，早稻受淹
1956年9月中旬	暴雨成灾，农作物受淹
1973年5月、9月	5月雨日21天，9月雨日20天，淫雨为灾影响农作物生长
1975年9月	21日大暴雨，农田短时受淹
1977年8月	22日受7号台风影响，普降大暴雨，农田受淹
1980年8月	雨日22天，长期阴雨凉夏，夏收稻谷霉烂
1981年7月、9月	7月30日大暴雨，农田受淹24小时。9月23日，大暴雨，农田短时受淹
1983年5—7月	持续阴雨寡照，雨水过多，早稻病虫害旺发，棉田积水根系霉烂死苗，对农业生产影响很大
1984年6月	13—14日大暴雨，农田受淹，农作物不同程度遭到损失
1988年6月	18—20日连降大到暴雨，造成内涝，农作物受淹，损失严重
1989年7月	连续阴雨天气，造成早稻成熟期推迟
1993年5—7月	农田短时受淹
1994年6月	农田短时受淹
1997年7—8月	降大雨，农作物受淹

续表 2-7-6

时间	灾害记述
1999 年 6 月	阴雨寡照影响早稻孕穗抽穗
2002 年 7 月	大雨，农作物受灾 33.33 多公顷
2005 年 8—9 月	普降特大暴雨，农作物遭到严重损失
2008 年 9 月 5 日	降暴雨，多处低洼道路、农田受淹。从晚上 8 时 30 分到 10 时 15 分降雨量 230 毫米,其中小门村降雨量 280 毫米。冲垮溪坑 2100 米、渠道 1800 米、桥梁 5 座，受淹房屋 300 户，上阳阮家积水 1 米，上阳小学大门被冲垮

第四节 倒春寒 寒潮

倒春寒

立春后，北方冷空气势力逐渐减弱，暖气流缓慢增强，天气开始转暖，气温呈波浪式上升，但有的年份在清明节气以后还有强冷空气侵袭，使气温又大幅度下降。通常把 4 月 5 日以后日平均气温连续 3 天或以上小于等于 11℃的天气过程称倒春寒。倒春寒通常发生期为 4 月 6—26 日，多数年代发生在 4 月 16 日之前。平均每次维持 4 天，最长的 8 天，出现在 1996 年 4 月 8—15 日。1997—2017 年无倒春寒天气出现，反映气候变暖趋势。

1971—2018 年 4 月境内倒春寒出现年份及日期一览表

表 2-7-7

年份	1972	1976	1977	1980		1984	
出现日期	6—11 日	6—10 日	7—9 日	13—15 日	24—26 日	6—8 日	10—12 日
天数（天）	6	5	3	3	3	3	3
年份	1987	1988	1989	1993		1996	
出现日期	11—16 日	6—8 日	11—13 日	6—9 日	11—14 日	8—15 日	19—21 日
天数（天）	6	3	3	4	4	8	3

寒潮

寒潮是指冷空气南下，气温骤降，日平均气温在 24 小时内下降大于等于 8℃或 48 小时内下降大于等于 10℃，且最低气温小于等于 5℃。境内遭寒潮侵袭多发生在 11 月到翌年 3 月，以 3 月最多。寒潮影响 48 小时内降温最大的有 15. 5℃，出现在 2013 年 1 月 9 日。受连续低温、雨雪冰冻天气的影响，使勤山村枫棚岭墩 200 千伏高压电线被冰块压断。主网供电能力出现 20 万千瓦时的电力缺口，北仑供电局和来自全省各地 720 多名电工及白峰 100 余名民工开路抢修。

1971—2018 年境内寒潮影响一览表

表 2-7-8

月份	11	12	1	2	3	合计
影响次数（次）	6	4	5	7	11	33
频率（%）	18.2	12.1	15.2	21.2	33.3	100

第五节　其他自然灾害

冰雹

冰雹是大气处于不稳定条件下产生的剧烈天气，突发性强，常给所经之处造成灾害。影响境内最严重的是 1977 年 4 月 24 日 16 时 58 分至 17 时 5 分和 2006 年 6 月 10 日 12 时 45 分至 13 时 5 分。第一次范围极大，东起北仑区的峙头，经过白峰境域，西至镇海区汶溪，并伴随雷暴和 11 级大风。第二次，白峰境域出现冰雹，冰雹大如黄豆，农作物受灾严重，损失惨重。

地质灾害

1991 年 4 月 2 日下午 4 时许，白峰渡口东侧海岸，受潮流冲击使岸线下层冲失发生长达 200 米，宽约 28 米的塌岸，塌岸上面白峰电解锰厂 10 间房屋、堆放的 40 余吨的水泥、10 立方米多木材及手拉拖车等物，突然在几分钟内消失塌入海中。

1998 年 12 月 5 日，因长期受潮流冲击，外峙渡西侧，150 米海塘滑入牛轭江。

第六节　抗灾　防灾

抗灾

为了保护农业生产和人民生命财产的安全，境内劳动人民早有冬春兴修水利和夏秋抢险抗灾的传统。但是，旧时的抢险抗灾，多为民间自发行动，缺乏领导指挥；又因限于社会制度和科学技术条件，少有协作配合和先进的预防措施，唯知水来土挡，旱来抢水，甚至迷信求雨，被动应战。民国时期，偶有年份组织防汛抗旱行动，也属临时应急措施。

中华人民共和国成立后，政府把防汛防旱工作提到十分重要位置，贯彻执行“安全第一、预防为主、防重于抢、有备无患”的方针，未雨绸缪，防患未然。每年汛期都有组建以政府主要领导人为首的防汛防旱指挥机构，以及相应的抢险、抢修、抢运等各种队伍；汛前积极做好抢险工具检修，设备安装，预降控制水位等准备；汛期加强气象、水文的预测预报，密切监视汛情的变化和发展。遇紧急情况时，则以防汛抢险作为压倒一切的中心任务，发动人民群众，全力以赴。

防灾

历年修圩筑堤、联圩并圩、疏浚河道、整治水系、修建涵闸、发展机电排灌，兴建大量的水利工程设施。

特别是大力开展高标准海塘建设、改造，提升海洋灾害防御能力，因台风而造成毁塘涌潮现象基本消除。2009 年后，通过大力改造河溪，水流畅通，境内未再发生过较大的洪涝灾害。

20 世纪 90 年代初始，境内开展大面积植树造林活动，2008 年左右始，实施废弃矿山生态修复整治，对境内废弃石宕全部进行改造复绿，从而减少泥石流等地质灾害的发生。

20 世纪 90 年代中期后，通过种植业结构调整，减少水稻等高耗水作物，水库、水塘和河网自然蓄水量的利用期延长，缓解旱情造成的影响。2005 年后，境内虽偶有干旱出现，但均时间不长，对村民生活、农作物生长等基本无太大影响。

第三篇　农业　畜牧业　渔业

白峰街道属农业、渔业综合性产业区。早在新石器时代，先民们开始从事种植、渔业、畜禽养殖等活动，但生产经营粗放，耕作、养殖等技术落后，设施陈旧，加之抵御自然灾害的能力十分薄弱，生产水平不高。至民国时期，仍较落后。

中华人民共和国成立后，开始土地改革和农业社会主义改造，以及新技术推广，使农业、畜牧业、渔业得到发展，形成粮食作物生产、经济作物生产、畜禽养殖、林业、渔业新格局。

1958年，开展“大跃进”和人民公社化运动，刮起“共产风”“浮夸风”，严重挫伤农民的生产积极性，农业、畜牧业、渔业遭受挫折。

20世纪80年代初，推行家庭联产承包责任制，在稳定粮食生产的前提下，调整农村产业结构，改变单一经营、高产穷乡的局面，农村经济格局发生深刻变化，出现农业、畜牧业、渔业全面兴旺的景象。部分农户紧跟形势，先后兴办经济实体。

20世纪90年代，农业实施适度规模经营和集约经营，养殖、种植专业大户应运而生。

进入21世纪，随着境内城乡建设步伐加快，给白峰农村经济发展带来前所未有的机遇，同时面临农副产品市场风险增大、涉农人口减少，以及生态环境保护等诸多问题，农业、畜牧业、渔业产业结构深度调整。白峰在持续推进农业适度规模经营，发挥地域优势和产业特色的基础上，通过提高科技能力、建立农村股份经济合作社、成立农民专业合作社、建设农业示范园区、扶持农业品牌、推动“旅游业+农业”融合发展、依托互联网等现代信息技术拓展销售渠道等系列举措，以保障农村经济在不断变化的新形势下持续发展。至2018年，全街道共有农业、畜牧业、渔业经济实体98家。

第一章　农业生产关系变革

境内土地历来属私有，由于长期受封建生产关系的制约，地主占有大量土地，广大农民缺田少地。中华人民共和国成立后，农村实行土地改革，接着通过对农业社会主义改造，解放了农村生产力。同时，大力兴修农田水利，引进优良品种，实行机械化耕作，推广应用农业生产新技术，农作物产量不断上升，生产水平逐年提高。但在“大跃进”、人民公社化运动和“文化大革命”期间，境内农业生产遭到严重破坏。中共十一届三中全会以后，农村推行家庭联产承包责任制，土地所有权和经营权分离，激发了农民的生产积极性，提高了劳动生产率和土地产出率，又调整了产业结构，农业生产达到一个新的历史水平。20世纪80年代末，政府通过推行农业适度规模经营，发挥土地的规模经济效益，逐步实现传统农业向现代化农业转变。进入21世纪，白峰境内工业化、城市化发展加速，农产品市场竞争日益激烈，农业生产经营风险不断加大，农村股份经济合作社、农民专业合作社等新型农业经济合作成为社会主义制度下白峰发展现代化农村的必经手段。

第一节　封建土地私有制

封建社会及半殖民地半封建社会中，地主及其他剥削阶级占有农村大量土地，人口众多的少地、无地贫苦农民仅依靠租地耕种维持生计，而且生产方式落后，农作物产量很低，因而广大农民一直处于贫困状态。

土地改革前土地占有情况

中华人民共和国成立时，白峰片有耕地282.47公顷，在籍户数784户，人口3236人。其中有地主14户，占总户数的1.79%，耕地52.73公顷，占耕地总面积的18.67%，户均占用土地3.77公顷；富农20户，占总户数的2.55%，耕田20.72公顷，占耕地总面积的7.34%，户均占有1.03公顷。尤其是贫雇农，户均0.02公顷，处于无耕地状态。地主户均占地是贫雇农的166.2倍。上阳片有耕地286.13公顷，在籍户数766户，人口2965人。有地主19户，占总户数的2.48%，耕地51.53公顷，占耕地总面积的18%，户均占用土地2.71公顷；富农5户，占总户数的0.65%，耕田5.09公顷，占耕地总面积的1.8%，户均占有1.02公顷。然而，占总户数72%的贫雇农，仅占3.9%的土地，户均0.04公顷。尤其是雇农，户均0.01公顷，同样处于无耕地状态。除地主占有大量土地外，公共土地占有较大份额，公共土地包括族地（或称大家田）、寺庙、义庄、学校、公益事业等，冠名曰“公”，实则多被地主及富农控制。

地主剥削农民的主要形式

旧时，土地占有者规定农民缴纳一定比例的产品给地主，是境内地主剥削农民的一种主要形式，这种地租形式随着封建土地私有制的延续，一直存在到民国时期。历代地租数额不一，缴租形式多样，无论何种地租形式，租额每亩均在200千克稻谷上下。至民国时期，境内主要地租形式：

定租　也称包租、死租，地主按土地的远近和土质优劣，规定每年的租额，不论年景好坏、工本多少，租额固定不变。

分租　租额以实际产量，视土地好坏，由地主与佃户按比例分成，有对半分成、四六分成和三七分成等。对半分成者业主与佃户各出肥料、种子的一半，田间劳作由佃户承担，收获各得一半。三七分成者由业主出肥料、种子的全部，佃户劳作，收获粮食业主得七成，佃户得三成。

预租　又称上头租，即农民先缴租后种田，若遇到灾年，颗粒无收，农民负债挨饿，而地主地租已收。又可向官府申报豁免田赋。

钱租　俗称便田价，租额按货币计算，多行于出租低产田地，租额较一般田地低。如遇粮价低贱，也多以钱缴租。

议租　又称活租，租额一年一议。民国时期，由地主、佃户、农会和乡公所代表依当年收成好坏议定缴租额。

转租　又称大小租。一些地主兼工商业者将土地整批租给佃富农或代租人，再由其将租得土地分散转租给农民，农民既要向地主缴大租，又要向转租者缴小租。

地主剥削农民的主要手段

押租　农民租种土地事先向地主预付一笔租金，如退田，押租退还。但到退还时货币已贬值。

催租　秋收后，地主派出账房及雇佣催租人下乡到佃户家催讨田租，佃户为不受刁难，须以好酒好菜招待。

租限　地主规定佃户缴租一般分 3 个限期，第一限 10 天左右，愈后则限期愈短，规定期限内缴纳者，可有折让，赊账加租。但第一限常在作物尚未收获之时。

逼租　如逢年景不好，粮食歉收，佃户无法缴租，地主就动用警察等地方势力，以抗租罪名拘捕关押佃户，限期缴租放人，佃户只得卖田押地破产抵租。

以租变债　佃户当年欠租无法偿还，地主则改变手法将租金变为债款，由佃户本人作保立下契约，限期加利奉还。

虚田实租　即将出租田亩掺入虚数，以此提高租额，加重剥削佃户。

雇工　佃户交不起地租，就到地主家做长工，长年辛劳，收入微薄；也有地主不定期雇用孩童看牛，仅管吃饭，不付工资，随时解雇。

放青苗　在青黄不接时，利用农民需要现钱的机会，用低价预购谷物，实为一种变相的高利贷。

此外，地主还以大秤进小秤出、大斗进小斗出、高利盘剥等手段剥削农民。

千余年来，绝大多数农民无永佃权，地主可随时撤佃，再加上地主残酷盘剥，农民不堪重负，怨声载道，为了生活，也偶有抗争，但影响微乎其微。

“二五减租”制

民国 16 年（1927）始，宁波各地先后推行国民政府颁布的“二五减租”的规定，缴租稻谷以收获量 50% 为最高的缴租额，按最高租额减租 25%。民国 19 年（1930）成立镇海县佃业仲裁委员会，该项工作由仲裁委员会和境内农民协会共同实施，减租后每亩租额为 150 千克稻谷上下，约占实产 38%。由于“二五减租”幅度较大，佃农实际所得远大于地主，因此，自始即受到地主阶级的强烈反对，时常停止。抗日战争期间，镇海县农会江南办事处继续推行“二五减租”制，后又取得“双二五减租”的胜利。民国 36 年（1947），镇海县农会推行“地价缴租法”，根据土地优劣分为 11 个等级确定地价，最好田每亩地价稻谷 1600 千克，中等田 800 千克，最差田 400 千克，以地价 8% 为缴租额。民国 37 年（1948），白峰境内实现“地价缴租法”，较“二五减租”减轻 20%～50%。

第二节　土地改革

中华人民共和国成立初始，贯彻实施《华东新区减租减息法令》，废除不合理的封建地租制，实行减租减息。

1950 年 6 月，《中华人民共和国土地改革法》颁布。是年 10 月，在中共镇海县委土地改革指挥部领导下，白峰境内各乡分别成立“土改”工作队，土地改革运动全面展开。根据规定，在“土改”中执行“依靠贫雇农，团结中农，有步骤地有分别地消灭封建剥削制度，发展农业生产”的路线，其根本目的是废除地主阶级封建剥削的土地所有制，实行农民土地所有制，借以解放农村生产力，恢复和发展农业生产。

整个“土改”运动经历发动群众、划分阶级、斗争清算、分配果实、复查纠正等阶段。

发动群众　调查各村土地占有状况，宣传“土改”政策。各乡、村先后成立农会，先收集当地地主剥削、迫害农民的事实，发动群众开展诉苦，从中掌握地主中重点斗争的对象，培养一批积极分子，使境内阶级阵线明朗。

划分阶级　在“土改”工作队指导下，各农户按自家实有人数，占有的耕地、畜力、农具等生产资料，以及生活来源（或自种、或雇工、或收租、或放债等），以村为单位，进行自报互评，民主公议。在此基础上划分阶级成分，审定后出榜公布。划分地主的界限是：连续 3 年以上占有土地 1.67 公顷以上。

斗争清算 组织召开对地主、恶霸、富农的斗争大会，控诉他们的罪行，揭发地主匿藏地契、造谣惑众、隐瞒土地、转移动产等行为。与此同时，对地主、恶霸的土地、房屋、牲畜、农具、粮食等财产分别进行没收、追缴和查封。

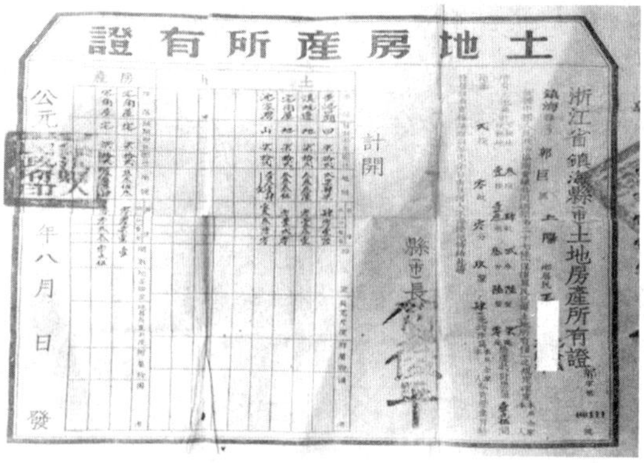

土地房产所有证

分配果实 “土改”中地主被没收的土地和追缴、查封的财产，统一分到各村，在“土改”工作队员的主持下制定分配方案，由村民民主讨论通过。不久又给农民颁发土地证。

复查纠正 1951 年 7 月，全县进行“土改”复查，纠正划分阶级成分工作中的偏差。是年末，土地改革全面完成。

土地改革解决境内农民占地不均的现象，废除封建剥削制度，广大贫雇农分到土地，有了生活保障。“土改”后，白峰乡雇农人均占有土地 0.11 公顷，贫农 0.10 公顷；上阳乡为雇农 0.12 公顷，贫农 0.11 公顷。使农民实现“耕者有其田”的夙愿。

“土改”前后白峰乡各阶层土地占有一览表

表 3-1-1

阶层名称	户数		人数		“土改”前			“土改”后			“土改”后亩数变化（亩）
	户数（户）	占总户数之比（%）	人口（人）	占总人口之比（%）	田亩数（亩）	占总田亩的比重（%）	人均亩数（亩/人）	田亩数（亩）	占总田亩的比重（%）	人均亩数（亩/人）	
总计	784	100	3236	100	4301.78	100	1.33	5108.03	100	1.58	+806.27
封建地主	5	0.64	37	1.14	400.04	9.44	10.81	15.28	0.30	0.41	−384.75
经营地主	5	0.65	22	0.74	207.22	4.83	6.28	47.05	1.02	1.44	−160.17
地主兼工商业	1	0.13	7	0.21	32.75	0.77	4.68	5.72	0.11	0.82	−27.02
地主兼其它	3	0.38	27	0.83	215.25	5.08	8.00	8.48	0.17	0.31	−206.77
雇农	77	9.82	197	6.09	26.34	0.62	0.13	339.49	6.68	1.72	+313.15
贫农	444	56.63	1895	58.56	542.83	12.81	0.89	2947.40	57.97	1.56	+2404.57
中农	102	13.00	524	16.93	551.14	13.01	1.06	904.09	17.78	1.73	+352.95
富农	20	2.55	111	3.43	310.79	7.33	2.80	286.65	5.64	2.58	−24.14
工人	18	2.30	74	2.29	21.04	0.50	0.28	49.05	0.96	0.69	+28.01
手工业者	30	3.82	106	3.28	13.83	0.33	0.13	78.50	1.54	0.75	+64.67
小商	5	0.64	14	0.43	4.55	0.11	0.31	11.34	0.22	0.88	+6.80
小贩	1	0.13	1	0.03	—	—	—	—	—	—	—
职员	14	1.79	68	2.10	25.58	0.60	0.38	66.39	1.31	1.05	+40.81
自由职业	8	1.02	33	1.02	7.27	0.17	0.24	24.81	0.49	0.67	+17.54
贫民	38	4.85	91	2.81	28.86	0.68	0.37	98.54	1.94	1.08	+69.68
游民	9	1.15	21	0.65	2.98	0.07	0.14	20.23	0.40	0.96	+17.25

续表 3–1–1

阶层名称	户数		人数		“土改”前			“土改”后			“土改”后亩数变化（亩）
	户数（户）	占总户数之比（%）	人口（人）	占总人口之比（%）	田亩数（亩）	占总田亩的比重（%）	人均亩数（亩/人）	田亩数（亩）	占总田亩的比重（%）	人均亩数（亩/人）	
宗教职业	4	0.51	8	0.25	7.97	0.19	1.00	9.14	0.18	1.14	+1.16
其他	—	—	—	—	—	—	—	—	—	—	—
公共土地	—	—	—	—	1903.34	44.92	—	15.12	0.29	—	−1888.22
保留机动地	—	—	—	—	—	—	—	180.75	3.55	—	+180.75

“土改”前后上阳乡各阶层土地占有一览表

表 3–1–2

阶层名称	户数		人数		“土改”前			“土改”后			“土改”后亩数变化（亩）
	户数（户）	占总户数之比（%）	人口（人）	占总人口之比（%）	田亩数（亩）	占总田亩的比重（%）	人均亩数（亩/人）	田亩数（亩）	占总田亩的比重（%）	人均亩数（亩/人）	
总计	820	100	3133	100	4355.21	100	1.45	4771.36	100	1.57	+347.08
封建地主	10	1.22	60	1.92	353.61	8.12	5.89	80.84	1.69	1.35	−272.77
经营地主	5	0.61	22	0.70	207.22	4.76	6.28	47.05	0.99	1.44	−160.17
工商业兼地主	1	0.12	6	0.19	50.00	1.15	8.33	—	—	—	−50
其它兼地主	3	0.37	13	0.40	162.42	3.73	12.49	2.85	0.06	0.22	−159.58
工商业	2	0.24	9	0.29	3	0.07	0.33	—	—	—	−3
雇农	90	10.98	222	7.09	41.49	0.95	0.19	385.65	8.08	1.74	+344.16
贫农	189	23.05	738	23.56	126.60	2.90	0.17	1179.65	24.72	1.60	+1053.06
中农	279	34.02	1303	41.59	933.99	21.45	0.72	2139.43	44.84	1.64	+1205.44
富农	5	0.61	25	0.80	76.45	1.76	3.06	75.07	1.57	3.03	−1.38
半地主式富农	1	0.12	4	0.13	8.83	0.20	2.22	8.92	0.19	2.23	+0.09
工人	30	3.66	105	3.35	34.77	0.80	0.33	67.89	1.42	0.65	+33.12
手工业者	24	2.93	74	2.36	28.95	0.66	0.39	64.91	1.36	0.88	+35.96
工人	30	3.66	105	3.35	34.77	0.80	0.33	67.89	1.42	0.65	+33.12
手工业者	24	2.93	74	2.36	28.95	0.66	0.39	64.91	1.36	0.88	+35.96
小贩	7	0.85	36	1.15	15.44	0.35	0.43	26.81	0.56	0.75	+11.37
小商	4	0.48	28	0.89	10.76	0.25	0.38	26.53	0.56	0.95	+19.78
职员	30	3.66	144	4.60	99.99	2.30	0.69	125.56	2.63	0.87	+25.56
自由职业	1	0.12	3	0.10	—	—	—	—	—	—	—
贫民	69	8.41	125	0.40	53.15	1.22	0.43	167.76	3.52	1.34	+114.62
游民	14	1.71	34	1.09	7.74	0.18	0.23	34.99	0.73	1.03	+27.26
宗教职业	1	0.12	2	0.06	—	—	—	2.22	0.05	1.11	+2.22
其他	1	0.12	1	0.03	—	—	—	1.73	0.04	1.73	+1.73
公共土地	—	—	—	—	2077.08	47.69	—	51.41	1.08	—	−2029.67
保留机动地	—	—	—	—	—	—	—	149.29	3.13	—	+149.29

第三节　农业互助合作

农业生产互助组

土地改革后，农民由于分得土地房屋，生产积极性空前高涨。但部分农民出现了畜力、农具缺乏，农本不足，劳力强弱不均等现象，致使生产无法正常进行。特别是贫苦农民，更缺少必要的生产工具、生产资金，而且一家一户的小农经济无力抗拒自然灾害侵袭，一遇天灾人祸往往被迫借高利贷、出卖劳力、转让土地，以解困危。

为了稳定生产，根据自愿互利、自由结合的原则，境内成立了亲帮亲、邻帮邻的伴工组，后转变为互助组。有的采取农忙成立、农闲分散的季节性互助组；也有的采用各户劳力合作劳动，以出勤日评工记分、年终结算、余缺找补的常年互助组。1951 年 3 月，在县工作组的帮助下，上阳乡朱家岙张惠仁组织境内第一个 8 户贫苦农民的互助组。至 1953 年 6 月，境内有常年互助组 80 个，参加农户 835 户；季节互助组 190 个，参加农户 1504 户。互助组一般 4 户、5 户为一组，也有 20 多户为一组。

初级农业生产合作社

互助组的生产关系是粗放型的原始生产组织形式，具不稳定性，往往出现“春组织，夏垮台，息一息，明年再来”的现象。1952 年春，中共镇海县委贯彻中央“积极引导，稳步前进”的方针，在加强和巩固境内互助组的基础上，试办 4 个以土地入社分红为特点的初级农业生产合作社，上阳乡张惠仁的黎明社名列其中。该社由 31 户农户组成，人口 131 人，耕田 19.53 公顷，劳动力男 35 人、女 32 人。一些劳力不足、农本缺乏的贫苦农民入社后，在众人扶助下，生产有了依靠，生活得到保障。

1953 年，中共中央发布《关于农业生产互助合作的决议》后，境内互助合作运动掀起了高潮。由于合作化运动“跑步前进”，内部矛盾和冲突凸显，境内出现了强迫命令、违反自愿互利原则的现象。1955 年 3 月，贯彻执行中共浙江省委关于农业合作社“全力巩固，坚决收缩”的政策，收缩整顿农业合作社近四分之一。8 月，贯彻毛泽东主席《关于农业合作社问题》的指示，批判“坚决收缩”政策，执行“全面规划，加强领导”方针。秋后合作化运动再次进入高潮，是年末，入社农户占总农户的 70% 以上。

初级社土地仍属农民所有，土地经营收益不完全属于土地所有者，只参加土地分红，其分红比例根据土地优劣等级略有区别，一般不超过劳动分红 30% ～ 40%（当时土地分红约为稻谷 100 千克 / 亩）。山林入社以不减少业主原有收入为原则，核定收益，比例分红。耕牛及大中型农具仍属农户所有，集体租用，耕牛每耕田（含耕、耙、耖）1 亩交 15 千克牛耕谷，归饲养者。

1953 年 6 月境内农业生产互助合作一览表

表 3-1-3

乡名	总农户数（户）	初级农业生产合作社			常年互助组			季节互助组			参加互助合作合计户数（户）	参加互助合作户数占总农户数的比重（%）
		社数（个）	参加户数（户）	参加人数（人）	组数（个）	参加户数（户）	参加人数（人）	组数（个）	参加户数（户）	参加人数（人）		
合计	3145	1	11	38	80	835	3591	190	1504	6467	2350	74.70
上阳	1290	1	11	38	39	392	1686	86	634	2726	1037	80.40
白峰	1855				41	443	1905	104	870	3741	1313	70.80

1954—1955 年白峰乡初级农业生产合作社一览表

表 3-1-4

初级合作社名称	社长姓名	初级合作社名称	社长姓名
陈如海合作社	陈如海	郑定安合作社	郑定安
蔡阿五合作社	蔡阿五	南三合作社	叶银财
叶云清合作社	叶云清	戴阿毛合作社	戴阿毛
蒋信贤合作社	蒋信贤	屺峙合作社	傅芳凯
史照生合作社	史照生	周昌根合作社	周昌根
冯成才合作社	冯成才	周国海合作社	周国海
胡修福合作社	胡修福	—	—

1954—1955 年上阳乡初级农业生产合作社一览表

表 3-1-5

初级合作社名称	社长姓名	初级合作社名称	社长姓名
蕉山	林阿康	南一	王守明
龙爪	李金甫	太平	钟恒土
下湾	张云才	阮家	阮金夫
上枫	胡炳元	东园	王楚堂
山坑一	王守能	下枫	吴生甫
山坑二	胡才夫	山坑四	王金土
山坑三	赵阿水	南二	王全守

1954—1955 年下阳乡初级农业生产合作社一览表

表 3-1-6

初级合作社名称	社长姓名	初级合作社名称	社长姓名
黎明	张惠仁	联群	顾安夫
黎明一	郑志文	群力	孙冬甫
黎明二	舒秀佃	群力二	陆兴宝
黎明三	李友坤	合心	童纪金
腾利	林友祥	益民	王成栋
钟家	郑庆连	田厂	乐锦树
阳明	周全金	连众	王连财

1954—1955 年山江乡初级农业生产合作社一览表

表 3-1-7

初级合作社名称	社长姓名	初级合作社名称	社长姓名
沿下	张泰根	山防	陈馀佃
联合	周林仙	大岙	郑志定
下厂	杜维仁	门浦	郑才高
新庄	马相荣	稼丰	胡如生
沿亭	金睦富	浦北	—
中心	陆全华	官前	乐相木
轮众	张安信	司前	郑其生
西南	朱志万	轮江	邬善再

高级农业生产合作社

1954 年春，在普遍发展初级农业合作社的同时，中共镇海县委试办高级农业生产合作社。时在境内试办以下乡工人、学生为主体组成的“双石人山开荒队”，组建“双石人山高级农业生产合作社”。

高级社既是经济实体，又替代了原来的行政村机构，成为农村新的基层单位。内设管理委员会和监察委员会，还相应建有党、团、民兵和妇女等基层组织，下设生产队，作为经济核算单位，组织领导生产。高级社对小队实行“三包一奖”制，即包产、包工、包本，超产降本实行奖励。土地私有制全部改变为集体所有制，耕畜和大型农具折价归社，实行分红还本，取消“土劳分红”。男女劳力分等级评工记分，收益分配按劳取酬。

1956 年，高级社进入全面发展阶段，并允许“地、富、反”入社。是年春，境内有高级社 14 个，并继续做低级社的转高和高级社的巩固发展工作。1958 年 4 月，入社农户占总农户的 94.5% 以上，境内基本完成对农业的社会主义改造，实现农业集体化。

1956 年 12 月境内高级生产合作社一览表

表 3-1-8

乡别	高级生产合作社名称	社长	乡别	高级生产合作社名称	社长
白峰乡	白峰（蒋岙）	蔡阿五	上阳乡	石山（由南一社、南二社、太平岙合并）	王召根
	屺峙（百丈、下林）	傅方凯		勤丰（枫棚、蕉山、下湾）	李阿金
	司前（沿亭）	郑志定		山坑（东园、山坑）	王守能
	门浦（山防、官庄）	郑才高		双石人山	史　伦
	轮仰（仰岛湾、轮江）	张安信 邬善哉		黎明第一高级农业生产合作社（钟家湾、马盘、黎明）	张惠仁
	小门	叶银财		黎明第二高级农业生产合作社（道头、上王、虾庳）	顾安夫
	神马	何德福			
	外峙	周召祥			

第四节　人民公社

1958年8月，中共中央公布《关于在农村建立人民公社问题的决议》。10月，遵照中共镇海县委、县政府决定，撤销白峰乡、上阳乡，与郭巨镇合并组建郭巨人民公社，实行“政社合一”的人民公社体制，并由公社党委统一领导。原白峰乡设白峰、小门2个生产大队，原上阳乡设上阳、下阳2个生产大队。

公社下辖生产大队（后称管理区）、生产队，以及供销社、信用社、医院、学校、工厂。劳动组合实行组织军事化、行动战斗化、生活集体化。在生产上，劳力统一调动，搞大兵团作战。建立食堂、托儿所、幼儿园、敬老院、缝纫组、理发室等福利组织，为社员提供免费服务。人民公社的“一大二公”（一是规模大；二是生产资料公有化）、“一平二调”（搞平均主义，无偿调用生产队耕牛、农具和社员财物）共产风，打乱了农业社的集体所有制生产关系。放高产卫星、虚报浮夸、瞎指挥等违背科学、劳民伤财之风盛行，致使生产力遭到严重破坏。

人民公社刚开始实行公社统一核算。1959年4月，根据中共中央第二次郑州会议精神和《关于人民公社管理体制的若干规定（草案）》，规定人民公社实行“队为基础，三级所有”的体制，确定以生产队为基本所有单位的制度；并且恢复社员的自留地制度。1960年11月，根据中共中央《关于农村人民公社当前政策问题的紧急指示信》（即“十二条”）精神，规定以生产大队为基本核算单位的“三级所有，队为基础”是人民公社的根本制度；并开始纠正“一平二调”的共产风以及浮夸风、命令风、干部特殊化风和瞎指挥风，允许社员经营少量自留地和小规模的家庭副业，恢复农村集市贸易。深得人心，极受群众拥护。1961年4月，中共镇海县委对人民公社规模进行调整，恢复原建制，原白峰乡境域成立白峰人民公社，下辖15个生产大队、86个生产小队；上阳乡境域成立上阳人民公社，下辖14个生产大队、89个生产小队。下半年贯彻中共中央《农村人民公社工作条例（草案）》（即《农业六十条》）。1959—1961年三年困难时期，由于粮、油和蔬菜、副食品等的极度缺乏，农民只能吃野菜等充饥，浮肿病大发，农民苦不堪言。1962年，按照中共中央《关于改变农村人民公社基本核算单位问题的指示》，又再次确立以生产队为基本核算单位的“三级所有、队为基础”体制。

“文化大革命”期间，农民生产积极性遭受挫伤。1972年后，始逐步纠正，但进度极其缓慢。

1983年10月，实行政社分设，重建白峰乡、上阳乡人民政府，生产大队改建为村民委员会和村级经济合作社，结束长达26年之久的人民公社制度。

1982年境内人民公社基本情况一览表

表3-1-9

公社名称	生产大队（个）	生产队（个）	参加人民公社粮食和经济分配			年末耕地（公顷）		
			户数（户）	人口（人）	劳动力（人）	合计	全民集体所有	社员自留地
合计	29	175	5843	19871	10662	1273	1188	85
白峰	15	86	3168	10958	5697	642	602	40
上阳	14	89	2675	8913	4965	631	586	45

第五节　家庭联产承包和农业适度规模经营

一轮土地承包

1978 年 12 月中共十一届三中全会后，推行农村经济体制改革，将集体所有土地等生产资料或其他专业经营项目发包给农户（或承包者）经营，出现联产到劳、专业承包联产计酬责任制等多种形式。1979 年 10 月，贯彻《中共中央关于加快农业发展若干问题的决定》，农村经济模式开始突变。至 1982 年末，白峰境内采用多种形式生产责任制，如按劳分田、联产计酬、分组联产、多户承包、联产到户等，并逐步推行农户家庭联产承包责任制，即土地所有权与使用权相对分离，土地归集体所有，由农户承包经营。土地承包实行“三田制”，即口粮田、饲料田和责任田。收益分配实行大包干，即农户完成国家粮油定购任务、税金后，其余产品的收益均归农户所有。

1984 年，贯彻中共中央关于《延长土地承包期，鼓励农民增加投入、培养地力、实行集约经营》文件精神，全区在白峰等 11 个村试点基础上，于 11 月完成土地承包权证发证工作，把承包期统一延长为 15 年。是年，上阳乡 14 个村、77 个生产队和白峰乡 14 个村、81 个生产队实行家庭联产承包责任制。从此，境内广大农民用自己的双手改掉了原来铁定的“一大二公”，革除了生产上的“大轰大嗡”（大呼隆生产），摒弃了分配上的“平均主义”，充分激发了农民的积极性，解放了生产力。

1984 年境内实行家庭联产承包责任制一览表

表 3-1-10

乡镇名称	基本情况												承包合同有效期					
	村数（个）	其中大队核算村数（个）	生产队数（个）	承包户数（户）	承包户人口（人）	劳动力（人）	其中人数（人）			承包集体耕地（公顷）			3 年以内		4—5 年		5 年以上	
							社办企业	队办企业	长期外出	合计面积	其中 水田	其中 棉地	队（个）	户数（户）	队（个）	户数（户）	队（个）	户数（户）
合计	28	5	158	5437	19826	10891	1997	874	623	1176.87	982.2	194.67	76	2549	62	2230	20	658
上阳	14	2	77	2471	8813	5058	678	387	362	585	400.13	184.87	11	335	47	1605	19	531
白峰	14	3	81	2966	11013	5833	1319	487	261	591.87	582.07	9.8	65	2214	15	625	1	127

1984 年末境内承包土地 15 年以上发放土地使用证一览表

表 3-1-11

乡名	承包 15 年以上队数（个）	发放土地使用证户数（户）	承包土地面积（公顷）							
			合计面积	水田面积	棉地面积	旱地面积	经济特产地面积			
							集体承包		农户承包	
							队（个）	面积	户数（户）	面积
合计	153	5028	1214.86	670	154.07	187.46	19	37.60	2236	165.73
上阳	77	2322	593.73	280.27	154.07	35.73	18	32.93	1223	90.73
白峰	76	2706	621.13	389.73	—	151.73	1	4.67	1013	75

二轮土地承包

根据中央和省、市、区关于做好第二轮土地承包工作指示精神，白峰镇于1998年建立第二轮土地承包工作领导小组，并进行试点。1999年3月，根据《北仑区农村第二轮土地承包工作实施方案》和《北仑区农村第二轮土地承包工作实施意见》，第二轮土地承包全面展开。翌年8月，通过区级验收，由区人民政府颁发土地承包权证4534份，签订合同5099份，承包期为30年。

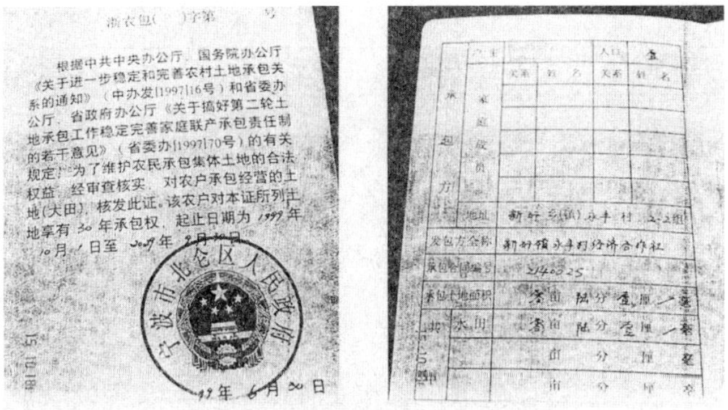
浙农包(　)字第　号

根据中共中央办公厅、国务院办公厅《关于进一步稳定和完善农村土地承包关系的通知》（中办发[1997]16号）和省委办公厅、省政府办公厅《关于搞好第二轮土地承包工作稳定完善家庭联产承包责任制的若干意见》（省委办[1997]70号）的有关规定，为了维护农民承包集体土地的合法权益，经审查核实，对农户承包经营的土地(大田)，核发此证。该农户对本证所列土地享有30年承包权，起止日期为1999年10月1日至

第二轮土地承包证

1999年末境内各村第二轮土地承包基本情况一览表

表3-1-12

村名	户数（户）	人口（人）	承包面积（公顷）		其中量化到户面积（公顷）		集体机动面积（公顷）	
			水田	棉地	水田	棉地	水田	棉地
合计	6256	18830	668.61	165.90	26.83	3.84	2.10	
小门	531	1908	63.57	—	12.73	—	—	—
屺峙	143	495	15.65	—	—	—	—	—
百丈	129	509	16.02	—	5.29	—	—	—
下林	83	290	7.73				0.12	
白峰	389	1351	40.72					
蒋岙	103	336	11.38				0.61	
山防	170	638	18.52					
门浦	1014	349	58.07					
官庄	202	718	20.58					
司前	310	1155	42.86		2.21			
沿亭	82	298	7.44					
神马	150	494	8.58					
轮仰	210	731	24.66					
外峙	237	894	24.05					
利明	64	243	7.12	6.43				
马盘	283	1025	22.13	32.84				
钟家	191	737	20.02	37.32				
下湾	54	108	11.75		3.51			
蕉山	246	845	33.48				1.37	
勤丰	164	583	26.40					
石山	281	939	40.58					
东园	196	668	34.45		1.69			
山坑	184	601	27.25					

续表 3-1-12

村名	户数（户）	人口（人）	承包面积（公顷）		其中量化到户面积（公顷）		集体机动面积（公顷）	
			水田	棉地	水田	棉地	水田	棉地
太平	114	343	17.08					
道头	273	969	21.65	28.38	1.40	3.84		
上王	264	975	26.28	34.21				
虾康	189	628	20.59	26.72				

农业适度规模经营

农村实行家庭联产承包责任制后，为农民以农业为主体，全方位发展多种经营提供了机遇，粮油作物的产量以及劳动效率大幅度提高，境内一大批剩余劳动力随之转入第二、三产业生产。部分农户常年从事各类专业生产，无暇顾及责任田耕作，随之出现土地抛荒或转包他人耕种的现象。同时，由于农户承包的耕地分散、经营规模太小等问题，不利于商品经济的发展和农业现代化。另外，农业科学技术迅速发展，并得到普遍推广应用，社会化服务体系逐步建立，也为农业适度规模经营提供物质基础和重要保证条件。

1988 年，浙江省人民政府出台《关于经济发达地区推行土地适度规模经营的若干政策规定》，在坚持土地公有制和家庭联产承包责任制不变的前提下，实行土地所有权、承包权、使用权三权分离，对从事乡镇工业或其他非农生产农民，在自愿前提下，允许转包土地，并签订转包合同，转包期一般为 3 年，也可以退包给村，由村出包或村办集体农场。接着支持适度规模经营的一系列政策措施陆续出台，如逐步建立完善农村社会保障体系，加大对农田基础设施投入力度，保障对新型农业经营主体的金融支持、贷款贴息、重大技术推广与服务等。同时严防耕地“非农化”经营。境内种粮大户、瓜果种植大户、蔬菜种植大户、花卉种植大户、养殖专业户等应运而生。

农业适度规模经营有效地促进了白峰境内高效、生态、安全农业的发展，为推进现代农业的发展提供基础性条件。

第六节　现代农业经济合作

村股份经济合作社

2005 年 12 月，根据北仑区委、区政府统一布置，白峰境内开始农村股份合作制改革，逐步建立起“归属清晰、保护严格”的农村集体产权制度。村股份经济合作社是由各原村经济合作社根据社员大会（社员代表大会）讨论决定，将集体经营性净资产折股量化改制而成，是以资产为纽带、股东为成员的综合性农村集体经济组织。实行自主经营、独立核算、自负盈亏、民主管理、风险共担、按股分红。

村股份经济合作社股权设置：分配给股东的股权，属股东个人所有；股份原则上实行静态管理，确定后不作变动；参加股份经济合作社的股东按人（户）统一发给记名股权证书，股权证书是对股东股权的确认。组织机构：内设股东（代表）大会、董事会、监事会等机构。建立集体资产登记制度，每年清查盘点一次，做好登记造册与归档工作。

2006—2015年白峰镇若干村经济合作社股份制分配一览表

表3-1-13　　单位：万元

项目	2006年	2007年	2008年	2009年	2010年	2011年	2012年	2013年	2014年	2015年
小门村										
收入总额		204.40	211.21	215.30	224.54	239.78	176.51	264.82	—	236.67
分配总额	82.00	104.25	100.00	97.99	112.97	116.59	121.92	131.25	—	127.54
股权股数	81765	81765	82025	82250	82250	82250	82327	82167	—	80307
每股金额	10.03元	12.70元	12.19元	11.91元	13.73元	14.17元	14.80元	15.97元	—	15.88元
门浦村										
收入总额	—	—	—	—	—	—	—	64.03	54.51	—
分配总额	—	—	—	—	—	—	—	14.07	14.69	—
股权股数	—	—	—	—	—	—	—	43888	43888	—
每股金额	—	—	—	—	—	—	—	3.20	3.33	—
司沿村										
收入总额	—	—	—	—	121.65	—	—	—	—	—
分配总额	—	—	—	—	33.19	—	—	—	—	—
股权股数	—	—	—	—	66359	—	—	—	—	—
每股金额	—	—	—	—	5.00元	—	—	—	—	—
新峰村										
收入总额	—	—	—	—	74.14	—	—	—	—	—
分配总额	—	—	—	—	27.88	—	—	—	—	—
股权股数	—	—	—	—	57330	—	—	—	—	—
每股金额	—	—	—	—	4.86元	—	—	—	—	—
官庄村										
收入总额	—	—	—	—	13.28	—	—	—	—	—
分配总额	—	—	—	—	13.28	—	—	—	—	—
股权股数	—	—	—	—	23695	—	—	—	—	—
每股金额	—	—	—	—	4.06元	—	—	—	—	—

注：每股金额以元为单位。

农村股份合作制改革为境内维护农民合法权益、增加农民财产性收入起到至关重要的作用，进而维护农村社会和谐稳定，为促进集体经济在市场经济条件下继续发展注入新的活力。同时，在改革过程中也出现一些矛盾和弊端，如静态股权管理模式下新增人口没有股权、股权享受对象界定、合作社收益分配和股东股权流转等问题。

农民专业合作社

2006年10月，《中华人民共和国农民专业合作社法》颁布，明确农民专业合作社是坚持以家庭承包经营为基础，由同类农产品的生产经营者或者同类农业生产经营服务的提供者、利用者组成，其组织性质和功能是自愿联合、民主管理的互助性经济组织。同时，还从服务对象和服务内容角度规定农民专业合作社的边界，即"农民专业合作社以其成员为主要服务对象，提供农业生产资料的购买，农产品的销售、加工、运输、贮藏以及与农业生产经营有关的技术、信息等服务”。各类农民专业合作社在境内陆续成立。2014年7月，北仑区第一家农民专业合作社联合社——白峰品禾农产品专业合作社联合社成立。

2007—2018年，中央多个文件均提到要大力发展农民专业合作社；2014年8月，农业部、财政部联合九部委发布《关于引导和促进农民合作社规范发展的意见》，指出：“农民合作社在建设现代农业、促进农民增收、建设社会主义新农村方面发挥了重要作用。”

农民专业合作社通过集中境内有限的农业资源，发挥资源优势，组织农民进入市场、发展产业集约化经营来提高农业竞争力、增加农民收入、更好地抵御市场风险，农民参加合作的积极性非常高。截至2018年末，白峰街道有农民专业合作社11个。农民专业合作社成为境内重要经济实体和影响农村经济的一支不可忽视的力量，带动了农村区域经济可持续发展。同时，在发展过程中问题也不断显现，如运行不够规范、缺乏核心竞争力、市场开拓不力、融资难等。

第二章　农田基本建设

白峰街道境内农田多沿山冷水田、低洼荡地、墩地、坟墩地和沿海咸碱田。地下水位高，土壤通透性差，高低不平，排水不畅，耕作不便，农作物产量低下。1954年后，境内实现互助合作社的集体化生产，1958年又实现人民公社化，广大农民在党和人民政府领导下，坚持不懈开展大规模的耕地改造和标准化农田建设。

第一节　耕地改造

沿山冷水田改良

沿山冷水田泛指排水不良的山垄、山坡、溪边田。受地形、山泉水和山坡侧渗水影响，土体终年积水；光照少、土温低、砂性重、漏水、漏肥。里半块烂田，外半块漏水田（晒死田）。解放初粮食亩产仅75～100千克。农业集体化后采取里坎开沟汇水、治理溪流、修建山塘水库、加客土（黄泥土）增加犁底层黏性土壤、防止漏水等措施。1958—1968年，境内共治理溪流19条，修筑山塘46个，累计改良沿山冷水田73.3公顷。至1968年，粮食亩产达到530千克（早晚稻）。

烂荡田改良

烂荡田主要分布在上阳外千亩畈、下湾门口、马盘下畈、黎明下畈田、白峰（牛尾巴）下林门口、小门下畈田、百丈等地带。这些田畈排水不畅，周高内洼，形成“镬肚脐”形状。土壤终年积水，土体糊烂，无硬塥层，只能种单季中汛稻（种田时秧苗不能抛，只能撑秧船分发给每个种田者）。亩产仅100～150千克。1964年，白峰公社、上阳公社在县农业部门的支持下，开展烂荡田改造工作。削高填低加客土，开挖深沟，新挖河道，填高“镬肚脐”土地；播种绿肥，增施磷钾肥料，培肥地力，改善生产条件，促使粮食产量跃上一个新台阶。到1970年，粮食亩产达到532.5千克（早晚稻）。

第二节 标准化农田建设

平整土地

1958—1970年，境内对837公顷土地（其中棉地180公顷、沿山梯田324公顷、畈性田333公顷）进行了土地平整工作。据统计，共迁移坟墓405座、平整墩地55块；整治溪坑、沙滩造田2公顷；新开挖河道8条，长1540米（主要取土填高低地）；填老河3条400米，实现土地平整。结合沟、渠、路建设，基本解决畈心田的排水不畅、地下水位过高状况，为农田园田化建设奠定基础。

园田化建设

农田园田化的要求是田成方、路成行，高低一样，方向一致，长度一致，沟、路、渠配套；灌排分系，进出自立门户。1965年始，全面掀起农田园田化建设热潮。20世纪70年代，又对溪坑、河道开展截弯取直工程，并筑机耕路和抽水渠道。棉地大沟、小沟配套，长度统一，使837公顷土地基本实现农田园田化。

第三章 粮食作物生产

白峰境域背山面海，易涝易旱，病虫害频繁，故粮食产量较低，据民国17年《镇海概况》载："境内田少人多，民食不敷甚巨，倘遇灾歉，由绅商捐款购谷平粜，尚不致有缺乏。"中华人民共和国成立后，政府重视农业生产，产量逐步上升。1964年，白峰公社水稻产量达到亩产484.5千克，上阳公社达到456千克，均实现《全国农业发展纲要》规定亩产400千克指标。嗣后，粮食亩产稳步提高。20世纪90年代后，随着开发建设和种植业结构的调整，粮食作物产量大幅缩减。2011年，全镇（不含郭巨片）晚稻种植面积13.5公顷（无旱稻种植），每公顷产量7407千克，总产量100吨。

第一节 耕地与产量

民国时期，境内年粮食种植面积约在450～500公顷。年产原粮约在1400～1500吨，亩产不到400千克，人均360千克左右。

中华人民共和国成立以后，党和政府把粮食生产始终放在首要位置。1951年国务院发布《关于1951年农林生产的决定》，提出增产粮食与发展工业原料有关政策和措施。1956年公布《1956年至1967年全国农业发展纲要（草案）》，纲要规定为粮食亩产达到800千克。经过土地改革、互助合作等生产关系的变革和治水治土、更换品种、改变耕作制度等一系列措施，使粮食产量得到稳步增长。至1961年白峰公社、上阳公社亩产分别达到617.3千克、581.7千克，总产量1701.9吨、1401.4吨。1961年开始贯彻执行国民经济“调整、巩固、充实、提高”的方针和《农村人民公社工作条例（草案）》，着手调整农村生产关系，加强农业战线，培植社队扩大生产能力，增加农民收益，促使农业生产粮食走出低谷，至1964年白峰公社亩产达到969千克，上阳公社达到912千克，均提前实现《全国农业发展纲要》40条所规定的亩产800千克的指标。

1967年遇秋旱，导致粮食大幅度减产，白峰公社单产和总产分别比上年减少13.7%和21.4%；上阳公社分别减少22%和37.10%。1970年冬，贯彻国务院召开的北方地区农业会议精神以后，大抓养猪积肥、农田基本建设，实行“麦—稻—稻”新三熟制等措施，生产形势有所好转，使粮食亩产稳定在1000千克左右，最高为1973年单产和总产均超过历史水平。

1978年12月，贯彻中共十一届三中全会通过的《中共中央关于加强发展农业若干问题的决议（草案）》后，粮食生产进入全面大发展的新时期。1979年白峰公社水稻亩产达716.9千克，总产量达3882吨；上阳公社水稻亩产达516千克，总产量达2626.5吨。20世纪90年代后，国家提出产业结构调整，提高种植业经济效益，水稻种植面积逐年减少，大批耕地逐年改种经济作物。至2012年，水稻种植面积0公顷，大部分改种花卉苗木。

境内春粮作物主要为大麦，其次是小麦、马铃薯、蚕豆。夏秋杂粮作物主要有甘薯（俗称“番薯”）、玉米、高粱、荞麦及大豆、芋艿。

1961—1990年上阳公社（乡）水稻种植面积及产量一览表

表3-3-1

年份	早稻			晚稻		
	面积（公顷）	平均产量（千克/公顷）	总产量（吨）	面积（公顷）	平均产量（千克/公顷）	总产量（吨）
1961	267.00	3119.10	832.80	375.40	985.60	369.99
1962	279.00	2938.00	819.75	322.80	2497.50	806.19
1963	281.30	3680.50	1035.32	306.70	2190.25	671.75
1964	279.80	4559.20	1275.66	303.60	2832.50	859.95
1965	279.86	5227.07	1462.85	292.20	2170.70	634.27
1966	283.30	5652.30	1601.30	283.60	2662.00	754.94
1967	282.60	5308.70	1500.24	212.26	758.50	161.00
1968	278.70	5253.30	1464.09	282.30	2663.30	751.85
1969	281.30	4753.20	1337.08	296.80	3134.60	930.35
1970	294.90	5218.30	1538.88	279.06	2787.30	777.82
1971	294.60	4739.98	1396.40	254.30	1425.48	362.50
1972	289.66	5300.70	1535.40	288.93	2433.98	703.25
1973	287.06	5127.40	1471.87	304.13	3219.00	978.99
1974	286.80	5617.38	1611.06	305.13	2561.69	781.65
1975	287.30	4978.76	1430.40	306.60	2797.94	857.85
1976	287.30	5013.40	1440.35	305.93	2561.04	783.50
1977	287.46	4582.55	1317.30	384.80	2031.57	781.75
1978	288.50	4849.39	1399.05	311.13	3372.38	1049.25
1979	283.00	5672.90	1605.43	285.93	3570.97	1021.00

续表 3-3-1

年 份	早稻			晚稻		
	面积（公顷）	平均产量（千克 / 公顷）	总产量（吨）	面积（公顷）	平均产量（千克 / 公顷）	总产量（吨）
1980	279.26	5250.80	1466.34	312.46	3329.23	1040.25
1981	278.26	6049.00	1683.19	307.06	1750.35	537.46
1982	280.20	5198.20	1456.54	314.00	3829.45	1202.45
1983	278.80	4500.00	1254.60	314.33	2250.02	707.25
1984	284.33	5833.01	1658.50	320.20	4525.76	1449.15
1985	263.33	5571.52	1467 15	304.06	4464.58	1357.50
1986	259.48	6047.52	1569.21	290.46	3967.67	1152.45
1987	261.33	5160.06	1348.48	290.00	3840.00	1113.60
1988	261.53	5271.67	1378.70	299.06	4230.25	1265.10
1989	267.86	4710.11	1261.65	301.00	3768.94	1134.45
1990	268.60	5520.29	1482.75	301.00	3618.27	1089.10

1961—1989 年若干年白峰公社（乡）水稻种植面积及产量一览表

表 3-3-2

年 份	早稻			晚稻		
	面积（公顷）	平均产量（千克 / 公顷）	总产量（吨）	面积（公顷）	平均产量（千克 / 公顷）	总产量（吨）
1961	382.40	2887.50	1104.18	352.70	1605.00	566.08
1962	375.80	3855.00	1459.98	364.00	2070.00	753.48
1963	381.20	4260.00	1623.91	363.60	2137.50	777.20
1964	371.66	4950.00	1839.72	367.20	2280.00	837.22
1965	377.50	5587.50	2109.28	386.17	2790.00	1077.41
1966	375.40	5797.50	2176.38	370.80	2872.50	1065.12
1967	375.70	5632.50	2116.13	300.20	1702.50	511.09
1968	285.70	5107.50	1459.21	304.50	2497.50	760.49
1969	355.20	4627.50	1643.61	350.40	3112.50	1090.62
1970	376.20	5920.00	2227.10	338.80	2520.00	853.78
1971	378.60	5130.00	1942.220	339.30	1792.50	608.20
1972	369.60	5767.50	2131.67	354.10	2115.00	748.92
1973	361.80	5302.50	1918.44	362.60	2752.50	998.06
1974	357.10	6052.50	2161.35	360.60	2332.50	841.10
1975	362.00	5550.00	2009.10	374.30	2670.00	999.38
1976	369.50	5730.00	2117.24	373.10	2482.50	926.22
1977	375.30	5317.50	1995.66	389.50	2385.00	928.96
1978	375.30	5632.50	2113.88	386.60	3465.00	1339.55
1979	371.40	6397.50	2376.03	345.00	4365.00	1505.93
1980	366.20	6165.00	2257.62	398.20	3930.00	1564.93

续表 3-3-2

年份	早稻			晚稻		
	面积（公顷）	平均产量（千克/公顷）	总产量（吨）	面积（公顷）	平均产量（千克/公顷）	总产量（吨）
1981	361.20	6240.00	2253.89	392.80	4860.00	1909.01
1982	366.40	6780.00	2484.19	397.00	2497.50	991.51
1985	362.00	5947.50	2153.40	400.60	4795.50	1921.08
1988	365.50	5850.30	2138.28	351.10	4635.40	1627.49
1989	347.50	5332.00	1852.87	400.00	4132.50	1653.00

1961—1989 年若干年白峰公社（乡）大小麦种植面积及产量一览表

表 3-3-3

年份	大小麦		
	面积（公顷）	平均产量（千克/公顷）	总产量（吨）
1961	78.46	950.00	74.54
1962	82.70	1361.00	112.55
1963	55.10	1403.90	77.35
1964	56.50	1454.80	82.20
1965	42.90	1991.90	85.45
1966	41.00	1467.50	60.17
1967	56.70	1125.40	63.81
1968	72.80	1252.00	91.15
1969	58.30	2455.70	143.17
1970	61.90	1149.60	71.16
1971	84.50	1122.00	94.81
1972	80.00	2550.00	204.00
1977	76.30	1980.00	151.08
1981	83.00	2212.70	183.65
1983	86.70	2287.50	198.33
1988	87.30	2321.30	202.65
1989	14.00	1882.50	26.36

1961—1986 年上阳公社（乡）大小麦种植面积及产量一览表

表 3-3-4

年份	大小麦		
	面积（公顷）	平均产量（千克/公顷）	总产量（吨）
1961	71.93	1114.97	80.20
1962	24.30	3971.19	96.50
1963	43.30	1443.40	62.50
1964	20.40	1704.00	34.15

续表 3-3-4

年　份	大　小　麦		
	面积（公顷）	平均产量（千克 / 公顷）	总产量（吨）
1965	16.90	1952.00	33.00
1966	18.86	1609.00	30.35
1967	38.13	2410.00	91.90
1968	68.06	2191.40	149.15
1969	37.67	1594.50	60.06
1970	31.06	1994.50	61.95
1971	58.66	2562.00	150.29
1972	50.33	2553.00	128.49
1973	56.93	1674.00	95.30
1974	51.86	2536.60	131.55
1975	48.33	1412.00	68.24
1976	54.06	1989.00	107.53
1977	66.13	1391.95	92.05
1978	62.66	2700.20	169.19
1979	66.13	2721.15	179.95
1980	52.00	2464.42	128.15
1981			
1982	23.86	2146.70	51.22
1983	71.13	2381.40	169.39
1984	87.20	3004.58	262.00
1985	98.76	2686.85	265.35
1986	53.63	3047.30	163.43

1961—1992 年白峰公社（乡）若干年番薯种植面积及产量一览表

表 3-3-5

年　份	番　薯		
	面积（公顷）	平均产量（千克 / 公顷）	总产量（吨）
1961	183.20	3677.00	673.63
1962	169.00	5431.00	917.84
1963	167.20	6391.70	1068.69
1964	165.20	7196.10	1188.80
1965	166.30	442.00	73.50
1966	157.20	861.00	135.30
1967	162.90	3864.00	629.45
1968	209.40	8381.50	1755.09
1969	186.00	8583.00	1596.44
1970	175.80	6735.20	1184.05
1971	172.80	6115.40	1056.74

续表 3-3-5

年　份	番　薯		
	面积（公顷）	平均产量（千克 / 公顷）	总产量（吨）
1972	165.20	8937.60	1476.49
1973	161.90	8526.80	1308.49
1974	165.00	7730.00	1275.45
1975	161.80	6500.00	1051.70
1976	162.00	6752.10	1093.84
1977	163.20	7389.40	1205.95
1978	163.00	8005.20	1304.85
1980	125.30	7119.30	892.05
1981	125.30	7119.30	892.05
1988	79.40	4869.00	386.60
1989	69.30	4928.40	341.54
1992	79.50	3728.30	296.40

1961—1990 年上阳公社（乡）历年番薯种植面积及产量一览表

表 3-3-6

年　份	番　薯		
	面积（公顷）	平均产量（千克 / 公顷）	总产量（吨）
1961	161.50	3312.70	553.00
1962	168.10	4473.50	752.00
1963	145.00	6144.10	890.89
1964	132.30	6334.50	838.05
1965	133.40	6487.60	865.45
1966	124.00	8467.70	1050.00
1967	120.10	3557.90	427.30
1968	128.30	9154.70	1174.55
1969	123.50	9068.00	1119.90
1970	123.00	6790.20	835.19
1971	122.00	5864.30	715.44
1972	123.00	8726.80	1073.40
1973	123.70	8619.60	1066.24
1974	123.60	8044.50	994.30
1975	123.30	73460.00	905.76
1976	123.30	6489.10	800.11
1977	122.50	7117.60	871.91
1978	122.70	7977.10	978.79
1979	120.10	4830.10	580.10
1980	87.00	5480.00	476.76
1981	71.70	4496.50	322.40

续表 3-3-6

年　份	番　薯		
	面积（公顷）	平均产量（千克 / 公顷）	总产量（吨）
1982	73.80	4276.40	315.57
1983	73.80	4276.00	315.57
1984	73.80	4276.00	315.60
1985	47.20	4222.50	199.30
1986	29.90	5640.00	168.64
1987	42.70	4620.00	197.27
1988	33.50	3802.50	127.38
1989	31.70	4320.00	136.94
1990	41.40	4620.00	181.27

1964 年上阳公社各大队番薯种植面积及产量一览表

表 3-3-7

村　名	面积（公顷）	平均产量（千克 / 公顷）	总产（吨）
合计	123.87	6334.44	838.30
虾康	4.67	7173.45	33.52
上王	8.47	10507.67	89.00
道头	11.07	4968.40	54.96
钟家湾	8.47	6647.00	56.28
马盘	15.00	6626.67	84.15
黎明	3.00	553.33	16.56
下湾	3.93	10101.78	39.60
蕉山	15.53	6426.27	99 74
勤丰	10.53	8119.66	85.45
山坑	11.13	6289.31	69.95
东园	8.87	6753.10	59.87
石山	17.60	6125.00	107.84
太平	7.07	2305.52	16.33
双石	7.00	3528.57	24.68

1984—1988 年上阳乡若干年玉米种植面积及产量一览表

表 3-3-8

年　份	玉　米		
	面积（公顷）	平均产量（千克 / 公顷）	总产量（吨）
1984	10.50	2580.90	27.10
1985	17.70	3242.90	57.40
1987	61.50	3256.90	200.30
1988	41.50	2665.10	110.60

1987年上阳乡各村玉米种植面积及产量一览表

表3-3-9

村　名	面积（公顷）	平均产量（千克）	总产（吨）
虾康	3.70	205.00	11.38
上王	6.70	227.50	22.86
道头	8.00	215.00	25.80
钟家湾	15.00	210.00	47.25
马盘	18.00	235.00	63.45
黎明	1.70	205.00	5.23
下湾	0.70	225.00	2.36
蕉山	0.87	230.00	3.00
勤丰	2.80	210.00	8.82
山坑	—	—	—
东园	1.30	200.00	3.90
石山	2.40	210.00	7.56
太平	0.33	190.00	0.94
双石	0.13	150.00	0.29

1987年上阳乡各村大麦种植面积及产量一览表

表3-3-10

村　名	面积（公顷）	平均产量（千克）	总产（吨）
虾康	10.60	210.00	33.39
上王	9.70	204.00	29.68
道头	6.00	190.00	17.10
钟家湾	7.30	195.00	21.35
马盘	6.70	200.00	20.10
黎明	0.33	180.50	0.89
下湾	2.00	210.00	6.30
蕉山	4.30	166.50	10.74
勤丰	4.00	181.00	10.86
山坑	0.33	150.00	0.74
东园	1.30	200.00	3.90
石山	6.30	186.50	17.62
太平	3.30	185.00	9.16
双石	—	—	—

1993—1999 年白峰镇历年大小麦种植面积及产量一览表

表 3-3-11

年　份	大　小　麦		
	面积（公顷）	平均产量（千克 / 公顷）	总产量（吨）
1993	8.26	3075.00	25.34
1994	5.20	3000.00	15.60
1995	0.93	2250.00	2.09
1996	1.10	2850.00	3.14
1997	5.70	2235.00	12.74
1998	1.20	3000.00	3.60
1999	1.10	3225.00	3.55

1993—2001 年白峰镇历年番薯种植面积及产量一览表

表 3-3-12

年　份	番　薯		
	面积（公顷）	平均产量（千克 / 公顷）	总产量（吨）
1993	90.60	9097.10	824.20
1994	67.40	5354.60	360.90
1995	87.60	5519.40	483.50
1996	39.10	5677.70	222.00
1997	31.80	6572.30	209.00
1998	46.20	6017.30	278.00
1999	46.60	5472.10	255.00
2000	17.30	5202.30	90.00
2001	15.60	5256.40	82.00

1993—2001 年白峰镇水稻种植面积及产量一览表

表 3-3-13

年　份	早　稻			晚　稻		
	面积（公顷）	平均产量（千克 / 公顷）	总产量（吨）	面积（公顷）	平均产量（千克 / 公顷）	总产量（吨）
1993	514.20	4947.10	2543.80	624.90	5783.20	3613.92
1994	369.70	5618.10	2077.01	595.00	5802.90	3452.73
1995	453.50	2466.80	1118.69	612.70	5314.80	3256.38
1996	393.40	5945.60	2339.00	607.90	6089.80	3702.00
1997	325.50	5789.40	1884.45	608.50	5382.00	3274.95
1998	308.30	4844.60	1493.59	610.50	5762.50	3518.01
1999	134.70	4627.30	623.30	606.70	6540.30	9368.00

续表 3-3-13

年　份	早　稻			晚　稻		
	面积（公顷）	平均产量（千克 / 公顷）	总产量（吨）	面积（公顷）	平均产量（千克 / 公顷）	总产量（吨）
2000	—	—	—	497.60	5755.60	2863.99
2001	—	—	—	334.80	6905.60	2311.99

2002—2016 年若干年白峰镇若干年蚕豆种植面积及产量一览表

表 3-3-14

年　份	蚕豆		
	面积（公顷）	平均产量（千克 / 公顷）	总产量（吨）
2002	12.60	1666.70	21.00
2003	11.90	1731.00	20.60
2005	9.70	1732.00	16.80
2007	3.30	1606.00	5.30
2008	16.00	1469.00	23.50
2009	14.70	1911.60	28.10
2010	15.40	1948.00	30.00
2011	23.90	1945.60	46.50
2012	24.30	2403.30	58.40
2013	24.70	2121.40	52.40
2014	8.10	1814.80	14.70
2015	6.70	1820.90	12.20
2016	6.90	1826.00	12.60

2003—2011 年若干年白峰镇水稻种植面积及产量一览表

表 3-3-15

年　份	晚　稻		
	面积（公顷）	平均产量（千克 / 公顷）	总产量（吨）
2003	59.50	6813.80	405.42
2004	157.00	6525.00	1024.43
2005	73.20	7573.10	554.35
2007	15.00	6139.50	92.09
2008	4.80	6945.00	33.34
2009	2.60	7269.50	18.90
2010	15.10	6850.60	103.44
2011	13.50	7407.00	100.00

注：不包括郭巨片。

第二节　耕作制度

境内历史上以双季间作稻为主，占水稻面积的 75%，中汛稻（湖白）占 15%，单季晚粳、晚糯占 10%。1953 年开始改变耕作制度，提出间作改连作，单季改双季，低产作物改高产作物，1954 年开始试种，单产达到 350 千克。1966 年全面实现连作化，连作稻取代间作稻，成为水稻种植制度的主体，年种植面积均在 90% 以上，其余 10% 左右面积为少量单季早稻和单季晚稻。境内结束间作稻的使命，并推行水田“三熟制”[大麦（或油菜）—稻—稻]。1976 年又引进试种“杂交稻”获得成功。1990 年后，大搞农业开发，调整产业结构，实行宜稻则稻，宜果则果，宜菜则菜，搞大棚蔬菜，进行反季节栽培，水稻采用抛秧和直播，劳动强度降低，经济效益大幅提高。沿海涂地，中华人民共和国成立前以植棉为主，中华人民共和国成立后初期推行春粮、棉花“两熟制”。

丘陵旱地，中华人民共和国成立前多以种植番薯和大小麦为主，有嵌种草子（苜蓿）或番薯—小杂粮混作。20 世纪 50 年代推广春粮大麦—番薯“两熟制”。山区连作晚稻如遇干旱失种时，提出有水走水路，无水走旱路。形成“麦—稻—玉米”的“三熟制”。

1994 年后，水稻种植技术水平不断提高以及品种改良，单季晚稻每公顷产量达到 7500 千克以上，单产超过连作稻，因而单季稻面积不断扩大，取代双季稻。由于市场经济的利益驱动，2000 年以后，水稻面积大幅度减少，至 2015 年基本绝迹，改种花卉、苗木。延续千年的水稻生产退出历史。

第三节　粮食品种

民国时期，白峰境内粮食作物品种较为单一且稳定。中华人民共和国成立后，农业科研部门重视选种和培育良种，作物品种向多元化发展，更新周期缩短。

水稻

水稻品种一开始是原始的野生稻，经过长期的人为培育而逐渐形成为农家品种，并且数量日益增多。据南宋宝庆《四明志》记载：“五谷熟而人民育，地产莫贵于此。明（州）之谷有早禾，有中禾、有晚禾。早禾以立秋成、中禾以处暑成，中最富、早次之。晚禾以八月成，视早益罕矣。”明嘉靖《定海县志》记载：“稻种仅有糯粳之分，所谓粘者为糯稻，不粘者为粳稻。”清康熙《定海县志》记载：“粳型稻有早中晚之分，夏熟曰早禾、秋熟曰中禾、冬熟曰晚禾。糯型稻其类有有芒无芒、色红色白不同之分。”

从历史上的《镇海县志》记载的水稻品种较多，自南宋至清末的 800 余年间，共记有品种百余个。古代对稻作品种的定名，以生理现象为主要依据，尚未纳入植物分类的粳型、籼型范畴。在明嘉靖县志和清乾隆县志记得比较清楚，按米质软硬分糯稻粳稻，按熟期差异分早中晚稻，按谷色或秆色定白乌青紫，按茎秆长短粗细有粗秆、细秆或矮脚等。此外，还从原产地引入定名。

早稻　清康熙《定海县志》记载，境内早稻品种有六十日、救公饥、早黄、早白、早王米；1928 年《镇海县政专刊》记有火稻六十日、罗江尖、余姚种黄大粒等；民国后期，以浙江省农改所选育的早稻“五〇三”为主。20 世纪 50 年代初，境内主要有火稻、叶下钻、矮铜柱、矮脚黄、“五〇三”、金塘矮等，尤以“五〇三”种植最广。1958 年后则有抗病力强的粗秆火稻、南特号、铁杆青、有芒早粳等新品种。20 世纪 60 年代，为防倒伏和抗风，早稻品种向矮秆化发展，并不断引入良种，主要有莲塘早、矮脚南特、陆财号、浙南11号等，其中矮脚南特占60%～70%。20世纪70年代开始有广陆矮四号占60%，二九青、二九南一号等品种。扩种连作晚稻后，为解决季节矛盾，早中熟品种早籼141、二九丰逐渐成为主导品种。20世纪90年代以浙辐9号、嘉育293等为主要品种。

晚稻 旧时，间作晚青和中汛稻（湖白）属籼型，单季晚稻和糯稻属粳型。间作晚青分细杆、中杆、粗杆。单季晚粳有水底清、粱湖糯、色六袋等。晚糯主要是桂花糯。20世纪50年代细秆晚稻逐渐被红须粳、老来青、"10509"所替代。20世纪60年代以农垦58为主要品种。20世纪70年代以农虎6号、加湖4号等晚粳品种为主。20世纪80年代推广秀水27、祥湖24、宁67、矮粳23、秀水48、双糯4号、秀水11，主要品种为秀水11。20世纪90年代以晚粳丙1067为主。2000年晚稻以甬优一号为主。

大麦

据南宋嘉泰元年《会稽志》记载："立夏前熟曰早大麦，穗子长而籽多；与小麦齐熟曰六棱麦，曰中早熟麦、曰红黏糯麦。堪作酒，皆大麦之别。"民国时期，白峰境内传统大麦品种有皮大麦和裸大麦（米麦）之分，又有四棱、六棱、有芒、无芒之别。20世纪40年代、50年代以两棱皮大麦（俗称"洋大麦"）为主。20世纪60年代引进加拿大大麦，有立夏黄米麦、矮白洋。20世纪70年代，大麦新品种较多，先后有早熟三号、七号，浙农12、14、129、67-1、65-139、757，无芒六棱，矮脚大麦等，其中早熟三号因其秆矮、分蘖力和抗病力强、产量高、成熟期早、适宜"三熟制"，而成为主要品种。20世纪80年代以早熟三号、丹麦1号为主，浙麦1号、沪麦6号为辅。20世纪90年代主要品种为浙农大3号和甬麦2号。

小麦

南宋《会稽志》也记有："小满前熟曰早白麦、曰松蒲麦、芒秃如松房、曰娜麦、穗如大麦。皆小麦之别。"中华人民共和国成立前，农家品种只有早迟之分，有芒无芒之别。20世纪50年代以矮粒多为主，20世纪60年代推广丽水三月黄，20世纪70年代"908"、矮秆红及浙农光芒为推广品种，20世纪80年代后期起，多以"908"和扬麦4号为主。

番薯

又名甘薯。《甘薯蔬》记载："一名番薯，自海外得此种。"又据清康熙《定海县志》记载："甘薯即今番薯，其根似芋，亦有巨魁，大小不同，剥去紫皮，内色正白如肌，乡人以当米谷果食，蒸炙皆香美，初时甚甜，经久得内稍淡……海中之人多寿，亦由不食五谷而食甘薯故也。"白峰早在清初广泛种植。清乾隆《镇海县志》记载："邑之山地栽种甚多。"许多山农以番薯为主粮，"食之益人，堪以代粮"。番薯品种，据民国《镇海县志》记载："按甘薯种类有二，肤色红紫而小者曰小种，肤色黄白而大者曰大种。大种甘薯三十余年来自南甸，亦名南甸番薯，以其收成较丰，故山农广行种植；而小种者渐稀。盖种大汁多，以法制成薯粉，亦多故也。"

中华人民共和国成立初期，境内番薯品种有红皮白肉、白皮白肉、红皮黄肉3种，以红皮白肉为主。1957年引入胜利百号，因其产量和淀粉含量高而迅速推广。1970年引入广州白新品种，1981年引入丽群6号、瑞茹1号。后以广州白和瑞茹1号为主要品种。

玉米

因属五谷（稻、稷、麦、豆、麻）以外，故俗称"六谷"。旧时境内仅为少数农户在屋边园地零星种植，作鲜摘蒸熟闲食，主要品种有早稻六谷、晚稻六谷两种。20世纪50年代先后引进满浦金、金皇后、英粒子、磐安黄子、阿尔巴尔亚小玉米等品种。1975年又引进高产抗病品种丹玉6号，后成为主栽品种。1987年，始引进推广丹玉 13，时成当家品种。1990 年后又陆续引进“液单 12”、苏玉糯等新品种。1993 年又引入苏玉糯 1 号、渝糯 1 号、2 号鲜食品种，至 2018 年末仍为境内主要品种。

高粱

又名芦穄，“似黍而不黏，俗呼芦穄，形如芦荻故名”（《谷谱》），为农家古老品种，早在宋代，境内农户有少量种植。中华人民共和国成立后，也没有大面积种植，只作为杂粮搭配品种，用于制作年糕、粽子等。21 世纪后基本绝迹。

第四节　栽培技术

水稻栽培

育秧传统以秧子桶催芽，大水秧田育秧，每亩秧田播种秧籽谷 100 ～ 150 千克。1953 年推行窄式秧田，秧畈宽 1.5 米，并推广晒种、盐（黄泥）水选种、稀播育秧等技术。1956 年推广半旱秧田育秧。1968 年推广小拱棚塑料薄膜保温（青苔覆盖）育秧。早稻播种期从清明前后提前到 3 月下旬，大地亩用种量 12.5 ～ 15 千克，秧田播种量 200 千克左右。20 世纪 60—70 年代初，采用板田或场地育秧，短龄密播，培育小苗带土移植，大地亩用种量 10 ～ 11 千克，秧田播种量 150 ～ 200 千克。20 世纪 70 年代中期至 80 年代初，杂交稻和部分晚粳稻推行两段育秧（秧田和寄秧田二段）。1972 年，晚稻育秧推广“一增二减”（即增加秧田面积，减少播种量和用种量）。1987 年起使用多效唑，控长增蘖，提高秧苗素质。

耕作　板田行冬耕，绿肥地谷雨前后翻耕，一般二耕二耙横直耖，底肥多用绿肥（秕花、草子也称紫云英、苜蓿），20 世纪 50—60 年代普遍种植。自推广水田“三熟制”和化学肥料的使用，绿肥逐步淡出绝迹，少量也用猪肥、人粪、河泥等，要求深耕细作。1958 年土壤普查时，耕作层厚度达 12 ～ 15 厘米以上，20 世纪 80 年代后多用机耕取代牛耕，部分冬作免耕栽培。

插秧　早稻立夏前后，单季稻夏至边，连作晚稻立秋前后。一般不超过立秋天，旧时大株稀植，亩插约万丛，多至 5 万～ 6 万苗。1954 年起要求增丛减本，20 世纪 60 年代推行合理密植，亩插 2 万丛左右，17 万～ 18 万苗。20 世纪 70 年代提倡多插基本苗，争多穗，亩插 3 万丛，25 万～ 30 万苗。20 世纪 80 年代要求穗粒兼顾，个体发育与群体结构兼顾，亩插 2 万～ 2.5 万丛，18 万～ 20 万苗，每丛 4 ～ 5 株。

管理　旧时耘田 2 ～ 3 次，插秧后长期满灌，耕作制度改革后，推行浅灌勤灌，微水管理，促进分蘖，根据水稻各个阶段的生理变化，适时搁田，使稻秆硬朗，防止倒伏。20 世纪 80 年代后，大部分田块用除草剂代替人工耘田除草。

施肥　以人畜粪便及苜蓿（黄花草子）、紫云英（秕花）等绿肥为主，其次土杂肥、草木灰、鱼卤肥等。施肥方法，早稻重于晚稻，一般早稻每亩施绿肥 3500 ～ 5000 千克或人畜肥 300 ～ 400 千克。20 世纪 60 年代中期起逐年扩大氮、磷、钾化学肥料。施肥技术不断改进，绿肥面积减少。20 世纪 60—70 年代实行科学施肥，提倡化肥深施，先施肥后耘田，减少肥料流失，后随着化肥用量不断增加，施肥方法也有改进：提倡增施基肥，早施追肥，看苗补施壮穗肥。20 世纪 70 年代后期，应用土壤普查成果，实施配方施肥，推广氮、磷，钾肥料合理搭配，以及微量元素的应用。20 世纪 80 年代后，推广氮、磷、钾二元或三元复合肥料，施肥技术也不断改进，使水稻产量得以大幅提高。

大、小麦栽培

旧时种麦均翻耕作畦，打孔点播，人粪尿滴孔，上盖细泥或草木灰。20 世纪 50 年代初晒种浸种，适时早播，合理密植，增施肥料。20 世纪 70 年代起，水田麦翻耕开沟，碎土平整后播种，堑籽覆盖，改以往窄畦为宽畦、浅沟为深沟，改点播为撒播、条播，土地利用率达 80% 以上。施肥推广“施足基肥，早施苗肥，重施腊肥，巧施穗肥”。旱地麦播种方式为条播和密点播，播期在立冬至小雪间，亩播麦子 10 ～ 15 千克。20 世纪 80 年代兴“稻畈麦”，逐步成“免耕、撒播、化学除草，适时播种、促前控中、补后施肥”高产、高效模式，改重施腊肥为控制腊肥，早施分蘖肥。亩施肥量从 20 世纪 50 年代初 500 千克左右人畜肥，改为碳铵 70 千克，过硫酸钙 20 ～ 25 千克。

番薯栽培

旧时，春分前下种，冷床育苗。20 世纪 60 年代推行半热孵苗法（温床育苗），床底垫牛厩料，茅草等酿热物，上盖稻草。1966 年始用塑料薄膜保温育苗，下种时间提前至惊蛰前后，插种季节从芒种至夏至提前到小满前后。薯地冬季深掏加客土，畦沟互换，插种前翻耕。

20 世纪 50 年代番薯栽培，每亩多用 400 ～ 500 千克绿肥或猪牛粪料打基肥，为直插或斜插。20 世纪 60 年代提倡浅平插，每亩 2000 ～ 2500 株，并推广磷肥做基肥。20 世纪 70 年代施钾肥，插时以淡人粪肥滴孔，盖草木灰，成活后施稀薄苗肥，薯块膨大时，除草松土及开沟培土，适施裂缝肥，以氮钾肥为主适当理藤、提藤。凡套种玉米者，在玉米收后，早施追肥。20 世纪 80 年代后，因有机肥锐减，一般亩施 10 千克尿素，插种密度一般控制在 2300 株左右。

玉米栽培

旧时境内玉米种植甚少，且多以鲜食为主，后作为粮食作物种植。20 世纪 70 年代初，推广番薯地、棉地套种玉米，套种面积达 10% 左右，逐步形成冬作带状布局。深翻整地，适时播种争三苗（全苗、匀苗、壮苗），宽窄行合理密植，施足基肥，早施苗肥，适施壮杆肥，重施穗肥。1985 年后，提倡用塑料薄膜育苗移栽，清明前抢季节争全苗，结合中耕除草，亩施碳铵 60 ～ 70 千克或尿素 20 ～ 30 千克，过磷酸钙 25 千克。

第五节　作物保护

病虫害及其防治

病虫害　粮食作物常见病虫害：水稻有纹枯病、白叶枯病、稻瘟病、蝻虫、螟虫、纵卷叶螟等，麦类有赤霉病、锈病、网斑病、白粉病、黏虫等，番薯有黑斑病、蔓割病等，玉米有大小斑病、玉米螟、地老虎、蚜虫等。偶发性病虫害：水稻有小球菌核病、恶苗病、普通矮缩病、胡麻叶枯病、稻蓟马、稻蝗等，麦类有赤霉病、红蜘蛛等，番薯有软腐病、卷叶螟、旋花天蛾等。

防治　民国年间，曾用采摘卵块、点灯诱蛾、灌水杀螟、掘毁稻根、盐水浸种等防治方法。20 世纪 50 年代初，贯彻“人工防治为主，药剂防治为辅”方针，人工捉虫、点灯诱蛾、滴油打蝻，灌水杀螟、拔除病株、冷浸日晒、石灰水浸种，冬耕板田，除草灭虫。中期使用高毒高残留农药，六六六粉和 DDT（二二三）乳剂，有机汞类农药西力生、赛力散。20 世纪 50 年代末至 60 年代初，曾用苦楝树叶和鸡尿树叶浸出液汁防治病虫。20 世纪 70 年代使用甲、乙氯杀螟粉。因长期使用高毒高残留化学农药，病虫抗毒性增强，防治效果下降。1974 年起，对“三虫三病”（二化螟、纵卷叶螟、蝻虫，稻瘟病、白叶枯病、纹枯病）实行“两查两定”（查病虫发生，定防治对象，查发育进度，定防治时间）。1975 年，贯彻“预防为主，综合防治”方针，大队配植保员，注意农药交替使用和有效低浓度防治，减少用药次数和用量，协调运用农药、生物、化学防治功能。1983年起停止使用高毒高残留农药，推广高效低毒低残留农药。翌年，实行病、虫、草、鼠综合防治，开展群众性春季灭鼠运动。1992年春，供销社设“庄稼医院”，由乡政府和供销社生产资料部门有关人员组成领导小组，组织植保技术人员坐堂“门诊”，对症配药，方便而有效地防治植物病虫害。近年来，使用杀虫杀螨剂、除草剂、灭鼠剂、植物生长调节剂等高效低毒农药，防治病虫害取得良好效果。

草害及其防除

草害 稻田杂草：1976年前，稻田前期杂草以牛毛草、稗草、鸭舌草为主，中期以异型莎草、球茎三棱草等为主。1985年后，因多年单一用除草醚和丁草胺，田间杂草群落发生变化，总的趋势是牛毛草、单子叶杂草减少，双子叶类杂草成为稻田杂草的主体，占总量的80%以上；异型莎草为主的莎草科杂草占10%左右；以稗草为主的禾本科杂草占5%～10%；牛毛草基本不发生危害。

麦田杂草：1976年普查，麦田杂草种类有看麦娘（马川草）、繁缕、蓼草、画眉草、早熟禾、猪殃殃、碎米荠、细累子草、莨草等，以前四种为主。

番薯地杂草和玉米地杂草与麦田杂草基本相同。

防除 稻田除草：20世纪70年代前，农田杂草主要靠人工防治。20世纪70年代开始试验示范化学除草，推广范围不大。20世纪80年代，农业生产趋向于高效、低耗、省工、简化，大面积应用化学药剂除草，稻田主要用除草醚。同时推广二甲四氯防治莎草类和阔叶杂草。1990年推广苄嘧黄隆防治莎草类和阔叶类杂草。为兼治稗草，20世纪90年代初又推广丁草胺、苄嘧黄隆复配剂。

麦田除草：20世纪70年代中期开始试用绿麦隆化学除草，至20世纪80年代中期全面普及。1990年推广绿黄隆、甲黄隆兼治单、双子叶杂草，1993年推广麦草净2号。1998年起推广异丙隆。

番薯地和玉米地除草原多为手工作业。20世纪80年代后，玉米地也有用化学药剂除草，如除草醚等。番薯地仍多为手工除草。

第四章 经济作物

棉花、油菜籽、茶叶为境内主要经济作物，果瓜特产和番茄、大白菜、榨菜等次之。在计划经济年代，常年蔬菜主要以自食为主，改革开放后，蔬菜生产转向商品化发展。

第一节 棉花

境内地处宁波滨海，围海造田后最宜种植棉花，早在清代，乡民在涂地植棉，且有人工纺纱制土布习俗。据清光绪《镇海县志》引旧志记：“按山田多产棉，色白者上，淡黄色者下，邑人称木棉（实为亚洲棉，或称中棉、本棉），业称花者尤洛阳牡丹也。”

中华人民共和国成立后，棉花成为境内主要经济作物，实行国家统购。1954年9月，棉花实行定量供应，农民在自留地上植棉，所产棉花用以兑换布票或加工被絮。1956年受“八一”台风袭击，上阳等地海塘被毁，土地遭咸，翌年受灾稻地改种棉花。1959年后，为改变单一种植结构，上阳等地部分稻田改种棉花。

后因围海造地，棉花种植面积不断增加，1968 年种植面积为 271.4 公顷，其中上阳公社 189.9 公顷，白峰公社 81.5 公顷。每公顷产量：上阳公社 1213.8 千克，白峰公社 1223.3 千克。总产量：上阳公社 230.5 吨，白峰公社 99.7 吨，为历史之最。1985 年后，因种植业结构调整，加之中央对棉花采取宏观调控，种植面积递减。1992 年，全镇种植面积 23.5 公顷，每公顷产量 420.2 千克，总产量 9.9 吨。嗣后，棉花纳入市场经济轨道，种植面积持续下降。2001 年种植面积 1.9 公顷，总产量 3 吨。次年后棉田改种其他作物。

1961—1982 年白峰公社棉花种植面积及产量一览表

表 3–4–1

年 份	棉 花		
	面积（公顷）	平均产量（千克 / 公顷）	总产量（吨）
1961	24.00	562.50	13.50
1962	24.10	688.80	16.60
1963	24.60	612.20	15.06
1964	28.30	809.20	22.90
1965	33.30	958.00	31.90
1966	33.30	758.30	25.25
1967	44.60	759.10	33.86
1968	81.50	1223.30	99.70
1969	56.30	669.60	37.70
1970	69.20	569.00	39.37
1971	67.80	470.50	31.90
1972	66.90	520.20	34.80
1973	65.60	480.90	31.55
1974	64.70	629.00	40.70
1975	56.60	704.40	39.87
1976	56.50	312.40	17.65
1977	44.90	404.20	18.15
1978	43.40	740.80	32.15
1979	28.10	596.00	16.75
1980	15.50	309.60	4.80
1981	17.10	359.70	6.15
1982	7.10	640.80	4.55

1961—1982 年上阳公社棉花种植面积及产量一览表

表 3–4–2

年 份	棉 花		
	面积（公顷）	平均产量（千克 / 公顷）	总产量（吨）
1961	190.80	346.00	66.02
1962	178.10	362.40	64.54
1963	190.30	701.90	133.60

续表 3-4-2

年 份	棉 花		
	面积（公顷）	平均产量（千克 / 公顷）	总产量（吨）
1964	190.30	952.30	181.20
1965	190.20	1102.50	209.70
1966	190.20	967.50	184.02
1967	189.90	943.10	179.10
1968	189.90	1213.80	230.50
1969	191.10	959.10	183.28
1970	190.00	845.90	160.72
1971	190.10	657.90	125.07
1972	188.90	776.40	146.66
1973	188.90	552.10	104.30
1974	187.80	975.00	183.11
1975	184.90	1004.80	184.90
1976	184.90	542.20	100.25
1977	184.90	596.10	110.22
1978	183.70	937.50	172.22
1979	189.10	—	—
1980	184.60	979.50	180.82
1981	184.90	652.60	120.67
1982	184.80	994.40	183.77

1992—2001 年白峰镇棉花种植面积及产量一览表

表 3-4-3

年 份	棉 花		
	面积（公顷）	平均产量（千克 / 公顷）	总产量（吨）
1992	23.50	420.20	9.87
1993	22.80	1216.80	27.74
1994	16.10	975.20	15.70
1995	10.50	752.30	7.90
1996	7.20	930.60	6.70
1997	7.60	975.00	7.41
1998	12.80	1125.00	14.40
1999	6.50	1661.50	10.80
2000	2.50	1680.00	4.20
2001	1.90	1578.90	3.00

品种选用

民国前期以亚洲棉（中棉）为主。民国 24 年（1935）引入美国脱字棉、德字棉和珂字棉。1953 年引进岱字棉 15 号；1967 年改用镇棉 1 号和鄂光棉；1982 年推广沪棉 204、协作 2 号；1987 年引入中棉所 12(即中318）为主栽品种；1995年后以泗棉3号为主栽品种；2000年后种植抗虫棉20B和33B。

栽培技术

旧时，棉地耕作粗放，满畦撒播，不治病虫，很少追肥，所以产量较低。中华人民共和国成立后，政府重视棉花生产，大力推行早播，实施良种繁育示范和推广、科学治虫、合理增施肥料等措施，使棉花单位面积产量逐年提高。

播种 宁波有句老话：“立夏种棉花，勿用问人家。”中华人民共和国成立前后，一般在立夏至小满播种，多采用撒播和点播。20世纪50年代后期提早到立夏前后，以条播为主。20世纪60年代中期以谷雨为中心，全面点播。20世纪80年代应用地膜覆盖，播种期稳定在4月中旬，对提高产量有很大作用。中华人民共和国成立前后，每公顷播10.5万～12万株；20世纪70年代为7.5万～9万株；20世纪80年代后由于施肥水平的提高，种植密度在6.75万～7.5万株。

管理 旧时棉地用黄花苜蓿作基肥，以冬河泥铺面改良土壤。追肥施饼肥、草木灰和人粪肥等，数量甚少。中华人民共和国成立后，施肥水平逐年提高，每公顷施绿肥11～15吨、河泥5～7.5吨作基肥；提倡“施足基肥、轻施苗肥、稳施蕾肥、重施花铃肥、补施长蕾肥”以及各项防病治虫新技术。20世纪90年代后，棉地广泛应用拉索、乙草胺、稳杀得和盖草能等化学除草和“矮壮素”化学调控防止徒长。

病虫防治 棉病主要有立枯病、炭疽病、褐斑病、轮纹病、角斑病和枯萎病等。1956年“八一”台风后，角斑病严重发病，造成棉花落叶、烂铃损失严重。棉花病虫主要有棉蚜、红蜘蛛、蓟马、红铃虫、棉铃虫、金刚钻、斜纹夜蛾、盲蝽、蜗牛、小地老虎和野蛞蝓等。20世纪70年代中期，野蛞蝓在部分棉地暴发成灾，直到1987年后才得到控制。1971年8月，红蜘蛛危害，使棉花减产10%以上。红铃虫危害棉铃最烈，1962年棉铃被害率达30%左右。1971年、1972年棉铃虫暴发成灾，棉花减产10%～20%。旧时棉花基本上不防治病虫。中华人民共和国成立后，贯彻“预防为主、综合防治”方针，开展综合防治。20世纪50年代起，用西力生、赛力散等拌种。20世纪80年代后用多菌灵预防苗病。棉虫防治，20世纪50年代使用“六六六”“二二三”和乙基“1605”“1059”等有机磷农药。20世纪60年代后使用“八八九”毒杀酚、乐果、杀虫脒、甲基“1605”、乙氯粉剂等。20世纪70年代后，应用黑光灯诱蛾减少棉铃虫、红铃虫、斜纹夜蛾发生。20世纪80年代，先后推广三氯杀螨醇、保德、百树德、功夫菊酯和抑太保等农药。

第二节 油菜

油菜

油菜是境内主要食用油料作物，栽培历史悠久。据明成化《四明郡志》记载：“宁波油共五品，麻、菜、豆、桐、桕。”说明乡人早食用菜油。清康熙六年（1667）《定海县志》记：“芸苔，即今油菜，秋冬下种，初春采苔心为茹，最佳；结荚收籽榨油，燃灯甚明远，多获油利，种者甚广。”旧时每家农户均有少量种植，以收籽榨油为主，菜蕻和菜株可作蔬菜食用，饼粕也可作肥料。

中华人民共和国成立后，特别是农业合作化以后，境内油菜种植面积增加，并逐渐引进优良品种，改进栽培技术，单位产量不断提高。1962年骤增至67.3公顷，其中白峰公社34.5公顷，上阳公社32.8公顷；1976年达86.5公顷，其中白峰公社55.3公顷，上阳公社31.2公顷；1983年增至288.3公顷，其中白峰公社189.2公顷，上阳公社99.1公顷。至2001年，全镇种植面积为246公顷。后因开发建设需要，耕地面积逐年减少和改种其他作物，油菜种植面积锐减。至2010年，境内无规模种植农户；2018年清零。

品种选用

中华人民共和国成立前后，油菜品种皆为白菜型本地种。1957年，引入甘蓝型胜利油菜作为主栽品种，其耐寒性极强，比原白菜型油菜产量高而稳定，但其蕻不宜食用。1977年，选用镇海县良种场选育的“92—13”系作为当家品种，其成熟期早、抗病力更强。1990年，推广“92—58”系高油605和浙双72系列品种，其具早熟、高产、抗病、抗逆性强等特点。

栽培技术

旧时，境内农民一般利用冬闲稻田栽培，栽培方法于明代由最初直播发展到育苗移栽，即在寒露至霜降育苗，小雪边移栽。20世纪60年代后推广培育壮苗，并做到带肥、带土、带药移栽，达到早移栽争早发，每公顷栽植9万～11.25万株。20世纪70年代改在秋分至寒露间播种，立冬前后移栽。农民习惯翻耕作畦，稀植，猪牛泥铺行防冻，中耕松土，春摘菜心，重视施肥等技术。田间管理做到及时清沟沥水、防冻排渍、护基防倒。推广磷肥塞孔、早施苗肥、重施腊肥、补施苔花肥、巧施壮粒肥、适施硼肥和防治病虫害等技术。待荚壳黄后拔株堆蓬，揉籽收获。

第三节 茶叶

白峰产茶历史悠久。民国期间主产绿茶，少量红茶。绿茶以烘青为多，炒青次之。中华人民共和国成立前，境内仅有少量小规模成片茶园，多为套种番薯和零星野生茶树。1951年后因外贸需要，逐步改制工夫红茶。1956年以后，生产红茶为主，绿茶兼制。后因滞销，再改制烘青。1977年，茶叶种植面积白峰公社98.9公顷、上阳公社124.2公顷，产量白峰公社63.2吨、上阳公社103.8吨。

1985年后，由于国家对茶叶内外销放开和生产发展需要，境内逐年引进茶叶新品种，使茶叶种植面积和产量快速增长。1987年，由于多渠道销售的竞争让利和推广丰产模式栽培，促进茶叶生产发展。时境内第一个精制茶厂在小门村建成投产，精制红绿茶75吨。1989年受外地大叶种红茶影响，毛茶收购降级压价造成生产成本提高和低档茶滞销，秋茶大量失采，抛荒茶园20余公顷，红茶等低档茶积压30余吨，是年开始珠茶生产。1990年改变主产红茶，实行多种类大宗茶生产，珠茶占总产量的65%，并大量加工礼品茶。1991年，几个主产村大部生产加工珠茶，供销社和乡村精制茶厂停收毛茶，至年末精制茶厂停产，茶叶销售全面推向市场。

茶叶

1993年，白峰乡辟建“乌牛早”12公顷，开创名茶生产基地。是年，结合农业结构调整和荒芜茶园清理，境内改造淘汰茶园17公顷。1994年白峰镇新建名优茶基地25公顷，引进优质茶苗“迎霜”“龙井”“乌牛早”等成片种植。1999年，全镇共有茶园293.7公顷，年产量499.5吨，产值378.46万元。嗣后，农户顺应市场发展，大量茶地改种经济收益相对高的花卉苗木。

为了提高茶农的抗风险能力，2007年后，境内相继成立东海雀舌、山茗、传甬等生产加工茶叶的农民专业合作社，以大户带散户的形式，让茶叶生产规模化；同时树立品牌意识，加强技术手段，提高茶叶品质。2018年，白峰街道有茶园120.3公顷，年产量188.3吨。

茶叶制作历来为手工。1953年，境内组织红茶初制所7个，集体加工投售。制作采用日光萎凋，手工单桶揉捻，发酵框发酵，木炭火地龙烘干手段。1970年，引进柴桥农机厂制造的71型红茶揉捻机，因其揉捻质量好，成本低，在境内得到推广。至2012年末，全境共有制茶机45台，其中烘干机12台。加工主要推广嫩叶老萎凋，老叶嫩萎凋，揉捻轻、重、轻，加压和头子，揉团解块再揉，高温度发酵，宁轻勿过，和重火、足火二次烘干等技术。为增强市场竞争力，境内茶叶制作标准和加工工艺明显提升。

1969—1978年白峰公社茶叶种植面积及产量一览表

表3-4-4

年　份	总面积（公顷）	平均产量（千克/公顷）	总产量（吨）
1969	27.60	748.20	20.65
1970	34.20	668.10	22.85
1971	37.30	821.70	30.65
1972	37.90	969.70	36.75
1973	80.30	479.50	38.50
1974	109.90	398.70	43.82
1975	113.70	438.00	49.80
1976	93.90	667.20	62.65
1977	98.90	639.00	63.20
1978	108.50	741.00	80.40

1980年、1982年、1984年上阳公社（乡）若干年各村茶叶种植面积一览表

表3-4-5　　单位：公顷

村名	1980年	1982年	1984年
合计	156.38	174.55	184.24
虾康	7.24	9.52	9.85
上王	10.08	9.75	10.77
道头	3.99	6.36	7.01
钟家湾	2.09	3.94	3.94
马盘	15.03	17.73	19.06
黎明	2.82	4.01	4.01
下湾	4.78	5.27	5.47
蕉山	17.19	22.67	24.53
勤丰	22.67	26.13	26.13
东园	12.32	13.17	13.30
山坑	13.89	14.01	14.01
石山	18.70	18.01	18.85
太平	6.47	7.45	7.65

续表 3-4-5

村名	1980 年	1982 年	1984 年
茶场	16.79	14.36	17.16
苗圃	2.05	1.97	2.23
黄龙坑水库	0.27	0.20	0.27

1992—1999 年白峰镇若干年茶叶种植面积、产量及产值一览表

表 3-4-6

年份	面积（公顷）	产量（吨）	产值（万元）	春茶		夏茶		秋茶	
				产量(吨)	产值（万元）	产量(吨)	产值(万元)	产量(吨)	产值（万元）
1992	269.90	351.50	198.40	193.30	138.90	105.00	41.10	53.20	18.40
1993	270.10	395.20	209.00	225.20	162.00	120.00	32.00	50.00	15.00
1995	295.50	197.00	178.50	87.00	90.50	75.00	60.00	35.00	28.00
1996	295.50	207.50	185.90	88.00	105.00	77.00	53.90	42.50	27.00
1997	291.80	286.00	226.60	127.00	174.40	85.00	30.00	74.00	22.20
1998	292.10	450.00	313.50	220.00	180.40	102.00	65.30	128.00	67.80
1999	393.70	499.50	378.46	269.50	263.16	118.00	64.90	112.00	50.40

2003—2018 年若干年白峰街道（镇）茶叶种植面积及产量一览表

表 3-4-7

年 份	总面积（公顷）	平均产量（千克 / 公顷）	总产量（吨）
2003	162.73	5145.00	837.25
2005	150.60	4043.00	608.88
2006	148.00	3687.80	545.79
2007	153.70	3923.00	603.00
2008	167.10	1531.40	255.91
2009	139.60	3054.58	426.42
2010	118.20	2341.80	276.80
2011	119.00	1820.00	216.58
2012	117.20	1833.40	214.87
2013	115.00	1742.00	200.33
2014	115.00	1771.30	203.70
2015	113.90	1772.60	201.90
2016	110.30	1809.60	199.60
2017	124.60	1601.00	199.48
2018	120.30	1569.30	188.79

第四节　水果

境内栽有金柑、橘子、杨梅、梨、桃、葡萄、板栗、西瓜等各种水果。金柑为传统名果，种植历史较长。

金柑

为白峰传统名果，有400多年栽培历史，白峰是北仑区三大产区（另为春晓、柴桥）之一，明嘉靖《浙江通志（1522—1566年）》中记有："宁波金豆橘形似豆，味甘香胜于大橘。"清代，陈扶摇撰《花镜》（1688年）载："金柑一名金橘。……多产于江南太仓与浙江宁波。"金柑有金弹、罗纹和牛奶3个品种，以金弹为主栽品种："吾邑所产有金弹，味最甘；曰牛奶，味次之；以糖霜腌之，曰金饼。"清嘉庆四年（1799）时，金柑自海道传入日本静冈县，被称为宁波金柑。金柑果实呈圆形或长圆形，成熟后色泽金黄艳丽。鲜食，甜酸可口，具生津、开胃、理气等功效，在日本又称保健水果。同时，金柑可加工制成糖水金柑、金柑饼、果汁、果酒等。

民国19年(1930)金柑产量5000多担。抗日战争时期，柑农为生活所迫，大批柑园改种粮食，面积大减。1979年后有较快发展，1984年种植面积上阳乡46.46公顷，年产量225吨；白峰乡47.93公顷，年产量233.10吨。翌年上阳乡蜜饯厂成功注册"招宝山牌"金柑饼，产品远销全国各地。20世纪90年代初，进行品种结构的调整，由原来以糖分含量高、宜鲜食、不耐加工贮藏的金弹为主，调整为大量发展糖分含量低、酸度足、适合加工、风味符合出口需要的牛奶金柑。1995年后，因牛奶金柑有其独特的加工性状，连续5年被潮州、汕头一带的台商青睐，用来加工蜜饯、果脯，销势较好。2000年后，因销售价格逐年下降，种植面积逐年减少，2000年末，仅存9公顷，产量40.5吨。至2018年末，境内种植面积不到2公顷。

金柑

橘子

旧时境内农民有零星种植，用于自食，品种以凤仙橘、福橘、朱红橘为主。1958年后引入温州蜜橘尾张、本地早、宫川早橘等。1961年上阳公社、白峰公社部分生产大队开始集体种植橘子，由于栽培技术和管理水平有限，产量甚低，至1968年种植面积7.5公顷，年产量22.5吨。1979年各大队相继成片种植，加之对橘农栽培、管理技术的培训，村民的橘子种植水平大幅提高。至1984年上阳乡种植面积11.3公顷，产量达到203.4吨；白峰乡26.26公顷，产量472.68吨。1992年全镇种植面积50.25公顷，产量676吨。21世纪始，因外地其他优质水果涌入，橘子销售量下降，种植橘子经济效益低落，种植面积和产量逐年减少，并出现抛荒和毁林现象。

橘子

1992—1993 年白峰镇各村（单位）金柑、橘子种植面积及产量一览表

表 3-4-8

村名	1992 年						1993 年					
	金柑		橘子		小计		金柑		橘子		小计	
	面积（公顷）	产量（吨）	面积（公顷）	产量（吨）	面积（公顷）	产量（吨）	面积（公顷）	产量（吨）	面积（公顷）	产量（吨）	面积（公顷）	产量（吨）
合计	97.62	892.10	50.26	676.00	147.88	1524.90	97.41	800.00	50.26	484.00	147.81	1284.00
虾康	4.20	45.00	1 69	13.00	5.89	58.00	4.20	43.00	1.69	13.50	5.89	56.50
上王	0.60	15.00	1.27	10.00	1.87	25.00	0.60	14.00	1.27	5.00	1.87	19.00
道头	1.40	48.00	0.93	10.00	2.33	14.80	1.40	4.00	0.93	5.00	2.33	9.00
钟家湾	1.13	15.00	2.27	17.50	3.40	32.50	1.13	13.00	2.27	7.50	3.40	20.50
马盘	3.40	67.50	0.80	10.00	4.20	77.50	3.40	65.00	0.80	12.50	4.20	77.50
黎明	1.13	4.80	0.20	17.50	1.33	22.30	1.13	5.00	0.20	5.00	1.33	10.00
下湾	1.40	10.30	0.13	3.00	1.53	13.30	1.40	10.00	0.13	2.50	1.53	12.50
蕉山	8.33	90.00	1.07	10.00	9.40	100.00	8.33	85.00	1.07	10.00	9.40	95.00
勤丰	7.60	78.00	0.67	3.00	8.27	81.00	7.60	70.00	0.67	7.00	8.27	77.00
东园	4.73	60.00	0.73	10.00	5.46	70.00	4.73	55.00	0.73	15.00	5.46	70.00
山坑	5.20	70.00	1.40	30.00	6.60	100.00	5.20	70.00	1.40	35.00	6.60	105.00
石山	5.20	75.00	2.40	35.00	7.60	110.00	5.20	75.00	2.40	50.00	7.60	125.00
太平	2.87	22.50	0.53	4.00	3.40	26.50	2.87	23.00	0.53	10.00	3.40	33.00
小门	17.13	150.00	5.00	110.00	22.13	260.00	17.13	140.00	5.00	45.00	22.13	185.00
屺峙	—	—	6.13	130.00	6.13	130.00	—	—	6.13	105.00	6.13	105.00
百丈	0.90	6.00	0.47	4.00	1.37	10.00	0.83	8.00	0.47	5.00	1.30	13.00
下林	—	—	2.53	33.00	2.53	33.00	—	—	2.53	7.50	2.53	7.50
蒋岙	2.40	12.00	1.33	30.00	3.73	42.00	2.40	10.00	1.33	20.00	3.73	30.00
山防	5.20	25.00	2.47	15.00	7.67	40.00	5.20	26.00	2.47	10.00	7.67	36.00
门浦	8.00	30.00	5.00	30.00	13.00	60.00	8.00	28.00	5.00	30.00	13.00	58.00
官庄	2.40	7.00	3.87	20.00	6.27	27.00	2.40	6.00	3.87	11.00	6.27	17.00
轮江	2.67	25.00	1.87	25.00	4.54	50.00	2.67	22.00	1.87	12.50	4.54	34.50
外峙	1.73	2.00	0.87	5.00	2.60	7.00	1.73	1.00	0.87	2.00	2.60	3.00
神马	0.67	5.00	0.60	15.00	1.27	20.00	0.67	4.00	0.60	10.00	1.27	14.00
沿亭	0.53	2.00	0.60	11.00	1.13	13.00	0.53	2.00	0.60	8.00	1.13	10.00
司前	4.33	15.00	2.73	30.00	7.06	45.00	4.33	10.00	2.73	20.00	7.06	30.00
白峰	2.33	2.00	2.33	30.00	4.66	32.00	2.33	2.00	2.33	15.00	4.66	17.00
双石	1.47	3.00	—	—	1.47	3.00	1.33	2.00	—	—	1.47	2.00
苗圃	0.67	7.00	—	—	0.67	7.00	0.67	7.00	—	—	0.67	7.00
水利会	—	—	0.37	15.00	0.37	15.00	—	—	0.37	5.00	0.37	5.00

2005—2018 年境内金柑、橘子种植面积及产量一览表

表 3-4-9

年份	总面积（公顷）	平均产量（千克 / 公顷）	总产量（吨）
2005	69.30	10791.40	747.85
2006	73.00	10907.40	796.24
2007	67.20	10017.00	673.14
2008	80.00	11205.00	896.42
2009	47.46	18716.80	888.30
2010	41.26	19074.00	787.00
2011	40.40	11930.70	482.00
2012	38.40	12125.00	465.60
2013	35.80	12625.70	452.00
2014	34.50	13519.40	454.00
2015	26.80	13582.00	364.00
2016	25.46	12804.00	326.00
2017	22.70	12158.60	276.00
2018	24.67	9282.50	229.00

杨梅

近山农家零星种植。品种有盘松、白杨梅、墨坑等，主栽于低山缓坡，小门村一带较多。20世纪80年代始，从慈溪、黄岩等地引入荸荠种、东魁等优质良种，并在太平村建有优质杨梅种植基地 15 公顷。2018 年各村都有分散种植，供自家食用。

梨

20 世纪 50 年代，各村有少量种植，品种以铁头、明月、晚三吉、黄蜜、沙梨等晚熟品种为主。因成熟期易受台风侵袭，至 20 世纪 80 年代逐渐淘汰。20 世纪 90 年代从浙江农业大学、省农业科学院及慈溪等地引入杂交早熟品种，有长寿梨、翠冠梨、黄花梨等，7 月下旬成熟，丰产性与品质俱佳。2018 年，下阳村上王一带仍有连片种植，面积 3. 33 公顷左右。

杨梅

梨

桃

葡萄

桃

在境内种植历史悠久，面积、产量仅次于柑、橘，栽于各村山脚坡地，主要品种有春蕾、砂子、早霞露等。1956年后，引入玉露、黄露、白风等品种。1963年上阳村石山在“牛凉坑”引种奉化水蜜桃2公顷，年产量21吨。2000年后，在白峰、山防、门浦、下林各村扩种“湖景玉露”“02-1”6.67公顷，年产量91吨。2010年后，因病虫害严重（流浆、虫蛀），果树老化及果品不耐储存、运输，鲜销有限，经济效益低下，面积和产量逐年下降，并出现抛荒现象。至2018年，退出种植的历史。

葡萄

20世纪80年代中期开始，境内葡萄种植以房前、屋后个人种植为主。品种有巨峰、红富士、黑奥、藤稔等。2010年后随着种植技术的改进，采用保护地栽培。阳东村、钟家湾连片种植面积0.4公顷，塑料大棚12只，获得高产。

板栗

在沿山村落均有散生栽种。品种有红毛板栗和双季板栗，由于管理粗放，产量甚低，未形成规模。2018年，连片种植面积较大的仅有上阳村石山牛凉坑，种植面积2公顷。

柿

在境内种植有100多年历史，产量高，主要品种有小方柿、大方柿、铜盆柿，多为房前屋后零星杂地边种植。

李

由于花期常受晚霜影响产量极不稳定。20世纪50—60年代就有种植，品种有金塘李、鸡心李、黄皮李。1987年时，上阳乡农科站从东阳县引种红心李2公顷，由于加工业跟不上和产量不稳定，经济效益低，后被逐年抛荒。

枇杷

在境内均为零星种植，20世纪80—90年代曾有太平、山防连片种植。主要品种有大红袍、白枇杷。

板栗

柿

李

枇杷

第五节　蔬菜

自古以来多为农家少量种植，自食或作牲畜饲料。20 世纪 60 年代中后期，有的生产队建立蔬菜基地，为集市和单位提供蔬菜。后强调“以粮为纲”，蔬菜生产一度受到影响。1983 年实行土地承包责任制后，出现蔬菜生产专业户，种植面积 166.70 公顷（以复种指数计算）。1986 年始，政府把蔬菜生产提到重要议事日程，以解决居民“菜篮子”问题。1988 年在百丈村组建白峰乡蔬菜基地 1.33 公顷。至 1994 年末，建成白峰镇（百丈）百亩蔬菜基地，其中 60% 地块实行设施栽培，时有大棚 165 只，面积 3.3 公顷。加上地膜覆盖，小拱棚配套，采用现代科学管理技术，使蔬菜生产效益大幅度提高。随着反季节栽培技术的发展和推广，能提早或移后栽培上市的蔬菜品种不断增多，产量随之提高，有些蔬菜实现全年供应。

品种演变

中华人民共和国成立前，一年四季有 20 多个蔬菜品种。中华人民共和国成立后，对古老品种不断改良，引进新品种。根据植物学分类，至 2018 年末境内共有蔬菜品种 13 大类、100 余个品种。

根菜类　有白萝卜、胡萝卜、大头菜等，历来以本地品种为主。

1995 年后续引进耐抽苔春萝卜，有白玉春、浙大萝卜、圆萝卜、大榭萝卜（晒干用长萝卜）、9646（省农科院引进命名）（原产地日本、韩国）等品种，另有少量红大头菜种植。

白菜类　分结球白菜和不结球白菜。

结球白菜：主要是大白菜，又名胶菜。20 世纪 60 年代初，从山东引入天津胶菜，随后引进福山大白菜、城阳青胶菜。20 世纪 70 年代，相继引入青杂 3 号、81-5、城青 2 号等品种。20 世纪 90 年代由山东引入改良青杂 3 号、87-114、青研 1 号、早熟 5 号等。

不结球白菜：主要有黑油冬、四月青、五月蔓、塌棵菜、矮抗青、高脚白、青大头等。

甘蓝类　有包心菜、花椰菜、西兰花等。

包心菜：20 世纪 60 年代引入迟熟的牛心包，20 世纪 70 年代引入鸡心包。20 世纪 80 年代从北京引入的京丰 1 号平包，个大产量高。

花椰菜：又名花菜，20 世纪 70 年代从福建、杭州等地引入试种。20 世纪 90 年代从温州引入的杂交 40 天、50 天，上海的杂交 100 天等花菜品种产量高，品质优于其他品种。

西兰花：又名青花菜、绿花菜，20 世纪 90 年代在上阳片区棉地有成片的种植（主要为外销），面积达 25 公顷，后随外销渠道不畅面积不断缩减。

芥菜类　本地传统品种为多，有雪里蕻、天菜、榨菜、弥陀芥等。

雪里蕻各农户基本上都有小面积种植，主要制作咸菜。20 世纪 70 年代中期由农村供销合作社开始收购加工榨菜，各生产队都有连片种植，面积不断扩大。至 20 世纪 70 年代后期，面积达到 233 公顷。20 世纪 90 年代后由于农村供销撤销，收购加工成为难题，种植面积逐减。2000 年后基本没有成片种植，只有农户零星种植“娃娃菜”（榨菜的一种），鲜食为主。

绿叶蔬菜类　有芹菜、菠菜、莴苣笋（香乌笋）等。

芹菜：20 世纪 60 年代后期从外地引入。1997 年引进泰国正大脆芹和美国西洋芹试种。后随着生活食性的逐渐适应面积不断扩大。

菠菜：原有圆叶品种，20 世纪 80 年代从绍兴引入尖叶菠菜。20 世纪 90 年代又从香港引进全能菠菜，其抗病性强、产量高、品质优，遂成为主栽品种。

莴苣笋：有尖叶、圆叶两种。20 世纪 80 年代从四川引进的二白皮、春秋青尖叶莴苣笋成为主栽品种。2000 年后又引进紫叶莴笋，其抗病性好、产量高。

茄果类　有茄子、番茄、辣椒等。

茄子：境内历来种植的是宁波黑茄品种。1984 年引入杭州红茄，1992 年引入杭茄 1 号杂交早熟品种，并进行大棚保护地栽培，现成为大棚的主栽品种。大地露地栽培仍以宁波黑茄为主。

番茄：历史上栽培的本地品种果小、成熟迟、品质差。20 世纪 70 年代后，引进"北京早红"大红番茄。主要由宁波罐头厂和舟山罐头厂收购、加工。面积不断扩大。至 20 世纪 80 年代初，境内面积 35 公顷，产量 1515 吨。后因供销社撤销，罐头厂停止收购。种植面积迅速回落，只有蔬菜基地内小面积种植，供市场鲜销。

辣椒：有灯椒（甜椒）、尖椒、羊角椒。因本地人无食辣习惯，故辣味浓的种植很少。1970 年后，从上海、杭州等地引入做菜用的灯椒。1993 年以后，灯椒的主栽品种有嘉配 3 号、嘉配 5 号，羊角椒有保椒 2 号、牛角椒。

瓜类　有黄瓜、西瓜、冬瓜、南瓜、丝瓜、蒲瓜和各种甜瓜等，品种繁多，种植历史悠久。

黄瓜：在当地种植以黄皮黄瓜为主。1978 年从天津引入津研 2 号、3 号、4 号、7 号等青皮黄瓜。1988 年后，又引进新泰密刺、津春 2 号、津优 1 号等青皮黄瓜品种。

西瓜：主要种植于沿山地区。因山呑昼夜温差大，瓜质脆甜，运销外地市场，颇有声誉。旧时西瓜品种以黑皮瓜为主，20 世纪 60 年代引入解放瓜。1975 年后引入华东 24、中育 1 号等品种，种植面积逐渐向沿海一带扩展。1984 年，引入浙密 1 号、新澄 1 号和台湾杂交一代新红宝，种植面积迅速扩大。1998 年后，又引入金钟冠龙、寿山、浙蜜 3 号、京欣 1 号、84—24 等 10 余个品种。后因花木种植在境内兴起，且经济效益高，西瓜种植逐年减少。2018 年，花农在空地里（有花木地隔年种植）种植西瓜，除自食外也有出售。用作水果的除西瓜外，境内村民还种植脆瓜（花皮、白皮）、各种甜瓜（黄金瓜、海东青瓜、梨头瓜等），多作自食。

冬瓜：以当地老品种白皮冬瓜为主，至 20 世纪 90 年代，引进黑皮冬瓜。

南瓜：俗称"饭瓜"，有长南瓜和圆南瓜。杂地零星种植，许多农家常有几株，总面积不大。1995 年，引进台湾东升西洋南瓜。

甜瓜：境内历史上种植黄金瓜、海冬青、脆瓜为主，1993 年引进日本的伊丽莎白、西溥洛托及中国台湾的洋香瓜等，用大棚栽培。

西瓜

冬瓜

南瓜

豆类　农家传统品种繁多，主要有毛豆（黄豆）、梅豆、豇豆、带豆、蚕豆、豌豆、绿豆、刀豆（布日豆）等。

毛豆：因嫩时荚壳生绒毛而名之；老熟因豆粒色黄，被称黄豆；学名统称大豆。嫩时采青豆作菜，农家常按农历收获季节划分品种有三月豆、六月豆、七月豆、八月豆、九月豆等，一般都是本地老品种，越迟熟品质越好，有白毛豆。最好为11月收的乌眼豆。1985年后从外地陆续引入新品种。20世纪80年代末，从上虞引入5月豆矮脚早。至1998年，以台湾292、75及辽鲜1号等品种为主。

梅豆：又名四季豆，有矮性（又称落地梅豆）、蔓性（又称上棚梅豆）之分，在20世纪60年代引入种植，蔓性上棚梅豆有红花、白花之分。

豇豆：中华人民共和国成立前，多数农户均有少量种植，以养老豆为主，作金团馅子和补品少量鲜吃。

带豆：又称长豇豆，豆长尺余，带状，故名；俗语称“羹豆”，系传统品种，摘青炒菜之用，农户皆种。1982年引入之豇28-2，荚长高产，成为主栽品种。

蚕豆：本地俗称“倭豆”。旧时户户皆种，稻区以旱杂地为主，棉区也有整丘种植，品种系古老大白蚕，又称牛踏扁。20世纪80年代初期，从慈溪县引入日本品种陵西一寸豆，现为当家品种。

豌豆：又名罗汉豆，因在蚕化蛹期成熟，本地故名“蚕豆”。亦为农家皆种的品种，但面积不多，以鲜摘为主。

小青豆：又名小豌豆。于20世纪80年代从杭州引入。是豌豆的一个新品种，时由供销社收购，种植面积较大，主要种于棉地，后因外销不畅面积缩减。

葱蒜类　有韭菜、大蒜、洋葱、小葱等。

韭菜：是境内名蔬菜产品之一，传统品种为狭叶韭，香味浓郁。20世纪80年代初，引入四川阔叶韭及贵州汉中冬韭菜。旧时采用覆土法遮阴培育韭菜芽，现用黑薄膜覆盖，色黄而嫩。

大蒜：有慈溪大蒜、上海大蒜两种。20世纪70年代末从山东引入大蒜。20世纪80年代后期，引入四川早熟紫皮硬叶大蒜种，成为主栽品种。

块茎类　有芋艿、马铃薯、生姜等当地传统品种。

水芋艿：在稻区湿地栽种，种植历史悠久。

山芋艿：多数种在山旱地和稻田旱作，品种有红顶芋、白梗芋、乌脚尖等，旧时农户几乎都有种植。

马铃薯：中华人民共和国成立前境内已有种植，后由国外引入新品种俗称“红毛番薯”“洋番薯”“洋芋艿”。1958年引进荷兰种和甘肃马铃薯种等。20世纪90年代从黑龙江引入东农303、克新4号。

生姜：有数百年历史，品种是祖传“铁姜老种”。

焦藕：20世纪60年代初粮食困难时期，曾从南方引入焦藕品种，农家利用旱杂地种植，长势较好，其块根磨淀粉质量好；尔后因粮食富庶而逐渐淘汰。

多年生蔬菜类　主要是竹笋和芦笋。

竹笋：有毛笋、哺鸡笋、龙须笋、高节笋、乌笋、刚笋、淡笋等，20世纪80年代中期引进雷竹笋品种。境内主产为毛笋，面积85公顷。

芦笋：是20世纪80年代新发展的特产，因发生茎枯病，死苗严重。目前境内少量种栽。

水生蔬菜类　境内主要是茭白。传统品种有白种和迟种，多年生，一般2～3年一茬。20世纪70年代后引入四九茭白和无锡茭白等品种，境内种植面积不广。

食用菌类　境内主要种植的有双孢蘑菇及香菇。

双孢蘑菇：1966年从上海引入，产品由宁波罐头厂收购，面积续年扩大，有菌种场4家，即白峰村、轮江村、蕉山村、石山村，为各种植户提供菌种服务。至1970年，境内种植面积达13.89公顷。是年各大队、生产队都有种植，产量375吨。1980年后因出口疲软，生产回落。1994年境内只有白峰、百丈、轮江、小门、门浦、勤丰6个村种植，面积2.33公顷。2000年街道农办在下林村组建蘑菇生产基地。全街道面积4.56公顷，产量143.5吨。其中蘑菇基地2.89公顷（种植大户有：郑君飞1.22公顷，胡彩祥1公顷，李仲波等0.67公顷），百丈村农户1.33公顷，轮江村农户0.33公顷，成为北仑区乃至宁波市最大的蘑菇生产基地。2002年注册白峰“双石”蘑菇品牌，品种主要有2796、夏菇93。并协同宁波市农科院编写“宁波市双孢蘑菇地方生产标准”，获宁波市质量技术监督局验收通过，成为宁波市双孢蘑菇生产地方执行标准。2010年，因土地租赁时间到期及市场经济的干扰一度中断，面积缩减至0.33公顷。2012年在政府的支持下，又在阳东村马盘棉地新建蘑菇基地4.44公顷。采用现代化温控技术设备，成为宁波市北仑最大、最先进的生产基地，产品销往全市各超市及市场。

香菇：1990年由上阳乡引入台湾香菇品种，在蕉山菌种场制作生产用种进行种植，面积2.7公顷（20万棒），产量300吨（鲜菇）。鲜菇主要销往宁波市“人民菜场”，余下由上阳乡香菇加工厂加工成干品出口销往日本。2003年由于香菇在境内种植气候温差小与品质差，比不上其他地区等原因而被淘汰。

反季节栽培

白峰街道蔬菜设施栽培始于20世纪80年代初，从地膜覆盖开始。地膜覆盖栽培一般能比露地提早播种15～20天，上市提早7～10天。以后逐步采用小拱棚、中棚、大棚式栽培。塑料大棚生产效果十分显著。

1983年以来，境内开始试种、推广秋番茄、秋黄瓜、秋梅豆，在7—8月播种，9—12月采收上市，调剂秋冬季淡季市场，增加菜农收益。

1989年后，随着大棚面积的扩大，反季节栽培有更大发展。不少菜种做到周年栽培，周年供应。如茄子往年仅在5—7月采收上市，1993年开始，大棚茄子采收时间从12月开始至次年6月结束；露地春茄子采收时间6—8月；秋茄子9月下旬至12月，达到周年供应。又如胶菜以往仅在11月至次年3月上市，目前春胶菜可在4—6月上市；夏胶菜在7—10月上市，改变过去只能在冬季吃大白菜的历史。包心菜过去只有在5—7月采收上市，20世纪90年代推广夏包心菜、秋冬包心菜的栽培，遂使一年四季种植应市。20世纪90年代，还推广夏番茄、秋冬番茄、秋冬瓜、秋南瓜、秋西瓜、秋甜瓜、夏秋黄瓜、秋马铃薯、大棚冬芹菜、冬莴苣笋等。大力提倡反季节蔬菜栽培后，使夏菜冬吃、冬菜夏吃成为现实。

第六节　花卉苗木

境内花卉苗木种植历史悠久，早在20世纪60年代初在上阳勤丰黄老岙建有公社苗圃4.07公顷。20世纪80年代初有马盘村民郑裕旺、勤丰村民胡祥法等开始培植花卉，率先开创繁育花卉的先河。由于粮食政策的限制，面积控制在10公顷左右。1993年国家取消粮食“统购统销”制度，花卉种植面积不断扩大。1995年达到150公顷。2000年达到1000公顷，大部分农户都开始种植花卉。2018年境内花卉苗木种植面积达到1073公顷，产值达8778.213万元。品种主要有杜鹃（毛鹃及紫鹃）、珊瑚、茶花、茶梅、红花檵木、龟甲冬青、金叶黄杨、红叶石楠、桂花（金桂、银桂）、香樟等。同时也种植不同蓬形的大、中型苗木，以供给不同绿化市场的需求。种植范围扩大到境内所有耕地及山旱地，取代原有种植的水稻、棉花、番薯、橘子、茶叶等作物。彻底调整农业的产业结构，改变农民的经济收益来源，花卉苗木种植成为境内主要产业。生产上采用扦插育苗，第二年移栽种植。

第五章 农机具

白峰有着悠久的农业历史。农业生产工具由简到精，种类从无到有。清代中晚期，出现能下水田进行直接稻谷脱粒的稻桶，这对提高劳动生产力起到很大的推动作用。

旧时，传统农具以手工制作的居多，并世代相传。中华人民共和国成立后，多数传统农具继续使用，大多用铁、木、竹等材料，由农村铁匠、木匠、竹匠制作而成。20世纪50年代，大量推广以人力、畜力为主的新式农具，特别是脚踏打稻机、手动喷雾器以及农副产品加工工具等的普及，进一步提高农业生产力。20世纪70年代始逐渐为机电动力农机具所取代。20世纪90年代后，农业机械持续稳步发展，农机装备水平提高。

第一节 传统农具

整地工具

整地工具包括翻耕、碎土、整地、平土等系列工序中的工具，是诸农具的大类。境内通用的有10余种。

木犁 俗称“老木犁”。耕田之用，由木制部分和铸铁部分组成。一牛牵引，一人手护犁梢前进，进行翻土。

平耙 耙平水田之用，以待插秧。铁木结构，长约2米。一牛牵引，操作者两脚跨踏在耙梃上，加重平耙压力，割碎泥土，以平伏泥土，有利插秧。

滚耙 或称擂滚耙，用以较硬泥土田块插秧前整田，把表土滚糊。木制滚耙分为镬铲钉和平齿两种。也有用（中轴）铁片滚耙。

耖耙 又称而字耙，用锻铁打成，其形状像“而”字，多数用于沿山烂荡田平整之用。一牛牵引，操作者双手把握耙柄，对高低不平之水田，扒土平整、碎泥效果显著。

耥杆 用于做秧田耥平板面之用。形似“丁”字，用小竹竿做成，20世纪60年代后被淘汰。

锄头 为最普遍的整田工具，农民几乎人手一把。有本地锄头和山地锄头之分。

钉耙 是扒土搂粪或水田平整使用的锻制农具。分扁齿钉耙和尖齿钉耙两种。

板锄 锻打农具，形似锄头而身长。一般为开垦山地之用，或在基本建设时开凿之用，多数农户备有一把。

嘴锄 锻打农具，形似板锄而口尖。多在山农掏柴根树桩之用。

坑铣 锻铁打成，铲坑撬泥之用，农户均备。

秕花横刀 形似坑铣略长些，两边刃口向内弧，置以木柄，系春耕时横（割）秕花专用。

铧锹 锻打而成，形似镬铲，上置“丁”字形木柄。田地开沟之用，棉区每户必备。

田塍榔头 木制，榔头形，以一块砖头置以木柄，在春耕发水前，用此密敲近河溪边田塍，舂实泥土，堵塞漏洞。

戽水农具

境内戽水工具主要为龙骨水车，在民国时期尚有少量戽斗或拗棚之类的提水工具。龙骨水车，亦称翻车，系东汉末年毕岚首创。龙骨水车多以人、畜作动力，但随着科学发展和制作工艺进步，由简到精，至中华人民共和国成立初期，分有手车和牛车两类。

手摇水车　由车壳（水槽）、车骨（龙骨）、车板（戽水板）、上下车筒和车担组成，长度视扬程高低所需。操作时一人直立，双手紧握车担，旋转驱动，多用于秧田或小块稻田提水。

牛拉水车　系大型畜力戽水工具，在旧式农具中堪称最为先进和复杂的大农具。牛车由驱动轮的车盘、传动结构地轴和水车三个部分组成。一部牛车可灌水 1 ～ 1.33 公顷。

中耕农具

水旱作物的中耕农具并不多。稻田除草主要依靠双手耘田，故工具只有耒各田耙；旱地除草称削地，一般用锄头，棉地除草则用刮子。

耒各田耙　当地人习惯用拖板耒各田耙，用樟木做成，长 5 ～ 6 米；另一种亮眼耒各田耙，多从外地购入。

推苗　用竹篾制成。用途是在耘三边田时套在脖子上，将早稻苗推开，以防稻叶刺伤眼睛。

锄头　亦是传统的中耕除草工具，但按用途不同，分浅板锄头和蛮锄头。前者削地除草较为轻巧，后者多用于棉地中耕松土。

种植农具

豆撬　锻铁打成，长约 30 厘米，口宽 5 厘米，上置丁字形木柄，一般在硬板地凿孔放蚕豆籽所用，多数农户备有。

麦戳孔　俗呼“麦捣闯”，为种油菜、蔬菜或点播大小麦打孔之用。早期大多用石凿成，尔后多数由铸铁翻砂成形。上置“丁”字形木柄，一般农户必备。

移苗器　用于带土移植秧苗，由套筒、手柄组成。主要用于棉花苗补缺和蔬菜苗营养杯的制作。

收获工具

以水稻为主产品的收获农具种类繁多，竹木制品为主，少量铁器；但竹器农具年损耗量较大，在生产成本支出中占有一定比重。

镰刀　俗称“倭刀”（毛刀），锻打而成，割草、割麦、砍柴，用途极广，每农户必备。镰刀从用途上分有割草刀和砍柴刀。

沙鑠（音“尖”）　俗叫“鏍子头”，为收割早晚稻的专用农具，锻打而成，形似新月，长约 6 寸，刀口开有细密锯齿，置短木柄握手，每农户劳动者人手一把。

稻桶　为谷类作物脱粒的大型农具，竹木制成，由木桶、稻桶床、稻桶罩组成。稻桶相传在清光绪年间（1875—1908）才出现。由杉木制成，上口大下小，斗形；底置两根拖泥档，能下水田拖滑。

风箱　系谷类产品的清粒工具，木制，上置风箱斗，左套竹编风箱罩，人力手摇鼓风。风箱制作工艺较高，旧时有专制风箱作坊制作出卖，并常有风箱师傅串门修理。

竹箩　系盛谷物等工具，用毛竹篾编制。竹箩种类很多，在境内大多有单丝箩，即单层篾丝编成，可盛稻谷百斤，以粗用为主；双夹箩，制作精细，里层用细篾片编成，外层再罩篾丝，一般专盛米麦及菜籽之用。棉区摘花箩，比单丝箩略高，口大底小。

畚斗　俗称“马嘴”，畚谷类之用，用细篾片编结而成，因形似马头，故称。但其形小者称马嘴，大

木犁

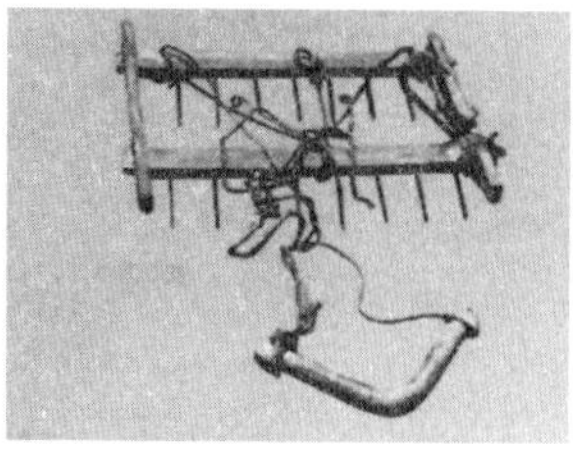
平耙

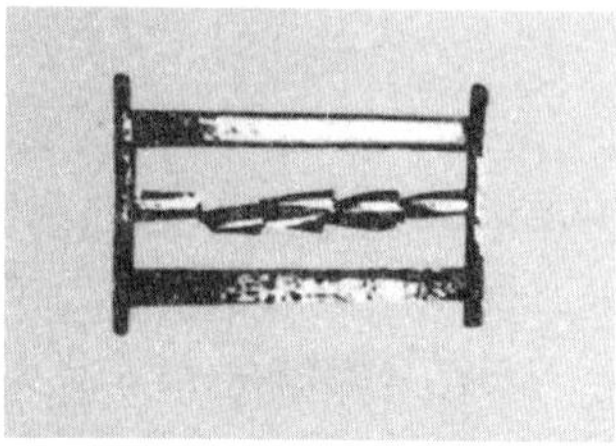
滚耙

耖耙

老落地耙

锄头

钉耙

板锄

尖锄

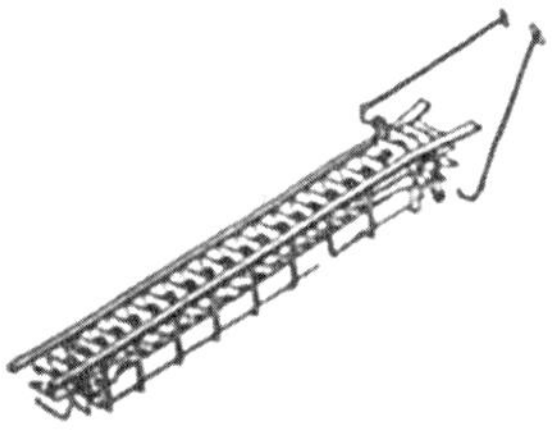
手摇水车

牛拉水车车盘

移苗器

沙镰

稻桶

风箱

畚斗

篾簟和摊谷耙

筛谷篾和单夹萝

地萝

便桶和料勺

一类叫畚斗，置有掔手柄的称稻桶畚斗，专为稻桶脱粒时出谷所用。

篾簟 用毛竹篾片编结而成，宽约3米、长4米，摊在晒场上，每爿可晒一箩稻谷，每农户少的2～3爿，多的10余爿。旧时，农家多数雇竹匠自编，精度有二花和细三花之分；也有从市场购入的。

摊谷耙 木耙竹柄，在耙上开有锯状小口，专在篾垫上摊谷之用。

筛谷篆 用篾丝编结而成，直径约70厘米，筛孔六角形，孔较大，在晒场地扬谷所用。一面借助自然风力，将草响（碎草叶）瘪谷吹掉。

地箩 由竹箩编织，上圆下方，口径约35厘米，高40厘米。在棉区为摘棉花专用工具，用两根背带系在背上；在稻区一般农户均有，盛少量麦类、豆类之用。

花钩 用铁锻成弯钩，上置把手短柄，为拔棉秆专用工具。

番笠 长方形，用粗篾片编结而成，专晒薯干之用。

积肥工具

便桶 盛运人粪尿工具，用杉木板箍制，一桶可盛大粪25～30千克。便桶环一般用竹片劈成，山区多为杉木硬环。

料勺 舀粪浇便工具，用杉木板箍成，置以木柄。有嘴的称料勺，无嘴的形小些叫泼料，大的称挽料。

土笥 毛竹片制成，底像大土箕，上置三角环，积肥挑土，用途广泛，一般成双使用，每只能盛土30～40千克。

土箕 用竹丝编织而成，上置三脚环或四脚环，装土盛粪，用途广泛。

加工工具

以稻谷大米加工为主体的农副产品加工工具，种类繁多，历史悠久，并具有地方特色，是劳动人民长期创造的结果。

踏碓 古代捣谷舂米工具，由石凿成。由捣臼、骑马、踏杆、捣子头组成。踏碓多数安装在祠堂前等公共场地，约在清代中期以后逐渐被碾子所取代，但踏碓捣臼、骑马等石器遗物至今尚有存在。

碾子 有两种，一种称螺碾，另一种称槽碾。为大型稻谷加工工具，安装在碾坊里。碾子圆形，直径约5米，石板并合而成。牛力驱动，一天能碾谷250～300千克。碾子擂盘、碾板雕有螺纹，故称螺碾，

踏碓

碾子

大、小石磨

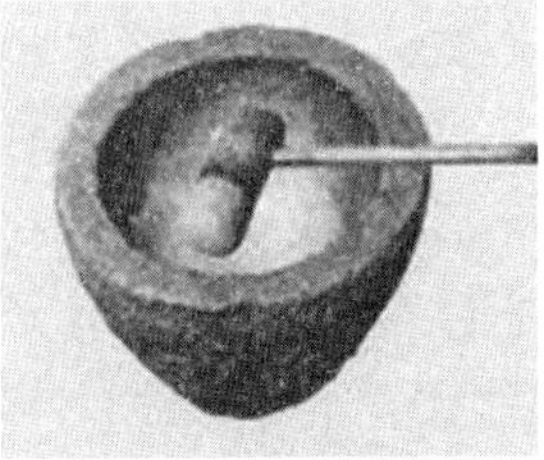

捣臼

消防水龙

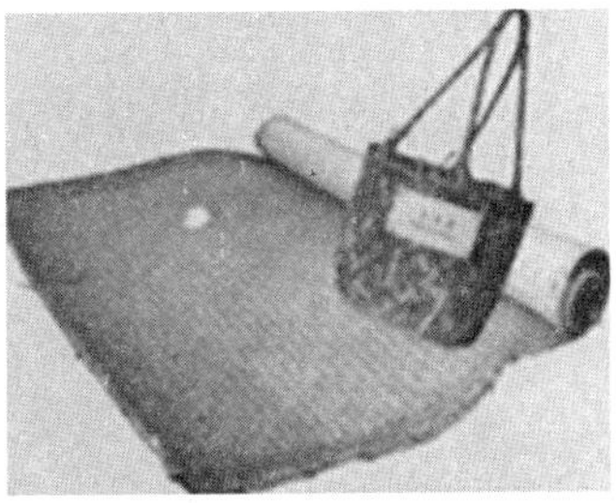

簟和牛草篮

笠帽、蓑衣和刀笼篰

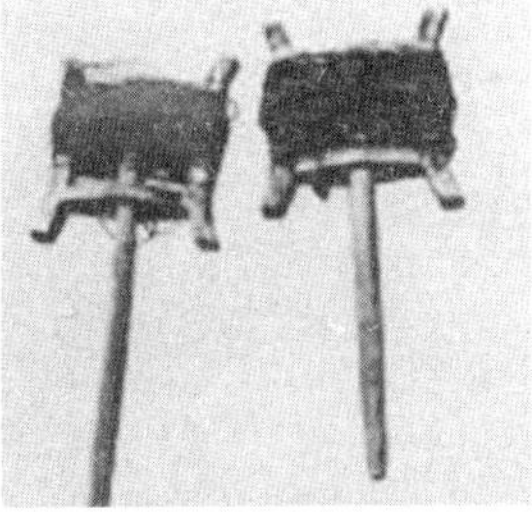

种田苗绳

过几年请石匠开深一次。槽碾一般安装露天，用石材开槽拼接成圆形，直径一般 5 米，置一块圆形石擂盘在槽内，由牛力拉动碾米，一般碾一次可碾谷 50 千克。

石磨 是最为广泛的米、麦磨粉工具，多数农家备有一口。石雕而成，由上盘（旋转）、底盘（固定）、牵手（磨单）组成。石磨形式很多，不但有大、小之分，有带嘴磨（底盘四沿带槽有嘴）和无嘴磨之别，还有越磨（小型用手摇）和牵磨两种。

捣臼 石雕而成，也是广泛应用于米食加工的工具。捣臼按用途不同分两种：有擦米捣臼，其形最大，口向外仰，以防米粒抛出，多数与木砻配套；舂年糕粉捣臼，臼形较小，一般村庄均有多口。

米筛 用竹丝编成，工艺精良，直径约 65 厘米。网眼很细的用于去米珠糠斑之用；网眼稍大的用于筛米去砻糠之用。

团匾 俗又称白篮，或形小叫团匾，大的呼大白篮。圆形，竹篾编成，分里外两层，工艺精湛。里层用篾片密编，即使晒米粉也不外漏；外层用细篾丝编结，以保护里层。

大簺 用竹编织，形似团匾，疏孔，制作粗糙，用途是筛晒各种农副产品。

农具还有杆刀、草鞋耙、打索摇手等。雨具有笠帽、蓑衣等。

第二节　新型农机具

耕作、排灌农机具

双轮双铧犁 1958 年境内引进 6 台双轮双铧犁进行试耕。由于犁体笨重，抗力过大，转向困难，耕地效果差，实际使用很少，至 1958 年末被搁置。农民戏称："双轮双铧犁，摆在弄堂前，小孩当马骑，大人出眼泪"。

五一犁 又称轻便犁，在原有老木犁基础上进行改良，故形状似老木犁而稍轻，弯曲犁镶由铸铁翻成，深浅可随意调节，一牛牵引，翻土性能良好。20 世纪 60 年代开始推广，随之取代老木犁，至 20 世纪 70 年代几乎每生产队 2 ～ 3 部，全境近百部，均由慈城家具厂生产。

手扶拖拉机 1966 年，开始引进推广，因操作方便适宜于水稻田旋耕作业，在 20 世纪 70 年代很快增加，成为境内主要耕作机械。至 1985 年，境内拥有 86 台。进入 20 世纪 90 年代，保有量稳定在 65 台左右，农田翻耕实现机械化。

四轮拖拉机 1967 年 3 月，引进丰收 27 型四轮拖拉机 3 台，耕地性能良好，又适于运输作业，1985 年后，四轮拖拉机多用于运输作业。20 世纪 90 年代后逐渐减少。

水泵 亦称抽水机。1958 年人民公社化运动中，各大队以柴油机为动力的抽水机 45 台，其中船机 27 台，灌溉农田 416 公顷，占境内应灌溉面积的 60% 以上。1976 年后，电动机逐渐替代柴油机。

手扶拖拉机

四轮拖拉机

水泵

1983年以后，因适应家庭联产承包责任制所需，小型农用水泵增多。1990年后随着水田面积减少，排灌机械拥有量相应下降。但对水泵型号进行更新换代，HW型蜗壳式混流节能泵逐步取代离心式水泵，性能大为提高。

植保农机具

喷雾器（机） 1985年，境内拥有工农-36和东方红-18型机动喷雾机56架，主要用于棉地。后因农业联产承包到户后，不适应使用而逐年减少，至1998年被全部淘汰。人力喷雾器是境内主要植保机具，2010年全境拥有2160架。是年后，由于电动喷雾机的出现，逐步替代手动喷雾机。至2017年全街道拥有手动喷雾机657架，电动喷雾机1923架。

打稻机 1955年境内开始使用脚踏打稻机，至1958年脚踏机基本取代旧式稻桶脱粒。20世纪70年代初期，脚踏改电动。未几，电动脱粒机取代脚踏打稻机，部分未通电地块安装机动脱粒机。至1985年，全境总计机、电脱粒机416台，基本上实现脱粒电器化。至2010年由于产业调整，水稻基本绝迹，因此打稻机也随之废弃。

联合收割机 20世纪80年代初期从湖州引入100-12型半喂入履带自走式联合收割机2台。1996年，引入台州-130全喂履带式收割机1台，使用效果良好。

碾米机 俗称“轧米机”，20世纪50年代中期，农村实现集体化后，社社修建抽水机埠，境内利用抽水动力带动碾米机逐渐普及。至1985年达27台，几乎每村1台。

茶叶烘干机 传统用竹片编制成园桶，用炭火产生热量来干燥茶叶，每小时生产干茶35～40千克。1970年，境内引入镇海县板焊厂生产的70-1型烘干机1台。至2012年全街道尚有茶叶烘干机12台。

磨粉机 1960年以后，各生产大队开展副业生产时，陆续购买磨粉机，主要用于年糕加工，至1985年达27台。机型以65-206型磨粉机为主，俗称“小钢磨”。

人力喷雾器

打稻机

小型收割机

碾米机

磨粉机

农用（货运）汽车

运输机械

手拉车　1958 年冬，在农村推广运输“车船化”“轴承化”以后，使手拉车有了较快发展。1967 年拥有 740 辆，1985 年增至 1800 余辆。之后随机动车增加而减少。

农用拖拉机和农用(货运)汽车　1986 年，境内农用运输机械以手扶拖拉机拖挂农用拖车为主。1987 年，引进由手扶拖拉机改装、前轮驱动、方向盘操纵、折腰转向的运输型拖拉机，型号有杭州拖拉机厂的 HZ-T910Z 和浙江四方集团的工农 -12YS 等。1996 年又改引上述两企业生产的 HZ-T1100 和 T910-V1 等型号的手扶变形运输机。该机性能优于运输型拖拉机，更适合农村道路运输。至 2018 年末，境内有拖拉机 101 辆，农用（货运）汽车 16 辆。

第六章　林业

白峰街道地处穿山半岛，丘陵地区，山多地少，南北靠海，中间群山起伏。主峰双石人山，海拔 493 米，有福泉山、后照山、枫棚山、隐山、日头山、尖山、塔山、金家庄山等众山相拥，群峰竞翠。

境内山地植被丰富，主要品种有松、杉、枫、樟、麻栎、米槠、朴等及竹类 70 余种，1993 年、1999 年两次进行森林资源调查，活立木总蓄积量分别为 37520 立方米、64369 立方米。

第一节　品种

旧时，白峰境内植被，竹、木品种较为丰富，据镇海县志记载，木之属有松、针松、水松、柏、海桧、水柏、杉、桑、柘、杨柳、黄杨、细柳、梓、梧桐、檀、栎、榆、楝、槠、槐、椿、枫、樟、栗、白栗、麻栗、椆、乌桕、沙朴、枫杨、鸡骨、山桃、棕榈、冬青、天竹、罗汉松、蓓蓓树等 50 种。果园属有梅、杏、桃、李、梨、樱桃、杨梅、枇杷、葡萄、白枣、柿、栗、榧、银杏、桔、柚、柑、橙、金橘、金豆、石榴等 23 种。竹之属有淡竹、苦竹、乌竹、紫竹、箭竹、毛竹、芦竹、四季竹、龙须竹、雷竹、水竹、石竹、筋竹、凤尾竹等 20 种。

中华人民共和国成立后陆续引种、试种和推广新树种有油茶、黑松、桉树、川楝、水杉、池衫、泡桐、白榆、木麻黄、日本扁柏、日本柳杉、无核桔等。

现在境内山区主要树种有马尾松、黑松、短叶松、杉木、柏木、柳杉、香樟、青栲、枫杨、枫香、木荷、檫树、麻栗、板栗、苦槠、银杏、油桐、桂花、橡子、檵木等。平原主要树种有水杉、池杉、白榆、苦楝，杨树、垂柳、木麻黄、棕榈、香樟等。近期园林绿化的主要品种：常绿乔木有雪松、黑松、五针松、龙柏、罗汉松、广玉兰、香樟、山茶、女贞、棕榈、蜀桧、日本柳杉、扁柏、桂花等，落叶乔木有银杏、水杉、垂柳、枫杨、白榆、白兰玉、垂丝海棠、梅花、花桃、樱花、红叶李、红枫、紫薇、石榴等，常绿灌木有苏铁、含笑、南天竹、海桐、月季、大叶黄杨、瓜子黄杨、八角金盘、夹竹桃、栀子花、珊瑚树、六月雪、凤尾兰、十大功劳、翠柏、玉荷等，落叶灌木有蜡梅、紫荆、木槿、杜鹃等。藤本植物有紫藤、野蔷薇、葡萄、爬山虎、凌霄等。

油茶是在20世纪50年代中后期从常山等县引入，境内为重点发展区。种植最多时面积达到133.33公顷，由于油茶生长慢，结果迟，产量低，经济效益差，后逐年被淘汰。20世纪80年代后成片管理的基本绝迹。黑松20世纪60年代从舟山被引入，原产日本，系高大乔木，由于采入低龄树种而引起种性退化，生长不良。四川楝于1972年被引进，同时带入川楝溃疡病菌，结果溃疡病蔓延迅速，连本地苦楝也全部罹病，现基本被淘汰，杉木、柳杉，境内原为零星分布树种。20世纪70年代初，开展杉木基地造林，至1990年面积扩大到36公顷。

1971—1975年，从广东引入大批青皮竹种，累计发展面积13.33公顷，但因冬季气温低，冻害严重，不适应本地环境，逐渐淘汰，2018年后只有零星残存于向阳山岙。

第二节　山林

据民国25年（1936）镇海县面积清丈结果，境内有山地面积3516.2公顷，其中白峰境域1387.6公顷，上阳境域2128.6公顷。

自古以来境内森林资源十分丰富，后因战乱、自然灾害和开荒垦地，森林资源遭严重破坏。20世纪60年代初由于三年困难时期的影响，村民为了解决吃饭问题，大面积开荒种粮，加上百姓烧饭燃料困难，砍柴毁林严重。向山要粮、要钱成为当时农民的唯一出路。到20世纪80年代后期百姓烧饭燃料，逐步由液化石油气替代，山林得到逐年恢复。

1981年11月，实行山林“三定”政策（即稳定山林权、划定社员自留山、确定林业承包到户责任制），成片林地毛竹、茶叶、柑橘实行集体经营专人管理，承包时间15～20年。山林权属归集体所有，林地原有材绩归集体所有，砍伐按规定权限进行审批，数量在承包户内材绩中扣除，承包户按合同规定负责造林、护林，不得擅自转让、出租。1984年进行林业资源调查时，境内山地面积3669.66公顷，其中有林业用地2687.46公顷，占山地总面积73.23%；活林木总蓄积量37520立方米，其中上阳乡23450立方米，白峰乡14070立方米。

1984年境内森林资源统计一览表

表3-6-1　　单位：公顷

林业用地分类		境内合计	其中	
			白峰乡	上阳乡
山地面积		3669.66	1415.60	2254.06
林业用地合计		2687.46	945.80	1741.66
有林地	小　计	1397.76	637.13	760.63
	用材林	1339.50	607.00	732.50
	防护林	—	—	—
	特用林	—	—	—
	经济林	9.13	0.80	8.33
	薪炭林	—	—	—
	竹　林	49.13	29.33	19.80
灌木林		—	—	—

续表 3-6-1

林业用地分类		境内合计	其中	
			白峰乡	上阳乡
园地		485.10	194.10	291.00
疏林		73.70	19.00	54.70
未成林造林地		20.00	8.20	11.80
无林地	小计	708.90	85.90	623.00
	荒山荒地	701.40	79.60	621.80
	开垦地	7.50	6.30	1.20
	采伐迹地	—	—	—
	火烧迹地	—	—	—
苗圃地		2.00	1.47	0.53

1998 年统计，白峰镇境内 27 个村，有全山区 8 个，半山区 13 个，少山区 6 个。1999 年，全镇共有森林面积 3429.16 公顷。

1998 年山区类型一览表

表 3-6-2

村	全山区	半山区	少山区	村	全山区	半山区	少山区
合计	8	13	6				
小计	4	5	5	小计	4	8	1
白峰			√	勤丰	√		
小门	√			山坑	√		
司沿			√	石山	√		
沿亭		√		东园		√	
外峙		√		蕉山		√	
山防	√			下湾			√
官庄		√		太平	√		
蒋岙			√				
轮仰	√			道头		√	
门浦	√			上王		√	
下林			√	虾康		√	
神马		√		钟家湾		√	
百丈			√	马盘		√	
屺峙		√		黎明		√	

1999年境内各村森林面积调查一览表

表3-6-3 单位：公顷

村	森林面积	村	森林面积
合计	3429.16		
小计	1330.83	小计	2098.33
小门	357.00	虾康	203.70
百丈	29.30	上王	193.30
神马	30.66	道头	128.60
司前	81.80	钟家湾	78.00
外岐	79.50	马盘	219.80
轮仰	114.50	黎明	81.33
官庄	86.93	下湾	45.90
门浦	160.20	蕉山	168.13
白峰	128.67	勤丰	168.67
下林	15.00	东园	167.70
沿亭	19.90	山坑	187.90
山防	107.67	石山	222.00
蒋岙	51.50	太平	201.50
屺峙	68.20	部队	31.80

第三节　造林育林

中华人民共和国成立前，山地造林属山民自发行为，称之为“靠山吃山”，主要品种为马尾松、杉木，面积甚少。

中华人民共和国成立后，人民政府重视山地植树造林、护林和低产林改造，进行封山育林、四旁绿化，党和政府多次发文件布告，制定保护森林资源措施。1951年12月，成立县林木采伐委员会。实行木材采伐限额管理，规定采伐林木前需申报，经批准后方可砍伐，对擅自砍伐珍稀树木行为要追究刑事责任。1955年实行封山育林。每个村划出部分山地，设立专人管理。3～5年轮封一次。砍柴时把大的树木留下，一般每平方米留树一株，使其成林。1984年上阳乡在黄龙坑划拨山地5.33公顷建立“上阳乡林场”（1995年划归太平村管辖），开垦种植杉木，有林场管理人员5人。是年境内封山育林面积492.6公顷，2001年达到2762.7公顷。

在政府重视下，2001年开始建设生态公益林，是年建造生态公益林1176.61公顷（指公路及海岸线可视范围内1000米）。2003年，实施重点生态公益林资金补助，使封山育林向建设生态公益林发展。至2018年末，生态公益林面积达2062.74公顷。

平原与道路绿化，旧时农村仅零星散植树木，20世纪80年代开始讲究美化环境。1994年区政府实行平原绿化补助政策，对高档树种每株补贴1元，如水杉、香樟、桧柏等。是年植树8950株。至1997年4月共植树35600株。1998年后实行高标准绿化工程，先后完成白梅线、329国道、小门至白峰码头公路绿化42000株，种植花木15万株。2003年，开始四旁植树和道路绿化，种植面积30公顷。2010年

11 月，投资 100 万元进行青少年活动中心景观绿化工程建设。

2008—2011 年，阳东村、门浦村、司沿村先后创建为宁波市森林村庄、市林式村庄、市千村绿化工程示范村。2010 年，小门村被评为省级绿化示范村。

2001 年境内各村建成国家级生态公益林一览表

表 3-6-4　　　　面积：公顷

村	面　积	村	面　积
合　计	1176.61		
小　计	680.49	小　计	496.12
虾　康	185.90	屺　峙	56.20
上　王	137.33	百　丈	22.70
道　头	83.10	下　林	13.87
钟家湾	43.87	轮　仰	6.65
马　盘	62.90	外　峙	77.70
黎　明	71.93	神　马	30.40
下　湾	10.27	沿　亭	17.10
石　山	3.70	司　前	22.50
东　园	3.30	白　峰	24.70
山　坑	1.30	部　队	28.40
勤　丰	5.30	门　浦	115.30
蕉　山	4.00	官　庄	50.00
太　平	9.73	山　防	/
小　门	57.86	蒋　岙	30.60

注：以上为公路及海岸线 1000 米视线内。

2018 年境内生态公益林面积一览表

表 3-6-5　　　　面积：公顷

村	经济联合社	山林面积	公益林面积	村	经济联合社	山地面积	公益林面积
合计						3497.76	2062.74
小计面积		1331.10	648.73			2166.66	1414.01
小门		357.10	148.50	勤山	勤丰	168.67	97.80
新峰	屺峙	68.20	42.70		蕉山	168.13	90.40
	百丈	29.33	20.30	驻军	部队	31.80	—
	下林	15.07	13.27	上阳	东园	167.67	78.60
	神马	30.67	18.10		山坑	187.93	135.87
司沿	司前	81.80	34.30		石山	222.00	130.30
	沿亭	19.93	9.40	太平	太平	271.00	228.30
港口	轮仰	114.53	57.30	阳东	下湾	45.93	17.67
	外峙	79.53	54.20		钟家湾	78.00	49.50
官庄	官庄	86.93	59.93		马盘	218.60	156.00
门浦	门浦	160.20	96.40		黎明	81.33	58.30

续表 3-6-5

村	经济联合社	山林面积	公益林面积	村	经济联合社	山地面积	公益林面积
白峰	白峰	128.67	57.93	下阳	道头	128.60	81.47
	蒋岙	51.47	25.50		上王	193.27	127.10
	山防	107.67	10.90		上王	193.27	127.10
	—	—	—		虾康	203.73	162.70

第四节　护林

法规护林

封建社会对山林的保护主要靠封建宗法、习惯势力和道德约束，对偷砍树木者必重罚不贷，偷砍柴薪者，必遭严厉责罚。民国时期，发布护林公告甚多，但实效甚微。中华人民共和国成立后多次发文护林，1984 年《中华人民共和国森林法》颁布，实施依法治林。白峰、上阳 2 乡分别建有林特站，境内共配有护林员 30 人，其中白峰乡 15 人、上阳乡 15 人。1990 年，按省、市颁发的《封山育林检查验收办法》，区政府制订实施细则，凡有山林的村均配有护林员。林木实行限量砍伐，由区核定年采伐限额指标，落实到村，由村根据需要数量报乡镇，按采伐计划内容核实，批准后发给木材采伐许可证，征收少量育林基金，方可砍伐。1993 年，贯彻实施《浙江省森林管理条例》，镇配备林地专管员。

病虫害防治

历代以来境内山林主要虫害有马尾松毛虫、松褐、天牛、松梢螟、松梢卷叶蛾、竹笋夜蛾、黄刺蛾、星天牛、樟叶瘤丛螟等，以及果木中杨梅毛虫、柑橘红蜘蛛、桃蛀螟、桃李蚜虫、李犁小食心虫等。主要病害有毛竹枯梢病、竹丛枝病、毛竹筒卷病、松材线虫病、泡桐丛枝病、松杉苗木立枯病等；果林中有桃缩叶病、李果袋病、柑橘疮痂病、杨梅水肿病、葡萄黑痘病等。有些病虫害一旦发生，迅速蔓延，不几日即可毁坏成片林木。旧时因技术落后和管理缺失，只能听任毁灭，或一烧了之。中华人民共和国成立后，使用各种药物防治，或辅以养护森林害虫天敌以克害虫，进行生物防治，山林病虫害逐渐得以控制。

松毛虫　1957 年首次成片发生危害，之后年年有发生。1993 年，白峰仰岛湾附近松林采用以白僵菌鞭炮喷布，及农药喷洒进行防治。1998 年，受害面积 1201. 66 公顷，为面积最大年份。

松褐天牛　1988—1992 年发生但无防治措施，1993 年后对重点发生地段在幼虫期采伐虫蛀树，减轻危害。

松材线虫病　1996 年在境内仰岛湾国有松林中首次发现。随之进行全面监测，采用专业队对发病松树进行现砍现烧人工清理和林缘装灯诱杀及放肿腿蜂相结合方法进行防治。并在 1999 年用飞机喷洒农药 299. 4 公顷，资金由市、区和乡镇共同解决。2003—2006 年，组织松材线虫病防治队 186 人，防治面积 1201. 67 公顷，砍伐病木 54 万株。松树病木清理率 100%，累计投入防治经费 64. 8 万元，疫情得到有效控制。

林业“三定”

1981 年 11 月，在县林业“三定”领导小组的领导下，白峰乡、上阳乡先后开展稳定山林权、划定社员自留山、确定林业生产责任制等三项工作。1984 年 3 月“三定”工作全面结束。同时贯彻执行中共中央〔1984〕1 号文件和省政府〔1984〕46 号文件，进一步放宽林业政策，开展补划自留山并发给证书，以调动农民积极性。20 世纪 90 年代后，境内农户烧饭燃料由木柴逐步改烧煤气，竹木砍伐逐年减少。根据实际情况，2005年国家政策调整完善，各村山林权属部分收归集体所有、统筹管理。

1984年境内集体林权制度改革面积汇总一览表

表3-6-6　　单位：公顷

村	原山林面积	现山林面积	原统管山面积	现预留统管山面积	实际完成改革面积	人口（人）	备注
合计	3496.20	3496.20	3261.99	726.77	2778.88	19586	
白峰	137.82	137.82	91.46	46.36	109.07	1227	
山防	130.17	130.17	109.11	21.10	109.11	588	
蒋岙	44.00	44.00	44.00	—	44.00	295	
屺峙	58.30	58.30	58.30	—	58.30	520	
下林	19.27	19.27	19.27	—	19.27	364	
百丈	25.83	25.83	25.83	—	25.83	475	
小门	361.59	361.59	361.17	—	361.59	2021	2009年征用6.3亩
门浦	132.87	132.87	72.23	60.64	72.23	932	2009年征用15.5亩，2010年征用5.1亩
官庄	97.20	97.20	69.39	29.61	69.39	745	
轮江	136.87	136.87	136.87	42.81	94.06	872	
外峙	90.20	90.20	90.20	26.47	63.73	1010	
司前	90.54	90.54	59.06	31.50	59.04	1082	
沿亭	19.95	19.95	19.95	—	19.95	303	
神马	31.81	31.81	31.81	1.80	30.01	531	2005年征用27.04亩
虾康	184.14	184.14	184.14	49.54	134.60	673	
上王	224.33	224.33	224.33	77.00	147.33	884	
道头	140.11	140.11	140.11	48.81	91.30	913	
钟家湾	86.05	86.05	86.05	27.17	58.88	776	
马盘	227.56	227.56	227.56	68.23	159.33	976	
黎明	78.35	78.35	78.35	23.76	54.59	268	
下湾	37.31	37.31	37.31	11.17	26.14	181	
蕉山	158.01	158.01	158.00	57.04	100.97	978	
勤丰	145.47	145.47	99.04	48.42	97.05	516	
东园	181.27	181.27	181.27	—	181.27	628	
山坑	195.39	195.39	195.39	—	195.39	567	
石山	190.75	190.75	190.75	—	190.75	875	
太平	135.94	135.94	135.94	39.04	96.90	332	
双石	135.10	135.10	135.10	16.30	118.80	54	

森林防火

中华人民共和国成立前山林属私人所有，管理严密，山林火灾甚少。中华人民共和国成立后，为防止山林火灾，各级政府和生产单位均制订规章制度，特别是20世纪60年代初期生产大队普遍建立山林队，20世纪60年代前重大森林火灾事件发生较少。20世纪80年代后因山林经营多数分散到户，导致管理不善，加之祭祖扫墓、砍柴吸烟、开地用火等，森林火灾剧增。境内曾多次发生山林大火，如上阳小水潭至茶场村过火面积达 33.33 公顷以上；上王隐山大火烧了一个晚上未被扑灭；还有山坑后照山、茶场福泉山、马盘日头山等被烧毁面积都在几百亩以上。1988 年，上阳乡、白峰乡及各村分别建立森林防火领导小组。1996 年印发《北仑区森林防火综合治理工程实施意见》，并与村委签订责任书。是年，境内有专职护林人员 30 人以及应急森林扑火小分队 50 人。2006 年，新辟防火隔离带 25 千米。森林火灾逐年减少，至 2018 年末未发生特大火灾。

古树名木保护

古树名木有着上百年的树龄，由于各种原因，易于衰老。若养护管理措施不当，轻者树势衰弱，生长不良，影响其观赏和研究价值；严重时会导致死亡。中华人民共和国成立后，各级政府和当地村（大队），重视并加强对古树名木的复壮和养护管理，避免造成无法补救的损失。主要做法：一是古树树体上若有伤疤或空洞的地方及时填充修补，防止进水腐烂；二是古树高耸且电荷量大，易遭受雷电袭击，超过一定高度的树设置避雷针，若遭受雷击，将伤处刮平，涂抹保护剂；三是干旱季节灌水防旱，雨季注意排水，冬季浇水防冬；四是古树长期在同一地点生长，土壤肥力下降，进行合理施肥；五是古树易招虫致病，根据不同季节积极防治病虫害；六是根据实际情况给古树设置围栏加以保护，严禁砍伐、擅自移植和转让买卖；七是凡影响古树名木生长的新建、改建、扩建工程，必须作出避让和保护措施；八是禁止在古树名木上刻画、张贴或者悬挂物品，禁止在施工等作业时，借古树名木作为支撑或者固定物；九是禁止在古树名木上攀爬、折枝、挖根、采摘果实种子或者剥损树枝、树干、树皮；十是禁止在古树名木或树冠外五米区域内兴建建筑物、构筑物及临时建筑设施，倾倒有害污水、污物垃圾，动用明火，排放烟气和在古树三米内埋设地下管线、挖坑取土。

300 年树龄桂花树

2002 年 5 月，省林业厅对全省名木进行普查，白峰境内有一株约 300 年树龄桂花树入选宁波市十佳古树名木，加以重点保护。

2012 年进行的北仑区古树名木普查，白峰镇新增古树名木 20 株，均为 100 ～ 300 年树龄的三级保护树种。其中：香樟 8 株、枫香 5 株、朴树 2 株、槐树 1 株、桂花 1 株、红绸 2 株、黄菊 1 株。

古树名木是森林资源中的瑰宝，是自然界的璀璨明珠。从历史文化角度看，古树名木被称为“活文化”“活化石”，蕴藏着丰富的政治、历史、人文资源，是一个地方文明程度的标志；从经济角度看，古树名木是森林和旅游的重要资源，对发展旅游经济具有重要的文化和经济价值；从植物生态角度看，古树名木为珍贵树木、珍稀和濒危植物，在维护生物多样性、生态平衡和环境保护中有着不可替代的作用。因此，在现有保护措施的基础上，应进一步做好古树名木保护工作。

2018年境内古树名木一览表

表3-6-7

序号	村	小地名	树种	保护级别	传说树龄	现存状态
1	门浦	夹山王家	桂花	2	300年	濒死
2	门浦	夹山王家	香樟	3	110年	
3	白峰山防	老庙登	黄菊树	3	130年	
4	下阳虾康	虾康桥头	枫杨	3	100年	旺盛
5	上阳石山	牛头山	红绸	—	120年	
6	上阳东园	康头小学内	香樟	3	100年	旺盛
7	小门	宁国寺	香樟	2	355年	一般
8	上阳东园	枫洞桥	香樟	3	110年	旺盛
9	阳东黎明	小水库登	香樟	3	160年	旺盛
10	阳东黎明	沙塘	枫杨	3	100年	旺盛
11	阳东马盘	岙里屋后	红绸	3	150年	一般
12	阳东马盘	溪坑边	枫杨	3	115年	一般
13	阳东马盘	屋后山	香樟	3	130年	
14	下阳虾康	冷水池登	枫杨	3	110年	
15	下阳虾康	冷水池登	枫杨	3	110年	
16	下阳上王	村门口	槐花树	3	100年	
17	门浦	野毛张	香樟	3	120年	一般
18	白峰山防	谢家	朴树	3	115年	
19	小门	宁国寺	香樟	3	100年	
20	白峰山防	路旁	朴树	3	150年	

第七章　畜牧业

畜牧养殖历来是境内农户家庭副业，自食性和商品性兼备，以分户散养为主，经济效益较差。20世纪80年代后，鼓励发展多种经营，农业生产结构发生变化，畜牧养殖逐步趋向专业化、规模化，经济效益不断提高。1992年，各类畜牧养殖专业户38户，此后每年以4%～5%的速度递增，2000年达82户。后因市场经济效益影响和政府对环境卫生进行整治，专业户逐年减少，2017年尚有31户。2018年减至25户，其中养猪专业户由1995年的22户，减少到只有1户。

1993—2018 年若干年份畜禽养殖专业户一览表

表 3-7-1

年份	猪		羊		兔		鸭		鸡	
	户数（户）	饲养量（头）	户数（户）	饲养量（只）	户数（户）	饲养量（只）	户数（户）	饲养量（万羽）	户数（户）	饲养量（万羽）
1995	22	6374	27	1568	10	2497	4	0.15	12	1.85
1998	28	8018	14	676	17	2359	3	0.12	13	1.93
2000	32	8971	18	713	19	2344	3	0.12	10	1.80
2002	35	6656	10	430	24	7120	2	0.08	10	1.77
2005	37	10278	15	720	7	990	2	0.02	12	18.56
2008	8	3523	9	510	5	820	1	0.01	13	16.25
2012	9	2430	8	480	—	—	1	0.01	12	1.13
2018	1	822	6	518	—	—	2	0.03	16	3.02

第一节　家畜

猪

旧时，以农户个体养殖为主。“猪多肥多，肥多粮多”，这是境内农民信奉的经验。猪粪是重要农家肥，猪肉是居民最主要肉食品，饲料又能基本自给，故约有 70% 以上农户养殖。

中华人民共和国成立后，人民政府号召养猪积肥，发放农业贷款，经济上给予支持。农业合作化期间，集体创办养猪场，以提供苗猪，贯彻“社繁、私养、公助”的方针，20 世纪 50 年代中期，农村养猪业得到较大发展。1958 年人民公社时，将社员私养的生猪平调入社，大队成立副业队建造百头养猪场，由于管理不善，50 千克以上的肉猪，一般饲养一年以上，母猪产仔率低，加上三年困难时期，粮食连年减产，生猪饲养量大幅度下降。1961 年境内饲养量 3900 头，其中上阳公社 1760 头、白峰公社 2140 头，年末存栏量为 1857 头，其中上阳公社 817 头、白峰公社 1040 头。1962 年后，根据中央关于《农村人民公社工作条例修正草案》的指示精神，贯彻“公私并举、私养为主”的方针，给社员划分饲料地，集体按饲养量分给饲料粮，国家按出售每一头猪发放奖售粮票，猪粪投售给集体，按质论价，参加分配，生猪饲养量迅速上升。1964 年达到 8678 头，其中集体饲养 3456 头、社员私养 5222 头。“文化大革命”期间，批判农户多养猪是走资本主义道路，实行每户限量养猪，母猪被迫宰杀，造成苗猪紧缺，饲养量下降。1975 年，中央颁发《关于大力发展养猪事业的通知》，公社拨款建立猪种场，并引进优良品种，推广人工授精方法，公社兽医站对全社养猪户实行合作兽医保健制度。由于政策的落实，农户养猪积极性提高。1978 年境内生猪饲养量达 12637 头。农村实行家庭联产承包责任制后，社队企业兴起，劳动力向第二、第三产业转移，饲料价格上涨，养猪成本高，收益低，饲养量下降，至 1988 年境内饲养量仅 5369 头。1990 年开始，养猪向规模化、专业化发展，养殖专业户兴起。2010 年境内有养猪专业大户 13 户，年饲养量 4669 头。2013 年开始根据区政府要求境内开展环境整治，达不到环境卫生要求的养猪场正式关闭。至 2018 年全街道仅剩上阳村养猪大户 1 户，年饲养量 822 头，其中母猪 28 头。

1961—1990年上阳公社（乡）生猪饲养量一览表

表3-7-2

单位：头

年份	全年饲养量	年末存栏	其中母猪
1961	1760	817	51
1962	3156	1435	74
1963	4122	2050	135
1964	4387	2908	152
1965	4156	2705	149
1966	3573	2500	147
1967	4791	2725	160
1968	3496	2161	158
1969	4521	2683	242
1970	6523	4099	267
1971	6674	4159	252
1972	6102	3580	166
1973	5552	3529	279
1974	5702	3192	296
1975	6177	3711	173
1976	5920	3791	217
1977	4817	3237	243
1978	5600	3037	267
1979	3797	2824	254
1980	3289	2765	277
1981	4761	2210	258
1982	2684	1755	234
1983	3471	1793	250
1984	2876	1598	252
1985	3745	1765	261
1986	2764	1265	233
1987	2189	1124	216
1988	2046	1154	221
1989	4181	1544	234
1990	3678	1798	197

1961—1990年白峰公社（乡）生猪饲养量一览表

表3-7-3

单位：头

年份	全年饲养量	年末存栏	其中母猪
1961	2140	1040	65
1962	2715	743	35
1963	2831	2364	115

续表 3–7–3

年份	全年饲养量	年末存栏	其中母猪
1964	4291	2916	182
1965	5716	3390	158
1966	5686	3295	152
1967	6462	3472	88
1968	5150	2495	93
1969	5183	3182	139
1970	6577	3745	239
1971	7577	4405	258
1972	6499	3602	242
1973	6983	4120	244
1974	7558	4411	355
1975	7667	4605	241
1976	6734	3934	278
1977	5822	3949	298
1978	7073	4195	346
1979	7292	4217	354
1980	6912	3985	307
1981	5295	3634	312
1982	6175	4078	346
1983	5863	3986	274
1984	4768	3775	238
1985	3824	2060	166
1986	3761	2147	190
1987	3549	1874	175
1988	3323	1484	168
1989	2133	3943	121
1990	1782	3049	78

1993—2018 年白峰街道（镇）生猪饲养量一览表

表 3–7–4　　单位：头

年份	全年饲养量	年末存栏	其中母猪
1993	4216	2204	120
1994	3851	1854	87
1995	6374	2116	69
1996	6238	1797	43
1997	8676	2876	70
1998	8018	2204	64
1999	8766	2853	51
2000	8971	2343	75

续表 3-7-4

年份	全年饲养量	年末存栏	其中母猪
2001	7783	2193	63
2002	6656	1935	68
2003	6505	1825	68
2004	9500	4015	105
2005	10278	3105	41
2006	5291	1501	64
2007	1762	1210	166
2008	3523	1644	510
2009	4767	1875	317
2010	4669	2743	346
2011	4371	2055	252
2012	2430	1350	25
2013	2150	1300	250
2014	1650	1000	120
2015	2100	1100	100
2016	1433	866	53
2017	1156	540	62
2018	822	320	28

旧时境内农民养猪多为放养，后逐渐改为圈养，饲料以米糠和青草料为主，俗有“猪吃百样草，看你找不找”“寸草切三刀、无料也长膘”之说。在饲料调制上，采用煮熟，糊薄型喂养。饲养方法大都采用“两头精、中间粗”的“穷养猪”，即仔猪一般以米粥或麦粥为主；待长到 30 千克以上，则以青粗饲料为主，名为“拉骨架”，重量达 50 千克以上，则以精料、粗料并重；待将要出栏时，以番薯干或大麦等精料为主，进行肥育。在 20 世纪 60 年代以前的饲养方法多沿旧制。1965 年以后，推广“熟料改生料，汤料改干湿料”的喂养技术。20 世纪 70 年代中期起，饲养方法与传统饲养法截然不同，喂以商品精料为主，采用快速肥育法。

牛

耕牛　境内耕牛多为黄牛，用于耕作，一般每 3.33 公顷耕地占有 1 头耕牛。农业合作化前，家有耕牛者多为中农以上农户，自耕之外，出租给无牛农户，收取牛耕谷。农业合作化后，耕牛作为生产资料入社归集体所有，由专人饲养，每个生产队 2～3 头。1961 年境内拥有耕牛 462 头，1968 年为 744 头。20 世纪 70 年代随着农业机械化程度的逐年提高，“铁牛”代替“黄牛”，耕牛数量也随之减少，1978 年境内所存耕牛 517 头，2010 年只有 5 头，2012 年后为零头。

耕牛的饲养由桩养和放牧相结合，入冬进行关养，俗称“关冬”，喂以红稻草（早稻草）和棉子饼。春分以后，天晴晒太阳取暖，开始放春，增膘复壮，准备春耕。春耕开始，有给牛增加食补习惯，灌喂黄酒、红糖冲鸡蛋或喂土人参（桃参、梅参）、棉子饼及糯米粥等，壮补体质。春夏期间白天劳役强度大，多夜喂青草，夏秋酷暑，中午荫处息昼。入秋后，野草结籽，营养丰富，是耕牛放牧的重要季节，上阳农民还有在双石人山群牧的习惯，白天夜里都在山上放牧，日夜不归。

1961—1991年若干年白峰公社（乡）耕牛饲养量一览表

表3-7-5　　单位：头

年份	存栏数	年份	存栏数	年份	存栏数
1961	253	1971	440	1985	292
1962	250	1972	423	1988	174
1963	283	1973	382	1989	260
1964	303	1974	368	1991	285
1965	321	1975	345	—	—
1966	379	1976	354	—	—
1967	369	1977	302	—	—
1968	387	1978	301	—	—
1969	440	1980	20	—	—
1970	468	1982	261	—	—

1961—1991年若干年上阳公社（乡）耕牛饲养量一览表

表3-7-6　　单位：头

年　份	存栏数	年份	存栏数	年份	存栏数
1961	209	1980	242	1987	256
1966	336	1981	247	1988	210
1967	323	1982	232	1989	177
1968	357	1983	263	1990	188
1978	216	1984	282	—	—
1979	248	1986	296	—	—

1993—2018年若干年境内耕牛饲养量一览表

表3-7-7　　单位：头

年　份	存栏数	年份	存栏数	年份	存栏数
1993	123	2002	51	2011	—
1994	104	2003	51	2012	—
1995	92	2004	35	2013	—
1996	97	2005	12	2014	—
1997	85	2006	19	2015	—
1998	85	2007	7	2016	—
1999	70	2008	5	2017	—
2000	60	2009	3	2018	—
2001	46	2010	5	—	—

奶牛　20世纪80年代前，境内没有奶牛养殖。1981年，司沿村集体兴办奶牛场，从浙江黄岩引进

奶牛 17 头。后逐年发展，至 1991 年，白峰乡达到 82 头。是年，上阳乡贷款 12 万元，由宁波市计委立项贴息 5 万元，建立北仑区上阳乡奶牛生产基地，从金华、上海等地引进奶牛 82 头，由区畜牧兽医站负责技术指导。是年，上阳乡 40 户农户共饲养奶牛 115 头，其中马盘村 26 户，饲养 73 头，使白峰境内奶牛存栏达 197 头，为历史最多一年。由于奶牛盲目发展，部分农户配种等主要技术尚未掌握。饲养管理粗放，经济效益不高，再则郭巨牛奶收购站撤销，致使奶牛存栏逐年下降。1995 年，由于鲜奶销售不畅，养殖模式由集体转为个人饲养，是年，境内养殖奶牛 121 头。1996 年存栏 8 头，后退出养殖历史。

菜牛 由于市场发展的需求，2008 年上阳村王其存率先从台州引进杂交菜牛 31 头。在双石人山大滩岗放养，至 2015 年达到 52 头。由于黄龙坑水库水源污染，于 2017 年整治退出养殖。2009 年华岭村村民冯晔，在勤山村戴家岙建立日华农业有限公司，养殖菜牛 42 头，实行圈养后逐年增加。至 2015 年发展到 156 头。2018 年达到 215 头。主要品种有鲁西黄牛、西门塔尔、夏洛兰等。

羊

境内农户养羊历史悠久，养殖品种以山羊为主，绵羊极少。产销方式多为自养、自宰、自售或自食。养殖以放养为主。

1964 年从湖州引入湖羊（绵羊），各生产大队牧场兼养湖羊（以圈养为主）、山羊。是年末，存栏湖羊、山羊 1465 只。后因湖羊养殖农户无圈养习惯，且疾病又多，饲养量逐年减少，后被淘汰。

1990 年后，部分村出现群养专业户，如上阳村王万福、王开成、王海波等，在双石人山等地建立山羊养殖基地，山羊饲养量达 720 只。后由于农业生产结构调整，花卉生产崛起，影响养羊业的发展，至 2018 年末，境内山羊饲养量为 518 只。

1963 年末白峰公社各大队山羊饲养量一览表

表 3-7-8　　单位：只

大队	合计	其中	
		山羊	绵羊
合计	1334	1292	43
白峰	85	84	1
蒋岙	38	38	—
司前	77	38	39
沿亭	11	9	2
官庄	141	141	—
门浦	202	202	—
山防	277	277	—
上小门	168	168	—
下小门	58	58	—
屺峙	38	38	—
百丈	39	39	—
下林	48	48	1
外峙	61	61	—
轮江	91	91	—

1961—1991 年若干年境内山羊饲养量一览表

表 3-7-9 单位：只

白峰公社（乡）				上阳公社（乡）			
年份	存栏数	年份	存栏数	年份	存栏数	年份	存栏数
1961	394	1973	148	1961	414	1986	465
1962	804	1974	308	1966	167	1987	560
1963	1334	1975	302	1967	82	1988	662
1964	1084	1976	372	1968	57	1989	669
1965	434	1977	226	1978	699	1990	752
1966	221	1978	199	1979	892	—	—
1967	55	1982	234	1980	610	—	—
1968	13	1985	432	1981	332	—	—
1969	20	1988	442	1982	279	—	—
1970	22	1989	535	1983	296	—	—
1971	11	1991	682	1984	329	—	—
1972	19	—	—	—	—	—	—

1993—2018 年若干年境内山羊饲养量一览表

表 3-7-10 单位：只

年份	存栏数	年份	存栏数	年份	存栏数
1993	325	2002	430	2011	390
1994	1027	2003	350	2012	480
1995	1568	2005	720	2013	460
1996	1378	2006	324	2014	430
1997	1249	2007	360	2015	370
1998	676	2008	510	2016	385
1999	639	2009	460	2017	480
2000	713	2010	380	2018	518
2001	428	—	—	—	—

兔

中华人民共和国成立前，境内农户养兔很少。20 世纪 50 年代初，开始兴起养兔热。至 20 世纪 60 年代达到高峰，养兔成为当时许多农户家庭副业。1961 年境内养兔 2160 只。养兔户皆以剪取兔毛为目的，故争相繁殖产毛率高、名曰“全耳风”的长毛兔种。饲养方式均为零星散养。饲养量受兔毛行销情况及价格浮动影响，波动较大。“文化大革命”期间饲养量减少。20 世纪 70 年代中期，因兔毛滞销，收购价格下调，养兔户锐减。20 世纪 80 年代中期，开始回升，并出现养兔专业户。1985 年境内饲养量

兔

达 24927 只。1999 年，从舟山定海引进瑞士獭兔，其皮毛价格昂贵，供外贸出口，是年境内养殖量达 3.4 万只，有养殖大户 19 户。2001 年养殖量达 6.5 万只，主要养殖大户有白峰村乐永明养殖 4350 只，乐国荣养殖 4125 只，董江松养殖 4230 只；小门村史新根养殖 154 只。2002 年由于市场变化及中间销售环节制约，收益不佳，大部分养殖户亏本，退出獭兔养殖，历时 3 年，是年存栏迅速回落到 7120 只。后由于经济效益低被淘汰。2009 年存栏 500 只，2010 年后只有少量肉用兔分散养殖，养兔业基本退出历史。

1961—1991 年若干年境内兔饲养量一览表

表 3-7-11　　　　单位：只

白峰公社（乡）				上阳公社（乡）			
年份	存栏数	年份	存栏数	年份	存栏数	年份	存栏数
1961	906	1978	3325	1961	1254	1978	3056
1962	1101	1985	12477	1962	1731	1985	12450
1963	1347	1988	1872	1963	1863	1986	7667
1973	3195	1989	2163	1973	3317	1987	5133
1974	3054	1991	2368	1974	3157	1988	3383
1975	3440	—	—	1975	3165	1989	5200
1976	3331	—	—	1976	2636	1991	5250
1977	3251	—	—	1977	2753	—	—

1993—2013 年若干年境内兔饲养量一览表

表 3-7-12　　　　单位：只

年份	存栏数	年份	存栏数	年份	存栏数
1993	5461	1998	2359	2005	990
1994	3421	1999	1748	2007	889
1995	2497	2000	2344	2008	820
1996	2602	2002	7120	2009	500
1997	2260	2003	4300		

第二节　家禽

鸡

历来以农户家养为主，家家户户（包括农村居民）几乎都有养殖，多则 10 余羽，少则 3 ～ 4 羽。传统家庭养鸡，饲养期长，经济效益差，俗曰“若要败，养鸡卖”，故多以自食为主。公鸡用于过年祭神，余则上市出售以换年货；母鸡留作生蛋，2 ～ 3 年后宰杀。

早稻开镰前，农民还有以童子鸡、母鸡滋补的习俗。鸡的品种多为本地鸡及体型小产蛋率高的海门鸡，尚有少量火鸡和乌骨鸡。中华人民共和国成立后多为朧山黑鸡。1958—1965 年先后引进白洛克、芦花鸡、萧山鸡等大种鸡。1978 年引进星布罗、AA 鸡等肉鸡及罗斯、伊沙等蛋鸡。1985 年始有专业化养鸡生产，农户零星散养也向规范化饲养发展，禽蛋生产除满足本地市场外，还销往外地市场。

据 2007 年秋统计，境内有养鸡专业户 27 户，饲养 23.7985 万羽，为历年来养殖量最高的一年。至 2018 年末，共有养鸡专业户 16 户，饲养 3.024 万羽。

鸭

多为专业户群养，且以产蛋为目的，散养者甚少。专业养鸭户，俗称“看鸭”，旧时养鸭以放养为主，清晨将鸭从鸭圈放出，驱至河溪中，任其沿河溪觅食戏水。耖田时节和早晚稻收割后，则赶鸭入田觅食泥鳅、田螺、青蛙等物。1965 年境内鸭养鸭专业户 5 户，每户 50 ～ 100 羽，以养绍兴麻鸭为主。1985 年又引进肉鸭品种：北京鸭与呆头鸭。20 世纪 90 年代，农户散养以呆头鸭为主；专业户养以麻鸭（蛋鸭）为主。至 2018 年末，境内有兼业养殖户 2 户，养殖蛋鸭 300 羽左右。

鹅

需放牧，且食量大，昼夜啄食不歇，养殖技术要求高，养殖者较少。鹅生长期短，多在早春始养，清明节气前后卖，俗称“清明鹅”，自食者少。1985 年有养殖户 7 户，每户 20 ～ 30 羽，品种多为本地白鹅。2006 年后，因养鹅经济效益低，养殖者较少。2018 年基本绝迹。

白鸽

由于市场经济调节，2015 年上阳村“太和农庄”等开始养殖白鸽。至 2018 年末，养殖量达到 800 羽，以肉鸽及鸽蛋销往周边市场。

鸡

鸭

鹅

白鸽

2002—2018 年若干年境内家禽饲养量一览表

表 3-7-13

年份	饲养量（万羽）	其中			禽蛋产量（吨）
		鸡（万羽）	鸭（万羽）	鹅（万羽）	
2002	2.72	1.77	0.82	0.13	50.00
2003	3.27	1.85	0.64	0.78	55.00
2005	18.58	18.54	0.02	0.02	55.62
2006	12.01	11.98	0.02	—	7.54
2007	23.84	23.80	0.04	—	8.90
2008	16.33	16.25	0.08	—	25.00
2009	14.30	13.94	0.36	—	8.70
2010	4.57	4.57	—	—	10.00

续表 3-7-13

年份	饲养量（万羽）	其中			禽蛋产量（吨）
		鸡（万羽）	鸭（万羽）	鹅（万羽）	
2013	5.64	5.64	—	—	23.17
2014	1.92	1.92	—	—	14.92
2015	3.66	3.66	—	—	32.26
2016	2.61	2.61	—	—	17.50
2017	3.10	3.10	—	—	22.54
2018	3.03	3.02	0.03	—	47.87

第三节　养蜂业

民国时期，个别乡农养土蜂。土蜂俗称“本蜂”，又称“中华蜂”，筑巢于古墓或古树的洞穴隙缝，乡农多从野蜂引入桶养。用蒸巢取蜂蜜、黄蜡办法，即要轮流毁巢，此类养蜂习惯在 20 世纪 60 年代基本淘汰。20 世纪 70 年代境内养蜂业有较大发展，并引入意大利洋蜂新品种，其中阳东村钟家湾郑通达饲养 78 箱，小门村徐既仁饲养 42 箱，其间境内养殖户达 26 户，养蜂 237 箱。1981 年达到 342 箱。2006 年 535 箱。2018 年 450 箱，产蜜 11.25 吨。是年，阳东村专业户郑德波养蜂 156 箱，随着蜜源季节的变化，蜂群向外运迁，南至福建、广东，北至黑龙江、内蒙古、新疆，蜜源主要为长绒棉、油菜花、向日葵、紫云英等。

2002—2018 年若干年境内养蜂量一览表

表 3-7-14　　单位：箱

年份	箱数	年份	箱数	年份	箱数
2002	190	2005	146	2008	228
2003	190	2006	535	2009	250
2004	225	2007	270	2018	450

第四节　疫病防治

疫病种类

自 1951 年有记载以来，境内发生畜禽疫病主要有 42 种。

猪病　有猪瘟、猪肺疫、猪丹毒、仔猪副伤寒、仔猪白痢、仔猪黄痢、乙型脑炎、口蹄疫、猪流感、猪气喘病、猪血痢（密螺旋体）、猪水肿病、猪破伤风、猪传染性胃肠炎、猪寄生虫病、蓝耳病等 16 种。

牛病　主要有牛炭疽、牛结核病、牛流感、水牛传染性脑脊炎、黄牛膀胱炎、牛口蹄疫等 6 种。

羊病　山羊传染性胸膜炎、羊快疫病、羊口蹄疫、羊小反刍兽疫等 4 种。

禽病　主要有鸡新城疫、鸡法氏囊病、鸡马立克病、禽沙门氏杆菌病、鸭病毒性肝炎、鸭瘟、小鹅瘟、禽出败、鸡支原体病、鸡球虫病、禽流感等11种。

兔病　主要有兔瘟、兔魏氏棱菌病、免伪结核病、兔球虫病、免疥癣等5种。

蜂病　主要有囊状幼虫病、美洲腐臭病、麻痹病、螨虫等4种。

在众多疫病中属于大流行的有猪瘟、牛流感和鸡新城病，属地方性流行的有猪气喘病、猪丹毒、猪肺疫、仔猪副伤寒、禽出败、鸡法氏囊病、禽流感病等；属散发性的有猪水肿病。

疫病防治

中华人民共和国成立前，防治畜禽疫病缺医少药，境内仅有中兽医二三人，多为鸡、猪阉割手，对耕牛患吊脚痧病，采用活血放淤疗法，结合内服中药治疗。其他畜禽疫病，只用隔离措施，有的甚至用愚昧迷信办法，如遇猪丹毒旺发期间，认为是“鬼打印”，在猪栏上挂米筛、棕板或铁器等以示祛鬼驱邪，有的还烧纸钱避灾。中华人民共和国成立后，把疫病防治工作列为发展畜禽的首要任务，广泛进行科学卫生宣传，1956年举办大批饲养员训练班，配备兽医和畜牧辅导员，1972年建立公社畜牧兽医站。对严重危害畜禽生产的猪丹毒、牛炭疽、猪瘟、鸡新城疫等主要疫病进行预防注射。

1970年开始试行牲畜合作医疗。1976年推行牲畜疫病合作防治制度，每个生产大队都配备一名赤脚兽医员，对生猪实行包防疫、包诊疗、包医药、包阉割，因预防注射反应和阉割事故死亡生猪进行经济补助的“四包两补助”制度；耕牛实行包防疫、包诊疗、包阉割的“三包”制度。1979年，生猪、耕牛参加畜病合作防治达90%以上。全境实行畜病合作医疗制度后，1985年生猪预注密度达95%以上。1987年，对蛋鸭出败进行二次免疫注射，效果较好。20世纪90年代，畜禽的各种疫病发生率大为降低，主要疫病基本得到控制。2018年，对主要畜禽疾病实行强制免费防疫。

第五节　畜禽饲料

境内农户养殖畜禽所需饲料，历来用番薯叶、野草等喂养。1953年实行粮食统购，每头猪留饲料粮115千克。1955年农村实行粮食“三定”，在农户“三留”（口粮、种子、饲料）粮中留有饲料粮，平均每头猪113千克。1956年全面推广紫云英青贮发酵饲料，平均每头猪200千克；1958年4月起，利用玉米秆、玉米芯、油菜籽壳、瘪谷、豆秆等加工饲料；1964年开始发展养殖“三水一绿”（水葫芦、水浮莲、水花生、绿萍）等水生饲料。1971年9月开始推行制作发酵饲料，其后推广“七〇三”发酵曲种制作糖化饲料，同时再次发展“三水一绿”饲料。1979年推广复合饲料。1982年推广配（混）合饲料。

1985—1990年，境内家畜饲料主要以配合饲料为主，1990年以后，推广全价颗粒饲料，主要用于仔猪。1996年，养猪形势趋好时，中猪、大猪均喂全价颗粒饲料。农村中也有喂泔渍等下脚料的专业户。

家禽以配合饲料为主。1986年开始有部分苗禽喂颗粒饲料。1990年全面推广全价饲料，尤其是饲养期短的肉鸡及种鸡，全程喂食全价饲料。

20世纪90年代，配合料以农户自配为主。中猪配合料由糠、四号粉、玉米、豆粕等配制，适当加抗生素。肉鸡配合料由糠、四号粉、玉米、豆粕、鱼粉、沸石粉等配制，适当加抗生素和饲料添加剂。蛋鸭配合料由四号粉、清糠、酒糟、豆粕、鱼粉、贝壳粉等配制，适当加些微量元素、AD3E、高效精料等。全价饲料主要有猪、鸡以及蛋鸭的产前、产后全价料。

兔的饲料以草料为主，精料为辅，占30%～50%。具有一定规模专业户都配备颗粒饲料机，自己配方制全价颗粒料。兔的全价料主要由玉米、大麦、麸皮、豆饼、菜籽饼、麦芽根、草籽粉、骨粉、食盐等配成，适当加些氨基酸（赖氨酸、蛋氨酸）等微量元素和止泻、防球虫等药。

第八章　渔业

境内渔业历史悠久，据1993年《镇海县志》（该志为北仑区、镇海区合编）记载：新石器时代晚期，栖居镇海白峰百丈、下林沿海一带先民以渔猎为生，徒手采拾，后在海涂插芦秆拦鱼，发展到使用推缉、串网等简单工具。出现小型渔船后，滩涂采拾向近海发展。在长期生产实践中，摸索潮汐和渔汛的规律，并创造各类捕捞渔具、渔法，将作业逐渐推向外海，渔业渐成境内主要产业之一。然因历代战乱兵燹，重税苛捐，渔业生产屡遭摧残。

中华人民共和国成立后，境内渔业生产复苏并发展，特别是先进设施装备的广泛使用，以及水产养殖业的兴起，渔业生产经济效益大幅度提高。因长期乱捕滥捞和环境污染等原因导致海洋生态环境遭到严重破坏，水产资源逐渐枯竭。为促进现代渔业生产可持续发展，政府先后出台一系列渔业生产和海洋资源保护的法律、法规和政策，特别是从1995年起执行“伏季休渔”制度，旨在修复海洋生态环境。

第一节　渔业生产关系

民国及以前渔业生产关系

长久以来，境内渔业生产以渔民为主体，亦有少数农民兼营。最早渔民是单家独户生产，无论是自给自足的涂面采捕，还是后来的自产自销，仅用来维持生计，生活十分贫困。

开始使用船、网工具生产后，渔民开始合伙捕鱼，平分渔产。久之演变为人、船、网折股（脚）按脚分配。明末出现大型渔船，拥有生产工具者雇佣渔工，成为渔东老板，俗称“长元”。在生产经营中出现多种体制形式并存，而以长元制为主要形式。

长元制“长元”又称“掌元”，拥有一定数量船、网工具和资本，雇工捕鱼，渔民按汛领取固定工资。

硬脚制　渔民租入渔船，自备网具，合伙经营。

拔份制　将生产资料船网具和劳动折股（俗称脚），一般船、网和劳力各算50脚，渔民在50脚内按船上职务定脚，每汛按脚分摊盈亏。

个体经营　即单户经营，自筹船、网工具和资金，作业以近海岸张网居多，自产自销，自己劳动，不雇佣别人。

中华人民共和国成立后生产关系变革

中华人民共和国成立后，渔业实行民主改革，摧毁封建势力，引导渔民走互助合作道路。但因渔业生产具有整体规模的特点，为适应生产力发展，又作多次变革。

劳资分成　20世纪50年代初期，推行在长元制基础上，把固定工资改成“劳资分成”，即“长元”出资经营，负盈亏责任，渔民出劳力捕鱼，收入按比例分成。

渔业互助组　1953年，根据中共中央《关于发展农业互助合作的决议》精神，按自愿互利原则，组织渔业互助组。始以一个生产单位组成季节性临时互助组，由“老大”兼组长，船、网工具属个人私有，租给集体使用，单汛渔获收入除去船网租金及生产费用后，按劳共负盈亏，汛前组合，汛后自行解体。

之后由几个季节性互助组联合组成常年互助组，船网租赁给组，组内实行统一经营，每汛账目公开，收入除去成本及提留外，剩余部分统一按组员工分分配。

渔业生产合作社 1954年宁波地委渔盐部举办渔业合作社训练班，之后先后成立渔业生产初级社，初级社政策规定船网工具属社员私有，根据质量好坏，由社员民主评议，折价入股分红。退社时可以取回原物，重新估价，多找少补。新增财产由合作社集体购置。社员劳动采取底分活评，按活评工分参加分配。1956年农业合作化高潮时，原有初级渔业社都升为高级渔业生产合作社，是年神马成立海洋渔业社（高级社），社长何德福，有渔船5艘，社员42户。高级渔业生产合作社政策规定，社员私有船、网工具取消分红，统一评议作价入社，根据入社工具总值和社员人数，平衡公有化股份基金。对无力交纳的渔工、贫苦渔民，由国家发放合作化股份基金贷款解决，达到社员之间公有化股份基金平衡。

渔业生产队 1958年开始实行人民公社化，渔业生产合作社改为渔业生产队。1961年贯彻中共中央《农村人民公社工作条例（修正草案）》（即《农业六十条》），公社实行“统一领导，队为基础，分级管理，三级核算，各负盈亏”方针，实行大队与生产队两级核算。1963年一度实行生产队核算，1964年又改为大队与生产队两级核算。1968年并为大队核算。1972年又分为大队与生产队两级核算。是项两级核算体制，持续20余年。

对（单）船核算 1984年，根据中央提出的“改革开放”和多种经济形式并存的精神，对渔业体制进行深刻改革，实行“对船核算制”。时白峰渔业大队实行船、网、工具所有权属大队所有，折价给对船保值使用，实行对船核算。经济效益自负盈亏，独立核算，每年只需向集体（大队）上交承包费，保持大队和对船的双层经济体制。1985年，白峰渔业捕捞大队有渔民208户、485人，260个劳动力，机帆船11艘，是年产量683.1吨，分配总额59.21万元。

集体经济转制 按照集体经济转制的要求，为顺利产权制度改革，20世纪90年代中期开始，渔业队进行产权转制。至2007年，将捕捞渔船全部转制给个人，由个人实施经营。

附录：白峰渔业捕捞大队简介

1978年，由司前、外峙、屺峙3个村的渔业队合并，组建白峰渔业捕捞大队。1979年神马村渔业队也加入渔业捕捞大队。时渔业捕捞大队规模达到有木质机帆船5对，吨位450吨，动力640马力，有渔业劳动力150人左右。渔业捕捞大队发挥合力优势，捕捞产量明显增加、经济效益提高，年终分配时出海捕捞渔民人均收入达到近万元。“这样的经济效益，是人都眼馋”。因此当时的白峰渔业捕捞大队，是众人眼里的“香饽饽”。20世纪70—80年代白峰渔业捕捞大队主要在舟山渔场的嵊山、大目洋、猫头洋一带捕鱼，根据季节和渔汛，以捕捞带鱼、黄鱼、墨鱼为主。20世纪80年代中后期，渔业捕捞大队先后将原有木质机帆船更新为铁壳船（钢质渔轮），吨位、马力得到较大提升，铁壳船最大可达300马力，一次性可存放海货200多吨，而且还有藏冰库，海货可直接存放到冰库保鲜，保证海产品的鲜度和质量。经济收益由渔业捕捞大队统一核算。从20世纪80年代后期起经济体制进行改革，渔业捕捞大队开始实行承包制，将现有的渔业捕捞大队船只承包给各船老大，各船队的经济效益由各队独立承担，自负盈亏，工资独立核算，船队只需每年向集体上交一定的承包费。1980年，渔业捕捞大队新建冷冻一厂，1982年进行扩建,规模扩大。1988—1991年相继建起了冷冻二厂和冷冻三厂,3个冷冻厂可一次性存放700多吨海货。1991年末，渔业捕捞大队与驻白峰境内的石油公司、水产经营部、运输部、修造船厂等实行整合，成立北仑海洋渔业总公司。总公司人数达700余人，每年获得纯利润300多万元。1994年有员工750人，当年获得纯利润380万元。

按照集体经济转制的要求，为顺应产权制度改革，从1996年开始，北仑海洋渔业总公司从合资的石油公司中抽资，并相继卖掉修造船厂、水产经营部等。1997—2000 年，3 个冷冻厂先后拍卖，全部转制为个私企业（后称民营企业）。2007 年，渔业捕捞大队进行改制，将 10 来艘捕捞渔船全部卖给船老大，渔业捕捞大队正式解散。

第二节　海洋捕捞

渔场　渔港

渔场　白峰东北部洋面属峙头洋，区属面积约 100 平方千米。主产大黄鱼、鳓鱼、鲳鱼、鮸鱼、毛鲿鱼等。清乾隆、嘉庆年间（1736—1820），峙头洋系大黄鱼渔场，流网船可在洋小猫岛海域放网捕鱼。光绪年间，鱼群洄游象山南韭山一带，遂不成鱼汛。中华人民共和国成立之后成小杂鱼渔场，上阳、白峰等地 10 余艘大、小渔船和张网船在此捕捞，每艘年产量 10 吨左右。20 世纪 60 年代末期，鳓鱼资源回升。1970—1974 年，白峰等地有 7 ～ 8 艘小流网船捕捞，每汛单产 4 ～ 5 吨，后逐年减少。1976—1979 年夏汛，大黄鱼重发，洋小猫岛海域至双屿港一带黄鱼与从桃花港进入的新鱼群汇集，鱼发面广。尔后大黄鱼仅小量散发。

峙头洋历来盛产海蜇，每年 5 月，峙头洋至金塘港、灰鳖洋一带海面常出现海蜇幼体群，生长迅速。6 月初可开捕，沿海农民纷纷驾农船出海撩捞，旺汛季节渔（农）船有数十艘，汛期 3 个月半。20 世纪 50 年代前，年产海蜇 6 吨左右，后逐渐减少。至 1985 年海蜇基本绝迹。峙头洋的大黄鱼、鳓鱼、鲳鱼、鮸鱼、毛鲿鱼等资源或消失或减少，梅童鱼、鲻梭鱼、虾和梭子蟹等却有增加，形成新的渔场资源。后随着机帆船应用，捕捞范围逐渐扩至猫头洋、大目洋、岱衢洋直至浪岗、花鸟岛海域。

渔港　白峰境域位于穿山半岛中东端，小门、百丈、岠峙、神马、外峙等沿岸村（社）洋面，均属穿山渔港。民国时期境内就有鱼商，20 世纪 60 年代，白峰、上阳供销社均设有水产供应商店（门市部）。1979 年，穿山渔港被农业部列为一级群众渔业港区，是宁波市仅有的 2 个一级渔港之一。1980 年在涨浦山脚建造冷库 1 座，冷藏能力 80 吨。投产半年后，又在涨浦山北侧建造趸船水产码头 1 座（活水码头）。除白峰捕捞大队渔船，还有六横、虾峙、桃花、蚂蚁等岛渔船常来此投售。每年到此码头投售渔船达 100 多艘次，成交水产品 700 多吨。

渔船　渔具

渔船　海洋渔业生产历来皆凭借木帆船。中华人民共和国成立前夕，境内有木帆船 3 ～ 5 艘，从事海洋捕捞作业。1956 年，共有木质渔船 10 余艘，其中神马海洋渔业社有 5 艘。20 世纪 70 年代初期，添置木质机帆船 10 艘，吨位 450 吨，动力 640 马力，并有木帆船 30 多艘。20 世纪 80 年代，白峰渔业捕捞大队改良船体结构和性能，将 10 艘木质机帆船改造为钢质渔船（渔轮），扩大了原有吨位和动力，向大型化、钢质化发展。小型木帆船也逐步安装机械动力和螺旋桨，加快了航速，减轻了劳动强度。2007 年，小型张网船发展到 43 艘，共 132 吨位，动力 388.83 千瓦。2018 年，有 184 千瓦以上外洋作业渔船 10 艘，共

木帆船

机帆船

钢质渔船

张网船

2245吨位，动力3419千瓦；有43千瓦以下渔船10艘，共36吨，动力91.7千瓦。

渔具 捕鱼自古全赖经验与手工操作。20世纪50年代始用手扳车盘起锚，1960年应用立式起网机。渔民寻找鱼群靠推算季节、察天气、观海况，看鱼体鱼卵发育程度来判断鱼汛，寻找鱼群，因缺乏科学性而常遇不测。1966年起始用鱼群探测器，并逐渐安装无线电报话机。1978年后，部分大型机帆船配置有双曲线定位仪。1985年，机帆船普及对讲机联络，老式电台逐步淘汰，新建渔船配置罗经仪、卫星导航仪、雷达渔探仪等仪器设备和救生圈、救生衣。

渔网在中华人民共和国成立前后尚采用苎麻编织，吸水易烂，且栲网、血网等防腐工序繁杂。1963年，始用聚乙烯等合成纤维渔网。20世纪70年代，应用塑料渔网，具有布水少、拖速快、省力、耐用等优点。

捕捞作业

海洋捕捞分4个汛期：春汛——春节过后至清明，主捕小黄鱼；夏汛——立夏至夏至，主捕大黄鱼、墨鱼、鲳鱼、鳓鱼、马面鱼等；秋汛——白露前后，主捕鳗、鲚鱼、鲳鱼等；冬汛——寒露至年末，主捕带鱼。一年中以夏汛产量为最高，约占年产量的31%～48%。冬汛次之，但各年份因气候情况各异，故产量差异较大，约占年产量的7%～44%。秋汛约占年产量的12%～38%。春汛因寒意未消，鱼类活动较少，产量约占年产量的5%～12%。

传统海洋捕捞作业最初为流网作业，随机帆船兴起，传统流网作业改为对网、拖网作业，后又出现串网和张网作业。

流网作业 流网作业又称“溜网”，属流刺网类单船作业。流网作业可上溯至宋代，后随渔民迁居流传至定海、岱山等地。网具由数十爿至数百爿（顶）网衣连接，放入海洋中随风、潮漂流，以网衣挂刺缠络鱼、蟹，可常年生产，捕获鱼体大而匀称。根据不同水层，分上中层流网和底层流网；按渔船大小和渔场远近，有大、小流网之别；按捕捞对象分有鲷鱼、鮸鱼、黄鱼、鳓鱼、鲨鱼、箬鳎、毛鲿和蟹流网等。20世纪80年代水产资源渐减，鱼群分散，仅小量投产。

对网作业 系两渔船共同作业，分为大对和小对两种。大对是渔民传统捕捞习惯。相传清、民国期间，常有大对捕捞作业，后因海盗和战争，出海大对捕捞渐衰，到1954年被大捕作业取代。大对作业分喂、网两船，每对15人，主捕小黄鱼。小对船体较小，每对8人，以捕夏季产卵大黄鱼为主，宜近海作业。20世纪60年代起，木质小对逐渐由机帆船取代，20世纪80年代淘汰。机帆船对网作业产量高，较木帆船对网作业效率提高5～6倍。

拖网作业 利用渔船动力或天然风力拖曳网具前进，属过滤性拖动作业，主要有墨鱼拖（主捕墨鱼）和拖虾（主捕虾）两种。墨鱼拖在清、民国时期较盛，1949年后渐衰，20世纪60年代复兴。20世纪70年代各地墨鱼船大增，渔场难以容纳。20世纪80年代始，赴舟山渔场墨鱼拖需经当地行政部门批准。后因墨鱼资源渐趋匮乏，1984年后墨鱼拖基本淘汰。

墨鱼拖无固定船型，每船3人即可，多在近海作业，渔民早出晚归，夜宿海岛。汛期自立夏至小暑为期2个月。作业南起乌纱门、白沙港，中在青浜、庙子湖、小板、黄兴，北至嵊山、壁下、野猫洞、花鸟岛一带海域。

拖虾作业系小型单船捕捞，每船3人，作业多在象山港口。分春秋两汛，以秋季为旺，冬季也可作业，但产量较低。所捕之虾多在船上烤熟，制成“红烤虾”，返港上市销售。

串网作业 主要为定置串网（坐串），桁地固定，境内沿岸海域各村均置有串网。串网分大串和小串，以捕捞虾、蟹、鲚鱼、梅童鱼、虾潺、玉鳎等小型鱼类为主，偶有鲳、鳓、鲻等鱼。本地人称串网捕获的水产品为“串网货”，是境内最佳海鲜之一。

张网作业 张网系古老的捕捞作业，民国《定海县志》载清雍正二年（1724），境内有张网作业。张网设置在鱼、虾、蟹类较为密集的水域洄流通道，利用潮水涨落冲流，使渔获物入网而捕获。20世纪50

年代，境内有少量船只从事张网作业，20 世纪 70 年代发展到 30 多艘，21 世纪后增加到 40 多艘。每艘年捕捞产量 7 ～ 10 吨。张网种类多，主要有流动性和定置性两大类，境内主要为定置张网。定置张网系单船作业，桁地固定，渔船主要在港湾或沿岸海域。生产前先选择好桁地，用长 1.5 米、基部直径 120 毫米之竹桩打入海底，拴上绳索，置旋转器，俗称“独辘”。根据不同季节和捕捞对象，挂上不同渔网，日夜各倒货取鱼一次。定置张网因网形与敷设水层不同，有“反捕”“三杠”“高桩”“风鳗”和“海蜇”张网之别。张网所得渔获物称“张网货”，亦是境内最佳海鲜之一，驰誉境内外。

撩海蜇　海蜇张网　是境内传统海洋捕捞副业，北仑区境内灰鳖、峙头两洋，由于钱塘江、甬江、象山港淡水流入，宜于海蜇繁殖、生长、栖息。每年春夏之交，大批幼蜇（俗称“托里”）随风潮漂浮两洋。峙头洋汛发较早，芒种即开捕，海蜇从瓯江方向漂来，至峙头嘴（洋小猫海域）转向东去。灰鳖洋海蜇系龙山、澥浦一带海域繁殖，夏至开捕，群体始在灰鳖洋与金塘港之间往返漂浮，反转往岱、衢洋，及洋山等方向而去。撩海蜇作业简便，一人摇橹，一人持长柄撩盆，见海蜇漂近用撩盆捞之，经明矾、食盐加工后（头矾、二矾、三矾）可终年储藏，作为“长年下饭”食用。海蜇张网多用稻草绳编织而成的草绳网，网绳粗、网目大，编织时用手掌代替网板，草绳网是海蜇张网专用网具。1976 年开始，灰鳖、峙头两洋海蜇锐减，1980 年后峙头洋海蜇濒于绝迹，灰鳖洋产量亦剧减。1985 年后，撩海蜇、海蜇张网这 2 项捕捞作业基本告终。

1979 年境内水产品价格一览表

表 3-8-1

品名	规格	执行日期	基价（元 /50 千克）		批发价（元 /500 克）	
			港口	门市	港口	门市
鲜黄鱼	条重 350 克以上	4 月 1 日至 8 月底	33.50	45.00	0.45	0.49
		9 月 1 日至 3 月底	36.50	49.00	0.49	0.53
	条重 200 克以上	4 月 1 日至 8 月底	29.50	38.60	0.40	0.43
		9 月 1 日至 3 月底	32.50	43.60	0.44	0.48
	条重 100 克以上	4 月 1 日至 8 月底	22.50	30.30	0.30	0.33
		9 月 1 日至 3 月底	24.50	33.00	0.33	0.36
鲜网带	条重 200 克以上	11 月 1 日至 4 月底	29.50	39.20	0.39	0.43
		5 月 1 日至 10 月底	25.50	34.00	0.34	0.37
	条重 100 克以上	11 月 1 日至 4 月底	19.50	26.00	0.26	0.29
		5 月 1 日至 10 月底	16.50	22.00	0.22	0.24
鲜钓带	条重 400 克以上	11 月 1 日至 4 月底	39.50	52.50	0.53	0.57
		5 月 1 日至 10 月底	35.50	47.20	0.47	0.52
	条重 200 克以上	11 月 1 日至 4 月底	35.50	47.20	0.47	0.52
		5 月 1 日至 10 月底	31.50	42.00	0.42	0.46
鲜墨鱼	统货	10 月 1 日至 6 月 10 日	19.50	25.70	0.26	0.28
		11 月 1 日至 4 月底	16.50	21.80	0.22	0.24
鲜鳗鱼	条重千克以上	11 月 1 日至 4 月底	40.50	54.40	0.54	0.60
		5 月 1 日至 10 月底	35.50	47.70	0.46	0.52
鲜花色	—	全年	40.50	54.40	0.54	0.60
鲜鮸鱼	条重 500 克以上	全年	37.50	50.30	0.50	0.55
鲜沙鱼	条重 500—7500 克以上	全年	28.50	38.30	0.38	0.42
鲜马面鱼	统货	全年	8.00	11.00	0.11	0.15

2007—2015 年白峰镇海洋捕捞品种产量一览表

表 3-8-2

单位：吨

年份	合计	鱼类							甲壳类			贝类	头足类			其他类
		小计	海鳗	梅鱼	小黄鱼	带鱼	鲳鱼	马交鱼	小计	虾	蟹		小计	乌贼	鱿鱼	
2007	2524.00	1748.00	48.00	500.00	100.00		1000.00	100.00	238.00	188.00	50.00	40.00				498.00
2008	1950.00	1500.00	125.00	300.00			750.00	325.00	300.00	100.00	200.00		150.00	50.00	100.00	
2009	2572.00	1320.00	40.00	50.00			1200.00	30.00	500.00	230.00	270.00					752.00
2010	2530.00	1806.00	30.00	50.00			1526.00	200.00	368.00	190.00	178.00					356.00
2011	1925.00	1505.00	16.00	261.00			954.00	274.00	420.00	262.00	158.00					
2012	2017.00	1382.00	80.00	265.00			762.00	275.00	635.00	313.00	322.00					
2013	1332.00	963.00	72.00	145.00		10.00	594.00	142.00	369.00	120.00	149.00					
2014	843.00	673.00	32.00	137.00			425.00	79.00	170.00	83.00	87.00					
2015	1145.00	924.00	63.00	141.00			605.00	115.00	190.00	85.00	105.00		31.00	20.00	11.00	

2007—2018 年白峰街道（镇）出海渔船一览表

表 3-8-3

年份	合计			其中					
				184 千瓦以上			43 千瓦以下		
	艘	总吨位	千瓦	艘	总吨位	千瓦	艘	总吨位	千瓦
2007	55	1482.00	1768.80	12	1350.00	1380.00	43	132.00	388.83
2008	55	1482.00	1768.80	12	1350.00	1380.00	43	132.00	388.83
2009	56	1485.00	1805.04	12	1350.00	1380.00	44	135.00	425.04
2010	55	1260.00	3192.07	11	1125.00	2763.00	44	135.00	429.97
2011	56	1485.00	1804.97	12	1350.00	1380.00	44	135.00	424.97
2012	56	1485.00	1798.30	12	1350.00	1380.00	44	135.00	418.30
2013	57	2185.00	4199.30	13	2050.00	3781.00	44	135.00	418.30
2014	53	2629.00	8695.10	11	2500.00	8315.00	42	129.00	380.10
2015	52	2626.00	8691.00	11	2500.00	8315.00	41	126.00	376.00
2016	54	2380.00	3837.30	10	2245.00	3419.00	44	135.00	418.30
2017	28	2302.00	3572.30	10	2245.00	3419.00	18	57.00	153.30
2018	20	2281.00	3510.70	10	2245.00	3419.00	10	36.00	91.70

2017—2018 年白峰街道海洋捕捞品种产量一览表

表 3-8-4　　单位：吨

年份	合计	鱼类							甲壳类		
		小计	海鳗	大黄鱼	小黄鱼	带鱼	鲳鱼	马交鱼	小计	虾	蟹
2017	1004.00	735.00	109.00	—	—	449.00	92.00	85.00	269.00	112.00	157.00
2018	782.00	551.00	83.00	—	16.00	300.00	83.00	69.00	231.00	93.00	138.00

第三节　涂业生产

海涂（俗称“泥涂”）历来是境内沿海农民捕捉海鲜产品的天然场所。虽然境内海涂面积小，但在潮退时下涂者多逾数百人，假日更盛。下涂者手拎挈档桶、肩背倒笼篰，跋涉于泥涂，以享“落涂一餐鲜”口福。涂民多系兼业，唯有虾康、神马、轮仰、外峙、小门等沿海诸村有少数专事涂业生产者。涂业生产有工具捕捞和赤手捕捉两类，主要作业方式及其生产工具如下：

掏黄蛤（梅蛤）　黄蛤栖息于涂泥上层，入泥 10 ～ 13 厘米。掏者以手指循“花纹”（黄蛤斑）入泥迅速撮之。全年可掏，夏季为旺汛，尤以梅季最盛，故曰梅蛤，高手可日产 2 ～ 3 千克。20 世纪 70 年代始创网捕法，但未盛行。

抲蟹　抲蟹主要有三法：扽、钩、钓。沙蟹、红钳蟹、螃元蟹等皆挖穴而居，春浅秋深，洞口留有足迹。捕捉沙蟹多用手扽，左膝斜跪于泥，右手循穴入而捕之，日可获 3 ～ 5 千克。专事涂业者则用网捕，撒网于沙蟹洞穴密集之涂面，人远蔽之，待沙蟹出穴速收网拖之，日产可观。20 世纪 60 年代有不法者采用药捕，撒“六六六”农药于涂，沙蟹闻味难受而出穴昏迷于涂，捕者拾之，以海水浸泡令其复活。此系竭泽而渔，有损资源且食之有毒，属禁捕作业。红钳蟹、蟛元蟹可用手捕捉，也可用钩或钓法。钩、钓法虽较扽法轻便，但技术性较高，必须反复练习。钓法用于捕捉红钳蟹，钓者持长竿于远处，见红钳蟹出穴，眼疾手快甩钩捕之，百发百中。钩法是用硬铁丝拗成弯钩，置于长约 1 米小竹竿上，蟹钩循穴壁而入将深居穴底的蟹钩出。

撮泥螺、香螺、蛤皮 泥螺常蠕行涂面，雨后尤多，春秋最盛。捕法多用手撮，手持挈档（木制盛器），跋涉而行，见之撮之。泥螺肉肥味美，可鲜食，也可腌制加工，以腌制为主，系宁波特产之一，专业涂民则多用网捕法。撮香螺、蛤皮等贝类，方法同撮泥螺，跋涉中见之撮之，但此贝类野生者甚稀。

扽蛏子 蛏子生长在肥软海涂，居于软泥穴中，以养殖为主。捕捉者跋涂而行，或用泥马船向前滑行，到蛏场用手直捕，赤臂直插蛏穴 10～13 厘米扽捉，尔后将扽捉的蛏子放在竹箩或挈档（木制盛器）。蛏子肉肥味美，可鲜食，也可腌制。

扐弹涂 弹涂（又称弹胡）穴居涂中，退潮时出穴觅食，善跳跃。捕法分诱捕和钓捕。涂民多用诱捕法：塞其真穴，以竹管筒埋于真穴旁，管口围上泥以假乱真，待退潮时弹涂出穴觅食，误入竹筒，因其头先入而竹筒管腔狭小无法调头，故不能出，渔者取竹管获之。钓法：如钓红钳蟹，惟钩更锐利，见弹涂出穴甩钩即拉扎鱼体而获。

推缉 缉网呈扇形，长 2 米，口宽 1.8 米，两侧各置一竹杆作边杠，尾部横拴撑档竹，独人操作，涉水推网前进，水深及腰乃至胸，3～5 分钟起一网。捕获物有虾、蟹及鲻、梅、鲚等鱼，此项作业劳动强度大，且长时间浸泡于海水，甚是辛苦。操此业者多为沿海诸村涂民。

扳鱼 扳鱼网具俗称“扳罾”，大小不等，呈方形，用两根小竹交叉撑成十字架，四端栓网之四角成两弓交叉状，置长竹竿搁于岸，用于扳之或以拉绳控制网具起落。扳鱼有流动作业和固定作业两种。网地多选择沿岸潮水流动处或碶闸跟，渔获物有鲻棱鱼、鲈鱼、虾、蟹等，以夏秋为旺季。

生产工具——泥马船（泥盘） 相传明嘉靖年间（1522—1566），戚继光戍镇海，以此船代马在涂中追击倭寇，故曰泥马船（泥盘），后被涂民用于海涂作业。泥马船小巧玲珑，头部宽约 15 厘米，中尾部约 25 厘米，形似靴底，两侧舷板相围，头、中、尾各置小梁作撑，中梁两侧各竖木档一根，高约 60 厘米，上置扶手档，后梁呈半月形。驾者膝跪或脚踩于后梁，双手扶中梁扶手档，右足作跑步式后跻，令泥马船向前滑行，速捷如飞，为海涂作业最佳交通工具。

20 世纪 80 年代后，临港工业及码头建设兴起，使境内本就狭小的海涂多处被企业和码头征用，海涂面积大减，海涂作业除仅存几处串网外，其他扐蟹等各项海涂作业近乎绝迹，昔日沿海各村乡民“落涂一日鲜”的口福不复存在。

推缉

扳罾

泥马船

第四节　淡水捕捞

淡水捕捞是境内农民农闲时的主要副业。20 世纪 80 年代后由于工业兴起、人口密度增加等原因，水资源污染日趋严重，鱼类生态环境遭到严重破坏，加上电鱼等非法捕捞，河网中鱼类数量逐年递减，淡水渔业逐步由捕捞转向养殖。

淡水捕捞作业主要有网捕、诱捕等法。

网捕法

打旋网　可岸上作业，亦可船上作业，以船上作业为多。船上作业一般用小划船，长约 4 米，宽 1 米，高 30 厘米，载重 0.3 吨左右，船体设有水舱供养鱼用。水上作业须两人，撒网者立于船头，划桨定位者坐船尾。岸上作业一人即可，但应用甚少。

放游丝网　游丝网以细丝织成，长方形，长数米，上纲置浮子，下纲系锡砣，横置于河中网鱼。所获多为“自投罗网”的差鱼、鲌鱼等上中层鱼，气温较高时有鲫鱼入网。

拖皮几　皮几网长约 2.5 米，宽 1.5 米，形如横袋状，下纲系锡砣，上系竹杠，杠上系长绳，作业时抛网于河底，渔者于岸上离网 50 米左右处牵绳拉网，网在河底缓缓横扫而过，所获多为河虾、蛳螺、河蚌、毛蟹之类，偶有鲫鱼等底层鱼。境内农民多在严冬季节以此网捕虾（俗称“汰虾”）。

此外尚有扳罾、赶罾、三角腰网、大丝牵网（俗称“强盗网”）等网捕法。

诱捕法

放弹弓　弹弓系竹片制成，弓中夹诱饵，拴于纲绳子线上，每枚间隔 25 厘米左右，置于河中，次晨收之，所获以鲫鱼、鲤鱼、鳗等为主。

放金钩　钩系金属制成，钩上串蚯蚓、泥鳅、小虾等诱饵拴于绳，傍晚置河中次晨收之，所获多为鳗、乌鲤鱼、黄颡鱼、鲶鱼、鳖等。

放跃进斗　跃进斗俗称“倒箔笼”，1966 年由绍兴引入。网形如长喇叭，口大尾渐小，长 10 米左右。置网于近岸河道中“请鱼入瓮”，大小鱼虾来者不拒，入则不能出。此法虽产量高，但有损水产资源，曾屡禁不绝。

放虾笼　虾笼，口方形，长 10 余米，夜卧近岸河底“请虾入瓮”，晨取之。

弶黄鳝　黄鳝笼系竹制小笼（后用编织带仿制），长 30 厘米左右，大头直径 10 厘米，内有倒栓，尾稍小，笼内用一小竹棒串上蚯蚓，用木塞塞住笼尾口，傍晚置于水沟、水田或河滨、池塘。鳝见饵而入，入则不能出，次晨收捕之。弶黄鳝也有不用笼者，直接将蚯蚓串于细竹丝上插于田间诱捕。夜里黄鳝出洞觅食，见棒上蚯蚓必争之，捕者提灯巡视，见黄鳝用竹钳夹捕之，多于春插后在苗田进行。

引黄鳝　以 70 厘米长细钢丝一端拗成钩，拴上蚯蚓并用细线缠绕之，在水稻田田塍、水沟等处觅黄鳝洞引捕，20 世纪 50 年代后因穴栖田塍的黄鳝逐年减少，操此业者锐减。

其他捕法

珂蛳螺　此系境内农户农闲时家庭副业。其法主要有二：一是耥，二是耙。其次有手摸、物弶等法。耥法，用专用蛳螺耥网，网用较粗麻线织成（后改用尼龙线织），呈三角形，网袋洞较深，前置一宽 8 厘米木板，其上固定一长竹竿。此作业多在岸上操作。网由岸边入，用力下按网竿徐徐前耥，往返数次后洗去河泥，拽网于岸拣螺入筐。耙法，工具系竹制畚斗状蛳螺耙，可以在岸上或船中操作。置耙于水中，用一腿或一手架住，一手持竹竿（其端有一长方形木板或硬橡胶，形如晒谷耙）用力向耙内推耥或拉扒。此法产量较高，能日产数十千克。手摸，用手在河中石坎等处捋摸。物弶，将棕榈叶、塑料纸、编织袋等可盛物沉铺河底，让蛳螺自行移栖其上，次晨撩之。

撮田螺　20 世纪 50 年代，稻田中田螺甚多，农民耘田时腰拴倒笼篰，将所获田螺随时放入，每每满载而归。春夏，田螺旺发，撮田螺成为当地小孩热门活。时间以早晚为佳。童谣曰:“天亮、天亮，田螺一晒场；昼过，昼过，田螺匿过（躲过之意）；夜，夜，田螺撮了卖。”20 世纪 50 年代后，因农田广施农药，田螺遭灭顶之灾，现基本绝迹。

摸鱼　摸鱼有两法，一是天遇大旱时，河中水浅，用长绳系上砖石作沉砣沉于河底，两人居两岸沿河岸拉绳之两端前进。绳在河底横扫而过，鱼多惊而潜泥中。河中数十人于绳后一字排开，涉水跟进，脚触鱼后即潜入水用手捉摸。操此业者多为水性好、体力强壮的青少年。另一法须在冬季作业，渔者着密封橡皮衣入河中，用木（竹）棍捣草丛周围，鱼受惊窜入草丛。渔者用木（竹）棍压住草，用脚踏上，两手在草丛中摸捕，所获多为鲫鱼，且个头较大。

鱼罩捕鱼　春天雨多，河道水涨，加上 20 世纪 50 年代前水利设施较差，境内沿河涂田及绿肥田常常淹水，水深过膝，田、河连成一片。此时正是鱼罩捕鱼最佳时节。草子（苜蓿）田里，渔者手提鱼罩涉水前进，边走边罩，若中鱼必闻鱼之蹿跃声即用手摸捕，如“瓮中之鳖”。20 世纪 60 年代后，水利设施改善，河道畅通，境内不复有农田淹水情况，鱼罩捕鱼随之消失。

扽虾　扽虾篓，扽虾专用工具。竹制，马蹄形，上圆下方，口宽 60 ～ 70 厘米，取毛竹根部一段，一劈为二，曲为弓形，置于篓口。其上横置一杂木档为轴，轴上置一毛竹竿。长约 2.5 米。篓上系一细绳。捕者肩背扽虾篓，腰系倒笼篰，专觅河埠头、石桥墩、石砌河塘作业。将扽虾篓紧贴石坎，用力快速下压。篓内一时水空，形成内外水压差，匿于石坎缝中河虾被豁出至篓内。旋提竿舒绳，拎篓沿翻转，拎篓上岸撮之，一次可获数只。20 世纪 70 年代后，河虾养殖，再加上野生河虾减少，此业渐废。

赶罾

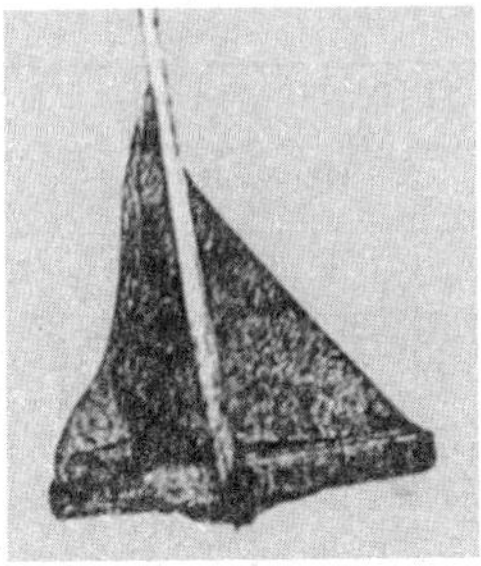
耥蛳螺网

鱼罩

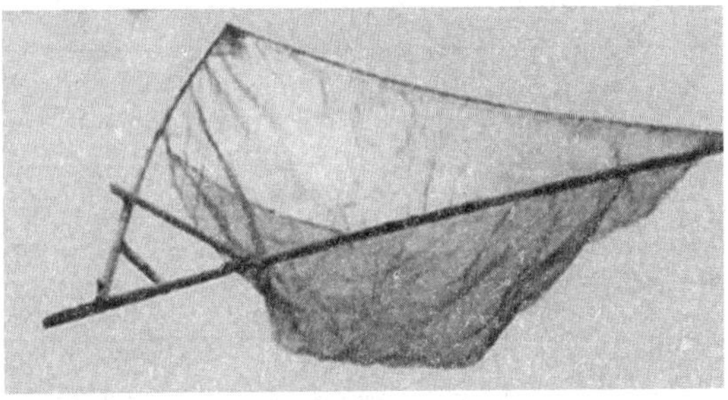
料罾

第五节　水产养殖

海水养殖

境内海涂较窄，历来少有海水养殖者。20 世纪 80 年代，沿海部分村利用新围的海涂及沿岸棉地、杂地挖塘进行海水养殖，以养殖梭子蟹、对虾为主，也有部分养殖鱼类。

2007—2013 年境内海水养殖面积、产量及产值一览表

表 3-8-5

年份	面积（公顷）	产量（吨）	其中			产值（万元）
			鱼类（吨）	甲壳类（吨）	贝类（吨）	
2007	82.00	145.00	12.00	76.00	57.00	116.00
2008	94.00	144.00	10.00	32.00	102.00	230.00
2009	81.00	148.00	27.00	44.00	77.00	178.00
2010	81.00	132.00	23.00	46.00	63.00	370.00
2011	59.00	90.00	14.00	37.00	39.00	216.00
2012	59.00	59.00	5.00	27.00	27.00	165.00
2013	59.00	41.00	0.80	26.00	14.20	59.00

淡水养殖

境内河道短小，水库池塘不大，水域面积不多。20 世纪 50 年代前从事淡水养殖者甚少。20 世纪 60 年代后始有部分社、队集体养殖。20 世纪 80 年代后，农户开始承包集体河流及山塘、水库进行淡水养殖，集体发包，农户承包并上交承包费，养殖收入归自己。20 世纪 90 年代后淡水养殖趋向专业化，出现养殖专业户。淡水养殖有河道养殖、池塘养殖、水库养殖等，养殖的品种主要有青鱼、草鱼、花鲢、白鲢、鳊鱼、虾、蟹等。

2007—2013 年境内淡水养殖面积、产量及产值一览表

表 3-8-6

年份	面积（公顷）	产量（吨）	其中		产值（万元）
			鱼类（吨）	甲壳类（吨）	
2007	63.60	88.20	54.60	33.60	70.80
2008	64.80	27.00	18.00	9.00	5.40
2009	96.60	38.70	23.10	15.60	38.70
2010	96.60	66.00	55.20	10.80	92.40
2011	87.00	51.60	40.20	11.40	72.00
2012	88.20	36.00	28.20	7.80	43.20
2013	88.20	24.00	18.00	6.00	19.80

2016—2018 年境内淡水养殖面积、产量及产值一览表

表 3-8-7

年份	面积（公顷）	产量（吨）	其中		产值（万元）
			鱼类（吨）	甲壳类（吨）	
2016	16.90	25.00	20.00	5.00	52.00
2017	16.90	24.00	19.20	4.80	50.00
2018	16.90	21.00	21.00	—	43.00

第六节　水产品储藏与加工

明清时期，鱼行收购之鱼除鲜货销售外，常用盐渍、晒鲞等方法加工后运往杭、嘉、湖地区及内地各大城镇销售。中华人民共和国成立前，因墨鱼拖网作业多在海岛附近，渔民在岛上搭棚建厂，自备盐、桶、刀、袋等物具，将捕获的墨鱼在海岛加工成螟脯鲞、墨鱼枣、乌贼混子等淡、咸干品，运回本埠销售。

保鲜

船上保鲜　其法有二：用盐保鲜曰“咸鲜”或“抄咸”，用冰保鲜曰“冰鲜”。保鲜用的冰为冰厂天然冰，穿山港两岸常设冰厂 20 余家，盛时达 50 余家。1983 年后改用冷库机制冰。

冷库保鲜　1980 年，白峰渔业捕捞大队冷冻厂建立，日制冰 15 吨，日速冻水产品 10 吨，每次冷藏水产品 80 吨。21 世纪初境内有冷冻企业 12 家，冷藏能力 1.3 万余吨。2018 年，有冷冻企业 5 家，冷藏能力 2 万吨，大量水产品进入冷库保鲜。冷冻法逐步替代腌咸、晒干等土法加工。

其他储藏方式

盐渍法　分干盐渍和盐水渍两种，前者直接将盐撒于水产品上，后者将水产品浸泡于盐水中。品种有咸鱼（大小黄鱼、带鱼、鳗、墨鱼、鲳鱼、马鲛鱼等）、咸蟹（沙蟹、磅元蟹、梭子蟹、炝蟹等），其中炝蟹是宁波、舟山传统特产，为当地酒席必备菜肴，也素受甬、沪等地人喜爱。

脱水法　借助风吹或人工烘、烤、煮使之脱水，制成干品。产品有鱼鲞（大小黄鱼、墨鱼、鳓鱼、鱿鱼、鳗、鲫鱼）、鱼烤（鲚鱼、黄鲒、梅子、带鱼、虾潺、蛏干、虾干、海蜒等）。脱水法分淡加工和咸加工两法。淡加工法，不需用盐；咸加工法，先用盐渍后再脱水煮干，也可用盐直接煮干，如烤虾。

糟醉法　用白酒、黄酒加调味浸泡或用酒糟加盐入坛密封贮藏。产品有醉泥螺、醉香螺、醉虾籽、糟带鱼、糟鲳鱼、糟马鲛鱼、糟鳗等。用糟醉法加工的水产品味香醇，系宁波特产之一。

传统海鲜加工工艺

三鲍鳓鱼　渔民将捕获鲜活鳓鱼在船上初加工，盐量按鱼重 15% 比例。撒盐时左手捏住鱼头，掀起鱼鳃，右手抄盐，自尾部逆鳞用力向头推擦，直推至鳃部。再用大拇指塞盐入腹后，将鱼肚向上背朝下，层鱼层盐排列入仓，上层加封盐，面铺竹帘压以石块，十日后称“头鲍鳓鱼”。头鲍鳓鱼运上岸后，再加盐 20%，用相同方法重腌。三天后见卤汁再铺上竹帘，用石压一月后即成“二鲍鳓鱼”。将“二鲍鳓鱼”再翻桶（缸）加盐 10%，后层鱼层盐，用同样方法排列入桶（缸）腌渍，两个月后即成“三鲍鳓鱼”。以头水鳓鱼盐渍，鱼体透明，肉略呈红色为佳，味鲜美而甜香，腌渍时渗出的卤汁，称“三鲍鳓鱼卤”，味亦鲜美，用“三鲍鳓鱼卤”蘸海蜇，更是可口，特有风味。

大黄鱼鲞　又称白鲞，将捕获鲜活黄鱼洗净，从肛门与臂鳍之背侧部，沿背脊骨剖至头部，成曲线弧形。取出内脏，平放在盐板，鳞背贴盐，用盐 20% ～ 25%，均匀撒于肉面，用力自头部推向尾部，使盐紧粘鱼肉，盛入桶、缸、池内，鱼头沿桶壁，每层撒盐 2% ～ 3%，上层加封盐 5%。3 天后铺上竹帘，加石使盐卤渗渍入鱼体。7 天后取出用淡水洗去血、油质等污物。掀起鳃盖，肉面朝下晒于竹帘上。晒 3 ～ 4 天后即成黄鱼鲞，以肉色清白、体形圆整为佳。鱼膘取出洗净晒干后成鱼胶，极珍贵，有滋补功能。

螟哺鲞　又称“乌贼鲞”。将鲜活目鱼从嘴沿腹部至尾一刀剖开，曰“单刀”，亦有三刀剖开称“三刀”。然后刺破双眼珠，挖出墨囊及内脏，用海水洗净，鱼背朝上在竹帘或岩石上平晒。日翻二次，结合整形，

3天后干燥，表面发“白花”，体半透明即成鲞。5～7天后再复晒一次，用稻草包装入库，以免返潮变质。以“头水”乌贼鲞呈血红色、发“白花”、肉厚味甜香、体形匀整为佳。另一种加工方法，不剖腹，不去内脏，将鲜活目鱼用海水洗净后，用盐25%～30%，渍在缸或桶内，上压石块，2～3天后取出晒干即成品，俗称“乌贼浑子”。剖乌贼时取出的墨囊及内脏，放入桶或缸内，加盐25%，拌匀腌渍成“乌贼瓢肠”，畅销城乡。

三矾海蜇 海蜇分蜇头（口腔部）和蜇皮（伞状部）两部分，加工档次分头矾、二矾、三矾。因蜇体水分特多，明矾对蛋白质能起到凝固作用，故用明矾和盐混合腌渍，使海蜇蛋白质等成分凝固，加速脱水。其方法：

头矾海蜇：把捕获之鲜海蜇，头与皮切开，俗称“开膛”。割去头与皮连接之项颈，俗称“东瓜皮”。然后蜇头与蜇皮分别入舱。头子加矾0.4%，蜇皮加矾0.6%。4～5小时后，海蜇内污血排出，用海水洗涤再入舱加矾0.2%，即成头矾海蜇，俗称“水泡头”。

二矾海蜇：将头矾海蜇盛入竹箩1～2小时，沥去辣卤水，然后将蜇头冠朝上，蜇皮反面平放入桶（缸），撒盐矾混合物，其中盐20%、矾0.25%，混合拌匀，层盐矾层海蜇（蜇皮将盐矾撒在反面中心）。海蜇头还需在桶内踏实，上层均封盐矾。10天后即成二矾海蜇。

三矾海蜇：把二矾海蜇的蜇头加盐18%、矾0.3%，蜇皮加盐20%、矾0.25%，混合拌匀加入，层盐矾，层海蜇，1个月后即成三矾海蜇。三矾蜇皮以色白、质厚为佳，蜇头以棕黄色、体大、肉松脆为佳。

炝蟹　蟹酱　蟹糊 把捕获的鲜活梭子蟹，放入浓盐卤中腌酱，实为盐水炝，因称炝蟹。炝蟹雌性曰“门蟹”，因肚脐半圆形，又称“圆蟹”。雄者叫“浜蟹”，因肚脐夹长，又称“长蟹”。加工方法：按水、盐1∶0.8的比例拌成溶液后，把梭子蟹腹朝上层层排列放入桶（缸），稍后压石，再将盐卤灌入容器，盐渍3～4天即成。蟹壳两端呈现明显白色圆圈，俗称“蟹眼”，美称“红膏炝蟹”。用少量盐腌渍1～2天亦能食，称“新风炝蟹”，其味鲜淡，但易变质，不能久藏。以冬至前后雌蟹盐渍质最佳。也有将鲜活梭子蟹斩碎，加盐制成蟹酱或蟹糊，其味亦佳。

鳗鲞 选条重1.5～2千克鲜活鳗为宜，洗净揩干，从头至尾沿背脊骨侧部剖开，挖去内脏，去除血渍，撒盐5%，或用盐卤浸渍半天。然后用竹片撑开鳗体，迎西北风吹干或用日光晒干即成鲞。以冬季活鳗自然风干最佳，太阳晒干次之。

鱼烤 将鲜杂小鱼洗净，分别品种，在竹帘或篾簟上晒翻2～3天，干后即成各类淡鱼烤。用同样方法，用盐20%腌渍后，沥去卤水晒干后即成咸鱼烤。

糟鱼 分别鱼类品种，剖开鱼腹，取去内脏，洗净后切成段或块，始用盐腌渍成咸鱼。然后沥开卤水，每百千克放酒糟3～4千克，拌以五香粉等辅料，层鱼层糟，密放在缸或甏内，用坛泥封口。1～2个月后取出，分装于小瓶，贴上商标出售。味鲜美、肉松香，尤以糟鲳鱼为最佳，俗有“骨头象糟鲳鱼”之喻。

醉泥螺 将捕获之鲜活泥螺洗净，盛于桶、缸、罐等容器中，放入盐卤略加味精拌匀，诱泥螺伸头出壳食鲜味而渍死。然后洗去黏液及杂质，加盐25%腌渍，半月后取出加糖、酒、香料后装入小瓶，贴上商标出售，以不含“泥晶”之“三月桃花泥螺”为最佳，味鲜美，肉脆嫩。

醉鱼 择涨潮进行制作。选用鱼类品种有鳓鱼、鲳鱼、马鲛鱼、鳗、目鱼等，另备白酒或黄酒、食用盐。先将要醉的鱼货洗干净切成块状，用盐水浸泡半小时左右，取出晾干。找一只清洁干燥的陶器（甏或埕），将晾干的鱼块放入陶器内，先放一层鱼，再撒上少许食盐。如此隔层进行完毕，倒入白酒或黄酒（以上1∶0.5比例为宜）若将鱼块先蘸酒再放入，则效果更好。上酒后，找几根干净的竹条加石块压硬，陶器口以箬竹壳扎紧，再以黄泥加谷壳密封，摆放在阴凉处。3～4个月后即可蒸着吃。

第七节 海洋渔业资源保护

一直以来，由于超强度的开发利用海洋生物资源，如近海区域的乱捕滥捞，使海洋渔业资源严重衰退；以及海洋环境空间不适当地利用，致使海域污染的发生和生态环境的恶化。

为了加强海洋生态环境的保护，实现海洋资源的可持续利用。1986 年国家颁布实施《渔业法》。1995 年，开始执行“伏季休渔”制度，东海休渔期一般在每年的 4—5 月，为期一般为 4 个月左右。2004 年 7 月，禁止使用小于最小网目尺寸的网具进行渔业生产。

2014 年 8 月起，为修复振兴浙江渔场，浙江省人民政府开展浙江渔场“一打三整治”〔即依法打击涉渔“三无”船舶（指用于渔业生产经营活动，无船名号、无船籍港、无船舶证书的船舶）和违反伏休规定等违法生产经营行为，全面开展渔船“船证不符”（指船舶实际主尺度、主机功率等与相应证书记载内容不一致）整治、禁用渔具整治和污染海洋环境行为整治〕专项执法行动，政府多次联合边防、海事等部门对在白峰等水道近海、滩涂的违规、违禁网具进行全面清理，并在村口、码头、菜场、饭店等重点敏感区域张贴伏季休渔与幼鱼保护的宣传海报，有效保护了海洋环境和渔业资源。目前，境内基本建立起海洋渔业资源科学养护、合理利用、有效管控的治理体系，为浙江渔场修复振兴奠定基础。

第九章 经济实体及选介

据北仑区市场监督管理局白峰监督管理所提供的资料，至 2018 年末，境内共有农业、畜牧业、渔业经济实体 98 家。其中农民专业合作社有 11 家。

第一节 经济实体名录

宁波市北仑区白峰爱丽花木场
宁波市北仑区白峰科艺苗圃
宁波市北仑区白峰忠达花木场
宁波市北仑区白峰青卉花木场
宁波市北仑区白峰香艳花木场
宁波市北仑区白峰仁颉苗圃
宁波市北仑区白峰上阮花木场
宁波市北仑区白峰祖根花木场
宁波市北仑区白峰虹峰花木场
宁波市北仑区白峰益丰畜牧场
宁波市北仑区白峰峰美花木场
宁波市北仑区白峰郁盛花木场
宁波市北仑区白峰五先花木场
宁波市北仑区白峰守坤花木场
宁波市北仑区海岚鸟类驯养繁育中心
宁波市北仑区白峰疏港花木场
宁波市北仑区白峰虾东花木场
宁波市北仑区白峰亿幸花木场
宁波市北仑区白峰海裕水产养殖场
宁波市北仑区白峰勤森园艺场

宁波市北仑区白峰众翰花木场
宁波市北仑区白峰绿梅花木场
宁波市北仑区白峰路虎白蚁防治服务部
宁波市北仑区白峰太元花木场
宁波市北仑区白峰赏光花卉园艺场
宁波市北仑区白峰林佳家庭农场
宁波市北仑区白峰阿思蜜休闲庄园
宁波市北仑区白峰龚翰花木场
宁波市北仑区白峰明波花木场
宁波市北仑区白峰尔通苗木经营部
宁波市北仑区白峰文美花木场
宁波市北仑区白峰凤雅花木场
宁波市北仑区白峰立茂园艺场
宁波市北仑区白峰盛泽花木场
宁波市北仑区白峰特特花木场
宁波市北仑区白峰马盘苗圃
宁波市北仑区白峰林国花木场
宁波市北仑区白峰奇迹花木场
宁波市北仑区白峰多鑫花木场
宁波市北仑区白峰养卉花木场
宁波市北仑区白峰凯通花木场
宁波市北仑区白峰林夫花木场
宁波市北仑区白峰守祥园艺场
宁波市北仑区白峰镇永丰绿化园艺场
宁波市北仑区白峰大丰养殖场
宁波市北仑区白峰斌杰花木场
宁波市北仑藏青藏獒养殖园
宁波市北仑区白峰荣新生态农业种植场
宁波市北仑区白峰双石蘑菇专业合作社
宁波市北仑区绿力水果专业合作社
宁波北仑白峰品禾农产品专业合作社联合社
宁波市北仑东海雀舌茶叶专业合作社
宁波市北仑海坪生态农业观光专业合作社
宁波市北仑白峰狮子山畜禽养殖专业合作社
宁波市北仑福泉生态农业科技开发有限公司
宁波市北仑天源农业开发有限公司
宁波三叶青农业科技发展有限公司
宁波市北仑吉祥海洋渔业有限公司
宁波市北仑区康元农副产品开发有限公司
宁波市北仑区白峰茶萝坑家庭农场
宁波市北仑区白峰四季青花木场
宁波市北仑区白峰立丰花木场
宁波市北仑区白峰守定花木场
宁波市北仑区白峰恒阳家庭农场
宁波市北仑区白峰涌鑫冉果木场
宁波市北仑区白峰利兆生态家庭农场
宁波市北仑区白峰青韵沁芽家庭农场
宁波市北仑区白峰阿华家庭农场
宁波市北仑区白峰爱土苗木场
宁波市北仑区白峰涛勇花木场
宁波市北仑区白峰尖峰山家庭农场
宁波市北仑区白峰幸君花木场
宁波市北仑区白峰万兴蛇类养殖场
宁波市北仑区白峰安基果木场
宁波市北仑区白峰景林园艺场
宁波市北仑区白峰阳辰花木场
宁波市北仑区白峰锦泽苗木场
宁波市北仑区白峰绿森花木场
宁波市北仑区白峰英日花木场
宁波市北仑区白峰文湾农场
宁波市北仑区白峰珍惜花木场
宁波市北仑区白峰佩君花木场
宁波市北仑区白峰天香茶场
宁波市北仑区白峰大丰养殖场
宁波市北仑区白峰阿国花木场
宁波市北仑区白峰镇石山苗圃
宁波市北仑区东海香穗粮食专业合作社
宁波市北仑益禾花木专业合作社
宁波市北仑区白峰石山禽业专业合作社
宁波北仑海景园林专业合作社
宁波市北仑区白峰杉枫花木专业合作社
宁波市北仑传甬茶业有限公司
宁波一雄花木有限公司
宁波太禾农业发展有限公司白峰分公司
宁波市北仑名阳农庄种养殖有限公司
宁波北仑德存蜜蜂养殖有限公司
宁波市北仑乾凯农业科技开发有限公司
宁波日华农业有限公司

第二节　经济实体选介

宁波市北仑区白峰双石蘑菇专业合作社

成立于2007年5月，以种植双孢蘑菇为主，至2018年末，种植面积近4.44公顷，其中配备恒温空调、标准菇架的标准菇房。有智能化栽培室1个，全程机械化作业栽培室4个，可年产蘑菇300吨。生产采用集约化、标准化、机械化模式管理，循环利用菌渣，力求打造生态循环型农业生产企业。合作社注重科技创新，与浙江大学食用菌研究中心等科研院所开展技术合作研究；2015年3月，合作社承担的“菌菇房生产环境智能监控系统引进与推广”项目通过验收。双孢蘑菇原料以稻草、牛粪、菜籽饼作为培养料，覆土泥采用干净水库淤泥与草炭土、砻糠相结合，所生产的蘑菇具有肉质厚、结实、鲜嫩、不易开伞的特点。

基地先后被评为区科技示范基地、市级农业标准化示范区、无公害食用菌产地，产品被评定为无公害农产品。2014年，被市农业局评定为市级名牌农产品，双石标准化蘑菇基地被评为新建市级菜篮子商品供应基地。是年8月8日，白峰“双石”蘑菇开始在包装盒上启用二维码，系北仑区农产品启用二维码首例。在2015年第26届宁波市春节年货展销会上，“双石”蘑菇专业合作社展销摊每天蘑菇的销售量都在1500千克左右。

白峰品禾农产品专业合作社联合社

成立于2014年7月，由白峰双石蘑菇专业合作社发起，海坪生态农业观光专业合作社和近20名农户共同出资成立。成员出资总额30万元。业务范围：蔬果、花木种植，农副产品配送服务。联合社依托白峰农业公共服务中心平台，为成员提供农产品生产、销售、产业指导、金融等服务。“品禾”，“品”代表品牌和品质，“禾”指农作物农产品，同时也是“合”的谐音，意为把具有本地特色的优质农产品整合在一起卖。实现客户和销售市场共享，扩大销售面，打响白峰特色农产品的牌子。直销配送，降低销售成本，农户的收入高了，客户的采购价却低了，可谓是双赢。

宁波市北仑传甬茶业有限公司

成立于2010年12月，公司主要利用当地高山云雾茶质量优势，生产精品茶叶。现拥有优质茶园40公顷，其中名优品种“乌牛早”“龙井”“迎霜”等15公顷。同时极力打造知名品牌，并注册商标。“明州雀叶”茶叶主产于境内上阳，由于穿山半岛东西走向，中间大山相隔，朝南向阳，自然条件优越，早春温度适宜，

双石蘑菇

品禾农产品北仑直销店

使茶叶能比西湖龙井提早半个月采摘。茶叶采摘要求甚高，采摘标准为一芽一叶或一芽二叶，初展即“雀舌”状。制作工艺尤为讲究，要经鲜叶摊清、杀青、理条造型、烘干、提香等工序，生产出来的茶外形条索紧结、芽毫显露、色泽深绿，冲泡后汤色清澈明净，芽叶朵朵可辨，滋味鲜醇爽口，清香持久。冲泡3次，色、香、味犹存。“明州雀叶”茶叶先后被评为全国茶叶流通协会金奖和银奖。

北仑区天源农业开发有限公司

成立于2003年1月。2004年3月，从南京绿源农业有限公司引进黑羽绿壳蛋鸡种蛋，孵化后饲养，成活1200余羽种鸡。天源草乌鸡养殖基地目前养殖规模近5000只，草乌鸡发展项目被宁波市列入2005年度农业发展基金和区科技局农林局共同研发的科技协作实施项目。

宁波日华农业有限公司

成立于2002年，位于白峰街道勤山村。主要从事无公害肉牛养殖，“总台山”牌高档黄牛肉销售。基地采用生态、循环、无污染的养殖新模式。2014年被认定为北仑区肉牛养殖标准化示范基地；2015年被认定为宁波市生态化、标准化达标养殖场；2016年通过宁波市无公害农产品产地认证和农业部无公害农产品认证；2017年被农业部认定为无公害产品；2018年启动创建省美丽牧场和区农产品质量安全示范基地。

宁波市北仑名阳农庄种养殖有限公司

成立于2007年12月，地址在阳东村钟家湾。公司在白峰街道农业办公室的指导下，与阳东村股份经济合作社合作经营名阳农庄。以沿海山乡的幽雅环境，吸引城市白领、居家市民感受山村田野的情趣和休闲劳作的快乐。配套的项目设施有淡水生态养殖塘、垂钓塘、农家乐餐饮、休闲茶廊、野外烧烤、大棚蔬果等。可供游客自己动手栽种农作物或收摘瓜果，充分体验郊外劳动的快乐，也可汇聚茶廊静心品茶，稳坐鱼台专注垂钓，或迈开双腿饱览海边山村的秀丽风光。用餐，既有海鲜特色浓郁的农家菜肴，又有野外灶台供烧烤。

宁波日华农业有限公司

北仑名阳农庄

第四篇　工业　盐业　建筑业

境内工业、盐业、建筑业（简称“三业”）历史悠久。1980年从屺峙和牛头山东麓海边（百丈塘内）挖掘出陶器罐、碗、鼎足等，可见白峰早在战国时期，就有少数先人于此定居，过着原始的渔猎生活。凿石制泥，磨砺和烧制简易而粗陋生产、生活工具，赖以生存。唐朝中后期，时因水道交通和渔业发展，手工造船业兴起。北宋初期，境内有烧窑业。北宋崇宁三年（1104），置穿山盐场，在小门、白峰、外峙一带煮海水烧盐，盐业生产得到发展。明、清时期，境内有油、酒、豆腐、酱、木、竹、铁、石等个体手工业，多数为农民的家庭副业。

民国时期境内有几家以畜力为动力的磨坊、油坊和以人力为主的小手工业，如酿酒、做豆腐、泥水工、木匠、篾匠、铁匠铺、漆匠、土纺土织、白铁匠、裁缝、皮匠、补锅等，有的开设店铺。20世纪40年代初设轧（棉）花厂，虽机械较为原始，但仍可谓现代工业之先行。

中华人民共和国成立后，由于“大跃进”、人民公社化运动以及长期受到极左思潮的严重干扰冲击，境内“三业”门类虽然逐步增多，产业结构不断调整，但整体发展缓慢。

中共十一届三中全会以后，在贯彻“对内改革，对外开放”的方针下，以村、乡（镇）企业为主力的“三业”发展迅猛，生产能力不断提高。1984年起，推行经济体制改革，促使村、乡（镇）企业形成规模，增强企业竞争机制。1992年，随着社会主义市场经济制度的确立，以及受邓小平视察南方重要讲话的鼓舞，激发了老百姓创业的热情，境内以民营为主力的“三业”蓬勃发展，越来越多的农村富余劳动力向“三业”转移。

白峰街道“三业”经过多年的发展并按照市场经济运行规律，因地制宜，不断调整产品结构，逐步形成了纺织服装、卫具、食品、金属制品、机械、电子电器、化工、电力、造船修船、建筑、盐业等门类齐全，结构较为合理，并具有一定规模和技术水平的产业体系。至2018年末，境内共有工业、盐业、建筑业704家，其中工业企业651家、盐业1家、建筑业52家。

第一章　工业

唐朝中后期，境内始有手工造船业，从事木业和竹业的个体工匠逐渐增多。明、清以来，境内农副产品加工业逐渐兴旺，皆为手工操作。民国后期手工业多以农副产品加工、手工业作坊和个体工匠为主。民国29年（1940），始办轧（棉）花厂。抗日战争时期，多数企业（作坊）停产倒闭。

中华人民共和国成立后，食品加工业、手工业复苏。1956年，实行手工业合作化，私营工业完成公私合营后开始兴盛。1958年后，在“大跃进”和人民公社化运动中，社队办工业应运而生。1959—

1961年遭遇“三年困难时期”，工业生产形势严峻，生产力下降。1966—1976年，在“文化大革命”期间，工业经济严重受挫。1977—1984年，工业生产开始恢复性发展，多以乡、村工业为主体的小型工业。1984—1991年，大力发展工业经济，但受产权所有制约束，主要以为数不多的国有和“低、小、散”的乡（镇）、村企业为主，个私工业虽有发展，但数量、规模都不大。

1992年后，白峰工业经济步入发展的快车道，民营工业异军突起，逐渐成为境内经济发展的一支重要力量；外资企业和港澳台商投资企业陆续入驻；根据发展需要，设立白峰工业园区；同时，随着经济体制改革的逐步深入，不断推进村、乡（镇）企业经营机制转换，以适应市场经济。

进入21世纪，通过把上级赋予的政策与实际情况结合起来，充分发挥区域独特优势，境内形成投资热潮，大项目不断增多，工业产品结构不断优化，所有制结构发生深刻变化，白峰街道的工业实力不断得到夯实。至2018年末，境内共有工业企业651家，其中注册资金100万元以上有限责任公司76家，普通合伙企业、个人独资企业、个体工商户（工业企业）573家。

第一节　所有制结构

国有企业

境内国有工业始于1971年2月。是年，镇海县人民政府投资24.6万元，在下阳村道头凉亭建国营镇海盐化厂。盐化厂利用盐场晒盐过程中产生的老卤，采取一定的分离、提纯工艺生产氯气钾、氯气镁等无机化工产品。20世纪70年代末，因产品质量和外围市场影响，盐化厂经济效益低下，县政府决定停产“转行”。

1981年，县政府决定利用原国营镇海盐化厂厂址建国营镇海啤酒厂。1982年10月正式投产，曾用过“镇海”“北仑”“仑波”“紫阳”“168”等品牌，最高年产9400吨。1998年，因市场上啤酒过剩，经济效益下滑而歇业关闭。

乡（镇）企业

乡（镇）工业（1984年前称社办工业）起源于1958年“大跃进”期间，在“公社必须大办工业”口号推动下，境内相继兴办土化肥厂、砖瓦厂、水产加工厂、特种饲料加工厂、农机具修配厂等企业，1962年调整人民公社规模后，有的合并，有的停业。至1964年，境内无乡（镇）工业企业。

1965年后，在“农业学大寨”和“实现农业机械化”活动推动下，适逢“文化大革命”中城市工业生产不正常和城市知识青年上山下乡中实行厂、社挂钩机会，白峰公社、上阳公社相继办起农机修理厂，县政府拨给每家企业车床、牛头刨床、钻床各1台和电焊机等设备。

1971—1978年，按照“环绕农业办工业，办好工业促农业”方针，逐步突破“就地取材、就地加工、就地销售”局限，扩大产业门类，增加产品种类，开始涉足全国市场。1978年境内共有社办工业企业18家，其中白峰公社12家，上阳公社6家；从业人数1062人，其中白峰公社632人，上阳公社430人；实现产值236.77万元，其中白峰公社174.73万元，上阳公社62.04万元。

1984年，产业结构发生深刻变化，改变过去“三就四为”（就地取材、就地加工、就地销售，为农业生产服务、为人民生活服务、为大工业服务、为出口服务）经营模式，参与市场竞争。机械、电器元件、纺织、针织、服装、灯具、塑料加工等行业发展迅速，形成一批具有地方特色的产品结构。1991年，境内共有乡办工业企业29家（白峰乡12家、上阳乡17家），共有职工1069人（白峰乡694人、上阳乡375人），年总产值2236万元（白峰乡1563万元、上阳乡673万元），年销售2322.16万元（白峰乡

1745.42 万元、上阳乡 576.74 万元），年利润 161.06 万元（白峰乡 113.73 万元、上阳乡 47.33 万元），年上缴国家税金 129.57 万元（白峰乡 94.6 万元、上阳乡 34.97 万元）。1993 年，共有镇办工业企业 27 家，有职工 1094 人，年总产值 2958 万元，年销售 3026 万元，年利润 230.22 万元，年上缴国家税金 205.32 万元。1997 年，共有镇办工业企业 25 家，从业人员 1132 人，年总产值 15473 万元，年销售 14690 万元，年利润 105 万元，上缴税金 138 万元。2000 年，实行工业经济体制改革。至 2003 年末，全部乡（镇）企业完成转制。

民营企业

历史上，境内的造船、粮油食品加工、手工业等一般均为私人经营，单家独户生产。中华人民共和国成立后，个体工商业经过社会主义改造后逐渐被组织起来，开展集体生产。中共十一届三中全会以来，境内在积极发展国有、集体经济的同时，开始大力发展民营经济，农村富余劳动力开始转向工业制造领域，承接国有、集体企业产品梯度转向私营经济、个体经济或集体合作经济等民营企业。1987 年 10 月，贯彻实施国务院颁布的《城乡个体工商户管理条例》，1988 年 6 月，贯彻实施国务院颁发的《私营企业暂行条例》，境内一批能生产、善经营的民营企业得到兴办和发展。

1991 年，境内个体工业企业 85 家，其中白峰乡 60 家，上阳乡 25 家，年末从业人数 506 人，年完成工业总产量 802 万元。

1993 年 4 月 30 日，宁波市人民政府发出《关于鼓励支持个体、私营经济进一步健康发展的通知》，为民营企业的发展开了绿灯。1996 年，白峰镇民营工业企业发展到 390 家。1997 年 9 月，中共十五大把民营（当时称个私）经济从“必要的”“有益的补充”，确定为“重要组成部分”，区、镇人民政府相继出台鼓励发展民营经济的有关政策。1998 年 3 月 19 日，北仑区人民政府印发《关于加快发展个体私营等非公有制经济的若干意见》，出台放宽生产经营范围、减少审批办证环节、拓展多渠道发展途径、多层次融资、税收优惠等从 12 个方面扶持民营企业发展的政策，引导非公有制经济持续、健康、有序发展。

2000 年，乡镇企业在基本完成改制后，绝大多数集体工业企业转为个体私营企业，民营工业以较快速度发展。2018 年，全街道有民营企业 953 家。

1981—1987 年白峰乡（公社）若干年乡（社）办企业一览表

表 4–1–1

年份	户数（户）	人数（人）	产值（万元）	销售（万元）	利润（万元）	税金（万元）
1981	18	924	328.39	254.05	52.28	12.36
1982	16	989	339.13	293.51	44.84	19.36
1983	19	1010	404.00	447.35	52.20	30.00
1984	20	995	609.00	485.76	46.37	32.25
1985	23	1089	1095.67	959.20	114.99	58.19
1987	22	1081	1173.91	1233.00	89.00	81.00

1981—1987 年上阳乡（公社）若干年乡（社）办企业一览表

表 4–1–2

年份	户数（户）	人数（人）	产值（万元）	销售（万元）	利润（万元）	税金（万元）
1981	15	592	126.36	124.28	8.35	5.65

续表 4–1–2

年份	户数（户）	人数（人）	产值（万元）	销售（万元）	利润（万元）	税金（万元）
1982	15	565	131.84	135.68	20.54	8.62
1983	16	578	150.00	154.33	27.00	11.67
1984	20	783	276.00	159.49	18.33	8.27
1985	18	844	472.10	330.08	64.61	34.92
1987	18	717	895.15	727.00	75.00	60.00

1991 年白峰乡办工业企业一览表

表 4–1–3

企业名称	产值（万元）	销售（万元）	利润（万元）	税金（万元）	从业人数（人）
合　计	1563.00	1692.39	113.73	94.60	694
白峰针机厂	211.00	213.60	41.94	12.50	135
白峰机械厂	120.00	132.94	13.67	8.75	74
白峰制针厂	170.00	159.33	33.46	10.75	120
白峰钢窗厂	136.00	142.81	9.83	5.92	34
白峰电镀厂	23.00	24.52	—	1.38	36
白峰船厂	139.00	121.28	5.33	4.42	47
白峰繁华灯具厂	86.00	73.23	0.39	2.47	42
白峰轮窑厂	38.00	22.06	0.04	2.36	65
白峰渔业冷冻厂	501.00	666.06	10.10	17.84	101
白峰酒厂	123.00	122.68	−1.18	27.74	23
白峰自来水厂	11.00	9.12	—	0.20	9
彩印厂	5.00	4.76	0.15	0.27	8

1991 年上阳乡办工业企业一览表

表 4–1–4

企业名称	产值（万元）	销售（万元）	利润（万元）	税金（万元）	从业人数（人）
合　计	673.00	556.88	45.05	32.09	375
上阳照明厂	4.00	16.52	−2.02	0.52	2
上阳印刷厂	11.00	9.69	—	0.55	10
上阳人武塑料厂	19.00	10.55	0.37	0.60	12
上阳饮料厂	21.00	20.31	−0.26	2.15	15
上阳密钱厂	8.00	12.56	—	0.36	4
上阳农副厂	10.00	11.02	0.61	—	7
上阳粮油厂	4.00	3.98	0.09	—	5
上阳香菇厂	43.00	11.68	0.47	0.29	20
上阳冷冻厂	112.00	84.89	0.20	2.81	25
上阳印刷装潢厂	6.00	11.19	0.28	0.70	10
上阳电器附件厂	49.00	4.96	1.70	1.65	30

续表 4-1-4

企业名称	产值（万元）	销售（万元）	利润（万元）	税金（万元）	从业人数（人）
上阳消防器材厂	25.00	26.70	0.97	1.53	19
上阳电化厂	18.00	17.21	0.78	0.97	19
上阳砖瓦厂	39.00	40.88	−0.08	1.65	70
上阳五金一厂	187.00	188.47	27.08	12.55	80
上阳五金二厂	35.00	39.44	1.87	2.64	30
上阳汽车电器厂	82.00	46.83	12.99	3.12	17

1993 年白峰镇办工业企业一览表

表 4-1-5

企业名称	产值（万元）	销售（万元）	利润（万元）	税金（万元）	从业人数（人）
合　计	2958.00	3026.00	229.74	205.39	1094
宁波针机制造厂	540.00	534.00	77.84	34.92	175
北仑缝纫机针厂	215.00	213.00	39.04	14.40	120
白峰钢窗厂	359.00	404.00	61.80	26.45	35
白峰电镀厂	66.00	66.00	4.51	3.63	43
白峰船舶修造厂	119.00	128.00	0.03	4.06	30
白峰繁华灯具厂	45.00	40.00	0.02	2.17	14
白峰轮窑厂	49.00	50.00	0.55	5.65	58
白峰酒厂	104.00	98.00	0.02	31.05	32
白峰自来水厂	12.00	12.00	0.02	0.29	11
白峰彩印厂	8.00	9.00	0.23	0.46	7
北仑消防器材厂	53.00	50.00	3.30	2.97	23
上阳电化厂	30.00	30.00	0.64	1.81	24
上阳电器附件厂	80.00	78.00	1.32	3.34	30
上阳印刷装潢厂	9.00	8.00	0.16	0.39	5
上阳汽车电器联营厂	187.00	182.00	10.91	6.75	28
白峰针织厂	229.00	220.00	1.73	6.47	40
北仑东海水产冷冻厂	152.00	193.00	0.10	5.56	28
上阳农副水产加工厂	12.00	12.00	0.02	0.08	4
上阳饮料密钱厂	23.00	23.00	0.01	2.19	10
上阳砖瓦厂	128.00	130.00	3.26	11.59	143
北仑五金厂	270.00	274.00	16.23	21.95	115
汽车电器厂	52.00	50.00	0.01	4.13	22
上阳彩印厂	13.00	13.00	0.02	0.46	6
上阳粮油加工厂	4.00	4.00	0.06	0.02	4
光电仪器有限公司	18.00	18.00	0.20	—	12
上阳五金二厂	133.00	139.00	5.79	12.45	55
东海人造玛瑙公司	48.00	48.00	1.92	2.15	20

队（村）办工业企业

队（村）办工业企业（1984年前称队办工业）萌发于1956年前后农业合作化时期。当时部分具备条件的高级农业生产合作社根据生产综合发展要求，开始兴办以就地取材、就地加工、就地销售为特征的窑厂（砖瓦厂）、制茶厂、榨油厂、粉丝加工厂等队（村）办企业。是年，开办轮仰砖瓦厂；1957年开办屺峙砖瓦厂、小门砖瓦厂等企业。企业实行按劳计分，以分计酬，参加农业统一分配，在财务处理上作为副业产值纳入农业总产值。

20世纪60年代中期，一些大队办起农机修配厂、土纺土织厂等企业。1977年，中共中央将发展社队工业提高到振兴农村经济必由之路的高度，发展速度进一步加快，至1978年末，境内队办企业增至29家，职工470人，产值71.81万元，利润12.43万元，缴纳税1.65万元。1979年以后，随着农村经济体制改革与国家政策鼓励，村办工业大发展。至1991年，有村办工业企业43家（白峰乡24家、上阳乡19家）。1993年，全镇村办企业达到82家。工业门类扩大到机械、电器、金属压铸、建筑材料、保险箱、塑料制品、五金、模具、印刷、针织、仪表、服装等数10个。1998年始，按照中央、省、市、区经济体制改革工作方案，各村对村办工业企业逐步采取兼并、拍卖等形式进行转制。至2002年末，全镇82家村办工业企业全部完成转制工作。至此，境内村办工业历经46年，完成历史使命。

1981—1987年白峰乡（公社）若干年村（队）办企业一览表

表4-1-6

年份	户数（户）	人数（人）	产值（万元）	销售（万元）	利润（万元）	税金（万元）
1981	17	338	92.44	86.25	14.72	5.71
1982	17	276	92.03	87.61	10.16	4.83
1983	18	494	153.00	176.76	35.81	12.94
1984	17	586	193.00	136.23	9.18	6.21
1985	24	614	269.54	222.08	27.41	11.39
1987	31	811	494.57	526.00	15.00	23.00

1981—1987年上阳乡（公社）若干年村（队）办企业一览表

表4-1-7

年份	户数（户）	人数（人）	产值（万元）	销售（万元）	利润（万元）	税金（万元）
1981	13	235	56.21	26.10	3.51	0.94
1982	13	308	40.15	41.88	2.55	2.56
1983	15	298	62.00	59.56	6.46	3.51
1984	18	239	51.00	48.60	5.16	2.47
1985	19	307	110.30	92.22	10.69	5.47
1987	19	288	117.09	107.00	8.00	7.00

1991年白峰乡村办工业企业一览表

表4–1–8

企业名称	产值（万元）	销售（万元）	利润（万元）	税金（万元）	从业人数（人）
合　计	752.00	735.36	18.33	35.24	374
轮江塑料厂	14.00	8.99	0.19	0.51	17
门浦模塑厂	10.00	10.43	2.38	0.70	12
下林五金厂	5.00	5.05	0.71	0.34	5
标准件厂	7.00	9.15	0.77	0.61	11
洗衣机配件厂	11.00	10.68	2.61	1.24	14
蒋岙钢窗五金厂	1.00	1.72	0.05	0.11	3
百丈锻压加工厂	4.00	4.31	0.09	0.27	12
白峰保险箱厂	42.00	63.11	4.09	4.20	20
晨阳五金冲件厂	22.00	19.72	0.93	1.32	16
东方五金模具厂	23.00	22.85	5.06	1.53	10
百丈机械配件厂	7.00	6.28	1.13	0.35	8
白峰电器厂	7.00	7.36	0.07	0.49	10
纸箱厂	17.00	11.95	0.89	0.79	15
渔业包装箱厂	13.00	9.21	0.02	0.62	15
线厂	14.00	16.98	0.39	0.96	8
建材厂	7.00	10.29	—	0.58	20
蒋岙预制场	4.00	4.02	0.37	0.26	9
百丈砖瓦厂	5.00	4.92	0.15	0.59	10
电子元件厂	5.00	6.61	0.27	0.39	9
白峰特种饲料厂	27.00	—	—	—	3
冷冻厂	399.00	363.55	0.26	10.43	86
冷藏厂	65.00	74.81	−2.57	2.50	31
精制茶厂	2.00	18.45	−2.74	3.63	10
生物标本厂	25.00	28.49	1.33	1.90	12
屺峙金属冶炼厂	16.00	16.43	1.88	0.92	8

1991年上阳乡村办工业企业一览表

表4–1–9

企业名称	产值（万元）	销售（万元）	利润（万元）	税金（万元）	从业人数(人)
合　计	324.00	260.33	8.77	15.58	239
梅江服装厂	36.00	35.21	1.07	1.99	20
光华服装厂	14.00	14.24	0.39	0.80	13
金凤服装厂	28.00	25.24	0.71	1.43	13
东海服装厂	56.00	60.35	1.81	3.41	31
上阳针织内衣厂	32.00	43.25	1.37	2.44	—

续表 4-1-9

企业名称	产值（万元）	销售（万元）	利润（万元）	税金（万元）	从业人数（人）
上王棉织服装厂	53.00	42.41	1.46	2.55	20
东园胶木厂	1.00	0.90	0.52	0.08	8
上王理发用具厂	1.00	0.52	0.05	0.03	4
上阳彩印厂（上王印刷厂）	4.00	3.06	0.18	0.18	10
上王五金配件厂	6.00	4.46	0.25	0.29	11
上王模具五金厂冲件厂	2.00	3.83	0.28	0.27	10
道头精密量具厂	3.00	2.43	0.04	0.16	10
道头五金电器厂	7.00	6.31	0.04	0.42	10
道头五金元件厂	5.00	1.40	0.12	0.09	10
道头螺丝厂	2.00	1.71	0.15	0.11	8
道头机械配件厂	3.00	0.94	—	0.06	13
永丰模具厂	11.00	11.61	0.25	1.11	13
永丰仪表元件厂	30.00	0.44	0.02	0.03	28
双石塑料厂	30.00	2.02	0.06	0.13	7

1993 年白峰镇村办工业企业一览表

表 4-1-10

企业名称	产值（万元）	销售（万元）	利润（万元）	税金（万元）	从业人数（人）
合　计	5008.00	5128.00	280.16	246.67	1204
百丈塑料制品厂	3.00	3.00	0.50	0.21	1
上阳塑料编织厂	6.00	6.00	0.02	0.23	1
白峰保安村办小五金厂	20.00	18.00	0.01	0.74	7
东海电器工具厂	58.00	60.00	0.27	0.34	12
纺织器材厂	26.00	25.00	0.20	0.15	10
玻璃模具厂	18.00	17.00	3.47	1.36	14
金属门窗厂	35.00	34.00	2.59	1.98	18
白峰标准件厂	13.00	14.00	1.06	1.38	14
洗衣机配件厂	8.00	8.00	0.10	0.27	5
蒋岙钢窗厂	8.00	8.00	0.70	0.71	4
百丈液压加工厂	4.00	4.00	0.51	0.81	1
白峰保险箱厂	963.00	963.00	81.81	52.65	117
保安设备制造厂	125.00	120.00	15.22	9.64	79
上阳瓶盖厂	50.00	50.00	5.05	2.67	40
上阳锁厂	6.00	6.00	0.01	0.07	1
东风胶木五金厂	8.00	8.00	1.30	1.29	12
兴华保险箱厂	29.00	29.00	0.20	1.41	13
顺风保险箱厂	35.00	38.00	1.55	1.73	9
石山胶木五金厂	29.00	28.00	—	1.53	3
上阳螺钉厂	4.00	4.00	1.20	2.16	1

续表 4-1-10

企业名称	产值（万元）	销售（万元）	利润（万元）	税金（万元）	从业人数（人）
保安电器厂	34.00	30.00	0.23	0.91	12
东方模具五金厂	10.00	12.00	0.01	0.21	7
门浦模具厂	33.00	34.00	0.01	1.07	13
小门金属灶具厂	21.00	21.00	0.69	0.47	2
金工五金厂	27.00	27.00	0.06	1.45	15
永丰五金厂	6.00	6.00	0.50	0.12	4
电热附件厂	30.00	30.00	0.34	1.75	20
上阳机械电器厂	18.00	17.00	0.65	2.40	8
伟业机电配件厂	13.00	14.00	0.41	0.59	7
上阳五金配件厂	7.00	8.00	0.16	0.56	8
永丰模具五金厂	43.00	42.00	0.45	3.22	14
财达微型电机厂	20.00	20.00	1.05	2.58	20
白峰钻石保险箱厂	50.00	58.00	7.32	3.85	20
白峰五金工具厂	18.00	18.00	0.21	1.09	14
内燃机配件厂	88.00	89.00	0.12	3.81	48
上王电器附件厂	11.00	11.00	0.19	0.71	12
道头五金元件厂	29.00	30.00	0.19	2.22	6
白峰仪表五金厂	9.00	10.00	0.60	1.42	10
船舶配件厂	42.00	45.00	0.48	2.69	1
上阳机械配件厂	15.00	16.00	1.12	0.61	7
虾康仪表元件厂	22.00	21.00	0.89	1.23	11
白峰机械附件厂	83.00	86.00	2.01	5.23	15
白峰纸品厂	25.00	26.00	1.53	1.65	13
白峰工艺包装厂	21.00	22.00	0.70	1.66	8
上王印刷厂	6.00	6.00	0.25	0.33	5
梅江针织厂	101.00	110.00	3.12	5.76	28
光华针织厂	33.00	34.00	3.61	1.88	17
金凤针织厂	64.00	65.00	1.02	3.81	21
东海针织厂	108.00	111.00	3.00	6.18	34
上阳针织厂	96.00	107.00	1.87	6.00	24
棉站针织厂	110.00	120.00	3.60	5.29	20
永兴针织厂	19.00	20.00	0.34	0.96	5
皇后针织厂	53.00	55.00	1.08	2.61	7
新港针织厂	17.00	18.00	0.34	0.74	6
繁兴针织厂	19.00	20.00	0.17	0.82	10
东园软垫篷帆厂	8.00	10.00	0.08	0.19	2
新潮羊毛衫厂	18.00	20.00	0.02	0.25	2
博士骄衬衫厂	121.00	130.00	6.24	3.01	50
梅江针织厂	34.00	34.00	0.01	0.72	10
白峰电子元件厂	18.00	18.00	0.67	0.68	7

续表 4-1-10

企业名称	产值（万元）	销售（万元）	利润（万元）	税金（万元）	从业人数（人）
白峰制线厂	66.00	70.00	0.90	3.30	11
上阳制线厂	16.00	17.00	0.12	0.55	5
白峰建材厂	12.00	13.00	1.43	0.35	20
晨峰公司第一玛瑙制品厂	159.00	160.00	0.51	1.43	20
北仑玛瑙厂	161.00	164.00	6.47	5.29	24
百丈砖瓦厂	4.00	4.00	4.05	3.81	1
东港人造玛瑙公司	535.00	550.00	91.52	44.65	50
多彩涂料厂	19.00	20.00	0.01	0.78	11
建筑工具厂	32.00	35.00	1.16	2.15	13
繁华企业公司玛瑙制品厂	163.00	165.00	0.88	2.67	20
晨峰玛瑙公司	197.00	200.00	1.05	2.99	20
繁华企业公司	134.00	135.00	0.01	0.55	8
友谊人造玛瑙公司	37.00	40.00	1.61	1.76	20
精制茶厂	15.00	15.00	0.21	0.89	1
特种饲料厂	28.00	30.00	1.69	0.82	11
农水产品加工厂	175.00	180.00	2.01	3.04	25
小门冷藏厂	246.00	250.00	0.03	6.82	14
屺峙有色金属冶炼厂	15.00	16.00	1.32	0.69	8
上阳布轮厂	9.00	11.00	0.07	0.45	2
上阳抛光明品厂	15.00	17.00	2.00	0.53	6
液压修配厂	15.00	15.00	1.99	0.96	6
小门鱼片厂	7.00	7.00	0.01	0.13	3

校办企业

部门集体工业，属另一类型县（区）属大集体和部门小集体企业，由部门派生。1975 年，以增加收入、提高办学条件和为学生提供实训基地为目的，境内学校冲破行业界限，白峰中学和白峰社中心学校先后办起电机设备厂、胶木厂、收音机厂等。上阳中、小学也办起（外包）校办厂。

一直以来，校办企业存在许多问题，诸如产权关系不明确、权责不分、风险意识淡薄、缺乏核心竞争力等等。20 世纪 90 年代后期，校办企业等部门集体企业陆续转制或停办。

港澳台商投资企业

中共十一届三中全会后，国家实行对外开放政策，为引进兴办港澳台商投资企业提供契机。1992 年 8 月 15 日，境内第一家港澳台商投资企业——宁波贝仑水产冷冻有限公司成立，主要经营水产品加工、冷藏及制冰。至 2018 年末，境内共有港澳台商投资企业（含曾设立）14 家。

2016年白峰镇（街道）港澳台商投资企业一览表

表4-1-11

企业名称	成立时间	企业类型	主要经营范围	经营地址
宁波贝仑水产冷冻有限公司	1992年8月12日	合资	水产加工、冷藏及制冰	白峰镇
宁波招商燃化有限公司	1995年3月2日	合资	石油液化气、原油加工及石油制品制造	白峰镇
宁波三萌工具有限公司	2000年8月10日	独资	气动工具及零配件的制造、加工	白峰镇小门村
宁波安泰五金有限公司	2000年7月25日	合资	紧固件、机械配件、塑料件制造加工	白峰镇上阳夹塘
中国石化销售股份有限公司浙江宁波北仑白峰供应站	2003年4月2日	分公司	柴油、燃料油、润滑油零售	白峰海滨路8号
宁波港建混凝土有限公司	2003年6月20日	合资	商品混凝土生产	白峰镇小门村
宁波安福工具有限公司	2003年3月19日	独资	五金制品、电动/风动工具、塑料制品	白峰镇海兴路9号
宁波港吉码头经营有限公司	2004年12月13日	合资	在港区内从事货物装卸、仓储服务	白峰集翔路8号
中石化（浙江）石油有限公司宁波北仑白峰加油站	2005年4月11日	合资	汽油、煤油、柴油、润滑油零售	白峰海峰路38号
宁波金记机械有限公司	2005年8月11日	独资	金属加工、机械制造	白峰小门村兴峰路25号
宁波意宁码头经营有限公司	2005年12月16日	合资	在港区内从事货物装卸、仓储服务	白峰集翔路8号
盛威保险柜（宁波）有限公司	2009年4月27日	独资	金属包装容器及材料制造	白峰海发路72号
宁波驿烽顺码头有限公司	2016年11月3日	合资	在港区内提供货物装卸、仓储服务	白峰强峰路86号
浙江壳牌燃油有限公司宁波北仑白峰加油站	2017年1月11日	独资	成品油经营、存放、煤油、柴油、润滑油零售	新峰村塘头弄1号

第二节 主要工业门类

纺织业 服装制造业

中华人民共和国成立前，境内农家就有用木制腰机手工土纺土织。主要是织带子和土布。20世纪70年代后，逐步兴办麻纺厂、织布厂、针织厂、绣花厂、服装厂等，生产各种棉纺织产品和服装。至1993年，境内共有棉纺业和服装制造业18家，其中镇办1家，村办17家。有从业人员293人（镇办企业40人、村办企业253人）。是年，产值达1109万元，销售额1029万元，上缴产品销售税45万元，所得税13万元，实现利润总额60万元。2018年末，有该门类企业34家。

卫生陶瓷制造业

20世纪80年代，境内开发人造玛瑙产品，生产各类卫生洁具。1993年从事卫生陶瓷制造业的企业达到13家，其中镇办企业1家，村办企业12家。有从业人员216人（镇办企业20人、村办企业196人）。是年，产值达1292万元（镇办企业164万元、村办企业1128万元），上缴产品销售税44万元，所得税8万元，实现利润总额58万元。2018年末有该门类企业2家。

金属制品加工业

中华人民共和国成立前，境内金属制品工业仅为分布乡村的铁匠、铜匠、锡匠、白铁匠等个体手工业户。20世纪50年代初期，个体手工业者纷纷组织起来走合作化道路，组成手工业联社，主要生产铁制农具、餐饮用具、匠作工具、锡制品、铅桶、水勺等生产生活用具。20世纪70—80年代，随着乡镇（社队）工业的兴起，某些传统产品逐渐淘汰，新的金属制品得到发展，陆续开发的有保险箱（柜）、金属压铸、量具刀具、医疗用品、缝纫机零件、自行车零件、汽车零件、玩具、电镀、灯具、铁钉、弹簧、紧固件、钢窗钢门、钢锯架配件、消防器材等产品。至1993年，全镇从事金属制造和金属压铸的企业有33家，其中镇办企业8家，村办企业25家，从业人员887人。是年，产值达2638万元（镇办企业1112万元、村办企业1526万元），销售2736万元，上缴产品销售税124万元，所得税23万元，实现利润总额167万元。2018年末，有该门类企业32家。

普通机械制造业

20世纪60年代后期，白峰公社、上阳公社分别兴办农机修理厂（简称“农机厂”），主要从事柴油机、打稻机等农机具修理工作，并兼生产半机械化农具，后又有少数大队兴办农机修理厂，生产和维修半机械化农具。随着生产技术的进步，市场营销渠道的拓展，机械产品得到新的开发，压扁机、磨平机、接线机、针织机、冷锻机、卷线机、整形联合机、割管机、磨口机等各种普通机械得到开发和生产。至1993年，境内有普通机械制造企业22家（镇办企业5家、村办企业17家），从业人数333人。实现年产值2014万元（镇办企业910万元、村办企业1104万元），销售2057万元，上缴产品销售税82万元，所得税7万元，利润总额108万元。2018年末，境内共有该门类企业27家。

电器、电子设备制造业

20世纪70年代，白峰公社下林大队兴办玻璃工具仪器厂，有从业人员42人，年产值13万元。1982年，白峰公社兴办电子元件厂，有从业人员16人，年产值3.5万元。1991年，上阳公社兴办电器元件厂和汽车电器厂，有从业人员17人，实现年产值82万元。1993年，境内共有电子设备制造企业2家，从业人员7人，年产值36万元，销售36万元，上缴产品销售税2万元，实现利润总额2万元。2018年末，有该门类企业1家。

日用化学产品制造业　塑料制品业

自20世纪80年代初，境内始办磷肥厂，后又办起了塑料厂、化工厂、氧化厂、胶木厂等。在生产经营过程中，由于受生产工艺、产品质量、营销市场等变化的影响，至20世纪80年代末，有的停产关闭、有的转产。1993年，境内共有化学产品制造业2家，塑料制品业2家，共有从业人员94人，年产值105万元，销售105万元，上缴产品销售税5万元，实现利润总额5万元。21世纪初，该门类工业企业又有新的发展。2018年末，有该门类企业23家。

印刷业

20 世纪 80 年代初，境内始办印刷厂，主要印刷产品：商标、送货单、出（入）库单、企业用各式表单、信封、公文笺及其他各种印刷品。1993 年，境内有印刷企业 3 家，从业人员 20 人。是年，实现产值 27 万元，销售 27 万元，上缴销售税 2 万元，利润总额 2 万元。2018 年末，有该门类企业 10 家。

造船修船业

唐朝中后期，随着水道交通和渔业的发展，境内手工造船业渐兴，但规模一直不大。直到 20 世纪末境内仍只有零星具有敲敲打打修小船能力的船厂，时宁波恒富船业（集团）有限公司的北仑船厂是北仑区具有一定知名度的造船修船企业。

进入 21 世纪，世界经济稳定增长，航运业持续发展，世界造船市场呈现兴旺势头。因具得天独厚的港口、区位优势和优良的投资环境，一些民营造船修船企业陆续入驻白峰境内沿海。

2009 年，受国际金融风暴影响，国际航运市场顿时萎缩，造船业亦受到巨大冲击。2011 年 5 月开始，国际船运市场行情急转直下，船舶制造业陷入历史低谷。白峰境内大多数造船修船企业因订单大量减少或停产注销，或兼并重组。为了化解造船业产能过剩问题，国务院于 2013 年 8 月发布《船舶工业加快结构调整促进转型升级实施方案（2013—2015 年）》，境内存续造船修船企业开始强化需求引导、调整产品结构、加大科技创新力度、提高船舶制造修理质量和档次。2018 年末，有该门类企业 2 家。

食品加工业

明清时期，境内有榨油厂（坊）、索面（长面）制作、糖果糕饼制作、茶叶制作、酿酒等农副产品加工业。

中华人民共和国成立后，随着政策的落实和人民生活需求推进，农副产品加工业有较大的发展。1993 年，境内有农副产品加工企业 12 家，其中镇办企业 5 家，村办企业 7 家，按行业分，有水产加工业 7 家，饲料加工业 1 家，食品制作业 2 家，黄酒制造业 1 家，制茶业 1 家。实现年度总产值 2940 万元，其中水产加工 2768 万元，饲料加工 30 万元，食品制造 23 万元，黄酒制造 104 万元，制茶 15 万元。产品销售 2766 万元，其中镇办企业 2337 万元，村办企业 429 万元。上缴产品销售税金 115 万元，所得税 9 万元，利润总额 143 万元。

白峰的年糕生产历史悠久，其中以“虾庚”年糕最为出名。随着经济的发展，特别是当地旅游业的兴起和发展，年糕生产企业、生产量逐年增加。至 2018 年末，白峰境内年糕生产经营户有 20 多家，年糕年产量 500 多万千克，年产值近 1 亿元，占白峰街道农产品加工业销售总量的六成，成为新农村建设中的一道产业发展新风景。2018 年末，有该门类企业 21 家。

附录：白峰工业园区简介

白峰工业园区位于 329 国道小门村段，故亦称小门工业园区。小门工业园区建于 1995 年，东接新峰村屺峙，南靠小门村寺山，西傍柴桥街道后所村，北为穿山港岸线，占地面积 0.43 平方千米。设立之初，有 10 余家企业落户工业园区。2018 年末，落户工业园区的企业达到 50 余家，主要有中国名牌保险箱柜制造、机械制造、金属制品制造、儿童玩具制造、日用品制造、纸箱纸板制造、电子元件制造、各类塑料用品制造、卫生陶瓷制造等工业企业。

第三节　主要传统手工业

木业

木工可分“方作”“圆作”两行。“方作”俗称“木匠”，其中锯大树、锯板的是“解匠”，造船修船的称“船匠”，圆作俗称“箍桶匠”。“木匠”“箍桶匠”大多数都是农民出身，农闲时出门做工，农忙时回家种田。他们一般都领养学徒一两名，学徒拜师傅后吃住在师傅家，平时跟师傅做木工学手艺，也帮师傅种田做家务。学徒期满后办谢师酒，出师几年后自己也带徒弟，一代传一代。

“木匠”有“大木”“小木”之分。“大木”主要建造房屋，制造木船，生产木制农具（木犁、木耙、水车），锯大树，锯板等。“小木”以制作精细家具为主，如木制凉床雕人物、动物、花鸟等。为适应需要，大多数“木匠”擅长大、小木技术，一般都出门做工。

“箍桶匠”制作的产品多为圆木状，如生活用的水桶、饭桶、脚桶、吊水桶、挈档桶、供盘、提桶、马桶等，生产用的粪桶（便桶）、粪勺（料勺）等。“箍桶匠”作坊有的在自己家中，有的挑担外出搞维修和加工。有的“箍桶匠”在村中心设店做来料加工、维修或制作产品出售。

竹业

本地竹匠　俗称“篦匠”，多数来自宁海县。他们在境内打工，逐渐安家、带徒弟，融入当地。竹匠的生产工具主要有锯、刀、钻、刨、剑门、篦铁等，主要制作箩、篦、畚箕、茶箩、篰、筛等生产工具和饭篮、白篮、菜篮、竹席、幢篮等生活用具。竹匠多散于乡间，以出门做工为主，为客户制作生产或生活用具。忙时回家务农。

铁业

打制铁器的人称铁匠，打制铁器的场所称铁匠铺。铺内设有炉灶，风箱、铁墩、大小铁锤、火钳、水缸等生产工具。打铁时，师傅称上手，拿小铁锤把关敲打，下手或徒弟拿大铁锤敲打，两人合作把烧红的铁块锻打成各式产品。铁匠以制作生产工具为主，如锄头、铁耙、茅刀、板锄等。也制作菜刀、水果刀等生活用具。经营以产品出售为主，也兼营来料加工和维修业务。

棉棕业

境内棉棕业历史悠久，有纺纱织带、轧花、弹花、染布的工匠，有穿棕棚、蓑衣的棕棚匠。有做衣服的裁缝，制鞋的鞋匠等。

泥瓦业

指泥水匠、石匠，专事起屋、打灶、做坟等；瓦师做砖瓦。

油、酒、豆腐加工业

油坊　榨油的称“油坊”，也称“油车”，设备简陋，有石制碾砣、碾槽、榨油床、竹制油箍、铁炒锅、蒸锅等。用耕牛作为动力，牵动碾砣，碾碎菜籽、黄豆、棉籽或其他油料，尔后经上箍、炒蒸、上油床，由人力用榔头（俗称“油车榔头”）敲击树榫，硬挤（榨）出油。

酒坊　酿酒的称“酒坊”，也称“酒作”，设备简陋，有老虎灶、吊锅、酿缸、榨床。原料有大麦、糯米、番薯干、绿豆、高粱等。酿制黄酒和米酒，也吊白酒。生产出来的各种酒品供自己享用为主，很少有人上市出售。旧时民间百姓办喜事及逢年过节，多用自酿黄酒或米酒。

豆腐坊　做豆腐的称“豆腐坊”。通过黄豆选料、浸泡、上磨、扯浆、加工豆腐。销售靠集市设摊或串乡走村。产品视季节气温高低而定。有嫩豆腐、老豆腐、香干（豆腐干）、粉皮、百叶（千层）、油豆腐、豆浆等。

第二章　盐业

唐代宗(762—779)时，境内沿海一带多建盐田。北宋崇宁三年(1104)，在甬江以南置清泉盐场，在小门、白峰一带设厂，煮海水烧盐。司前村民煮盐设厂，有上厂、中厂、下厂之分，司前“下厂”地名遗留至今。清代、民国时期则随海塘建造，大多盐场外移。但由于历代的兵祸战乱、天灾以及苛重的盐税，屡屡摧残盐业生产，盐田也时有废、复。民国11年（1922），海晏乡（含白峰、上阳、昆亭和三山等地）康头及昆亭、三山等乡民因不堪盐税重剥和盐警肆虐，聚众3000余人愤打柴桥盐局，焚毁警长住宅，这是盐民反抗暴政的其中一例。中华人民共和国成立初期曾因限产而废场。20世纪50年代后期，盐业生产恢复并较快发展。20世纪80年代初至90年代中期，生产处于历史鼎盛时期。1996年步入盐场结构调整期，多数盐场废除或转产。进入21世纪，因开发建设需要，除外峙小盐场外，其他盐田全部被征用。

第一节　盐场

北宋崇宁三年（1104），甬江以南建置清泉盐场，白峰境域盐场隶属之。南宋乾道年间（1165—1173）设穿山子场，子场下设4个盐场，其中在白峰外峙设盐场1处。开禧二年（1206）穿山子场升为正场。穿山场东起郭巨，途经白峰司前、百丈、小门等地，西至长山场，南北至海。清康熙年间（1162—1722），穿山场与长山场合并为穿长场。

古代盐业生产资料（荡地、滩地、灶地）为国家所有，盐民仅有使用权。工具设备由官府统一置备，交盐民使用，严禁民间私置。所产食盐，概行官收、官运、官销。这种官有制，相沿至清初。此后，所产之盐改由场商收购，荡地及灶地官府不再置拔。据民国11年(1922)《盐政汇览》载：“凡沿海及池井之地听民开辟，置场制盐，与商交易……丁盐交官之例由此尽废”。民国初期实行制盐许可法，对盐场、晒板进行全面清查核实，填发制盐特许证书和牌照，确认业主和私有产权。场区设廒商、蓬长、仓长，分管一两百盐户。篷长由官府指定，并可世袭。民国30年至32年（1941—1943），境内一带驻有缉私营，对盐

外峙盐场

场实行严密监管，若缉获“走私者”则施以酷刑。

中华人民共和国成立后，人民政府接管盐场。1952年，根据全国盐务会议精神，裁废盐板，境内盐场生产停止。1957年6月28日，中共镇海县委渔盐工作部根据沿海群众要求报请中共浙江省委农工部同意，恢复盐场生产。是年，外峙老盐场恢复生产。1966年起，外峙、轮江等生产队也围塘建小型盐场，其中外峙盐场面积16.33公顷，轮江盐场22.33公顷。1967—1974年，经镇海县人民政府批准，白峰公社分别在梅山下岸头围涂40.47公顷、七姓涂围涂90.67公顷建公社盐场。上阳公社在昆亭海涂围涂83.7公顷建上阳公社盐场。

1983年境内集体盐场一览表

表4–2–1

场名	场址	经营方式	单元摊数	面积（公顷）	固定资产（万元）	生产资金（万元）
白峰梅西盐场	梅山下岸头	乡办	8	40.47	77.00	75.00
白峰乡盐场	梅山七姓涂	乡、村联办	15	90.67	140.00	40.00
轮江盐场	白峰轮江	乡村联办	9	22.33	70.47	—
外峙盐场	白峰外峙	村办	10	16.33	30.00	15.00
上阳（昆亭）盐场	昆亭海涂	乡办	—	83.70	—	—

1995年境内集体盐场一览表

表4–2–2

场名	场址	经营方式	职工人数（人）	盐田面积(公顷）	产盐量（吨）
白峰镇盐场	梅山七姓涂	镇村联办	101	88.70	7030.00
白峰梅西盐场	梅山下岸头	镇办	38	40.36	2360.00
轮江盐场	白峰轮江	镇村联办	18	21.89	850.00
外峙盐场	白峰外峙	村办	10	15.00	600.00
上阳（昆亭）盐场	昆亭海涂	镇办	75	83.70	4950.00

1997年，上阳昆亭盐场受第11号台风侵袭，塘倒受淹后无力恢复而裁废。2003年，白峰镇盐场和白峰梅西盐场合并组建北仑区白峰盐业有限公司。2008年因梅山保税港区建设需要盐田被征用，白峰盐业有限公司被撤销。至2018年，北仑区只剩白峰外峙小盐场，也是宁波市区最后一片盐田。

第二节　盐民

宋庆历至明，境内居民皆环海而居。“环江海而居者民皆占籍为亭户”（嘉靖《定海县志》）。“亭户”之名始于唐乾元元年（758），制盐者凡登记入籍即为“亭户”。亭户可免一般徭役，而专门从事制盐劳役，终身煮盐，子孙相传。

宋沿唐制，“亭户”改称灶户。宋熙宁五年（1072）推行“结甲”法，3～10灶为1甲，设甲头以稽察灶户，规定20～60岁男子为“灶丁”。元代改“结甲”制为“灶团”制，每一盐场若干团，3～10灶为1团，每灶由若干家组成。"灶丁"改为16～60岁男子。明沿用元"灶团"制及宋、元按丁纳盐之例，明之户籍帖把盐民列为灶户，世代相袭，不准出籍。

明嘉靖（1522—1566）时，穿山场（时白峰境域盐场隶属穿山场）"灶丁"1209丁。此后，因沿海屡遭倭患及兵乱，盐业生产渐衰，盐民锐减。道光（1821—1850）、咸丰（1851—1861）年间，太平军起义，灶舍、官仓大半废弃，聚团公煎制悉被破坏。至民国元年（1912），穿山场盐民仅403人。

封建时代，官府对盐民管制甚严，以墙、堑、濠、篱作隔，以防盐民私制、私贩和逃离。元人陈椿《熬波图》载："归并灶座、建团立盘，或三灶合一团，四向甄垒围墙，外向远匝壕堑，团内筑凿池井，盛贮卤水，盖造盐仓柈屋，置关立锁，复拨官军，守把巡警。""团围四向墙堵上，置乳头仿佛城池，以绝奸伪，或遇坍摧，随时筑垒，其土皆用荡内生田土堑，盖傍海不时风潮大作，非坚实不足以御之。"灶户不得改籍转业，不得别营产业，不得擅自迁徙盐场，无人身自由，形同囚役。官府还制定"起止火伏之法"，灶户必须集中煎制，定盐灶、火伏、盘数。每次起火、伏火皆有定时，并记录煎盐数量。旨在将各灶所产之盐全部收买入官。

清实行商收，盐商至盐场设廒，收购民盐。"商人到场买盐，其弊又有不可胜言者，盖灶之贫者，无盐可货，必先贷其银，而商人乘之以牟利，数月之中必取倍称之息，倘迟之一年，其息奚啻十倍。或不能偿，则讼之运司，发扬督责，过于官。负强者破产，而弱者欲鬻子女"（嘉靖《定海县志》）。盐商与当地有势力之人互相勾结，压价或拖欠盐款（岁分五月、八月、十月三期结账），重秤剥削（使用廒秤每斤18两3钱）。盐民告贷无门，生计无着，被迫逃亡者时有发生。

盐民赋役沉重，计丁纳盐（银），缺额者治罪，荒额（因灶丁逃离而空缺）分摊。"仓廒所积有浥耗损之患。官府必责其取盈，总催者往往破产以偿，于时十室九窜，民不聊生"（嘉靖《镇海县志》）。

灶户收益甚微，一年所得约米3石，折钞7贯500文。灶丁以盐纳课，如有多余，称为余盐，一律由场定价收购，灶户不能私卖，如藏之私室及垣外，即以私盐论罪。明洪武元年（1368）规定每引（200千克）盐，官给工本米1石，折钞2贯；洪武十七年（1384）改为工本钞每引2贯500文，灶户终年劳作，难以养家糊口。遇天灾人祸，景况更为凄惨。

民国时期，盐民生活仍十分困苦。原盐价一般为"千盐石米"（一担盐十升米），最低为一担盐三升米，较畅销时为二担盐一担谷（约一担盐十五升米）。中华人民共和国成立后，实行原盐公收制度，调整原盐价格，每担原盐收购价1.41元，盐民每人每年可免税6～9千克食盐，盐民收入逐年提高，生活得以稳定。农业实行合作化后，盐民以产定额计工，参加农业生产合作社统一分配。

第三节　制盐

制盐方法

煎煮　唐代至清咸丰年间，制盐皆以火力熬煎。卤水从刮泥淋卤中获取，此法一直沿用至1918年。宋代词人柳永在《煎盐歌》中对此曾有描述："年年春夏潮盈浦，潮退刮泥成岛屿。风干日曝咸味聚，始灌潮坡溜成卤。"其法为夏季三伏，刮取海滩咸泥于晒场，其旁挖坑置溜缸。采卤时，堆咸泥于卤缸上，缸底开孔，接以竹管，上用海水冲淋，其卤流入接缸。待卤流满再吸至贮缸。煎盐时，把缸中卤水运至灶场，煎熬成盐。灶煎工具用铁盘、铁锅或篾盐板晒盐盘。元、明代旧制，一场10灶，每灶昼夜煎盐6盘，每盘150千克，清末民国初也用锅煎，一灶5锅。铁锅、铁盘皆由官发，规格统一。

板晒　清咸丰十一年（1861）至同治元年（1862）太平军攻占镇海后与清兵鏖战，盐场煎灶大多被毁，后遂始用木板（盐板）晒盐。盐板用杉木制成，四周以方木围框，板面平滑，板底有四根撑档，直框两头伸出，制成手柄，用以抬扛。盐板缝隙以石灰涂嵌，以防渗漏。木板晒盐由岱山盐民王金邦于嘉庆年间（1796—1820）创始。1918年，境内盐场皆废煎改晒。板晒时，天晴列板于场，日出后逐板注卤暴晒，日中结晶，盛夏炎日再加卤一半，至下午4—5时用盐耙集盐。因卤有浓淡，时有冬夏，冬季需5～6天每板始得盐1斤或10两（16两制）。收晒后通常10块板为1幢，顶层晒板覆盖，防雨淋淡化。

盐板晒盐不费柴薪，操作轻便，产量高，成本低，盐民争相效仿。初，盐板为盐民私有，由于盐板日渐增多，清光绪六年（1880）实行计丁授板法（每丁6块），多余盐板被强行劈毁。民国时期多次清查盐板，并烙印编码，后又加钉搪瓷牌号，意在控制盐板数额，禁止私增。盐板的大小由官方统一规定，1916年，盐务署核定盐板规格为长7.4尺，宽3尺，深1寸。

平滩制盐　1962年，外峙盐场采用平滩工艺制盐，按蒸发池顺序逐步卡放，卤水逐级浓缩，至结晶池格晒盐。卤滩前3～4步大平面滩为初级蒸发区，中级蒸发区为小平面，结晶滩起始用泥底板结晶池，后逐步使用青砖、沥青板、缸爿等硬底。1968年，各场全部改为平滩制盐工艺。

平滩制盐主要环节

纳潮根据海水咸度、潮位，及时纳入浓度高的海水，供应滩田，进水时先送远滩，后送近滩，保证场内原料海水充足。

制卤　按步（格）卡放走水，一步一卡，定深定度，旺季末步蒸发池卤水深度不少于2厘米，平淡季不少于1.5厘米，采用横赶卤或咸水倒扬法延长走水路线。

结晶　以饱和卤、新卤、清卤灌池，开晒面积服从卤水数量，实行量卤灌池，禁用苦卤掺兑混晒或浅卤方法扩大开晒面积。灌池的卤深2～3厘米。采用分段结晶，分两段的，第一段26～28.5波美度，第二段28.5～30.5波美度；分三段的，第一段26～27.5波美度，第二段27.5～29.5波美度，第三段29.5～31.0波美度。适时做好旋卤打花作业，旋卤打花分灌池后旋卤、闪光旋卤、漂花旋卤以及结晶全过程旋卤。

三雨作业　雨前分级保卤，卤池保满，活动式薄膜要拉膜保卤，雨量大时掮滩收咸；雨中勤检查排淡是否畅通，勤收咸；雨后进行卤水按度排队，清除结晶池污泥，抓紧整滩，迅速出卤。

整滩作业　滩田质量影响卤水渗漏和蒸发率提高，整滩时间掌握忙时小整，闲时大整，做到生产和整滩两不误。整滩标准为“一平、二硬、三不漏”，一平：1～4步高低差不得大于1.5厘米，第5步以上不得大于1厘米，结晶池不得大于0.7厘米；二硬：人入池1～4步不陷脚，5步以上无脚印；三不漏：1～4步昼夜渗透量在1.5毫米以下，从第5步起在1毫米以下，结晶池应小于0.7毫米。规定沟道畅通，池埝平整，边沿无杂草。

盐工在生产

塑料薄膜覆盖制盐　20世纪70年代，试行塑料薄膜覆盖制盐工艺，后因技术管理不善停止。1984年，推广活动式黑色薄膜铺池底结晶，该制盐工艺与原使用缸砖相比，产量和盐质都有明显提高。

第四节　产量质量

产量

清咸丰、同治年间，晒盐采用盐板。民国18年（1929），外峙建盐田晒盐，时由于工艺落后，产量低微。20世纪60年代筑塘围涂，建造盐场，随着晒盐工艺的逐步改正，产量不断上升。1993年全镇产盐9678吨。1995年达15790吨。

1968—2006年境内原盐公顷产量一览表

表4-2-3　　单位：吨/公顷

年份	面积产量	年份	面积产量	年份	面积产量
1968	22.88	1981	39.58	1994	75.04
1969	7.31	1982	27.86	1995	66.69
1970	11.17	1983	22.48	1996	56.97
1971	48.56	1984	37.88	1997	43.14
1972	38.58	1985	48.44	1998	29.55
1973	20.41	1986	52.67	1999	34.83
1974	40.00	1987	35.11	2000	58.23
1975	31.76	1988	51.17	2001	63.33
1976	35.62	1989	34.19	2002	44.93
1977	23.80	1990	51.81	2003	66.55
1978	51.58	1991	50.47	2004	78.17
1979	41.55	1992	54.81	2005	72.10
1980	24.77	1993	42.54	2006	57.40

质量

旧时，盐的质量以咸、淡、苦、白、苍、粗、细、湿、燥等为指标。民国19年（1930）6月公布《检查食盐章程》，始定质量标准。翌年盐务署化硷盐质，穿长场（时境内盐场均属穿长场）氯化钠含量92.33%，水分1.12%（经人为烘晒脱水处理），夹杂物6.55%，外观色白、粒大、味咸。

1965年7月，浙江省规定集体盐场所产原盐实行分等计价收购。1974年，较大的集体盐场均建立简易化验室，培训化验员，进行质量理化分析，同时制定《原盐生产操作规程》。1997年，境内集体盐场平均氯化钠含量93.74%、白度62.4度。2000年10月实施GB 5461—2000食用盐标准。

1974—2006 年境内盐质情况一览表

表 4-2-4　　单位：度

年份	氯化钠含量（%）	白度	年份	氯化钠含量（%）	白度	年份	氯化钠含量（%）	白度
1974	89.66		1985	91.85		1996	93.64	60.57
1975	91.71		1986	92.31		1997	93.74	62.40
1976	90.28		1987	92.05		1998	93.10	62.40
1977	89.58		1988	92.05		1999	92.92	59.64
1978	91.31		1989	91.73		2000	92.80	62.30
1979	90.83		1990	91.33		2001	92.70	62.10
1980	90.13		1991	91.89	58.50	2002	92.58	58.10
1981	91.81		1992	92.92	59.70	2003	91.74	61.50
1982	92.05		1993	93.29	58.80	2004	92.16	60.70
1983	92.25		1994	93.11	60.30	2005	91.84	60.10
1984	92.79		1995	93.71	60.90	2006	91.77	57.70

第五节　原盐购销

境内原盐收购历代是官收和商收相结合。宋代初规定原盐全部官卖，后商销实施行引法，违者以私盐论处。元、明沿用，商销改四角截引法。中华人民共和国成立后，原盐列为国家统一分配产品，实行统购包销，凭移库单或发票运销。1997 年后，实施准运证。

收购

官收　唐代至明代，官府包揽盐的收购与销售，均实行官收政策。明洪武元年（1368），始规定每引（约 200 千克）盐给工本米 1 石，灶户每年缴纳定额盐课。清初推行“官督商销”，经官府特许的盐商向官府领引票。民国 31 年（1942）后实施盐专卖，盐场产盐全部官收。

商收　明弘治五年（1492），尚书叶淇改变盐法，由商人纳银于运司，赴盐场购盐，并对余盐开禁，商人与灶户直接交易。清初实行按引购盐，商人持单下场收盐，经场官查验无弊，方许出场。民国初年改引单为盐运执照，采用专商引岸制度。民国 35 年（1946）盐务总局规定，实行委托商收及公家贷款收仓。其时，对穿长等场核定办理贷款收仓，场盐收仓配放，须按照以销配产原则，预定各场各月产量，严加督察，不得额外多产，以防走私。

统购　中华人民共和国成立后，国家对原盐实行统购包销，不准商收。1950 年，盐全部由镇海县盐业公司经销。1976 年，县盐业公司对集体盐场的原盐收购采用“量方预付、放销结账”办法，以每立方米折算 1 吨付给 80% 盐价款，余额按实放数结清。1995 年，北仑区盐业公司以每立方米 1 吨付给 70% 盐价款，余额按实放数结清。2006 年预付比例从 70% 提高到 80%。

销售

官卖　宋承五代旧制，产盐全部官卖，百姓计口授盐。崇宁三年（1104）罢官卖所，官不再给盐。元以商销为主，官卖仅限近场区域，称“食盐”。明洪武年间（1368—1398）计口月给 1 斤，永乐二年（1404）

起儿童减半。此后配额迭有变换。

商销　宋雍熙年间（984—988）以折中法开商销，后以商人操纵比价侵亏官府，遂在至道二年（996）禁止商销。庆历八年（1048）复开商销，比例日增，政和三年（1113）又改行引法。元、明承袭，明仿宋折中法，施行开中法，鼓励商人输送米粮等至边塞，给以食盐运销权。万历四十五年（1617）改单之纲，以纲法行盐。自此盐商遂为世袭专商，官府除每年开纲售引外不再收盐。

统销　中华人民共和国成立后，国家对原盐统购公收，不准商收销售。1950 年浙盐全部由盐业公司运销。1952 年改由各供销社统一销售，1970 年 11 月后由镇海县盐业公司承接全部产销工作。改革开放后，取消食盐统销，食盐市场全面放开。

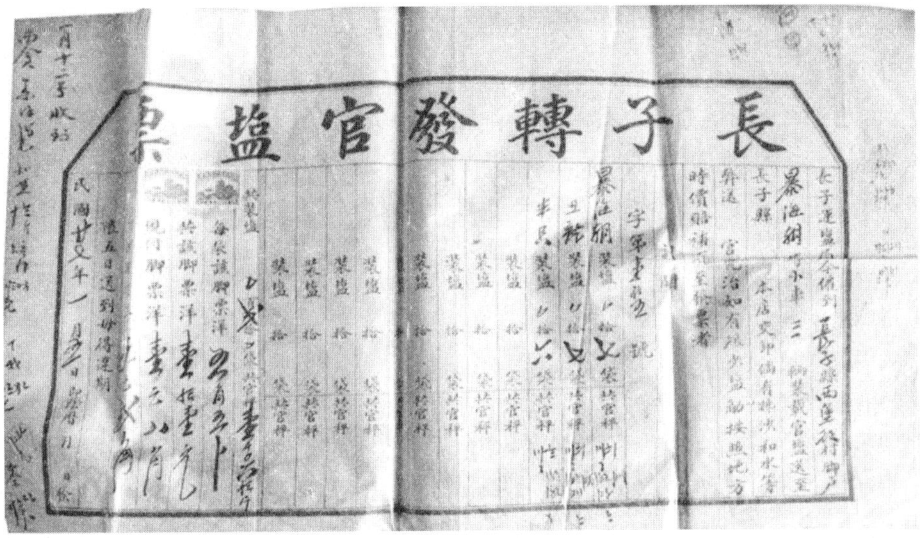
長子轉發官盐票

民国官盐票

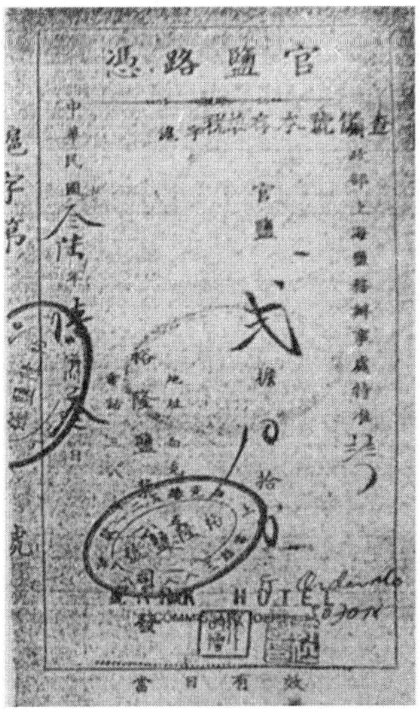
官鹽路憑

官盐路凭

第三章　建筑业

白峰民间泥、木、石、竹、漆、铁、箍“七匠”人数众多，队伍庞大，实力雄厚，富有传统手艺技能。境内村民建房，历来由个体泥水匠、木匠承造。房屋墙基多以山上开采的石块为主，建筑用石灰多为壳灰，系用海螺壳、蟹壳等贝壳烧煅而成，且多就地取材、加工。

旧时境内房屋除公廨、地方办学堂及寺庙等少量公产外，均属私有，亦有少量族祠。村屋一般为一两层的砖木结构，亦有泥墙、草屋等。中华人民共和国成立后，随着人民生活水平的提高和国家开发建设需要，境内建筑业得到较快发展。1984 年，北仑区有建筑施工企业 10 家，白峰建筑工程队名列其中。1993 年始，境内民营建筑业不断增加，并随着建筑施工新技术、新工艺、新材料的推广应用，工程质量显著提高。

第一节　建筑队伍

中华人民共和国成立前，建筑工人散居农村各地，多为泥水匠、木匠、石匠、漆匠等个体手工业者。旧时，以技术高、信誉著者为首（俗称“包作头”），召集组队、承揽工程，工完散伙。也有父带子、师带徒承揽零星建筑者。中华人民共和国成立后，于1954年手工业者组织起来，成立木、泥、竹业合作社，在合作化运动中合并为手工业社。时境内有白峰乡、山江乡、上阳乡、下阳乡4个手工业合作社，职工120余人，各手工业合作社对外从事各种小型建筑。1979年白峰公社成立建筑工程队，从业人员100人，年产值4.59万元。1980年，白峰大队成立工程队，从业人员24人，年产值2.98万元；小门大队成立工程队，从业人员8人，年产值2.51万元。1985年司前村成立建筑队，从业人员42人，年产值10万元。1991年，上阳乡成立建筑工程队，有从业人员10人，年产值22万元。1993年始，企业转制。至2018年末，境内有民营（合资）建筑企业52家，其中有限责任公司19家、个体独资企业17家、个体企业16家，形成房屋建筑、市政、公路、水利水电、消防、设备安装、装修、预制构件、爆破与拆除、商品混凝土等配套成龙的施工、生产体系。

第二节　建筑设备

20世纪70年代以前，境内建筑工人使用的都是传统手工工具。木工用刨、锯、斧、凿、墨斗墨线等；泥瓦工用泥刀、铁板、铲子等；运送建筑材料长途用船，短途靠人扛肩挑；升高作业用竹木搭架，工人站在木板上施工。20世纪70年代末，木工使用电动圆盘机锯木，用钢卷尺、扁铅笔等简易工具替代墨斗墨线；泥瓦工开始使用砂浆机；长途运输有船、拖拉机；工地运送物料用扒竿，装上电动葫芦；升高作业用毛竹搭脚手架。20世纪80年代，木工开始用凿眼机代凿子；泥瓦工浇铸混凝土用混凝土搅拌机、筛沙机、震动机、磨石子机；提升物料用钢管井字架；升高作业用钢管脚手架；固定水泥浇铸件用钢模板代替木模板。20世纪90年代，木工有电刨、打枪机（打钉子）、电钻、电锯等设备，基本实现机械化；泥瓦工除砌砖仍用泥刀、铁板等传统工具外，地基的平整、挖掘用推土机、压土机、挖掘机等代替繁重的体力劳动；拉线定位有经纬仪；打桩有打桩机；施工现场垂直运输有卷扬机；运输建筑材料有自卸汽车、混凝土运输车；提升物料用塔吊。另外还有使用安全网、混凝土泵车、汽车吊等施工设备，机械化水平明显提高。

2018年末，境内建筑企业有各种施工机械设备350余台，总功率超400千瓦。

第三节　建筑材料及制造

建筑材料

20世纪50年代前，境内农民住宅的主要建筑材料是黄泥、块石、竹子、树棍、稻麦草、石灰、青砖、小瓦等，国有和集体单位的建筑用325水泥、钢筋、黄沙、石子。1958年前后，开始使用平瓦（俗称“洋瓦”）、“二五十”砖。20世纪60—70年代，一些农民住宅使用水泥桁条和水泥门窗框，代替原来的竹木树棍。20 世纪 80 年代，农民普遍盖楼房，钢筋、水泥、黄沙、石子、平瓦、“八五”砖、平板玻璃成为境内主要的建筑材料，钢窗、马赛克（贴面用）、白水泥作为新型建材被大量使用。20 世纪 90 年代后，各种建材（含装潢材料）日新月异，琳琅满目，铝合金、不锈钢、塑钢、各种型号和不同色彩图案的瓷砖、彩色玻璃、墙纸、各类化学涂料等新型建材不断涌现，传统建材也不断更新：水泥由“325”发展到“425”“525”标号，“八五”砖发展为“九五”空心砖，平瓦由泥土烧制到水泥压制。建材发展的总趋势是美观、耐久、节能、环保。

砖瓦窑

境内最重要的建材（砖、瓦）生产制作场所。制作以田土为原料，生土揉成熟土后靠木制模具用手工制作土坯，风干后入窑烧制。主要产品有青砖、瓦片、皮砖、压栋砖、龙骨砖等，少量烧制大户人家及寺院庙宇等专用产品。烧窑原以烧柴为主，20 世纪 70 年代起以煤代柴。旧时窑厂多以个人或联户兴办，合作化后改为集体经营，时境内有小型砖瓦窑 20 只（其中上阳 9 只、白峰 11 只）。1979 年，白峰公社沿亭大队兴建砖瓦厂，从业人员 11 人，年产值 2.32 万元。20 世纪 80 年代中期改为个人承包经营。1986 年，白峰乡百丈村兴建砖瓦厂，有从业人员 50 人，年产值 4.27 万元。是年，在上阳乡山坑村田块新建轮窑厂，厂内建有轮窑 1 座，并配有煤渣粉碎机、半机械化制砖机、平瓦机等设备，以老棉地泥、墩地泥、部分黄泥为原料，所制红砖质地坚硬、变形少、质量达标，至 1991 年有从业人员 70 人，年产值 39 万元。1995 年在上阳隔塘外马盘、钟家湾地块以个人合资建轮窑厂 1 座。2004 年在蕉山合资又建轮窑厂 1 座。2010 年后，国家对污染企业进行整治，三座轮窑厂先后被整改拆除。

石灰窑

20 世纪 90 年代前，民间建筑用石灰多为壳灰，系用蛳螺壳、蟹壳等贝壳烧煅而成，且多就地取材、加工。境内各村大多设有石灰窑（厂），规模不大（每厂 1 ～ 3 人），自产自销。20 世纪 90 年代始，建筑行业大量使用水泥和富阳灰（由石灰石烧制的石灰），本地传统石灰窑失去市场而全部关闭。

采石场

白峰街道地处丘陵地带，石矿资源丰富。旧时，村民建房多以就地取材开采的石块作为墙基、墙体。中华人民共和国成立后，随着砖瓦业的发展，造屋砌墙多以砖块为主。块石主要用于墙基和地坪。随着建筑业的发展和房屋结构的改变，地坪、地箍、腰箍、顶箍、柱头、大梁等都采用混凝土浇筑，楼板、桁条、天盘等各类水泥预制构件的制作，都需要各类规格的石子，再加上农田水利建设和道路建设的需要，石块、石子的需求量大增。从而带来采石场、轧石场的快速发展和增加。1979 年开办白峰公社小门大队采石场、外峙大队采石场、神马大队采石场。1981 年，开办白峰公社沙石场。1985 年开办白峰村采石场。1986 年开办司前村采石场。20 世纪 80 年代末，开办道头村、马盘村轧石场。主要产品有混石子、瓜子片、石粉等，供应境内外用户。

水泥预制场

20 世纪 70 年代末，境内逐渐兴办水泥预制场，主要生产水泥构件，如水泥楼板、桁条、天盘等产品。

1980 年兴建白峰预制品厂，有从业人员 12 人，年产值 7.03 万元。轮江水泥预制品厂也在同年兴建，有从业人员 7 人，年产值 2.62 万元。1982 年，白峰公社兴建建筑材料厂，有从业人员 48 人，年产值 12.97 万元。1985 年蒋岙村建起水泥预制场，有从业人员 7 人，年产值 3.50 万元。1987 年，兴建舟渡预制场，从业人员 7 人，年产值 3.80 万元。还有上阳综合厂预制场、象明水泥预制场。

第四章　经济实体及选介

据北仑区市场监督管理局白峰监督管理所提供的资料，至2018年末，境内工业、盐业、建筑业共有经济实体704家，其中注册资本100万元以上的有76家。

第一节　经济实体名录

至2018年末，境内注册资本100万元以上的“三业”经济实体名录如下：

宁波环海重工有限公司
盛威保险柜（宁波）有限公司
宁波渝成精密机械有限公司
宁波巨辉压铸配件有限公司
宁波旺展精密机械有限公司
宁波工凡机械制造有限公司
宁波凯跃清洗设备有限公司
宁波皇润机械设备有限公司
宁波乾盾箱柜制造有限公司
宁波逸达机械有限公司
宁波超禾包装有限公司
宁波盛杰市政道路设施有限公司
宁波海广新型建材有限公司
宁波韵威电子有限公司
宁波泰戈金安全设备有限公司
宁波鼎铭机械制造有限公司
宁波兴业水产冷冻有限公司
宁波金斯威尔汽车零部件有限公司
宁波恒发造船有限公司
宁波满洋船舶有限公司
宁波祥丰庭院休闲用品有限公司
宁波北仑盈辉机械有限公司
宁波满洋船舶装备有限公司
宁波港达不锈钢制品有限公司
宁波永发智能安防设备有限公司
宁波交工建筑产业发展有限公司
宁波港建混凝土有限公司
宁波海湾重工有限公司
宁波甬勤液压有限公司
宁波弗雷迪安防科技有限公司
宁波繁兴船业有限公司
宁波仁莱佑尼精工模塑有限公司
宁波科鼎模具制造有限公司
宁波盛源弘箱柜有限公司
宁波金迈睿船舶工程有限公司
宁波禾吉印务有限公司
宁波新达船舶修造有限公司
宁波泰欣达自动化科技有限公司
宁波锦艺机械科技有限公司
宁波科导文化科技有限公司
宁波冠廷纸品包装有限公司
宁波甬孚纺机有限公司
宁波东升冷冻有限公司
宁波中孚机械有限公司
宁波峰城水产冷冻有限公司
宁波一博包装材料有限公司
宁波欣业钢窗有限公司
宁波威武机械制造有限公司
宁波荣冤箱柜有限公司
宁波诚铭电器有限公司
宁波北仑东兴围垦有限公司
宁波海建港航工程有限公司

宁波伟航建筑装饰工程有限公司
宁波黄林钢结构安装工程有限公司
宁波雷祥建设工程有限公司
宁波义佳市政环境工程有限公司
宁波北仑博谦建筑有限公司
宁波金达峰水电安装有限公司
宁波安居防水堵漏工程有限公司
宁波跃甬体育设施有限公司
宁波峰勇体育设施工程有限公司
宁波中海金龙航务工程有限公司
宁波延浦设备安装有限公司
宁波文强建筑安装工程有限公司
宁波艺鑫建筑装饰有限公司
宁波吉艺装饰工程有限公司
宁波盛贵机械有限公司
宁波鸿祥土建工程有限公司
宁波永坤建设工程有限公司
宁波华展海洋工程有限公司
浙江海建港航工程有限公司
宁波华艇建筑工程有限公司
宁波方旭建设工程有限公司
宁波坤业建设工程有限公司
宁波营通工程安装有限公司
宁波龙邑建筑装饰有限公司

第二节 经济实体选介

宁波永发集团有限公司

宁波永发集团有限公司始创于1988年，公司总部位于白峰街道小门村，是集研制、生产、销售防盗防火保险柜、智能枪械柜、银行金库门、智能防盗门及智能锁具为主导产品的科技型企业，目前是中国最大的保险箱生产企业及创汇企业，拥有中国保险箱行业标志性品牌的荣誉。

公司拥有员工1000余人，专业技术人员130多名，具有高级职称技术人员37名。公司拥有省级研发中心，通过国家3C质量体系认证，是国家高新技术企业。拥有技术专利近200项，参与《防盗保险箱》行业标准修改与制定；多项产品获得欧洲CE、SP等国际上质量权威检测机构认证；是行业首家通过美国UL质量检验检测和ISO 14001环保体系的企业。2018年，实现销售收入33252.90万元。永发保险柜先后被评为“浙江名牌产品”“中国名牌产品”。

其下设有60多家分公司及办事处，在宁波、南宁、钦州建有8大生产基地。在全国30多个省、市、自治区铺设强大的营销网络，为广大消费者提供一站式的便捷服务。产品畅销于美国、德国、英国、法国、澳大利亚等110多个国家和地区，先后进入美国中情局、德意志银行、荷兰ING保险公司、皇冠假日和喜来登国际顶级连锁酒店，以及国内政府、银行、部队、中国石油、中国移动等。

宁波永发集团有限公司

宁波环海重工有限公司

宁波环海重工有限公司成立于2015年7月，系收购原恒富船业股份有限公司的全部优质资产组建而成。主营各类运输船舶和特种船舶的修理及改造业务，下设经营部、生产部、安环部、资产部、生产保障部、行政部、公务船部、技术质量部等部门。

公司位于白峰街道涨浦山，东邻宁波舟山港核心区域，靠近螺头公共水道，距北仑四期集装箱码头约1.5海里；北与穿山港出口和国家级开发区大榭岛相望；南接329国道、穿山疏港高速；西邻舟渡码头、普陀山高速客轮码头。

公司码头前水域宽阔，水深10～14米，主航道水深36米。公司码头海岸线总长770米，码头前沿潮水流速最大不超过4米/秒，大型船舶靠泊、进出港、进出坞方便。公司拥有6.5万吨级干船坞、2.5万吨级干船坞、1万吨级干船坞各一座，320米码头一座，120米码头两座，码头总泊位770米。办公大楼、船东接待楼、船体车间、综合车间、空压机站等生产生活设施齐全，厂区总占地面积20万平方米，各类建筑面积12万平方米。

公司取得中国船级社的CCS管理、环境管理、职业健康安全管理三大体系认证，并通过中国新时代认证中心的9001质量管理体系认证，软硬件设施齐全，具备外轮及常规船舶维修能力。

公司现有员工500人，工程师以上技术骨干30名，大专以上管理人员20名，技术工人110名，人员懂技术、善管理，积累大量外轮维修的技术和管理经验。

盛威保险柜（宁波）有限公司

盛威保险柜（宁波）有限公司成立于2009年04月，系盛威国际控股集团在浙江宁波投资组建的生产基地，公司总投资620万美元，注册资本200万美元。公司位于中国保险箱行业产业基地白峰街道小门村，现有员工100余人，其中专业技术人员33人，管理人员12人，公司主要生产保险柜、枪柜等安防装备，产品广泛应用于金融、财务、家庭、酒店、部队枪支管理等各个领域。盛威（SAFEWELL）作为国际知名品牌，享有盛誉，在中国香港地区及东南亚、中东、印度、日本、美国、加拿大、德国、法国、土耳其、南非等地设有分销商，其中在香港的市场占有率高达80%。

公司拥有1万平方米的现代化厂房，引进众多国际大型先进设备，包括激光切割机、精密数控折弯机、自动化生产线及一体化喷涂流水线等先进设备。2018年销售收入4400万元，在行业内各项综合经济指标均名列前茅。

盛威保险柜为提升在国际市场的竞争力，通过各项产品认证，涵盖ISO 9001—2008国际质量体系认证、欧洲CE认证、环保ROHS认证、德国VDS认证、美国UL认证、中国GB认证等。

宁波环海重工有限公司

盛威保险柜（宁波）有限公司

宁波甬孚纺机有限公司

宁波甬孚纺机有限公司位于白峰工业区，创建于 1996 年，占地面积 15000 平方米，拥有标准厂房 9000 平方米、办公楼 1200 平方米。公司注册资金 588 万元，现有员工 45 人。

公司专业从事纺织机械研究设计、制造加工，拥有整套加工线，按 ISO 9001 管理标准进行管理。公司拥有自营出口权，出口产品获万泰公司的 CE 认证。

其产品出口日本、越南、孟加拉国、巴基斯坦、印度、印度尼西亚、俄罗斯、土耳其、立陶宛、摩洛哥、埃及、南非、巴西等 30 多个国家和地区，在国内 26 个省、市、自治区拥有 2000 多家用户。年生产销售各类绕线设备 2000 余台。2018 年营业收入 1000 万元。

宁波甬孚纺机有限公司

宁波市北仑奇霞制衣有限公司

北仑奇霞制衣有限公司位于白峰街道下阳村道头，创建于 1992 年。公司拥有 100 余台缝制设备以及先进服装 CAD 设计排版系统，公司厂房面积 2500 平方米，现有员工 100 余人。公司专业生产梭织服装，产品包括棉、麻、化纤、尼龙、PVC 复合布等各种面料的西服、风衣、夹克、衬衫、裤子、裙子、运动休闲服等。2018 年，年产值达 1000 余万元，产品主要出口欧洲等国。

宁波市北仑奇霞制衣有限公司

宁波满洋船舶有限公司“满洋 2004”打捞船

宁波满洋船舶有限公司

成立于2004年12月，注册地址在新峰村屺峙。经营范围包括船舶修造，船用设备的制造、加工，沉船、沉物探测、打捞，砂石填挖，管道安装服务，码头靠泊服务。2015年6月26日，宁波满洋船舶有限公司建造的“东海001号”复合型风电运维船交付，船舶于2015年1月21日开工建造，是一艘单底单壳，双机双桨的钢铝复合型风电运维船，船长38.9米，船宽8米，满载排水量300吨，最大航速15节。船舶除了拥有海上风电机组运行维护特殊功能区块外，还专门配备半自动舷梯和专业吊机，以增强作业的稳定性和安全性，该技术达到国内领先水平。

附录：破产企业选介

宁波恒富船业（集团）有限公司　宁波恒富船业（集团）有限公司于1996年8月组建，总部设在白峰街道涨浦山。时随着世界海运量增长，世界商船队扩大，航运业在此形势下得到较快的发展，使得恒富船业步入发展的快车道，其以宁波市北仑船厂为核心，发展成为集修理、制造船舶、国内外航运、船用物资经销为一体的综合性股份制企业。2002年全年共修理各类船舶108艘，其中万吨级以上船舶70艘，外轮38艘；实现年产值达2亿元，年利税3000万元，其中北仑船厂年产值为5000万元，年利税800万元，在全省同行业中趋于领先地位。其子公司北仑蓝天造船有限公司成立于2003年08月，位于白峰街道神马岛。恒富集团于2007年先后承接德国康蒂公司和科姆罗斯奇公司8艘5.7万吨和4艘7.53万吨散装货轮的订单，总造价达4.52亿美元。至2009年，已建造6万吨级、2.5万吨级、1万吨级干船坞各1座；10万吨级、2万吨级、1万吨级、5000吨级舾装码头各1座，并配备400T龙门吊等各类设备，成为能够修理各类船舶以及建造10万吨级船舶的大型造船企业，年造船能力100万吨载重左右。是年，实现产值5.5亿元。2009年后，由于受全球金融危机和行业周期波动，以及扩张过快、管理不善等因素影响，集团公司及其子公司北仑蓝天造船有限公司从2010年下半年逐步陷入停产状态。2011年10月，恒富集团宣告破产并启动拍卖程序。2015年7月，宁波尚辰投资有限公司以2.7亿元的价格收购恒富船业。

恒富船业船坞一角

第五篇 商贸服务业

明清以来，境内始有渔盐产品就地易换，有的农户开设小店（烟酒副食店）、肉类销售店、理发店等，有的作行贩四处奔波。民国时期，连年战乱，加之货币贬值，物价暴涨，百业受损。

中华人民共和国成立后，政府一直把服务部门当作不创造社会财富的非生产部门，并长期实行服务低价制，甚至曾把不少服务活动当作资本主义因素来批判，严重挫伤服务业发展的积极性，境内商贸、服务业发展缓慢。

改革开放以来，境内商贸、服务业开始恢复性高速增长，经济结构比重提高快，其增长主要靠传统服务业的带动。20 世纪 80 年代后期，特别是 1992 年 6 月，中共中央、国务院作出《关于加快发展第三产业的决定》，提出“为了抓住当前有利时机，加快改革开放步伐，集中精力把经济建设搞上去，按照国民经济和社会发展十年规划和第八个五年计划的要求，必须使第三产业有一个全面、快速的发展”。境内商贸、服务业结构逐渐改善，新兴产业和高附加值产业发展迅速。

进入 21 世纪，境内流动人口和农村剩余劳动力大量增加，为商贸、服务业提供广阔的市场和劳动力资源，加之商贸、服务业相对投资少、风险小，成为境内发展最快的产业之一，也逐渐成为白峰街道经济增长的新动力、优化产业结构的新载体、提升发展层次的新途径。白峰街区现商贾云集，店铺林立，市场繁荣；以私营为主的商业和各类社会服务业、旅游业、现代物流业等全面发展。至 2018 年末，境内商贸、服务业经济实体达 1165 家。

第一章 商业

明清时期，大多数农户家有婚丧喜事都去具有“小宁波”之称的柴桥“九间头”“十三行”或郭巨街采购物品。清乾隆十一年（1746），上阳、白峰等地有乡间小店 20 余家。民国时期，镇海县有集市 65 家，上阳庾头市（每日市）名列其中。民国 29 年（1940），境内组建白峰、五境 2 个战时合作社。

中华人民共和国成立前后，境内私营商业占据整个市场。1950 年，开始扶助供销合作社发展，并逐渐成为商品流通中的主渠道。1956 年对私营工商业进行社会主义改造，商业体制发生剧变，小商小贩组成合作商店或合作小组，即为集体商业，私营商业所剩无几。1964 年，白峰粮站设立，时为境内首家国营商业网点。“文化大革命”时期，集体商业经营被严格限制，私营商业一度濒临绝迹。这种体制一直延续到 1979 年。中共十一届三中全会后，商业体制发生变化，在发展国营、集体商业的同时，私营商业蓬勃发展。1984 年始商业体制改革，对非私商业推行多种形式的经营承包责任制，力求开拓经营、提高效益、谋求发展。但由于种种原因，1990 年国营商业停办；1998 年后，集体商业、供销合作社先后全面转制。

1953年起，在长达40年的时间里，商业经营由国家计划经济宏观调控，粮、油、棉实行“统购统销”，几乎所有与民生有关的物资都要凭票定量供应。其时，粮票、布票、棉花票、油票、烟票、糖票、肥皂票、火柴票、煤油票、购货证、购物券等各种票证多达数十种。1984年10月20日，中共十二届三中全会通过《中共中央关于经济体制改革的决定》，计划经济逐渐向市场经济转轨，生产资料、生活资料和农副产品购销逐步放开，居民购买力逐年提高。至1993年，票证制度正式全部废除。

1999年始，境内形成以私营为主，多种经济成分、多条流通渠道、多种经营方式并存的商业体制。境内商品日益丰富，商业网点逐步增加，沿街商铺的布局、装饰、商品特色，都不断呈现出新的局面。电子商务的崛起，对境内商业既是挑战，又是机遇。

第一节　经营体制

国营商业

中华人民共和国成立初期，境内无国营商业。1964年5月，先后在白峰公社（白峰庙）开设白峰粮站，在上阳公社（原道头村乌礁庙旁）开设上阳粮站。两粮站均隶属镇海县粮食局郭巨粮管所管辖，凭票销售大米、面粉、食油、杂粮和负责粮食征购等。1986年后食油敞开供应。1993年1月1日起，粮食市场开放后，白峰粮站、上阳粮站先后关闭。

20世纪70年代初期，镇海县食品公司在白峰仰岛湾部队营房旁开设白峰仰岛湾食品购销站，主营肉类、生猪、禽蛋等购销业务，农民有猪、禽蛋等统一由食品购销站收购。时猪肉、禽蛋凭票供应。1985年，肉类市场放开后，实行议价购销，食品购销站始行经营承包责任制。1990年，肉类、禽蛋市场完全放开，各超市、市场、私营摊贩均可经营，农户也可自产自销，时仰岛湾食品购销站停办。

供销合作社

中华人民共和国成立前的供销合作社是劳动群众集资组织起来的农村合作商业。民国时期合作商业是在政府提倡、社会团体扶持下群众自愿组合的合作经济机构。民国27年（1938）2月，浙江省政府颁布《战时合作社暂定办法》，规定以乡为单位建立“战时合作社”。民国29年（1940）7月，境内共建白峰、五境2个战时合作社。翌年镇海县境沦陷，境内战时合作社被迫解散。1949年5月26日镇海解放后，民国时期所办的合作社一律停办解体，接受改造。

1950年4月15日，镇海县供销合作总社成立。1953年10月白峰、上阳分别成立供销合作社（以下简称“供销社”），隶属郭巨区社管辖。供销社资金由农民自愿入股筹资，人员由部分小商贩和商店职工组成。第一批白峰乡、上阳乡农户基本上全部入股，成为供销社社员（股金逐年分红）。供销社成立后，组织农民生产自救，帮助农民推销农副产品，供应生产、生活资料，减少中间差价，维护农民经济利益，深受农民欢迎。

1958年10月，供销社等贸易机构全部下放至人民公社。时白峰、上阳境域隶属郭巨人民公社，白峰供销社、上阳供销社分别改为郭巨人民公社供应部白峰分部和上阳分部。同时，由小商小贩组织的合作商店、合作小组和个体商贩全部过渡到供应分部，人员、资金、店铺统一使用，实行统一领导、统一经营、统一核算，共负盈亏。1961年4月，成立白峰公社、上阳公社，白峰分部和上阳分部分别改为白峰供销社、上阳供销社。

1965年，为方便农村居民购买日用必需品。供销社在各村（生产大队）设立下伸店（分支店），作为供销社农村商业网店组成部分。1972年，推行“贫下中农管理农村商业”，供销社实行“贫下中农管理”，“下伸店”改为“代购代销店”。店由生产大队管理，人由贫下中农推荐，资金由供销社下拨，房屋、用具由生产大队提供，业务经营由供销社领导。1985 年，商品实行多渠道经营，个体商业迅速发展，各生产大队代购代销店自行消亡。是年 7 月，镇海撤县扩区，10 月，镇海县白峰供销社改名为滨海区（1987 年 7 月更名北仑区）白峰供销社，镇海县上阳供销社改名为滨海区（1987 年 7 月更名北仑区）上阳供销社。

1990 年起，因商品市场全面开放和私营商业迅速发展，供销社销售份额缩小，加之流通市场持续疲软，供销社经营业务逐渐萎缩。1993 年，推行“抽资承包”经营责任制或“社有个营”（产权属集体，经营由个人承包），后又逐步完善承包责任制。1999 年，白峰供销社和上阳供销社先后拍卖重组，纳入社会主义市场经济轨道，企业解体，职工解除劳动合同。

集体商业

1956 年，对私营商业实行社会主义改造，大部分小商小贩组成合作商店和小组。时境内共有合作商店和代销店 4 个，有从业人员 11 名，分布于白峰、上阳等地。1958 年实行人民公社化，合作商店和代销点并入人民公社供应部，后并入供销社。1962 年 10 月退出供销社，重建白峰合作商店、上阳合作商店，白峰供销社和上阳供销社分别设综合商店，负责对合作商店具体业务管理。为扶持集体商业、巩固发展集体经济，供销社在货源方面给合作商业以一定照顾，除香烟列入代销商品外，其余商品都转为经销，给予足够批（发）零（售）差价；同时引导合作商业增加集体积累，商店所获盈利在缴纳所得税后，其余 40% ～ 50% 作为公积金，15% ～ 20% 作为公益金，30% ～ 40% 作为奖励金。

“文化大革命”时期，集体商业被视为“资本主义尾巴”，遭受砍压和限制，规定不准经营批发业务，不准超范围经营，不准任意增加人员，不准在集市和到外地采购，不准超过规定经营地区，不准任意增加营业网点，不准违反国家价格政策等“七不准”。同时把酒、煤油、食糖等主要商品由经销改为代销，集体商业处于“吃不饱，饿不死，长不大”状态。

中共十一届三中全会以后，党和政府明确提出集体商业是社会主义商业组成部分，将与全民所有制国营商业长期共存发展。1979 年，贯彻宁波地区行政公署《关于合作商店有关政策问题的通知》，根据“统筹安排，积极扶持，因地制宜，适当发展”方针和“解放思想，放宽政策，搞活经济”原则，调整和落实集体商业有关政策，集体商业从业人员政治、福利待遇与供销社职工一视同仁；经营上改“七不准”为经营范围、经营地区、经营比重、经营品种、经营渠道、经营网点、经营方式“七放宽”；积累留存中过去交七留三，改为留七交三；改九级累进税为八级累进税；对安置知识青年较多的合作商店给予减免工商税。供销社让网点，让比重，帮助合作商店解决缺钱少房等实际困难，使集体商业恢复元气。

1984 年商业体制改革，合作商店贯彻独立核算、自负盈亏、民主管理、按劳分配的政策，使集体商业逐步形成一个完整的经济实体。1985 年，镇海县建立第二商业公司，负责管理全县合作商业公司的人、财、物、产、供、销。

1989 年以后，合作商店全面推行经营承包责任制，有核定基数、超额分成，有抽底承包、微利上缴等形式。责任承包、资产租赁、包干上缴。

1998 年，合作商店开始转制，于翌年末完成拍卖重组，境内集体商业解体。

私营商业

旧时境内商业历来属私营。从业人员主要由乡间农、渔民组成，多为小本经营，利润甚微。经营方式多以肩挑叫卖为主，也有开设店铺，部分店铺采取前店后坊的形式，自产自销，其中多数店主有田地，兼事耕作。抗战爆发以来，多数商贩日子难过，有的被迫倒闭，有的朝不保夕，更为艰难的是上磨肩膀下磨脚底，一天两头黑（出门天未亮，回家天已黑）的行贩，境内商业一蹶难振。

中华人民共和国成立初期，人民政府对资本主义工商业先后贯彻“公私兼顾，劳资两利，城乡互助，内外交流”和“利用、限制、改造”的方针，教育和引导私营商业者组织起来，继续发挥有利于国计民生的积极作用。境内停业的个体商店、作坊先后复业，主要经营烟酒、山杂、水果、蔬菜、肉禽蛋、棉布、纸张、点心等。

1952年末，绝大多数社会购买力被供销社占有，对一些私营商店经营带来一定困难。1953年，国家先后对粮、油、棉实行“统购统销”，本着“着重安排，结合改造”的原则，努力促使私营商业与供销社建立了经销、代销、批购的经营关系，私营商业开始纳入国家计划经济轨道。

1956年，对私营商业实施社会主义改造，商业走合作化道路开始起步，肩挑叫卖者和个体商业者组成合作商店或合作小组，部分分配到供销社。1958年，私营商业社会主义改造基本完成。“文化大革命”期间，私营经济统统被当作“资本主义尾巴”强行砍掉，境内个体商店纷纷关闭歇业。

1980年起，得益于改革开放的大环境，允许农民经商，个体商业兴起，个体商店猛增。经营门类有烟酒、粮油、服装、鞋帽、小百货、食品、布艺家坊、日杂、五金等。1992年，境内个体经济零售营业额超100万元。1994年末，学习贯彻区委、区政府关于全区个体私营经济工作会议精神，确定白峰镇个体私营经济发展主要目标，使境内个体私营经济工作逐步规范化。其间，成立北仑区私营企业协会白峰分会。至2018年，境内共有私营批发、零售商699家。

第二节　生活资料经营

生活物资含人们生活必需之食用、衣着、日常用品。20世纪50年代初至20世纪80年代中期，商品购销由国家计划经济宏观调控，多数生活用品凭证限量供应。其间，粮票、布票、棉花票、油票、烟票、糖票、肥皂票、购货证、购货券等各种票证、证券多达几十种。

1984年10月20日，中共十二届三中全会通过《中共中央关于经济体制改革的决定》，计划经济逐渐向市场经济转轨，生活用品购销逐步放开，群众购买力逐年提高。

纺织品

1954年9月，棉布实行统销政策，凭布票供应。城乡居民棉布定量为年每人20.5市尺，1961—1962年居民减至6.2市尺，农民减至3.1市尺。婚丧、生育适量补助。1954年9月至1983年5月，针织品、棉织品均需凭布票供应。1982年后居民穿着衣料转向化纤、呢绒、绸缎，棉织品销售下降。1983年12月起，全部纺织品敞开供应，棉布与针织品统销告终。

1954—1972年若干年境内布票定量标准一览表

表5-1-1　　单位：市尺

年份	定量				年份	定量			
	干部职工	出海渔民	城乡居民	农民		干部职工	出海渔民	城乡居民	农民
1954	20.50	20.50	20.50		1960	18.00	18.00	18.00	
1956	24.00	29.00	19.50		1961	12.00	7.90	8.00	4.90
1957	10.00	12.00	10.00		1962	10.70	7.10	6.20	3.10
1958	8.70	8.70	8.70		1963	10.70	7.10	6.20	3.10
1959	22.00	22.00	22.00		1964	13.20	11.60	8.70	5.60

续表 5-1-1

年份	定量				年份	定量			
	干部职工	出海渔民	城乡居民	农民		干部职工	出海渔民	城乡居民	农民
1967	19.10	18.70	14.60	12.70	1970	15.60	16.60	15.60	
1968	12.30	16.00	10.00		1971	16.20	17.20	16.20	
1969	15.60	26.60	15.60		1972	16.20	17.20	16.20	

日用百货

1959年5月，肥皂始凭证供应。翌年9月至1962年，火柴、热水瓶、搪瓷制品、雨伞、胶鞋、香皂等43种日用百货先后实施凭证（券）供应。1963年凭证（券）供应日用百货商品减至13种；1978年4月，减至肥皂、火柴两种。1985年，肥皂与火柴相继取消票证，敞开供应。

五金交电

1961年9月至1979年4月，元钉、铁丝凭购货证各供应0.25千克。1961年9月起，电线凭证不限量供应，自行车凭票供应。1970年起，电灯泡采取以旧换新办法供应，1976年改为凭购货证供应。1979年，胶质线、电灯泡、手拉车等商品敞开供应。

1978年后，电风扇、收音机、电视机开始进入市场，并陆续敞开供应。1983年3月，洗衣机开始上市。1984年起，家用电器普及城乡市场。2006年，自行车、电视机、影碟机（VCD、DVD）、电风扇、电饭煲、微波炉、电火锅普及城乡居民，洗衣机、电冰箱、空调器普及率逐年提高，计算机、数码相机、摄像机等成为新婚家庭家电产品新一族。

煤油

1950年10月，煤油采取限购方法。20世纪50年代至60年代煤油仅用作点灯照明，20世纪70年代起境内盛行“经济炉”（以煤油作燃料），煤油需求量增加。20世纪70年代中期，村民先后装上电灯，部分村民用“煤气灶”（以液化气作燃料），20世纪80年代起，“煤气灶”逐渐普及，煤油需求量下降。1986年起，煤油敞开供应。

食糖

1953年下半年始，红糖限量供应，翌年10月起改为凭证供应（其中1959年4月至1962年4月，除产妇、病人、婴儿外，其他人平时不予供应）。1980年7—10月，曾一度敞开供应。1988—1990年，食糖仍凭票供应。1990年起，食糖购销价格调整，经营放开，市场平稳。

烟酒

1953年1月，卷烟由专卖公司统一包销，私商按国家规定牌价出售。1960年5月起，实行定量凭票供应。1974年1月起，采取凭票与敞开相结合供应办法。1985年起，全部敞开供应。

1960年12月，酒实行凭证供应。1962年开始以粮换酒。1979年起，以粮票换购黄酒。1982年曾一度敞开供应，后复行凭票供应。1984年11月，允许酒厂自销，酒类敞开供应。

1952—1985 年境内食糖、卷烟供应一览表

表 5-1-2

民用食糖				卷烟零售供应量			
年份	年人均（千克）	年份	年人均（千克）	年份	年人均(条)	年份	年人均(条)
1952	0.79	1969	2.30	1952	3.04	1969	3.63
1953	1.73	1970	1.54	1953	3.76	1970	3.40
1954	1.29	1971	2.04	1954	3.52	1971	3.62
1955	1.39	1972	2.16	1955	3.68	1972	3.90
1956	1.61	1973	2.35	1956	4.10	1973	4.20
1957	1.10	1974	2.39	1957	4.25	1974	3.90
1958	1.19	1975	2.06	1958	4.07	1975	4.43
1959	0.76	1976	2.03	1959	3.65	1976	4.76
1960	0.58	1977	2.43	1960	3.28	1977	5.46
1961	0.53	1978	3.15	1961	1.46	1978	5.40
1962	0.49	1979	4.74	1962	1.59	1979	9.28
1963	1.02	1980	5.75	1963	2.18	1980	6.69
1964	1.25	1981	5.03	1964	2.54	1981	6.44
1965	1.79	1982	7.18	1965	3.30	1982	6.30
1966	1.86	1983	7.20	1966	3.45	1983	7.05
1967	2.03	1984	7.64	1967	3.48	1984	8.19
1968	2.33	1985	9.35	1968	3.11	1985	8.90

1959—1984 年境内酒类供应一览表

表 5-1-3　　单位：千克

年份	年人均		年份	年人均	
	黄酒	白酒		黄酒	白酒
1959	5.12	1.25	1972	3.68	1.08
1960	7.14	1.64	1973	4.24	1.24
1961	2.19	0.28	1974	4.98	1.59
1962	3.83	0.21	1975	4.84	1.55
1963	3.76	0.72	1976	4.995	1.69
1964	4.85	0.73	1977	5.59	1.57
1965	4.24	0.66	1978	6.03	2.46
1966	4.21	0.91	1979	7.55	2.69
1967	4.90	0.98	1980	10.60	2.78
1968	4.42	0.51	1981	11.30	2.99
1969	3.56	0.74	1982	11.53	3.35
1970	3.93	0.98	1983	12.43	2.59
1971	3.12	0.97	1984	13.49	2.44

肉类

20 世纪 50 年代初，猪肉敞开供应，但销售量甚小。1954 年，市场上猪肉始供不应求，春节尤甚。是年 12 月，猪肉实行计划供应，每人一次限购 0.5 千克，售完为止。1957 年春节，农村以农业生产合作社为单位，组织农民自宰自销。

1959—1962 年，农业生产连续歉收，生猪饲养大幅度减少，市场猪肉供应十分紧张，除了凭证明适当照顾病人、产妇、幼儿等外，基本停止供应。1964 年后，市场猪肉供应状况才逐年好转。

1968—1984 年，每年春节实行“留猪吃肉”办法：由食品公司（站）根据生猪饲养情况，把“留猪”匡算到生产大队（作为国家收购处理，奖售标准不变），并与各生产大队签订代销合同，“留猪”由生产大队自宰自销。平时仍实行凭证（票）定量供应，定量标准根据各年生猪饲养情况有所增减。

1985 年 4 月起，生猪实行议购议销，猪肉实行议价零售，延续 30 余年猪肉计划供应告终。此后，个体肉摊和农民自产自销大增，集市贸易十分活跃。

1952—1983 年境内猪肉供应标准一览表

表 5-1-4

年份	年人均（千克）	年份	年人均（千克）	年份	年人均（千克）	年份	年人均（千克）
1952	0.90	1960	0.70	1968	4.20	1976	4.80
1953	1.40	1961	0.60	1969	4.00	1977	4.20
1954	1.30	1962	0.13	1970	3.80	1978	6.00
1955	1.20	1963	0.85	1971	3.80	1979	9.10
1956	2.10	1964	2.10	1972	4.30	1980	10.00
1957	1.90	1965	2.50	1973	5.20	1981	9.10
1958	1.90	1966	4.10	1974	5.60	1982	9.50
1959	0.90	1967	3.60	1975	6.00	1983	9.60

禽蛋

20 世纪 50 年代初，禽、蛋购销业务全部由私商经营和农民自产自销。1954 年起，供销社开始收购鲜蛋，翌年，鲜蛋被列为国家二类农副产品。1956 年 7 月，禽、蛋购销业务由食品公司统一经营；1980 年 9 月，实行家禽议价购销。1983 年，实行禽蛋合同收购。1985 年 3 月起，实行多渠道经营。

水产品

旧时境内水产品主要由个体行贩（鱼贩）销售。1956 年，归镇海县水产公司统一经营。1978 年后，实行派购和议购相结合的办法。1983 年，调整派购政策，派购范围由原来的 12 种二类水产品减至大黄鱼、带鱼等 8 种主要水产品。1985 年起，水产品全部列为三类产品，取消派购。

药品

1951 年起部分中药材供应紧张，1959 年近百种中药材供应不足和脱销。1961 年中药材收购实行奖售粮食、化肥、日用工业品政策。是年，补药、补酒、补膏凭证限购。翌年，补汁、补丸亦凭券选购，12 月起补药、补酒敞开供应。

白峰和诚药店

1954 年 6 月，下乡推广西药 46 种；11 月，增加阿司匹林等 18 种。1956 年，推行保健箱下乡供应西药。1974 年 1 月起，避孕药具实行免费供应。1979 年，西药敞开供应。

药店 民国初年，白峰村乐四房祀世孙俊泰公在后弄口临街宅内开设“大德堂”中药铺，并有中医坐堂，此为白峰最早中药店。在上阳片区，中华人民共和国成立前有庚头养正堂眼药店、本元堂中药店。至 2018 年末，白峰境内有药店 5 家，分别为宁波市北仑区白峰东部大药房、宁波老百姓大药房有限公司白峰店、宁波市北仑区白峰晨微药房、浙江友禾大药房有限公司宁波北仑白峰店和上阳片区下阳菜场东面的白峰和诚药店，为老百姓供应西药、中成药，方便群众。

第三节　生产资料经营

中华人民共和国成立前，各类生产资料由私营商业经营。1952 年建立供销合作社后，由供销合作社经营。1979 年 9 月起，实行计划分配和市场调节相结合（平价和议价两种价格），供应量逐年增多。1994 年起，计划经济向市场经济过渡，生产资料购销放开。

农业生产资料经营

化肥 中华人民共和国成立前，当地农民普遍使用人粪、猪粪、河泥等作肥料，有时也购买少量的豆饼作肥料，但只是在农作物极需要时使用。中华人民共和国成立后，供销社组织供应化学肥料，化肥包括氮肥、磷肥、钾肥、复合肥和其他种类化学肥料，其中氮肥又分为尿素和碳氨、硫酸氨、氨水。化肥以国产为主。化肥供应大体经历了 3 个阶段：1954—1991 年以计划供应为主，由供销社负责供应；1992—1998 年，处于计划经济与市场经济过渡期，化肥市场开始松绑，供销社与集体、个体经营者共同经营；1999 年后，化肥市场全部放开，由个体、私营经营者经营。

农药 中华人民共和国成立后，境内农民开始使用农药，农药品种逐年增加，有杀虫类、杀菌类、植物生长调节剂、除草剂等。农药供应大体经历了独家专营、主渠道经营和放开由市场经营 3 个阶段：1954—1991 年，农药由供销社实行专营；1992—1998 年，因市场经济逐步发展，供销社在农药市场独家经营格局发生变化，农药市场出现供销社与集体、个体共同经营的局面；1999 年后，农药市场全部放开，由个体、私营经营者经营。

农用地膜 1969 年，推广农用地膜用于覆盖早稻育秧，防止春寒烂秧，效果明显。以后扩大使用于其他经济作物的育苗育秧，用量激增，供不应求。1985—1991 年，由供销社负责农用地膜的供应，凭生产大队的证明，实行计划供应，可享受农用优惠价。1992—1998 年，实行计划供应加市场调节。2000 年后，按农资市场需求放开经营。

工业生产资料（含建材）经营

1953 年起，境内所需钢材、铜、铁、锡、柴油和建筑材料（水泥、木材）等工业生产资料，由镇海县工商科和计委统一分配，委托供销社代营，使计划供应与市场交易相结合，有调拨价格和市场价格之差别。1957 年取消市场供应，主要物资概由国家计划分配。1979 年 9 月起，实行计划分配和市场调节相结合（平价和议价两种价格），供应量逐年增加。1981 年 1 月，建镇海县物资贸易公司白峰物资供应站，负责境内工业生产资料供应。1984 年 9 月，白峰供应站改为供应点。1994 年起，计划经济向市场经济过渡，生产资料购销放开，供应点被撤销。

第四节　农副产品及废品收购

棉花收购

中华人民共和国成立前，由纱厂委托棉商在上阳、白峰等集散地设行收购。中华人民共和国成立后，于 1952 年 8 月开始全部委托供销社代购，1954 年实行统购。

1985 年起，国家取消棉花统购政策，改指令性计划统购为指导性合同订购，计划调拨改为自由选购。20 世纪 90 年代后，由于开发建设，境内棉花种植面积不断压缩，收购量逐年减少，2003 年境内无棉可收。

茶叶收购

境内产茶历史悠久，远在清初遍岗栽植。道光二十年（1840）五口通商时，茶叶供不应求，茶商争购，茶价一度上升，斤茶值谷 25 千克，茶业日趋兴旺。抗战时茶叶销路阻塞，斤茶斤谷亦无处投售，茶农怨声载道，自毁茶园，改种其他作物，茶业衰落。

中华人民共和国成立之初，境内农户栽茶积极性高涨，采茶季节，茶叶由农户自己采摘、加工、销售。供销社成立后，由供销社收购干茶。境域划归北仑区后，由北仑茶厂加工、销售茶叶。后因市场竞争激烈，年收购量极不稳定，1999 年茶厂转制，厂房及设备向外出租，供销社暂停茶叶经营，茶叶由农户自产、自销。

废品收购

废品回收在旧社会就有，俗称“收破烂”“鸡毛兑糖”或戏称“破烂王”。在旧时物资匮缺的年代，小商小贩挑担穿村，以现金或以麦芽糖、火柴、烟丝、草纸等低廉物品，换取居民家中的鸡毛、鹅毛和各种破铜烂铁等废品以获取微利。直到 20 世纪 50 年代中期，由供销社收购站取而代之，一切废品都要由收购站统一回收，不准私人回收，回收品种有废纸、破布、废棉絮、废金属、废塑料、杂骨、牙膏壳等，因此旧货担从此销声匿迹。20 世纪 80 年代开始，又有不少小商小贩重操旧业。20 世纪 90 年代初个体收购废旧物资者越来越多，个体收购取代集体收购站，废品回收工作基本都由个体私人经营。收购者串街走村上门回收，然后集中分类再由专营废品运输的专业户收购，运送到各地厂房作为工业原料处理。也有一些家电维修店专门回收废旧家电，以拆取其功能正常的零部件或修理后再出售。

第五节　经营方式

肩挑叫卖

民国时期至 20 世纪 50 年代初期，民间以肩挑叫卖为主要销售形式，境内有行贩（销售鱼货为主）、货郎（销售日用小百货）、豆腐郎（自产自销豆制品者）20 余人。肩挑叫卖者上午赶集设摊，下午串村走户、肩挑叫卖于乡间，四处兜售。其本小利微，经营十分清苦。特别是行贩，清晨 2—3 时脚着草鞋，赶赴 10 余千米到穿山、柴桥进货，然后肩担 50 ～ 60 千克鱼货，黎明前赶至各村销售，下午则挑着卖剩的鱼货到处“打乡”（流动叫卖），严寒酷暑、风霜雨雪，概莫例外。

1956年私营工商业实施社会主义改造后，肩挑叫卖者组织起来，成为合作商店成员或被分配至供销社工作。此后，除夏收夏种等农忙季节，供销社组织商贩送货下乡，送货到田头外，肩挑叫卖基本绝迹。20世纪90年代后，邻近或外地农民、外来打工者等偶有肩挑、车载土特产或手工艺品等到境内流动叫卖。

地摊经营

地摊是境内一种古老的商品交易方式，一般在路边或集市陈列出卖货品，多为农副产品、柴草、自制农具和竹木器等。后随境内集贸市场的发展，多数路边地摊入驻市场经营。20世纪90年代初，以日常生活用品、手工艺品、水果、服装等为主营货品的地摊逐渐兴起，这些地摊本微、利薄、价廉，其进货渠道主要是宁波望湖市场。起始无固定摊位，后因地摊日益增多，出售伪劣商品等情况也时有发生，工商行政管理部门对设地摊地段划片定位，地摊开始纳入规范化经营。20世纪90年代后期，由城管部门专门管理各种占地占道及非法经营的地摊。截至2018年末，地摊经营仍是众多打工者和本地部分失土农民谋求生计的一条出路。

店铺经营

民国时期，境内各乡政府所在地均设有小型店铺和香烟摊及小百货摊。一般只有一间小店面，经营品种以一业为主，兼营别样，无雇员，集老板伙计于一身；惨淡经营，清苦度日。

1956年后，店铺作适当调整，经营品种相对集中，主营分为油酱、百货、棉布、副食几类，兼营日用杂货、烟酒等。店铺布局向乡村扩散，一般每个村（高级社）都设有集烟酒、油酱、日杂货于一体的综合性小店。

1961年4月，境内白峰供销社、上阳供销社均设有店铺。“文化大革命”后，店铺渐趋集中，规模相应扩大。

20世纪80年代，个体商业兴起，大小店铺俱增。1992年5月，白峰建镇后，镇政府所在地白峰商业街逐步形成，店铺规模相应扩大。经营模式不断创新，20世纪90年代后期，“超市”“专卖店”“连锁店”等新颖店铺先后出现于街头。

超市是以经营生鲜食品水果、日杂用品为主的商店。超市内商品开放陈列、明码标价，顾客自助选购、统一收银结算。最大优点是省人、省钱、省时、干净、有安全保障。

随着个体商业的崛起，专一化经营趋势日益增强，境内专卖店逐渐增多，主要经营品牌服饰、鞋类及医药用品、通信器材等，但经营规模不大，营业面积大多不足100平方米。

连锁店是20世纪90年代出现的又一新的经营方式，一些大型商家利用其资金和信誉优势，扩大其经营范围，抢占市场，在境内兴办连锁药店、通信器材等商场。

加贝便利店

阿朗生鲜超市

集市贸易

民国时期，境内有庥头传统集市（露天菜市场），但处于比较“原始”的状态，缺乏必要的起码设施和有序的管理。上市交易的有来自农村的手工产品、农副产品，如农民手工制作的草鞋、蒲鞋和各类小竹器具，零星的蔬菜、鸡鸭及禽蛋，渔民捕捉的鱼、虾、蟹和螺蛳等，还有手提肩挑的外来小商贩。他们没有固定的时间和位置，流动性较强。大部分村民家中有婚丧喜事多去柴桥菜市场赶集（柴桥菜市场有农历一、六大市，三、八小市习俗），也有村民去郭巨菜市场购物。中华人民共和国成立后，政府也对集市贸易进行管理，但限于条件，市场面貌未予根本改变。1958 年 10 月人民公社化后，集贸市场关闭。1961 年后集贸市场逐步恢复。“文化大革命”时割“资本主义尾巴”，集贸市场又受限制。1979 年，鼓励发展商品经济，随着产业结构调整和社会专业化生产不断形成，集市贸易开始活跃。1985 年建白峰集贸市场、上阳道头集贸市场，均为露天交易。2007 年 5 月下阳菜场建成，是年 12 月白峰综合市场竣工，原露天市场关闭。新建市场内分门别类划区安排，贸易品种更为齐全，交易环境大为改善。

白峰综合市场 坐落于白峰村遮山桥东，2006 年 11 月开工建设，2007 年 12 月竣工，总投资 4000 万元，占地面积 24599 平方米，建筑面积 18358 平方米。市场主体建筑两层，一层菜场摊位 231 个，二层商场营业面积 4700 平方米。主体周围商铺 80 间，面积 9700 平方米，东侧配套停车场 6170 平方米。

下阳菜场 坐落于下阳村道头夹塘，2005 年 8 月破土动工，2007 年 5 月建成投入使用，总投资 345 万元，占地面积 8673 平方米，建筑面积 6000 平方米。设有摊位 48 个、面积 1036 平方米，内有店面房 37 间。

白峰综合市场

下阳菜场

电子商务贸易

进入 21 世纪，随着互联网、电子商务技术以及物流业的快速发展，境内越来越多的居民通过淘宝、京东等网络平台购买消费品。也有部分经济实体开始通过互联网销售产品，如永发保险箱有限公司在淘宝、京东电商平台销售保险箱，白峰福口乐食品厂通过淘宝销售“虾庥”年糕。电子商务贸易逐渐改变着居民的消费习惯，也改变着一些商家传统营销运营模式，有助于商家提高市场应变能力、降低成本。同时，对店铺等经营方式产生较大影响。

第二章　粮油购销

旧时，境内没有米店，少数需粮户大多就近向余粮农户籴米。农民有少量大米或杂粮出粜者，皆以肩挑背驮上市现销，粮价随行就市。农户均少量种植油菜，所产的油菜籽，都到附近油坊加工自用。饲养畜禽的饲料，主要到米厂、制酱作坊购买青糠、酱渣，向当地酒坊、豆腐坊购买酒糟、豆渣。

中华人民共和国成立后，为了解决粮食、油料收购困难，自1953年11月开始实施“统购统销”制度，采取划片、定点、凭证供应办法；1954年3月，开始实行食油定量制度；1955年8月25日国务院下达“市镇粮食定量供应暂行办法”，11月正式使用粮票，同时印发油票。中共十四届三中全会确立社会主义市场经济后，于1993年1月，放开粮食购销价格，取消定量供应，食油购销市场化，粮票、油票停止使用。2004年，全面放开粮食收购和销售市场，实行购销多渠道经营。

第一节　粮食购销

粮食收购

1949年5月至1953年11月，粮食市场实行自由贸易。1953年11月，中央政务院颁布《关于实行粮食的计划收购和计划供应的命令》。在农村对余粮户实行计划收购（以下简称“统购”）；对居民和农村缺粮户实行计划供应（以下简称“统销”）；实行由国家严格控制粮食市场，严禁私商自由经营粮食。为使粮食“统购统销”实施办法臻于完善，1955年3月3日中共中央、国务院决定对粮食实行“定产”“定购”“定销”（以下简称“三定”）政策。8月白峰乡、山江乡、上阳乡、下阳乡全面开展“三定”到户工作。农民的“定购”“定销”指标，按照核定的产量减去农民的口粮、种子粮、饲料粮（简称“三留粮”）和应缴公粮后余粮户的“统购”任务，一般应占余粮数量的80%～90%，自1955年起3年不变。

1958年3月，实行粮食征购“一定五年”“增产不增购、减产不减免”的包干制度。是年10月人民公社化后，实行以社为单位，包干平衡，余数上缴。在“大跃进”中出现“高指标”“高征购”，多购了一些过头粮，农村出现寅吃卯粮。1959—1961年三年困难时期，粮食普遍减产。1965年开始，实行粮食征购“一定三年”不变动，超购粮食加价奖励。1968年包干期满延迟到1970年，1971年8月继续实行粮食征购任务“一定五年”，超购继续加价奖励办法，此项政策延续至1978年。1979年，贯彻中共十一届三中全会精神，提出调整粮食征购基数，减轻农民负担，让农民“休养生息”。1982年，全面推行家庭联产承包责任制，粮食征购任务到队改为任务到户。

1985年，取消粮食“统购”，实行“合同定购”，“合同定购”品种为稻谷、小麦、玉米3种，“合同定购”任务以外的粮食采取议价收购的办法。1992年在国家宏观调控下，议价粮放开经营。1993年1月1日以后，放开粮食购销价格，放开后随之改为“合同收购”。2004年，粮食市场全面放开。

粮食销售

1953年11月，取缔粮食自由市场，12月对不产粮人口实行计划供应，凭乡政府介绍信买粮。1954年，改用购粮券，7 月改为购粮证，分月供应。时郭巨粮管所在白峰境内设上阳粮食供应站和白峰粮食供应站，负责对粮食供应户的粮食供应。定量标准：一类，工人特重体力劳动者，人均月定量 22.5 千克，轻体力劳动者每人每月定粮 15.3 千克。二类，机关团体、企业职工及其他脑力劳动者人均月定量 14.5 千克。三类，大中专学生人均月定量 15.5 千克。四类，一般居民人均月定量 10.205 千克，其中 10 周岁以上人均月定量 12.75 千克；6 周岁以上的不满 10 周岁的人均月定量 10 千克；3 周岁以上不满 6 周岁的人均月定量 6.5 千克；3 周岁以下的人均月定量 3.5 千克。1955 年后，对居民定量标准时有调整。1982 年后，实行家庭联产承包责任制，粮食逐年增产，供求矛盾趋向缓和。定量供应直至 1993 年 1 月 1 日取消。

第二节　食油购销

油料（脂）收购

白峰是粮油产区，农民历来有种植油料作物的习惯，境内植物油有菜籽油、棉籽油和茶籽油 3 种，居民都以菜籽油为食用油。中华人民共和国成立后，境内食用油料收购经历市场收购、计划收购（“统购”）、“合同定购”、议价收购 4 个阶段。

中华人民共和国成立初期，油菜籽产量较低，农民生产的油料，除自己食用外，将商品油（脂）料多运到柴桥等市场出售。由供销社和私商收购、经营，交易基本上以菜籽油、棉籽油为主。

1953 年 11 月，中共中央下达《关于在全国实行计划收购油料的决定》，“统购”品种为菜籽（油）、棉籽（油）、茶籽（油）3 种。政府规定“油料计划收购与粮食统购同时收购”。1956 年，食油归粮食部门经营，同时贯彻“多产多得、增产多留”的政策，按比例收购，后又实行全购按一定比例退饼退油。1962 年，贯彻“食油包干、统购余油”。1963 年，开始实行“全购退饼不退油”，油菜籽在完成“统购”任务后，允许议价收购。

1985 年 4 月 24 日，省政府下达食用植物油“统购”改为“合同定购”的通知，仍由粮食部门统一负责收购和经营。

1993 年，放开食油购销和价格后，粮食部门“以销定购”，积极向市场组织收购，价格随行就市。2002 年后境内无油料收购，食油供应依靠外地输入。

食油供应

1954 年春，食油销售开始实行凭证（票）计划供应，定量标准根据国家油源情况而定。1954 年，居民月人均定量为 125 克，农民年户均 8000 克，戤社户（社供应户）年户均 4000 克。1962 年后对农村实行只购不销政策，不久改为限额供应，凭乡村证明一次性限购 125 克，最多不超过 250 克。1979 年，白峰公社、上阳公社油菜籽丰收，按国家规定定量外每人补助节日食油 1500 克。1985 年，村民每人每月供应食油 200 克。1987 年 4 月 1 日起，每人每月增加至 250 克。1993 年 1 月起，食油实行敞开供应，终止计划供应。

第三节　粮油价格

境内村民主食以稻米为主，粮价主要指米价。市场物价以粮价为中心，粮价随年岁丰歉而有涨有落。

中华人民共和国成立后，人民政府采取多种措施，确保粮价稳定，为使农民增收，多次提高粮食收购价。油脂收购大多年份以每百千克油脂折油率计算，油菜籽 36 千克；棉籽 10 千克；油茶籽 23 千克。

收购价格

1949—2006 年，国家粮油收购有市场收购价、统购价、合同定购价（也称“比例价”）、指导价及议购价。

1954—1992 年若干年境内主要粮食国家统购价格一览表

表 5-2-1 单位：元 /50 千克

年份	早籼谷		晚粳谷		晚糯谷		二棱大麦
	统购价	价外补贴	统购价	价外补贴	统购价	价外补贴	
1954	7.20		8.50		9.00		
1955			8.30		8.40		
1956					8.90		6.45
1957					9.20		
1961	8.70		9.90		11.10		8.00
1964					12.00		
1966	9.70		11.30		13.00		9.50
1979	11.70		13.40		15.90		11.40
1984					14.90		
1985	15.50		18.80	2.70	20.90 22.30	3.20	
1987	17.00		20.55	2.70	24.20	3.20	
1989	22.20	3.74	26.60	2.70	31.70	3.20	
1992	24.60		31.80	3.74	36.90	3.74	

1993 年 1 月 1 日起，放开粮食购销价格，粮食收购使用指导价（市场形成价）。收购价实行一年一价和一季一价（一市一价）的办法。完成定购任务以外和退出定购品种的粮食，生产者可以自由上市，价格由市场确定。完成合同定购任务后，农民尚有余粮继续出售给国家，粮食部门开展议购，议价略低于市场价。

1993—2006 年境内主要粮食国家收购价格一览表

表 5-2-2 单位：元 /50 千克

年份	早籼谷			晚粳谷			晚糯谷		
	指导价	价外补贴	农资补贴	指导价	价外补贴	农资补贴	指导价	价外补贴	农资补贴
1993	30.00			45.00			47.00		
1994	44.00	3.74	4.00	54.00	7.00	14.00	57.00	7.00	
1995	44.00	3.74	12.26	54.00	3.74	12.26	57.00	3.74	14.00
1996	64.26	3.74		79.26	3.74		81.26	3.74	
1997	64.26	3.74		79.26	3.74		81.26	3.74	
1998	61.06	3.74		75.26	3.74		78.26	3.74	

续表 5-2-2

年份	早籼谷			晚粳谷			晚糯谷		
	指导价	价外补贴	农资补贴	指导价	价外补贴	农资补贴	指导价	价外补贴	农资补贴
1999	52.00	6.00		60.00	4.00		63.00	4.00	
2000	44.00	10.00		60.00	3.00		65.00	3.00	
2001	54.00			66.00	4.00		67.00	4.00	
2002	50.00	4.00		53.00	9.00		55.00	9.00	
2003	50.00	6.00		60.00	9.00		63.00	9.00	
2004	77.00	6.00		85.00	9.00				
2005	74.00	7.00		88.00	10.00				
2006	74.00	7.00		88.00	10.00				

1986—2003年境内主要粮食议购价格一览表

表 5-2-3　　单位：元 /50 千克

年份	早灿谷	晚粳谷	晚糯谷	啤酒大麦
1986	19.05	22.00	28.35	28.00
1987	22.00	27.00	31.00	28.00
1988	28.35	38.00、39.60	43.00、45.00	27.00
1989	40.45	52.00	53.00	40.00
1990	36.50	38.00	41.00	36.00
1991	36.50	38.50	46.00	40.00
1992	22.00	33.00	46.00	35.00
1993	30.00	45.00	47.00	
1994	50.00	75.00	78.00	
1995	60.00	88.00	93.00	
1996	68.00	85.00	88.00	
1997	61.00	69.00	73.00	
1998	59.00	69.00	72.00	
1999	52.00	60.00	63.00	
2000	44.00	60.00	65.00	
2001	48.00	66.00	67.00	
2002	50.00	60.00		
2003	50.00	60.00		

销售价格

1953—2006年，粮油销售价格经历了定量供应价、农村销售价、行业供应价、议价和市场形成价。农村销售价、行业供应价，1963年9月前按统销价，之后，提高到与购价相平。

1951—1992 年若干年境内主要粮、油销售价格一览表

表 5-2-4　　　　单位：元 /50 千克

年份	标二籼米	标二粳米	标二糯米	标准面粉	二棱大麦	玉米	大豆	薯干	菜油	棉油
1951	10.45									41.00
1952	11.58			19.97					43.00	44.00
1953	11.58								43.10	49.50
1954	10.95	12.50	13.45	16.70					52.50	52.00
1955	10.95	12.50	13.1	17.00		7.90			56.00	51.00
1956	10.95	12.50	13.8	17.00	7.40	7.90	12.90	7.10	56.00	51.00
1957	10.95	12.50	13.8	17.00	7.40	7.90	15.00	7.10	62.50	51.00
1958	10.95	12.50	13.80	17.00	7.30	7.90	15.00	7.10	62.50	51.00
1959	10.95	12.20	13.80	17.00	7.30	7.90	15.00	7.10	62.50	51.00
1960	10.95	12.50	13.80	17.00	7.30	7.90	15.00	7.10	72.00	51.00
1961	10.95	12.50	13.80	17.00	7.30	7.90	15.00	7.10	72.00	65.00
1962	10.95	12.50	13.80	17.00	7.30	7.90	15.00	7.10	72.00	65.00
1963	10.95	12.50	13.80	17.00	7.30	7.90	15.00	7.10	72.00	65.00
1964	10.95	12.50	13.80	17.00	7.30	7.90	15.00	7.10	75.00	68.00
1965	12.20	13.50	16.30	17.00	8.00	8.70	16.10	8.00	75.00	68.00
1966	13.80	15.70	18.70	17.00	9.50	9.60	16.30	9.20	75.00	68.00
1985	25.10	28.80	33.50	31.00					138.00	101.00
1989	35.90	40.60	47.60	35.50					227.00	210.00
1992	36.00	45.00	51.00	39.00					208.00	190.00

第四节　粮油票证

粮油票证是国家为了实行粮油计划管理而印发的供应凭证。时国家严密控制户籍制度，粮油关系与户籍制度紧密挂钩，实行凭城镇户口、按人头定量供应的办法。城镇居民在办理“四变”（出生、死亡、迁进、迁出）手续时，均应在办理户口手续后，凭户口证件办理粮食供应的增、减、转移手续，按规定做好票证的发放和回收工作。城镇居民称粮票为第二人民币，没有粮票就要饿肚子，更使出门者寸步难行。

粮票

自粮食凭票证供应起，境内流通的粮票有全国通用粮票、浙江省粮票、浙江省定额粮票、浙江省农村粮票、浙江省品种交换票、浙江省周转粮票、浙江省奖售粮票、浙江省侨汇粮票、浙江省粮食专用卷、军用供给粮票等。

食油票

自食油凭票供应起，境内流通的食油票有浙江省流动人口食油票、浙江省流动食油票、浙江省侨汇食油供应券、城乡居民油票等，其他油票由区自印发行，如农村油票、节日油票等。

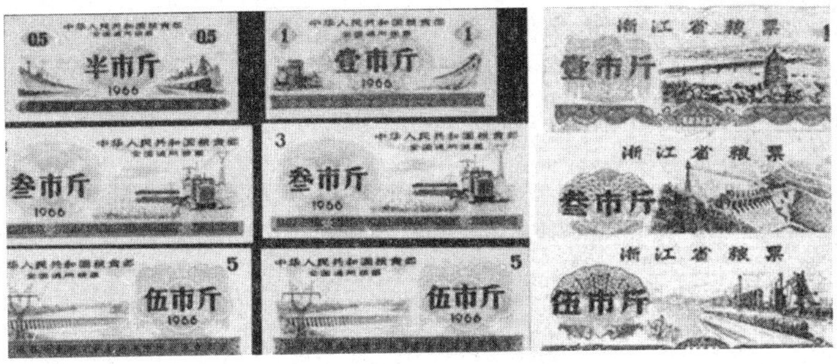

1993 年前使用过的粮票

1991 年前使用过的食油票

第五节　饲料供应

民国时期，农民饲养畜禽的饲料来源于私营米厂的青糠，酒坊的酒糟，糖坊的糖糟，酱坊的酱渣，豆腐店的豆渣和饮食业的下脚。中华人民共和国成立初，由供销社经办饲料采销业务。1953 年实行粮油“统购统销”后，粮油类饲料归粮食部门经营。1956 年后，改为按生猪出售头数供应饲料，对公母猪实行以猪定量供应。奖售标准及定量水平，根据饲源一年一定。1959 年起，饲源严重不足，发动群众在空隙地种植薯菜类植物，在水面放养“三水”（水花生、水浮莲、水葫芦），以青粗饲料度过灾荒，稳定畜禽生产。1966 年开始，将青糠混入砻糠等加工统糠，即三七糠、五五糠、二八糠等。1999 年以后，为了积极发展多种经营，粮食部门与科委共同研制以糠粞、麸皮、菜饼、玉米、贝壳、鱼粉、蚕沙等制成配合饲料，不仅解决饲源不足问题，而且提高饲料的营养成分。1985 年 3 月调整农村粮油购销政策后，计划供应平价饲料的范围逐步缩小，议价供应饲料粮逐年增加，到 1992 年，议价供应饲料粮占境内饲料销售总量的 85%，1993 年全部实行议价饲料供应。2000 年后，饲料供应市场化。

1999 年前使用过的饲料票

第三章　服务业

旧时，服务业虽为人民生活所必需，但受连年战乱及经济萧条影响，发展缓慢。时境内服务业诸多店铺为“夫妻老婆”店，如饮食（小吃）店、钟表修理店、理发店、箍桶店、大饼油条店（摊）等；串街走巷吆喝流动服务的有磨剪刀、铲菜刀、补缸补碗、修伞、剃头等。中华人民共和国成立后，社会安定，经济逐渐恢复，人流量增多，对服务业的需求日益增加，但大都仍是小本经营，设施简陋。在“文化大革命”期间，服务业受到巨大冲击，有些服务项目被取消，服务质量下降。

中共十一届三中全会后，特别是20世纪80年代后期，随着改革开放的深入，经济迅速发展，人际交往不断增多，消费水平日益提高，境内服务业出现日益繁荣的景象。餐饮、旅馆由低档向高档发展；修理业不再局限在修配钥匙、钟表、自行车，触角伸向各类家电、五金修理和摩托车、电动车、汽车修理等。进入21世纪，以足浴、推拿、按摩等为内容的健身服务在境内兴起；歌舞厅、网吧、棋牌室等娱乐业也开始兴办，光顾者甚多。2003年，村民建房和拆迁安置房建设增多，与此相适应的装饰（潢）和防盗门窗制作业随之而生。还有广告设计制作、文印、物流等服务业相继诞生。随着服务业的发展，人民的生活也变得更加便利、丰富。

服务业涵盖的领域十分广泛，本章仅介绍部分与人民生活关系较为密切的行业门类。

第一节　旅馆业　餐饮业

旅馆业

中华人民共和国成立后，尤其是改革开放后，随着外来建设者、旅游商务人士、走亲访友人士等逐年递增，旅社、宾馆发展较快，规模不断扩大，至2018年末，境内共有旅社、宾馆11家，共有床位200张左右。其中规模较大的有庄山宾馆、联欣宾馆。

餐饮业

明清时期，境内有小型饭店、食摊近10家，主要集中在上阳、白峰渡口边。民国时期，境内有油条、大饼、糖糕店及馄饨摊。中华人民共和国成立后，饮食业以饭店、小吃店、快餐店居多。20世纪80年代后经营业主多系外来建设者和失土农民。2000年后，境内逐渐出现以经营农家土菜为主的餐饮店，俗称“农家乐”，早期经营设施极其简陋，卫生条件差，甚至有用简易铁皮房作为经营场所。后得到政府的重视，以及银行的资金支持，经营场所环境和设施大幅度改善，服务水平不断提高，到“农家乐”吃饭现成为外地游客到白峰游玩的主要项目之一。2018年末，登记在册的饮食业85家。小吃除宁波风味外，有各种南北风味如川菜、闽味、沙县小吃、东北水饺、兰州拉面等。

第二节　理发美容业　洗染业

理发美容业

民国时期，有理发店10余家，专为男人理发（旧时叫剃头）、为女人绞面。1959年春（人民公社化时期），各生产队都设有理发店，时提出理发不要钱，理发员计工分，后取消。“文化大革命”期间，提倡简便发型，理发业萧条。1978年后，理发均由私人经营，逐步恢复传统服务项目并有创新，出现“吹、烫、染、焗油”热。1992年后，个体理发户进一步兴起，“发屋”“发廊”“美发”“美容”服务项目逐年增多。至2018年末，有理发美容店14家。

洗染业

清至民国期间，有染店4家，主要染靛青、毛蓝、墨黑色。中华人民共和国成立初，只剩2家。1965年后，最多发展到5家。店家上门收客户要染的半旧褪色衣裤或布料（家织白布）。染好后再挨家发回并收取工料钱。1971年起，村民爱穿化纤布料，加之生活水平提高，洗染量逐年减少。1980年后均先后停业。2000年后，开干洗店2家，为居民提供干洗名贵高档服饰服务。

第三节　修理业　摄影业

修理业

清代、民国时期，境内有修补铁锅、锁等铜匠5人，挑着铜匠担上门服务，为村民修补破锅坏锁等。有补缸补碗匠3人，带着工具沿村叫呼为农户修补碎碗漏缸。中华人民共和国成立后，特别是改革开放后，修理业有较大发展，至2018年末，有修理汽车、摩托车、电动车、自行车、钟表、家用电器、搪瓷、铝锅、修鞋补鞋及配钥匙等修理业18家，从业人员20余人。

摄影业

1980年前，境内无照相店，村民要拍照须到柴桥、郭巨照相店，或请摄影师到家中拍照。1980年后，白峰开办白峰照相馆、白峰拍得利照相店，上阳公社综合厂兴办照相服务部，为社员（村民）摄影、摄像，方便了群众文化生活。2010年前后，随着数码产品的发展，越来越多人拥有可以拍照的手机，照相店开始转变成拍摄制作证件照、照片后期加工制作、专业写真、婚庆策划摄影工作室，至2018年末，共有个体摄影店3家。

第四章　旅游业

白峰历史悠久、山水如画、空气清新。上太平庙、青龙庵等寺庙历来为人们的佛游场所，曾是民国时期中国共产党（地下党）活动旧址。

中华人民共和国成立后，由于政治、经济、文化、交通等各种原因，境内旅游资源一直没有得到大规模开发建设。

2010年后，旅游业开始起步，在当地政府的创新和努力下，逐步把一个传统农业乡村开发建设成旅游休闲地，徐家大院、外峙岛、梅山湾北堤景观等一批旅游景区、景点纷纷建成，特色农庄、农家乐不断涌现。2015年起，以“虾康”年糕为主打产品，在每年岁末年关举办年糕文化节，吸引越来越多的游客前来旅游观光、采购农副产品。

2018年，实施乡村振兴战略，把旅游业与美丽乡村建设、农村生态环境保护有机结合，大力发展绿色经济、美丽经济。

第一节 景区 景点 农庄

白峰银龙线

白峰银龙线贯穿港口村外峙岛、白峰村、小门村、门浦村、勤山村、上阳村、太平村、阳东村、下阳村，沿线全长 10 余千米。

银龙线特色景点和自然景观多，仅下阳村就有乌礁古井、石佛山古井、上王文化长廊、长沙汀庙、虾康庙、虾康龙潭飞瀑等 10 多个景点。银龙线南端的日头山则山如其名，是观赏日出的好地方，游客可从阳东村村委会所在地进入马盘岙，在山巅环顾，可观赏到成片的红楠林、别致的望日亭、上阳片的风光以及远处的梅山水道和舟山群岛。另外还有上阳村的上太平庙、青龙庵、古洞桥、仿制的旌义亭、圣旨碑，道头的荷花池，马盘的古式驿站，都有着属于自己的传说故事。

外峙岛

外峙岛位于白峰街道东 2.6 千米，岛屿面积 1.41 平方千米，最高点外峙大山海拔 116.2 米。整个外峙岛像一个楔子嵌入白峰海岸线，与大陆之间形成一个牛轭港，本地人称仰岛湾，这里曾经是著名的军港。岛内由前头岙、西山、南头、蒲湾、北岙、下江边 6 个自然村组成。因位于宋代所建巡检司城之外，故名外峙。岛上有百年老屋——周家老宅，屋内的陈设都是一些“老底子”东西。悬挂有蓑衣、斗笠、竹耙、稻桶以及火熄和各色的吊篮盒子，供游人参观。

岛内有北仑区唯一现存的晒盐场，盐田共 16.67 公顷。海盐晒场依地势落差逐级浓缩海水，以梯田形式排列。每年 7 月、8 月、9 月天气最热的时候是晒盐最繁忙的季节，一般 4 天时间就可以从海水中提取到海盐。

外峙岛集山、海于一体，山林茂密，海风习习，空气清新，风景秀丽，现成为境内主要的旅游观光景点。

徐家大院

徐家大院位于小门村西南面，依后山而建。400 多年前徐家第一代太公从山东来到这片还是海涂的地

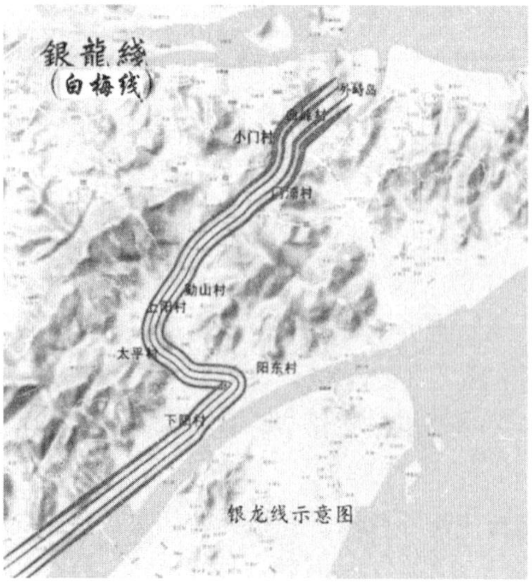

银龙线示意图

外峙岛

方，人迹罕至，荆棘密布。后代太公披荆斩棘建起屋舍——徐家大院。徐家从第3代太公开始逐渐兴旺，按照儒家“五常”分为仁、义、礼、智、信五房。五房中，仁房、智房主要靠田地生财，但也出过民国时期小门村第一位大学生、铁路工程师，还有接受新思想投身革命英勇就义的徐建农、徐长海两位烈士。读书最好的是信房子孙，出过举人，出过镇海中学校长，后代子孙曾就读北京大学、中国人民大学、西安交通大学等名校。

五大房的祠堂是“伍公祀”。由徐家先祖专门划出约0.27公顷地兴建，并兼私塾之用，凡徐家子孙皆能免费就读。只可惜“伍公祀”在“文化大革命”中被拆除，木材等拿去造米厂。徐家大院除了义房的堂前，其他都建于200多年前，由前后两进院落组成，皆为三合院。院内雕花木窗残留，雅致依稀。

2016年，由区财政拨款200万元对徐家大院进行整修，整修后大院焕然一新。“一门双烈士”徐建农、徐长海故居位于大院左侧的轩子楼。徐家大院现是北仑区区级文物保护点，也是境内青少年爱国主义教育基地。

梅山湾北堤景观

2012年12月，由梅山保税港区投资近25亿元打造的宁波梅山湾“蓝海工程”，于2017年1月建成并投入使用。“蓝海工程”是一个“水清、岸绿、波宁、潮平”的闭合型“静海”，是宁波有史以来单体最大的政府投资项目，也是长三角地区唯一的“蓝色海湾”。“蓝海工程”中的“北堤景观”位于白峰街道阳东村黎明社境内，“北堤景观”在充分发挥其防洪防潮、水位调度、水环境改善及交通的功能外，显现其独特的景观效应。“北堤景观”包含北堤公园、景观平台、慢行通道、亲水栈道、屋顶花园、穿堤通道等项目。

北堤公园集特色植物景观、休闲活动区、庭架休憩区及相关附属设施为一体，是宁波第一座“海上公园”。景观平台的现代建筑风格融合了帆船、旭日、海燕等海洋元素，成为北堤的标志性建筑，登上顶层，“蓝色海湾”的无限风光尽收眼帘。此外，景区的亲水栈道可让游客近距离接触海面，慢行通道则成为连接环梅山湾步道东西两侧的重要组成部分。

隐山游步道（虾膔龙潭森林游步道）

2010年，北仑区政府提倡“全民健身锻炼活动”，开展步游、观光、休闲、野餐健身运动。时下阳村村委会开始隐山游步道项目的建设，于2011年5月开通。最高处海拔约250米，起点位于虾膔长水流水库，终点可以抵达柴桥甘溪村，上阳太平岙等地。

登山游步道分2条，上下可以巡回：一是由上王文化长廊出发，经大岙后溪坑至灵神庙、天打岩望远亭、大烂田水库，过小南山、穿东坑山下至隐山坟后冲中心景点，向北上中营风电公司，参观大型风电站雄姿。二是由虾膔农家乐出发，沿溪坑至长流水水库脚停车场，沿溪坑至虾膔龙潭景点再跨过山坑流水绕缠蛳

徐家大院

梅山湾北堤景观

螺步格道至坟后冲中心景点，景点设有休闲室、六角亭、石桌、石凳，供游客休闲、聊天、野餐等。特别是途经“天打岩”，在岩石坪上新建一座六角石亭，供人中途休息。在那里可眺望梅山保税港区新建的高楼大厦和美丽的蝴蝶海商品房、集装箱码头吊机雄伟姿势，看到来往车辆在梅山大桥上飞驰，梅山湾碧蓝海水游艇飞驰，象山港湾一片辽阔海洋，象山大鼻头一带群山起伏……隐山登山游步道是游览健身的好地方。

日头山森林游步道

日头山又称箬雷山，位于白峰街道南 3.8 千米，海拔 406 米，东近墩石岩，南至中坑戴家岙，西麓为龙爪岭，北为野毛张自然村。绝顶处旧有箬雷台，故名。日头山森林步道即位于此山之中，于 2013 年建成，全长 6.5 千米。站在山顶之上，“会当凌绝顶，一览众山小”的感觉油然而生。远处，海天一色，舟山群岛中六横岛、虾峙岛等诸岛在海上云雾中时隐时现，美不胜收。

名阳农庄

名阳农庄位于阳东村，毗邻沿海中线公路，和梅山岛隔海相望，建成于 2007 年。在当地政府农业办公室指导下，由阳东村股份经济合作社和北仑名阳农庄种养殖有限公司合作经营。用地 10 公顷，主要项目有农家乐餐饮、“都市农庄”开心场、海水淡水休闲垂钓、棋牌娱乐、趣味烧烤、生态大棚、蔬果基地、田园观光采摘等。还经常组织开展相亲活动、钓鱼节、青团年糕制作等活动。2013 年，名阳农庄被浙江省旅游局评为浙江省旅游特色经营户。

此外，旅游景点还有太平村黄龙坑知青村、阳东村钟家湾东方红水塘和横河长廊等。

虾康龙潭森林游步道示意图

名阳农庄

第二节　旅游活动

为了促进旅游事业的发展，白峰街道（镇）主要通过举办年糕文化节等活动，开展各种形式的旅游宣传，使白峰在北仑区内外的知名度、美誉度不断提升。自 2015 年 1 月至 2018 年 12 月，已连续举办 5 届年糕文化节。

首届年糕文化节

2015 年 1 月 25 日，首届年糕文化节在下阳村上王文化广场拉开序幕。活动现场搡年糕、品糕花、赏节目，吸引大批游客。“搡年糕了！”随着传统年糕老师傅的一声吆喝，整个年糕文化节进入高潮。年糕艺人向游客展示各种糕塑“绝活”，有元宝、小刺猬和各种生肖动物等，惟妙惟肖。还有艺人用印糕板在年糕上压制出“梅兰竹菊”“吉祥如意”等图案。“虾康”“虾龙水”“水龙”“上王阿辉”等白峰“虾康”系列年糕纷纷登台亮相，吸引大量游客争相购买。年糕文化节现场还为到场的游客准备年糕汤、煨年糕、大头菜烤年糕、米馒头、汤果、汤团、灰汁团、金团等特色小吃，应有尽有。

第二届年糕文化节

2016 年 1 月 16 日，第二届年糕文化节在阵阵锣鼓声中拉开帷幕，传统民间文艺表演“舞龙”“舞狮”等节目纷纷登台亮相，年糕文化节现场，除了搡年糕、赏年糕、吃年糕等环节外，还有其他年味十足的民俗和美食，大头菜年糕、油塌黄、老鼠头、灰汁团、扁子等宁波传统小吃，现做现卖，让游客一饱口福的同时，更是感受到了浓浓的宁波年味。游客还在名阳农庄分会场参加田园采摘、农事体验、休闲垂钓、品农家菜等项目。

第三届年糕文化节

2017 年 1 月 8 日，第三届年糕文化节暨“美丽庭院”颁奖仪式在下阳村上王举办，吸引了大批游客前来，提前感受浓浓的年味，体验别样的乡村风情。传统民间文艺“舞龙”“舞狮”等节目赢得游客阵阵喝彩，年糕团制作的“展上王年糕”字样格外醒目，民间捣糕人高举木槌搡年糕吸引围观游客跃跃欲试，松软的年糕团在巧手师傅的手中变成了栩栩如生的“十二生肖”，烤年糕、龙凤金团等传统小吃勾起了游客儿时的记忆，游玩集章、随手拍、有奖问答等丰富多彩的互动项目更是让大家感受到了“年糕文化”的魅力。当天，白峰街道与“南山吃货”集团签订战略合作协议，还组织游客到日头山、虾康森林游步道、名阳农庄蘑菇基地、年糕生产作坊参观游览。

第四届年糕文化节

2018 年 1 月 6 日，第四届年糕文化节暨“美丽白峰”全域旅游启动仪式在下阳湿地公园拉开帷幕。在开幕式上举行“平安家庭、美丽庭院”颁奖仪式。各色年糕及年糕制品摆满了长长的摊位，北仑本地美食如灰汁团、麻糍、烤菜年糕、水塔糕、老鼠头、鞋底饼等各种老底子美食悉数亮相，传统的年糕制作工艺展示既温馨又热闹，美猴王、舞龙舞狮等表演更是高潮不断。此届年糕文化节除有经典的“虾康”年糕、品禾农产品展销外，白峰街道办事处与北京自由林科技有限公司签订战略合作框架协议。此外还增加各个街道传统美食，创业女性的特色产品，为年糕文化节又新增一抹光彩。

第五届年糕文化节

2018 年 12 月 30 日上午，北仑区“龙马风情”“清廉龙马”文明示范线开线暨白峰街道第五届年糕文化节在下阳村上王举行。活动现场锣鼓喧天、人山人海，看表演、赏民俗、搡年糕、品小吃、送春联、送福字，丰富多彩的活动吸引各方近 5 万名游客前来感受浓郁年味、体验传统文化。本次活动不但设置常规的年糕、特色农产品展销区、古法手工年糕制作体验区、美食展区和非遗项目展示区，还为游客设置送祝福抽奖活动、互动合影区、照片直播区等。

第三节　旅游产品

境内主要旅游产品为“虾康”年糕，另有“明州雀舌”茶叶、“双石”蘑菇、日华公司鲜牛肉、司沿烧酒、土鸡、土鸡蛋等。

“虾康”年糕

“虾康”坐落在下阳村虾康自然村。“虾康”年糕由龙潭水加工出来的，味香口感好，具有嫩滑上口，久煮不烂等特点。据《甬上风华：宁波市非物质文化遗产大观·北仑港》中记载，早在明清时期，当地制作传统手工年糕的技术就十分普及。

中华人民共和国成立初期，因当地群众生活水平低，一般在逢年过节才有少量生产。改革开放后，随着人民生活水平的提高，特别是当地旅游业的兴起和发展，年糕生产量逐年增加，并成为境内主要旅游产品。在传承传统制作工艺的同时，“虾康”年糕也积极创新，“虾康”人利用山海之利，在传统制作的基础上，加工出了金福、银福、红福、清福、紫福、厚福等六福系列年糕，就是在制作年糕时加入海苔、桂花、艾青、芦稷（高粱）、六谷（玉米）、葱花等原料，形成各色各样的颜色，把舌尖上的年糕，演绎到了极致。2008年，“虾康”年糕制作工艺被列入第二批北仑区非物质文化遗产名录。2015年起，“虾康”年糕作为当地每年年糕文化节的主角，人气逐年攀升，供不应求。2017年11月，代表宁波亮相浙江省农博会，获得省级金奖。2018年12月14日至17日，“虾康”年糕参加由浙江省政府主办的“2018浙江（上海）名特优新农产品展销”，给上海市民送去优质年货，4天年糕销售量3000千克，累计销售额4万元。

“虾康”年糕在白峰年糕文化节上展示

2017年浙江省农博会“虾康”年糕展位

“明州雀舌”茶叶

由宁波市北仑传甬茶业有限公司生产。（详见第三篇第九章第二节）

“双石”蘑菇

由北仑区白峰双石蘑菇专业合作社生产。（详见第三篇第九章第二节）

日华公司鲜牛肉

由宁波日华农业有限公司生产。（详见第三篇第九章第二节）

土鸡 土鸡蛋

把鸡养放在符合畜禽养殖环境和饲养条件的林园、草地里，以玉米、麦麸皮、番薯等为主食，并自食虫草，不喂任何有添加的加工饲料。放养鸡鸡肉细嫩鲜美、风味独特。所产鸡蛋蛋黄浓、颜色黄，营养价值高。鸡和蛋都是境内非常优异的绿色生态产品。

第四节 旅游管理服务

旅游资源开发建设是白峰街道新农村建设过程中一块重要内容，不但提高白峰的知名度，更是促进当地村民增收致富。

随着白峰旅游事业的发展，旅游管理机构和管理措施都得到不断完善与有效加强。政府依照《宁波乡村旅游提升规划》，通过资金投入，不断完善硬件设施环境，对旅游景点景区提档升级；以特色农业为依托，通过整合资源和旅游产品开发，引导旅游不断向精细化、品质化、集约化迈进。开展旅游推广活动，2016 年 11 月 4 日，由区农林局、区供销社和宁波摄影家协会发起的北仑“虾康”年糕探味之旅，为推广生态白峰、旅游白峰、人文白峰夯实基础。加强乡村旅游人才队伍建设，提升服务意识、服务技能和服务质量；组织乡村旅游经营业主赴外考察交流，开阔视野，转变思维方式和经营理念；2017 年 9 月，组织 50 余名当地厨娘参加厨艺比武大赛，借此提高村民创业信心、挖掘“乡土人才”。一些村庄利用老庙、老年活动中心、村文化礼堂等，为游客提供餐饮服务。通过旅游市场执法检查，对存在的安全隐患、不文明现象的整治，促进境内旅游环境的不断优化。

旅游服务公司

随着境内旅游景区景点的开发开放，“游、食、住、购”各方面的配套设施日趋完善，专业旅游服务企业也相继诞生。2018 年末，境内共有旅游服务有限公司 5 家。1996 年 7 月登记注册的有宁波市北仑区白峰镇资产经营管理公司，主要经营旅游项目的开发建设、经营管理等；2017 年 7 月登记注册的有宁波北仑区升岛旅游开发有限公司，主要经营旅行社及相关业务；同时登记注册的还有北仑区慧拓游艇俱乐部有限公司；2018 年 5 月登记注册的有宁波路耀景企业服务有限公司，主要经营旅游、信息咨询等；2018 年 11 月登记注册的有宁波市北仑岩朵乡村旅游服务有限公司。

第五章 现代物流业

现代物流业是经济快速发展、社会分工细化、产业结构演进的客观趋势，它是利用先进的物流设备和信息技术，整合传统运输、仓储、装卸、搬运、包装、流通加工、配送和信息处理等物流环节，实现物流运作一体化、信息化、高效化的复合型产业。2002 年 10 月，中共宁波市委、市政府明确北仑区域的定位：“东北亚国际航运中心的重要组成部分、华东地区制造业的重要基地、区域性现代物流中心、现代化滨海新城区”。境内先后有浙江恒顺物流有限公司、宁波三鑫物流发展有限公司、浙江通赢物流有限公司等进驻境内，使境内由传统的交通运输和仓储业，快速向现代化物流业转型升级。至 2018 年，境内共有注册登记的物流运输企业 103 家，为白峰现代化农业、工业以及商贸服务业的发展提供有效的支持。

第一节　物流仓储

物流仓储在现代物流链中是主要的节点，随着白峰现代物流业的快速发展，物流仓储项目也相应发展。至 2018 年末，境内具一定知名度的物流仓储企业有浙江恒顺物流有限公司、浙江永泰物流有限公司、宁波三鑫物流发展有限公司、浙江通赢物流有限公司 4 家。

第二节　物流运输

境内物流企业大部分以中小企业为主。物流企业经营的业务，以集装箱空箱堆放、集装箱拆拼箱、散杂货仓储、货物运输服务为主，并辅助以较初级的信息化管理手段。

随着港口物流业的高速发展，物流运输企业大幅增加，至 2018 年末，在区市场监督管理局注册登记的兼有交通运输功能的物流企业达到 103 家，其中注册资金在 200 万元及以上的规模运输企业 29 家，列表如下：

2018 年境内注册资金 200 万元及以上物流运输规模企业一览表

表 5–5–1

序号	企业名称	经营地址	成立日期
1	宁波来昌国际物流有限公司	白峰小门村兴峰路 5 号	2012 年 11 月 26 日
2	宁波北仑理家物流有限公司	白峰枫江路 19 幢 213 室	2014 年 5 月 14 日
3	宁波永港启晨物流有限公司	白峰强峰路 2 号	2011 年 12 月 28 日
4	宁波航信码头有限公司	白峰街道新峰村屺峙	2005 年 11 月 21 日
5	宁波诺嘉国际物流有限公司	白峰枫江路 1 号 247 室	2013 年 1 月 5 日
6	宁波金旭国际物流有限公司	白峰上阳村山坑 11—1 号	2018 年 3 月 14 日
7	宁波弘宇物流有限公司	白峰枫江路 1 号 105 室	2016 年 5 月 11 日
8	宁波永森物流有限公司	白峰枫江路 1339 号 252 室	2009 年 8 月 19 日
9	宁波众捷物流有限公司	白峰强峰路 6 号 305 室	2017 年 11 月 7 日
10	宁波锦联物流有限公司	白峰海发路 1 幢 1 号 302 室	2017 年 9 月 28 日
11	宁波永兴国际物流有限公司	白峰强峰路 6 号	2014 年 7 月 7 日
12	宁波嘉穗国际物流有限公司	白峰枫江路 17 幢 2 号 103 室	2018 年 11 月 1 日
13	宁波凯密克物流有限公司	白峰强峰路 2 号 101	2013 年 7 月 3 日
14	宁波永利开创国际物流有限公司	白峰枫江路 1339 号 19 幢 209	2014 年 4 月 1 日
15	宁波昆亭国际物流有限公司	白峰枫江路 1339 号 17 幢 252	2013 年 1 月 28 日
16	宁波金胜仓储有限公司	白峰强峰路 86 号 3 幢 1 号	2010 年 1 月 12 日
17	宁波永港海安物流有限公司	白峰村蒋岙塘头弄 39—1 号	2013 年 5 月 23 日
18	宁波驿烽顺码头有限公司	白峰强峰路 86 号 4 幢 1 号	2016 年 11 月 3 日

续表 5-5-1

序号	企业名称	经营地址	成立日期
19	宁波摩巡物流有限公司	白峰枫江路 1339 号 203 室	2010 年 3 月 16 日
20	浙江恒顺物流有限公司	白峰强峰路 46 号	2003 年 5 月 16 日
21	宁波华埠控股有限公司	白峰小门海口 36 号	2004 年 4 月 23 日
22	宁波恒诺奇物流有限公司	白峰峰城路 27—1 号	2016 年 10 月 31 日
23	宁波永港联勤运输有限公司	白峰工业区强峰路 2 号	2011 年 5 月 5 日
24	宁波舟凯物流有限公司	白峰新峰村百丈	2009 年 11 月 18 日
25	宁波捷化物流有限公司	白峰强峰路 6 号 302 室	2015 年 1 月 22 日
26	宁波北仑博臣物流有限公司	白峰枫江路 19 幢 208 室	2014 年 4 月 3 日
27	宁波浩发国际物流有限公司	白峰枫江路 17 幢 104 室	2016 年 5 月 6 日
28	宁波北仑南鹏物流有限公司	白峰强峰路 46 号 1 幢 102 室	2017 年 3 月 1 日
29	宁波北仑永泰物流有限公司	白峰强峰路 2 号	1998 年

第三节　快递物流

快递又称快件，即快递公司与承运单位陆路、水路、航空企业合作，为寄件人与收件人运送除信函之外的公函、商业信函、小件包裹或急需物品。其通常是从门到门乃至从桌到桌的限时服务。现代运输方式为铁路、公路、航空、水路等多种运输形式；国际快递主要采用航空运输方式，称为航空快递。快递以收文件和小包裹为主，一般不接受大宗货物。

包件是邮政专递经营业务，分普通包件、快递包件、航空包裹、保价包裹和商品包裹。至 2018 年末，境内共有邮政快递服务企业 2 家。

2018 年境内邮政兼营快递业务企业一览表

表 5-5-2

企业名称	经营地址	成立日期
北仑区邮政局白峰邮政支局	白峰街道枫江路	2000 年 2 月 29 日
北仑区邮政局上阳邮政所	白峰街道上阳夹塘	2005 年 8 月 3 日

第六章　经济实体及选介

据北仑区市场监督管理局白峰监督管理所提供资料，至 2018 年末，境内共有商贸服务业经济实体 1165 家，其中批发零售 699 家；住宿餐饮业 96 家；租赁和商业服务 35 家；房地产 3 家；培训机构 2 家；金融机构 8 家；居民服务 170 家；科学研究 20 家；文化、体育、娱乐 4 家；信息、技术 11 家；运输业 112 家；水利和环境 5 家。

第一节　经济实体名录

至2018年末，境内注册资本100万元以上的商贸服务业经济实体名录如下：

宁波市北仑区白峰吉索船舶配件经营部
宁波市北仑区白峰阿朗生鲜超市
宁波市北仑区小门冷冻厂
宁波艾尔文磁性材料有限公司
宁波北仑区奇威照明电器有限公司
宁波盛世惠龙易通电子商务有限公司
宁波扬悦物资有限公司
宁波佳然进出口有限公司
宁波市奥合马建材有限公司
宁波特燃贸易有限公司
宁波恒淼贸易有限公司
宁波英索石化科技有限公司
宁波嵿峰油品有限公司
宁波北仑恒业气体有限公司
宁波经济技术开发区悦丰石化有限公司
宁波世发沙业有限公司
宁波华劲金属材料有限公司
宁波千舸贸易有限公司
宁波浩力升源五金工具贸易有限公司
宁波嵿盛贸易有限公司
宁波北仑蓝天石油有限公司
宁波吴瑞鑫铜业有限公司
宁波涵森食品有限公司
宁波旺财狗贸易有限公司
宁波博宜进出口有限公司
宁波北仑开饭了餐饮管理有限公司
宁波大泽餐饮管理有限公司
宁波瑞哲餐饮管理服务有限公司
宁波文汇企业管理咨询有限责任公司
宁波北仑绿能物流发展有限公司
宁波中营旅游投资有限公司
宁波提姆霍顿企业管理有限公司
中星大地宁波投资控股有限公司
宁波市北仑区白峰镇资产经营管理公司
浙江中乾体育发展有限公司
宁波市北仑区白峰东恒船舶配件经营部
宁波市北仑区永发冷冻厂
宁波艾姆勤保险箱有限公司
宁波欧盾安防设备有限公司
宁波心特全贸易有限公司
宁波市海俐电子商务有限责任公司
宁波东域电气有限公司
宁波春晓食品有限公司（地址白峰）
宁波北海燃料化工有限公司
宁波启田国际贸易有限公司
宁波智堃贸易有限公司
宁波亨昌源进出口有限公司
宁波北仑毫豪兴胜贸易有限公司
宁波北仑宝林包装材料有限公司
宁波起帆船舶物资有限公司
宁波长鑫建材有限公司
宁波北仑区勤伏建筑材料有限公司
宁波北仑永恒基业安防有限公司
宁波北仑阿腊家具有限公司
宁波巨强汽车服务有限公司
宁波市永港物流有限公司
宁波安洋石油有限公司
宁波霄玉金属贸易有限公司
宁波心博机电设备有限公司
宁波北仑区松哥农家客栈
宁波路耀景企业服务有限公司
宁波柴木头企业管理有限公司
宁波大泽餐饮管理有限公司
宁波英索控股有限责任公司
宁波启枫投资有限公司
宁波泓运船舶清洁有限公司
宁波永共赢投资有限公司
宁波勇琪企业服务有限公司
宁波房有房房地产营销策划公司
宁波永捷远鑫集装箱服务有限公司

宁波长龙集装箱维修有限公司
宁波永捷集装箱服务有限公司
宁波迹印文化传媒有限公司
宁波市红亚信息科技有限责任公司
宁波华埠控股有限公司
宁波永港联勤运输有限公司
宁波捷化物流有限公司
宁波金胜仓储有限公司
宁波恒顺物流有限公司
宁波永森物流有限公司
宁波锦联物流有限公司
宁波永兴港丰国际物流有限公司
宁波甬利开创国际物流有限公司
宁波诺嘉国际物流有限公司
宁波亿能物流有限公司
宁波弘宇物流有限公司
宁波来昌国际物流有限公司
宁波永港启晨物流有限公司
宁波涌兴海洋环境工程有限公司
宁波坤成金属科技有限公司
宁波三华检测技术服务有限公司
宁波合全农业开发有限公司
宁波中交水运设计研究有限公司
宁波北仑斡鑫新能源科技有限公司
宁波北仑鑫江机械科技有限公司
宁波市北仑区晟港企业服务有限公司
宁波和腾船舶服务有限公司
宁波和丰传媒科技有限公司
宁波市北仑区英索物流服务部
宁波恒诺奇物流有限公司
宁波舟凯物流有限公司
宁波浩发国际物流有限公司
宁波摩巡物流有限公司
宁波昆亭国际物流有限公司（地址白峰）
宁波众捷物流有限公司
宁波北仑雄发物流有限公司
宁波凯密克物流有限公司
宁波北仑路虎物流有限公司
宁波驿烽达码头有限公司
宁波金旭国际物流有限公司
宁波力华物流有限公司
宁波北仑理家物流有限公司
宁波航信码头有限公司
宁波中营能源集团有限公司
宁波鼎鸿科技有限公司
宁波蓝润能源科技股份有限公司
宁波瑞虹金属表面技术有限公司
宁波力源阳光新能源科技有限公司
宁波宝沙能源开发有限公司
浙江中营风能开发有限公司

第二节　经济实体选介

浙江恒顺物流有限公司

经营地址在白峰强峰路46号，成立时间2003年5月16日，公司注册资本800万元。是一家集国际国内货运代理、国内船舶代理、报关报检、仓储、海陆运输、厂内物流、物流配送、邮政速递、物流咨询、物流方案设计与执行等服务于一身的综合性物流公司，已通过ISO 9001质量管理体系认证、中国物流与采购联合会AAA级综合服务型物流企业认证。为宁波市现代物流示范企业、浙江省物流企业优秀创新项目、宁波交通百佳企业、标杆企业、宁波市知名商标、宁波服务名牌。公司目前拥有集装箱卡车、槽罐车、邮政速递车及外协各型车辆300多辆，自有仓库1万多平方米，并有完善的配套设施与良好调度能力。公司运输部、项目部、配送、仓储部设立在北仑港附近，国际货代部设在宁波市中心地段，交通便利，地理位置优越。拥有员工200多人，大部分为货代、运输、物流管理等方面的专业人才，知识层次高，团队合作精神强，为公司快速发展和可持续增长，实现优质高效的服务提供人才保障。公司擅长为大型生产型企业提供物流服务，目前，浙江恒逸、逸盛石化、杭州天元、杭州松下、台塑关系企业、三菱化学、远东集团等均为公司的重要合作伙伴，公司在杭州、萧山、绍兴、上海、江阴等多地设有专业的办事处，方便业务联络。

浙江永泰物流有限公司

公司地址在白峰强峰路 2 号，成立于 1998 年。公司专业从事危险化学品运输及代理业务，一直致力于为客户提供专业、安全、高效的物流服务和最卓越的物流方案。公司成为浙江省最专业的“危化品物流”服务商，“集装箱危险品”货物出口代理业务量位列首位。公司拥有完整的危险品物流网络，业务范围覆盖货代、报关行、危险品运输车队、危险品仓库和堆场、多用途散杂货内贸码头、危险品一站式物流电商平台、坦克箱洗修箱等，有着专业的危险品操作团队和优秀的客户服务能力，逐步构建成完善的危险化学品供应链管理平台。公司目前拥有 600 多名员工，自有危险品车辆 50 台，战略合作危险品车辆 150 台，永泰物流在全国各地自有危险品仓库及危险品堆场约 15 万平方米，战略合作仓库和堆场 15 万平方米，每年进出口 20 多万个标准箱，其中 70% 为危险品，有 3000 多家全球代理和分支机构服务全球 200 多个国家和地区，连续 8 年获得宁波港出口危险品集装箱量第一的荣誉。2017 年完成营业额 6 亿多元人民币，税后利润 5000 多万元。

浙江中营风能开发有限公司

2009 年 6 月，由宁波中营能源集团（民营）和宁波欣达能源有限公司（民营）合作成立，投资建设宁波中营北仑风力发电场，项目位于白峰街道西南侧，福泉山、双石人山一带，总规划设计容量 21 万千瓦，其中福泉山风电场装机 4.5 万千瓦，于 2014 年 6 月并网，累计发电 3.5 亿千瓦时。该项目建成后预计年发电量 5.5 亿千瓦时，产值约 3 亿元，年上缴税收 1 亿元以上，年节约用煤 17 万吨，减排二氧化碳等废气约 40 余万吨。

中营公司在风电开发建设中，做到开发建设与环保、水保、复绿同步进行，回填土方量 15 万立方米，复土 6.4 万平方米，撒播草籽 6.4 万平方米，种植红叶石楠、爬山虎等植物 3.6 万株。引进种植美国雪地松 5 万株。上边坡砌排水沟、涵洞、沉沙池 38 个。对 8 千米主干道路进行混凝土硬化，道路两边加装钢护栏，增设凸面镜、标示、标线等安全设施，风机及道路周边合适位置撒播硫华菊，百日草等花草种子，恢复整体生态环境，使风电场与山体生态环境融入一体。成为具有山海特色的休闲旅游地，带动美丽乡村建设。

宁波中营风力发电场

2015 年，超强台风“灿鸿”过境，现场机位最大风速绝大部分在 40 米 / 秒以上，瞬间最大风速达 47.3 米 / 秒，在这样恶劣的环境下，机组均顶住台风的考验。

第六篇　水　利

境域，古为海壖之地，有“唐涂宋滩”之说。故围塘筑堤，开发滩涂；置碶造坝，阻咸蓄淡；疏浚河道，建库蓄水等水利建设历代为地方官吏、社会贤达和广大百姓所重视。

自北宋筑上阳王家塘至20世纪末的千年间，多次围塘使大陆岸线外延约1.5千米，造就广阔膏腴良田，滩涂成为陆境。至今众多地名带有“海”“浦”“塘”等名词，记录了白峰地域变迁、沧海变桑田的历史轨迹。

中华人民共和国成立前，天然河道狭窄弯曲，蓄水能力差，旱涝灾害频发；海塘低矮，御潮抗风能力弱，屡遭台风恶潮袭击而溃毁，祸及乡里。

中华人民共和国成立后，人民政府发动群众兴修水利。20世纪50年代，全境河道普遍疏浚1～2次，提高排灌能力。20世纪50年代末60年代初，建水库、造碶闸，增长了抗旱防涝能力。20世纪70年代配合农田基本建设，对老河进行整治外，又开挖了一批主要干河道，进一步改善灌溉与排涝条件。

建镇后，随着大规模开发建设，水利工作重心从单一为农服务转移到为城镇、工业、港口开发建设等国民经济发展服务上来。实行建、管并重，疏浚并整治河道、溪坑，除险加固水库、山塘。一批已失去排灌功能的支流、汊道被填土造田，开挖新的以排水和景观为主要功能的河道，形成服务经济建设、城镇建设、居民生活的大中小结合、旱涝兼治水利新格局。

第一章　筑塘　围涂

白峰境域南、北濒海，西部为主山区，天台山余脉由西向东直入境内，潜入峙头洋，因而水资源比较丰富。但囿于山低溪流短，沿海地域面积小，时人全凭拦堤、筑碶而蓄水，靠围涂造地而增加耕地。明前白峰境域除山脚有少量地田外，其余均为潮进潮出之海涂，海潮直涨至现329国道内，故先人常用筑塘围涂、排卤蓄淡之法造地。

中华人民共和国成立后，政府更倡导大兴水利、筑修海塘、围垦涂田、改造碶闸。进入21世纪，大批涂地成为当地经济发展的一大优势。

第一节　海塘

已废古塘

上阳王家塘　建于北宋，年份无考。此塘位于上阳。东起青山嘴，西至凤凰山东，塘长300米，塘顶高程 1.5 米，塘面宽 2.5 米，塘体泥土堆筑。后塘废，建机耕路。

黎明庙后海塘 建于北宋，年份无考。此塘位于上阳黎明。东起庙湾山嘴，西至黎明碶头山，塘长250米，塘顶高程 1 米，塘面宽 3 米，塘体泥土堆筑。后塘废，建路。

马盘小柏树塘 建于北宋，年份无考。此塘位于上阳马盘。东起庙后山，西至七锚坑，塘长 200 米，塘顶高程 1 米，塘面宽 2.5 米，塘体直立式干砌石。后塘废，建村道。

马盘柏树塘 建于南宋，年份无考。此塘位于马盘门口，东起南山（炮台山），西至马盘碶头山，塘长 250 米，塘顶高程 2 米，塘面宽 5 米，塘体泥土堆筑，里外口砌石。后塘废，建村道。

上阳夹塘 建于南宋，年份无考。此塘位于下阳道头，东起象鼻头山，西至狮子山脚，塘长 550 米，塘顶高程 3 米，塘面宽 4 米，塘体泥土堆筑。后塘废，建房、建村道。

小门寺山塘 建于明洪武年间(1368—1398)，年份无考。此塘位于白峰小门。东起东山，西至小门史家，塘长 250 米，塘顶高程 3 米，塘面宽 3 米，塘体泥土堆筑。后塘废，成田塍。

外峙北岙塘 建于清乾隆年间（1736—1795），年份无考。此塘位于白峰外峙岛。塘长 150 米，塘顶高程 1.8 米，塘面宽 1.7 米，塘体泥土堆筑，外口砌石。后塘废，成内塘。

外峙蒲湾塘 建于清乾隆年间，年份无考。此塘位于白峰外峙岛。塘长 140 米，塘顶高程 1.8 米，塘面宽 1.7 米，塘体泥土堆筑，外口砌石。后塘废，成内塘。

无名古海塘 《白峰乐竹房祀谱》记载：明弘治年间（1488—1505），小山头至下林牛头山尾由东向西筑海塘 150 余米；拐之由牛头山南侧至屺峙山东北侧筑海塘 50 余米，围田 3.33 公顷（后人称庵山畈）。万历（1573—1619）后期，今官前山嘴连接门前山长山头东角，又自门前山与鲤鱼山东侧相连，再由鲤鱼山西端过浦，至下林牛头山尾，利用地形又筑成一条海塘。此间还造碶闸 2 座，一是遮山碶（后改桥），二是牛尾小碶闸（后称小水桥），围田近两千亩。清雍正年间（1723—1735），经诸村合力，在今司前由司弄山脚经老碶头至下林牛头山东侧又筑一条海塘，并造碶 2 座，即今老碶头和下林碶（桥），围田千余亩。道光（1821—1850）后期，白峰乐竹房祀曾孙乐颖巨、司前金百鉴等集结诸村再筑新塘，塘址东起涨浦山，西至屺峙田鸡山，并造碶 2 座，一座为老碶头下直河河口两眼碶，另一座在百丈塘，又围得农田千余亩。后上述塘均废。

中华人民共和国成立后的海塘建设

中华人民共和国成立后，随着兴修水利、平整土地、改造河道、建造道路等，农田基本建设不断扩展，古海塘大多成内塘、堤坝和道路。同时随着不断筑塘围涂，耕地向外延伸，沿海又新筑重筑一批海塘。之后其余海塘或成为二线海塘，或废塘，或废塘耕种，或作机耕路等。1985 年，境内有一线海塘 16 条，至 2018 年尚存一线海塘 10 条，总长 14.541 千米，其中较为著名的有屺峙塘、外峙塘（一）、门口塘等。

屺峙塘 位于白峰街道北面沿海。东起百丈塘，西至小门塘，长 820 米，建于 20 世纪 60 年代。1981 年加固为Ⅳ级标准塘，塘顶高程 4.5 米，防浪墙顶高程 5.5 米。2002 年上半年再次加固。塘内旧有百丈塘（老塘）、小门塘（老塘），建于晚清。俱废。

2000 年末门口塘遗址

外峙塘（一） 位于白峰街道外峙岛。南起西山门口碶，北至蒲湾（寿头门），长 2467 米。其中包括外峙盐场塘、一队塘、二队塘、三队塘、牧场塘等，建于 20 世纪 60 年代。1997 年第 11 号台风袭击后，全塘被毁。1998 年被列入市标准海塘建设项目，等级Ⅳ级，御潮标准为 10 年一遇。塘体断面为重力式，防浪墙顶高程 4.7 ～ 5.3 米，塘顶高程 4.2 ～ 4.5 米，宽 3 米。1998 年 3 月开工，11 月竣工，投资 588 万元。

门口塘　位于白峰街道阳东村、下阳村。始建于清中后期。东起马盘，西南至虾康，长4994米。自东至西有正谊塘、陈家塘、钟家塘、大兴塘、万盛塘。1956年“8·1”强台风在象山港登陆，塘全毁，当年末修复。1976年列入宁波地区重点塘建设，1997年遭第11号台风损坏，次年列入市标准海塘建设项目，御潮标准为20年一遇。塘体断面重力式，塘顶高程4.8米，面宽4米，防浪墙高程5.8米。1999年1月开工，年末竣工，投资1493万元。

1985年境内其余一线海塘一览表

表6-1-1

海塘名称	起讫地点	长度（米）	塘顶吴淞高程（米）
小门塘	后所塘—屺峙塘	1320.00	5.60
百丈塘	屺峙塘—水深塘	625.00	5.80
水深塘	百丈塘—司前新塘	480.00	5.80
司前新塘	水深塘—枫城碶	420.00	5.80
大岐湾塘	白峰船厂—涨浦山	170.00	5.10
沿亭盐场塘	涨浦山嘴—沿亭塘	345.00	5.50
园夹岙塘	园夹岙—胡家	60.00	5.40
沿亭塘	沿亭盐场塘—海军部队围墙	323.00	5.40
轮江塘	轮江山—轮江盐场	1125.00	5.40
轮江盐场塘	轮江塘—华峙盐场	1370.00	6.60
朱夹岙塘	马盘山嘴—朱夹岙山	463.00	6.20
北神马塘	北神马渡—北山	410.00	5.20
神马塘	大岙山嘴—渡头	650.00	5.70

注：上述海塘多建于晚清（名称随时代变动而改名）。

2018年境内实有一线海塘一览表

表6-1-2

海塘名称	起讫地点	长度（米）	塘顶吴淞高程（米）
小门塘	后所塘—屺峙塘	1320.00	5.60
屺峙塘	小门塘—百丈塘	820.00	5.80
百丈塘	屺峙塘—峰城碶	1525.00	5.80
沿亭盐场塘	涨浦山嘴—沿亭塘	345.00	5.50
沿亭塘	沿亭盐场塘—海军部队围墙	323.00	5.40
轮江塘	轮江山—轮江盐场	1125.00	5.40
轮江盐场塘	轮江塘—华峙盐场	1370.00	6.60
外峙塘（一）	南起西山门口—北至蒲湾	2467.00	6.20
外峙塘（二）	西起小蒲湾—外峙渡	1445.00	4.03 ～ 4.83
上阳门口塘	马盘—虾康	4701.00	5.80

第二节　围涂利用

北宋庆历七年（1047）王安石任鄞县县令后，境内始筑海塘以御潮。据宋宝庆《四明志·定海卷》载，熙宁十年（1077）境内有小门、太平、马婆等村，先民在此捕鱼、煮盐、生息繁衍，逐步开发这块土地和海域。南宋乾道年间（1165—1173），海晏乡在围垦海涂建盐区设穿山子场（后升为正场），下设4个盐场，其中在白峰外峙设盐场1处。至清乾隆年间（1736—1795），全境围涂面积近10平方千米。涂田多用作盐场、棉花种植用地。

中华人民共和国成立初期，国家有计划裁废盐场。1956年，外峙老盐场恢复生产。1966年起，外峙、轮江等生产队也围塘建小型盐场，其中外峙盐场面积15公顷，轮江盐场21.89公顷。1967—1974年，经镇海县人民政府批准，白峰公社在梅山下市头围涂40.33公顷，在七姓涂围涂101.2公顷建盐场。上阳公社在梅山港湾滩涂，自猛风山嘴经笠帽礁、洋沙山至青龙碶围涂160公顷建盐场。20世纪70年代末，国家规定涂田"可种粮不种棉，可种棉不晒盐"。20世纪80年代初，提倡因地制宜利用海涂，"宜耕则耕、宜盐则盐、宜养则养"，最大限度地提高所围海涂的利用率。20世纪80年代末，大量种植棉花的土地，可改种水稻的都改种为水稻。21世纪后改种苗木、水果、蔬菜，提高所围海涂的经济效益，并随着开发建设的需要，境内大批沿海涂田和所围盐场被征用，至2018年，先后有100余家工商企业入驻境内沿海一带。

第三节　碶闸

碶闸乃水利之锁钥。历代在滨海临江处为拒潮泄水而筑碶，在内河要口为节制淡水筑堰坝。

古时碶闸均为石砌结构，孔径小，木桩支承，叠梁式木板挡水，人力启闭。中华人民共和国成立后，开展水利建设，把叠梁式木板闸门改装为钢焊接成整体闸门板，与钢螺刻杆启闭机连接，用人力推动启用。后又采用折板式钢丝网水泥闸门板替代木质闸门板。20世纪70—80年代，闸门向大孔径发展，启闭采用人力、电动两法。至2018年境内实有碶闸23座（其中内闸3座），废弃碶闸8座。

境内较著名碶闸有

峰城外碶　位于司沿村涨浦山西侧，始建于清道光年间（1821—1850）。咸丰三年（1853）由金白镒、乐颖巨、李统赞、郑学宏等出资东移建今碶。1960年大修，1970年重修。1981年改建置3孔，每孔净宽2.5米，总净宽7.5米，闸底高程0.30米，按20年一遇挡潮排涝标准设计，排涝流量46.55米^3/秒，钢筋混凝土结构，工程等级四等，主要建筑物等级三级。排河水入穿山港。

百丈碶　位于新峰村百丈。1孔，净宽2米，水泥螺旋架结构。始建于清乾隆年间。1954年西河与东河开通，1958年屺峙河与白峰大河开通，1964年原百丈碶作废，在瓦厂旁建新碶，1966年建成，2000年改建。排百丈等河水于穿山港，故名。

西大河碶　2013年6月新建，置2孔，每孔净宽3.5米，总净宽7米，钢筋混凝土结构，门板结构钢砼螺杆电动启闭。设计挡潮排涝过闸流量43.45米^3/秒。

小门碶　位于小门村，故名。始建于清乾隆年间。1967年在浦嵬新建碶闸，老小门碶废止。1978年

10月重建，置一孔净宽2.5米，碶底高程-1.55米，按20年一遇挡潮排涝标准设计，设计挡潮过闸流量31.25米³/秒，钢筋混凝土结构，工程等级四等，主要建筑物等级四级，门板结构，钢砼板，螺杆式电动启闭。2017年扩建置2孔，每孔净高3.5米，总净宽7米，挡水潮过闸流量60.70米³/秒。排河水入穿山港。

外三眼碶　位于下阳村道头凉亭山东侧，1953年为解决农田排涝而建造。原为五眼石柱结构，1976年6月，拆建为三眼钢筋水泥结构，故名外三眼碶。每孔净宽2.5米，总净宽7.5米，闸底高程-1.72米，按20年一遇挡潮排涝标准设计，挡潮排涝流量95.36米³/秒。钢筋混凝土结构，工程等级四等，主要建筑物等级四级，木质闸门板结构改为钢仝平板，采用电动螺杆启闭。排大浦河水入梅山港。

康头河里五眼碶

大浦河外三眼碶

2018年境内主要碶闸一览表

表6-1-3

碶闸名称	所在地点（村）	性质		孔数	闸孔总净宽（米）	闸门板结构及启闭形式	修（改）建年份
		外海	内河				
小门新碶	小门	√		2	7.00	钢砼平板螺杆电动	2017年
屺峙碶	新峰	√		1	2.50	钢筋混凝土结构螺杆	1975年
西大河碶	百丈	√		2	7.00	钢筋混凝土结构螺杆	2013年
百丈碶	百丈	√		1	2.00	钢砼平板螺杆电动	1966年建，2000年改建
峰城外碶	白峰		√	3	10.50	钢砼平板螺杆电动	2014年
峰城内碶	白峰		√	3	12.00	钢筋混凝土结构螺杆	2014年
沿亭碶	司沿	√		1	1.50	钢砼平板螺杆人力	2017年
外峙二队碶	港口	√		1	1.20	钢砼螺杆人力	1999年
周家碶	港口	√		1	1.80	钢砼平板螺杆人力	2007年
轮江碶	港口	√		1	1.50	钢砼平板螺杆人力	2008年
仰岛湾碶	港口	√		1	1.50	钢砼平板螺杆人力	2009年
外峙盐场碶	港口	√		1	2.50	砼管木板螺杆式	2016年
外峙一队碶	港口	√		1	1.50	钢砼螺杆电动	2017年
外峙三队碶	港口	√		1	1.50	钢砼螺杆人力	2018年
道头胜利碶	下阳	√		1	2.00	钢砼平板螺杆电动	1957年建，1985年改建
庆丰碶	下阳	√		1	2.00	钢砼平板螺杆电动	1971年
虾康永丰碶	下阳	√		1	1.80	钢砼平板螺杆电动	1974年
大浦河外三眼碶	下阳	√		3	7.50	钢砼平板螺杆电动	1953年建，1985年改建

续表 6-1-3

碶闸名称	所在地点（村）	性质		孔数	闸孔总净宽（米）	闸门板结构及启闭形式	修（改）建年份
		外海	内河				
康头河里五眼内碶	阳东		√	5	12.50	钢砼平板螺杆电动	1957 年建，1977 年改建
黎明碶	阳东	√		1	2.50	钢砼平板螺杆电动	1977 年
马盘外碶	阳东	√		2	4.0	钢砼平板螺杆电动	1978 年 7 月
马盘内碶	阳东		√	2	5.00	钢砼平板螺杆电动	1980 年改建
钟家湾碶	阳东	√		1	1.40	钢砼平板螺杆电动	1960 年改建

2018 年前境内废弃碶闸一览表

表 6-1-4

碶闸名称	所在地点（村）	废弃原因	废弃时间
园夹岙碶	港口村	部队征用	20 世纪 50 年代末
下林浦碶	新峰村	碶闸移位	1960 年
下林登石岩碶	新峰村	碶闸移位	1960 年
小门老碶	小门村	碶闸移位	1967 年
马盘外岙乌龟山嘴碶	阳东村	碶闸移位	1970 年
大岐湾碶	司沿村	船厂征用	1987 年
北渡海塘碶	神马村	船厂征用	2005 年
南渡海塘碶	神马村	船厂征用	2005 年
老碶头碶	白峰村	碶闸外移新建	2014 年

第二章　水库　山塘

中华人民共和国成立前，境内未建水库，仅在部分溪流砌石筑堰，堵水为潭。1966 年末，白峰人民公社通过学习绍兴棠棣乡兴建小型水库经验，率先在小门庄岙建成小（Ⅱ）型水库 1 座，此后境内兴起建水库、山塘热潮。至 20 世纪 80 年代末，境内共建小（Ⅰ）型水库 1 座，小（Ⅱ）型水库 4 座，山塘 86 座（其中蓄水量 2 万立方米以上山塘 15 座，2 万立方米以下山塘 71 座）。

第一节　水库

小（Ⅰ）型水库

至 2018 年，境内有小（Ⅰ）型水库 1 座，即竺家坑水库。

竺家坑水库　位于白峰村蒋岙，集雨面积 2 平方千米。1956 年动工兴建，1958 年初步建成。1981 年重修，总库容 64 万立方米，正常蓄水 64 万立方米。1996 年加高扩容，完成土石方 24.08 万立方米，总库容增加到140.5万立方米，正常蓄水128万立方米。水库由大坝、放水涵洞和溢洪道组成。大坝为黏土均质坝，坝顶高程20.68米，坝顶长246米，面宽4.5米，溢洪道进口底高程21米，宽35米。1999年4月竣工，投资1012万元，提升为小（Ⅰ）型水库，灌溉面积267公顷。为区内第一座股份制水库，白峰街道52%，区政府48%，设董事会及水库管理所。

竺家坑水库

小（Ⅱ）型水库简介

至2018年，境内有小（Ⅱ）型水库4座。

石佛塘水库 位于境内小门村杨梅湾石佛塘，故名。1959年10月始建，1972年重建，1978年大修，2013年加固，集雨面积1.06平方千米，总库容14.8万立方米，正常蓄水库容10.8万立方米，大坝为黏土心墙坝，主坝高12.2米，长112米，迎水坡干砌，背水坡草皮。溢洪道形式为正槽式，宽18米，深1.7米，最大洪流量48.21米^3/秒，灌溉面积66.67公顷。放水设备，钢质管虹吸。

庄岙水库 位于境内小门村庄岙，1958年10月始建。1970年大修扩容。2009年除险加固，大坝为黏土心墙坝，正常蓄水32万立方米。溢洪道形式为正槽式，宽8.4米，深1.5米，最大泄洪流量11.81米^3/秒，灌溉面积73.33公顷。放水设备，钢质管虹吸。

黄龙坑水库 位于境内双石人山南麓黄龙坑，故名。1962年动工兴建，1970年3月建成。1981年重修，2014年加固。集雨面积2.8平方千米，大坝为心墙坝，坝长112米，坝高21.5米，迎水坡为干砌，背水坡草皮。正常蓄水位相应水面面积0.02平方千米。溢洪道形式为侧槽，宽度24.5米，深2.7米，最大泄洪流量101.3米^3/秒，灌溉面积146.67公顷。放水设备，涵管浆砌圆拱0.8米×2米，插板式0.6米启闭。

长水流水库 位于境内虾康村北，主流虾康龙头溪坑，1959年动工修建，1960年12月建成。1978年、1979年两次大修，2012年加固。集雨面积2.2平方千米，大坝为黏土心墙坝。迎水坡为干砌，背水坡草皮。溢洪道形式为侧槽，宽18米，深1.7米，最大泄洪流量170.28米^3/秒，灌溉面积66.67公顷。放水设备，砼钢0.6米插板式启闭。

石佛堂水库

庄岙水库

黄龙坑水库

长水流水库

第二节　山塘

2018 年，境内共有山塘 86 座，其中蓄水量 2 万立方米以上 15 座，2 万立方米以下 71 座。

2018 年境内蓄水量 2 万立方米以上山塘一览表

表 6–2–1

山塘名称	地点（村）	蓄水量（万立方米）	灌溉面积（公顷）	建造年份
粽子山	下阳村虾康	2.59	17.33	1962
大烂田	下阳村上王	5.20	20.00	1966
岙里	阳东村钟家湾	4.73	10.67	1962
望潮	阳东村马盘	3.32	12.00	1962
榨岭坑	阳东村马盘	2.60	5.33	1961
陈家弄	上阳村石山	5.50	11.33	1965
马家池	上阳村石山	2.50	4.67	1970
城司峧	上阳村东园、山坑	3.03	12.00	1970
东山	勤山村勤丰	8.80	40.00	1974
戴家岙（下）	勤山村蕉山	2.03	10.00	1968
上里岩门	新风村屺峙	2.85	5.33	1970
轮仰岙里	港口村轮仰	5.20	6.67	1965
下龙爪	门浦	2.58	6.67	1972
小岙	司沿村司前	2.94		
上峧头	官庄	2.73		

2018 年境内各村 2 万立方米以下山塘分布一览表

表 6–2–2

村名（村）	数量（座）	村名（村）	数量（座）
合计	71	白峰	7
小门	7	上阳	10
新峰	1	勤山	11
司沿	1	太平	3
港口	5	阳东	10
官庄	1	下阳	9
门浦	6	—	—

第三章 河溪 井泉

境内历代官吏和社会贤达均重视水利事业，开挖与疏通河道，利于百姓。中华人民共和国成立后，政府致力于发展农业生产，改善水利条件。至1985年，河道普遍进行一次以上疏浚，对弯曲河道改造截直并加宽。1993年河道整治列为农田基本建设之重点，加大疏浚力度，并对部分河道砌石绿化。

境域地处浙东沿海，常因台风过境，引起山洪暴发，溪流堵塞，造成灾害。1985年后，对10余条主要溪坑进行整治。2005年“麦莎”“卡努”两次台风，对境内溪坑造成不同程度毁坏，后经修复，毁坏的溪坑基本实现“水清、流畅、岸绿、景美”的总体目标。至2018年，境内共有大小河道77条（其中长度1000米以上14条，1000米以下200米以上51条，200米以下河道12条），有大小溪坑25条，有各类水井112口。

第一节 河道

境内河道长度短、河面狭窄，洪期与干涸期明显，多数河道护岸形式多为坡式和岸墙式，砼砌石勾缝。至2018年，境内共有200米以上河道总长48455米，水面总面积525509平方米。新建、扩建和修建时间多在中华人民共和国成立后。

白峰东大河

2018年境内长度1000米以上河道分布一览表

表6-3-1

河道名称	起点	终点	长度（米）	宽度（米）	河面面积(平方米)
合计	—	—	22777.00	—	292675.00
小门河	石佛塘水库	出海闸	2851.00	8.13	23179.00
白峰东大河	东香河	出海闸	2551.00	20.60	52551.00
司沿河	司前山脚	出村庄	1420.00	8.70	12354.00
虎山河	白梅线	东大河	1094.00	12.00	13128.00
西大河	东大河	出海闸	1635.00	12.00	19620.00
百丈河	329国道	西大河	1210.00	16.00	19360.00
屺峙河	百丈河	出海闸	1071.00	13.00	13923.00
康头河、大浦河	勤丰溪坑	出海闸	2902.00	18.50	53687.00
道头碶河	道头荷花池	出海闸	1182.00	8.50	10047.00
上王碶河	潘家岙	小岭长河	1070.00	16.00	17120.00
上王棉地横河（一）	道头	虾康	1025.00	5.50	5638.00
上阳护塘西河	上王碶河	道头碶河	1000.00	21.00	21000.00
阳东河	钟家湾	马盘河	1648.00	6.00	9888.00
马盘河	榨岭坑水库	出海闸	2118.00	10.00	21180.00

2018年境内长度1000米以下200米以上河道分布一览表

表6-3-2

河道名称	起点	终点	长度（米）	宽度（米）	河面面积(平方米)
合计	—	—	26780.00	—	232134.00
强峰河	小门文山头	小门河	575.00	3.80	2185.00
小门王家河	小门王家	小门河	378.00	3.00	1134.00
庄岙河	庄岙水库	小门河	487.00	3.80	1851.00
沃家河	黄埠山咀	小门河	483.00	3.00	1449.00
塘下河	小门河	屺峙农田	200.00	6.00	1200.00
轮江岙里河	岙里山塘	出海闸	476.00	2.00	952.00
仰岛河	仰岛湾水库	出海闸	726.00	10.50	7623.00
轮江周家河	轮江村庄	出海闸	620.00	12.00	7440.00
2队河	外峙山咀	出海闸	572.00	10.00	5720.00
3队河	外峙渡口	出海口	584.00	10.00	5840.00
官庄胡家河	东香河	陆家岐水库	220.00	3.00	660.00
官庄河	东香河	陈家	600.00	6.00	3600.00
司前河	大岙	东大河	236.00	14.00	3304.00
怡峰河	司沿河	东大河	445.00	14.00	6230.00
东香河	官庄虞家	东大河	775.00	14.00	10850.00
水车河	官庄村	东香河	378.00	12.00	4536.00
沿亭河	沿亭山塘	出海闸	508.00	10.50	5334.00

续表 6-3-2

河道名称	起点	终点	长度（米）	宽度（米）	河面面积（平方米）
竺家坑河	竺家坑水库	西大河	705.00	5.00	3525.00
门浦河	东香河	村庄	909.00	11.40	10362.00
下林河	西大河	东大河	694.00	10.00	6940.00
屺峙长思河	屺峙瓦厂河	329 国道	250.00	10.00	2500.00
百丈塘下河	百丈塘沙场	出海闸	500.00	6.00	3000.00
墩河	庙前畈	康头河	282.00	5.50	1551.00
机厂河	凤山	康头河	528.00	10.00	5280.00
上白公路沿线河	勤丰溪坑	上阳墩河	375.00	5.00	1875.00
下湾机厂河	下湾小庙咀山脚	康头河	285.00	10.00	2850.00
河涂新河	上阳夹塘	康头河	263.00	14.00	3682.00
夹塘河	道头机埠	康头河	876.00	14.00	12138.00
下阳菜场直河	乌柱桥	下阳菜场	830.00	8.00	6640.00
水坑畈横河	上白公路西	狮子山脚	302.00	5.00	1510.00
胜利碶横河	瓦厂边	胜利碶闸	695.00	11.00	7645.00
道头棉地河	沿海中线	凉亭河	328.00	6.00	1968.00
凉亭河	沿海中线	道头碶河	513.00	5.00	2565.00
护塘西塘东段	上王河	道头碶河	450.00	21.00	9450.00
道头门口畈稻田河	上王	道头	200.00	5.30	1060.00
上王横河	石佛山	老引洞	564.00	8.00	4512.00
上王棉地横河（二）	虾康	道头	997.00	5.50	5484.00
上王瓦厂后河	虾康	道头	310.00	5.00	1550.00
虾康碶河（一）	沿海中线	上阳护塘西中段	907.00	20.00	18140.00
虾康横河（二）	上王棉田	虾康塘	508.00	6.00	3048.00
虾康横河（三）	上王棉田	虾康碶	727.00	9.00	6516.00
老盛洞河	老盛洞	出海闸	850.00	8.00	6800.00
钟家湾河（一）	岙里水库	大浦河	862.00	5.00	4310.00
钟家湾河（二）	阳东横河	上阳护塘东河	470.00	5.00	2350.00
阳东棉地河（一）	大浦河	阳东棉地河（二）	632.00	5.00	3115.00
阳东棉地河（二）	上阳护塘东河	马盘河	675.00	6.00	4050.00
上阳护塘东河西段	大浦河	马盘护塘河	700.00	15.00	10500.00
钟家湾棉地上横河	新村屋后	悬临屋	350.00	5.00	1750.00
马盘支河	马盘南山山脚	马盘河	200.00	7.00	1400.00
朱家岙河	碶头山	出海闸	520.00	5.00	2600.00
黎明横河	碶头山	庙山咀直河	260.00	6.00	1560.00

第二节　溪坑

自古以来境内溪坑弯曲，宽窄和深浅不一，遇到台风暴雨易泛滥成灾，遇到干旱，溪底朝天。中华人民共和国成立后，对溪坑进行全面整治、截弯、取直、拓宽，整修堰坝，对部分堤段增设防护栏和防护墙，溪底增设毛块石护坡。2005年“麦莎”“卡努”两次台风，对境内大部分溪坑造成不同程度毁坏，经修复共耗资500余万元。至2018年，境内长度1000米以上溪坑6条，1000米以下17条。

1000米以上溪坑简介

阮家溪坑 位于上阳村山坑、东园，源于后照山。主流为朝东坑，有多条小溪汇合于山坑堰，流经山坑、东园、阮家入三港口、庚头河，全长1600米，宽10米，深3米。中华人民共和国成立前，溪坑弯曲、宽窄、深浅不一，自古以来易泛滥成灾。1950年，一场暴雨将溪坑改道200米，良田被毁，几经修复。2008年9月5日暴雨，溪坑出水不及，水位上涨，洪水冲过堤坝进入阮家村庄，部分民房进水，造成严重损失。在政府的大力支持下，于2009年动工修建，对整条溪坑进行全面整治，截弯、取直、拓宽，整修堰坝，重建桥梁。至2017年整条溪坑下游段拓宽2米，岸墙重力式干砌，部分堤段都增设防护栏和防护墙，部分溪底增设毛块石护底。修建堰坝5座、桥8座，防冲浆砌地梁5根，总投资275万元。

小岭坑溪坑 位于上阳村石山，起源于双石人山，中间隔一朝天山成2条溪坑，汇聚于小岭坑。流经胡家湾、石山、杨家坑、风洞桥与阮家溪坑相接。全长1100米，宽7米，深2.5米。由于溪坑弯头多，深浅、大小不一，常因暴雨泛滥成灾，冲毁堤田。于2012年动工修筑，2013年竣工，总投资350万元，对原弯道截直、扩宽、堤岸加固。重力式干砌加勾缝，坑底设置堰坝6座，挡水消力浆砌堤坝17条，增设桥梁6座，洗衣潭4座。

阮家溪坑三官塘堰坝

小岭坑溪坑

太平岙溪坑 位于太平村。主要源头为福泉山黄龙坑，沿途有多条溪坑汇集，如小水潭坑、大坑滩、八大坑、酒提漏斗坑、石山荞麦坑，止于庚头河，全长2200米，宽10米。大到暴雨时，洪水冲毁堤坝，沿途农田时常被淹。2005年8月6日“麦莎”强台风带来暴雨成灾，冲毁堤坝，使成片农田受淹。是年，在政府的帮助下，对下游段500米和部分堤坝进行整治，投资175万元，采用重力式块石干砌和混凝土筑砌等方法加固堤坝。2015年又整治285米，总投资80万元，保持下游排水畅通。

太平岙溪坑

太平岙溪坑

荞麦坑 位于上阳村石山境内，源头主要有紫梅弄坑、大燥箕坑、小燥箕坑3条溪坑汇聚，于太平岙、黄龙坑岙口段相汇合，全长1800米。原有溪坑高低不平，坑面宽窄不一。2005年“麦莎”台风带来暴雨，冲毁堤坝，部分农田冲成沙滩，农作物受淹。是年，在政府的帮助下，投资60万元，部分地段截弯取直，

小门大溪坑

修筑两岸堤坝。用块石重力式干砌，平均高度1.5米，宽2.8米，新增沙滩造地2亩。

小门大溪坑 位于小门村，源于中岭小溪坑，注入石佛塘水库，至上李家段全长1200米。经过三次整治，截弯取直，第一次于1956年大台风后对部分堤坝进行加固和砌石、修补。1964年2月开始“农业学大寨”运动，村里投入劳动力1700工，砌石400米。2005年“麦莎”强台风后，是年在各级政府的重视下，对未完成砌石加固的300米两岸堤坝进行块石重力式干砌，混凝土勾缝，高度2～2.5米，宽5米，总投资25万元。

东山溪坑 位于东山至大堰塘，与龙爪蛟溪坑汇合，止于蕉山林家桥，注入康头河，全长1150米，宽2.5～10米。2017年截弯取直，整治堤坝，采用重力式块石勾缝，砼压顶。坑底增设砼滴水坎8道，砼挡水堰坝14道，砼交通桥、砼机耕桥3座，砼行人桥9座。东山溪坑整治后长1100米，宽5米。

2018年境内长度1000米以下溪坑一览表

表6-3-3

溪坑名称	起点	终点	长度（米）	宽度（米）
合计	—	—	8970.00	—
屺峙溪坑	屺峙岙里	屺峙（大村）	600.00	3.00
屺峙傅家溪坑	屺峙（小村）	傅家	500.00	2.00
蒋岙岙里溪坑	塔山山脚	小村口河	600.00	1.50
蒋岙门口溪坑	竺家坑水库	上白线	800.00	2.00
官庄溪坑	东香河	上高头水库	350.00	2.00
虾康溪坑	长水流水库	沿海中线公路桥	860.00	10.00
上王小岭坑	潘家岙	老引洞畈	200.00	2.00
上王庙门口溪坑	堰跟	小岭河	270.00	2.80
小岙溪坑	小烂田	小岭河	300.00	2.50
沙塘溪坑	登石岩	道头下新河	670.00	2.80
戴家岙溪坑	杨梅岭山塘	勤丰溪坑	800.00	4.00
蕉山溪坑	林家坑	康头河	550.00	2.80
下湾溪坑	下湾山塘	康头河	240.00	2.50
东坑岭溪坑	剌坑岭水库	马盘河	400.00	2.70
榨岭坑溪坑	榨岭坑水库	马盘河	450.00	3.50
黎明溪坑	朱家岙山塘	老碶头	480.00	4.00
门浦溪坑	大涂岭下	上白线	900.00	2.50

第三节　井　泉

水井

旧时，境内掘井汲取地下水，多用作居民生活用水和农作物灌溉。1958 年秋大旱，政府号召打井挖泉灌溉农田。1967 年秋旱，在上阳东园大墩采用大锥机具开孔挖井，直径 1 米，井深 20 米以上，用直径 100 厘米的砼圆管作井管。至 2010 年，境内共开挖机井 4 口。后由于未出现过特大干旱，水利工程新建配套设施，水井灌溉随之减少，有的被废弃。至 2018 年，境内共有水井 112 口，其中较有名水井有下阳村道头狮子山脚的石佛山井、乌礁井，上阳石山牛凉坑东侧山脚的龙眼井，白峰村七姓氏山脚下的金家庄井。

石佛山井　因其位于隐山余脉石佛山的山脚之下而得名。石佛山下这片土地原地处沿海设有泊船之渡口，称作"道头"，明清年间先后有沃、方、王、贺诸姓入迁繁衍，沃姓最先，方姓人丁最旺，成为现今道头之大族。此井亦开掘于明、清年间，历史久远。

乌礁井　以"乌礁"为名，其位于千年前的礁石之上。相传，上阳、下阳既有狮山、象山，又有龙山、凤山，具有"狮象守门，龙凤相对"之吉象。有个皇帝获悉此讯，忧虑这块风水宝地出新帝取代其位，于是派一名国公到此"破风水"。国公在狮、象、龙、凤诸山间折腾了一番之后仍不放心，于是又在乌礁之上挖了口井，意在散尽大地之精华。然而，这片土地的精华无穷无尽，总也散不完，就如乌礁井清冽甘甜之水，源源不绝，久旱不涸。

白峰村七姓氏山脚下金家庄井

石佛山井

乌礁井

2018 年境内共用水井分布一览表

表 6-3-4

村名（村）	水井（口）	村名（村）	水井（口）
合计	112	港口	6
小门	14	阳东	17
新峰	8	勤山	7
白峰	12	上阳	9
门浦	5	太平	2
官庄	2	下阳	22
司沿	8	—	—

泉水

乌石岩地下泉水　位于太平村，以一块巨大乌黑岩石得名。岩石高4米，宽6米。岩石地下水源源不断溢出，常年不涸，即使大旱也不停息。三面大山环抱，源于太平岙八大坑与大坑滩、茅坪岗大山之间。常年水温保持在19℃～20℃，水质甘甜。由于地处深山，附近没有村民居住，只有围堰筑渠浇灌田地，平均日出水量144立方米。

乌石岩地下泉水

第四章　排灌工程

境内农田灌溉历来依靠人力和畜力龙骨车。长期以来，农田灌溉极为困难，粮食因之歉收。如遇大旱年景，农民为抢水而带来各种纠纷。中华人民共和国成立后，机电排灌发展迅速，1958年10月人民公社成立后，部分生产队基本实现机械排灌。1975年后，白峰公社、上阳公社全部实现电力排灌。

第一节　排灌站

1958年10月，境域归属郭巨人民公社，下设白峰、小门、上阳、下阳4个生产大队，时各生产大队配有抽水机。1961年贯彻“三级所有，队为基础”政策，各集体抽水机归生产大队管理。1964年成立白峰公社抽水机站和上阳公社抽水机站。1975年后，抽水机站更名电动排灌站。时白峰公社、上阳公社各大队共配机电流动排灌机具（河船机）19台，可灌溉沿河农田。2003年后，为提高土地经济效益，境内大部分种植水稻的田地改种花木等经济作物，故机电排灌设备利用率较低。至2018年，境内有固定抽水机埠48处，农户多用电动潜水泵抽水灌溉花木。

第二节　渠道

随着水库和机电排灌站建成，各类灌溉渠道也随之陆续兴建。1966—1989 年境内先后建成竺家坑水库、庄岙水库、石佛堂水库、黄龙坑水库、长水流水库等，利用渠道自流灌溉。因抽水机站与稻田路途近，故明渠较短。20 世纪 90 年代后，水渠质量不断提高，改泥质为水泥、砖石砌筑，U 字形水泥预制渠道。渠道进出口装有活动插板和启闭阀门，排灌方便。进入 21 世纪，境内渠道网日趋合理完善。

第三节　排涝泵站

中华人民共和国成立后，在沿海滨江地区新建、改建一批碶闸泄洪排涝，但在顶潮时不能启闸排水，造成内涝，影响农作物生产。20 世纪 70 年代在低洼地区建造排涝泵站，及时排除积水。进入 21 世纪后，在区、镇政府重视下，在沿海地区的重要河道和碶闸处修建了排涝泵站，至 2018 年，境内共有翻水排涝泵站 9 座。

2018 年境内翻水排涝泵站一览表

表 6-4-1

排涝站名称	地点（村）	水泵		动力		建造时间（年）
		型号	台	柴油机（匹）	电动机（千瓦）	
西大河	新峰		3	1620	1200	2012
黎明	阳东		2		11 千瓦、22 千瓦各 1 个	2014
马盘	阳东	800zLB—13	3	680	500	2014
钟家湾	阳东	700zLB—11	2	544	400	2015
大浦河	下阳	900zLB—125	4	810	600	2015
道头	下阳	700zLB—11	2	544	400	2015
上王	下阳	700zLB—11	2	544	400	2014
虾康	下阳	700zLB—11	2	300	360	2015
小门碶	小门	IS200G—2	2	300	200	2017

大浦河排涝泵站

第五章 水利管理

水利管理历来为各级地方官吏和政府所重视。中华人民共和国成立后，随着水利事业的发展，水利管理工作日趋完善。

第一节 塘闸管理

旧时，沿海碶闸由受益户公雇一两人管理，称碶夫。公立蓄泄标准，按水准启闭闸门，碶石铭刻水则，以作启闭闸门之规章。碶夫按农事季节所需水位蓄泄，每名碶夫年给银3两，后改拨管碶田自耕、自种、自收，复征受益田亩稻谷作酬劳，此制沿至中华人民共和国成立初期。农业合作化后，管碶闸社员参加社队评工记分。1961年后，由公社打社务工票给管碶社员，凭此参加生产队收益分配。1987年开始，塘闸由乡管理，配备管理人员，管理人员工资由乡政府从地方财政收入中和村集体收入中支出。

第二节 排灌站管理

1966年前，农村抽水机埠一般配有抽水机手1名，由公社水利会和各生产大队管理。自1975年电灌基建开始，每个生产大队培训1～2人参加施工，回村后大部分成为村电工，并负责各排灌站机电工作。1984年白峰乡、上阳乡分别建立农电管理站，负责排灌站供电工作，各排灌站分别设立专职或兼职管理员（抽水机手）1名。至2018年，全街道有排涝站9座，并配备专职管理员。

第三节 水库管理

1965年，黄龙坑、东山、竺家坑等水库由公社管理，公社制订水库管理规章，指定专人管理。各生产大队、生产队要放水，需经公社讨论制定放水数量，专管人员根据领导决定放水，其他水库由大队决定。同时，公社建立水库管理组织。1978年起，实行县、区、公社、大队、生产队5级管理，公社所属水库配专兼职管理员。至2018年，境内有专、兼职水库管理员5名。

第四节 “三防”管理

为做好常年性防汛、防旱、防台工作，自1971年起，公社（乡）设“三防领导小组”，由政府主要领导人任组长。每年4月前进行“三防”检查，发现问题及时补救，抢修“病危工程”或采取安全度汛措施，消除事故隐患。并出台抗台风预案，尤以5—6月梅雨汛期，6—8月伏旱，8—9月台风季节防汛、防旱更为突出。1985年后，由乡（镇）政府每年拨出“三防”专项经费，以维修水库、海塘、碶闸等。

第七篇 政 治

民国8年（1919）五四运动后，境内一些进步知识分子，受马克思主义思想启迪，积极组织发动人民群众参加反帝爱国运动。民国26年进入全面抗战后，小门村进步青年徐建农、徐长海兄弟俩投身于抗日救亡运动，并加入中国共产党（简称“中共”）。民国35年始中共地下党员冯和兰、吴家安、罗德生、余力行等到上阳地区开展工作，组建农会，发展中共地下党员，成立党小组。1949年5月28日，白峰境域解放。1953年10月后各乡分别建立中共党组织。

中华人民共和国成立前，境内仅有少数中国国民党党员，组织不健全，主要集中在国民党乡政府机关任职人员，在少数村也有少量国民党员。境内解放后，国民党党部随之解体。

1953年，境内各乡人民政府先后成立选举委员会，办理普选工作。乡人民代表大会代表由选民直接选举产生。1954年7月，建立乡人民代表大会制度，履行地方权力机关职权。1980年，恢复因“文化大革命”而中断的人民代表大会选举制度，公社（乡）人民代表大会代表均由选民直接选举产生，并实行差额选举。在选举中，充分注意代表结构的广泛性、代表性、先进性。

1954年4月至2016年7月，白峰镇（乡、公社）人民代表大会共历15届，上阳乡（公社）共历8届。乡、镇人民代表大会切实履行宪法和法律赋予的各项职权，发挥地方国家权力机关的作用。

1949年5月28日白峰境域解放后，9月上阳乡建立新的人民政权。1958年10月，原郭巨区范围内成立郭巨人民公社，白峰境域隶属之。1961年4月后，境内组织体制发生多次变革，曾经历小公社、乡、镇等历程。至2016年7月撤销白峰镇人民政府，建立北仑区人民政府白峰街道办事处。

境内社会团体较多，中华人民共和国成立前就有工会、农会、妇女解放协会等。中华人民共和国成立后，先后组建工、青、妇等人民团体和各类群众团体。他们在历史各个发展阶段一直发挥着特定的作用，成为白峰和谐社会建设中的一支重要力量。

第一章 中国共产党

中华人民共和国成立前，中国共产党在境内活动处于秘密状态，组织开展一系列抗日宣传、发展武装、打击日伪势力、组织农会、举办农民夜校、开展减租减息等活动。

中华人民共和国成立后，中国共产党在境内的组织不断发展壮大，成为坚强的领导核心。主要宣传、贯彻、执行党和国家的路线、方针、政策、法令、法规和上级党组织的决议等，保证上级各项部署顺利实施；领导境内人民开展社会主义建设，发展经济，实现“四化”，带领人民振兴乡村，实现小康；做好对干部和党员的教育、培养、考核、监督；组织领导工、青、妇等群众团体开展工作；负责办理辖区人民武装、统一战线、社会综合治理、社会保障等事务；做好基层党组织工作，完成上级党组织布置的各项任务。通过近70年的奋斗，取得令人瞩目的伟大成就。至2018年，境内共有中共党员1282名。

第一节 中华人民共和国成立前党组织在白峰的活动

民国25年（1936）初，穿山乡小门进步青年徐长海参加上海职业救国会。“七七事变”后抗日战争全面开始，徐长海返回白峰与胞兄徐建农一起参加抗日救亡运动。民国27年，徐建农、徐长海去丽水碧湖镇参加浙江省战时工作人员训练团。结业后徐建农任镇海县抗日武装部队三中队中队长，是年加入中国共产党并遵照党组织的指示，回家乡组织有志青年加入武装队伍，扩充抗日武装力量，打击日伪势力，投身抗日活动。徐长海被分配到浙江省第十流动施教团，施教于奉化、定海、镇海等地，是年6月加入中国共产党。民国31年（1942）4月2日，徐建农得到上级党组织指示，带领三中队去柴桥上傅执行收缴一支土匪队伍枪支的任务后，返回路上，遭到贺宝利长江部队伏击。因寡不敌众，徐建农不幸被捕，于是年4月6日，在三山大碶门（现咸昶村西青龙碶）被枪杀。

民国30年（1941），日本侵略军侵占舟山，王家恒（舟山岱山县人，1938年加入中国共产党）执行上级党组织指示，打入国民党岱山县国民兵团第三大队任指导员兼三中队队长。时因日寇武器精良，不能正面对敌，为此将部队拉到上阳太平岙作隐蔽游击战，并支持中共地下党在上阳的革命活动。民国32年4月上级党组织派冯岩夫、毛维青、阮世炯3个党员到三中队协助王家恒，带领部队进行军训和政治思想教育，三中队由3个小分队组成，分别驻扎在上阳青龙庵、虾康庙和门浦胡家大屋，直到抗战胜利撤回舟山。

民国32年（1943）7月，定海东区警察大队改名为定象游击指挥部抗日自卫第五大队（简称“定象五大队”）。由吕道英任队长，吴志先任大队附，徐长海任指导员兼支部书记。8月，“定象五大队”在上阳戴家岙万年寺办枪械修理所，自制手榴弹，仿制加拿大手枪等。中共浙东区党委决定，将五大撤往四明山区，与新四军浙东游击纵队会合，其中第一中队与短枪队顺利撤出。徐长海和大队附吴志先（中共党员）到第二中队驻地传达命令，不料二中队中队长俞磊峰叛变，徐、吴两人突遭袭击，吴志先当场牺牲，徐长海被捕。翌日，徐长海被押解到镇海县紫石乡，在大溟村山嘴英勇就义。

民国35年（1946）2月，冯和兰受中共地下党组织指派，带领党员竺冠玉，革命教师吴家安、董碧芬等到上阳地区工作，分别担任小学教师。冯和兰到蕉山下小学，吴家安、董碧芬到上阳乡中心小学（康头小学），竺冠玉到上王小学，以教书为掩护，开展党的地下工作，利用农闲时节在蕉山下、康头、上王、太平等村开办农民夜校，有100余名男女青年前来参加学习。通过读书识字、教唱自编小调和革命歌曲，宣传国内外形势，分析农民受苦受穷的原因，启发农民群众的阶级觉悟，号召其团结起来，保护自己的利益。还到农民家里访贫问苦，传播革命思想，培养40多名农民骨干，组成核心小组，开展组织农会的筹备工作。4月，冯和兰培养、发展革命教师吴家安和贫雇农中优秀分子林志伟、张惠信、陆财根、张和法等人加入中国共产党，在上阳下湾朱仁定家进行了入党宣誓，并成立党小组，林志伟任组长，吴家安任副组长。5月，上阳乡农会成立，600余名农会会员参加成立大会，公推王连芳为干事长，镇海县农会理事张顺利（中共党员）和吴家安到会指导。会后开展“二五减租”“永年佃权”等斗争，有力地打击恶霸地主的嚣张气焰。9月，冯和兰、吴家安等奉命调鄞西工作。罗德生到上阳续接党的地下工作，不断壮大冯和兰、吴家安等在上阳建立的革命队伍，发展党员，为组建镇海县江南武工队作准备。

民国36年（1947）6月，中共华中军区为打通苏北和浙东的海上交通线，委派统战对象周游（原名芦仁义）在白峰、舟山一带组织一支武装队伍，开展海上游击战争。周游以苏北党组织特派员身份，来到白峰沿亭湾，代表中共苏北党组织收编徐小玉部（徐小玉原为峙头除奸大队大队长），组建华中军区浙东第四自卫纵队，并任命徐小玉为纵队长，毛子明、张月清为纵队附，曹一新为参谋长。7月，浙东第四自卫纵队发展到170多人，建立3个中队和警卫班、海防队。10月，岱山区工委、岱山特派员余力行到江南与三东工委委员陈志达和负责镇海工作的罗德生取得联系后，开始筹建江南武工队。12月22日，江南武工队成立后，在上阳上王及三山、清水桥、塔峙等区域活动，熟悉地形，开展群众工作，建立立足点，一面开始寻找攻击目标，设法夺取武器，壮大自己队伍。

民国37年（1948）2月22日上午，余力行、罗德生率江南武工队和中共地下党员、积极分子等10余人，按原定计划（经中共浙东临时委员会委员王起批准）袭击大碶警察所，毙敌1名，缴获轻机枪1挺、步枪13支、子弹数百发，队员贺金财因受伤被镇海县保警队逮捕（3个月后被枪杀）。次日，武工队撤至三山上周岙，在进步人士翁光孚和上阳地下党的帮助下，于2月25日到岱山休整。

第二节 中华人民共和国成立后党组织的沿革及负责人

1949年5月28日下午4时许，中国人民解放军二十二军解放白峰境域，接管国民党穿山乡、上阳乡政权。9月，建立新的上阳乡人民政权。1950年6月，从穿山乡析出白峰等村新建白峰乡，从上阳乡析出山防等村新建山江乡，仍保留上阳乡。1951年5月，从上阳乡析出道头等村新建下阳乡，至此白峰境域共有白峰、山江、上阳、下阳4个乡。时各乡还没有建立“中共”组织。

1953年10月，始建中共郭巨区委下阳乡党支部，书记阮世友（1953.10—1956.2）；1954年3月，始建白峰乡党支部，书记乐新太（1954.3—1955.6）、史生元（1955.6—1956.2）；1954年4月，始建上阳乡党支部，书记阮富根（1954.4—1954.12）、林阿康（1955.1—1955.8）、阮富根（1955.9—1956.2）；1954年5月，始建山江乡党支部，书记张祖定（1954.5—1955.9）、方宝福（1955.9—1956.2）。

1956年2月，中共宁波市委决定，白峰乡、山江乡和霞峙乡三村、四村及大榭乡神马村合并，组建江峰乡（后改白峰乡），上阳乡、下阳乡合并，称上阳乡。并建立中共郭巨区白峰乡党总支，书记阮富根（1956.3—1957.3）、唐继胜（1957.4—1958.9）；副书记史生元（1956.3—1958.9）、胡如根（1956.3—1958.9）。同时建立中共郭巨区上阳乡党总支，书记阮世友（1956.3—1957.4）、朱兴荣（1957.4—1958.2）、王通根（1958.3—1958.9）；副书记郑国来（1956.3—1958.4）、项友根（1956.3—1958.9）、阮世友（1957.5—1958.4）、孙楚星（1958.4—1958.8）、周钱章（1958.7—1958.9）。

1958年8月，中共中央作出《关于在农村建立人民公社问题的决议》，10月，建立郭巨人民公社（时白峰、上阳2乡隶属之），同时建立中共郭巨人民公社委员会，郭巨人民公社党委在白峰境内下辖白峰、小门、上阳、下阳4个大队（管理区），各大队设党总支。1959年4月，小门大队并入白峰大队。1959年12月，下阳大队并入上阳大队。11月，镇海县建制撤销，与宁波市合并，刚建立不久的郭巨人民公社及其所辖白峰境域各大队（管理区），改属宁波市领导。各人民公社党委书记由宁波地委任命公布。1961年4月，撤销郭巨人民公社（大公社）和管理区（大队），时白峰境域设白峰人民公社和上阳人民公社，并建立中共白峰人民公社委员会和中共上阳人民公社委员会。1963年1月，恢复镇海县建制，境内公社党委由宁波地委直管改属中共镇海县郭巨区委领导。

1966年秋，“文化大革命”波及境内，境内各公社党组织受到冲击，被迫停止活动。1967年由公社人武部长主持工作。1968年4月，建立上阳人民公社革命委员会。8月，建立白峰人民公社革命委员会，实行“一元化”领导。1969年，恢复党组织活动，各公社建立党的核心小组。1970年5月，复建中共上阳人民公社委员会。6月，复建中共白峰人民公社委员会。

1976 年 10 月，“文化大革命”结束。1983 年 10 月，取消公社体制，恢复乡建制，中共白峰人民公社委员会、上阳人民公社委员会分别改称中共白峰乡委员会、上阳乡委员会（简称“乡党委”）。

1985 年 7 月，镇海县建制撤销，行政区域并入宁波市，下设宁波市镇海区和滨海区（1987 年 7 月，更名为北仑区），中共白峰乡党委会、上阳乡党委会均隶属滨海区党委会管辖。

1992 年 5 月，北仑区按照省委、省政府以及市委、市政府部署，进行扩镇并乡工作，上阳乡与白峰乡合并，组建白峰镇。同时，撤销中共上阳乡党委会和白峰乡党委会，建立中共白峰镇委员会。

2003 年 6 月，为了统一领导和协调郭巨、白峰区域开发建设，中共北仑区委决定撤销中共白峰镇委员会和中共郭巨镇委员会，成立中共北仑区东部城区委员会，履行原白峰、郭巨两镇党委的职能。8 月，北仑区人民政府仑政〔2003〕18 号文件转发宁波市政府批复，撤销原白峰镇、郭巨镇，两镇合并组建新的白峰镇。因行政区划调整，区委决定撤销中共北仑区东部城区委员会，建立中共白峰镇委员会。

2016 年 7 月，北仑区人民政府下发仑政〔2016〕46 号《宁波市北仑区人民政府关于白峰行政区划调整的通知》文件，根据《浙江省人民政府关于宁波市北仑区部分行政区域调整的批复》（浙政函〔2016〕95 号）文件精神，撤销白峰镇建制，在此区域设立白峰街道和郭巨街道。中共北仑区委决定撤销中共白峰镇委员会，在白峰境域设立中共北仑区委白峰街道工作委员会（党工委）。2018 年末，街道党工委所属基层党组织有党委 3 个，党总支 9 个，党支部 55 个，党员 1282 名。

1958 年 10 月至 1961 年 9 月

中共白峰、小门、上阳、下阳大队总支委员会历届书记、副书记一览表

表 7-1-1

组织名称	书记		副书记		说明
	姓　名	任职时间	姓　名	任职时间	
白峰大队（管理区）党总支	金睦富	1958.10—1959.4	徐阿贵	1958.10—1959.5	1958 年 10 月建立，1959 年 4 月与小门大队合并
	蔡复宝	1959.4—1960.1	郑正云	1959.3—1959.4	
	姚诸永	1960.1—1960.2	许信昌	1959.4—1960.3	
	金睦富	1960.2—1961.9	阮世友	1959.5—1960.8	
			胡如根	1959.5—1960.9	
			史生元	1960.9—1961.4	
小门大队（管理区）党总支	曹哉茂	1958.10—1959.4	胡如根	1958.10—1959.4	1958 年 10 月建立，1959 年 4 月并归白峰大队
			史生元	1959.2—1959.4	
上阳大队（管理区）党总支	沈志邦	1958.10—1959.6	李阿金	1958.10—1960.1	1958 年 10 月建立
	金睦富	1959.7—1960.1	张善根	1959.4—1960.3	
	项友根	1960.1—1960.9	郑国来	1959.9—1960.2	
	李炳照	1960.9—1961.9	王学清	1959.12—1961.9	
下阳大队（管理区）党总支	项友根	1958.10—1959.12	王学清	1958.10—1959.12	1958 年 10 月建立，1959 年 12 月并归上阳大队

1961 年 10 月至 1992 年 5 月中共上阳乡（公社）历届书记、副书记一览表

表 7-1-2

组织名称	书记		副书记		委员（说明）
	姓　名	任职时间	姓　名	任职时间	
上阳公社党委	姚绪永	1961.10—1968.4	郑国来	1961.10—1965.3	1961 年 10 月成立。1968 年建立公社革命委员会，实行“一元化”领导。1969 年，恢复党的组织活动，建立党的核心小组。1970 年 5 月，复建公社党委
	李炳照	1968.5—1979.3	姚绪永	1970.5—1973.3	
	许信昌	1979.3—1980.10	张瑞尧	1972.9—1976.10	
	林仕松	1980.10—1983.9	蔡云年	1973.11—1976.10	
			张瑞尧	1976.10—1977.8	
			蔡云年	1976.10—1980.10	
			张云仙（女）	1978.5—1982.3	
			林仕松	1980.8—1980.10	
			张德礼	1982.3—1983.10	
			胡修斌	1982.3—1983.10	
上阳乡党委（五、六、七届）	林仕松	1983.10—1985.4	胡修斌	1983.10—1986.5	1983 年 10 月公社党委改为乡党委
	张祥利	1985.4—1992.5	王仕定	1986.5—1987.12	
			胡孝夫	1987.1—1987.12	
			胡孝夫	1988.1—1989.10	
			王仕定	1988.1—1990.3	
			应国来	1989.2—1990.3	
			应国来	1990.3—1992.5	
			王仕定	1990.3—1992.5	

1961 年 10 月至 2016 年 7 月中共白峰镇（公社、乡）委员会历届领导一览表

表 7-1-3

组织名称	书记		副书记		委员（说明）
	姓　名	任职时间	姓　名	任职时间	
白峰公社党委	张乾卿	1961.10—1972.10	张瑞尧	1961.10—1968.8	1961 年 10 月成立。1968 年建立公社革命委员会，实行“一元化”领导。1969 年，恢复党的组织活动，建立党的核心小组。1970 年 6 月，复建公社党委
	曹哉茂	1972.11—1979.3	金睦富	1961.10—1968.8	
	周土华	1979.4—1980.9	郑国来	1965.3—1968.8	
	郁全鲁	1980.10—1983.10	金睦富	1970.6—1976.10	
			郑国来	1973.2—1973.6	
			吴世态	1973.7—1976.10	
			金睦富	1976.10—1979.10	
			吴世态	1976.10—1982.3	
			陆全成	1978.7—1980.3	
			林永富	1981.6—1983.10	
			顾传宁	1982.3—1983.10	
白峰乡党委（第五届）	王林康	1983.11—1984.5	顾传宁	1983.11—1985.10	1983 年 10 月，公社党委改为乡党委
	张德礼	1984.6—1985.10	张德礼	1983.10—1984.5	
			汪永祥	1984.5—1985.10	

续表 7-1-3

组织名称	书记		副书记		委员（说明）
	姓　名	任职时间	姓　名	任职时间	
白峰乡党委（第六届）	张德礼	1985.10—1986.5	顾传宁	1985.10—1987.1	
	胡振声	1986.6—1989.10	汪永祥	1985.10—1986.5	
	胡修斌	1989.11—1990.3	胡修斌	1986.5—1987.12	
			虞海成	1987.1—1990.3	
			卢国富	1989.10—1990.3	
白峰乡党委（第七届）	胡修斌	1990.3—1992.5	卢国富	1990.3—1992.5	邬忠舫、王仕定、俞美玉、王信康。1992年5月白峰乡、上阳乡合并建立白峰镇
			虞海成	1990.3—1992.5	
			胡国光	1992.5—1993.1	
			王富国	1992.5—1993.1	
白峰镇党委（第八届）	胡修斌	1993.1—1993.12	胡国光	1993.1—1994.10	邬忠舫、王仕定、俞美玉（女）、王信康、林爱康、李亚萍（女）、胡明康、陈金德、梅建月（女）
	王长仕	1994.1—1996.1	王富国	1993.1—1994.10	
			林爱康	1994.10—1995.5	
			谢开定	1995.5—1996.1	
白峰镇党委（第九届）	王长仕	1996.1.10—1997.1.3	谢开定	1996.1—1997.1	陈金德、梅建月（女）、王信康、李亚萍（女）、邬忠舫、胡明康、刘建赫（女）、胡炳裕、王守国
	谢开定	1997.2—1998.12.29	戴意明	1996.1—1997.1	
			张明德	1997.1—1998.12	
			顾红麟（女）	1997.1—1998.12	
			张召军	1998.12	
			楼宏斌	1998.12	
白峰镇党委（第十届）	谢开定	1998.12.29—2000.12	楼宏斌	1998.12	梅建月（女）、陈金德、刘建赫（女）、胡炳裕、王守国、张敏智、林高明、郑继东、付忠杏、石补立
	张召军	2000.12—2001.12	张召军	1999.1—2000.12	
			楼宏斌	1999.1—2000.12	
			俞振德	2000.12—2001.12	
			刘建赫（女）	2000.12—2001.10	
			梅建月（女）	2001.10—2001.12	
白峰镇党委（第十一届）	张召军	2001.12—2003.6	俞振德	2001.12—2003.6	郑继东、张敏智、陆忠兴、林高明
			梅建月（女）	2001.12—2003.6	
中共北仑区东部城区委员会	叶开荣	2003.6.9—2003.8.20	俞振德	2003.6—2003.8	撤销白峰镇、郭巨镇党委而成立。林高明、付忠杏、张明智、郑继东
			王兆恩	2003.6—2003.8	
			薛琪（女）	2003.6—2003.8	
			沈静安	2003.6—2003.8	
			郑加和	2003.6—2003.8	
白峰镇党委（第十一届续接）	叶开荣	2003.8.21—2003.12	俞振德	2003.8—2003.12	撤销中共北仑区东部城区委员会 林高明、付忠杏、张根祥、郑继东、陆琦、郑立平、张友均、郑其平（女）
			薛琪（女）	2003.8—2003.12	
			郑加和	2003.8—2003.12	
			沈静安	2003.8—2003.12	

续表 7-1-3

组织名称	书记		副书记		委员（说明）
	姓 名	任职时间	姓 名	任职时间	
白峰镇党委（十二届）	叶开荣	2003.12.15—2006.10.16	俞振德	2003.12—2005.12	林高明、付忠杏、张根祥、许海芳（女）、郑继东、陆琦、周庆海
			黄伟善	2005.12—2006.10	
			薛琪（女）	2003.12—2004.5	
			胡海达	2004.5—2006.10	
			郑加和	2003.12—2006.10	
			沈静安	2003.12—2006.10	
白峰镇党委（第十三届）	叶开荣	2006.10.17—2007.9.26	黄伟善	2006.10—2007.3	付忠杏、许海芳（女）林高明、郑继东、方若晗、余智军、王斌
	钟世祥	2007.9.26—2011.9.8	胡海达	2006.10—2010.1	
	何岳忠	2011.9.8—2011.9.26	何岳忠	2010.1—2011.9	
			郑其平（女）	2007.3—2011.7	
			郑加和	2007.7—2010.3	
			蔡南耀	2008.10—2011.3	
			朱胜祥	2011.3—2011.9	
白峰镇党委（十四届）	何岳忠	2011.9.27—2014.12.19	周国程	2011.9—2014.12	付忠杏、邱益君、郑继东、王斌、余智军、傅雷飞、方若晗、吴先明、吴益明、刘继宏、虞旭东
	周国程	2014.12.1—2016.7.26	朱胜祥	2011.9—2016.7	
			付忠杏	2011.11—2015.10	
			童振杰	2013.5—2016.7	
			汪越海	2014.12—2016.7	
			贺红燕（女）	2016.1—2016.7	

2016 年 7 月至 2021 年 12 月中共白峰街道工作委员会历届领导一览表

表 7-1-4

组织名称	书记		副书记		委员姓名
	姓 名	任职时间	姓 名	任职时间	
白峰街道党工委	陈冠俊	2016.7—2020.4.30	汪越海	2016.7—2019.2	傅雷飞、刘继宏、吴先明、虞旭东、汪静艳、徐忆、郑旭辉、汪锋晔、徐智富
	沈建亚	2020.6—2021.7	贺红燕	2016.7—2019.2	
	蔡南耀	2021.9—	朱胜祥	2016.7—2019.2	
			王曙辉	2018.5—2021.12	
			吴盈盈	2019.2—2019.12	
			陈益君	2019.12—	
			汪锋晔	2019.12—	
			毛峻林	2021.12—	

2016 年 8 月 11 日白峰街道授牌仪式，中共北仑区委书记马卫光授牌，街道党工委书记陈冠俊接牌

第三节　党员代表大会

1961 年 10 月，中共上阳公社首届党代会召开，至 1990 年 3 月，共历 7 届。1961 年 11 月，中共白峰公社首届党代会召开，至 2011 年 9 月，共历 14 届。

中共上阳乡（公社）历届党员代表大会一览表

表 7-1-5

届次	大会召开时间	地点	代表人数		主要议程
			应到	实到	
一届	1961.10	公社会堂			大会听取和审议党委工作报告；选举产生中共上阳公社第一届委员会
二届	1964.10	公社会堂			大会听取和通过中共上阳公社第一届委员会工作报告；选举产生中共上阳公社第二届委员会
三届	1970.5	公社会堂		167	大会听取和审议中共上阳公社第二届委员会工作报告；选举产生中共上阳公社第三届委员会
四届	1980.10	公社会堂		106	大会审议和通过中共上阳公社第三届委员会工作报告；选举产生中共上阳公社第四届委员会
五届	1983.11.1	乡政府会堂	96	93	大会听取和审议中共上阳公社第四届党委工作报告；选举产生中共上阳乡第五届委员会和出席中共镇海县第六届党代会代表
六届	1987.3.25—1987.3.26	乡政府会堂	80	74	大会听取和审议上阳乡五届党委工作报告；选举产生中共上阳乡第六届委员会和出席北仑区首届党代会代表；通过六届党委任期目标
七届	1990.3.12—1990.3.13	乡政府会堂	67	62	大会听取和审议六届党委工作报告；选举产生中共上阳乡第七届委员会和出席北仑区第二届党代会代表；通过党代表常任制决议

中共白峰镇（公社、乡）历届党代会一览表

表 7-1-6

届次	大会召开时间	地点	代表人数		主要议程
			应到	实到	
一届	1961.11	公社会堂			大会听取和审议党委工作报告；选举产生中共白峰公社委员会
二届	1964.10	公社会堂			大会听取和审议第一届公社党委工作报告；选举产生中共白峰公社第二届委员会
三届	1970.6	公社会堂			大会听取和审议第二届委员会工作报告；选举产生中共白峰公社第三届委员会
四届	1981.4	公社会堂			会议通过中共白峰公社第三届委员会工作报告；选举产生中共白峰公社第四届委员会
五届	1983.10.29	乡政府会堂	117	109	大会听取和审议第四届党委工作报告；选举产生中共白峰乡第五届委员会书记、副书记、委员和出席中共镇海县第六届党代会代表
六届	1987.3.27—1987.3.28	乡政府会堂	114	105	大会听取和审议第五届党委工作报告；选举产生中共白峰乡第六届委员会；选举产生出席中共北仑区首届党代会代表；通过党委任期目标报告；通过关于实现党风根本好转的规划
七届	1990.3.14	乡政府会议室		87	大会听取和审议第六届党委工作报告；选举产生中共白峰乡第七届委员会（委员 6 人）；选举产生出席中共北仑区第二次党代会代表 9 名；通过党委任期目标报告；通过关于实现党风根本好转的规划
八届	1993.1.12	镇政府会议室		81	会议审议和通过中共白峰镇第七届委员会的工作报告和中共白峰镇纪律检查委员会工作报告；选举产生中共白峰镇第八届委员会（委员 7 名）；选举产生镇纪律检查委员会（委员 5 名）；选举产生出席北仑区第三次党代会代表 15 名
九届	1996.1.9—1996.9.10	镇政府会议室	90	88	大会听取和审议中共白峰镇第八届委员会的工作报告；听取和审议中共白峰镇纪律检查委员会的工作报告；选举产生中共白峰镇第九届委员会（委员 9 名）；选举产生中共白峰镇纪律检查委员会（委员 5 名）；通过《关于建立党员代表活动制度的决定》
十届	1998.12.28—1998.12.29	镇政府会议室		75	大会听取和审议中共白峰镇第九届委员会工作报告和中共白峰镇纪律检查委员会工作报告；选举产生中共白峰镇第十届委员会（委员 8 名）；选举产生中共白峰镇纪律检查委员会（委员 4 名）
十一届	2001.12.27—2001.12.28	镇政府会议室		68	大会听取和审议第十届党委工作报告和中共白峰镇纪律检查委员会工作报告；选举产生中共白峰镇第十一届委员会和中共白峰镇纪律检查委员会
十二届	2003.12.14—2003.12.15	镇政府会议室	119	117	大会听取和审议中共白峰镇第十一届委员会工作报告和纪律检查委员会工作报告；选举产生中共白峰镇第十二届委员会和中共白峰镇纪律检查委员会

续表 7-1-6

届次	大会召开时间	地点	代表人数		主要议程
			应到	实到	
十三届	2006.10.12	镇政府附属三楼会议室	93	92	会议听取和审议中共白峰镇第十二届委员会工作报告和纪律检查委员会工作报告；选举产生中共白峰镇第十三届委员会和中共白峰镇纪律检查委员会
十四届	2011.9.27	镇政府附属三楼会议室	95	94	会议听取和审议中共白峰镇第十三届委员会工作报告和纪律检查委员会工作报告；选举产生中共白峰镇第十四届委员会和中共白峰镇纪律检查委员会

第四节　党务工作

组织工作

中华人民共和国成立初期，在“土改”“镇反”运动中，一批积极分子加入中共组织。1964 年至 1966 年 7 月，在“小四清”“大四清”运动中，又有一批积极分子加入中共组织。“文化大革命”初期，各级党组织的活动一度停止。1974 年，在“批林批孔”运动中，党内不同程度地出现“突击入党，突击提干”的现象。1975 年，按照中共中央有关文件精神，境内各人民公社着手整顿党的组织，纠正“双突”中发生的个别错误。1978 年冬至 1985 年，各乡（公社）党委会对党组织进行多次整顿，全面纠正“文化大革命”中及其以前的“左”的错误。从 1985 年起，各乡党委会把改革开放中涌现出来的先进分子吸收入党。1988 年，在共青团员和优秀青年中开展学习《中国共产党章程》，推荐优秀团员、优秀青年为入党培养对象。1989 年，组织对党员民主评议，参评率为 100%，优秀率达 98%。1985—1987 年白峰乡发展新党员 31 人，上阳乡 17 人。1988—1989 年，白峰乡发展新党员 7 人，上阳乡 9 人。

20 世纪 90 年代，党员的发展工作贯彻“控制数量，提高质量”的原则，严把入口关，进行有计划的发展。所有入党积极分子都必须参加党组织的培训，进行理想、信念和党的基本知识教育，入党时必须由上级组织派人找本人谈话。这一时期，一批既能坚持中国共产党理想、信念和宗旨，又能适应社会主义市场经济体制，并能全心全意为人民服务的优秀分子充实到党的队伍中。自 1992 年 5 月扩镇并乡后，至 2003 年 7 月，境内共发展新党员 230 名，2003 年 8 月至 2017 年 12 月发展新党员 507 名。2018 年发展新党员 16 名。

2018 年中共白峰街道工作委员会基层组织一览表

表 7-1-7　　单位：人

党委、党总支、党支部名称		党员人数
全街道党员数合计		1282
白峰村党委	4 个支部党员数合计	118
	白峰村白峰支部	31
	白峰村山防支部	24
	白峰村蒋岙支部	20
	白峰村老年支部	43

续表 7-1-7

党委、党总支、党支部名称		党员人数
阳东村党委	3个支部党员数合计	114
	阳东村老年支部	40
	阳东村农业支部	36
	阳东村综合支部	38
下阳村党委	3个支部党员数合计	142
	下阳村老年支部	43
	下阳村综合支部	50
	下阳村外出支部	49
小门村党总支	2个支部党员数合计	86
	小门村综合支部	43
	小门村老年支部	43
新峰村党总支	3个支部党员数合计	74
	新峰村百丈支部	27
	新峰村屺峙支部	30
	新峰村下林支部	17
司沿村党总支	2个支部党员数合计	66
	司沿村司前支部	43
	司沿村沿亭支部	23
港口村党总支	2个支部党员数合计	83
	港口村轮仰支部	40
	港口村外峙支部	43
勤山村党总支	2个支部党员数合计	66
	勤山村蕉山支部	39
	勤山村勤丰支部	27
上阳村党总支	3个支部党员数合计	84
	上阳村东园支部	22
	上阳村石山支部	32
	上阳村山坑支部	30
怡峰社区党总支	2个支部党员数合计	51
	怡峰社区支部	46
	东部物业有限公司支部	5
街道、机关、事业单位党总支	13个支部党员数合计	114
	人才管理服务站支部	7
	农民合作经济组织联合会支部	3
	发展服务办公室支部	8
	城乡建设管理办公室支部	8
	公共事务科支部	7
	党政办公室支部	16
	综合治理办公室支部	10
	财政管理所支部	5
	开发指挥部支部	10

续表 7-1-7

党委、党总支、党支部名称		党员人数
街道、机关、事业单位党总支	卫生院支部	21
	城市管理行政执法白峰中队支部	10
	环境卫生管理站支部	5
	成校联合支部	4
企业单位党总支	8个支部党员数合计	50
	华埠控股有限公司支部	3
	永港物流有限公司支部	4
	上阳企业联合支部	4
	甬孚纺机有限公司支部	6
	白峰个私企业支部	5
	永发集团有限公司支部	16
	自来水厂支部	6
	白峰针织厂支部	6
两新组织及其他支部	4个支部党员数合计	99
	白峰点退休干部支部	22
	上阳点退休干部支部	14
	惠风支部	50
	商会支部	13
农村、社区党组织	门浦村支部	47
	官庄村支部	28
	太平村支部	23
	峰城社区支部	37

2018年末白峰街道党员年龄、性别情况表

表 7-1-8 单位：人

项目		总数	其中女	年龄					
				30岁以下	31至40岁	41至50岁	51至60岁	61至70岁	71岁以上
总计		1282	333	136	203	151	270	300	223
一、在岗职工		438	172	119	159	77	83		
公有制单位	合计	144	39	29	45	34	37		
	党政机关工作人员	26	4	1	4	12	9		
	事业单位管理人员	29	4	1	17	7	4		
	事业单位专业技术人员	20	6	6	5	3	6		
	企业管理人员	1	1	1	1				
	工勤技能人员	68	24	20	18	12	18		
非公有制企业	合计	294	133	90	115	43	46		
	企业管理人员	14	6	1	5	4	4		
	企业专业技术人员	13	5	5	4	3	1		
	工勤技能人员	267	122	84	106	36	41		

续表 7-1-8

项目	总数	其中女	年龄					
			30岁以下	31至40岁	41至50岁	51至60岁	61至70岁	71岁以上
二、农牧渔民	546	82	4	12	44	101	223	162
三、离退休人员	175	42				39	75	61
四、其他	123	37	13	31	30	47	2	0

2018年末白峰街道党员学历基本情况表

表 7-1-9 单位：人

项目		总数	研究生	大学本科	大学专科	中专	高中、中技	初中及以下
总计		1282	12	211	131	37	200	714
一、在岗职工		438	9	184	100	8	34	77
公有制单位	合计	144	4	68	38	4	17	13
	党政机关工作人员	26	1	16	8		1	0
	事业单位管理人员	29	3	20	5		1	
	事业单位专业技术人员	20		14	5	1	0	
	企业管理人员	1		1			0	
	工勤技能人员	68	2	17	20	3	15	13
非公有制企业	合计	294	5	116	62	5	42	64
	企业管理人员	14		4	4		4	2
	企业专业技术人员	13		11				2
	工勤技能人员	267	5	101	58	5	38	60
二、农牧渔民		546		4	11	11	65	455
三、离退休人员		175		2	4	10	33	126
四、其他		123	1	21	16	3	26	56

2018年末白峰街道党员入党时间基本情况表

表 7-1-10 单位：人

项目		总数	1949年10月至1966年4月	1966年5月至1976年10月	1976年11月至1978年12月	1979年1月至2002年10月	2002年11月至2012年10月	2012年11月以及以后
总计		1282	83	191	34	429	413	132
一、在岗职工		438			0	112	237	89
公有制单位	合计	144				61	54	29
	党政机关工作人员	26				23	2	1
	事业单位管理人员	29				9	16	4
	事业单位专业技术人员	20				6	10	4
	企业管理人员	1					0	1
	工勤技能人员	68				23	26	19

续表 7-1-10

项目		总数	1949年10月至1966年4月	1966年5月至1976年10月	1976年11月至1978年12月	1979年1月至2002年10月	2002年11月至2012年10月	2012年11月以及以后
非公有制企业	合计	294			0	51	183	60
	企业管理人员	14				5	8	1
	企业专业技术人员	13				1	4	8
	工勤技能人员	267			0	45	171	51
二、农牧渔民		546	58	143	23	208	90	24
三、离退休人员		175	25	47	10	66	26	1
四、其他		123	0	1	1	43	60	18

宣传教育工作

1950—1952年，各乡多次组织“抗美援朝，保家卫国”形势报告。1953年，镇海县委提出“以生产为中心，互助合作为基础，抗美援朝、爱国增产竞赛为动力”的口号，开展学习宣传党在社会主义过渡时期总路线、总任务，并组织“共产主义与共产党”教育活动。

1954年，组织各界群众学习、宣传第一部《中华人民共和国宪法》。

1955年秋，组织学习毛泽东《关于农业合作化问题》，各乡在春节后相继建立农业生产合作社，到冬季扩社、并社，办起高级农业生产合作社，掀起农业合作化高潮。

1956年3月，宣传管理制度的改革，在农业生产合作社中推行包工、包产、包成本与超产奖励的“三包一奖”制度，充分调动社员群众的生产积极性。是年夏秋，加强对工商业和手工业的宣传工作，完成对私有工商业的社会主义改造。

1957年，境内各级党组织组织中共党员和干部学习毛泽东《关于正确处理人民内部矛盾的问题》，还利用电话线建立有线广播站，每天早、中、晚转播县广播站的节目。

1958年，广泛宣传“鼓足干劲，力争上游，多快好省地建设社会主义”的总路线、组建人民公社、开展“大跃进”运动。

1959年10月，宣传中共中央“反右倾、鼓干劲”的指示精神。12月，配合中共镇海县委组织的整社检查团做好整风整社的宣传工作。

1960年，开展社会主义教育运动，宣传坚持总路线、“大跃进”、人民公社的“三面红旗”，掀起“以粮为纲，以农副业为中心”的竞赛活动。

1961年，广泛宣传发展国民经济的“调整、巩固、充实、提高”的八字方针和中共中央《农村人民公社工作条例（草案）》（即《农业六十条》）等文件精神，落实三级所有（原公社、大队两级改为公社、生产大队、生产队三级），队（生产队）为基础的基本核算制度。是年10月起，宣传、落实国家为克服困难采取的一系列政策，强调为国家分担困难。

1962年2月，宣传中共中央“以生产队为核算单位，至少30年不变”的批示精神。4月，宣传改进干部领导作风，落实“干部定工劳动、定额补贴”等相关规定。

1963年，宣传计划生育政策。

1964年，宣传和学习解放军、大庆的政治工作经验，开展“四好生产队”“六好社员”的群众运动。是年末，宣传以“清账目、清工分、清财物、清仓库”（简称“小四清”）为主要内容的社会主义教育运动的意义。

1965年，组织公社干部、群众学习《毛泽东选集》，结合社会主义教育运动进行“反修防修”的宣传教育。同时开展“农业学大寨”“工业学大庆”“全国学人民解放军”的宣传活动。

1966年，掀起宣传学习“县委书记的好榜样——焦裕禄”的热潮。

1971年10月，公社、大队召开党员干部大会，声讨林彪反革命集团反党叛国罪行。

1976年10月6日，中共中央一举粉碎江青反革命集团。境内人民公社掀起“揭、批、查”（深揭猛批江青反革命集团，认真搞好清查工作）运动，联系实际揭露江青反革命集团及其追随者的罪行。

1977年，随着“揭、批、查”斗争的深入，各公社宣传、贯彻、落实党的政策，着手为一批遭受江青反革命集团迫害的干部和群众平反。

1978年10月，组织党员开展“关于真理标准问题”的大讨论，宣传贯彻实事求是的思想路线。

1979年，各公社开展对中共十一届三中全会公报精神的学习和宣传，充分认识中共十一届三中全会是中国共产党历史上的一个伟大转折点，深刻理解“解放思想，实事求是，团结一致向前看”的思想路线的精神实质，并围绕端正党风，增强党性，针对党内不正之风，学习《关于党内政治生活的若干准则》《中国共产党章程》等文件，进行整党教育，党员教育面达90%以上。是年10月，宣传《中华人民共和国刑法》《中华人民共和国刑事诉讼法》等法律文本。

1980年10月，各公社干部、群众开展致富大讨论。

1981年7月，组织全体党员和各级干部学习《关于建国以来党的若干历史问题的决议》，以该决议精神统一干部群众的思想。通过思想上、政治上、组织上一系列拨乱反正，党的工作重新走上健康发展轨道。同时，开展“真理标准”问题的讨论，经过调查，平反“文化大革命”时期和历史上造成的冤、假、错案，恢复党的实事求是优良传统。

1982年10月，以“五讲四美三热爱”（讲文明、讲礼貌、讲卫生、讲秩序、讲纪律，心灵美、语言美、行为美、环境美，热爱党、热爱祖国、热爱社会主义）为主要内容，开展创建文明村、文明单位活动。

1983年1月，各公社开展“计划生育宣传月”活动，大力提倡一对夫妇只生一个孩子。2月起，传达学习中共中央《当前农村经济政策的若干问题》，组织干部深入生产队，落实家庭联产承包责任制。7月起，组织学习《邓小平文选》，为全面整党做准备。年末，开展维护妇女、儿童合法权益的法律宣传月活动。

1984年，按照中共中央关于各级领导班子革命化、年轻化、知识化、专业化要求，通过机构改革，调整、充实基层党组织领导成员，吸收一批勇于改革、创新的积极分子加入中国共产党。

1985年，宣传、贯彻落实中共中央《关于进一步活跃农村经济的10项政策》，进一步完善和发展家庭联产承包责任制，强化农业服务体系，改善生产条件，积极调整农业生产结构。下半年，按照党中央《关于整党的决定》，从乡到村分期分批全面整党，对党员进行短期培训，开展理想、宗旨和党的基本路线教育，开展争创先进党支部，争做优秀共产党员和民主评议党员活动，党的教育逐步制度化、经常化，党组织战斗堡垒作用和党员先锋模范作用得到进一步发挥。

1987年，对全体党员进行坚持四项基本原则、反对资产阶级自由化教育，巩固和发展安定团结的政治局面。11月起，组织广大党员、干部学习领会中共十三大文件精神，分期、分批举办读书班。年末，在各村进行刹赌博风、刹封建迷信风、刹婚丧大操大办风为重点的移风易俗的宣传教育活动。

1989年8月，开办学习中共十三届四中全会精神培训班。各党支部委员参加培训。

1991年，在隆重纪念中国共产党成立70周年前后，境内各级党组织对广大党员和广大人民开展社会主义思想教育。

1992年6月，镇党委作出《关于严禁党员干部参赌的若干处罚规定》《民主评议领导干部制度》《党委（党支部）民主生活会制度》等规定。下半年，全镇开展学习、宣传邓小平南方讲话精神。

1993年，开展反腐倡廉活动，举办演讲教育2次，先进模范事迹报告会2次。同时开展学习《邓小平文选》

第三卷活动。

1994年10月，传达贯彻中国共产党十四届四中全会精神。

1996年，各级干部学习江泽民在中共十四届六中全会闭幕时的讲话，在境内掀起学习、宣传中共十四届六中全会精神的热潮，正确把握《关于加强社会主义精神文明建设若干重要问题的决议》要点，指导今后的工作和实践，不断提高思想政治理论水平。

1997年9月，组织学习中共第十五次全国代表大会精神。开展庆祝香港回归的爱国主义宣传活动。

1998年，宣传弘扬“万众一心、众志成城，不怕困难，顽强拼搏，坚忍不拔，敢于胜利”的抗洪精神。12月，举办大型文艺晚会，歌颂中共十一届三中全会以来经济和社会的发展成果。

1999年3月，开展“讲文明、树新风、促稳定”主题宣传教育活动。4月，开展“学雷锋、树新风”和“送温暖、献爱心”活动。6月，掀起延长土地承包期的宣传热潮。7月，开展“崇尚科学，破除迷信”的宣传、教育活动。12月，举办知识竞赛、文艺演出等，进行“迎澳门回归”宣传教育活动。

2002年，在迎接中国共产党第十六届代表大会召开之际，各村党支部利用宣传画廊、宣传窗、黑板报等宣传工具，宣传改革开放以来特别是中共十五大以来的成就。

2003年，宣传贯彻中共十六大精神，动员全民抗击传染性典型肺炎，简称“非典”。

2004年，围绕思想工作“三贴近”（贴近实际、贴近生活、贴近群众）工作要求，通过党员民主生活会、村民大会等形式宣传贯彻中共十六届三中、四中全会精神和市第十次党代会精神。开展“开发开放建新区，创业争先立新功”主题教育活动，转变工作作风和工作方法，增强创业争先，为民服务意识。

2005年7月，组织开展国防宣传活动，向村民分发《中华人民共和国国防教育法》《人民防空防灾手册》等资料。

2006年初，开展“正确树立社会主义荣辱观”的主题教育。

2007年，以创建全国文明城市为主线，深入开展“我与文明同行”，文明传递等活动。11月，掀起学习中共十七大精神热潮。

2008—2011年，把科学发展观，正确政绩观和社会荣辱观教育作为思想政治教育的主要内容，开展形式多样、多层次的学习教育。以学习实践科学发展观为统领，积极营造良好的舆论氛围，提升白峰整体形象。率先启动村头宣讲工作，有效推进基层宣传工作广泛开展。组织国庆60周年、北仑建区25周年、中国共产党成立90周年等重大主题宣传教育活动，开展争创“生态乡镇”“文明镇”“卫生镇”“文化强镇”活动。

2012—2018年，掀起学习宣传中共十八大、十九大精神热潮。紧紧围绕“为民、务实、清廉”这一主题，牢牢抓住反对“四风”（形式主义、官僚主义、享乐主义、奢靡之风）和服务群众这两条主线，建立完善学习教育制度，推进机关干部“走村不漏户，户户见干部”活动，离开“案头”、走向“田头”、熟悉“户头”，不折不扣落实干部联系群众的“最后一公里”。宣传文化工作持续推进，重视农村文化礼堂建设和非遗文化保护传承。畅通为民服务“最后一公里”，落实“最多跑一次”。开展争创“生态乡镇”“文明镇”“卫生镇”“文化强镇”“体育强镇”“小城镇整治”等活动。

纪检工作

机构设置 1992年6月，始建中共白峰镇纪律检查委员会。此前，党的纪律监察由党委组织委员监管，对违反党章党纪和国家法律法令的党员按错误性质和情节轻重给予批评教育直至纪律处分。中共白峰镇委员会自第七届起至第十四届代表大会选举产生中共白峰镇纪律检查委员会（简称“镇纪委”），设书记、副书记各1名。2016年7月，中国共产党宁波市北仑区白峰镇纪律检查委员会被撤销，建立中国共产党宁波市北仑区纪律检查委员会白峰街道工作委员会（简称“街道纪工委”）。

1992—2016 年中共白峰镇纪律检查委员会书记、副书记一览表

表 7-1-11

届别	职务	姓名	任期
第七届党代会	书记	王富国	1992.6—1993.1
	副书记	王仕定	1992.6—1993.3
第八届党代会	书记	王富国	1993.1—1995.1
	书记	戴意明	1995.1—1996.1
	副书记	王仕定	1993.1—1996.1
第九届党代会	书记	梅建月（女）	1996.1—1998.12
	副书记	冯贻南	1996.1—1998.12
第十届党代会	书记	梅建月（女）	1998.12—2001.12
	副书记	林高明	2001.10—2001.12
第十一届党代会	书记	梅建月（女）	2001.12—2003.6
	副书记	林高明	2001.12—2003.6
中共北仑区东部城区委员会	纪检组组长	薛琪（女）	2003.6—2003.8
郭巨镇、白峰镇合并后新建镇纪委	书记	薛琪（女）	2003.8—2003.12
	副书记	林高明	2003.8—2003.12
第十二届党代会	书记	薛琪（女）	2003.12—2004.5
	书记	胡海达	2004.5—2006.10
	副书记	林高明	2003.12—2006.10
第十三届党代会	书记	胡海达	2006.10—2007.3
	书记	郑其平（女）	2007.3—2011.7
	副书记	林高明	2006.10—2009.3
	副书记	王斌	2009.3—2011.9
第十四届党代会	书记	朱胜祥	2011.9—2011.11
	书记	付忠杏	2011.11—2015.5
	书记	刘继宏	2015.5—2016.7
	副书记	王斌	2011.9—2015.5
	副书记	汪庆	2015.5—2016.7

2016 年 7 月至 2021 年 12 月中共北仑区纪委白峰街道工作委员会书记、副书记一览表

表 7-1-12

职务名称	姓　名	任期
书记	刘继宏	2016.7—
副书记	汪　庆	2016.7—

党风党纪教育　中华人民共和国成立后，围绕党在各个不同时期的中心任务，开展党风党纪教育。1950 年“整风”中，开展走群众路线、遵纪守法教育活动，以纠正党内违法乱纪现象。1954—1960 年，配合“统购统销”、互助合作、农村整党，查处抢购套购、私分粮食、强迫命令、破坏互助合作、投机倒把、

2016 年 8 月 11 日白峰街道授牌仪式，中共北仑区纪委副书记钟世祥授牌，街道纪工委书记刘继宏接牌

贪污腐化等典型案件。同时，组织党员参观县、市监委举办的教育图片展览（如 1960 年参观宁波市举办的“新三反”展览），以深入开展党风党纪教育工作。“文化大革命”期间，党组织受到严重冲击，党风党纪教育被迫停止。

1979 年，党的活动恢复正常，党风、党性、党纪教育得到进一步加强。20 世纪 80 年代，一般采用上党课、组织生活等形式，学习中共中央《关于党内政治生活的若干准则》。采用有线广播、黑板报等形式开展反腐败教育。制订《实现党风根本好转初步规划意见》。组织党员观看《警钟》《权钱交易启示录》等党纪教育片，举办党纪知识竞赛，受教育面达 95%以上。20 世纪 90 年代，着重进行党的基本路线、市场经济理论、组织纪律、反腐败廉政建设等教育；以支部为单位进行定期电化教育，运用正反典型做好党员思想工作。20 世纪末至 21 世纪初，对全体党员干部进行以“讲学习、讲政治、讲正气”为主要内容的党纪党风教育，制订《党员、干部廉洁自律规定》《“艰苦奋斗、廉洁从政”主题教育实施意见》，对镇机关中层以上干部及村、居、企事业单位主要领导开展一系列党风廉政教育。同时，组织学习邓小平廉政建设理论及《廉政准则》《中国共产党党内监督条例》等文件，开办学习培训班，观看教育片、展览等。镇纪委抓好党员干部的“提醒教育、渗透性教育和警示教育”，教育干部不得违反规定接受礼金、有价证券等各种支付凭证。同时，加强公车管理，防止、杜绝公车私用、公款旅游和公款度假。组织开展“从我做起，对我监督，由我负责”为主要内容的党风廉洁系列教育，提高廉洁从政意识，采用集中授课，电化教育、自学讨论、撰写心得等多种形式，学习中共十六大报告、江泽民“七一”重要讲话等。

2004—2006 年，扎实开展机关效能建设活动，提出重点治理机关作风中的“庸、乱、散”现象。2007—2011 年引导广大党员干部树立正确的人生观、世界观、价值观和政绩观，增强拒腐防变能力。以廉政建设阵地为抓手，突出教育形式的多样化和载体的新颖性，全面开展廉政文化活动，开展廉政书画廊，老干部宣讲队等活动。营造党风廉政建设的良好氛围。2012—2018 年，全面落实中共十八大和十八届历次全会精神，围绕改革发展稳定大局，抓好党风廉政建设各项工作任务的落实。切实抓好中央八项规定和省、市、区各项正风肃纪制度规定的贯彻落实，建立常态作风效能督查机制，培训廉政文艺队，建立“孝”文化公园、“清风戏台”等一批廉政文化阵地，开展“清廉杯”书法比赛巡展，廉政小品、曲艺大赛，“清风颂”诗歌朗诵大赛，廉政电影下乡，廉政文艺下乡演出，送廉政春联，发廉政短信等活动，营造浓厚的廉政正能量。认真抓好反腐倡廉警示教育，示范教育，增强法治观念和廉洁履职意识。

案件查处 中华人民共和国成立初期，由镇海县纪（监）委处理各类违纪案件。1955—1958 年，查处党员丧失立场、道德败坏、贪污公款以及工作中违法乱纪等案件多起，保证党的路线和任务的贯彻执行。1963 年，对 1958 年前后的整风运动、反右派斗争、“大跃进”运动、农村人民公社化运动中处理的案件进行甄别平反、落实政策。1978 年 5 月，原划为“右派分子”“反社会主义分子”全部摘帽。1980 年，实事求是地处理“文化大革命”中遗留问题，平反历史遗留和江青反革命集团制造的错案。1990—2001 年白峰镇受理纪检信访件 60 余起，查处党员违纪案件 14 起。镇纪委在查处违纪案件中，重点追究贪污受贿、弄权渎职、腐化堕落的党内腐败分子。对于挪用公款、请客送礼事件的责任人、组织者，责令赔偿国家、集体的经济损失，并给予相应的党纪处分，以促进党风廉政建设。

2003 年 8 月至 2016 年 7 月，镇纪委共受理纪检信访件 81 件，查处党员干部违规建房、赌博、违反计划生育、贪污、腐化、涉毒等案件34起，处分违纪党员34人。2016年8月至2018年12月，街道纪工委共受理案件9起，处分违纪党员9人，其中开除党籍3人，严重警告5人，警告1人。

第五节　历次运动和党的建设

土地改革运动

1949年5月，白峰境域解放。1950年，在中共镇海县委工作组指导下，各乡（村）成立农民协会，农民协会负责土地改革运动。土地改革工作按照“土改”政策，经评议白峰乡、山江乡共划分各类地主14户、富农20户、中农102户；上阳乡共划分各类地主19户、富农5户、中农279户。

“大跃进”运动

1958年，“大跃进”运动波及境内。办公共食堂，大炼钢铁，搞亩产万斤粮，是“大跃进”运动的主要表现。有的干部实事求是上报产量挨批评，说思想保守，时弄虚作假成风。为了“大炼钢铁”，境内小门村办起小高炉，把大量的树木砍掉作燃料。

“四清”运动

1964年小“四清”（清账目、清仓库、清工分、清财物）运动在全国展开。白峰公社、上阳公社于是年下半年全面开始“四清”，清理大队、生产队的账目、粮食、物资等，生产队队长、会计、粮食保管员受到严格审查。要求每个生产队干部都得交代自己有没有侵占集体的东西。“四清”运动对生产大队干部的冲击比较大。1966年10月，又开展“清政治、清经济、清组织、清思想”的大“四清”运动，后由于“文化大革命”运动，于1966年12月结束。

“文化大革命”

1966年5月16日后，“文化大革命”席卷全国。8月，白峰公社、上阳公社所属各大队都组建红卫兵，成立“战斗队”。红卫兵开始在各大队开展“破四旧、立四新”。1967年开始写大字报，揭发批判公社、生产大队党政领导。揪斗所谓“走资本主义道路当权派”，并召开多次的批斗大会，大部分公社党委领导和大队党支部及行政领导被打倒，大队党支部从此瘫痪。与此同时，对“地、富、反、坏、右”进行训话和批斗。1967年末，各公社（生产大队）先后成立红卫兵战斗队。1968年，各公社成立革命委员会，各生产大队成立革命领导小组，成员由民兵干部、红卫兵干部组成。1971年，各公社党委和大队党支部恢复组织生活并主持日常工作。

党的基本路线教育

为了加强党的领导，统一党员思想，巩固改革开放的成果，在省、市、区统一部署下，于1989年12月开始，用了近10年时间开展党的基本路线教育活动。在教育活动中，第一阶段，主要学习党的纲领、党的路线、党的章程和国家的法律法规。通过学习，消除党员的模糊思想，提高党员的思想觉悟。第二阶段，总结改革开放以来农村所取得的成果。境内在农业生产上有较大的发展，“双杂”（杂交水稻、杂交玉米）的推广，栽培技术的提高，解决农村吃饭难的问题；改革开放以后经济发展较快，乡镇企业发展，农民赚钱的机会逐年增多；村民生活有了明显的改善，缝纫机、电视机等开始进入农家，大部分农家都新建住宅房。第三阶段，各村党员和村干部在思想上进行交流，每位党员都在会上开展批评与自我批评。通过党的基本路线教育，党员厘清思想，坚定信念，担当责任。

“三个代表”重要思想学习教育活动

中共白峰镇党委和各村党支部从2001年起，经过“三个代表”重要思想学习教育及创先争优活动，取得显著的成效，党员的先锋模范作用得到充分的发挥，各村党支部的战斗力、凝聚力明显增强。讲话有人听，行动有人跟，成为白峰镇真正的“领头雁”、百姓的主心骨。近20年来，镇（街道）党委（党工委）所属的党支部多次被评为区级以上争优先进基层党组织。

通过镇党委（街道党工委）和基层党支部建设，境内各项工作都取得明显的成效，村民经济总收入得到提高，新农村建设取得翻天覆地的变化，山清、水秀、村美成为白峰镇（街道）的新名片，融洽、和谐、向上成为境内居民的新风尚。

保持共产党员先进性教育活动

2005年11月，全镇开展保持共产党员先进性教育活动。党员认真学习有关先进性教育的文件，学习党的纲领和党的章程。全体党员通过认真学习、讨论，认为共产党员除了要坚持党章所规定的权利和义务外，还应结合本单位（村）实际情况做到经济发展带头上、政策法规记心上、群众口碑称得上。在日常工作中，做到经济发展探新路，政策法规把握住，安全稳定重如山，廉洁自律不要忘，民主管理公在先，为民服务记心上。通过3个多月的保持共产党员先进性教育活动，全镇党员干部的精神面貌发生可喜的变化，各项工作取得较大的成效。

党的群众路线教育实践活动

2012年11月中共十八大后，全党开展党的群众路线教育实践活动。2013年，白峰镇党的群众路线教育实践活动启动。是年3月，中共白峰镇委召开党的群众路线教育实践活动动员会。会议指出，近年来，党的组织和党员脱离群众，搞形式主义，做表面文章，只对上级负责，不顾群众利益，在有的事上还损害群众利益听不进群众意见，服务流于形式。农村党员虽然在农村，但是与群众交流少，关心少，事不关己、高高挂起；身在群众中，心离群众远。总之，党的群众路线教育实践活动非常及时，非常重要。群众路线教育实践活动是巩固党的执政基础，团结带领全体群众，坚持走中国特色社会主义道路，实现中华民族伟大复兴的中国梦的重要保证。会议还学习活动的指导思想和总体要求。

党的群众路线教育实践活动分3个阶段。第一阶段，学习教育，听取意见。制定学习内容、学习日期、党员分头到群众家里去听取意见和建议。第二阶段，查找问题，开展批评和自我批评。通过学习找缺点，工作实践找不足，重视自身找问题。第三阶段，整改落实，建章立制。2013年6月，各单位（村）召开全体党员和村民代表会议。在会议上，各党支部委员会委员对于自己存在的问题做批评和自我批评。对于查找出来的问题和群众意见，支部负责人还逐条进行解答，并保证及时解决和改正。还建立规章制度，制定党员学习制度、党员管理制度、联系群众新常态制度、财务管理制度、关爱弱势群体制度。是年末，各党支部对党员进行民主测评，合格率达100%。

第二章 人民代表大会

乡（镇）人民代表大会是地方国家权力机关，在区（县）人大常委会指导下开展工作。

1953年，白峰乡、山江乡、上阳乡、下阳乡人民政府分别成立选举委员会，办理普选工作。各乡人民代表大会代表由选民直接选举产生。1954年7月，建立乡人民代表大会制度，履行地方权力机关职权。“文化大革命”期间被迫停止。1980年，恢复人民代表大会选举制度，各公社人民代表大会代表均由选民直接选举产生，并实行差额选举。在选举中，充分注意代表结构的广泛性、代表性、先进性。1985年7月，撤销镇海县建制，甬江以南设立宁波市北仑区（1987年7月前称滨海区），境内各乡人民代表大会沿用原届次。

乡（镇）人民代表大会切实履行宪法和法律赋予的各项职权、发挥地方国家权力机关的作用。人民代表开展对政府工作监督；决定经济、社会、人大工作方面的重大事项；认真受理和督办议案、建议、意见及人民群众来信来访，组织代表开展活动等。在坚持和完善人民代表大会根本政治制度、建立和发展社会主义民主政治、健全社会主义法治工作中发挥职能作用。

2016年7月，撤销白峰镇建制，成立白峰街道，原白峰镇人民代表大会随着白峰镇的撤销也相应撤销，镇人民代表大会代表资格自行终止。同时设立宁波市北仑区人民代表大会常务委员会白峰街道工作委员会。

第一节 代表选举

中华人民共和国成立初期，召开乡人民代表大会，代表人选由乡政府与农会、妇女会、各村协商产生。

1953年3月，中央颁布《中华人民共和国选举法》。9月，境内各乡人民政府先后成立选举委员会，筹备并实施普选工作。选民登记和全国第一次人口普查同时进行。次年3月20日第一次普选工作全部结束。普选由乡选举委员会按照各村（单位）分配代表名额，再由各村（单位）组织民主协商，推荐确定正式代表候选人，召开选民大会以等额方式选出正式代表。“文化大革命”期间，人民代表大会停止活动。1980年7月，根据1979年7月第五届全国人民代表大会第二次会议通过修正的《中华人民共和国地方各级人民代表大会和地方各级人民政府组织法》《中华人民共和国选举法》规定，恢复公社人民代表大会制度，并实行选民直接差额选举。

1982年，第五届全国人民代表大会第五次会议通过《中华人民共和国宪法》和《地方各级人民代表和地方各级人民政府组织法》修正案，决定将人民公社改为乡镇。1983年10月，境内各乡设立乡人民代表大会，建立乡人民政府。1984年5月，各乡成立选举委员会，选举乡人民代表大会代表，并设立选举委员会主任、副主任和委员。

自实行普选以来，至1992年5月，上阳乡（公社）共进行乡（公社）人大代表选举8次。至2016年7月，白峰镇（乡、公社）共进行人大代表选举15次。

1954—1956 年山江乡、下阳乡第一届人民代表大会选举情况表

表 7–2–1

届　别	选民人数（人）	投票人数（人）	参选率（%）	选区（个）	选出代表人数（人）
山江乡第一届（1954.4—1956.1）	2651	2412	90.98	5	45
下阳乡第一届（1954.4—1956.1）	2072	1927	93.00	6	31

1954—2016 年白峰镇（公社、乡）历届人民代表大会代表选举情况表

表 7–2–2

届　别	选民人数（人）	投票人数（人）	参选率（%）	选区（个）	选出代表人数（人）
白峰乡第一届（1954.4—1956.1）	2453	2269	92.50	8	43
白峰乡第二届（1956.2—1961.10）	5588	5342	95.60	14	63
白峰公社第三届（1961.11—1964.6）	6268	5873	93.70	14	63
白峰公社第四届（1964.7—1980.10）	6713	6465	96.31	14	65
白峰公社第五届（1980.11—1984.6）	7004	6808	97.20	33	159
白峰乡第六届（1984.7—1987.4）	7995	7774	97.24	33	102
白峰乡第七届（1987.5—1990.2）	8288	7789	93.98	34	52
白峰乡第八届（1990.3—1993.1）	8610	8205	95.30	34	62
白峰镇第九届（1993.2—1995.12）	15873	15157	95.50	52	95
白峰镇第十届（1996.1—1998.12）	16454	15693	95.37	36	55
白峰镇第十一届（1999.1—2001.12）	16534	16026	96.93	28	55
白峰镇第十二届（2002.1—2003.12）	16785	16197	96.50	35	55
白峰镇第十三届（2004.1—2006.12）	35002	33672	96.20	59	70
白峰镇第十四届（2007.1—2011.12）	37386	36751	98.30	45	70
白峰镇第十五届（2012.1—2016.7）	39899	39140	98.10	45	70

注：1. 白峰镇第九至十二届代表大会是扩镇并乡与上阳乡合并后的数据。
　　2. 第十三至十五届是与郭巨镇合并后的数据。

1954—1992 年上阳乡（公社）历届人民代表大会代表选举情况表

表 7–2–3

届　别	选民人数（人）	投票人数（人）	参选率（%）	选区（个）	选出代表人数（人）
上阳乡第一届（1954—1956.2）	2107	1938	91.98	7	32
上阳乡第二届（1956.3—1961.10）	4539	4244	93.50	13	52
上阳公社第三届（1961.11—1963.5）	4882	4638	95.00	14	52
上阳公社第四届（1963.6—1980.10）	5287	5086	96.20	14	58
上阳公社第五届（1980.11—1984.6）	5598	5442	97.21	19	149

续表 7-2-3

届 别	选民人数（人）	投票人数（人）	参选率（%）	选区（个）	选出代表人数（人）
上阳乡第六届（1984.7—1987.4）	6438	6135	95.29	21	94
上阳乡第七届（1987.5—1990.2）	6602	6234	94.43	24	49
上阳乡第八届（1990.3—1992.4）	6997	6843	97.80	27	59

第二节 代表大会

中华人民共和国成立后，白峰境内仍沿袭原上阳乡名、穿山乡名（部分村）。

1950 年 6 月，自穿山乡析小门、白峰等村组建白峰乡，自上阳乡析山防、轮江等村组建山江乡。1951 年 5 月自上阳乡析道头等村组建下阳乡。至此白峰境内为白峰、山江、上阳、下阳 4 乡。1954 年 3—4 月，白峰乡、山江乡、上阳乡、下阳乡分别召开第一届人民代表大会第一次会议。1956 年 2 月，白峰乡与山江乡合并称江峰乡（后改为白峰乡），上阳乡与下阳乡合并仍称上阳乡。1958 年 10 月乡人民代表大会改称人民公社社员代表大会。1983 年 10 月恢复乡人民代表大会，建立乡人民政府。乡人民代表大会主要议程：听取和审议政府工作报告；听取和审议财政决算、预算报告；选举乡（镇）长、副乡（镇）长等。1985 年 7 月撤县划区后，白峰乡、上阳乡人民代表大会延续原届次。

1992 年 5 月扩镇并乡，行政区域调整，白峰乡与上阳乡合并，在原区域新建白峰镇，白峰镇沿用白峰乡人民代表大会届次。根据仑委办〔1992〕19 号《关于中共宁波市北仑区委办公室转发人大常委会党组〈关于扩镇并乡工作中几个问题的意见〉的通知》规定，原乡镇人民代表大会的代表资格继续有效；乡镇合并的延续原镇人民代表大会的届次。扩镇并乡后，原乡镇人民代表大会主席团不宜合并行使职权，乡镇人民代表大会举行会议时，重新选举大会主席团。主席团配备 1 名专职常务主席，暂没有条件配备专职常务主席的，就配备 1 名专职人大工作联络员。2003 年 8 月，行政区域再次调整，撤销郭巨镇建制，与白峰镇合并新建白峰镇，白峰镇沿用原白峰镇人民代表大会届次。

2016 年 7 月，撤销白峰镇建制，成立北仑区人民政府白峰街道办事处和郭巨街道办事处。8 月，白峰街道挂牌。根据法律规定，原白峰镇人民代表大会随着白峰镇的撤销也相应撤销，镇人民代表大会的代表资格自行终止。镇人民代表大会主席团、主席、副主席的法定职务也自行终止。

白峰镇（乡、公社）、山江乡历届人民代表大会会议情况表

表 7-2-4

届 次	建制名称	召开时间	召开地点	会议主要议题
第一届一次会议	白峰乡	1954.4.5	白峰祠堂	贯彻党在农村工作的方针和依靠贫农、团结中农、打击地主富农及反动教会的阶级政策；讨论“开展农业、手工业合作化和资本主义工商业社会主义改造”的任务；选举乡长、副乡长
	山江乡	1954.4.5	官庄庙	
第二届一次会议	白峰乡	1956.2	白峰后新屋（设乡人民委员会）	讨论在全面实现农业合作化的基础上，进一步发展农业生产，深入开展增产节约运动的任务；选举乡长、副乡长

续表 7–2–4

届　次	建制名称	召开时间	召开地点	会议主要议题
第三届一次会议	白峰公社	1961.11	白峰庙	选举白峰公社管理委员会主任、副主任、委员；贯彻权力下放，实行大包干政策
第四届一次会议	白峰公社	1964.7	白峰庙（公社会堂）	听取和审议公社革委会工作报告；讨论“农业学大寨”；选举公社管委会主任、副主任、委员
第五届一次会议	白峰公社	1980.11.28	公社会堂	听取和审议公社革委会工作报告；选举公社管委会主任、副主任、委员；通过人民陪审员；恢复人民公社代表大会制度；学习党的四项基本原则，提出“解放思想，实事求是，把工作重点转移到以经济建设为中心上来”的方针
第六届一次会议	白峰乡	1984.7.12—7.13	乡政府会堂	听取和审议政府工作报告；确定“加快改革开放、发展多种经营，促进两个文明建设”的工作方针，提出“逐步建立和完善以家庭承包为主要形式的联产承包责任制”；选举乡长、副乡长；通过人民陪审员
第七届一次会议	白峰乡	1987.5.19—5.20	乡政府会堂	听取和审议政府工作报告；讨论和审议九年制义务教育、计划生育有关规定等建议草案；选举乡长、副乡长
第八届一次会议	白峰乡	1990.3.30—3.31	乡政府会堂	听取和审议《乡政府工作报告》《财政预决算报告》《人民代表提案处理情况报告》；选举产生乡人民代表大会主席团常务主席，乡人民政府乡长、副乡长
第九届一次会议	白峰镇	1993.2.11	镇政府会议室	审议和通过《政府工作报告》《财政预决算报告》；选举产生镇人民代表大会主席团常务主席，镇人民政府镇长、副镇长
第十届一次会议	白峰镇	1996.1.18—1.19	镇政府会议室	审议通过镇政府工作报告；审议通过财政预决算报告；审议通过第九届人大主席团工作报告；选举产生镇人大主席、镇长、副镇长
第十一届一次会议	白峰镇	1999.1.19—1.20	镇政府后三楼会议室	听取和审议《政府工作报告》《财政预决算报告》《人大主席团工作报告》；选举镇人大主席团主席、人民政府镇长、副镇长
第十二届一次会议	白峰镇	2002.1.15—1.16	镇政府后三楼会议室	听取和审议《政府工作报告》《财政预决算报告》《人大主席团工作报告》；选举镇人大主席、副主席，选举镇政府镇长、副镇长
第十三届一次会议	白峰镇	2004.1.6—1.7	镇政府后三楼会议室	听取和审议《政务政府工作报告》《财政预决算报告》《人大主席团工作报告》；选举镇人大主席团主席、副主席，选举镇政府镇长、副镇长；通过人民陪审员名单
第十四届一次会议	白峰镇	2007.1.25	镇政府附三楼会议室	听取和审议《政府工作报告》《财政预决算报告》《人大主席团工作报告》；选举镇人大主席团主席、副主席，选举镇政府镇长、副镇长
第十五届一次会议	白峰镇	2012.1.15	镇政府附三楼会议室	听取和审议《政府工作报告》《财政预决算报告》《人大主席团工作报告》；选举镇人大主席团主席、副主席，选举镇政府镇长、副镇长

上阳乡（公社）、下阳乡历届人民代表大会会议情况表

表 7-2-5

届　次	建制名称	召开时间	召开地点	会议主要议题
第一届一次会议	上阳乡	1954	上阳乡公所	贯彻党在农村工作的方针和依靠贫农、团结中农、打击地主富农及反动教会的阶级政策；讨论“开展农业、手工业合作化和资本主义工商业社会主义改造”的任务；选举乡长、副乡长
	下阳乡		乡政府会堂	
第二届一次会议	上阳乡	1956.3	乡政府会堂	听取上届政府工作报告；选举乡长、副乡长；讨论在全面实现农业合作化的基础上进一步发展农业生产，深入开展增产节约运动的任务
第三届一次会议	上阳公社	1961.11	公社会堂	选举上阳公社管理委员会主任、副主任，委员；贯彻权力下放、实行大包干政策
第四届一次会议	上阳公社	1963.6.16	公社会堂	听取和审议上届管委会工作报告；选举产生公社管委会主任、副主任、委员，选举产生监察委员会主任、委员；通过发展畜牧生产决议；大力开展夏季积肥运动的决议，开展稻棉薯以抗旱为中心战胜自然灾害的决议
第五届一次会议	上阳公社	1980.11	乡政府会堂	听取和审议革委会工作报告；选举公社管委会主任、副主任、委员；恢复人民公社代表大会制度；学习党的四项基本原则，提出“解放思想，把工作重点转移到以经济建设为中心上来”的方针
第六届一次会议	上阳乡	1984.7.13—7.14	乡政府会堂	听取和审议《政府工作报告》；选举产生乡长、副乡长；提出“逐步建立和完善以家庭承包为主要形式的联产承包责任制”；通过乡规民约
第七届一次会议	上阳乡	1987.5.16	乡政府会堂	听取和审议乡政府工作报告；选举产生第七届乡人民政府乡长、副乡长；通过人民陪审员；听取上阳乡七届政府任期目标报告
第八届一次会议	上阳乡	1990.3.29—3.30	乡政府会堂	听取和审议《乡政府工作报告》《财政预决算报告》；选举产生乡人民代表大会主席团常务主席，乡人民政府乡长、副乡长

第三节　乡（镇）人民代表大会主席团

根据 1982 年 12 月修改通过的《中华人民共和国地方各级人民代表大会和地方各级人民政府组织法》规定，乡镇人民代表大会举行会议的时候，选举主席团，在会议期间行使法律规定的职权；在本级人民代表大会闭会期间，负责处理日常工作，筹备、召集本级人民代表大会下次会议的事项。按照 1989 年 12 月 29 日浙江省第七届人民代表大会常务委员会第十三次会议通过的《浙江省乡镇人民代表大会主席团组织条例》的规定，选举产生主席团常务主席。根据 1995 年 4 月第二次修改通过的《浙江省乡镇人民代表大会主席团组织条例》的规定，选举产生乡镇人民代表大会主席、副主席。他们在闭会期间负责以下工作：一、组织代表学习、宣传宪法和法律、法规；二、联系本级人民代表大会和本行政区域内的上级人民代表

大会代表；三、组织代表进行执法检查、视察、调查等活动；四、检查督促代表提出的议案和建议、批评、意见的办理工作；五、反映代表和群众对本级人民政府工作的建议、批评、意见；六、做好召集本级人民代表大会下次会议的准备工作；七、办理乡镇人民代表大会工作有关的其他事项。

1990—2016 年白峰境域各镇（乡）人民代表大会

历届主席团常务主席、主席、副主席、联络员一览表

表 7-2-6

机构名称	负责人姓名	职务	任职年月	说明
白峰镇（乡）人大主席团	胡修斌	常务主席	1990.3—1994.1	兼职
	王长仕	主席	1994.1—1997.1	兼职
	谢开定	主席	1997.1—1998.2	兼职
	张明德	主席	1998.2—1999.1	兼职
	张明德	主席	1999.1—2002.1	专职
	张召军	主席	2002.1—2003.8	兼职
	叶开荣	主席	2004.1—2008.1	兼职
	钟世祥	主席	2008.1—2012.1	兼职
	何岳忠	主席	2012.1—2015.1	兼职
	周国程	主席	2015.1—2016.7	兼职
	虞海成	联络员	1992.5—1993.2	专职
	虞海成	副主席	1993.2—1996.1	专职
	王仕定	副主席	1996.1—1999.1	专职
	胡炳裕	副主席	2002.1—2003.8	专职
	郑立平	副主席	2003.8—2016.7	专职
上阳乡人大主席团（1992 年 5 月并入白峰镇）	张祥利	常务主席	1990.3—1992.5	兼职

第四节　北仑区人大常委会白峰街道工作委员会

北仑区人大常委会白峰街道工作委员会由北仑区人民代表大会常务委员会于 2016 年 7 月设立。人大街道工委在区人民代表大会常务委员会和中国共产党街道工作委员会的领导下开展工作，并向区人民代表大会常务委员会报告工作。人大街道工委履行下列工作职责：一、宣传和贯彻宪法、法律、法规和县级以上人民代表大会及其常务委员会的决议、决定；二、联系街道辖区内的人民代表大会代表，反映代表的建议、批评和意见；三、加强代表联络站建设，为代表联系群众提供服务保障；四、组织街道辖区内的县级人民代表大会代表，对街道辖区内经济社会文化发展方面的重大事项、社会普遍关注的问题开展视察和专题调研；五、为街道辖区内的县级人民代表大会代表出席人民代表大会提供服务保障，协助代表提出议案、建议、批评和意见；六、督促街道办事处和县级人民政府有关部门、司法机关派驻街道工作机构办理县级人民代表大会代表建议、批评和意见；七、对街道预算草案提出意见；八、组织成立街道居民议事组织，组织召开街道居民议事组织会议，联系街道居民议事组织成员；九、受理和接待来信来访，反映群众的建议、批评和意见；十、依法承担的其他工作。

2016年8月11日白峰街道授牌仪式，北仑区人民代表大会常务委员会主任邬志刚授牌，白峰街道工作委员会主任乐静毅接牌

人大街道工委根据区人民代表大会常务委员会的交办，做好下列工作：一、听取和讨论街道办事处和县级人民政府有关部门、司法机关派驻街道工作机构有关工作报告；二、对街道预算执行情况、国有资产管理情况进行日常监督；三、组织对法律、法规的实施情况进行执法检查；四、组织对街道办事处和县级人民政府有关部门、司法机关派驻街道工作机构的工作进行评议；五、对列入县级人民代表大会常务委员会审议的有关议题，开展调查研究，提出意见和建议；六、具体承担街道辖区内县级人民代表大会代表的选举、补选和罢免等工作；七、组织街道辖区内县级人民代表大会代表向原选区选民述职，接受选民监督；八、交办的其他工作。

2016年7月至2021年12月北仑区人大常委会
白峰街道工作委员会主任、副主任一览表

表7-2-7

机构名称	负责人姓名	职务	任职年月	说明
白峰街道人大工委	乐静毅	主任	2016.8—2021.9	专职
	徐　炯	主任	2021.9—	专职
	黄铭月	副主任	2019.12—	专职

第五节　代表活动

20世纪50—70年代，人大代表除参加代表大会外，一般不开展小组活动。1985年后，境内各乡人大代表小组的活动逐步趋于经常化、多样化，坚持每季度一次或两个月一次代表小组会，学文件、交流情况、听取所在乡政府工作报告、开展视察活动、向政府及有关部门提出意见和建议。1988年，白峰、上阳2乡各代表小组先后集体活动10余次，参加视察的代表15人次。活动内容围绕国家的方针、政策及群众普遍关心的问题，采取学习、调研、视察、走访等形式。通过对经济、环保、教育、卫生、交通等方面的视察，提出意见、建议12条，有11条被政府有关部门采纳。1991年，根据代表小组各自特点，制订代表活动日、调查视察、联系选民等制度，先后对土管、计生、水利、环保、教育、卫生、治安等方面情况进行调查视察。1996年，部分代表参加区人大常委会组织的《全国人民代表大会和地方各级人民代表大会代表法》演讲比赛和宁波市“雅戈尔杯”宣传人民代表大会制度的知识竞赛。各代表小组还按照统一部署组织代表就近视察，参加审议、评议活动。1998年，白峰代表小组深入选区，开展接待选民活动。翌年，部分代表向选民汇报履行代表职责情况。2001年，部分代表参加区第五届人大常委会组织的先进事迹报告会；开展对部分人大代表的述职评议活动。2004 年换届选举后，对新当选的代表进行有关法律知识和代表知识培训。在区人民代表大会成立 20 周年之际，组织代表观看首都各界纪念全国人大成立 50 周年电视实况转播；深入各村、社区、单位专题调查；开展代表积极分子、代表活动先进集体评比活动。2007 年，积极探索代表活动方式，开展持证视察、执法检查和评议、座谈等形式多样的代表活动，发挥代表作用，提高代表凝聚力。2008 年组织代表学习，提高代表政治意识、纪律意识、责任意识，规范代表履职行为，提高参政议政能力。修订完善代表小组活动考核办法，健全活动网络，开展“开发建设”“政府实事工程”“农村环境整治”“议案建议办理”等视察活动。开展调查走访，了解民情，掌握民意，征集议案建议，对 25 家基层站所（办事处）开展行风评议。2012 年，推进民生实事票决制工作，使人大代表首次直接参与政府民生实事工程项目的提出和决策过程中来，这种“直接放权、全程参与”的工作模式，很好地发挥代表的积极性和主动性，增强代表参与管理的“主人翁”意识。2013 年积极开展“联选民、传民情”活动，尝试代表工作新方法，建立 3 个代表接待室，拓展民情信息渠道。2014 年至 2016 年，开展发挥代表作用，树立良好形象，强素质、提能力、办实事，“提一条建议、办一件实事”等活动，结合“三改一拆”“五水共治”“生态乡镇创建”开展视察调研，提升代表活动质量。

第六节　议案处理

为着手人民代表议案的处理，乡（镇）各届人民代表大会均设立议案审查委员会，负责议案的收集和审查，提出初步审查意见，再提交乡（镇）人民政府办理。一般在每次大会闭幕后，经乡（镇）人民政府研究，都会根据议案内容，分别转送有关部门或单位办理，将处理结果书面答复提案人，并在下一次人民代表大会上作议案处理报告。

1996 年 1 月 18 日召开白峰镇第十届人民代表大会第一次会议至 1999 年 1 月 19 日召开第十一届人民代表大会第一次会议期间，先后收到代表议案共 36 件，办结 36 件，满意和基本满意率为 100%。

2004 年 1 月 6 日，召开白峰镇第十三届人民代表大会第一次会议（与郭巨镇合并后首次人民代表大会）至 2016 年第十五届人民代表大会第五次会议期间，先后收到代表议案、建议 364 件，其中议案 246 件，建议 118 件，办结 364 件，满意和基本满意率达 96% 以上。

2004—2016 年白峰镇第十三至十五届人民代表大会议案统计一览表

表 7-2-8

人民代表大会				议案件数（件）	议案内容分类							建议件数
届别	议案合计	次别	时间		农业水利	工业交通	城镇建设	教文卫	社会治安	社会保障	其他	
第十三届	41	一次	2004.1.6	23	6	4	4	3	2		4	18
	24	二次	2005.4.12	22	9	2	4	3	2	1	1	2
	18	三次	2006.1.8	18	4	4	3	1		3	3	
第十四届	44	一次	2007.1.25	25	9	3	5	2	4	2		19
	24	三次	2008.1.18	18	5	2	6	4	1			6
	31	四次	2009.1.15	25	8	2	10	2	2	1		6
	33	六次	2010.2.3	26	7	1	10		3	2	3	7
	16	七次	2011.1.12	12	2		3		2	2	3	4

续表 7-2-8

人民代表大会				议案件数(件)	议案内容分类							建议件数
届别	议案合计	次别	时间		农业水利	工业交通	城镇建设	教文卫	社会治安	社会保障	其他	
第十五届	38	一次	2012.1.15	33	10		7	3	4		9	5
	36	二次	2013.1.11	22	3	4	6	1		1	7	14
	25	三次	2013.12.21	1	1							24
	22	四次	2015.1.30	9	3	1		3			2	13
	12	五次	2016.1.27	12		2	5	3	1		1	

第三章　人民政府

1949 年 5 月 28 日，白峰全境解放，随之完成接管乡旧政权，9 月建立上阳乡人民政府和穿山乡人民政府。嗣后，由于行政区划组织体制变动，乡（公社、镇）政府名称及隶属关系几经更迭。至 2016 年 7 月，撤销白峰镇建制，始建北仑区人民政府白峰街道办事处。

中华人民共和国成立后，境内历届人民政府先后在镇海县委、县政府，北仑区委、区政府的领导下，认真履行政府职能，努力完成各个历史时期的各项任务。特别是中共十一届三中全会以来，立足白峰，坚持以经济建设为中心，全面推进改革开放，在建设有中国特色社会主义和实现伟大的中国梦的实践中，积极落实科学发展观，不断解放思想，开拓创新，克难攻坚，与时俱进。逐步实现从管理型政府向服务型政府的转变，持续开创经济建设和社会发展新局面，促使白峰这片土地发生翻天覆地的变化，并向全面建成小康社会迈出坚实步伐。

第一节　机构沿革

乡人民政府

1949 年 5 月 28 日，白峰境域解放。9 月，建立柴桥区上阳乡人民政府，部分村属柴桥区穿山乡人民政府。各乡设指导员、乡长、副乡长各 1 名。1950 年 6 月，从穿山乡析出白峰等村新建郭巨区白峰乡人民政府。从上阳乡析出山防等村新建郭巨区山江乡人民政府，仍保留郭巨区上阳乡人民政府，各乡分别设乡长、副乡长和农会主任。1951 年 5 月，又从上阳乡析出道头等村新建郭巨区下阳乡人民政府，设乡长、副乡长、农会主任各 1 名。

乡人民委员会

1956 年 2 月，宁波地委〔1956〕24 号文件批复山江乡与白峰乡合并组建江峰乡（后改为白峰乡），下阳乡并入上阳乡仍称上阳乡，同时建立白峰乡、上阳乡人民委员会。乡人民委员会设乡长 1 名，副乡长若干名，下设若干工作委员会和监察委员会。

人民公社管理委员会

1958 年 10 月，原郭巨区范围成立镇海县郭巨人民公社，同时建立郭巨人民公社管理委员会（简称管委会），公社下设生产大队（管理区）。时郭巨人民公社在白峰境域设白峰、小门、上阳、下阳 4 个生产大队（管理区）。是年 11 月 21 日，国务院批准撤销镇海县建制，并入宁波市，郭巨人民公社管理委员会由宁波市郊区管辖。1959 年 4 月，小门大队管理区并入白峰大队管理区。1959 年 12 月下阳大队（管理区）撤销，并入上阳大队（管理区）。人民公社系行政管理与生产管理合一的机构，即“政社合一”。公社下设生产大队（管理区），当时称之为“一大二公”。1961 年 4 月，撤销大公社和管理区，恢复区公所建制，分设小公社。时分别成立白峰公社管理委员会和上阳公社管理委员会。1963 年 1 月，恢复镇海县建制，白峰、上阳两人民公社管理委员会隶属镇海县郭巨区公所管辖。

人民公社革命委员会

1968 年 4 月，成立上阳人民公社革命委员会（简称“革委会”）。8 月，成立白峰人民公社革命委员会。1980 年 11 月，根据《中华人民共和国全国人民代表大会和地方各级人民代表大会选举法》规定，恢复公社人民代表大会制。同时公社革委会改称公社管委会。

乡人民政府

1983 年 10 月，政社分设，白峰人民公社、上阳人民公社相继恢复乡人民政府。原人民公社的“社”职能由乡经济联合社承担（一年后经济联合社也被撤销）。至此，沿用 25 年的乡级地方政府名称的人民公社随之消失，所辖生产大队亦改称为村民委员会。

1985 年 7 月，国务院批准撤销镇海县建置。以甬江为界，北为镇海区，南为滨海区，白峰、上阳 2 乡人民政府隶属滨海区人民政府郭巨区署管辖，镇海县名消失。是年 11 月，改郭巨区署为郭巨办事处。1987 年 1 月，撤销郭巨办事处，白峰、上阳两乡人民政府由滨海区人民政府直管。7 月，滨海区人民政府更名为北仑区人民政府。

镇人民政府

1992 年 5 月，开展扩镇并乡，撤销白峰乡人民政府、上阳乡人民政府，合并新建白峰镇人民政府。2003 年 8 月仑政〔2003〕18 号文件转发市政府批复，撤销郭巨镇建置，与白峰镇合并组建新的白峰镇人民政府。2004 年 1 月，白峰镇召开第十三届人民代表大会第一次会议，选举产生镇长、副镇长。

街道办事处

2016 年 7 月 18 日，北仑区人民政府下发仑政〔2016〕46 号文件《宁波市北仑区人民政府关于白峰行政区划调整的通知》，根据《浙江省人民政府关于宁波市北仑区部分行政区划调整的批复》（浙政函〔2016〕95 号）和《宁波市人民政府关于北仑区部分行政区划调整的批复》（甬政发〔2016〕71 号）精神，撤销白峰镇建制，在此区域设立白峰街道和郭巨街道。2016 年 8 月 11 日，举行白峰街道办事处授牌仪式。

第二节　政府历任领导

1949 年 5 月 28 日，白峰境域解放，中国人民解放军第二十二军部队接管上阳乡、穿山乡。8 月建立穿山乡人民政府，乡长刘合林（1949.8—1950.5），副乡长胡万全（1949.9—1950.5）；9 月建立上阳乡人民政府，乡长王学荣（1949.9—1949.11）、林祥荣（1949.11—1950.3）、孟庆华（1950.3—1950.5），指导员贺灏群（1949.11—1950.2）、吕成善（1950.2—1950.5），副乡长朱连根（1950.3—1950.6）。

1950年6月调整乡建制，白峰境内设白峰、山江、上阳3乡。1951年5月，从上阳乡析出部分村建下阳乡。至此白峰境域共有白峰、山江、上阳、下阳4乡。7月，中国人民解放军奉命撤离，各乡乡长、副乡长先由县政府任命，后改为乡人民代表大会选举产生。1992年5月扩镇并乡后，镇长、副镇长由镇人民代表大会选举产生。2016年7月设立街道后，办事处主任、副主任由区人民政府任命。

1950年7月至1956年2月山江乡、下阳乡人民政府领导一览表

表7-3-1

机构	职务	姓名	任期	说明
山江乡人民政府	乡长	张祖定	1950.7—1955.12	山江乡由司前、沿亭和沧冈（轮江）、仰岛湾、山防、官庄、门浦等村组建，1951年5月，定海县金榭区大榭乡外峙村划入山江乡
	副乡长	陆全成	1950.7—1951.3	
		陈家训	1951.3—1953.3	
		陆全成	1953.3—1955.2	
		邬岳卿	1954.3—1955.7	
		方宝福	1955.3—1956.2	
		金睦富	1955.9—1956.2	
下阳乡人民政府	乡长	刘宝德	1951.7—1951.8	1951年5月从上阳乡析为上阳乡、下阳乡
		张云浩	1951.8—1952.10	
		阮世友	1952.10—1956.2	
	副乡长	阮世友	1951.7—1952.10	
		赵其鼎	1953.3—1956.2	
		项友根	1955.11—1956.2	

1958年10月至1959年12月郭巨人民公社小门、下阳大队大队长、副大队长一览表

表7-3-2

机构	职务	姓名	任期	说明
小门大队（管理区）	大队长	叶银才	1958.10—1959.2	从原白峰乡分建，1959年4月并归白峰大队
		史生元	1959.2—1959.4	
	副大队长	傅芳凯	1958.10—1959.4	
		陈裕田	1958.10—1959.4	
		李林夫	1958.10—1959.4	
		郑美玉（女）	1958.10—1959.4	
下阳大队（管理区）	大队长	王连才	1958.10—1959.12	从原上阳乡分建，1959年12月并归上阳大队
	副大队长	林美玉（女）	1958.10—1959.12	
		徐信来	1958.10—1959.2	
		王清扬	1958.10—1959.12	
		贺友才	1958.10—1959.12	

1950年6月—1992年5月白峰乡人民政府（公社）领导一览表

表7-3-3

<table>
<tr><th>机构</th><th>职务</th><th>姓　名</th><th>任期</th><th>说明</th></tr>
<tr><td rowspan="11">白峰乡人民政府</td><td rowspan="3">乡长</td><td>刘和高</td><td>1950.6—1951.4</td><td rowspan="11">1950年6月从柴桥区原穿山乡划出白峰村、蒋岙村、岠峙村、百丈村、下林村、小门村组建白峰乡</td></tr>
<tr><td>王继友</td><td>1951.5—1953.3</td></tr>
<tr><td>史生元</td><td>1953.3—1956.2</td></tr>
<tr><td rowspan="8">副乡长</td><td>乐阿月</td><td>1950.7—1951.4</td></tr>
<tr><td>董国庆</td><td>1951.5—1952.5</td></tr>
<tr><td>张慈云（女）</td><td>1952.5—1953.7</td></tr>
<tr><td>陈家训</td><td>1953.3—1953.9</td></tr>
<tr><td>刘联新</td><td>1953.7—1956.2</td></tr>
<tr><td>洪志夫</td><td>1953.9—1954.2</td></tr>
<tr><td>乐新太</td><td>1954.3—1955.6</td></tr>
<tr><td>周国良</td><td>1954.11—1956.2</td></tr>
<tr><td rowspan="8">白峰乡人民委员会</td><td rowspan="3">乡长</td><td>金睦富</td><td>1956.2—1957.6</td><td rowspan="8">1956年2月撤区并乡，山江乡、白峰乡（原霞峙乡三村、四村及大榭乡神马村并入）合并组建白峰乡</td></tr>
<tr><td>郑友芳</td><td>1957.6—1957.12</td></tr>
<tr><td>顾忠伟</td><td>1957.12—1958.9</td></tr>
<tr><td rowspan="5">副乡长</td><td>周国良</td><td>1956.2—1956.10</td></tr>
<tr><td>李才昌</td><td>1956.3—1958.4</td></tr>
<tr><td>唐静夫</td><td>1956.10—1958.9</td></tr>
<tr><td>沃玉香（女）</td><td>1956.10—1958.9</td></tr>
<tr><td>金睦富</td><td>1957.6—1958.9</td></tr>
<tr><td rowspan="9">郭巨人民公社白峰大队（管理区）</td><td rowspan="3">大队长</td><td>胡如生</td><td>1958.10—1959.4</td><td rowspan="9">1958年10月，撤销白峰乡，并入郭巨人民公社,原白峰乡(除小门大队）改称白峰大队（管理区）</td></tr>
<tr><td>金睦富</td><td>1959.4—1959.7</td></tr>
<tr><td>沈志邦</td><td>1959.7—1960.6</td></tr>
<tr><td rowspan="6">副大队长</td><td>周林先</td><td>1958.10—1959.4</td></tr>
<tr><td>乐金清</td><td>1958.10—1959.4</td></tr>
<tr><td>张信娥（女）</td><td>1958.10—1959.4</td></tr>
<tr><td>胡如根</td><td>1959.4—1960.9</td></tr>
<tr><td>唐静夫</td><td>1959.5—1959.12</td></tr>
<tr><td>李厚夫</td><td>1959.12—1961.3</td></tr>
<tr><td rowspan="5">白峰人民公社管理委员会</td><td>主任</td><td>张瑞尧</td><td>1961.4—1968.8</td><td rowspan="5">1961年4月，撤销白峰大队（管理区），建立白峰人民公社管理委员会</td></tr>
<tr><td rowspan="4">副主任</td><td>严锡彪</td><td>1961.10—1962.6</td></tr>
<tr><td>乐志清</td><td>1961.10—1963.5</td></tr>
<tr><td>王金梅（女）</td><td>1961.10—1962.6</td></tr>
<tr><td>邬岳卿</td><td>1962.6—1963.9</td></tr>
<tr><td rowspan="5">白峰人民公社革命委员会</td><td rowspan="3">主任</td><td>张乾卿</td><td>1968.8—1972.10</td><td rowspan="5">1968年8月，成立白峰人民公社革命委员会</td></tr>
<tr><td>曹哉茂</td><td>1972.10—1979.3</td></tr>
<tr><td>周土华</td><td>1979.3—1980.9</td></tr>
<tr><td rowspan="2">副主任</td><td>金睦富</td><td>1968.8—1976.10</td></tr>
<tr><td>徐阿贵</td><td>1968.8—1968.12</td></tr>
</table>

续表 7-3-3

机构	职务	姓 名	任期	说明
白峰人民公社革命委员会	副主任	胡布帆	1969.4—1975（群众代表）	1968 年 8 月，成立白峰人民公社革命委员会
		郑国来	1973.2—1973.6	
		吴世态	1973.7—1976.10	
		金睦富	1976.10—1979.10	
		吴世态	1976.10—1980.11	
		陆金成	1978.7—1980.3	
白峰人民公社管理委员会	主任	吴世态	1980.12—1982.3	
		顾传宁	1982.4—1983.10	
	副主任	冯永达	1980.12—1983.10	
		宋万明	1980.12—1983.10	
		黎剑萍（女）	1980.12—1983.10	
白峰乡人民政府	乡长	顾传宁	1983.10—1985.10	
	副乡长	马志君	1983.10—1985.10	
		卢国富	1983.10—1985.4	
		胡才祥	1984.7—1985.10	
白峰乡人民政府	乡长	顾传宁	1985.10—1987.5	
		胡修斌	1987.5—1989.11	
		卢国富	1989.11—1990.3	
	副乡长	马志君	1985.10—1987.5	
		胡才祥	1985.10—1990.3	
		颜祥法（发）	1987.5—1990.3	
白峰乡人民政府（第八届）	乡长	卢国富	1990.3—1992.5	
	副乡长	邬文明	1990.3—1992.5	
		鲁耐定	1990.3—1992.5	
		颜祥法（发）	1990.3—1992.5	
		林和群	1991.3—1992.5	

1950 年 7 月至 1992 年 5 月上阳乡人民政府（公社）领导一览表

表 7-3-4

机构	职务	姓 名	任期	说明
上阳乡人民政府	乡长	王才仁	1950.7—1951.4	1949 年 10 月，中华人民共和国成立后。废除保甲制，建村闾制，北仑区域设 20 个乡、镇，上阳乡名立其中
		朱信泉	1951.5—1952.11	
		阮富根	1953.3—1954.12	
		林阿康	1955.1—1955.8	
		阮富根	1955.9—1956.2	
	副乡长	张慈云（女）	1950.6—1951.5	
		沈志邦	1951.5—1952.12	
		王才仁	1953.3—1954.3	
		孙楚星	1954.3—1955.2	

续表 7-3-4

机构	职务	姓　名	任期	说明
上阳乡人民政府	副乡长	孙楚星	1955.8—1956.2	1949 年 10 月，中华人民共和国成立后。废除保甲制，建村闾制，北仑区域设 20 个乡、镇，上阳乡名立其中
		林康祥	1955.4—1956.2	
上阳乡人民委员会	乡长	孙楚星	1956.2—1957.5	1956 年 2 月由原上阳、下阳 2 乡合并组建上阳乡
		胡秉均	1957.5—1957.12	
		沈志邦	1958.4—1958.9	
	副乡长	赵其鼎	1956.2—1957.9	
		郑庆利	1956.3—1956.10	
		李阿金	1956.10—1958.9	
		虞菊香（女）	1956.10—1958.4	
		孙楚星	1957.5—1958.4	
		郑国来	1958.4—1958.9	
		阮世友	1958.4—1958.9	
郭巨人民公社上阳大队（管理区）	大队长	周钱章	1958.10—1959.7	1958 年 10 月撤销上阳乡并入郭巨人民公社。原上阳乡改称上阳大队（管理区）
		邬岳卿	1959.7—1960.1	
		金睦富	1960.1—1960.2	
		郑国来	1960.2—1961.2	
	副大队长	王兆根	1958.10—1959.4	
		曹月莉（女）	1958.10—1961.9	
		刘祖荫	1959.2—1961.9	
		张云仙	1959.5—1959.12	
		张云仙	1960.8—1961.9	
		钱德兴	1959.6—1959.11	
		郑正云	1959.6—1961.9	
上阳人民公社管理委员会	主任	李炳照	1961.10—1968.4	1961 年 4 月撤销上阳大队（管理区），建立上阳人民公社管理委员会
	副主任	李善扬	1961.10—1961.11	
		王仕棠	1961.10—1962.4	
		张云仙（女）	1961.10—1968.4	
		王学清	1962.6—1963.9	
		林阿康	1962.6—1962.7	
		姚开商	1965.3—1968.4	
上阳人民公社革命委员会	主任	李炳照	1968.4—1976.10	1968 年 4 月成立上阳人民公社革命委员会
	副主任	许信昌	1968.4—1973.10	
		姚绪永	1968.4—1973.3	
		舒友田	1968.4—1976.10（群众代表）	
		周全金	1969.5—1969.12（群众代表）	
		张瑞尧	1972.9—1976.10	
		蔡云年	1973.2—1976.10	

续表 7-3-4

机构	职务	姓　名	任期	说明
上阳人民公社革命委员会	主任	李炳照	1976.10—1979.3	1968 年 4 月成立上阳人民公社革命委员会
		许信昌	1979.3—1980.10	
	副主任	舒友田	1976.10—1977.1	
		张瑞尧	1976.10—1977.8	
		蔡云年	1976.10—1980.10	
		张云仙（女）	1978.5—1980.11	
		林仕松	1980.8—1980.11	
上阳人民公社管理委员会	主任	张云仙（女）	1980.11—1982.3	
		张德礼	1982.7—1983.10	
	副主任	胡孝夫	1980.11—1983.10	
		王剑成	1980.11—1983.10	
上阳乡人民政府	乡长	胡孝夫	1983.10—1985.10	
	副乡长	陈国祥	1983.10—1985.10	
		胡才祥	1983.10—1984.7	
		宋万明	1984.7—1985.10	
		乐可福	1984.7—1985.10	
	乡长	胡孝夫	1985.10—1989.3	
		应国来	1989.3—1990.3	
	副乡长	乐可福	1985.10—1987.5	
		陈国祥	1985.10—1989.12	
		宋万明	1985.10—1989.12	
		贝祖宏	1989.12—1990.3	
上阳乡人民政府（第八届）	乡长	应国来	1990.3—1992.5	
	副乡长	贝祖宏	1990.3—1992.5	
		郑优芬（女）	1990.3—1992.5	
		乐可福	1991.4—1992.5	

1992 年 5 月至 2016 年 7 月白峰镇人民政府领导一览表

表 7-3-5

机构	职务	姓名	任期	说明
第八届续接	镇长	胡国光	1992.5—1993.2	扩镇并乡，原白峰、上阳辖区合并，组建白峰镇，2 乡同时撤销
	副镇长	林爱康	1992.5—1993.2	
		胡明康	1992.5—1993.2	
		林和群	1992.5—1993.2	
		冯贻楠	1992.5—1993.2	
第九届	镇长	胡国光	1993.2—1994.10	
		王长仕	1994.10—1996.1	
	副镇长	林爱康	1993.2—1995.6	
		胡明康	1993.2—1996.1	

续表 7-3-5

机构	职务	姓名	任期	说明
第九届	副镇长	王剑成	1993.2—1996.1	
		冯贻楠	1993.2—1996.1	
		谢开定	1995.6—1996.1	
第十届	镇长	谢开定	1996.1—1997.1	
		顾红麟	1997.1—1999.1	
	副镇长	胡明康	1996.1—1999.1	
		邬忠舫	1996.1—1999.1	
		顾本华	1996.1—1999.1	
		李亚萍（女）	1996.1—1997.10	
		严文南	1996.1—1999.1	
		刘建赫（女）	1997.10—1999.1	
第十一届	镇长	张召军	1999.1—2001.1	
		俞振德	2001.1—2002.1	
	副镇长	陆　琦	1999.1—2002.1	
		王守国	1999.1—2002.1	
		刘建赫（女）	1999.1—2001.1	
		严文南	1999.1—2002.1	
		张敏智	2001.1—2002.1	
第十二届	镇长	俞振德	2002.1—2003.8	
	副镇长	陆　琦	2002.1—2003.8	
		石补立	2002.1—2003.8	
		张敏智	2002.1—2003.8	
白峰镇政务领导小组	组长	俞振德	2003.8—2004.1	2003 年 8 月，撤销郭巨镇建制，与白峰镇合并组建新的白峰镇
	副组长	陆　琦	2003.8—2004.1	
		张根祥	2003.8—2004.1	
		张友均	2003.8—2004.1	
		郑其平	2003.9—2004.1	
第十三届	镇长	俞振德	2004.1—2006.1	
		蒉伟善	2006.1—2007.1	
	副镇长	陆　琦	2004.1—2005.4	
		桂　枫	2005.4—2007.1	
		张友均	2004.1—2007.1	
		郑其平	2004.1—2007.1	
第十四届	镇长	蒉伟善	2007.1—2007.7	
		胡海达	2007.7—2010.2	
		何岳忠	2010.2—2012.1	
	副镇长	郑加和	2007.1—2007.7	
		沈静安	2007.1—2007.7	
		桂　枫	2007.1—2009.7	
		周庆海	2007.1—2010.2	
		郑其平	2007.1—2007.7	

续表 7-3-5

机构	职务	姓名	任期	说明
第十四届	副镇长	胡茂平	2007.7—2010.2	
		郑 玮	2010.2—2012.1	
		蒋行宗	2008.1—2012.1	
		林 军	2009.7—2012.1	
		童振捷	2010.2—2012.1	
	镇长助理	林 军	2007.7—2009.7	
		郁志杰	2010.1—2011.11	
第十五届	镇长	周国程	2012.1—2014.12	
		汪越海	2014.12—2016.7	
	副镇长	蒋行宗	2012.1—2013.10	
		郑 玮	2012.1—2015.9	
		林 军	2012.1—2016.7	
		童振捷	2012.1—2013.5	
		李凯松	2013.1—2016.7	
		陈 浪	2014.12—2016.7	
		章春华	2016.1—2016.7	

2016年7月至2021年12月白峰街道办事处领导一览表

表 7-3-6

机构	职务	姓名	任期	说明
白峰街道办事处	主任	汪越海	2016.8—2019.2	2016年7月，撤销白峰镇建置，设立白峰街道
		吴盈盈	2019.2—2019.12	
		陈益君	2019.12—	
	副主任	陈 浪	2016.8—2017.9	
		王时海	2016.8—2017.5	
		沈立明	2017.9—2019.12	
		邱卓敏	2017.9—2021.5	
		陶 刚	2020.3—	
		仇成章	2021.5—	

2016年8月11日白峰街道授牌仪式，北仑区人民政府区长胡奎授牌，街道办事处主任汪越海接牌

第三节 施政纪略

施政概况

20世纪50—60年代，境内各乡人民政府（公社）主要工作是领导开展土地改革，实现“耕者有其田”和镇压反革命运动，并组织农民走合作化道路，先后成立互助组、低级社（初级社）、高级社、人民公社，开展兴修水利，平整改良耕田，筑塘围地等。“文化大革命”初期，公社（原乡政府）工作一度停止，由人武部和生产指挥组管理。20世纪70—80年代，领导乡（公社）和各村（大队）大力兴办社办企业和队办企业，增加集体经济和农民收入。

中共十一届三中全会以后，实行改革开放政策，领导各村全面推行以农户为单位的家庭联产承包责任制和农业股份合作制，推进“三农”（农业、农村、农民）工作有序发展，并积极扶持和大力发展个体私营企业，开展招商引资，使境内工业步入发展的快车道。经过40年努力，境内历届人民政府在北仑区委、区政府（1985年7月前为镇海县委、县政府）领导下，全面建设小康社会，加快推进现代化建设，取得明显成效。工业上形成机械工业、水产冷冻业、船舶修造业、灯具制造业、风能发电业、安防设备业、建材工业、建筑业、纺织服装业、化工工业、塑料橡胶业、电器电子仪表工业等协调发展的工业格局。农业上，实施农业产业化经营，逐步形成粮食种植大户、花木种植大户、蔬菜种植大户、蘑菇种植大户、畜禽养殖大户及海、淡水养殖大户等专业户，农业产业结构调整日趋合理。交通上，交通条件十分便利，疏港高速、329国道、沿海中线、白梅线、白洋线、进港公路穿境而过；轮渡、快艇等海上航线直达舟山定海、普陀山。乡级道路连村成网，推进城乡一体化进程。境域内村村通自来水、通公交车、通水泥公路、通数字电视、通宽带；有公共休闲场所、有老人活动场所、有运动健身设施、有文化宣传栏。

在科技文卫方面，全面实施科技兴工兴农战略，全面推进素质教育、特色教育，教育软件硬件环境不断改善，实现义务教育全覆盖，初中、小学教育质量不断提高。文化、广播电视事业发展迅速，各项设施不断完善，电视入户率达100%。稳步实施大病医疗保险和初级卫生保健，医疗卫生设施逐步齐全。农村社会保障制度进一步完善，全面实施最低生活保障制度、扶贫帮困制度、农村社会养老保险，大力营造“民心工程”，人民生活质量进一步提高。

2018年各村农民人均收入：白峰村18160元，新峰村15000元，小门村20000元，司沿村19800元，门浦村15000元，官庄村17600元，港口村18900元，勤山村17000元，上阳村20000元，太平村15000元，下阳村30412元，阳东村18000元。尤其是经商办企业人员的家庭资产在几十万元、几百万元的也不少，有的富裕家庭资产多达近千万元。这一时期，成为中华人民共和国成立以来白峰经济增长快、运行质量高、稳定性和协调性明显增强的时期，也是全面建设小康社会和群众更多地分享经济发展成果的重要阶段。充满着稳实的获得感。

新白峰镇施政纪略

行政体制改革 2003年8月18日，根据甬政发〔2003〕83号、仑政〔2003〕108号文件关于调整北仑区行政区划的批复，撤销白峰镇、郭巨镇，以原两镇的行政区域组建新的白峰镇。2004年1月，白峰镇召开第十三届人民代表大会第一次会议，选举产生镇长、副镇长。2005年3月22日，按仑政〔2005〕21号文件调整行政村规模，将原来的52个村、2个社区调整为38个村、2个社区。2006年8月，新建怡峰社区。2013年10月15日，根据仑政批〔2013〕35号文件，撤销上宅、中宅、竹湾、沙湾、花船、光明、后墩7个村，新组建峰南社区。撤销神马村，并入怡峰社区。至此白峰镇共有30个村、4个社区。

明确自己定位 北仑区第五次党代会将白峰镇定位为北仑新区东翼副中心城区，并作出东部地区开发建设的重大决策，为白峰镇带来千载难逢的发展机遇。行政区划调整后，新建立的白峰镇按照区委、区政府的决策，进行高标准、高起点的规划。构筑3个组团：白峰中心城区为公共服务区，郭巨片区为产业聚集区，上阳片区为生活综合区。2003年6月，成立北仑东部城区开发建设指挥部，镇党政班子成员分别担任指挥部各组组长。为充实指挥部力量，抽调70余名区、镇两级机关人员分别编入办公室、征地组、拆迁组、安置组、综合组、巡查组和围塘等7个组。2013年后，全面贯彻落实中共十八大和十八届三中、四中、五中全会精神和习近平总书记重要讲话精神，主动适应新常态，融入宁波国际海洋生态科技城建设。

服务开发建设 坚持把服务开发建设、保障大工程项目落户投产作为第一中心工作来抓，形成大开放、大发展的良好氛围。自2004年至2016年，在白峰境内建设的大工程、大项目有宁波港穿山港区四期、五期码头、港鑫东方、光明散杂货码头、中宅煤炭码头、宁波海事基地、中海油液化天然气（LNG）、中海油LNG冷能空分、光大国际垃圾焚烧发电、台塑固废处理站、千和环保、联合石化、国电风力、中营风能、海湾重工、发电厂、输送管道、运输配套停车场、329国道拓宽、沿海中线建设、白洋线、白中线、峙北公路、疏港高速公路、进港公路拓宽、穿山港铁路支线、峙南、峙北围塘、梅山水道北堤建设、自来水管网铺设、110千伏芦江变、220千伏舟山至大陆联网线、220千伏芦江至大榭白峰段3条过境线等。在服务开发建设方面，保证项目顺利推进，做好区域内征地、拆迁、安置、支大、拆违及政策处理和协调服务工作。自2004年至2016年共签订征地协议270份，合计征地1071.53公顷。拆迁农村房屋3669户，拆迁面积69.8万平方米，拆迁坟墓1929座，完成官庄安置地块、门浦安置地块、司沿安置地块、怡峰家园安置地块的水、电、路等一系列市政基础设施建设和房屋建筑，共建安置房3657套，建筑面积323585平方米，安置拆迁户3056户。做好区域内所涉及支大项目的政策处理和协调服务工作，成功完成60多千米长的各类高压低压线路改造，30多千米的管线铺设和61座高压线铁塔工程，并落实滩涂处理政策共121.4公顷，对原遗留下来的合法码头、船厂、沙场、石场等进行政策处理等。

发展临港工业 充分依托白峰境域的区位、海岸线资源和工业小区载体等优势，大力发展临港工业，促进经济快速增长。

自2004年至2016年，共引进企业1844家，其中注册资金在1000万元以上的企业35家。重新规划建设工业小区，在供电、供水、道路等配套设施建设进一步提升，引进30多家企业在小区落户，15家上规模民营企业快速健康发展。工业小区集聚效应初步形成。

组织企业参加国内外各种展览会、洽谈会，帮助宣传企业形象，提升品牌档次，发挥品牌效应。“永发牌”保险箱柜被评为中国名牌产品。引导企业开拓国际市场，组织自行出口。努力推进企业技术改造，投入技改资金7亿余元，引导永发、满洋船舶、白峰电镀厂、水产冷冻厂等企业开展技术更新，开发新产品，落实节能减排、创建清洁生产企业，开拓产品深加工等，提高产品竞争力。扎实推进企业转型升级，强化要素保障和企业服务。2015年完成固定资产投资40.5亿元，排查出闲置厂房4万平方米，盘活利用2.6万平方米。引进蓝润科技、科导电子等企业智能化转型升级。协助蓝润科技、永港物流、永发集团等重点企业筹备上市，加快推动4家铸造企业整改提升。

培育高效农业 以“农业增效、农民增收”为目标，调整农业产业结构，改善农业基础条件，完善农业服务体系，推进农业现代化建设。2006年提出农业产业结构逐步向适销、高效、精品方向调整。2007年出台完善农业扶持奖励政策，重点加强对规模农业企业特色型农业基地、创新型农业科技项目、专业型农民经济组织及品牌农业等方面的政策扶持和奖励。农业产业结构进一步优化，结构调整向深层次推进。花卉、茶叶、水果、海淡水产及畜牧养殖等主导产业稳步发展。绿色、无公害、原生态成为白峰农产品特色品牌之路。绿色农业产品和品牌农产品创建工作稳步推进。白峰蘑菇基地生产的“双石”牌蘑菇，2004年成为宁波市第四批无公害农产品产地。2006年通过市级地方生产标准并获得宁波市绿色农产品生产基地和无公害农产品认证。2009年获市级农业实用技术推广项目三等奖，并被授予“市级菜篮子基地”

称号。2012 年蘑菇基地投资 250 万元引进新技术，新建温控棚 5 座，种植规模达 1.1 万平方米。实现无公害蘑菇基地四季栽培常年供应的目标。2014 年“双石”蘑菇被评为市级名牌农产品。地方特色农业健康发展。统筹提升以花卉苗木、“明州雀舌”茶叶、“双石”蘑菇、“虾康”年糕等为主的特色农产品。打造以名阳农庄、日华农业、林益丰养殖场、利兆生态农业有限公司为核心特色养殖区。打造“白峰品禾”农产品龙头品牌，初步形成农产品直销配送链，打造“互联网 + 农业”模式，与“南山吃货集团”确立战略合作关系，建立网上微店，开设“品禾”直销店。在宁波蔬果批发市场、北仑星阳菜场等开设“品禾”直销店，建立统一销售平台。年糕、蘑菇、茶叶、牛肉、鸡蛋等白峰特色农产品品牌。“虾康”年糕作为宁波市唯一水稻产业链单位参加 2017 年浙江省农博会获得省长袁家军点赞。2013 年传甬茶业获“浙茶杯”红茶评比优质奖，太禾规模家禽养殖场和日华特色菜牛养殖产业通过市级验收。农业企业以鱼类深加工为主业的峰城水产冷冻公司 2012 年获评市级农业龙头企业。成立白峰“虾康”年糕协会，至 2018 年末成功举办首届白峰“虾康”年糕互联网文化节和五届年糕文化节。成立白峰镇果木和花木协会，帮助经营户设立销售窗口，增强经营效益。在组织科技知识培训，品种优化、良种供应、种养管理、产后销售、信息传递等方面，提高为农服务质量。

提质城镇建设　一、抓规划：2003 年 8 月，完成白峰镇行政区划调整，成立新的白峰镇。2005 年，完成白峰城镇建设（2003—2020 年）总体规划。围绕城镇建设总体规划，大力推进城区功能建设、交通道路、安居小区基础配套设施建设，加强城镇建设规范化和人性化管理，不断提高居民生活质量。

二、抓建设：至 2006 年，白峰镇政府新的行政中心、综合市场、学校教学楼、新的幼儿园、卫生院（卫生服务中心大楼）、青少年活动中心、凤凰山公园、清泰路、强峰路、安泰路、枫江路、怡峰路、官前路、龙口路、怡峰家园、东香茗园、门浦安置房、司前安置房、福民安置房、公交车站、污水处理厂等大的建设项目相继竣工投入使用。

三、抓维护：实施城区绿化、亮化、美化工程，对城区的道路及配套设施进行改造，疏通下水道，增补窨井盖，修补破损路面，安装维修路灯，改造地下排水管道，铺设污水管道雨水管道，城区道路拓宽延伸，景观改造，更换白峰城区主干道垃圾箱，改造公共厕所等，有效地改变城镇面貌。自 2011 年至 2018 年，新增绿化面积 30 多万平方米，完成牛头山路、清泰路、安泰路沿河景观绿化建设。2014 年至 2015 年峰城社区实施老小区改造项目，收到较好效果。

四、抓管理：成立白峰镇城区管理行政执法中队，加大对城区的管理和执法力度，以日常管理和集中专项整治为抓手，加大对环境卫生、交通秩序、占道经营、乱搭乱建、乱贴乱挂广告、条幅等方面执法力度。2004 年至 2007 年共查处违法建筑 77 起，拆除违法建筑面积 22337 平方米。出台农村环境卫生考核办法，实行主干道 12 小时动态保洁机制，开展对“破烂王”、乱停车、乱占道、乱拉线等专项整治行动，发动“红枫”“河小二”等各类社会组织团队参与城镇服务管理。

五、推进“五水共治”：2014 年根据区政府工作部署，境内全力推进“五水共治”（治污水、防洪水、排涝水、保供水、抓节水）。至 2018 年，完成 14 个自然村的生活污水治理工程和老小区、工业园区截污纳管改造。在水质提升方面，高质量通过省、市、区“劣 V 类水”剿灭考核验收。完善河长制及河道保洁等长效机制，推进提标改造工作。成立河长制办公室，落实河长“管、治、保”职责，及时清理河道垃圾、杂物等，确保河道清洁。完成农村二次水改，做好重点用水的节水工作，推广节水型器具和创建节水型单位（小区），在各村、社区、学校和幼儿园等发放节约用水倡议书。

六、力抓“三改一拆”：全面贯彻省委、省政府的重大战略部署，落实《北仑区开展“三改一拆”三年专项行动方案》的总体安排（指对城市规划区内旧住宅区、旧厂房和城中村的改造，拆除违法建筑），遏制各类违法建筑蔓延势头，优化人居环境，根据省、市、区相关法律法规和工作政策，2013 年起开展拆违专项整治工作。白峰镇成立“三改一拆”专项行动领导小组，全面负责落实拆违专项整治工作，方法上采用镇政府统筹，各部门联动形成合力，分层分类，坚持有序推进与重点突破相结合；广泛宣传，引导社会参与整治工作；整改结合，增强整治的社会效果。明确整治范围和违法建筑界定，明确时间节点的界定。确定八类违法建筑为重点对象：一是占有耕地的违法建筑；二是严重影响公共安全和重大建设的违法建筑；三是严重违反城乡规划的违法建筑；四是主要道路两侧严重影响市容市貌的建筑物；五是在建、新建的违法建筑；六是镇（街道）内落后产能集中建筑；七是严重影响美好家园建设，对人民群众居住环境产生影响的违法建筑；八是省、市、区明令要求拆除的其他情况。镇“三改一拆”领导小组下设办公室，办公室内设调查取证组、宣传报道组、资料整理组、信访调查组、综合工作组。自2013年至2018年6年间，共拆违635处，面积710796平方米，其中2015年131处、115623平方米，2016年54处、134613平方米，2017年60处、149285平方米。并做好拆违后的农田恢复和建设工作，依据功能区块、产业布局和新农村建设的总体规划实施。土地利用率达92%以上。

白峰街道建立后施政情况

根据2016年7月18日仑政〔2016〕46号《关于白峰镇行政区划调整的通知》，撤销白峰镇建制，设立白峰街道和郭巨街道。白峰街道下辖2个社区（峰城、怡峰），12个村（白峰、新峰、司沿、港口、小门、门浦、官庄、上阳、下阳、太平、阳东、勤山），原撤销合并的村均保留经济合作社。

街道成立后，为适应新时代要求，结合“两学一做”（学党章、党规，学系列讲话，做合格党员），学习教育常态化、制度化，拉高干事创业标杆，着力“经济实力、城乡品质、民生福祉、社会治理、组织保障”五大提升，全面打响“招商引资、小城镇环境综合整治、征地拆迁、新农村建设”四大攻坚战，推进经济社会各项事业持续、平稳、健康发展，完成各项目标任务。先后通过省市剿灭“劣V类水”、污水零直排验收，完成全省首批小城镇环境综合整治达标创建单位的考核验收，获“浙江省卫生街道”“浙江省美丽乡村示范乡镇”“宁波市无违建街道”等称号。

2017年以“招商引资年”为抓手，开展“招商引资”攻坚战，组建招商中心，出台《白峰街道招商引资考核办法》，全面梳理辖区可用土地和岸线码头资源，实施“精准招商”，是年引进企业39家，其中注册资金超亿元企业2家。以“企业服务年”为抓手，出台《联村联企工作量化考核实施细则》，走访企业，帮助解决问题。依托“三位一体”（区域化党建工作、公共服务中心、和谐共建理事会）农合联协会，进一步发展花卉苗木、蔬菜、瓜果、特色养殖等主导农业特色产业。2017年花卉苗木销售总额突破1.5亿元。街道以宁波市首批小城镇环境综合整治达标创建为目标、主动作为，攻坚克难，打造“山、水、林、田相应，港、产、渔、游相宜”的滨海宜居生态小镇。将小城镇环境综合整治作为年度工作的“头号工程”。在道路设施提升方面，完成清泰路一期工程、安泰路、枫江路沿街改造工程，峰城路东段工程，打通断头路2条，新增城区停车场7个，解决300余辆机动车停放问题。在环卫设施提升方面，取消坑位中转和拉臂车装运环节，实现垃圾收集一体化操作。“厕所革命”完成城区5座公厕提升改造。完成白峰村、新峰村、司沿村背街小巷环境整治，峰城社区东西老小区改造。教育事业不断发展，累计投入近500万元完成白峰中学食堂改造和白峰小学、中心幼儿园、官庄幼儿园环境提升。白峰中心幼儿园顺利通过省五星幼儿园验收。文体工作成效明显，白峰文化站被评为浙江省特级文化站。加强创业就业培训力度，组织各类培训12场，累计培训达1000人次。推进“最多跑一次”改革，整合便民服务中心资源，梳理事项80件，通过浙江政务服务网统一受理，一次性办结率达到95%。

2018年，开展“两整两提”（即市场综合整治、小微企业整合、河道水质提标、居住环境提升）攻坚行动。市场综合整治有序推进，白峰综合市场成功创建省二星级市场和省放心市场。小微企业整合进展顺利，全面开展小门工业园区环境提升行动。推进新工业园区建设和老工业园区提升。河道水质提标成效显著，制定“一河一策”，统筹开展工程性治水和常态化管养。

2018年实现综合税收1.15亿元，引进第三产业企业税收428.69万元，新增第三产业税收2123.03万元。开展招商引资，全年引进企业299家，新增第三产业企业68家，其中引进亿元企业1家。开展“三服务”（服务群众、服务基层、服务企业）专项行动，帮助企业解决各类问题100余个。扎实做好引才育才，出台《2018年白峰街道人才工作实施方案》，充实“人才智库”。是年，推行城乡提速发展，完成征迁任务和穿山港铁路支线等11个项目征迁任务，累计拆迁65户、征地4.11公顷、代征地16.57公顷。推进项目建设，实施区政府投资项目、小城镇项目、新农村项目、民生实事票决项目等72个，总投资近1.8亿元。推进“治危拆违”“三改一拆”，累计拆违9.13万平方米，拆后综合利用7.82万平方米，完成农村危房改造42幢。

社会保障全面推进，扎实做好社保扩面工作，大力推进养老事业发展，累计发放各类困难补助金300万元。社会大局和谐稳定，受理矛盾纠纷案件236件，各类信访230余起。建立巡查机制，扎实抓好安全生产，共检查企业78家次，整改隐患197条。持续加大“雪亮工程”建设力度，安装一批高清视频监控。开展“村民说事”工作，紧扣说、议、办、评4个环节，形成有特色见实效的说事品牌。

第四章　政协联络组

白峰街道政协委员由党组织推荐，经北仑区政协同意，并发给聘书。政协委员履行政治协商、民主监督的职能，向党政机关提出合理化建议，视察农村、工厂，为社会发展献计献策，搞好精神文明建设。1998年，北仑区政协白峰联络组成立，旨在协助境内政协委员开展活动。

第一节　主要职责

白峰街道政协联络组主要职责：

一、凝聚辖区政协委员的集体智慧，形成群体合力，做好对委员的服务和管理，调动委员履行政协职能的主动性、积极性和能动性，有组织、有计划、有成效地发挥每个委员的作用。

二、组织和推动委员加强学习，熟悉政协业务，掌握方针政策和法律法规，提高每个委员的政治和业务素质，不断提高委员的参政议政能力。

三、通过调查研究，了解实情，有针对性地开展内容丰富、形式多样的活动。贯彻落实街道政协每年提出的工作任务，就推进白峰经济社会发展和民主法治建设，开展“提交一件提案、反映一条社情民意信息、参加一次调研活动、参与一项社会公益事业、为群众办一件实事好事”“五个一”活动，积极履行委员职责。

四、委员之家积极组织委员列席街道党代会、人代会，参与所在街道和村（社）政治、经济、文化、社会及生态文明建设发展重要问题的协商讨论，积极建言献策。

第二节　主要活动

至2018年，白峰街道政协联络组主要活动：积极协助境内政协委员提交议案，并与承办单位会面；组织委员到区内外考察，拓宽视野，增进友谊；关注公益事业，如开展关爱外来民工活动，向学校、灾区捐款等；设立社情民意联络点，负责社情民意的直报工作；落实涉及政治、经济、社会、文化等各方面的调研课题，为政府建言献策。

第五章 社会团体

境内现有工会、共青团、妇女联合会等人民团体和工商业联合会、计划生育协会、红十字会、残疾人联合会等社会团体。各类社会团体在中国共产党和政府的领导下，围绕党在各个时期的中心任务和各自的章程、工作职能开展活动。他们通过积极参与社会管理和公共服务，引导群众，带动群众，启发群众，发挥着党联系群众的桥梁纽带作用，推动白峰境域经济社会全面发展。

第一节 人民团体

工会

行业工会 1927年2月下旬，在中共镇海县独立支部领导下成立总工会，中共党员谢震、乐克明任负责人。继之境内手工业者参加县总工会所属的手工业工会。3月，成立八行作业工会，境内木、泥、石、船、锯、篾、漆、桶匠均参加之。中共镇海独立支部领导工人为要求提高工资、福利待遇，维护工人利益进行合法斗争。1944年前后在江南由县政府控制地区（含白峰境域）曾成立百作、砖瓦业工会。1947年末，大部分手工业者参加县总工会所属的职业工会有砖瓦、篾竹、泥水、石作、盐业、脚夫、船员、榨油、理发、木匠、搬运装卸等12个，各业工会负责人大多是封建霸头或作场业主，实为工会和公会混合体，无“工运”可言。1949年5月白峰境域解放后，上述工会自行解体。

总工会 中华人民共和国成立后，开始筹建县总工会。1952年9月14日，召开镇海县首届工会会员代表大会，正式成立县总工会。1956年白峰小学、上阳小学部分教师加入教育工会。1985年10月，滨海区总工会成立，原所建基层工会均隶属滨海区总工会。1987年7月，滨海区总工会更名为北仑区总工会，境内基层工会隶属之。1994年4月，白峰镇建立工会工作委员会，隶属北仑区总工会。7月2日，召开白峰镇第一届工会会员代表大会，选举工会工作委员会委员5名，郑优芬为工会主席，李信态为经费审查委员会主任。同时，在镇直属事业单位和重点骨干企业组建工会。在此基础上又组建私营企业工会。至2013年3月，白峰镇工会共历5届会员代表大会。2017年2月24日，白峰街道总工会成立暨第一次代表大会召开，参加大会的正式代表54名，邀请代表37名，大会选举产生白峰街道第一届工会委员9名，贺红燕为工会主席，王永久、孙海亚（兼职）为副主席，选举产生白峰街道第一届工会经济审查委员会委员3名，胡定祥为主任。女职工委员会委员3名，官荷芬为主任。2018年末，全街道共有基层工会29家，会员1748人。6家工会组织建立“职工之家”。工会围绕党在各个时期的中心任务开展活动，对职工进行思想教育，关心职工生活福利，组织职工学习文化等。中共十一届三中全会后，组织职工开展争当先进生产者和创建文明班、组竞赛，开展“三爱”（爱祖国、爱集体、爱单位）、“五创”（创优、创新、创先进、创汇、创佳绩）劳动竞赛。同时，组织职工参与企事业改革，提合理化建议。建立职工俱乐部、职工之家，开展职工业余文体活动。参与劳动争议调处，运用法律手段帮助、维护职工合法权益。

中国共产主义青年团（简称“共青团”）

1951年6月，白峰乡、山江乡、上阳乡、下阳乡分别建立新民主主义青年团乡支部。1956年3月后，因撤区并乡，行政区划调整，境内白峰乡、上阳乡各设新民主主义青年团支部。1958年10月，新民主主义青年团改称为共产主义青年团（简称“共青团”），公社设共青团公社委员会（简称“公社团委”），下辖团支部，时白峰境内有团支部4个（分别为白峰大队团支部、小门大队团支部、上阳大队团支部、下阳大队团支部）。1961年11月，白峰公社召开第一次团员代表大会，选举产生共青团白峰公社第一届委员会。1961年12月，上阳公社召开第一次团员代表大会，选举产生共青团上阳公社第一届委员会。“文化大革命”期间，团组织被“红代会”取代。1972年恢复团组织活动。1983年10月，改共青团公社委员会为共青团乡委员会。1992年5月，白峰、上阳两乡合并，新建白峰镇，共青团改为白峰镇委员会（镇团委）。至2011年1月，共青团白峰镇委员会共召开十八次团员代表大会。自1992年至2016年沈立明、王红辉（女）、袁坤、王雷、贺瑛（女）、周俊、张勇（女）、董娟（女）、赵晓雷、黄铭月（女）先后担任镇团委书记。2016年7月撤销白峰镇设立白峰街道，先后由沃超宇、张哲鹏担任街道团工委书记。2018年末，共青团北仑区委员会白峰街道工作委员会下辖团支部22个、团总支1个，共有团员356人。

主要工作：共青团组织在20世纪50年代，主要是带领团员、青年参加生产建设和农村互助合作化运动。1958年后，团员、青年纷纷组织突击队参加水利建设。1962—1965年，组织团员、青年开展学习毛主席著作、学习雷锋、王杰等英雄模范人物、创建“五好公社团委”“五好团支部”（五好即学习好、工作好、身体好、道德品质好、遵守纪律好）等活动。1978年起，组织团员青年开展“五讲四美三热爱”（讲文明、讲礼貌、讲卫生、讲秩序、讲道德；心灵美、语言美、行为美、环境美；热爱祖国、热爱社会主义、热爱中国共产党）活动；建立学习雷锋小组，开展为人民服务活动。其间，公社团委发动团员、青年，为建立浙江省革命烈士纪念馆开展捐资活动。1986年，组织发动团员、青年“学法、知法、守法、用法”，并举行法律知识竞赛和“我爱滨海　滨海在我心中”征文系列活动。1988—1989年，组织发动团员、青年参加“爱国、团结、奋进”和“知北仑、爱北仑、兴北仑”为主题的知识竞赛、报告会；多次组织团员、青年开展义务植树、建海塘防护林、保护母亲河等大型活动。1997年，开展“党团共建月”活动。1999年，发动非公有制企业建立团总支或团支部。是年，白峰镇团委在参加区团委“庆祝建团80周年”征文比赛中，取得较好的成绩。2003年10月，镇团委组织团员、青年学习贯彻“中国共产主义青年团第十五次全国代表大会”精神。2005年，开展“纪念中国抗日胜利暨反法西斯战争胜利60周年和北仑建区20周年”系列活动，举行抗日战争故事演讲比赛、万人横幅签名、“走红途之旅，寻革命足迹”等内容的爱国主义教育系列活动。2006年，组织团员、青年开展“永恒的长征—纪念红军长征胜利70周年”系列活动，开展寻访“最值得提倡的新风”、社会主义荣辱观思想教育活动。2008—2018年期间，组织团员、青年加强思想引导，学习党的先进思想，围绕中共十八大、十九大精神，积极开展一系列学习活动；汇集优秀青年成立“领峰宣讲团”，深入基层开展中共十九大精神的宣讲，举办“爱心北仑、尚德港城”风尚故事会，弘扬社会正能量；开展“青春践行十九大，不忘初心听党话”主题团日活动，组织青年登山观港，听党课学党章，为白峰的新农村建设添砖加瓦，充分利用党建品牌，主动融入党建工作，借力党建品牌的优势，实现资源共享、优势互补，组织共建；创新工作机制，全面服务青年，借力“青年之声”平台走进青年，关注青年诉求，了解青年心声，打造“青年驿站”团建品牌，建立青年驿站微信群，及时发布团委（团工委）的工作资讯和活动通知，方便团员青年了解团组织工作动向，积极响应；通过创新工作机制，举办形式多样广受青年人喜爱的文娱活动，建立与团员青年的沟通桥梁，增进青年之间的互动交流，满足团员青年的多种精神需求；发扬“党有号召，团有行动”的优良传统，以“围绕中心，服务大局”为宗旨，发挥团员青年在“三改一拆”“五水共治”、关爱活动、小城镇环境综合整治等工作中的青年突击队作用。

中国少年先锋队（简称“少先队”） 1951年末，在土地改革基础上，各村始建儿童团。儿童团由各村农民协会统一组织，围绕农村中心工作，开展宣传活动，配合民兵站岗放哨。后由少先队所替代，儿童团自行消失。1954年，境内各学校分别建立少先队组织，开展“五爱”（爱祖国、爱人民、爱劳动、爱科学、爱护公共财物）活动。“文化大革命”时期，“红小兵”取代少先队。1978年，恢复少先队组织。校设少先队大队部，每个班级设中队部，中队部下辖若干小队，有队员若干人。大队部和中队部各设辅导员1人，分别由老师兼任。每年10月13日为建队日。20世纪80年代对少先队员的教育，主要以思想教育为中心，开展“五讲四美三热爱”“学雷锋、学赖宁”“人人争戴小红花”教育活动和“三小”（小发明、小创作、小论文）竞赛活动。20世纪90年代贯彻落实《中小学生行为规范》和《学生守则》，开展传承先烈遗志、祭扫革命烈士陵墓等活动。21世纪初，围绕“八荣八耻”（以热爱祖国为荣，以危害祖国为耻；以服务人民为荣，以背离人民为耻；以崇尚科学为荣，以愚昧无知为耻；以辛勤劳动为荣，以好逸恶劳为耻；以团结互助为荣，以损人利己为耻；以诚实守信为荣，以见利忘义为耻；以遵纪守法为荣，以违法乱纪为耻；以艰苦奋斗为荣，以骄奢淫逸为耻），开展“共产主义荣辱观”“人生观”“世界观”“价值观”等学习讨论，开展争创“红领巾示范学校”“红旗中队”等活动。在开展一系列活动过程中，自2010年至2017年，白峰小学教师、学生收获累累，有1名教师获市一等奖，4名教师获区一等奖，3名教师获区二等奖，3名教师获区三等奖；有2名学生获省三等奖，1名学生获市三等奖，6名学生获区一等奖，5名学生获区二等奖，11名学生获区三等奖；1名学生获市优秀奖，3名学生获区优秀奖，3名学生获区先进荣誉；2名教师获市优秀调研报告。2018年末，白峰小学设少先队大队部1个、中队24个，有少先队员814名、少先队辅导员（教师兼职）25名。

妇女团体

中华人民共和国成立后，1951年境内各乡建立民主妇女联合会，1957年12月，改称乡妇女联合会（简称“乡妇联”），设妇女主任1名。1961年，白峰、上阳建立人民公社，称公社妇女联合会（简称“公社妇联”），1992年扩镇并乡，建立白峰镇，称白峰镇妇女联合会（简称“镇妇联”），2016年7月建立白峰街道，称白峰街道妇女联合会（简称“街道妇联”）。白峰镇（乡、公社）自1956—2008年共召开十五次妇女代表大会。自1951年土地改革时，境内各村均建立妇女代表大会（简称“妇代会”），其间建置名称历经由村到大队到村的变化，但一直沿用妇代会名称，至2017年村妇代会改建为村妇联。20世纪80年代中期后，乡镇企业有了较快发展，生产规模、从业人员等有了明显增加，为此在符合条件的乡镇企业中也建立妇女组织。

主要活动：中华人民共和国成立初期，妇女联合会开展《中华人民共和国婚姻法》宣传，揭露批判封建婚姻罪恶，反对包办婚姻，倡导婚姻自主，简化婚礼。合作化后，组织妇女学习生产技术，参加集体生产劳动，开展增产节约，勤俭持家活动。20世纪60年代，各生产大队普建“三八丰产畈（田）”，种“三八试验田”。20世纪70年代，组织妇女突击队，组织妇女投入“农业学大寨”运动，参加兴修水利等农田基本建设。中共十一届三中全会后，妇联着重组织妇女参加经济建设，开展农工商多种经营，开展计划生育。1989年，组织妇女开展“学文化、学技术、比成绩、比贡献”（简称“双学双比”）活动。1992年7月开始，在镇政府所在地（白峰）窗口行业中开展“学政治、学文化、学科学、学技术、学管理，比思想、比质量、比服务、比成绩、比贡献”（简称“巾帼建功”）竞赛活动。1996—2003年全镇开展“巾帼创业”“巾帼助困”“巾帼文明示范窗”“巾帼建功”等活动。1992年10月，《中华人民共和国妇女权益保障法》颁布后，举办骨干培训班多期，受训妇女几千人次。进入21世纪，在白峰境内开发建设过程中，动员土地被征用后的妇女，参加镇妇联和成人学校联合举办的各种技能培训班，使培训后的妇女掌握一技之长，能立足于现代化建设中。2012—2013年，举办97期“母亲素养工程”培训，受训妇女达1.9万人次。以平安家庭、学习型家庭、绿色家庭创建活动为载体，开展“美丽家庭、美丽白峰”为主题的“家庭文化月”活动。建立单亲妈妈联盟，搭建互帮互助平台，帮助单亲妈妈重新建立自信，拓展生活圈子。成立“守护星”志愿服务队，首批70名志愿者通过“校外班主任”“假日学校”等形式，为留守儿童提供学习和生活上的帮助。

2010—2016 年，开展“妇女素质提升”行动，提高妇女创业创新能力。结合本地实际，开展转岗就业培训，引导失土妇女参加工业、服务业等领域的二次创业。推进“母亲素养工程”。在庆祝中国共产党成立 90 周年之际，举行“党在我心中，我为党争光”征文、演讲比赛，收到征文 48 篇，有 18 名妇女参加演讲。2017 年，召开“妇代会改建”工作培训部署会，完成村妇代会改建妇联工作。

1956 年 1 月至 1992 年 4 月上阳乡（公社）历任妇联主任一览表

表 7-5-1

原乡（公社）名称	妇联主任姓名	任 期
上阳乡	贺玲娣	1956.1—1956.8
	王文娥	1956.9—1958.9
上阳管理区	王文娥	1958.10—1960.3
	张云仙	1960.4—1961.12
下阳管理区	林美玉	1958.10—1959.12
上阳公社	张云仙	1962.1—1977.11
	裘定香	1977.12—1978.11
	胡姣娣	1978.12—1983.9
上阳乡	胡姣娣	1983.10—1989.3
	张亚元	1989.4—1989.12
	郑优芬（兼）	1990.1—1990.8
	柯鸿飞	1990.9—1992.4

1956 年 2 月至 2018 年 12 月白峰乡（公社、镇、街道）历任妇联主任一览表

表 7-5-2

原乡（公社）名称	妇联主任姓名	任 期
白峰乡	姚安娣	1956.2—1958.9
小门管理区	郑美玉	1958.10—1959.4
白峰管理区	张信娥	1958.10—1961.10
白峰公社	王文娥	1961.11—1972.3
	于复礼	1972.4—1979.10
	黎剑萍	1979.11—1983.10
白峰乡	黎剑萍	1983.11—1984.8
	张素君	1984.9—1986.6
	金 珠	1986.7—1990.9
	俞美玉（兼）	1990.10—1992.6
白峰镇	郑优芬	1992.7—1996.10
	石素贞	1996.10—2000.12
	林 军	2000.12—2003.8
	林 军	2003.12—2008.3
	林优晨	2008.3—2014.6
	官荷芬	2014.6.27—2016.7.26
白峰街道	官荷芬	2016.7.26—

第二节 群众团体

农民团体

农会 海晏乡（含白峰境域）农会创建于1927年3月，时小亹（门）村亦成立村农会组织。乡、村农会在大革命形势推动下，接收乡自治会，打击土豪劣绅和反动同善社，破除神权和封建迷信；开办民校、夜校，宣传“二五减租”，维护农民利益。海晏乡有地主不服农会规定，告官反对“农会秤”，耙掉农民播种作物，海晏区农会组织21个乡农协一千余名会员示威游行，地主劣绅吓得不敢露面。民国30年（1941）夏，在李长来（中共党员）支持下，成立县农会江南办事处，顾荆庸任主任，建立以共产党员为主体的江南农会辅导站，向境内农民宣传农运知识、“二五减租”政策，传播革命思想，组织农民青年会发展生产、支援抗日；组织农业信用生产合作联社，免受奸商和高利剥削；发动农民生产自救，缓解度荒口粮；并发动农民向地主进行说理斗争，继续实行减租。抗日战争胜利后，县农会江南办事处回迁县城。民国35年（1946）5月，上阳乡农会成立，600余农会会员参加成立大会，公推王联芳为干事长，镇海县农会理事张顺利（中共党员）和吴家安到会指导。1949年5月，境域解放，各乡农会解体。

农民协会委员会 1950年6月，境内各乡（白峰乡、山江乡、上阳乡）均建立农民协会委员会（简称“农民协会”），设主任1人。农民协会初建时，参加的会员以贫雇农和下中农为主，嗣后逐渐发展。1951年土地改革时，村级农民协会领导所在村的民兵、治保、生产组织等，担负组织生产，维护社会秩序，开展对敌斗争和进行土地改革等任务。1956年3月调整区划时，各乡农民协会被撤销。

贫下中农协会（筹） 1965年2月，贯彻中共中央《农村社会主义教育运动中目前提出的一些问题》（即“二十三条”）精神，境内各公社（白峰公社、上阳公社）成立贫下中农协会（简称“贫协”）筹备委员会。1968年9月，县革命委员会成立后由贫下中农代表大会（简称“贫代会”）取代贫协筹委会。“文化大革命”结束，贫代会活动停止。

红十字会

白峰镇红十字会于2011年11月22日成立，会议选举产生第一届理事会，郑其平任名誉会长，副镇长郑玮任会长，乐秀珍任秘书长。白峰镇红十字会遵照人道、博爱、奉献精神，以保护人的生命和健康，促进人类和平进步事业为宗旨。遵循红十字运动人道、公正、中立、独立、志愿服务、统一、普遍的七项基本原则，开展一系列抗灾、救灾、应急救护、防病知识为内容的宣传、普及、培训。通过无偿献血的宣传，推动无偿献血工作。开展社会救助及相关服务工作，为困难群众提供人道主义服务。2017年8月2日，召开白峰街道红十字会成立暨第一次代表大会，参加会议代表58名。选举产生街道红十字会第一届理事会理事，其中会长傅雷飞，副会长陈磊、周宁、高瑞强、韩磊，秘书长李汉勇，聘请陈冠俊、汪越海为名誉会长。

残疾人联合会

1992年8月，成立白峰镇残疾人联合会（简称“残联”）。镇残联以适应社会主义现代化建设的需要，发展残疾人事业。动员社会发扬社会主义人道主义精神，理解、尊重、关心、帮助残疾人，促进残疾人平等参与社会生活；鼓励残疾人坚持爱国主义和乐观主义，以“自尊、自信、自强、自立，为社会贡献力量”为宗旨。开展一系列关心残疾人的康复、教育、就业、文化、体育、科研、社会服务及福利事业；推动残疾的预防工作；团结残疾人遵守国家法律，履行社会义务，做有理想、有道德、有文化、有纪律的公民。

2016年7月，撤销白峰镇设立白峰街道。2017年12月5日，召开白峰街道残疾人联合会第一次代表大会（总第六次），出席会议代表45名，会议听取大会筹备情况报告；听取和审议残联工作报告；选举新一届残联理事长、理事。大会选举蒋欢国为理事长，乐建明、孙银军、李淦淦、俞秀祥、胡佳宁、傅满琴为理事。至2018年末，全街道共有残疾人1142人，共举行6届代表大会，组织过4届残疾人运动会，并组织团队多次参加上级残联举办的残疾人运动会。镇（街道）残联逢年过节对困难残疾人进行慰问，送上党和政府的关怀。对不同情况的残疾人落实有关补贴政策共1161人次，按残疾等级定期发放补贴费。其中重度护理补贴365人，每月135～810元；生活补贴176人，每月260～885元；生活补助金620人，每月70～100元。

工商业者组织

北仑区个体劳动者协会白峰分会　白峰分会成立于1986年3月26日，隶属于区个体劳动者协会，办公地点位于白峰市场监督管理所内。其主要工作职责：对个体劳动者进行思想教育、法治教育、职业道德教育，开展文明经营、优质服务活动；维护个体劳动者的合法权益和利益，反映个体劳动者的合理意见和要求；帮助个体劳动者解决生产经营中的问题，交流经验，开展技术业务培训，提供法律咨询和信息服务；向有关部门提供发展个体经济的建议；协助政府有关部门做好对个体工商户的管理工作；举办个体劳动者的福利事业，开展文化体育活动。2018年末共有会员近千名。

北仑区民营（私营）企业协会白峰分会　白峰分会成立于1994年5月26日，隶属于区民营企业协会，办公地点位于白峰市场监督管理所内。其主要职责：团结、教育、引导会员学习党和国家的有关方针、政策和法规，开展思想教育、法治教育、职业道德教育；为会员提供服务；向政府和有关方面反映会员的合理意见；协助政府做好对民营企业的监督管理；组织横向交流与合作；为会员生活、文化等方面提供服务。2015年分会停止活动。

工商业联合会（简称“商会”）　成立于2006年1月，胡小良任会长。时有会员企业62家，企业结构主要有工业、商业、餐饮服务业、交通运输业等；企业类型有私营企业、股份制企业和个体工商户等。至2018年末，有会员企业52家。商会自成立以来，定期组织会员学习、组织法律知识培训、外出商务考察；为企业做好环保审批、办理营业执照等服务工作；不断加强商会自身建设，严格执行“商会会议制度”“商会会员管理制度”“商会经费筹集及使用制度”“商会职责与任务”四项制度；深入开展“五有五好”（五有：有专职工作人员、有资料档案台账、有经费收支保障、有会刊信息简报、有社团登记；五好：领导班子好、办公条件好、制度落实好、活动开展好、作用发挥好）创建活动。商会每年召开2次会员大会，总结交流。会员企业经常参加各种慈善和抗灾募捐活动，参加为困难学生助学行动，不但参加慈善冠名基金，还向希望工程、灾区和本地老年事业等进行多次捐赠。

其他群众团体

北仑区消费者权益保护委员会白峰分会　1990年7月3日，成立北仑区消费者协会白峰分会。2007年7月24日，更名为区消费者权益保护委员会白峰分会。其主要职能：向消费者提供消费信息和咨询服务；参与对商品和服务的监督、检查；就有关消费者合法权益问题，向有关行政部门反映、查询、提出建议；受理消费者投诉，并对投诉事项进行调查、调解；投诉事项涉及商品和服务质量问题的提请鉴定部门鉴定；就损害消费者合法权益的行为支持受损害的消费者提起诉讼；对于损害消费者合法权益的行为，通过大众传播媒介予以曝光、批评。

计划生育协会　镇（乡）计划生育协会（简称“计生协会”）是依据国家有关法律、法规成立的群众组织，在镇（乡）党委领导下，协助政府动员广大群众自愿实行计划生育。协会接受区（县）计生协会的指导，发动会员在实行计划生育中起带头、宣传、服务、监督和交流作用；宣传人口与计划生育的法律法规、政策、人口科学理论等，普及计划生育、性与生殖健康等科学知识；协调社会力量开展计划生育优质服务，帮助、解决育龄群众在计划生育方面碰到的实际困难和后顾之忧；指导各村计生协会开展工作等。1989年，白峰乡、上阳乡分别成立乡计生协会，1992年5月改称白峰镇计生协会。1996年前，协会负责人由公社、乡（镇）政府任命，后改为会员代表大会选举产生，名为计生协会理事会，设会长、副会长、秘书长、常务理事、理事等。自1996年起镇计生协会由镇文卫办主管，文卫副镇长兼任会长。至2018年末，全街道有12个村25个经济合作社、2个社区都成立计划生育协会和分会。

老龄工作委员会 1992年5月，成立白峰镇老龄工作委员会，由镇党委主管。2016年7月，改称为白峰街道老龄工作委员会，由街道党工委主管。主要任务：落实老龄政策法规，落实基本养老保险、基本医疗保险和最低生活保障制度各项政策；完善为老服务设施，健全为老服务设施网络，改善为老服务环境；强化为老服务功能，整合社会服务资源，建立为老服务体系，不同内容的服务；维护老年人合法权益，广泛开展宣传教育活动，强化全社会敬老爱老尊老助老的道德意识，完善和落实老年人优待政策；组织开展老年文化、教育、体育活动，积极引导老年人选择科学、文明、健康的生活方式；加强基层（村、社区）老龄工作组织建设，充分发挥村、居老年人协会、老年人体育协会等组织的作用。

老年人协会 1992年5月，成立白峰镇老年人协会，由镇党委和镇老龄工作委员会主管。老年人协会在上级和镇老龄工作委员会指导下，组织老年人开展自我服务、自我教育、自我管理；依据《中华人民共和国老年人权益保障法》《浙江省实施中华人民共和国老年人权益保障法办法》和《浙江省基层老年人协会组织通则》，维护老年人的合法权益。主要任务：宣传党的方针、政策，维护老年人合法权益，对歧视、虐待老年人的行为给予批评教育；发挥老年人的一技之长；动员组织志愿者帮助老年人排忧解难，开展居家养老服务工作，组织老年人开展一些适合老年人的活动。乡镇级老年人协会于2005年撤销不再设置，镇老年人协会终止，村、居老年人协会仍继续运作。

老年人体育协会 1995年5月，成立白峰镇老年人体育协会，由镇党委宣传部门主管。一度由镇老龄工作委员会主管。协会成立以来，宣传、发动老年人参加全民健身活动，举办老年体育比赛、交流和展示活动，开展老年体育健身骨干培训，推广适合老年人科学健身的体育项目，组织参加区或区域性的老年体育比赛、交流和展示活动，开展境内外老年体育活动交往，推进老年体育场地设施建设，多次组织老年人开展旅游、登山、舞龙、大巡游、广场舞、球类、棋类、太极拳、钓鱼、“六项趣味”等项目活动。2008年11月，通过省体育局验收，白峰镇被命名为“浙江省小康型老年体育乡（镇）”。各村、社区亦先后建立老年体育协会，组织老年人开展体育活动。

科普协会 1986年4月，白峰乡、上阳乡分别成立科学技术普及协会（简称“科普协会”），由各乡党委副书记兼任协会主席，工办、农办主任兼任副主席，农技人员任秘书长。1992年5月扩镇并乡后，成立白峰镇科学技术普及协会，各村分别建立科普协会分会。乡镇科普协会是把居住、生活在本辖区的科技工作者组织起来，在乡镇建设和管理中贯彻“科学技术是第一生产力”的思想，促进科学技术的繁荣、发展、普及、推广，促进乡镇科学技术人员的成长和提高，促进科学技术与乡镇管理及建设的结合，促进科学技术与乡镇群众日常生活的结合，促进乡镇的文明建设，不断提高居民的生活质量，利用乡镇资源，构建网络健全、机制完善的乡镇科普协会组织。凡居住、工作、生活在本乡镇的居民、单位职工，具有中、高职称，热心于社会公益事业者，均可申请加入协会。

关心下一代工作委员会 关心下一代工作委员会（简称“关工委”）是以离退休老同志为主体、党政有关部门和群众团体负责人参与的以关心、教育、培养青少年为目标的群众性工作组织，是党和政府教育青少年的参谋和助手、联系青少年的桥梁和纽带。关工委的任务是对青少年开展思想道德建设、科学文化教育、心理健康教育，教育基地和活动场地建设，建立健全“三结合”（社会、学校、家庭）教育网络，开展丰富多彩的常规活动，为青少年办实事、做好事，参与文化市场监督，加强“五老”（老干部、老战士、老专家、老教师、老模范）队伍建设，开展调查研究，及时向党政组织提出加强青少年工作建议等。

白峰街道（原白峰镇）关工委成立于2003年，至2018年全街道有社区、农村、学校、企业等基层关工委共20个。街道关工委设主任1名，副主任2名，办公室主任1名，主任由镇（街道）党群副书记兼任，一位常务副主任由镇（街道）在职副级兼任，另一位副主任由原任镇（街道）副级以上的退休老同志担任，办公室主任负责日常工作。其他成员分别由团委、妇联、文化、教育、司法等负责人及社区、村领导代表、老同志代表组成。白峰街道关工委自成立以来，在上级党政领导重视和支持下，在各职能部门和社会热心人士的密切配合下，围绕党的中心任务，根据上级要求，结合当地实际，不断创新，扎实工作，先后多次获市、区先进集体和“五好”关工委等荣誉。至2018年末，有16人次获市、区级关工委个人先进称号。曾担任街道关工委主任有薛琪、胡海达、郑其平、付忠杏、贺红燕。曾担任街道关工委副主任有张敏智、郑其平、张明德、胡茂平、郑玮、章春华、马志君、郑立平。

北仑区新四军历史研究会白峰分会　北仑区新四军历史研究会白峰分会前身为北仑区新四军历史研究会白峰研究小组，成立于2004年10月，由阮世友任组长、金睦富任副组长。2015年更名为北仑区新四军历史研究会白峰分会，由时任镇党委副书记贺红燕担任分会会长，傅雷飞、王祖飞担任副会长。白峰分会（小组）主要职责是创建和管理白峰革命烈士陵园、白峰革命历史纪念馆。主要工作：把所有散葬在全街道各地烈士墓迁入烈士陵园；组织成立“抗日战争调查研究组”，详细了解日本侵略军在白峰地区犯下的滔天罪行；编撰爱国主义读物有《白峰往事》《白峰史话》《上阳村志》，拍摄制作《回眸半岛岁月（白峰往事续编）》大型画册，拍摄反映白峰地区革命斗争电视片；探索新时期新四军历史研究模式，坚持新时代新四军研究会的“三大服务”（服务于红色文化、服务于对广大青少年的爱国主义教育、服务于现实）；白峰革命历史纪念馆于2016年开始建造，2017年3月21日开馆，白峰研究分会为纪念馆提供历史材料，管理和接待来自各地参观群众、学生数千人；对白峰革命烈士陵园改建升级出谋划策，从2017年下半年开始对烈士陵园进行升级改建，2018年清明节建成开放。

第八篇　军　事

白峰街道地处浙东沿海，位于北仑区穿山半岛，南临梅山港，北濒穿山港，海路交通便捷，历来为海防要地。为抵御外敌入侵，宋、明时境内建有城寨；明、清时建有烽火台、关汛、营堡多处。

自宋以后，各朝皆驻军境内。抗日战争和解放战争时期，有中国共产党领导的武装组织在境内开展对敌斗争。1949年5月28日，中国人民解放军第二十二军在中岭与国民党部队发生战斗，国民党部队放弃阵地，逃至郭巨，白峰境域解放。

中华人民共和国成立后，境内有中国人民解放军陆军、海军驻防。全国先后实行志愿兵役制、义务兵役制、义务兵与志愿兵相结合兵役制度。1984年5月，实行义务兵役制为主体的义务兵与志愿兵相结合、民兵与预备役相结合兵役制度。1998年12月，改为义务兵与志愿兵相结合、民兵与预备役相结合兵役制度。白峰每年都为国家输送合格兵源，适龄青年踊跃报名，应征入伍，并在保卫祖国的战斗中英勇作战，甚至不惜献出自己的生命。

1961年4月，白峰公社、上阳公社分别建立人民武装部，负责地方武装工作和民兵工作。驻境内部队和民兵预备役人员发挥突击队作用，为保卫国家和人民生命财产安全、支援地方经济建设，以及在开展双拥共建等活动中立下功勋，多次获评市、区“双拥共建先进（文明）单位”。

第一章　兵役

兵役制度为公民参加武装组织或在武装组织之外承担军事任务、接受军事训练之制度。境内在不同历史时期不同朝代实行相互交替的多种兵役制度，皆依据各个历史时期全国制定之法规。

第一节　唐至清代兵役制度

唐初，实行府兵制。规定在设府的地方人民有充当府兵的义务，服役年龄为20岁至60岁。被应征为府兵者，平时务农，农闲训练，征发时自备兵器、资粮。战时出征，战争结束后，“兵散于府，将归于朝”，这实际是一种兵农合一的兵役制度。武后时（684—713年），掺杂募兵制。天宝年间，完全以募兵制代替府兵制。

宋代沿袭募兵制。明朝前期实行世袭制为主，凡立入军籍的，不受地方行政机构管理，由兵部管理。

军丁世袭，1 人从军，终身为兵，世代相继。明正统二年（1437）起实行募兵制，20 岁至 50 岁民壮均在入选之列。

清初期，实行“族兵制”，以部落为单位，组成旗。凡年龄在 15 岁至 60 岁男子，举旗皆为兵。清末，推行新式募兵制，规定招募条件（新军兵丁年龄限于 20 岁至 25 岁）、招募程序、优抚制度和退伍制度，完善招募制。

第二节　中华民国时期兵役制度

民国初期，国民党政府军沿袭清新军招募制。以驻军长官或政府名义，插旗张榜招募新兵。民国 22—35 年（1933—1946），国民政府为推行征兵制，先后 3 次颁布兵役法。兵役法规定：中华民国男子，凡年满 18 岁至 45 岁，均在服役年龄内，有依法服兵役的义务，其中届满 20 ～ 25 岁，为平时征集现役对象，应进行身家调查、体格检查、抽签、征集等事项，并按规定服各类兵役。当时适龄青年不愿为内战应征，当局采取强制手段，征兵制实为“抓壮丁”，其中官吏受贿营私，买放顶替，劣绅子弟凭借权势免役，兵痞流氓冒名顶替、卖丁应征，弊端百出。时壮丁价格每名 10 ～ 20 石大米不等，贫穷人家如想逃役只能背井离乡或自残其身。

第三节　中华人民共和国成立后兵役制度

志愿兵役制

中华人民共和国成立初期，实行志愿兵制，自愿报名参军，经政治审查、身体检查合格批准入伍。1950 年、1951 年“抗美援朝、保家卫国”运动中，境内广大适龄青年以参军为荣，主动申请参加中国人民志愿军和中国人民解放军。

义务兵役制

1955 年 7 月《中华人民共和国兵役法》颁布，实行义务兵役制。义务兵征集工作一般每年进行一次，少数年份征集两次，在春、冬季或夏、冬季进行。凡年满十八周岁的男性公民都有义务服兵役的权利。

义务兵与志愿兵相结合制

1978 年 3 月，实行义务兵与志愿兵相结合的兵役制度。1984 年 5 月颁布的《中华人民共和国兵役法》规定：中国实行以义务兵役制为主体的义务兵与志愿兵相结合的兵役制度，规定超期服役满 5 年的专业技术骨干，按本人意愿可改为志愿兵，继续服役 8 ～ 12 年，年龄不超过 35 岁；若军队有特殊需要，本人自愿，可适当延长。1998 年 12 月，实行义务兵与志愿兵相结合、民兵与预备役相结合兵役制度。

预备役制

1955 年《中华人民共和国兵役法》规定，军士和兵预备役分为第一类和第二类两种。退伍军士和兵为第一类；应征现役而未征的公民和有专业技术的 18 ～ 40 岁女性公民为第二类。每一类按年龄分为一、二两等，其中 30 岁以下为第一等，30 ～ 40 岁为第二等。军官退伍转入军官预备役，按军衔级别规定的年龄分为一、二两等。1968 年后，因制度不健全，预备役登记中止。1980 年 12 月，恢复预备役登记。1984 年后，民兵、预备役相结合。18 岁以上登记应征公民，除服现役外，编入民兵组织；退伍士兵，未满 35 岁的编入民兵组织。其中基干民兵（18 ～ 28 岁）为第一类，普通民兵（29 ～ 35 岁）为第二类。

第二章　海防设施

白峰地处东海沿岸，海路交通便捷，是外敌入侵的重要通道。为抵御外敌入侵，宋时，在白峰午栖跳建有白峰巡检司兵寨，其地称司前。明正统十三年（1448），在太平村太平岙口建有太平巡检司城。明、清时建有穿山所城汛所辖小门山台、司前山台和山门汛、官庄汛、白峰汛；建有郭巨所城汛所辖虾康山台、箬雷山台和康头汛，并在虾康、小门、司前、双石人山建有烽火台，这些烽火台是明清时期穿山半岛及附近区域相互传递军情的枢纽烽火台，是境内军民不畏强暴、英勇抗击外敌的历史见证。民国时为防御日军登陆，在白峰涨浦山修筑碉堡等防御工事。

第一节　古代海防设施

宋、明寨堠

白峰巡检司兵寨　南宋高宗建炎四年(1130)，建于白峰午栖跳，其地称司前。该巡检司兵寨周长 301 米，占地面积 6825 平方米。

太平岙巡检司城　位于太平村太平岙岙口，背靠狮后坑，面朝门前山，坐西朝东，地处当年从梅山

太平岙巡检司城地理位置示意图

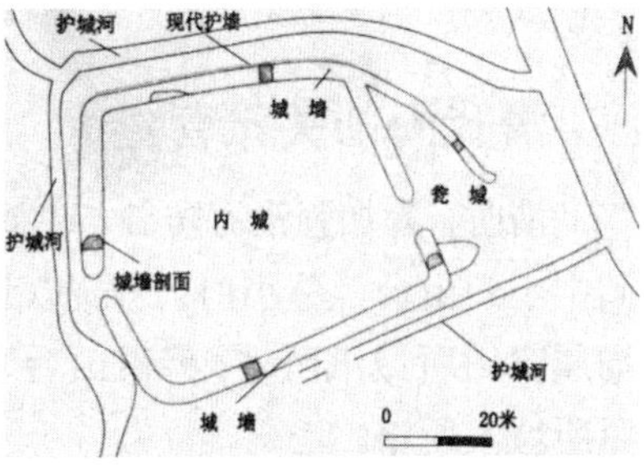

太平岙巡检司城平面示意图

太平岙巡检司城遗址航拍

港登陆的倭寇进犯白峰和柴桥必经之路附近。

据《读史方舆纪要》载："上岸太平岙巡司，在县南六十里，正统十三年置，亦曰太平巡司。"《筹海图编》卷五《浙江兵防官考》中有"沿海巡检司·宁波府·太平：弓兵一百名"的记载。《明史》中有"南有上岸太平岙、西有管界寨二巡检司"的记载。据民国《镇海县志》记载，太平岙巡检司城始建于明代正统十三年（1448），南开一门，上建谯楼。太平岙巡检司城东西最长77米，南北最宽55米，外围周长220米，占地面积3367平方米，方向北偏东75°。可分为内城和瓮城2个部分，城墙外部四周有护城河环绕。

内城平面呈方形，面积约2905平方米。内城城墙总长约203米，墙体高度2～3米，剖面呈梯形，顶部宽1.9～2.2米，底部宽2.8～4.0米。墙体内部由土石混筑，外部由石块堆砌而成。

瓮城平面呈半圆弧形，面积约462平方米。瓮城城墙总长约50米，墙体高度2米左右，剖面呈梯形，顶部宽0.9米左右，底部宽1.7米左右。墙体结构与内城墙相同。

护城河，城墙外部四周原有护城河，现均已被改造为现代水渠，仅存基本轮廓与结构依稀可辨。

明清烽火台

虾康烽火台 位于下阳村虾康自然村南端海拔50米山腰上。平面呈方形，立面成梯形，上边长6米，下边长7米，高3.5米。乱石垒筑，台面中部内凹。

小门烽火台 位于小门村海拔128米的后山岗。平面呈方形，立面呈梯形，上边长5.2米，下边长6米，高4米。台面中部内凹。

司前烽火台 位于司沿村司前自然村海拔100米高山顶。平面呈方形，立面呈梯形，上边长8米，下边长9.3米，高3.5米。用乱石垒筑，台面中部内凹。

双石人山烽火台 位于上阳村北边海拔492米的双石人山山顶。清乾隆《镇海县志》载："五峰山之第一山，两岩并峙如人状。当天朗气爽时，晴岚横截山脊，石人变幻多端；若云雾遮蔽，必有大雨，农人于此占晴雨焉。"双石人山烽火台始建于明代，清代沿用，辖于郭巨所。其所在位置不仅可俯瞰《筹海图编·浙江沿海山沙图》中所示太平岙口巡检司城、马婆隘（阳东村马盘）、上皇（王）隘（下阳村上王）、三山隘（属春晓街道）、昆亭隘（属春晓街道），亦可远眺穿山半岛东端总台山等多处烽火台，以及梅山港和佛渡水道，六横、虾峙等舟山群岛尽在眼下，军事地理位置十分重要。该烽火台由乱石砌筑，墙体高1.5米。整体呈梯台形，占地面积30平方米左右。

清代海陆关汛营堡

清时，为加强沿海防御，在关口要隘及沿海岛屿海面设关汛营堡多处。境域内建有台4处、汛地4处，其中小门山台（驻小门）、司前山台（驻司前）、山门汛（驻白峰）、官庄汛（驻官庄）、白峰汛（驻白峰），均属穿山所城汛所辖；箬雷山台（驻白峰南）、虾康山台（驻上阳虾康）、康头汛（驻上阳康头），均属郭巨所城汛所辖。

第二节　战时设防

民国23年（1934）抗日战争前夕，民国政府国防部请德国军事顾问佛采尔拟订《宁波区海防设备实施计划》，预想日本侵略军企图在浙东沿海登陆，自姚北至象山百余千米岸线中3处最为危险：最主要区在甬江口两岸及长跳嘴、老鼠山一带，次要区在穿山岭至沿亭湾（白峰）一带，再次要区在伏龙山至澥浦一带。根据上述设想，在"三地区沿海各要点构筑永久工事"，并通道路，架设有线电话，工事设施计划拟分两

双石人山烽火台遗址

涨浦山碉堡

期完成，至民国29年7月17日，日本侵略军第一次登陆前建成钢骨水泥机枪、指挥所掩体60余座。

民国26年(1937)七七卢沟桥事变后，宁波防守司令部守备团陆军独立三十七旅(翌年春改为一九四师)和新三十四师在沿海自龙山至白峰各要口增建土木结构防御工事，在海塘内侧挖步兵立射掩体、战壕，主要港口打篱笆桩。龙山、邱王、澥浦、镇海口、小港口、穿山、白峰等海港要隘，构筑铁丝网等障碍物，以防御日军登陆，并在白峰涨浦山修筑碉堡等防御工事。

第三章　军事建置　驻军

自宋以后，各朝皆驻军境内。清末及民国时期，地方武装种类较杂，数量时多时少。中华人民共和国成立后，境内驻军有人民解放军陆军、海军。

1961年4月，白峰公社、上阳公社分别建立人民武装部（简称人武部)，1992年5月建立白峰镇人武部，2016年7月改称白峰街道人武部。街道人武部是同级机关的军事机构和兵役机构，接受同级党政机关和区人武部双重领导。

第一节　清代以前军事建置与驻军

白峰巡检司

南宋建炎四年（1130）置。绍兴二十六年（1156）降属海内寨指挥，立寨于午栖跳。嘉定八年（1215)，海南西寨巡检司移建乌峙头，设土军240人，其中白峰巡检司、海南西寨巡检司各设120人，宝庆年间共存170人。元大德八年(1304)，定海蒙古千户自乃颜(今黑龙江省拜泉县南）调蒙古军300人驻定海（镇海)，统辖白峰等四巡检司，其中白峰巡检司领弓兵20人。

虾康烽堠

明洪武二十年（1387），信国公汤和建郭巨千户所，额设旗军1120人，下辖虾康等烽堠6台。

白峰烽堠

明洪武二十七年（1394），穿山后千户所始建于睡龙山，额设旗军1120人，下辖白峰等烽堠10台。

大平巡检司

明正统十三年（1448）在上阳太平岙岙口建太平巡检司城，领弓兵100名。

第二节　民国时期驻军

地方武装

乡团（队） 民国21年（1932）建立镇海县保安团（又称“保卫团”），白峰境内小门乡、白峰乡、五境乡、上道乡、马盘乡、康阳乡各有团丁8～10余人。民国27年（1938）4月，成立镇海县国民兵团部，县长兼团长；各乡成立乡队，乡长兼任队长，主要任务训练壮丁。

沦陷期间的敌后武装

定象保安总队第一支队第二大队 民国28年（1939）6月定海沦陷后，定海县县长苏本善率定海县政府撤至大榭岛，未几移驻柴桥。翌年，苏将国民兵团扩充为4个大队。民国30年初（1941），改编为省保安第三团。32年春，苏部在柴桥部队称为定象保安总队第一支队，其第二大队2个中队驻上阳及岱山（今舟山市）。33年夏，苏任绍兴地区专员暨任省保安第三纵队司令，将驻境内之部队带离。

中国共产党领导的抗日武装

国民兵团第三大队 民国30年（1941）4月，国民兵团第三大队指导员兼第三中队队长王家恒（中共地下党员），带领部队在上阳太平岙建立敌后根据地，对部队进行军事训练和政治思想教育。三中队分成3个小分队，分别驻扎在上阳青龙庵、虾康庙、门浦胡家大屋。

定象五大队枪械修理所 民国30年（1941），驻峙头的定海东区警察队所属的长枪队扩编为大队，7月，更名为定象游击指挥部抗日自卫第五大队（简称“定象五大队”）。民国32年（1943）7月，活动于穿山半岛一带，发动群众抗日，开辟峙头游击区。为解决当时部队武器短缺和修理问题，五大队指导员徐长海（中共党员）、大队附吴志先（中共党员）决定在白峰勤山村戴家岙万年寺内设立枪械修理所。万年寺里的5间平房作为厂房，招聘铜匠、铁匠5人，经过几个月努力，仿造出加拿大手枪、东洋木壳枪，并修好损坏的步枪等武器，装备部队抗日。10月，枪械修理所停止活动。

江南武工队 民国36年（1947）10月，中共浙东工委派岱山特派员余力行到上阳乡与三东（镇东、鄞东、奉东）工委委员陈志达、特派员罗德生等组建江南武工队，12月22日在上王道头王志康家正式组建，并开展活动。队长余力行，队员7人，境内参加的有中共地下党员张和发。次年2月，发展至10余人。同月下旬，袭击大碶警察所后转移至岱山休整扩军，并于4月初与他部合编成立东海游击总队，江南武工队历史使命结束。

第三节 中华人民共和国成立后驻军

白峰解放时人民解放军陆军驻军

陆军第二十二军 1949年5月下旬，参加解放镇海（北仑）战斗部队分驻县城及穿山半岛。8月中旬，该军所属一九〇、一九一、一九二、一九六、一九七、一九八各团及军直山炮团参加解放大榭、梅山、金塘等战役。1950年5月，移防舟山。

陆军第二十一军 1949年8月，驻上阳、梅山、昆亭等地，舟山战役胜利后撤离。

中华人民共和国成立后人民解放军陆军驻军

陆军二十三军 1949年11月，该军所属六十八、六十九师进驻镇海（北仑）、鄞县，驻镇海（北仑）部队分布穿山半岛、大榭一线。12月，移驻龙山、澥浦等地。

附录：一九五八年上将许世友在北仑白峰当兵

北仑白峰位于浙东穿山半岛的咽喉处，由于其濒临东海，自古至今，历来为军事重镇。

白峰街道白峰村前新屋41号，有一处清代民居建筑七架屋（俗称七角屋），位于村子中心——20世纪50年代末，这里曾是开国上将许世友在白峰当兵居住之处。

60多年过去了，每当白峰人经过这所民居，总会想起许世友将军在这里当兵的往事。

北仑区白峰街道在区新四军历史研究会的支持下，成立了“许世友在白峰研究会”，专门挖掘研究这段历史。白峰街道党工委有关负责人表示，他们正在积极打造党史学习教育基地，以学习、弘扬许将军艰苦朴素、密切联系群众的优良作风。

故事还得从头说起。

许世友住过的大屋

上将下连当士兵

1958年10月17日一大早，一辆军绿色吉普车由329国道往穿山半岛上的白峰方向直驰，进入白峰段后，又往南驶入白峰小学，停在小学操场上。当时，这里是宁波白峰海防前线某部六连的驻地。

车门打开，一位头戴士兵船形帽、身穿士官军装、军容严整、年纪显大的军人，下车健步走……

他，就是响应毛主席号召，经中央军委批准，前来六连当兵的许世友上将。许世友当时的职务是中央军委委员、中华人民共和国国防部副部长兼南京军区司令员、中共华东局书记处书记、江苏省委第一书记。

时任某部六连连长的高立山，带领战士们在营区热烈欢迎将军前来当兵。高立山显得很紧张，他严肃地跑步来到许世友面前，立正、敬礼、报告。

许世友见状，连忙摆手说："你搞错了，从现在起，我是一个兵，是你们连的上等兵，应该是我向你连长报到。"

说完，许世友抬手向高立山敬礼："连长同志，上等兵许世友前来报到，请分配工作。"

高立山满脸通红，好半天才说："报告首长，您被分配在六连七班。

许世友笑着说："你怎么还改不过来，向我报告什么？我不是首长，是上等兵许世友向你报告！"

事后，许世友和高立山谈心："我到连里来当兵，你有顾虑吧？"

高立山说："没有！"

许世友说："没有是假的，我向你表个态，我这个兵很好领导，一切行动听指挥。在连里，就听党支部和连长、排长的话，你们叫我干什么，我就干什么，绝不会给你们添麻烦。"

高立山听了，十分感动。

随后，许世友来到七班，又向中士班长张吉生敬礼："报告班长，上等兵许世友前来报到。"

当时，七班驻地在白峰村前新屋41号乐家堂前，全班战士均打地铺，铺上稻草，席地而睡。

张吉生慌忙从许世友手中接过背包，替他打理地铺。另一名下士战士则递来开水，恭恭敬敬地说："报告首长，请喝水。"

许世友笑着说："我不是首长，是上等兵，你是下士，级别比我还高一级呢。你以后要多指教我，就像师傅带徒弟那样。"

入连后第一天吃饭，七班长张吉生和班里的战士，争着给许世友盛饭舀汤。许世友拒绝了，再三对班长张吉生说："我在你们班里当兵，你就是我的上级，就要大胆管教我，不要太客气，要帮我拿下官架子。一个战士要班长替他盛饭，这还了得！"

（刊登2022年7月26日《宁波日报》视点B1）

成为"五好战士"

许世友下连队当兵，正赶上部队10月大练兵，为军区即将举行的渡水登岛演习做准备，演习科目是下海练泅渡。

10月的浙东沿海，海水已经很凉了，战士们担心年过半百的许世友会着凉影响身体。

班长张吉生想了个办法，说："您不要下海了，站在岸上当观察员好了。"

许世友坚决要求参加泅水，说："我眼神不如年轻人，班长还是派个小伙子担任观察员，我下海！"说完，许世友和战士们奋勇跃入海水……

上岸后，许世友说："战争中什么情况都会发生，万一我乘坐的指挥舰被打沉了，不会泅水咋办？"

10月27日，连队进行攀登绝壁训练。攀岩危险系数大，许世友知道战友们又会阻拦他，趁大家不注意，疾步上前，抓住绳子就往上攀，战士们紧跟上去。突然，意外发生了，原来正当许世友攀登到半山时，后面的攀绳被战士们拉紧，许世友手滑脚脱，身子一下子悬空了。站在地面观察的军区保卫部长赵一德吓得脸色苍白。就在这危急时刻，只见许世友身子一斜，一手抓住绳子，一脚蹬住了岩石，身子往上一蹿，反手又抓住攀绳，拿出了看家的少林功夫，化险为夷，顺利登顶。

在场的战士们惊叹不已……

据许世友女儿许华山《父亲》一书回忆：许世友平易近人，有个老战士在家乡找了对象，偷偷地将未婚妻照片拿给他看。许世友眯着眼睛端详，十分认真地评价说："小伙子眼力挺准，这姑娘长得俊，人还挺老实，别错过了机会，这同打仗一样，可要主动进攻啊！"

战士们知道许世友爱吃辣椒和面食，每次分菜时，都要给他多分一些，或者另外替他准备面食。许世友知道这是大家对他的关心，他不愿意搞特殊，但战士们还是执意对他特殊照顾。

许世友很无奈，只能对同来当兵的军区保卫部长赵一德说："你去同他们说说，我是来当兵改造思想的，不能有丝毫特殊，搞特殊的话，不是帮我，而是害我！"

战士们见许世友认真了，便不再对他特殊照顾了。有一天吃午饭时，许世友发现他的菜碗里有一块肉，便东张西望，发现周围的战士碗里也有一块肉，这才放心地吃起来。

一天半夜，许世友醒来，发现身上多盖了一件大衣，再看看窗外下起了大雨，许世友这才知道，原来是班长怕他这位上了年纪的老人着凉，特地给盖上的。

可是许世友想到战士小王正在发高烧，于是，他小心翼翼地把大衣盖在了小王身上，自己蜷缩着睡着了。清晨醒来后，许世友发现大衣又盖在了自己身上。原来小王半夜睡醒后，又把大衣盖到了许世友身上。

一次，连队在白峰海边山头测试速爆杆的威力，战士们坐在离爆破点只有20米的马铃薯地里。在即将爆破的一刹那，战士孙承仕突然坐到了许世友对面，用自己的身体挡着，怕爆破时石头崩到许世友身上。

事后，许世友心里很感动，多次在会议上提道："一名干部只有真诚地去对待战士，战士才会真心地对待你，甚至会不惜一切地保护你。"

临近年末，连队开展"五好战士"评比，大家一致推选许世友。

许世友说："我一好、两好也许有，五好肯定当不起！你们要多给我指出缺点，将来我要带回军区，还要向军委汇报。"

最后，许世友拗不过战友们强烈推选，被评为"五好战士"。

支农不忘本

许世友在下连队当兵期间，还多次参加白峰当地的农业生产劳动。

时值秋收农忙时节，许世友和六连战士们一起，在白峰生产大队大队长乐信根的带领下，来到第三生产小队董家六亩田畈及第四生产小队金家庄田畈收割晚稻。董家六亩田畈地势低易积水，俗称"烂荡田"。许世友卷起裤脚，一脚踏进田里，泥水一下子淹到腿肚子。"唰唰唰"，许世友割稻又快又好，半天下来，大家劝他休息一下，许世友不肯，直至一块田的晚稻收割完。这时，许世友看到前面战士的腿肚子出了血，还叮着一条虫子，他大声说："挂彩了，挂彩了！"话音刚落，他感觉自己小腿上也痒痒的，低头一看，自己也中招了。原来，"烂荡田"里有蚂蟥（水蛭）。当地老百姓见状说："这蚂蟥胆子忒大了。竟然连将军也敢咬。可恨！可恨！"

稻谷收割后，马上要脱粒。当时脱粒用的是双人脚踏打稻机。许世友观察了一会儿，对生产队长说："让我来试试。"队长忙说："首长使不得，打稻时，捏不住稻根，蛮危险的。"许世友说："我一下能托起几百斤石头。怕什么？！"他抓起一把稻秆，一脚踩在踏板上，一用力，打稻机转得飞快。许世友对一旁的生产队社员说："你不用踏了，我一个人用力就是了。"稻子打着打着，打稻机要往前移，平时都是两个人一起推拉的，许世友说："你们让开，我一个人够了。"说完，从后面稍加用力，打稻机就"呼"地往前滑去。田里劳动的社员，个个看得傻了眼。

这年冬季，正值白峰区域最大的水利工程竺家坑水库兴建大坝，竺家坑水库承担着白峰周边村庄上千亩农田灌溉的重任。那时农田水利基本建设，泥土沙石全靠肩挑小车拉。许世友到了工地，战士们故意早早把扁担抢光了。许世友就用双手直接提着两畚箕土，快步奔上大坝。不愧为有真功夫的老将军，战士们感动赞叹不已。

秋收农事忙，山上番薯成熟需要收获。许世友看到当地社员用扁担一箩箩从山上挑番薯下来，穿着单衣，还汗流浃背。于是和连长商量，派马车装运，减轻社员劳动压力。

休息时，许世友笑着给大家发香烟。当地老百姓第一次看到带过滤嘴的香烟，非常稀奇，有人还说："哈哈，老许同志给的香烟还套着'芦稷秆'（宁波一带老百姓称高粱为芦稷）。"

军民鱼水情

在连队当兵期间，许世友和白峰老百姓心贴心，结下了深情厚谊。

许世友经常起早为房东乐如存、马翠娥两家扫地、挑水。两位老人回忆，每天清晨，伴随着公鸡的啼叫，许世友起床，先"呼呼"地在堂前的小院里打拳练武，接着就帮他们家挑水，直到水缸满。然后，和战士们一起背着步枪出操、拉练。

乐如存说，许世友住的地方十分简陋，就是在他家堂前正中的泥地上铺上一层稻草，再铺上席子，当时叫"打地铺"。晚上盖一条被子、一条军毯，装备条件和战士们没有两样，睡觉时和战士们挤在一起，吃饭更没有特殊化。当时连队的临时食堂设在白峰村西边的百乐祠，开饭时每班派出两名战士分别用两只大脸盆去食堂打饭打菜。打回来后，大家先唱《三大纪律八项注意》歌曲，然后许世友和班里的战士一起用搪瓷小碗分别盛饭盛菜。菜也十分简单，"一饭一菜"，基本上是大白菜和番薯粉丝煮在一起。不过，每星期会有一次集体改善伙食，就是吃红烧肉。还有重要一条，部队纪律严明，战士从来不进老百姓房间。

那年秋收结束后，中央新闻电影制片厂专门安排人，到白峰金家庄水稻田的田畈上，拍摄纪录片《军队干部下连队当兵》的军民联欢场面，气氛十分热烈。

91岁的马翠娥老人记忆深刻：许世友当兵期间，和战士们同吃同住同练兵同劳动，说话和蔼可亲，没有"官架子"。许世友蛮喜欢孩子，常常抱着她家的孩子，还逗小孩玩耍。一次，她家刚煮好毛豆，马翠娥请许世友尝尝。许世友说，我们有《三大纪律八项注意》，不能随便吃老百姓的东西。马翠娥说，您这个年纪可以做我父亲了，吃点女儿的东西，何尝不可？许世友被说服了，吃了几颗毛豆，边吃边称赞："好东西，鲜，真鲜。"

许世友（前一）在白峰乡村道路上行军

许世友和战士们就地就餐

白峰村北的后弄口有一个理发店。当兵期间，许世友两次上门理发，还夸师傅手艺不错。其中有一次是顾小定师傅理的发，刮胡须敷热毛巾间隙，顾小定师傅还用食指顶着一块白毛巾，“呼呼”地旋转，表演了一套绝活。每当顾小定提起当年为将军理发的事，总是开心地说：“这是我一生中为最大的官理发。”

乐素佩当年9岁。她回忆说，许世友当时叫五六个小学生排队唱《社会主义好》歌曲，唱完还给他们每人一颗水果糖。乐纪和、乐德峰兄弟，那时只有六七岁，许世友摸着他俩的头喊“小鬼，小鬼”。兄弟俩常常跟在许世友后面，缠着要他讲故事。部队在村庄驻扎，每隔一段时间还会放映露天电影，如《宇宙锋》（京剧）、《梁山伯与祝英台》（越剧）等。

许世友和战士们一起生活、学习、劳动、训练，转眼间，一个月过去了，将军与所在连队的战士，特别是七班的战士建立了深厚的感情。终于到离开连队返回军区工作岗位的时候了，战士们依依不舍，村子里的群众也自发前来送行……

许世友回到南京军区后，又给七班战士们写了封信。信中说：“亲爱的同志们，感谢你们在多方面给我的爱护和帮助。白天，同志们主动热情地帮助我学习。深夜，我睡着了，你们把大衣轻轻地盖在我的身上。我要求站哨，你们总是不肯交班，你们牺牲了自己的休息时间让我多休息。试验爆破时，孙承仕同志主动坐到我的前面，挡住我，防止万一发生危险。我有一点疲劳，你们就无微不至地关怀我。我休息的时候，你们相互告诫不要高声喧嚷，以免惊醒我。我游泳的时候，你们悄悄地环绕在我的身边，关心着我的安全……你们这种高尚的无产阶级感情，深深地感动了我。我们深厚的同志友谊，是鼓舞我们共同前进的力量。”

部分史料来源：许华山《父亲》（中信出版集团，2018年1月出版）石志藏

第四节 人民武装部

1961年4月，白峰公社、上阳公社分别建立人民武装部。1992年，白峰乡、上阳乡合并，组建白峰镇人武部。2016年，随白峰建置变革改设白峰街道人武部。街道人武部是同级机关的军事机构，编制隶属同级政府机关，定员、任免和业务归属区人武部，接受同级党政机关及区人武部的双重领导，是同级人民政府的兵役工作机构，是中国国防体制和基层政权的组成部分，是加强国防后备力量建设和实施战争动员的组织基础。其主要职责：负责本区域的民兵组织建设、政治建设、军事训练和武器装备管理；组织带领民兵完成战备执勤任务，配合公安部门维护社会治安；发动和组织民兵参加两个文明建设，开展以劳养武活动，完成急难险重任务；战时组织、带领民兵参军参战，支援前线；负责本区域的征兵工作和预备役士兵、预备役军官登记统计工作；会同有关部门进行战争潜力调查，做好相关的动员准备工作；协同预备役部（分）队落实参训人员，做好兵役管理、动员集结等工作；协助有关部门开展国防教育、做好退伍军人的安置和烈军属的优抚工作；协助军队做好本区域的军事设施保护工作；完成地方党委、政府和上级军事机关交给的其他工作任务。

第四章 战事 兵灾

20世纪30年代末至40年代初，日本侵略军侵占蹂躏，腥风血雨。国民党地方武装欺压百姓，不堪其苦。1949年5月28日，人民解放军第二十二军自柴桥经小门向郭巨挺进，白峰境域解放。

第一节　战事

解放白峰境域

1949 年 5 月 28 日，人民解放军第二十二军六十四师一九〇团攻克炮台山后，沿后所群山追歼残敌，中午攻中岭山，国民党军据山顽抗，战斗激烈。下午 2 时，国民党军二〇八师向剑岭、山防岭退却，人民解放军乘胜追击至门浦一线，白峰境域解放。

消灭反攻之敌

1949 年 7 月 10 日中午，国民党军第十六师一部从白峰小门村登陆进至吉祥岙，另一部 2 个营在后所登陆，进占西山。经人民解放军六十四师一九〇团反击，国民党军仓皇撤逃，被击沉兵船 1 艘，俘虏 30 余人。

剿匪肃特

1949 年 6 月柴郭地区战斗结束后，人民解放军第二十二军侦察营驻关毛陈，继又移驻白峰、官庄等地，捕获汪小章、沃银水等散匪。是月，匪特沿海支队情报组成立，人员 5 人，活动于白峰、外峙、门浦等地。1950 年 11 月，被乡政府及民兵捕获。1950 年 5 月，定海解放，镇海前线部队外调，"土改"、抗美援朝开始，匪特活动猖獗。县独立营对峙头地区实施专驻围剿，白峰乡广大干部、民兵积极投入剿匪反特斗争。1951 年 3 月，宁波军分区侦察队入驻郭巨区域。5 月，在白峰山防村击溃陈祖荫匪股，俘虏 2 人。

第二节　兵灾

抗日战争时期

1938 年 8 月，日本侵略军（简称日军）侵占舟山以后，仗着飞机、大炮、军舰等军事上的优势，大肆骚扰沿海各地，与舟山隔海相望的白峰、上阳等地更是首当其冲。日军首先对海面上实行封锁，大小军舰、炮艇在海面上横冲直撞，并向上阳、郭巨、峙头沿海不断炮击，仅白峰境域阳东村马盘、钟家湾、下湾几个自然村遭日军炮击四五次，落炮弹 20 余发。飞机轰炸更是疯狂，上阳庙头遭到日军飞机轰炸，造成房屋炸毁，人员伤亡。日军还 26 次从海面上窜到小门、白峰、五境、上马等乡进行烧杀抢掠，奸淫妇女，烧民房、船只，掠夺财产，给境内人民带来深重灾难。

1939 年 8 月 16 日，白峰屺峙村张娘子讨船运柴爿去定海出卖，船经穿鼻洋，被日军小炮艇发现，把船上五人全部扔到海里，张娘子被淹死，其余四人抓住木板游上岸才幸免一死，这只运输柴爿的船被火烧成只剩下一块船底板。

1940 年 4 月 26 日，白峰村村民乐逢根去柴桥卖猪，在路上被日军炮艇发现后用机枪扫死。

1940 年 8 月 7 日，白峰村 25 岁的乐信哉偷偷去了一趟定海，运回火油洋烛等货物至白鸭洋面时，被日军的小炮艇发现后开炮将货船拦腰击断，乐信哉在中舱当场被炸死。同月，日军在穿山投放细菌弹，使半岛地区暴发霍乱，白峰境内就有139人死于霍乱。小门村的邹姓一家全亡，外峙村潘姓一家全亡，白峰村乐信根一家5口除7岁的乐信根被救活其余4人先后死亡。

1940年12月24日，白峰神马村周才根、周布根兄弟在屺峙村山上砍柴回家，在渡口等渡船时遇到日军炮艇，立即隐蔽起来，后来兄弟俩看到炮艇离去时从隐蔽处出来，被日军发现，一梭机枪子弹把兄弟俩扫死在渡口边。

1941年3月28日，4架敌机在庚头丢下8枚炸弹，其中：2枚炸倒庚头祠堂旁边炸毁民房4间；2枚炸毁村民王三玉家，其母亲被炸成重伤；2枚炸弹炸毁四二房祖堂；还有2枚落在山坑溪坑边，弹片击伤牧羊女孩，炸死1只小羊。4月25日，日军来到白峰，一路杀人放火，在白峰抢了乐明香家一头猪，打伤村民5人。同日，白峰阳东村朱家岙土才生与外地5人一起从事运输，在双屿港遇到日本小炮艇，日军一排枪弹射来，5人被击中当场死亡，并被砍去手脚扔到海里，船上货物被抢一空。8月16日，神马村周财金从舟山运大米等物资回白峰，船经穿鼻洋时遭日军抢劫，周财金被打伤后逃回。12月25日12时，4架日机在下阳村投弹8枚，炸毁房屋2间，炸死1人、伤2人。

1942年8月，新峰村百丈塘一村民从柴桥回家，经庙岭大樟树下时被日军炮弹炸死。

白峰境域抗战时期人口伤亡统计表

表8-4-1　　单位：人

合计：41	
死：28	伤：13
其中：男18、女5、童3、不明2	其中：男2、童2、不明9

注：不含1940年8月，日军所投细菌弹死于霍乱人数。

白峰境域抗战时期房屋损毁统计表

表8-4-2

合计		民房		学校			寺院祠堂			其他	
间数（间）	总值（元）	间数（间）	总值（元）	所数（所）	间数（间）	总值（元）	所数（所）	间数（间）	总值（元）	间数（间）	总值（元）
392.50	130354.00	353.50	117822.00	1	8	2666.00	3	29	9666.00	2	200.00

解放战争时期

1949年9月上旬，国民党军飞机在小门村投炸弹7颗，炸死3人（其中解放军战士1人）。

1949年10月下旬，山坑王永夫去梅山以稻谷兑换棉花，刚下船恰遇1架国民党军飞机从舟山飞过来，一见目标即用机枪扫射，王永夫被打中胸口，血流船舱而死。

1949年12月7日（农历十月十八）上午9时，从舟山起飞的1架国民党军侦察机盘旋在马盘上空进行侦察（为解放沿海岛屿，在马盘、黎明驻扎许多人民解放军，还有许多驮物资、军粮的军马）。下午3时左右，又从舟山飞过来3架国民党军轰炸机，连续在马盘村轰炸，炸毁房屋3间1弄，炸死10人，其中解放军战士2人。3架轰炸机来过后，又来1架侦察机，盘旋马盘上空，边盘旋边扫射机枪，没有人员伤亡。

第五章　民兵

民防自古有之，明嘉靖年间（1522—1566），沿海乡民纷纷组织乡兵、团练抗击倭寇。清光绪十年（1884）各乡村纷办民团、渔团，准备抗击法军。抗日战争胜利前夕，各乡建民兵大队，各保建民兵中队，自然村建民兵分队。1949 年末，各乡在建立村人民政权和村农民协会同时，纷纷组建民兵组织。1961 年 4 月，白峰公社、上阳公社分别建立人民武装部，负责境内人民武装工作和民兵组织、军事训练等。

第一节　民兵组织

1949 年 10 月，各村建民兵组织，每村约 10 人。白天生产劳动，晚上一般集体住宿。1953 年末，根据《民兵组织暂行条例》，实行民兵制。凡 18 ～ 40 周岁的男性公民，都有义务参加民兵组织，其中 18 ～ 25 周岁的按规定编为基干民兵，接受训练，作为国防后备力量。

1958 年 9 月，推行“全民皆兵”“大办民兵师”。民兵的组织形式为 1 个公社（大公社）编 1 个民兵基干团。管理区（大队）建为营，下属为连、排，并组建尖兵班、基干班、普通班等。

1981 年，贯彻中共中央〔1981〕11 号文件，调整民兵组织，由原来普通民兵、基干民兵、武装基干民兵三种组织，改为普通民兵、基干民兵两种组织，女性公民只编普通民兵；取消大公社编民兵基干团规定，一般编基干民兵营（连）；公社人民武装部部长任营长。公社生产大队一般编民兵连、基干排或班。1985 年 10 月，各乡设民兵营，各村建民兵连，辖 1 个基干排和若干普通排。1992 年，扩镇并乡后，民兵组织也作了相应调整。调整后白峰镇编组基干民兵营 1 个。2006 年，按照总参谋部《关于调整民兵组织的意见》，适当压缩基干民兵规模。至 2018 年，白峰街道在民兵组织上设有专业技术分队 2 个和应急分队 1 个。

第二节　军事训练

中华人民共和国成立初期，民兵军事训练由县人民武装部组织，参加对象限于中队长以上干部。1958 年 10 月，成立人民公社后，民兵训练由公社武装部组织。民兵连长训练仍由县武装部负责。

1986 年按照总参谋部《民兵军事训练改革实施纲要》，实行民兵“组、训、装”改革，取消周期训练的规定，采取区（工委）、乡、镇分批联训。

1987 年，改进民兵训练方法，采取分点集中训练的形式，训练主要内容为轻武器射击、炸药包的捆扎及实爆、手榴弹实弹投掷、单兵对地形地物的利用、敌火力下运动及防御战斗中的动作和枪炮手班协同操作等项目。1995 年，民兵军事训练按照基地化、规范化训练要求，全区实行集中训练。1998 年，重点组织对民兵应急分队、民兵连长的军事训练。民兵应急分队训练内容为队列、捕俘技术、轻武器射击；民兵连长训练内容为队列、半自动步枪实弹射击等。2005 年，重点组织民兵应急分队进行以队列、盾牌、警棍、勤务处理等维护社会治安为主要内容的训练。2006 年，采取镇组织自训与区人武部集中组训相结合方式，对应急分队进行为期 15 天的以军事理论、条令条例、轻武器实弹射击、班（组）处理突发事件时的行动、盾牌和警棍操为主要内容的年度军事训练；6 月，又组织应急救援分队进行水上应急抢险救援训练。2012 年后，由区人武部统一组织专业技术分队和应急分队训练。

第三节 支前与活动

支援前线

1949 年 5 月 28 日白峰境域解放，国民党长江部队经梅山岛退至舟山群岛，白峰境域成为解放舟山群岛的前沿阵地。为支援人民解放军解放舟山群岛，新成立的中共镇海县委领导沈宏康来到上阳乡庚头，住山坑王万尧家，在庚头高路登新屋召集庚头民兵开会，动员贫下中农征集军粮，并向地主、富农指派。上阳乡支前队长王利芳，组织数百名民兵到柴桥紫石魁斗桥把征收的军粮挑至朱家岙中国人民解放军第二十一军后勤基地。在庚头筹集大米 1000 千克、马草 2000 担、军柴 5 万千克，并从太平岙砍下松树送到朱家岙碶头打桩造临时码头，作为支前军用码头。为了救治前线解放军伤员，民兵们经常在夜间将住在钟家湾临时救护所的伤员，及时送到柴桥洪岙军队医院救治，来回路程上百里。为了支援人民解放军解放舟山群岛，上阳乡民兵奉命在晚上修筑道路，为解放军运送军粮、弹药和其他物资至朱家岙临时后方基地，上阳乡民兵支前达上千人次。

1951 年 11 月，白峰境内派遣民兵 20 余人，与大碶、柴桥、郭巨等民兵一起到舟山群岛修筑小巨到大巨码头沿岛国防公路 50 ～ 60 千米，为国防建设服务。

主要活动

土地改革和镇压反革命运动中，民兵肩负保卫胜利成果，积极配合政府放哨巡查、管制地主及反革命分子、维护“土改”运动秩序的任务。1950 年 10 月，中共中央提出“抗美援朝、保家卫国”的号令，境内众多民兵率先报名参军。1951 年 3 月至 1953 年 2 月，白峰乡、上阳乡先后共有两批 20 余名民兵参加中国人民志愿军。

在平时生产、生活中，民兵带头完成各项生产任务和开展扶贫救济活动。在抗台风、抗洪、抗旱等抢险救灾工作中发挥突击作用。1982 年，各行政村开展“青年民兵之家”创建活动，收到良好效果。

第六章 拥政爱民

驻白峰部队发扬人民军队拥政爱民的光荣传统，视驻地为第二故乡，为白峰的两个文明建设做出突出贡献。

第一节 抢险救灾

1987 年 9 月 16 日下午 5 时，北仑上梅渡（上阳一梅山）渡轮发生重大沉船事故，有 60 多名群众落水。驻白峰 37591 部队获警后，火速行动，支队领导亲临现场指挥抢救。驻穿山 37703 部队共动用舰船 11 艘次，官兵与附近的船员、群众共同营救，52 人脱险，11 人遇难。

1991 年 2 月，37703 部队接到上阳乡山林发生火灾的报警，立即组织官兵，在副参谋长林朝党的带领下，迅速赶到火灾现场，与群众一道与烈火艰苦较量和搏斗几个小时，大火终于被扑灭，4000 多亩山林被保住了。是年 10 月，该部队领导接到上阳乡发生山林火灾请求支援的消息，立即向部队下达救火命令，部队仅用 3 分钟到达集合地点，用 20 分钟跑 4 千米，赶到火场和消防队员一起扑灭山林火灾，避免一起大片山林被毁的重大损失。

1995 年 10 月 1 日下午 3 时许，一辆由郭巨开往镇海的 86 路公交车发生一起特大车祸，车上乘客有 25 人受伤，其中重伤 8 人，2 人因严重颅脑外伤生命垂危。驻白峰 37591 部队得到报警，立即投入救人战斗。车祸发生仅 6 分钟，由参谋长朱林华带领的战备应急小分队到达出事现场进行抢救。十几个正在休假的官兵纷纷跑向出事现场，投入抢救行列。经过争分夺秒的紧急抢救，当最后一名伤员送进部队卫生所时，离车祸发生的时间仅仅过了 15 分钟。时间就是生命。宁波李惠利医院医生拉着部队军医周文铨说："幸亏部队抢救得非常及时、正确，这 2 个重伤员如果晚抢救半小时，就不能生存了！"《宁波日报》10 月 19 日发表《一曲爱民颂歌》的记实文章，真实地纪录 37591 部队官兵抢救车祸事故中受伤乘客的生动场面。

一曲爱民颂歌

——37591部队抢救车祸事故中受伤乘客纪实

记者 项冰峰 通讯员 吴友忠

1 10月1日下午3点左右，在37591部队的营房附近发生了一起特大车祸。一辆由郭巨开往镇海的86路公共汽车撞倒了部队营房的围墙，然后又偏离公路，滚下了数米深的盘山公路。车上乘客有25人受伤，其中重伤8人，2人因严重颅脑外伤生命垂危，一人腰椎骨呈粉碎性、开放性骨折，断骨戳穿了腰肌，暴露在体外，令人惨不忍睹……

37591部队除值班者以外，其余官兵都在休假。正在营房边散步的战士冯耀伟看到车辆滚入山坡，立即赶往出事地点，冀溢均在几秒钟内拨通了指挥所的电话，刚出车归队的苏敏听到汽车撞墙时那一声巨响时，便一边从部队跑向出事点一边高喊："出车祸了，快去救人！"

听到喊声，十几个正在休息的官兵纷纷跑向出事现场，投入了救人战斗。

车祸发生6分钟后，由参谋长朱林华带领的战备应急小分队到达出事现场进行抢救。

现场一片狼藉，大包、小包散落一地，几十名伤员在呻吟、在呼救，有一老妇人的左眼眶里还插着一根铁杆。

车体呈90度倾覆，车门朝天，车厢里的人，即使是健康者，要想出车厢也难。战士们从汽车底盘往上爬进去，但要把伤员背出来却实在很难了。时间就是生命，战士们搭起了人梯，轻伤员背出去，重伤员，两个战士一组，四手平搬里应外合递出去。伤员们一个个出了车厢，战士们一连拦了几辆车，但都没拦住，只好把部分伤员先背到部队卫生所。不一会，部队汽车开到了，立即进入运输伤员的战斗。当最后一名伤员送进离出事点1公里多的部队卫生所时，离车祸发生的时间仅仅过了15分钟。

2 在车祸现场，血染红了山石，破汽车油箱里的汽油还在缓缓地向外流淌，行李还来不及收拾整理。200多名当地围观者滞留在现场。如果谁丢下一个烟蒂或火柴梗，一场火灾就随时会发生。战士们顾不上休息，又组织一堵人墙，把围观者劝出警戒线。拉完伤员的汽车又拉来了一桶桶清水，战士们冲洗着血迹，取来砂土，封盖在汽油流过的地方。战士们又把伤员散落的行李一一收拾好，逐一清点登记。目睹这一幕的老乡

1995 年 10 月 19 日，《宁波日报》刊登的《一曲爱民颂歌》详细报道车祸事故

第二节 支援地方经济建设

1990 年初，白峰乡组织大规模农田基本建设，驻白峰 37591 部队领导带领 100 多名战士一起参加掏河、铺路、造桥、修水库等劳动，干部战士脏活苦活抢着干，连续苦干了 3 天，受到当地政府和群众的高度赞扬。据该部队统计，近两年，支援地方生产共投入劳动力 27891 人次，出动车辆、机械 317 台次。

1992 年 7 月，37591 部队为积极扶持地方乡镇工业发展，让出了 10 多千米的高压输电线路给白峰乡电解锰厂搭线输电，为地方节约资金 50 万元，使得该厂取得较好经济效益。另外，部队还为乡政府与上海联营办的缝纫机针厂腾出营房 1000 多平方米，大力支援乡村工业的发展。

第三节　军民共建

1988年下半年，宁波市团委、教委和东海舰队共同与驻白峰37591部队创办海军部队第一所少年军校——东海少年军校。对宁波市各县(市、区)在校中学生进行以弘扬和培育民族精神，“三热爱”(热爱祖国、热爱社会主义、热爱中国共产党）教育为宗旨，突出国防观、海防观为主要内容的教育训练。37591部队党委十分重视对青少年的教育，在部队经费有限的情况下，腾出2000余平方米的校舍，平整4万多平方米的训练场地，修建校舍、伙房，调配具有较高思想水平、管理能力的人员到少年军校工作。至1992年7月，举办军校训练班41期，轮训中学生1751名，接待全国各地夏令营和团体班21次，收到较好的社会效果。有许多父母亲主动要求送子女到校接受教育、参加集训。团中央领导在考察该校后给予称赞。1993年，东海舰队在白峰建立的全国首家少年军校，被共青团中央列入全国夏令营基地。

1999年7月，全区军民开展共建结对活动，驻白峰37591部队通信站与白峰广电站结对，优势互补，攻克一个个技术难关，开创军民共建新格局。

第九篇　民政　司法　公安

旧时，民政工作形同虚设。中华人民共和国成立后，由各乡人民政府实施，承办社会福利、救济扶贫、优抚安置、婚姻登记、老龄工作等民政事务。1981 年 2 月后白峰公社、上阳公社各设司法助理员 1 名。1985 年 7 月，白峰乡、上阳乡分别成立司法办公室（后改建司法所），负责人民调解、法治宣传、帮教安置等司法工作。白峰的治安状况比较复杂，境内治安长期由柴桥派出所或郭巨派出所管辖，1974 年白峰公社、上阳公社分别组建联防组织。1992 年 5 月成立白峰派出所，担负社会治安任务。

第一章　民政

民政工作历来为当政者所重视，一般设有专门机构或专人管理户籍、兵役、地政、赈恤救济、慈善感化及礼俗宗教、风俗改良等社会行政事务，以安定民心、控制民众、巩固政权。

民国期间，国民党民政工作致力于户政管理，重视壮丁征集，置救济、赈灾于不顾，致灾民、贫民、游民、乞丐比比皆是。

中华人民共和国成立后，民政工作成为人民政府加强政权建设，密切联系群众，关心群众疾苦的重要职能部门，把优抚安置、拥军优属、社会救济及灾情救济列为重要工作。中共十一届三中全会后，在改革开放和发展经济的新形势下，在优抚安置、社会福利、救灾救济、婚姻登记、殡葬管理、烈士褒扬、老龄工作等方面有新的发展。随着人民生活的逐步改善，使民政工作从社会福利的救济型向适度普惠型转化，成为构建和谐社会的重要保障。

第一节　优抚安置

拥军

1951 年 2 月，开展“拥军优属月”活动，各乡人民政府成立拥军优属小组，慰问当地驻军和军烈属，拥军物资有畜禽、年糕、黄酒、蛋、肉、鱼等副食品。此后，元旦、春节和“八一”建军节均开展群众性拥军优属活动，各乡（镇）主要领导带队慰问当地驻军，并召开军、政、民座谈会，军地双方相互征求意见，互提希望和要求，沿至现在。驻军展开爱民活动，支援地方兴修水利、夏收夏种、农机建设等。1985 年，白峰乡、上阳乡分别成立双拥领导小组，订立拥军优属公约，开展军民共建精神文明活动。

1992 年，区领导率团慰问驻白峰部队伤病员。20 世纪 90 年代末至 2018 年，白峰街道（镇）党政领导每年春节和“八一”建军节均参加各种形式和拥军活动。

优属

1950 年春节，各乡组织拜年团向烈属、军属、部队职工家属拜年，挂光荣匾和光荣灯，贴春联，写慰问信，优属物资有大米、鸡、肉、蛋、鱼、年糕和火柴、毛巾、牙刷等。1951 年开始，境内各乡人民政府对农村无劳动力、家境贫困的烈军属实行土地代耕、代种、代收。1953 年，代耕、代种、代收固定到互助组。是年，镇海县召开首次烈军属和优抚模范代表会议，评选白峰岠峙村为县优抚模范村。农业合作化后，改代耕土地为优待劳动工分，秋后烈军属根据优待工分数分配现金、粮食和其他农副产品，优待标准相当于一般农村社员生活水平。1966—1976 年，受“文化大革命”影响，优待工作受挫。

20 世纪 70 年代中后期，社队企业兴起，对烈军属实行优先安排。1979 年，烈军属平均每户优待工分 61.8 工、现金 25.7 元。1980 年，户均优待工分 49.8 工、现金 54.5 元。1981 年，优待标准为同村一个正劳动力集体收入的 50%。1982 年，农村实行联产承包责任制后，对义务兵家属改优待工分为优待现金，延袭至今。1994 年每户义务兵家属优待金为每年 700 元；1996 年为 3100 元；2000 年为 5000 元；2003 年为 6000 元；2006 年为 10630 元；2018 年为 55693.25 元。

抚恤

20 世纪 50 年代初，境内各乡人民政府按照国家规定，由民政部门对牺牲、病故的革命军人家属发放一次性抚恤粮 250 ～ 600 千克。1953 年，由发放一次性抚恤粮改为发放一次性抚恤金。1984 年，一次性抚恤金标准为 2000 ～ 2400 元。1985 年，改为按直系亲属人数（含父母或抚养人、配偶、未成年子女）每月发给定期抚恤金，每人每月 20 ～ 25 元。1988 年以后，多次提高抚恤金标准。1994 年，每人每月提高至 66.2 元，1997 年每人每月为 165.15 元，2000 年为 202.27 元，2004 年为 409 元，2005 年起，“三属”（指革命烈士家属、因公牺牲军人家属和病故军人家属）享受优抚金，取消抚恤金。2018 年，全街道有“三属”人员 4 人，年发放优抚金 226944 元。

安置

1950 年 10 月至 1957 年，境内接收复员军人，主要回农村生产，有的担任农业社长、生产队队长等职。1958 年起实行义务兵退役制度，根据“从哪里来到哪里去”的原则，做到“妥善安置，各得其所”。各级政府分工分业予以照顾，优先安置乡镇企业。1969—1970 年，境内有多名农村退伍义务兵赴浙江省长广煤矿公司参加夺煤大会战。20 世纪 70、80 年代优先安置参战、立功的农村退伍义务兵在企事业单位就业，对军地两用人才招聘录用。1985 年改革农村安置办法，在征兵入伍同时即安置为乡镇企业正式职工。1990 年后，对农村退伍义务兵根据具体情况发给不同的安置费。

第二节　社会福利

敬老院建设

1986 年初，选址马盘碶头建上阳乡敬老院，敬老院由砖瓦平屋厂房改建，有管理人员 2 人。1992 年 5 月，上阳乡与白峰乡合并组建白峰镇，时上阳乡敬老院改称白峰镇敬老院，并迁址至道头小学原校舍，敬老院占地面积 700 平方米，建筑面积 350 平方米，有床位 15 张。2004 年 12 月，白峰镇敬老院又迁址至下阳村夹塘18号，院址由原白峰镇第二小学校舍改建而成。占地面积8325平方米，建筑面积2760平方米，有房屋45间、床位80张。配正副院长各1人，护理人员9人。

2016年7月，白峰镇敬老院改称白峰街道养老院。养老院主要接纳境内老年人养老居住，是一所五保人员集中供养与社会养老于一体的养老院。2018年，养老院共收养老年人80人，其中五保养老32人、自费养老48人。

五保供养

1956年，境内部分高级社对无依无靠、无劳动力社员实行五保（保吃、保穿、保烧、保教、保养），年供400千克稻谷、80把稻草，无劳动力者月给零用钱。1957年全面推行五保制度，保吃、保穿、保住、保医、保葬（孤儿保养）。1958年人民公社化时，开始由公社集体供养，后由于条件不成熟，在1960年起改分散到大队供养。1986年后，境内经济好转，开始兴办敬老院，赡养五保老人。

五保供养分集中供养和分散供养。集中供养由乡镇政府兴办敬老院，集中供养五保对象；分散供养以乡镇统筹或村提留公益金供养为主体，并由乡镇政府或农村集体经济组织、受委托的抚养人和五保对象三方签订五保供养协议。1987年，散居供养的五保老人年人均生活费约340元；1990年为480元；2000年约为1100元。2003年，实行敬老院与五保对象院户挂钩散居（视同集中供养）制度，散居对象年人均生活费1470元。2018年，境内共有五保老人32人，全部实行集体供养。

福利企业

境内福利企业兴办始于1958年，1966—1975年停办。1980年，为扶持社会福利企业的发展，政府规定盲、聋、哑、四肢残缺（以下简称“四残”）人员占生产人员总数35%以上的可免缴所得税，超过10%而未达35%的可减半缴纳所得税。2018年末，境内有白峰宏业电动工具有限公司和北仑区天源农业有限公司太和山庄种植基地两家福利企业。

白峰宏业电动工具有限公司，20世纪90年代兴办，址设下阳村夹塘，有职工近300人，其中残疾人31人，占全厂职工总数的11%以上。北仑区天源农业有限公司太和山庄种植基地，2005年兴办，址设下阳村上王潘家岙，属宁波市残疾人护贫基地。现有从业人员10人，其中残疾人10人，占基地从业人员总数的100%。

1995年下半年，境内福利企业残疾职工全部参加农村社会养老保险，每月缴费标准为50元。2002年，对残疾职工实行人身意外伤害保险，残疾人权益保障得到加强。2003年1月起，福利企业职工的农村社会养老保险的缴费额提高到每人每月70元。2004年1月起，福利企业职工的农村社会养老保险的缴费额提高到与当年社会统筹养老保险缴费额一致，并且符合参加社会统筹养老保险条件的残疾职工一律参加社会统筹养老保险。

老年残疾人待遇

2018年，境内男满60周岁、女满55周岁领取残疾补助金的共186人，其中：一级和二级残疾人人均每月315元；三级和四级残疾人人均每月135元。

2018年12月底白峰街道各级残疾人人数一览表

表9-1-1　　单位：人

村（社区）	小计	一级残疾	二级残疾	三级残疾	四级残疾
合计	1113	84	173	261	595
白峰	145	9	22	38	76
小门	115	4	17	20	74
新峰	54	3	11	10	30
司沿	87	3	13	16	55
港口	93	3	21	24	45
官庄	23	2	9	4	8
门浦	36	1	3	14	18
上阳	138	25	19	29	65
下阳	135	13	22	35	65
太平	27	5	2	8	12
阳东	141	8	15	27	91
勤山	57	5	6	21	25
峰城社区	30	1	7	7	15
怡峰社区	32	2	6	8	16

百岁老人生活补助

百岁老人历来受人尊敬。1990年2月，省老龄工作委员会等部门联合发布《关于对百岁老人发放补助费的通知》，规定凡年满100周岁的老人，从是年1月起，每人每月发25元生活补助费；1997年4月，百岁老人补助费调整为每人每月100元；2003年1月，调整为每人每月200元，后再度调整为每人每月300元，经费由区财政划拨。北仑区百岁老人待遇从100虚岁起享受。2018年末，境内有百岁老人4人，每人每月享受补助费提高至600元。

农村干部生活补贴

为从政治上、思想上、生活上关心原农村基层负责人，中华人民共和国成立以来，担任过村级正职负责人（指村〈大队〉党支部书记、村主任〈大队长〉，且任职时间不少于3年，年龄男满60周岁，女满55周岁的人员（机关、事业单位退休的除外），可领取农村干部生活补贴。因犯错误被撤职处理、或受到留党察看以上党纪处分，以及退党的上述人员不得享受。

根据仑委办〔2003〕70号文件规定发放标准和计算办法：担任村（大队）党支部书记、村主任（大队长），满3年（含3年）不足5年的80元／月，满5年（含5年）不足10年的100元／月，满10年不足15年的120元／月，满15年及以上的150元／月。资金筹措由区、乡镇两级解决，区财政负担70%、乡镇负担30%，并于2003年7月1日开始实施。

按照2016年8月11日区委组织部通知，根据实际情况对原发放的执行标准进行调整，并从7月1日开始执行至今，具体为满3年不足5年的180元／月、满5年不足10年的200元／月、满10年不足15年的240元／月、15年的270元／月、15年以上的300元／月。

第三节　婚姻管理

中华人民共和国成立前，男婚女嫁，不履行法律手续，全凭父母之命、媒妁之言。1950 年 5 月，《中华人民共和国婚姻法》颁布实施，人民政府实行婚姻登记制度，结婚、离婚皆需办理法律手续。1951 年境内各乡、村普遍组织村民学习贯彻《中华人民共和国婚姻法》，培训干部和积极分子，广泛开展宣传，受教育妇女 80%。1953 年后，自由恋爱、新式结婚、调解离婚、童养媳回娘家、寡妇改嫁在境内逐渐形成风尚，出现新型和睦家庭和模范夫妻。1955 年 5 月，贯彻国务院颁布的《婚姻登记办法》，结婚登记数逐年上升。1981 年元旦正式施行修改后的《中华人民共和国婚姻法》，鼓励晚婚晚育，境内晚婚晚育率逐年上升。

婚姻登记工作初由县民政科（一度委托区公所代办）办理。1955 年起，改由乡（公社）人民政府办理。1992 年 5 月，白峰镇政府专设婚姻登记处，办理结婚和离婚登记。2001 年 1 月 1 日起，婚姻登记机关撤销，统一由区民政局设立的婚姻登记窗口办理婚姻登记手续。2008—2018 年，境内共结婚登记 973 对。离婚登记一般均先作调解，经调解不成，再准予离婚登记，若有争议，提请法院裁决。2008—2018 年，经调解不成由法庭裁决离婚者，经调解无效，双方坚持离婚登记者共 272 对。

2008—2018 年白峰街道结婚、离婚情况表

表 9-1-2

年份	结婚（对）	离婚（对）
合计	973	272
2008	130	24
2009	124	24
2010	114	27
2011	131	29
2012	113	31
2013	78	32
2014	113	29
2015	60	30
2016	42	17
2017	33	14
2018	35	15

第四节　殡葬管理

殡葬改革

旧时，境内丧葬习俗行木棺土葬，墓地自选，丘冢遍地。重殓厚葬，充斥封建迷信，如做坟看风水，死后做道场，出殡披麻戴孝，殷富户石制坟塘，精雕墓碑等。

中华人民共和国成立后，宣传改变旧殡葬习俗。20 世纪 50 年代中期开始提倡火化，改革土葬。1953 年起，部分村庄利用荒山瘠地建集体公墓，改变随意乱葬，占用耕地陋习。1958 年平整土地，山上、平地、田间旧墓大多数刨平，遗骨就地深埋。20 世纪 60 年代中期，提倡简朴办丧事，以开追悼会代替发丧送葬，送花圈代替焚香摆供，佩戴黑纱代替披麻戴孝。

1978 年贯彻中央有关殡葬改革规定，积极推行火葬，改革土葬，破除旧丧葬习俗，节约办丧事。1983 年中共镇海县委根据中央有关指示精神，要求共产党员、国家干部带头实行火葬，简办丧事。1985 年 2 月，学习贯彻国务院发布的《关于殡葬管理的暂行规定》。1996 年 3 月，白峰镇成立殡葬改革领导小组。次年 11 月 1 日起，殡葬改革全面实施，除外峙、神马、山防村及双石人山自然村外墓地审批工作彻底停止，一律改土葬为火化。2001 年 12 月 1 日起，全镇实行遗体火化。自 2002 年起，全镇遗体火化率保持在 100%。

日常殡葬管理

1996 年 3 月，白峰镇对在国（省）道公路、主河道沿线、规划区、风景区等地的坟墓进行专项整治，是年迁墓 135 座。1999 年，经区民政部门核准，建白峰公益性骨灰堂一座，址设�峙葛家湾后山，有平房 3 间。

2004 年 12 月，投资 30 万元在勤山村戴家岙建成万寿山墓地（公墓地）。墓地占地面积 2.47 公顷，总设计坟墓 1700 座。2018 年末，建成坟墓 1600 座（包括生态墓、拆迁墓），占地面积 2 公顷，有管理人员 5 人。

第五节 救灾救济

救灾

1949—2018 年，境内遭受不同程度台风、连续干旱、大雪、热带风暴等自然灾害 59 次，酿成重大灾害 21 次。在诸多灾害中，尤以 1956 年 8 月 1 日 12 号台风灾害所带来的损失最为惨重。台风正面袭击上阳乡，冲垮门口海塘 4701 米，棉花和水稻田受淹各 200 余公顷，倒塌房屋 200 余间，家具、树木、猪羊牲畜到处漂浮，14 名村民遇难。上阳里外千亩一片汪洋，海水漫到上太平庙，经济损失十分惨重。灾害发生后，镇海县委、县政府组织成立生产救灾委员会，宁波专署专员王博平、县长王玉桥，郭巨区委领导杨如强等亲临上阳帮助救灾和处理善后工作。上海市轻工业局局长梅六带领干部职工到上阳慰问，捐款 3000 元，见灾情严重又增资 3000 元。各级政府先后发放救灾款 7 万元。银行、信用社贷款 11 万元，以工代赈。乡政府成立救灾指挥部，组织社员日夜施工，奋战一年。于次年 9 月，围塘关门，蓄水冲淡，恢复生产。

2012 年 8 月 8 日，强台风“海葵”在象山登陆，境内上阳庙前畈、河涂等地积水 1 米以上，花木被淹，花农损失惨重。灾害发生后，镇民政办公室，将区政府下拨的救灾扶贫款及时送到灾民手中。其他均按灾情重轻、损失大小，给予救灾物资和现金（含免缴农业税）。1953—2012 年的 60 年间，区（县）、镇（乡、公社）政府累计直接发放灾民救济款 1300 余万元。

救济

中华人民共和国成立初期，政府对农村孤老残幼贫困户，采取春、夏荒急赈和发动生产自救、群众互助互济等办法解决。农业合作化后，采取集体供养辅以国家救济。1978 年后，动员社会力量扶贫，帮助贫困户发展农副业生产，逐步达到一般社员生活水平。

社会救济分定期、临时两种。对生活困难连续救济 6 个月以上者称为定期救济。20 世纪 50—60 年代初，定期救济标准每人每月 3 ～ 4 元。1964 年增至 8 元，1979 年为 12 元，1982 年为 15 元。2000 年起，社会困难户绝大多数转为最低生活保障对象，享受“低保”待遇。

第六节　老龄工作

机构设施

从 20 世纪 90 年代开始，白峰乡、上阳乡各村相继建立老年协会。1992 年建立白峰镇老龄工作委员会。2016 年 7 月改称白峰街道老龄工作委员会。2018 年，全街道建有村（社区）老年协会 27 个，老年人体育协会 27 个。有街道老年人活动中心 1 个，村（社）、社区老年人活动室 27 个。

养老服务

2008 年 7 月开始，境内各村（社）、社区先后建立居家养老服务站 19 个，为老年人提供生活照料、精神慰藉、卫生保健、法律维权、文化娱乐、安全守望等方面的服务，并开展助老志愿者结对联系帮扶活动。2018 年，共联系结对老年人 985 人，其中重点结对 222 人，有助老志愿者 474 人。是年，建有爱心食堂 6 家，为 110 多名老年人提供助餐服务。

第二章　司法

民国及以前，境内生产力发展滞缓，经济结构长期单一，社会事务较单纯，由此而决定的上层建筑也简陋而残缺。境内一直无司法机构，缺乏法治管理。民间不少民事纠纷都由历史习惯形成的地方族长、长辈或德高望重者负责调处。族长一般由同村同姓族中辈分最高、年岁最长者担任。他们本着人间朴素的公理、正义和良心来判别是非。

中华人民共和国成立后，境内各乡（镇、街道）先后成立司法机构，开展各项司法工作。

第一节　机构

中华人民共和国成立初期，境内司法行政工作由镇海县人民法院兼管。1981 年 2 月，建镇海县司法局，后白峰公社、上阳公社各配司法助理员 1 名。1985 年 7 月，分别成立白峰乡、上阳乡司法办公室（后改建司法所）开展日常司法行政工作。1992 年 5 月，建白峰镇司法所。2016 年 7 月改称白峰街道司法所，具体负责人民调解、法治宣传、帮教安置等司法行政工作。

第二节　人民调解

中华人民共和国成立后，党和政府十分重视人民调解工作。1951 年各乡派员参加镇海县人民法院第一次召开的调解工作会议。1953 年民主建政后，白峰乡、山江乡、上阳乡、下阳乡分别建立人民调解委员会，各村建立人民调解小组。1981 年 2 月人民调解工作归县司法局管理。

1985 年，白峰乡、上阳乡均成立由 3 人组成的司法办公室（后改称司法所），并整顿、调整各村调解组织，对基层调解组织实行岗位责任评分考核制和调解承包制，实施人员、报酬、业务、制度“四落实”。是年，两个乡共调解各类民事纠纷 1200 余件。

1989 年，贯彻国务院《人民调解委员会组织条例》，确立由乡司法所具体开展日常调研工作，一般民间纠纷由村级调解小组调处。1991 年，把人民调解工作作为社会治安综合治理的重要内容，落实区司法局提出的“调防结合、以防为主”的工作思路，坚持“大调解、大服务”思想，动员多方力量对人民内部矛盾进行预防、控制、化解和调处的综合治理，形成点、线、面结合，责、权、利联动的人民调解工作制度体系，有力地维护境内社会稳定。1998—2000 年学习推广“枫桥经验”，白峰镇 27 个村委会调解组织 90% 达到标准化要求。2001 年，镇、村（社区）、自然点三级调解网络基本形成。

2004 年，白峰外来人口不断增加，在外来人口聚居点建立调解委员会。

2005 年，镇司法所主动参与“卡努”“麦莎”台风后群体性紧急突发事件的调处。2006 年，从下而上形成镇、村（社区）人民调解委员会为主体，村民小组、居民小组为信息联络员的调解工作网络，至 2018 年，全街道已建人民调解委员会 15 个，其中街道调解委员会 1 个、村（社区）调解委员会 14 个，共有调解员 52 人。对调解工作实行“一案一档”制度、人民调解协同制度、“诉调对接”制度、司法和“110”联动调解制度，每年都有大量民事纠纷案例通过调解的方式得以解决。

2003　2018 年白峰街道（镇）人民调解情况表

表 9-2-1

年份	调解委员会（个）	调解员（人）	调解纠纷（件）										调解成功（件）	调解成功率（%）
			合计	婚姻	继承	赡养	家庭	房屋	债务	生产经营	邻居	赔偿		
2003	1	3	172	18	16	9	25	12	17	5	27	43	167	97.09
2004	1	3	185	12	10	7	26	8	20	3	23	76	178	96.22
2005	1	3	163	15	6	5	17	13	25	6	28	48	158	96.93
2006	1	3	193	21	5	3	23	12	29	5	25	70	185	95.85
2007	1	3	215	26	7	3	26	15	36	2	32	68	207	96.28
2008	1	3	231	22	5	4	30	17	38	4	15	96	226	97.84
2009	1	3	252	18	3	6	20	22	45	6	18	114	245	97.22
2010	1	3	267	15	4	5	18	25	53	15	21	111	260	97.38
2011	1	3	284	24	7	6	25	27	59	12	26	98	277	97.54
2012	1	3	265	20	3	2	28	24	67	10	14	97	262	98.87
2013	1	3	293	26	2	4	32	28	52	7	23	119	286	97.61

续表 9-2-1

年份	调解委员会（个）	调解员（人）	调解纠纷（件）										调解成功（件）	调解成功率（%）
			合计	婚姻	继承	赡养	家庭	房屋	债务	生产经营	邻居	赔偿		
2014	1	3	312	22	5	3	35	26	63	13	25	120	307	98.40
2015	1	3	337	19	7	5	30	21	57	6	35	157	331	98.22
2016	1	3	354	23	4	6	27	34	52	10	32	166	348	98.31
2017	1	3	176	17	3	3	15	22	34	8	20	54	173	98.30
2018	1	3	236	25	8	8	21	26	32	7	22	87	232	98.31

第三节　法治宣传

中华人民共和国成立初期，为配合党和政府在各个时期的中心工作，先后采用印发宣传资料、编写黑板报、墙报、组织广播讲座、法律咨询、电视录像、法律知识竞赛等形式，宣传国家重要法律法规，提高人民群众法治意识。

1981年以来，法治宣传从抓“禁赌”开始，境内各公社组织社员学习县司法局编印的《铁的事实、血的教训》教育资料，广泛宣传赌博为犯罪渊源及其对家庭的危害。继而对《宪法修改草案》《中华人民共和国刑法》《民事诉讼法（试行）》《中华人民共和国婚姻法》《治安管理处罚条例》等国家基本法律，通过报告会对干部和群众进行教育。

1983年配合全民文明礼貌月活动，于3月22日在白峰和上阳分别开展“法制宣传日”活动。4—5月又进行法治宣传，并现场接待来访群众，解答咨询问题，受教育群众达3000余人次。1984年1月开展以“保护妇女儿童合法权益”为中心内容的法治宣传活动，培训宣传骨干，召开各种会议，92%妇女受到教育。

1985—2015年，先后开展6次“普法”教育，学习《中华人民共和国宪法》《中华人民共和国刑法》《中华人民共和国刑事诉讼法》《中华人民共和国交通安全法》《中华人民共和国反分裂国家法》《中华人民共和国未成年人保护法》和各类经济法律、法规、条例70余部，编印普法宣传资料1.2万余份。通过普法教育，逐步做到人人懂法、知法，促进社会综合治理健康深入开展。

2003年，“非典”肆虐，全镇各村、社区、单位组织学习区司法局编辑和发放的《中华人民共和国传染病防治法》。针对“后所事件”的处置，组织各村干部、群众学习《信访须知》《信访条例》等法律法规。并将区司法局编印的《公民常用法律知识问答》2000多册发送到村、社区、企业，收到较好的社会效果和法治宣传效果。在历次普法教育中，每次顺利通过区普法办公室的考核验收。白峰司法所在“五五”普法期间被评为省级规范化司法所。在“六五”普法期间，小门村被评为全国民主法治示范村，白峰镇获评全市维稳先进集体。

第四节　帮教安置

1979年，根据中共中央指示和中共镇海县委统一部署，白峰公社、上阳公社分别开始对社会治安采取综合治理方法，加强对青少年法纪、道德教育。特别对违法青年帮教工作，动员全社会力量，因人施教，综合治理。1983 年末，白峰乡和上阳乡均建立帮教小组。

1997 年下半年，白峰镇专题召开党政联席会议，建立以党群书记为组长，政法镇长、派出所所长为副组长，司法所、民政、团委、妇联等各系统负责人为成员的帮教安置领导小组。同时，各村建立由村委会负责人为组长的村帮教安置领导小组，由此形成安置帮教组织网络。1998 年 3 月，区司法局对白峰镇司法所为帮教安置人员建档立卡工作进行检查验收并通过。1999 年，北仑区在白峰镇小门甬孚纺机厂设立帮教人员安置基地，先后有 8 人在此多则近 2 年、少则 2 个月接受帮教，其间没有 1 人逃离，期满后无 1 人重新犯罪。

2002 年，学习贯彻《浙江省归正人员安置帮教工作办法》，落实区司法局制定的司法所所长首谈制度、结对帮教制度等 10 项制度。2006 年起推行归正人员 A、B、C 分类管理办法，至 2018 年的 13 年间，全街道（镇）共落实帮教人员 7 人，帮教率 100%；落实安置 7 人，安置率 100%。

第三章　公安

民国时期，境内社会治安由柴桥警察分所负责。中华人民共和国成立后，白峰境域治安先后由郭巨派出所、柴桥派出所管辖，后又归郭巨派出所管辖。1992 年始设白峰派出所。

中华人民共和国成立初，通过开展镇压反革命等运动，稳定社会秩序。嗣后，通过取缔反动会道门等运动，进一步巩固社会主义制度。20 世纪 70 年代后，开展多次严厉打击刑事犯罪专项斗争，扫除地方恶势力，社会治安明显得到好转。白峰公安机关强化治安、户籍、消防、交通等管理，使地方的治安机制逐步健全完善。

第一节　机构

中华人民共和国成立前，境内社会治安由镇海县警察局下属柴桥警察分所负责。1950 年 7 月，镇海县公安局在郭巨区设立郭巨派出所，白峰境域社会治安隶属郭巨派出所管辖。1958 年末，郭巨派出所撤销，具体公安事务由柴桥派出所负责。1983 年 3 月改 1524 工地派出所为郭巨派出所，白峰境域社会治安又隶属郭巨派出所管辖。1991 年，设立白峰交警中队，负责境内交通安全。1992 年 5 月，设立北仑区公安分局白峰派出所，全面负责境内社会治安事务。

第二节　镇压反革命　取缔反动会道门

镇压反革命

中华人民共和国成立初，境内匪患严重，对抗人民政府，杀害解放军、基层干部及群众，抢劫财物，敲诈勒索，强征粮食。1950年7—8月，海匪潘礼部在白峰至郭巨沿海的峙头洋抢劫支前粮船，威胁吊打群众，控制沿海部分村庄。一些恶霸造谣惑众，有的匪特还打入基层政权破坏捣乱。按照政务院、最高人民法院《关于镇压反革命活动的指示》和中央人民政府公布的《惩治反革命条例》，于1950年11月开展镇压反革命运动，实行镇压与宽大相结合政策，杀、判一批罪大恶极而又抗拒交代的反革命分子。运动至1953年9月结束。境内各乡共判处反革命分子、恶霸地主、不法分子死刑15人，有期徒刑多人。

取缔反动会道门

中华人民共和国成立初期，境内“一贯道”、“同善社”等反动会道门头子利用封建迷信活动，造谣惑众，煽动闹事，破坏社会治安。1952年9月，全面取缔反动会道门。境内各乡根据镇海县人民政府发布的取缔通告，采用罪证展览、巡回演出、道徒现身说法等形式，揭露反动会道门罪恶，以管训、逮捕、登记、查封、退道等措施加以摧毁。

第三节　打击刑事犯罪

专项打击

中华人民共和国成立初，打击刑事犯罪活动与剿匪肃特、镇压反革命活动结合进行。

1973年以来，多次开展集中打击刑事犯罪活动。1977年2—12月，开展4次治安大清查。1981年12月开展集中打击流窜犯活动，境内共设巡逻组2个。1983年8月根据全国人大常委会《关于严惩严重危害社会治安的犯罪分子的决定》，至次年7月15日境内连续3次开展“严厉打击严重刑事犯罪”（简称“严打”）统一行动，依法从重从严从快惩治一批严重危害社会治安和人民生命财产安全的罪犯，摧毁一些犯罪团伙，使犯罪分子受到震慑，刑事案件发案数显著下降。1986年6—8月，又开展为期1个半月的“反盗窃”斗争，敦促违法犯罪分子投案自首。1990年5月，再次开展为期1个月的“严打”斗争。1993年4—6月、8—9月，开展2次“三打一禁”（打击刑事犯罪、打击偷盗扒窃、打击卖淫嫖娼、禁赌）斗争，翌年6月再次开展“三打一禁”斗争，9月开展整治农村治安专项斗争。1991—1993年举办3次禁赌学习班。1996年4月，全镇再次开展“严打”斗争。2000—2003年，开展打击拐卖妇女专项斗争，开展打击窃电、破坏电力设施安全和电力建设工程的电力治安整治行动；开展“破案追逃”战役和反扒窃专项行动及“反盗抢、禁黄毒”专项斗争。2004—2018年，15年间以平安系列行动为载体，集中打击抢劫、抢夺、盗窃、赌博违法犯罪专项行动和“攻命案、打盗抢、除黑恶、强防控”专项行动，开展汽车、摩托车、电瓶车“三乱”整治，公共复杂娱乐场所整治，治安乱点整治等，均取得明显效果。2004—2018年，白峰派出所共破刑事案件662件，破案率为47.7%。

2004—2018年白峰街道（镇）刑事发案破案一览表

表9-3-1

年份	发案（件）	破案（件）	破案率（%）
合计	1389	662	47.66
2004	69	34	49.28
2005	81	39	48.15
2006	72	41	56.94

续表 9-3-1

年份	发案（件）	破案（件）	破案率（%）
2007	91	48	52.75
2008	88	36	40.91
2009	76	29	38.16
2010	83	38	45.78
2011	97	45	46.39
2012	96	51	53.13
2013	91	64	70.33
2014	87	62	71.26
2015	162	64	39.51
2016	154	44	28.57
2017	74	44	59.46
2018	68	23	33.82

第四节　治安管理

成立群众治安组织

1951 年，境内各乡相继成立治保组织，每个治保组织设主任 1 名，委员若干名。1955 年结合整社发展治保组织，各农业生产合作社均设有治保人员。“文化大革命”期间，废除治保组织，改称“群众专政指挥部”。1974 年始建联防组织，白峰公社、上阳公社分别建立治安联防队。1984 年，白峰乡、上阳乡分别组建政法办公室，治安联防队归政法办公室领导。

1992 年，各村相继建立治保委员会。2003 年 8 月，分别建立治安联防队，开展夜巡护村。至 2018 年，全街道有联防队（夜巡队）18 个，队员 150 人；有警务室 3 个。

禁赌扫黄

禁赌　赌博在旧社会极为盛行，有的为此倾家荡产，甚至妻离子散，造成社会不安宁。境域解放后，人民政府均在元旦、春节前后张贴布告，加强法治教育，查禁赌博，对赌徒采取拘留、罚款，依法惩办为首分子，赌博基本禁绝。1974 年后复行兴起。1982 年 1 月，开展禁赌工作，举办法治学习班，召开群众大会，张贴禁赌布告，开展各种形式的查禁赌博活动。1984 年开展禁赌教育，组织建立妇女禁赌协会、老年禁赌协会和个体私营企业禁赌协会等民间组织，与社会联动禁赌，开展各种形式的查禁赌博活动。但赌博活动禁而不止，1985 年后仍有发生。据不完全统计，2003—2018 年，境内共查获各类赌博 169 场次，参赌人员 900 余人，没收赌资 62 万元。

扫黄　卖淫嫖娼是旧社会遗留下来的丑恶现象，境域解放后曾一度绝迹。20 世纪 80 年代末，暗娼活动重现，境内各乡配合区公安分局及时取缔卖淫嫖娼活动。1990 年，北仑区公安分局组织打击白峰舟渡码头的卖淫嫖娼活动，拉开全区打击卖淫嫖娼、扫黄专项整治行动的序幕。

特种行业、公共场所管理

1985 年 11 月，区公安分局确定将旅馆、公章刻制、收购生产性废旧金属行业列为特种行业，予以管理。并确定旅社、集贸市场、影剧院、车站和码头列入公共场所管理范围。1992 年，把按摩店、歌舞娱乐场所列为公共场所进行管理。2002 年开始，国家和省政府相继对特种行业审批制度作出调整，取消部分行业的特种许可证。至 2018 年，境内有旅馆业 11 家，公章刻制业 2 家，歌舞娱乐场所 1 家。

爆炸物品管理

爆炸物品主要包括各类炸药、雷管、导火索、起爆器和爆破剂、黑火药、烟火剂和烟花爆竹，以及公安部门认为需要管理的其他爆炸物品。

境内爆炸物品管理，主要是对采石场和烟花爆竹的管理。对采石场的管理主要是建立“一场一档”制度，采用对采石场负责人员、矿山安全员、爆破器材安全员、仓库保管员、爆破员（以下简称“五大员”）实行统一领用、清退，统一配送民用爆炸物品，统一对库房安装“三铁一器”，统一使用现场临时保管箱，统一悬挂警戒标志的管理办法，并辅以定期和不定期的检查，对“五大员”适时培训，并加强管理。1987 年，白峰乡有采石场 6 个、上阳乡有采石场 3 个，2002 年全镇共有采石场 4 个，2018 年减至 1 个。

对烟花爆竹的管理主要是审核和检查烟花爆竹的销售点，对违规的及时处罚。2000 年，对民用爆炸物管理实行统一购买、运输、储存、保管、配送服务。2018 年，境内烟花爆竹销售店 3 家。

治安管理处罚

治安管理处罚是公安机关对违反《治安管理处罚条例》行为的一种行政处罚，治安管理处罚分为警告、罚款和拘留 3 种，同时还规定训诫、具结悔过、没收和损害赔偿 4 项辅助措施，1987 年起实施。2005 年 8 月 28 日，第十届全国人大常委会第十七次会议通过并公布的《中华人民共和国治安管理处罚法》于 2006 年 3 月 1 日起施行，《治安管理处罚条例》同时废止。

2003—2018 年白峰境内治安案件一览表

表 9-3-2　　单位：件

年份	案发件数合计	案件分类										
		偷窃少量财物	殴打他人	赌博	扰乱公共秩序	流氓卖淫奸宿	侮辱妇女	妨碍公务	损坏公共财物	利用迷信骗取钱物	骗取抢夺敲诈财物	其他
2003	179	92	27	12		4			9		2	33
2004	193	101	22	14		2			11		1	42
2005	144	78	16	10		3	1		7		4	25
2006	166	128	13	5	1	1			3		5	10
2007	246	155	37	6		1			5		7	35
2008	369	241	59	11					12	10		36
2009	512	292	121	12		5			27		10	45
2010	351	214	63	14	1	4		1	18	5	2	29
2011	298	174	57	6		10			10		10	31
2012	278	154	41	23		2			23		7	28
2013	221	100	44	10		4			18		3	42
2014	207	88	40	14		3			5		1	56
2015	126	20	43	2		1			14		12	34
2016	158	26	48	7		2		1	24		8	42
2017	165	31	43	20	2	2			30	1		36
2018	174	59	48	3	3	2		1	16		1	41

2003—2018 年白峰境内治安案件处罚一览表

表 9-3-3　　单位：人

年份	合计	治安拘留	罚款	警告
2003	81	62	14	5
2004	93	71	20	2
2005	71	48	19	4
2006	99	59	32	8
2007	114	85	22	7
2008	130	94	36	
2009	127	91	35	1
2010	113	86	26	1
2011	98	86	12	
2012	122	101	19	2
2013	128	102	11	15
2014	160	109	51	
2015	74	70	4	
2016	73	40	31	2
2017	96	54	41	1
2018	53	39	13	1

第五节　户籍管理

历代都十分注重户籍管理。清末，推行保甲制度。至中华人民共和国成立初期，仍沿用保甲制。1950 年废除保甲制，重新建立户籍管理制度。

常住人口管理

1953 年进行第一次全国人口普查，时户籍管理由各乡负责。1955 年建立经常户口登记制度，以掌握人口数字和管理人口的出生、死亡、迁入、迁出的变动情况。1958 年，由公社和生产大队两级管理。1964 年训练户口管理人员，各公社、大队设兼职管理员，配合完成第二次全国人口普查。1981 年 5 月，各公社整顿户口。1982 年第三次全国人口普查时，各公社分别设立普查办公室。是年，户籍管理由派出所统一负责，规范发证。1992 年 9 月，对农村迁居集镇居民购买“蓝印户口”。1996 年 10 月，实行农村户口城市化管理，每村每户制订路标门牌，发放村民户口簿。

外来人口管理

1985 年 7 月，以村为单位，对外来人口实行登记，纳入管理。1990 年 12 月，把外来人口管理与计划生育管理结合起来。1993 年 3—5 月，对外来人口进行全面清查注册。

2000 年后，境内各类企业增多，外来务工人员增速较快。公安派出所转变外来人口管理观念，通过警务区登记办理暂住人口的同时，树立“打击与保护、管理与服务”并重的理念，探索新的管理办法，取得实效。一是加强企业内部对暂住人口的管理，通过健全管理网络，公正公平处理劳资纠纷，使企业内部形成和谐之风，使外来人口深感温暖，维护社会稳定，促进经济发展。二是建立“外来人口之家”，以实现外来人口的自我管理、自我教育、自我约束。三是强化出租房管理，进行出租房登记，建立出租户对租住的外来人员的治安管理负责制。

居民身份证颁发

1986年7月，发放第一批居民身份证。1987年12月，第一批居民身份证颁发工作全面结束。1989年开始，对16周岁以上，尚未领到居民身份证的公民、16周岁以上常住户口待定的公民（指持有户口迁移证、复员、退伍、转业证件和刑满释放、解除劳动教养证明，但因种种原因未落实常住户口的公民）发放临时身份证。2005年4月底，停止发放第一代居民身份证，集中换发第二代居民身份证。至2018年末，全街道共受理第二代居民身份证20160张。第二代临时身份证从2006年1月正式开始受理，截至2018年末共制发414张。

第六节　消防管理

宁波开埠后，定海县（镇海县）海晏乡（时白峰境域属海晏乡）创办水龙局（又称水龙会或救火会），负责境内消防管理。清末，境域分属海晏乡和郭巨乡，时境内设有咸安会、集义会、普安会，负责消防管理。1934年，境内建有小门、白峰、五境、上道、马盘、庚阳6个水龙局，有消防队员120余人。水龙局属民间义务消防组织，人员来自各行各业，如发生火情，以鸣锣为号，奋起扑救，各点备有拗揿（人力水泵）、大木桶、水桶、斧、锯、扁担、水带等灭火工具，全部费用由乡绅、殷商捐助。此类消防组织存在至中华人民共和国成立初期。

中华人民共和国成立后，农村消防组织由村、社（大队）管理。1965年，组建白峰公社义务消防队和上阳公社义务消防队，共有义务消防队员40余人。同时，开展“以防为主，以消为辅”的防火宣传，进行防火检查，改善消防设施，落实防火措施，还实行冬夜值更，提醒家家户户小心火烛。1982年，柴桥镇设消防分队，兼管白峰境域消防工作。1994年6月，成立北仑区消防大队柴桥消防中队，白峰境域消防安全属柴桥消防中队负责。2011年11月，撤销柴桥消防中队，设北仑区消防大队春晓消防中队，白峰境域消防工作由春晓消防中队管辖，消防中队有现役消防队员20余人。2003—2018年，境内共发生中小型火灾6起，无人员伤亡，无重大型火灾发生。

附录：重大火例

前董庙（后易名白峰庙）建于清康熙（1662—1722）中后期，庙址坐落在白峰村角山岭北偏东百余米处，为五架屋一间，尊吴志光为庙神，又称吴府，民国初期因发生火灾此庙被毁。

1955年10月初，上阳乡南一村因2个小孩玩火引起火灾，后新屋前面5间二弄平房，在3个小时内烧毁，烧死小孩一人，损失财物时值10万元左右。

1968年12月底，白峰公社白峰大队大德礼乐某家，因厨房间火缸倒灰过多发红引起火灾，烧毁七架屋1间1弄。

1975年12月25日下午1时40分，上阳公社石山大队张家门口，因小孩玩火烧毁房屋2间2弄2舍头和4间轩子间，起火3个小时后被扑灭，损失财产时值20万元左右。

1982年2月1日晚上，上阳公社四合院木结构的上王祠堂烧得片瓦无存。因是夜里起火，屋内堆放的箩、番薯笠等竹器，还有一桶汽油被烧尽，幸无人员伤亡，起火原因查无果。

第七节　交通管理

境内交通管理原属北仑区交通局负责。1987年10月划归北仑公安分局交通警察大队管辖。1988年，开展“治三乱、清五场、压事故、保畅通”的道路专项治理。1989年，开展交通法规宣传，制止各种违章歪风。1991年，成立北仑公安分局交通警察大队白峰交警中队，具体负责境内交通安全事宜。时在境内开展违章超车、超载和不按规定会车专项整顿，加强对辖区内非机动车和人力三轮货车的检验和换发新牌证。1993年，开展“奋战三个月，严管控事故，纠违保畅通”整治行动。1995年，开通“122”交警报警电话，方便群众报警。

2001年起，全面开始“实施畅通工程、创建平安大道”工作，白峰交警中队开展以“反违章、压事故、保安全、促畅通”为主题的一系列交通秩序整顿活动。2004年5月《中华人民共和国道路交通安全法》颁布实施，交警中队以此为契机，推进和完善政府领导下的预防道路交通事故联席会议制度，建立预防和减少道路交通事故责任制。2006年以来，为创造安全畅通的道路交通环境，按照政府领导、部门协作、社会联动、齐抓共管、综合治理的总体要求，以降事故、保安全、保畅通为总体目标，全面推进道路交通安全工作。至2018年，白峰交警中队所管辖的道路总长60.5千米，主要道路有329国道和沿海中线；管理机动车5017辆，其中汽车4949辆、摩托车68辆，有驾驶员5017人。

2011—2018年白峰境域路面管理情况表

表9-3-4

年份	纠正违章机动车辆（辆）	暂扣车辆（辆）	扣证、记证、撤证（本）
2011	2185	310	113
2012	3675	507	279
2013	3778	310	288
2014	4150	102	336
2015	3685	101	578
2016	3880	110	485
2017	2747	208	446
2018	4552	47	430

2010—2018年白峰境域道路交通事故一览表

表9-3-5

年份	事故总数（起）	上报事故（起）	死亡（人）	受伤（人）	直接经济损失（万元）
2010	680	25	6	32	8.51
2011	1063	32	10	31	15.50
2012	1011	24	4	27	11.57

续表 9–3–5

年份	事故总数（起）	上报事故（起）	死亡（人）	受伤（人）	直接经济损失（万元）
2013	691	26	7	26	24.52
2014	971	27	8	29	17.20
2015	988	28	8	22	14.90
2016	1113	24	7	17	4.61
2017	1175	21	4	18	4.80
2018	713	20	4	18	2.00

第十篇　交通　邮电

白峰街道是北仑区东部穿山半岛山区丘陵小镇，南北面海。千百年来，劳动人民在封建土地制度束缚下，困守于山间乡村，生产力十分低下。长期以来，境内岛民出门乘小船，村民行路走田埂，乡人到柴桥赶集要翻山越岭，到宁波更是遥不可及，货物运输则全靠肩挑背驮，许多乡人一辈子没有走出过白峰。明、清时期，境内先后设上梅渡、神马司前渡、轮江外峙渡等渡运，为村民出入小岛提供便利，但常遇风涛之患。民国时期，境内交通面貌无较大改变。

中华人民共和国成立后，境内农业生产复苏，对交通运输的需求不断增加，1955 年 4 月根据省人委和宁波专员公署指示，修筑穿（山）白（峰）线国防公路，同年 11 月 10 日竣工，长途客运开进白峰，为促进白峰城乡间的交流和经济发展创造条件。嗣后，交通建设投入资金逐年增加。1975 年境内引进大型拖拉机，成立副业运输队，货运业起步。20 世纪 80 年代后期，境内货运车辆（包括农用车、拖拉机）不断增加。中共十一届三中全会以后，一向以农、渔业生产为主的白峰，迈开农、副、工、商综合发展的步子。城乡之间经济合作进一步加强，加快交通基础建设为经济建设服务成为人们的共识。改革开放四十年，境内公路不仅线路增多，路基拓宽，桥梁、路面的等级以及公路的线型都大大改善和提高；渡运、航线陆续新辟，渡口时有扩建和改造，逐渐成为通往舟山部分岛屿的“交通要冲”，货运码头吞吐量也逐年增长；自 2008 年实施城乡公交一体化建设以来，境内公交线路从寥寥无几到星罗棋布；随着村民经济生活条件不断改善，越来越多富户购置私家车，交通工具和出行方式也趋多样化。

明天顺年间（1457—1464），境内设虾、头 2 处铺舍，为境内最早邮政设施。民国中期始设邮政代办所。1954 年 6 月，白峰乡政府安装第一台手摇电话机，1956 年 2 月设邮电所，白峰电信事业起步。1956 年 12 月境内实现村村通邮。20 世纪 60—80 年代初，白峰邮电事业发展迟缓。1985 年 7 月白峰境域划归北仑区（1987 年 7 月前称滨海区）后，特别是 20 世纪 90 年代，境内邮电事业发展迅速，扩大范围，更新设施，改造技术，安装固定电话的家庭越来越多。2000 年后，移动通信、网络业务高速发展，中国移动、中国联通服务相继延伸到白峰境内。至 2018 年，实现移动 4G 信号全覆盖。

第一章　交通

中华人民共和国成立前，白峰交通长期处于封闭状态，境内羊肠小道串联各大小村落。中华人民共和国成立后，由于农业生产的发展，乡村道路逐渐变宽。1955 年穿山至白峰国防公路建成，白峰可以直达宁波。嗣后，修筑公路、桥梁，打通隧道，建造码头，开拓航线，改善交通基础设施，铺建铁路，加快白峰向城乡现代化迈进的步伐。至 2018 年末，境内共有国道线 1 条，区级公路 4 条，过境高速公路 1 条，乡村道路四通八达。开通公交客运线路10条，境内设公交车站50个，实现村村通公交。另建有客运码头3个，大小货运码头35个。2015年动工修建四期码头至大碶铁路。基本形成海运、铁路、公路等门类齐全的综合运输体系。

第一节　乡村道路

上阳村村道

旧时，一般大路多以河道自然走向形成，河堤岸即为大道（官道），连结各自然村之间的路多为田间小埂，前后山之间有山道。因多为泥地，行走困难，特别是雨天更是“举步维艰”。为方便出行，将主要官道、村道铺上卵石、石板。

中华人民共和国成立后，开展农田水利基本建设，普遍修建水渠，同时手拉车逐渐代替人力肩挑背驮运输，各村陆续改建或拓宽路面，部分路面铺上砂砾、卵石或石板，路面也拓宽至2～3米。20世纪70年代，随着各大队纷纷购置和使用拖拉机耕作或运输，村与村之间都筑起可以行驶拖拉机的机耕路，路面一般宽为3.5米。时部分乡间道路仍为泥路，一下雨还是行走不便。嗣后，逐年投入资金修路，20世纪80年代乡间机耕路畅通，成为民间交通干道。20世纪90年代起，随着各种大小车辆的增加，机耕路也已不适应车辆的行驶，将机耕路改建为简易公路，同时随着农村经济的发展，通过集资和地方政府拨款，逐渐拓宽并改建成水泥路面。进入21世纪，随着经济和交通事业的发展，乡村道路、桥梁不断改建或新建。

境内主要乡间道路：道头夹塘经上王至虾庚，长3.07千米；道头夹塘经钟家湾、马盘至黎明，长3.1千米；马盘老碶头经外马盘、马盘大会堂、东山脚下至柏树塘，长1.86千米；道头影剧院至太平岙里，长2.55千米；太平村经西大园至上阳村、阮家（老路），长2.32千米；山坑青龙寺至上枫棚，长2.34千米；勤丰轮窑厂（原）经蕉山、下湾至夹塘，长2.96千米；门浦至官庄，长1.3千米；小门329国道经小门村至中岭脚，长3.25千米。

民间古道

民间古道都为人行道，路宽一般为1～1.5米，平原以卵石路、石板路为主。而山岭古道多崎岖、曲折、坡陡，路面最狭的地方只有0.5～0.6米，路面以黄泥垫底，鹅卵石铺成，坚实牢固，防水防滑，纹饰多样。也有直接用山地就地开凿的砂石铺路面。

高岭　太平岙村至柴桥下龙泉，古时是上阳、下阳、梅山的民众出行的主要通道。高度海拔284.9米，路陡崎岖，长约6千米。

小岭　古时是上阳庚头村民通往柴桥赶集经商的主要通道。山高路陡，有老小岭、新小岭二条。新小岭起址于石山岐小岭坑，老小岭起址于石山屋后牛凉坑，共同汇集于小岭头后进入甘溪桥至柴桥。高度海拔280米，长约7千米。

枫棚岭　起址于勤山村上枫棚，古时是上阳、梅山通往柴桥必经的主要通道。高度海拔206.3米，进入小门村后经中岭至杨沙溪、黄土岭至柴桥，长约 2 千米。

中岭　起址于小门村中岭脚自然村，古时是小门村、上阳、梅山通往柴桥的必经通道。境内长约 1.35 千米。

横山岭　起址于上阳虾康，古时是通往春晓干岙、昆亭、三山的必经通道。长约 1.75 千米。

大洪缺岭　古时是马盘通往郭巨紫微岙必经通道。高度海拔 190 米，长约 2 千米。

马盘岭（刺坑岭）　古时是勤山村蕉山通往马盘岙里必经通道。高度海拔 205 米，长约 2 千米。

角山岭　古时是白峰通往山防自然村必经通道。长约 1.2 千米。

张头岭　古时是太平村西大园通往岙底里必经通道。长约 1.4 千米。

龙爪岐岭　古时是上阳片区各村通往白峰片区各村的必经通道。长约 2 千米。

大涂岭　古时是门浦村通往郭巨大岭下村必经通道。长约 1.7 千米。

于（冤）家岭　古时是官庄村通往郭巨尖岭岙村必经通道。长约 1.2 千米。

尖岭　古时是门浦隔山王家通往郭巨尖岭岙村必经通道。长约 1.6 千米。

分水岭　古时是山防谢家通往小门村、枫棚岭必经通道。长约 1.2 千米。

大岙岭　古时是司前村通往官庄村必经通道。长约 2 千米。

石柱岭　古时是门浦村通往山防村必经通道。长约 1.2 千米。

屺峙岭　古时是新峰村屺峙通往小门村必经通道。长约 1 千米。

沿亭湾岭　古时是司前村下厂通往沿亭必经通道。长约 0.5 千米

下湾岭　古时是下湾自然村通往蕉山自然村必经通道。长约 1.2 千米。

西山岭　古时外峙岛北岙通往西岙必经通道。长约 1 千米。

高岭

枫棚岭

大涂岭

凉亭

古时，在古道或山径间筑有凉亭，供路人息脚或暂避风雨，时有茶水供应。白峰境内原有凉亭 6 座，

小门中岭凉亭

上阳乌柱桥凉亭

随着年代的推移，原有古道大部分都已废弃，凉亭也随之历经沧桑。后几经修复保护，至2018年末仍保存古道凉亭3座。

小门中岭凉亭 位于中岭岭巅，明、清时期，由邻里信士王信揆、林用宾、张尚功、王恭行、林维口、王信庆、王门胡氏、朱氏等捐资建造；亭为两楹，石柱，木梁结构，卵石小道穿亭而过，旧时郭巨、上阳至柴桥必经之道，现行人减少，呈荒芜状态。

上阳乌柱桥凉亭 建造时间查无考，4楹。

上阳道头凉亭 建造时间查无考，2楹。

民间桥梁

白峰境内河溪交织，民间桥梁较多。旧时桥梁取材多以石质为主，石梁石板桥居多，因年代久远和水利工程等因素塌圮湮没的不少。中华人民共和国成立后，经兴修水利、修筑公路和村道，多数桥梁经改造或新建，现代所建桥梁多系钢筋混凝土为主。至2018年末，境内有主要民间桥梁27座。

余庆桥 位于虾庲溪坑出海口，建造年代无考。原系3孔石桥，中间桥墩2个，长度12米，宽2.5米。1988年改建成钢筋砼结构，桥宽4米。

后溪坑桥 位于虾庲溪坑上。2005年，溪坑改造整治后同时建造。2孔钢筋砼结构，长10米，宽6米。

洞桥 位于上阳村东园，建造于宋末。桥登座栏石刻记载民国8年（1919）王兆兰募资重修。2009年再修，材质为石拱桥。桥长7.2米，宽3.5米，高6.3米，两边石级各12级，两边石栏高0.8米，中间镇压石条座栏2根，各500千克，桥顶水泥抹面。

康阳桥 位于上阳村东园（原青龙庵边）大溪坑上，原址在阮家溪坑上，建造年代无考。现址始建于20世纪70年代，为铁制梁架桥面水泥钢砼。后经数次修建。2004年重建，桥长8米，宽8米，钢砼结构，桥两边为石栏杆。

周家溪坑桥 位于上阳村大溪坑上，东园与山坑交界处。始建于1986年，长8米，宽3.5米，钢筋砼结构。2018年重建，长8米，宽5米，两边石栏，钢砼结构。

山坑桥 位于上阳村山坑大溪坑上。1986年造，桥长9米，宽3.5米，钢砼结构。2004年12月改建，桥长9米，宽7米，钢筋砼结构，两边设有钢砼结构护栏。原桥在边上废弃。

胡家桥 位于上阳村小岭坑大溪坑上，是通往太平岙的主要道路之一。原桥梁为3根宽0.7米石梁组成，桥长4米，宽2.1米。其中最里面一条石梁为软梁，人在上面跳动时有弹性，故在历史流传中有“软梁桥”之称，此桥原名务稼桥，建于明末。20世纪80年代改建为钢筋砼结构。2004年重建，桥长5米，宽6米，钢砼结构，钢筋砼护栏，原石梁桥被废弃。

石山峧桥门（旱桥） 位于上阳村石山峧顶，为石山陈家弄水库引水桥。始建于1958年，长3米，宽3米，竹筋水泥结构。1970年修建拓宽，长4米，宽3米，为块石拱桥，上面修筑渠道。2018年再次重建，石拱桥改建成大砖块拱桥，桥长6米，宽3米，桥顶为钢筋砼结构，以引水入水库，桥下可通车辆。

戴家溪坑桥 位于上阳村石山荞麦坑上，建造年代无考。为3根石梁组成，长4米，宽2米，历史上是通往太平岙里的主道。2018年重建，长5米，宽3米，钢筋混凝土结构。

对家溪坑桥 位于上阳村石山与太平大园的交界处，建造年代无考。原有桥梁为3根石条组成，长4米，宽2米。20世纪80年代改建为钢筋砼结构。2004年重建，桥长4米，宽6米，钢砼结构，有水泥钢筋砼护栏。

太平大溪坑桥 位于太平村村委会北边溪坑上。始建于1960年，木结构板桥，长9米，宽2米。1965年改建为石桥。2004年重建，钢筋砼结构，桥长9米，宽4米，镀锌铁护栏。

岙口下太平庙桥 位于太平村岙口大溪坑上，建造年代无考。原桥为石梁、石板桥，长6米，宽2米。后经数次修建。2004年重建，钢筋砼结构，桥长7米，宽4米。

林家桥 位于勤山村蕉山西边大浦河上游，是蕉山自然村进出的主要通道，原桥建造年代无考。为石梁、石板桥，东西各有台阶3级，两边有石头座栏，桥长4米，宽2米。后经数次修缮。2017年7月重建，长10米，宽8米，钢筋砼结构，两边为石质栏杆。

枫登桥　位于上阳村石山小岭溪坑下游，大园门口。古时为石梁中间石板桥面，中间有桥墩一个，长6米，宽1.5米。20世纪80年代改为钢筋砼结构。后经数次修建拓宽。2004年重建，桥长6米，宽7米，钢筋砼结构，单孔，两边钢砼护栏。

东大园桥　位于上阳村东大园西南边，上阳大溪坑与石山小岭坑交会处。始建于20世纪70年代，钢砼结构桥，长7米，宽4米。2008年重建，桥长7米，宽6米，钢筋砼桥面，钢筋砼护栏。

沃家桥　位于小门村沃家边小门河上，始建于20世纪70年代。原为石梁桥，长4米，宽1.5米。2008年重建，钢筋砼结构，桥长5米，宽4米。

郑家桥　位于小门村郑家边小门河上，始建丁20世纪70年代。原为石桥，长4米，宽1.5米。后经数次修建。2012年重建，钢砼结构，桥长4米，宽5米。

徐家桥　位于小门村徐家溪坑上，建造年代无考。原为石桥，长4米，宽1.5米。后经数次修建。2005年重建，钢筋砼结构，长4米，宽5米。

郑家桥　位于司沿村郑家至官前河上，建造年代无考。古时为条石结构，长5米，宽2米。1993年后改建，钢筋砼结构，桥面拓宽至3米。

胡家墩桥　位于司沿村司前，建造年代无考。古时为2孔石结构桥，中间有桥墩，桥面条石铺成，长6米，宽2米。2006年重建拓宽，钢筋砼结构，桥长6米，宽4米。

新桥　位于新峰村百丈。1958年建造，钢筋砼结构，长5米，宽4米。

曹家河桥　位于新峰村百丈曹家河上。1995年建造，钢筋砼结构，长5米，宽4米。

水珠桥　位于白峰村西大河上。明崇祯年间造，为石梁桥，桥长8米，宽2米，中间设一桥墩，两边有石条座栏。1990年改建，钢筋砼结构，长10米，宽5米，荷载5吨。

白峰新桥　位于白峰村南。为1954年东、西河开通时新建石梁桥。1966年修建上白公路，改建为公路桥，钢筋砼预制梁桥，长10米，宽6米。

黄家塘桥　位于上阳村东园大浦河上，建造年代无考。古时为内河矸桥，石结构。后因海塘外移，桥梁多次修筑，改建为3孔钢筋砼结构，桥墩2个，桥长20米，宽4米。

钟家桥　位于门浦村溪坑河上，建造年代无考。古时为碶闸桥，桥面为石梁，长4米，宽3米。2003年改建，钢筋砼结构，桥长5米，宽7米。

城司岐城门桥（旱桥）　位于山坑东面去城司岐水库开凿的通水渠道道路上面，建造于2017年2月。

枫登桥和东大园桥

徐家桥

城司岐城门桥（旱桥）

第二节　公路

高速公路

S20 穿山疏港高速　是宁波高速公路网规划的疏港高速公路之一，起于穿山港区四期码头，止于宁波绕城高速东段好思房互通立交。2009 年 12 月 30 日开工建设，2012 年末建成通车。全长 34.693 千米，路基宽 34.5 米，双向 6 车道，沥青路面，设计时速 120 千米。其中白峰境内段东起大涂岭隧道，西止中岭隧道，全长 4.51 千米，全封闭，全高架。

穿山疏港高速公路

国道

329 国道白峰路段　1955 年 4 月动工修筑，是年 11 月 10 日完工。境内西起小门村破雨山，止于白峰遮山，全长 3.3 千米，路面宽 6 ～ 7 米，沙石路面，时称国防公路，亦称穿白公路。1985 年改称 329 国道，并延伸至舟渡码头，境内全长 4.3 千米。1992 年 1 月完成改造工程，路基宽 12 米，路面宽 9 米，砼路面。2004 年 12 月拓宽改造为一级公路，双向 4 车道，高级砼路面，宽 22.5 米，主车道 3.75 米 ×4。时白峰村落段改建绕城，境内全长变更为 4.8 千米。2006 年 1 月完成亮灯工程。2018 年全线改建水泥路面为沥青路面。

区（县）道

802 县道白仰线（白峰—仰岛湾公路）　起于仰岛湾，经司前，西起接 329 国道。1957 年建成通车。全长 2.22 千米，宽 7.5 米，砂石路面，时称国防公路。20 世纪 90 年代后，改建成沥青路面。

白梅公路　原为上白公路，南起上阳道头渡口，北止白峰 329 国道。1966 年 12 月 26 日动工建设，1967 年 4 月竣工，5 月 1 日建成通车。全长 9.2 千米，路基宽 5 ～ 7 米，路面宽 4.5 ～ 6.5 米，砂石结构。1994 年拓宽改建后更名为白梅公路，白峰境内段全长 9.388 千米。其中下林车站至上阳凉亭渡口，长 7.737 千米，宽 7.5 米，高级砼路面。2004 年改建下林车站至上阳连接线（沿海中线重复线）1.506 千米，宽 22.5 米。2017 年动工扩建改道沿海中线至周家边连接线 0.145 千米，宽 24 米，沥青路面。

白峰至中宅公路　起于仰岛湾（接白仰公路），止于郭巨原中宅村。1971 年 1 月建成通车。全长 6.52 千米，路面宽 4.5 ～ 14 米砂石路面，1999 年完成改扩建工程，更名为进港公路，其中白峰境内段起于于家岭隧道口，止于轮仰村登石岩，全长 2.874 千米，路面宽 21.3 米，沥青路面（其中长 0.565 千米为水泥砼路面，宽 7.7 米）。

沿海中线　起于 329 国道白峰段 K230+000 处，止于春晓街道与鄞州区合岙的印子山。2001 年动工，2004 年 12 月建成通车。全长 26.3 千米，宽 22.5 米，双向 4 车道，沥青路面，一级公路。其中境内全长 9.51 千米，分为两段，境内一段起于黎明东庙湾山咀，西止梅山大桥，全长 6.82 千米；二段南起于家岭隧道，北止 329 国道线蒋岙门口人行道，全长 2.69 千米，路面宽 23.2 米。

村级公路

境内现有主要村级公路 44 条。

2018年末白峰街道主要村级公路里程一览表

表10–1–1

所在村（地名）	路段	公路里程（千米）	路面宽度（米）	路面状况
白峰（上白路）	起于峰城路，经白峰小学前，止于329国道	0.65	5.50	砼面
白峰	起于峰城路，止于中学体育馆	0.21	5.50	砼面
蒋岙白峰	起于蒋岙村，经329国道卫生院，止于原上白公路	0.72	5.00 ~ 6.50	砼面
蒋岙	东起329国道，经自来水厂，止于村民房	0.32	3.00 ~ 4.00	砼面
下林	南起峰城路，经下林、百丈民房，止于老年协会桥	0.77	5.00 ~ 8.00	砼面
屺峙	起于老年协会，经329国道沿途民房，止于西边机耕路	0.73	5.00 ~ 7.20	砼面
小门	起于329国道，经永发厂房、史家、燕窝，止于水坑	1.74	5.00 ~ 6.50	砼面
小门	起于329国道，经小门村庄，止于进港高速	1.96	7.00 ~ 10.00	砼面
小门	东起进港高速高架桥下，止于中岭登	1.60	2.00 ~ 3.00	砼面—石子
山防	起于329国道，经竺家坑水库，止于原山防村	2.23	5.00 ~ 6.50	砼面
外峙	环岛路（沿海塘）	4.83	4.00 ~ 5.90	砼面
官庄	起于枫江路，止于官庄村	0.67	3.5	砼面
门浦	起于官庄，经隔山王家，止于门浦原上白公路	1.32	2.00 ~ 3.00	砼面
门浦	起于门浦原上白公路，经门浦村中间，止于上白公路	0.72	5.00	砼面
门浦	起于白梅线，止于大涂岭民宅	0.83	3.00 ~ 5.00	砼面
门浦	起于大涂岭民房，止于野猫涨	0.40	3.00 ~ 4.00	砼面
勤山村	起于白梅线，经东山，止于下枫棚	0.53	3.00 ~ 4.00	砼面
勤山村	起于白梅线，经砖瓦厂、下枫棚，止于上枫棚	1.33	3.00–4.00	砼面
黄老岙	起于砖瓦厂，止于黄老岙自然村口	0.45	3.00 ~ 4.00	砼面
山坑	东接黄老岙路，西止城司岐水库	0.54	3.00 ~ 4.00	沙石
山坑	东南起白梅线（庙前畈），西北止于山坑溪坑桥	1.12	5.00 ~ 6.00	砼面
东园	南起阮家上白线，止于青龙寺	0.81	6.00 ~ 7.00	砼面
石山	东起阮家白梅线，经溪坑胡家桥西大园，止于太平村	2.29	6.00 ~ 7.00	砼面
蕉山	起于勤山村白梅线，经岐门登，穿蕉山自然村、林家桥，止于白梅线	0.86	3.00 ~ 4.00	砼面
蕉山	起于蕉山进村路，经下湾、钟家湾水塘，止于沿海中线	2.66	3.00 ~ 5.00	砼面
道头	起于白梅线夹塘，经钟家湾、马盘柏树塘，接沿海中线，止于马盘老矸头	2.51	5.00 ~ 6.00	砼面
马盘公路	东起柏树塘东，经马盘岙、阳东新村，止于沿海中线	2.21	5.00 ~ 6.00	砼面
黎明	进村路起于沿海中线，北至村庄北村宅	0.55	4.00 ~ 5.00	砼面
钟家湾	起于沿海中线，止于原钟家湾村委民房	0.39	5.00	砼面
道头至虾康	东起白梅线，经道头、上王、虾康民房，西止虾康溪坑	3.09	4.00 ~ 5.00	砼面
太平	起于岙底，经村委会岙口，止于白梅线太平公交站	2.28	4.00 ~ 5.00	砼面
道头	道头新街，东接白梅线，西接夹塘路	0.20	7.00	砼面
道头	南起沿海中线，北止道头村庄民房	0.70	6.00	砼面
上王	起于小岙，止于沿海中线	0.26	5.00 ~ 6.00	砼面

续表 10-1-1

所在村（地名）	路段	公路里程（千米）	路面宽度（米）	路面状况
上王	起于下阳村委，止于沿海中线	0.29	6.00 ～ 7.00	砼面
虾康	起于沿海中线，止于长水流水库	0.80	6.00 ～ 7.00	砼面
道头	起于白梅线夹塘，止于风车山脚路	1.04	5.00 ～ 6.00	砼面
上阳	起于门前畈溪坑，止于石山大会堂	0.63	4.00 ～ 6.00	砼面
小门	起于宁国寺，止于进村公交路	0.35	4.00 ～ 5.00	砼面
小门强峰路	东起海滨路，西止满洋船厂	1.05	16.00	砼面
百丈海滨路	南起屺峙塘头弄（329 国道），北止强峰路南	1.20	6.00	砼面
小门海发路	南起海顺路，北止强峰路	0.35	8.00	砼面
司沿六和路	起于司沿亭海岸，止于和峰路	1.10	5.00 ～ 8.00	砼面
小门海光路	南起 329 国道，北止强峰路	0.40	12.00	砼面

主要公路桥梁

小门桥 位于小门村 329 国道上，由村得名。1955 年建成，2005 年改建。长 20.04 米，宽 41.4 米，预应力钢筋混凝土，空心板梁。

遮山桥 位于白峰村 329 国道上，由山得名。1998 年建成，2005 年改建。长 24.04 米，宽 24.4 米，预应力钢筋混凝土，空心板梁。

阮家桥 位于阮家白梅线上，由所在地得名。1995 年建成，2011 年基础重建。长 12 米，宽 9.5 米，钢筋混凝土，空心板梁。

乌柱桥 位于境内白梅线上，由所在地得名。1967 年 5 月 1 日建成，1995 年重建，2013 年再次重建。长 25 米，宽 9.5 米，钢筋混凝土，空心板梁。

夹塘桥 位于境内上阳夹塘白梅线上，由所在地得名。1967 年建成。长 10.3 米，宽 9.5 米，钢筋混凝土，空心板梁。

虾康桥 位于境内沿海中线虾康，由所在地得名。2004 年 9 月修（改）建成。全长 43.4 米，跨径总长 39 米，桥高 3.5 米，桥面净宽 22 米，使用年限为永久性，荷载标准 20 级。

钟家湾桥 位于境内沿海中线钟家湾，以所在地得名。2004 年 9 月建成。全长 43.04 米，跨径总长 39 米，桥高 4 米，桥面净宽 22 米，使用年限为永久性，荷载标准 20 级。

隧道

冤（于）家岭隧道 位于沿海中线白峰至郭巨段，以岭命名。左洞在 X814（白峰—咸祥）2.271 千米处，

遮山桥

冤（于）家岭隧道

大涂岭隧道西首（门浦村）

全长505米，宽8.25米，高5米，人行道1.7米，右洞位于X814（白峰—咸祥）2.272千米处，长505米，宽8.25米，高5米，人行道1.75米，左右双洞为M型连体隧道。2004年12月建成。

还有大涂岭隧道、中岭隧道（2012年建成）。大涂岭隧道西侧在门浦村，东出口郭巨街道。中岭隧道东侧在小门村，西出口柴桥街道。

公路养护

自境内公路建成后，均为砂石路面，公路养护主要由道班负责。公路改建成水泥路面后，道班撤销。2006年成立白峰养护站，负责境内公路、路桥养护、修建和绿化工作。时白峰养护站养护路程34.49千米，其中沙石路10.36千米、沥青路3.87千米、混凝土路20.26千米。有工作人员5人。站址设在白峰村，养护站占地面积998.9平方米，建筑面积299.31平方米，设备有农用四轮1辆。

白峰道班　1955年穿山至仰岛湾国防公路建成后成立，有职工4人，养护小门至仰岛湾（后至轮仰村）公路，长6.59米，在白峰村建有道班管理楼房4间（至今尚存）。1992年改建水泥路面和沥青路面后撤销。

上阳道班　1967年白峰至上阳公路建成通车后成立，有职工3名，管理9.2千米上白公路，在勤山村“龙爪岐”建有道班管理用房4间。1995年改建水泥路面后撤销。

第三节　陆上交通运输

公路客运

1955年11月穿（山）白（峰）公路建成后，境内开通客运班车，1958年10月后起讫站位于郭巨，过境白峰。主要有郭巨开往宁波、郭巨开往镇南，每天3班。1967年5月1日，上白公路建成通车。时境内建起讫客运站一个，即上阳车站，位于道头凉亭，每天进出宁波、镇海各一班次，后逐年增加。1979年日进出班车各4班，1984年日进出班车增至各8班。1986年，境内自设站有白峰、上阳站，停靠站有小门、仰岛、门浦、阮家、夹塘等。

1979年上阳车站冬季行车时刻表

表10–1–2

发车时间	发车车站	到达地点	发车时间	发车车站	到达地点
6：50	上阳	昆亭	6：35	宁东	上阳
7：00	上阳	宁波	12：30	柴桥	上阳
9：00	上阳	镇南	14：15	镇南	上阳
13：30	上阳	宁东	15：00	三山	上阳

1984年上阳车站冬季行车时刻表

表10–1–3

起讫地点	开车时间	起讫地点	开车时间
上阳至柴桥	6：40	宁东至上阳	6：35
上阳至宁东	7：00	柴桥至上阳	7：40

续表 10-1-3

起讫地点	开车时间	起讫地点	开车时间
上阳至昆亭	8：40	镇南至上阳	9：00
上阳至镇南	8：45	柴桥至上阳	11：30
上阳至宁东	12：20	三山至上阳	11：50
上阳至镇南	12：40	宁东至上阳	12：30
上阳至柴桥	13：40	镇南至上阳	14：30
上阳至柴桥	14：40	柴桥至上阳	15：40

境内公路客运 1989 年前由浙江省汽车运输公司宁波分公司营运，后运营权下放，由北仑长途汽车运输公司和北仑公共交通运输公司营运。时民营中巴车逐渐增多，中巴车没有班次，沿途不设车站，招手即停。2002 年公路客运由北仑汽车运输有限公司营运并陆续开通客运班线，另有数条挂靠北仑汽车有限公司的民营客运班线，其中起讫站设在白峰境内有上阳至宁波、白峰至宁波、上阳至镇南，过境线路有郭巨至宁波、郭巨至镇南（即 86 路）。2005 年 7 月 1 日起，原挂靠北仑汽车有限公司的民营客运班线停运。2008 年始，公交发展进入"快车道"。至 2018 年末，白峰公交车可直达宁波及北仑区各街道，境内亦实现村村通公交。

公交线路

至 2018 年末，起讫站设在白峰境内和过境白峰的公交线路有 10 条。

759 路（郭巨客运站—宁波公交东环南路站） 2007 年开通。每日 25 班次，途经境内的公交车站有官庄站、东香名苑站、官前站、白峰中学站、峰城路牛头山路口站、岠峙站、小门站、白峰海口站。

712 路（梅山客运站—北仑客运站） 2008 年开通，开始由道头凉亭发车（梅山大桥未开通前）。2010 年后始由梅山客运站发车，15～30 分钟一班，途经境内的公交车站有虾康站、上王站、下阳站、凉亭站、夹塘站、太平岙站、阮家站、蕉山站、语录亭站、勤丰站、龙爪岐站、野猫张站、小樟树站、门浦站、隔山王家站、山防站、白峰卫生院站、百丈站、岠峙站、小门站、白峰海口站。

711 路（郭巨客运站—北仑公交西站） 2008 年开通。15～20 分钟一班，途经境内的公交车站有官庄站、东香茗园站、官前站、白峰中学站、峰城路牛头山路口站、百丈站、岠峙站、小门站、白峰海口站。

720 路（白峰客运站—红联渡口） 2008 年 7 月开通，起讫站为白峰码头和小港红联公交车站。15～20 分钟一班，途经境内的公交车站有白峰中学、峰城路牛头山路口站、百丈、岠峙、小门、白峰海口。

771 路（郭巨客运站—北仑公交西站） 2009 年开通。每日 24 班次，途经境内的公交车站有官庄站、东香茗园站、白峰中学站、峰城路牛头山路口站、岠峙站、小门站、白峰海口站。

715 路（郭巨客运站—柴桥学校场站） 2012 年开通。30～40 分钟一班，途经境内的公交车站有黎明站、马盘站、外马盘站、阳东新村站、钟家湾站、凉亭站、下阳站、上王站、虾康站。

711-2 路（四期码头—峰南社区） 2012 年开通。每日 24 班次，途经境内的公交车站有江口站、外峙渡口站、轮仰站、官庄站、仰岛湾站、大岙站、司前新村站、司前站、白峰中学站、峰城路牛头山路口站、白峰卫生院站、山防站、峰南社区站。

758 路（白峰客运站—北仑公交松花江路站） 2012 年开通。15～20 分钟一班，途经境内的公交车站有白峰中学、峰城路牛头山路口站、百丈、岠峙、小门、白峰海口。

726 路（郭巨半塘—小门村徐家） 2014 年 7 月开通。每日 12 班次，途经境内的公交车站有官庄站、东香茗园站、白峰中学站、峰城路牛头山路口站、岠峙站、小门站、郑家站、沃家站、小门村委会站、徐家站。

873 路（夜间车）（梅山客运站—公交松花江路站） 2016 年开通。每日 5 班次，途经境内的公交车站有虾康站、上王站、下阳站、凉亭站、钟家湾站、阳东站、黎明站、官庄站、东香茗园站、白峰中学站、峰城路牛头山路口站、百丈站、屺峙站、小门站。

公共交通服务设施

白峰车站 位于白峰村。1955 年 11 月建成，有车站平屋 2 间，面积 40 平方米。设站长售票员 1 人，主要对过境客车预售车票，上下车检票，指挥客车停车和开车。20 世纪 90 年代初车站拆除。

上阳车站 位于道头凉亭。1967 年建成，有车站平屋 2 间，面积 60 平方米，其中售票处 15 平方米，候车用房 15 平方米，其他用房 30 平方米。设站长 1 人，最初日发车 4 班次，过夜客车 2 辆，年客流量 4.08 万人次。1984 年起日发车 8 班次。2004 年 12 月撤销。

白峰客运站 位于舟渡码头南侧。1985 年建成，占地面积 5220.88 平方米，其中平房 7 间，占地 224 平方米，停车场 49760.28 平方米。设站场负责人 1 人，过夜公交车 13 辆。

白峰客运站

公路货运

旧时，境内短途货物运输依赖肩挑背驮，长途货运皆赖水运。20 世纪 50 年代始有用手拉车拉货。1975 年境内引进大型拖拉机 2 辆，其中上阳公社、白峰公社各一辆，载重 2.5 吨。境内曾成立副业运输队，有上阳机管站、上阳道头、白峰司前搬运队。由公社集体经营跑运输，后陆续引进手扶拖拉机，农忙耕田，闲时跑运输，每辆可载重 1 吨。20 世纪 80 年代，个体运输业逐渐发展，有些企事业单位，为方便物资承运，相继购置货车。1987 年引进变型拖拉机，为前轮驱动、方向盘操作、折腰转向的运输拖拉机，型号有杭州拖拉机厂生产的 HZ T910Z 和浙江四方集团生产的工农 12YS 等。1996 年又陆续引进其他型号的拖拉机。至 2018 年末，境内有手扶拖拉机及变型拖拉机 101 辆，农用（货运）汽车 16 辆，货运吨位 242 吨。白峰街道环卫站有各种车辆 13 辆。

交通工具和出行方式

旧时载人交通工具有轿子，为社会富户、官商享用，民间急病就医多坐摇篮，一般人外出均靠步行或坐船。20 世纪 70 年代，自行车成为最时髦的交通工具，后逐渐增多普及。20 世纪 80 年代始有农村中青年干部、经商者纷纷添置摩托车并以此代步。20 世纪 90 年代出现电动自行车、电动三轮车。20 世纪 90 年代后期，镇城区又出现少量三轮车服务业，用于短途接送。进入 21 世纪，各种交通运输工具加快发展，境内私家车数量增加迅猛，农户购置三轮电瓶车也逐年增多，民间出行方式大多数改为电动车、私家轿车或公交车，也有少数选择出租车，近年网约车出行逐渐兴起。至 2018 年末，境内有大型车辆 75 辆、小型车辆 4874 辆、摩托车 68 辆、三轮电瓶车 2551 辆，有汽车驾驶员 5017 人。

2018 年末白峰街道各村（社区）、单位机动车及机动驾驶员数量一览表

表 10-1-4

村、社区、单位	机动车数量（辆）				驾驶员人数(人)
	大型车	小型车	摩托车	三轮电瓶车	
合计	75	4874	68	2551	5017
小门村	7	706	6	34	719
白峰村	8	220	15	65	243
新峰村	6	325	—	75	331
司沿村	6	356	—	56	362
港口村	3	234	5	45	242
官庄村	—	305	—	36	305
门浦村	1	175	3	167	179
上阳村	2	465	1	350	468
勤山村	3	309	10	350	322
太平村	1	72	2	80	75
阳东村	3	480	1	487	484
下阳村	5	720	3	650	728
企事业单位	24	75	7	21	106
怡峰社区	6	320	15	120	341
峰城社区	—	112	—	15	112

第四节　海上交通

旧时，境内陆、岛交通都赖水路以人力摇橹木船载人载物。民国前，境内渡运有上梅渡、神马司前渡、神马北渡、轮江外峙渡等。中华人民共和国成立后，特别是 1955 年穿山至白峰国防公路建成（后称 329 国道），作为通往舟山群岛的前沿，境内渡运、航运业发展迅速，相继开通白峰至舟山定海、六横、普陀山、桃花岛等渡运或航线，客流量逐年增加，1999 年还开通白峰至普陀山高速客轮航线。2009 年后，随着海岛公路、桥梁相继建成，渡口的功能逐渐弱化和衰退，特别是舟山跨海大桥、梅山大桥建成后，渡运客流量迅速减少。随着交通事业的发展和规划要求，渡运、航线几经调整，部分被撤销，至 2018 年，境内尚存神马司前渡，以及白峰至舟山定海和普陀山的渡运（航线）。20 世纪 90 年代始，境内货运码头运力规模、货物运输量逐年增长，保障海上交通经济持续发展。

渡运　航线

神马司前渡　始建于清雍正年间，亦称“神马南渡头”。北岸神马岛小井湾，南岸司前村涨浦山，航距 380 米，是神马岛村民往返大陆的唯一通道。历史上一直用人工摇小木壳渡船。1983 年，两岸建宽 25 米突堤式块石码头。1985 年，改用木壳机动渡轮，载重 15 吨，24 马力，核载 40 人。1992 年 1 月，更新为钢质渡轮“神马渡 2 号”，核载 40 人。2005 年 3 月，投入钢质渡轮“神马渡 3 号”，核载 50 人。由神马村经营管理。2004 年 8 月开通神马岛至涨浦山轮渡，航距 336 米。营运船舶“华茂 15 号”，船长

舟山海峡轮渡白峰站

25.22米，船宽9.4米，主机功率110.3×2千瓦，载重54吨。由北仑蓝天海运有限公司经营管理。

白峰涨浦山至舟山鸭蛋山汽车轮渡 始建于1984年3月。码头全长157米，可靠泊1000吨级以下船舶，总投资560万元。1986年1月31日，白峰至舟山客运汽车轮渡试航成功，2月1日正式通航，由舟山海峡轮渡有限公司经营。航距8.6海里，单次通航时间约为50分钟。初期有2艘从日本引进客货两用渡轮，即分别命名为“舟渡1号”和“舟渡2号”。其中：“舟渡1号”主机动力1470千瓦，载重486吨，可载重8吨卡车30辆，客位390个；“舟渡2号”主机动力1411千瓦，载重499吨，可载重8吨卡车30辆，客位480个。航速14海里/小时，除9级以上大风和大雾外，所涉海域可全天候通航。营运船舶15艘，总计6630客位，全年26280班次，日发航班72班次。2009年12月25日，舟山跨海大桥开通，鸭白线从第一通道变成第二通道，客、货车流量大量减少。

白峰至普陀山高速客运航线（新甬普线） 2015年5月1日开通，航程18海里，全程约70分钟。采用车船联票形式，可从宁波乘坐大巴到白峰码头，无缝换乘。由舟山海峡轮渡集团有限公司“飞舟2号”“飞舟3号”“舟鹰3号”“新海华28号”4艘高速客船承担运营，共309客位。初期日往返6班次，后增至16班次。

附录：已废除渡运、航线

上梅渡 始建于明嘉靖年间（1522—1566），明嘉靖《定海县志》称嵩子渡。清乾隆《镇海县志》称下岸渡。北岸上阳道头凉亭，南岸梅山岛，航距656米，两岸泥涂均斜砌石条至水面，为渡船靠埠码头。1976年建造浮船码头，置机动渡轮“上梅渡1号”轮。1983年投入“上梅渡2号”轮营运。1988年投入“上梅渡4号”轮营运。2006年又有“上梅渡6号”轮、“上梅渡9号”轮投入营运，其中“上梅渡9号”渡轮可载重5吨、汽车8辆、载客100人。2010年5月18日，梅山大桥建成后，公交712路延伸至梅山客

上梅渡运站和渡船

运站。是年8月31日上梅渡停航，完成历史使命。

神马北渡 始建于清雍正年间（1723—1735），位于神马村“小岙咀头”，使用石块沿泥涂从上到下铺设为码头，设渡亭1间，面积14.4平方米。出入神马岛有两条航线，其中一条至大榭巉头，另一条至大榭巉头、穿鼻与外神马。早年为手摇或蓬帆船。20世纪60年代改用12匹动力机动船。每天来回10个班次，去大榭渡船一般招手有客人就开。1983年后两条船都改用木壳机动船。2004年7月停运。

轮江外峙渡 始建于清乾隆年间（1736—1795）。先后有柴桥沃家村与东山门村沃、李两姓居民来外峙定居，选择外峙南山咀与仰岛湾轮江海边泥涂建造渡船码头。航距132米，用小木船摆渡，人工摇渡，对来往人员和物资进行运送，随到随开，碰到大风天气就只能停运。1971年，两岸新建浆砌块石码头。1978年，改用5吨木壳机动船，核载28人。1982年，改用钢质机动船，提高了安全性和运载量，核载人员41人。1999年2月，投入钢制“外峙渡2号”渡轮营运。2002年12月，“外峙渡3号”渡轮投入运营，日均客流量500人次，由外峙村经营管理。2005年外峙并入港口村，归白峰街道港口村管理。2018年11月，浮桥架通，由此结束摆渡进出外峙的历史。

外峙渡运2号船

上阳至六横客运航线 1989年9月建成并通航，从最初每天一班，逐年增加至三四班，每班可载汽车4辆，载客100人。因水路过长不便，于1994年10月客运码头迁至郭巨街道新碶头码头，结束了上阳凉亭靠埠历史，历时5年。

白峰小门至舟山普陀山航线（甬普线） 1995年6月开通，航程19海里。由宁波花港高速客轮有限公司“甬旺”轮营运，“甬旺”轮钢体长31米，宽9.2米，时速25海里，共312客位。1997年9月5日，舟山市海星轮船有限公司“舟鹰1号”“舟鹰2号”轮投入营运。1998年8月29日，该公司又有“舟鹰3号”“舟鹰4号”轮投入营运，“舟鹰”1至4号轮均有66客位。后又增“舟鹰5号”轮，有70客位，五轮交替营运。1999年高速客轮通航，全程约1小时，日平均30班次，高峰时45班次。客轮12艘，总座位1431人，实行宁波—小门—普陀山车船联运，旅客可在宁波乘坐大巴到小门客运码头，换乘快艇。由宁波港集团有限公司联营，舟鹰、甬旺、海马、威远、长虹等高速客轮公司共同承运。2002年客流量41.5万人次。2003年4月22日，小门客运码头整体移至大榭水上客运码头。

白峰小门至舟山桃花岛航线（甬桃线） 2001年7月开通，航程17海里。由舟山市海星轮船有限公司“佛顶山”轮营运，共188客位。2003年4月22日，小门客运码头整体移至大榭水上客运码头，由大榭开发区管辖。

2010年白峰镇渡运船舶一览表

表10–1–5

渡船名	载重（吨）	核定装载		主机功率（千瓦）	船体（米）			建造厂名	建造年月	主管经营
		客位	车位		长	宽	型深			
上梅渡6	56.00	80	4标准车	91×2	19.70	8.60	22.00	岱山船厂	1983.7	上梅渡运站
上梅渡8	150.00	90	6标准车	136×2	26.00	26.00	2.60	宁波新乐造船公司	2001.3	上梅渡运站
上梅渡9	283.00	75	8标准车	184×2	32.00	32.00	3.20	浙江凯乐船厂	2006.9	上梅渡运站

续表 10-1-5

渡船名	载重（吨）	核定装载		主机功率（千瓦）	船体（米）			建造厂名	建造年月	主管经营
		客位	车位		长	宽	型深			
外峙渡 2	4.00	60	—	29.40	17.90	4.20	1.10	大榭船厂	2002.12	外峙村
外峙渡 3	4.00	40	—	17.60	15.40	3.60	1.20	绍兴交通造船	1991.2	外峙村
神马渡 2	4.00	40	—	17.60	17.60	3.60	1.02	大榭船厂	1992.1	神马村
神马渡 3	5.00	45	—	25.00	16.20	4.20	1.10	宁波蓝天造船	2005.3	神马村

海运码头

境域北部海岸线沿海各企事业单位为了运输和船舶靠泊方便，都建有私有或集体单位小型码头，如宁波海事局海巡支队码头、渔政码头、航管处码头、冷库码头、沙场码头、油库码头等大小码头 35 个。

2018 年年末白峰境内主要海运码头一览表

表 10-1-6

码头名称	码头经营单位	码头结构	建成年月	靠泊能力		泊位长度（米）	泊位宽度（米）	前沿水深（米）	堆场面积（平方米）	库容（立方米）	建筑面积（平方米）
				吨级	泊位数						
白峰金银来沙场码头	北仑区金银来沙场	高桩梁板式	2004.12	200	1	17.30	7.00	4.00	5000.00		200.00
华翔联运码头	北仑华翔联运有限公司	高桩梁板式	1998.6	1000	1	80.00	10.00	4.50			
小门避风码头	宁波港集团轮驳公司	浮码头	1987	425	4	40.00	9.00	4.50	4000.00	200.00	
小门石场码头	小门村	浮码头	2000	500	1	36.00	22.00				
永港物流码头	宁波永港物流有限公司	高桩梁板式	2005.3	2000	1	112.00	12.00	5.00	50000.00	3500.00	2500.00
振兴冷冻厂码头	振兴冷冻有限公司	浮码头	2003	500	1	40.00	9.00	3.50	510.00	200.00	450.00
满洋杂货码头	北仑区小港满洋船厂	高桩梁板式		1000	1	112.00	14.50	4.30	7000.00	158.00	4.35
三鑫物流码头	宁波三鑫物流发展有限公司	高桩梁板式	2006.12	2000	1	112.00	14.00	5.30	20000.00	600.00	400.00
北海油库码头	宁波北海燃料有限公司	高桩梁板式	1996.4	5000	1	136.00	9.00	8.50	1800.00	13000.00	11206.20
中石化北仑油库码头	中石化浙江宁波北仑石油支公司	浮码头	1996.8	1000	1	42.00	9.00	6.00		4000.00	4500.00

续表 10–1–6

码头名称	码头经营单位	码头结构	建成年月	靠泊能力		泊位长度（米）	泊位宽度（米）	前沿水深（米）	堆场面积（平方米）	库容（立方米）	建筑面积（平方米）
				吨级	泊位数						
白峰冷冻厂	北仑兴业水产有限公司	高桩梁板式	1992	300	1	40.00	9.00		575.00	230.00	450.00
白峰运政艇码头	大榭海事处白峰站	浮码头	1998	300	1	28.00	8.00	5.00	200.00		69.00
蓝天供油码头	宁波北仑蓝天石油有限公司	浮码头	1989	500	1	20.50	6.00	8.00	1705.00	1250.00	330.00
冷冻一厂码头	北仑东兴水产有限公司	浮码头	1991	300	1	40.00	9.00	3.00	480.00	200.00	420.00
峰城冷库码头	宁波海洋渔业总公司	浮码头	1996	300	1	32.00	9.00	10.00	750.00	250.00	530.00
兴发冷冻厂码头	北仑兴发冷冻有限公司	浮码头	1994	500	1	40.00	8.00	4.00	535.00	220.00	450.00
蓝天神马汽渡码头（1）		高桩斜坡式	2005.5	500	1	40.00	12.00	5.00			
蓝天神马汽渡码头（2）		高桩斜坡式	2005.8	200	1	40.00	11.00	2.60			
华英沙场码头	北仑区白峰华英沙场	高桩梁板式	2004.8	200	1	35.00	7.00	2.50	2600.00		60.00
外峙渡码头	外峙村	重力式	2002.12	300	1						

第五节　铁路建设

宁波穿山港铁路支线于 2015 年 12 月动工建造，该线路自大碶站引出经柴桥、穿山港至中宅，全线长 29.29 千米。其中白峰段西起枫棚岭隧道出口（门浦村周家边），东至轮江大众里，全长 1.831 千米。穿山港铁路支线建成后，将有效提高宁波港口的集疏运能力。至 2018 年年末仍在建设中。

第二章　邮电

宋时，境内无邮政机构，邮政业务须至周边柴桥等地驿铺办理。明天顺年间（1457—1464），设虾康、康头铺舍，专事传递官府公文。清道光二十二年（1842）后，境内始有信客经营者。咸丰二年（1852），在柴桥设有商办民信机构，收递民间信件、包裹，办理汇款，白峰境内民信收发均需到柴桥民信机构办理。光绪三十年（1904）始设柴桥邮局，办理信函业务。民国23年（1934年）起政府规定民间所办民信局一律停办，境内邮件均归柴桥邮局办理。中华人民共和国成立后，境内邮电事业逐渐发展。1956年2月设立白峰邮政代办所、上阳邮政代办所，办理邮政业务。1985年7月白峰境域划归北仑区（1987年7月前称滨海区）后，白峰邮电事业步入发展的快车道，业务量逐年增长。1992年9月，由区政府和区邮电局共同出资以及白峰镇政府、境内单位、用户集资完成程控电话整体转换。2004年邮政、电信分设。中国移动、中国联通先后在白峰设服务网点。

至2018年末，境内有固定电话2579部，移动电话14580部，全街道有2807户装有宽带，移动4G信号覆盖全境。

第一节　邮政

铺舍　驿站

明天顺年间（1457—1464），境内有虾康、康头2处铺舍（邮舍），每铺配铺丁3人，人员在民户及漏籍户内抽签拉夫。清光绪年间（1875—1908），铺舍改称驿（邮）站。各驿铺施行铺司兵制。清宣统三年（1911）撤驿站，衙署公文由邮局传递。

民信局

民信局又称民局，为传递民间书信、物品和办理汇款的私营邮政机构。创始于明永乐年间（1403—1424）。以宁波为中枢，下伸各邑。清道光后渐趋兴盛。民局多设于隘巷小街，高悬招牌。信物由脚夫或民船投送。急件烧其一角，或插鸡毛一片，以示火速。各埠民局有相互传递关系。清咸丰二年（1852），柴桥设民信局全盛分局。民国23年（1934），取消民信局组织。

信客

信客系专业从事代带信、物的个体经营者。自清道光二十二年（1842）后，乡人陆续赴沪经商、务工，两地传信运物终岁不绝，信客业遂起。境内白峰、上阳均有经营者，专事信客业务。运递对象多为乡亲熟人，定期临门收货，按时送货至户，捎带信件、银钱以及邮局禁寄的活鸡、鲜鱼、泥螺、蟹酱等物，生意兴隆。民国23年（1934年），邮政总局颁令取缔信客。抗日战争爆发后，交通阻隔，“跑单帮”盛行，信客业务再度兴起，捎带物品和书信往返于上阳、白峰、柴桥、宁波、舟山、上海等地。中华人民共和国成立初期，信客业务仍较繁忙。1950年7月，省邮政管理局指令取消信客，尔后逐渐消失。

邮政支局

清代及清代前，境内无邮政机构。乡人办邮政业务，须到柴桥等周边邮政机构办理。清光绪二十二年（1896），在镇海县城南门永安街始办镇海邮政局，称“大清邮政”。光绪三十年（1904）始设柴桥邮局。民国中期，白峰村乐四房祀世孙云相公在其住宅临道路屋开设邮政代办所。民国25年（1936），境内白峰、上阳始设信柜。中华人民共和国成立初期，人民政府接管邮局，改称“人民邮政”。时境内邮政业务仍须到柴桥邮局办理，邮局配信差（邮差）2人，隔天到白峰、上阳、下阳送信至户。1956年2月，建白峰、上阳邮政代办所，后为方便投递，邮电员骑统一绿色自行车（自行车三角档挂有“中国人民邮政”字样绿色三角包放信件、报纸)，送信、送电报、邮包裹到每家每户，始称邮差为邮递员。1958 年，公社以此为基础，从云相公住宅移址后弄口颜云龙宅续办邮政代办所。20 世纪 60 年代，移址穿白公路白峰村北侧设邮政所，最早邮递员乐金意。上阳邮政代办所设在东园（中华人民共和国成立后乡公所），20 世纪 70 年代后，移址上阳公社所在地道头村，早期邮递员宋忠义。2004 年邮政、电信分设，成立白峰邮政支局，2005 年成立上阳邮政所。

第二节　电信

白峰地属山区，电信业发展滞后。民国 23 年（1934）5 月，设镇海县电话支局柴桥电话代办所。民国 25 年（1936），柴桥始办电报业务。境内乡民办理电话、电报业务，均到柴桥办理。1954 年 6 月，设于乐氏宗祠的白峰乡政府有了第一台手摇电话机，1959 年始有对外服务的邮电所。1992 年 9 月 14 日，区政府和区邮电局共同出资，白峰镇政府、各单位及用户集资安装程控电话，白峰程控电话开通。10 月，移动电话、无线寻呼开通。1994 年 1 月 10 日，上阳片程控电话顺利开通并网，初装机 70 余门（户）。白峰邮电所经 2 次移址扩建，1996 年新建白峰邮政电信大楼，占地面积 1 公顷。2004 年邮政、电信分设，成立白峰电信支局，2007 年设上阳电信营业厅，属区邮电联营站管理（称“上梅所”）。

据白峰镇 2009 年便民服务手册统计，境内（白峰片、上阳片）有电信固定电话 4299 部，安装率占常住户的 54%。由于移动通信普及，多数群众使用移动电话，至 2018 年末，境内尚有固定电话 2579 部。

2009 年白峰街道各村（社区）固定电话安装一览表

表 10-2-1　　　　单位：部

部数	4299	387	328	343	189	53	256	259	470	50	671	346	590	357
村名	合计	小门	新峰	司沿	门浦	官庄	港口	勤山	上阳	太平	下阳	阳东	白峰	怡峰

2004 年 1 月后，中国移动、中国联通先后在白峰设服务网点，开展电信业务。2008 年 10 月，中国电信始开展移动通信网络业务。白峰境内逐步实现移动 4G 信号全覆盖。现移动通信全国自动漫游，并开通与 136 个国家和地区的国际漫游。2018 年末，境内手机达到 14580 部以上，普及率达 90% 以上。另有宽带 2807 户。

第十一篇 教育 科技 卫生

古时,境内有学塾(义塾、私塾)等教育场所。清光绪末年,废科举、兴学堂,但乡村教学仍以私塾居多。民国元年(1912),推行“壬子学制”,改学堂为学校,但乡村私塾与小学一度并存,唯私塾收学童已不排斥女性。是年,在庙头村王氏宗祠设有嘉逸国民学校。民国12年(1923),在白峰设有县立第十模范初级小学。

中华人民共和国成立前,境内中共地下党组织领导人大多担任过小学教师,部分小学在大革命时期、抗日战争时期、解放战争中成为共产党发动群众、进行反帝反封建斗争、宣传抗日救国、培养革命人才的阵地。

中华人民共和国成立后,镇海县人民政府根据“维持现状、逐步改造”的方针,接管境内所有学校,贫下中农子弟入学率猛升。20世纪50年代起,贯彻全面发展教育方针,重视生产劳动教育,中小学发展迅速。“文化大革命”期间,教育事业受害严重,教育质量下降。1976年后,教育秩序恢复。20世纪70年代末,境内基本普及初等教育。1985年,基本达到无青壮年文盲标准。1986年,白峰乡、上阳乡同时实施九年制义务教育。1998年达到高标准普及九年制义务教育和高标准扫除青壮年文盲的要求。2001—2006年,境内普及高中教育。

白峰科技事业的演变和发展主要是以引进技术形式为主。旧时境内主要集中于传统农业生产,除少数能工巧匠,基本上无科学技术的典型可供借鉴。中华人民共和国成立后,仅限于农业的耕作制度所带来的耕作工艺的变化和品种改良及农药、化肥的运用。1972年白峰公社、上阳公社建立农科站,围绕新品种引进、栽培技术推广、农机具革新等,区、镇、村三级农技推广网络逐步形成。20世纪80年代随着乡镇工业的兴起,各乡科学技术普及协会成立。1998年建立白峰镇农业综合服务公司,反季节蔬菜栽培技术在境内推广,“一优二高”(优质、高产、高效)农业得到较大发展。同时,工业的发展促进科学技术的进步,工业科技推广网也始形成。进入21世纪,各经济实体的科研创新意识不断增强,境内科技事业方兴未艾。

旧时,境内农民生活困苦,患病后因无钱求医服药以致延误诊治而死亡者甚多。由于医疗卫生条件不足,许多农民传染病、流行病缠身,产妇因难产或产后染病而死者屡见不鲜。婴儿的死亡率也相当高,更有些病人因封建迷信而延误病情致死。中华人民共和国成立后,不断增建医疗卫生机构,改善医疗防疫设施,培养医务人员,强化公共卫生治理,医疗卫生事业得到迅速发展。

第一章 教育

明清时期,白峰、上阳一带曾开设学塾(义塾、私塾),为儿童提供启蒙教育。其办学形式和教育内容与近、现代不可类比。清光绪三十四年(1908),废科举、兴学堂,但乡村仍为私塾居多。民国 36 年(1947),境内共有乡中心国民学校 2 所、保国民学校 6 所。

中华人民共和国成立后，为扫除青壮年文盲，党和政府利用夜校开展扫盲教育，村民逐渐摆脱“目不识丁”的状态，文化水平得以提高。1958 年，在“大跃进”、人民公社化运动中，境内各生产大队先后办起简易幼儿园。同时，小学、中学也逐步得到发展，至 1984 年，境内共有小学 15 所，其中白峰乡 9 所、上阳乡 6 所。1988 年，由东海舰队政治部、宁波团市委、市教委联合在境内创办全国第一所具有海军特色的东海少年军校。至 1993 年，境内共有小学 9 所、中学 2 所。嗣后，为整合教育资源、提高办学效益，小学、中学分别相继合并。至 2018 年，境内有小学和中学各 1 所。

1994 年后，为适应新农村建设需要，境内持续开展农民实用技术培训和转岗技能培训工作，带动境内农业生产和各项事业的发展。同时，村民的文化程度有较大提高，越来越多的村民走出境域，在各行各业中发挥才华。

第一节　学塾

中华人民共和国成立前，境内有学塾（义塾、私塾）。学塾以“忠孝为本，经史之学为基”。教师一般以未入贡的秀才担任，重熟读背诵轻释义，学规严厉，体罚盛行。义塾由个人或地方公款资助设立，学童不限一家一族，带有慈善性质。私塾则系塾师在家收授生徒，以《三字经》《神童诗》《百家姓》《上、下论》《论语》等为启蒙教材，生源以男生为主。

清光绪三十四年（1908），废科举，兴学堂，但乡村仍为私塾居多。民国期间，私塾与小学一度并存，唯独私塾收学童不排斥女性。后小学增多,私塾逐渐淘汰。时境内较有名义塾、私塾有徐氏义塾、上王私塾、白峰巨美里私塾、李氏私塾等。

徐氏义塾　在小亹（门）村，清咸丰元年（1851）里人徐良祚后裔继志建支祠，附设义塾于祠内，以赡本族子弟读书。

上王私塾　在上王村,清同治年间（1862—1874）里人王修镕（葵先生）创办,设于自己家中“中正堂”,为上阳范围内子弟读书之所，如上王岙贫苦人家的子弟就读，一律免收书学费。

白峰巨美里私塾　清光绪年间（1875—1908），白峰乐竹房祀世式公长子耿兰公曾孙俊焕（字庆云）公在家居巨美里办私塾 20 余年，以收招本族子弟为主就读。

李氏私塾　清末民国初，白峰李氏杏林公在自家住宅开办私塾，以收招本村子弟为主就读。

第二节　学前教育

学前教育亦称幼儿教育。清末，称幼儿教育机构为蒙养院。民国元年（1912）称蒙养园，后改幼稚园。中华人民共和国成立后统称幼儿园。

起步与发展

1951 年 10 月，贯彻政务院公布施行的《关于改革学制的决定》精神。1953—1954 年，发动农业生产合作社兴办幼儿园。时境内部分农业生产合作社先后创办幼儿园，幼儿入园率 65%。

1958年，“大跃进”、人民公社化高潮中，为解放妇女劳动力，浙江省提出“迅速实现90%的幼儿入园”要求，境内各生产大队纷纷开办幼儿园，选派有一定文化的青年妇女任幼教老师。1961年，贯彻“调整、巩固、充实、提高”方针，幼儿园逐渐停办。20世纪70年代起重新发展。1978年创办白峰中心幼儿园。1985年，在小学内始附设学前班。1990年后，境内民办幼儿园有所发展。至1993年，境内共有各类幼儿园11所，在园幼儿600人，教职工25人。

1993年白峰境内各类幼儿园一览表

表11-1-1

园名	园址	班级数（个）	在园（班）幼儿数（人）	教职工人数（人）	园（班）负责人	办园性质
白峰镇中心幼儿园	白峰村	7	249	11	周丹桂	集体
门浦学前班	门浦村	1	24	1	周方达	集体
外峙学前班	外峙村	1	19	1	郑亚红	集体
山防学前班	山防村	1	18	1		集体
司前幼儿园	司前村	1	14	1	杨娟娟	集体
轮仰幼儿园	轮仰村	1	21	1	周苏娣	集体
小门幼儿园	小门村	2	40	3	沃湖海	集体
官庄幼儿班	官庄村	1	23	1		个体
第二小学附设幼儿园	上阳夹塘	2	90	2	胡舍年	集体
康头幼儿园	康头村	2	82	2	胡志芳	集体
马盘幼儿园	马盘村	1	20	1	郑 健	集体

2002年，实施教育部颁布的《幼儿教育指导纲要（试行）》。2003年、2004年北仑区政府先后下发《关于整顿和规范社会力量办幼儿园的通知》《北仑区社会力量办幼儿园标准》《关于加快北仑区幼儿教育发展的若干意见》，加强对各类幼儿园的扶持和管理，依法规范办园行为。2003年境内幼儿学前教育入园率达98%。2004年小学附设幼儿班（学前班）全部取消。2006年，设白峰镇中心幼儿园。至2018年共设有白峰街道幼儿园、官庄幼儿园、上阳幼儿园（白峰街道幼儿园上阳分园）3所。

教养工作

境内幼儿园均属日托。始不分班，后各幼儿园分大、中、小班。1952年秋季执行教育部颁发的《幼儿园暂行规程（草案）》，教养科目有体育、语言、认识环境、图画、手工、音乐、计算，不进行识字教学，不举行测验，组织开展创造性游戏，寓思想品德教育于娱乐之中。1957年开始注重幼儿的作息与活动，保证幼儿要有足够的睡眠和户外活动时间，控制每天作业次数，注意动静搭配，逐步克服“小学化”重作业、轻游戏及“放羊式”等现象。

1979年开始重视幼儿的全面发展，指导幼儿绘画、制玩具、演讲和开展文娱体育活动比赛等。

1981年，境内大部分幼儿园采用浙江幼儿师范学校编写的幼儿园大、中、小班的教材施教。1982年始，逐步施行教育部制订的《幼儿园教育纲要（试行草案）》，教育内容有生活习惯、体育活动、思想品德、语言、常识、计算、音乐、美术8个方面。按小班、中班、大班分别规定不同内容与要求，通过游戏、体育活动、上课、劳动、娱乐和日常生活等各种活动来完成教养任务。自1983年起，陆续使用部编《幼儿园教材》和教育挂图，上课以游戏为主要形式。教养科目有语言、常识、计算、体育、音乐、美术等。2001年以来，重视幼儿的健康卫生安全教育，坚持保、教并重，建立家园联系合作制度，引进幼儿教育、教学新理念，注重多元智能培养等，推进幼儿教育全面发展。

幼儿园简介

白峰街道幼儿园 位于白峰街道怡峰家园C楼东边，占地面积3439平方米，园舍建筑面积1135平方米。创办于1978年，始称白峰公社中心幼儿园。1992年5月，改称白峰镇中心幼儿园。2006年，白峰镇中心幼儿园共设6个班级，在园幼儿247人，有教职工26人，其中专任教师14人。2016年7月，改称白峰街道幼儿园。至2018年，幼儿园共设6个班，实行小班化教学，在园幼儿180人，教职工47人，其中专任教师25人（包括上阳分园），均为大专以上学历。白峰街道幼儿园以“一切为了孩子，让孩子健康活泼快乐地成长”为办园宗旨，创办一所“孩子开心，家长放心，社会满意”的幼儿园，并获得“北仑区优秀辅导园”等称号。

官庄幼儿园 位于白峰官庄（东香茗园小区旁），占地面积5984平方米，园舍建筑面积3216平方米，绿化面积2243平方米，拥有9个班级的配套设施。幼儿园创办于2012年3月，园舍宽敞、明亮，环境安全、整洁。户外有绿色草坪和四季分明的花木，有供幼儿游戏、锻炼的沙池、水池、大型玩具、运动跑道和宽敞的塑料操场；室内硬件设施齐全，每班配有钢琴、空调、电视、录音机和投影仪等现代化电教设备；园内配备专职的保健医生和专业的教师队伍。2012年8月，官庄幼儿园被浙江省教育厅综合评估确认为省三星级（市二星级）幼儿园。至2018年，幼儿园共设6个班，在园幼儿170人，教职工26人。

上阳幼儿园（白峰街道幼儿园上阳分园） 2007年与上阳宁兴小学合并建园。2011年，在镇党委、政府的重视、关心下，撤出上阳宁兴小学，幼儿园在原址独立重建。新建幼儿园占地面积2611平方米，园舍建筑面积1800平方米，建有6个班级的幼儿教学设施。园内环境优美，活动场地宽敞。至2018年，幼儿园共设3个班，在园幼儿64人，教职工15人。

第三节　小学教育

发展历程

清光绪二十八年（1902），清政府颁发《钦定小学堂章程》。光绪三十二年（1906）后，境内始设立小学堂，有义塾改办、私塾改良等多类。民国元年（1912），国民政府颁发《普通教育暂行办法》，学堂改称学校，堂长改称校长，实行男女同校。是年，在庚头村王氏宗祠设有嘉逸国民学校。民国12年，在白峰设有县立第十模范初级小学。民国29年秋，国民政府颁发《国民教育实施纲要》，推行国民教育制度。各乡设中心学校，保设国民学校。民国29—34年（1940—1945）停办短期小学和民众学校，部分私立小学指定为代用保国民学校。民国34年春，时任镇海县参议员、曾任教育科科长的乐世长，发起组织，由乐秀积、乐继祥、乐鼎臣等9人组成的校筹会，选址白峰悬洋屋西侧建造白峰中心小学，占地面积1800平方米，可吸纳学生200余名。是年9月落成开学。民国35年（1946）起实施第二期国民教育计划。至民国36年撤并乡镇后，境内有中心国民学校2所，保国民学校6所。

民国36年（1947）第一学期白峰境内小学一览表

表11-1-2

乡名	学校（所）	学校名称	班级数（个）	学生数（人）	教职员数（人）
穿山乡	4（其中白峰片区2所）	第二中心学校（白峰）、小门保校（第四保）	12（含穿山乡其他学校）	542（含穿山乡其他学校）	17（含穿山乡其他学校）
上阳乡	6	中心学校（康头）、蕉山下保校（第三保）、钟家湾保校（第四保）、上王保校（第五保）、山防保校（第六保）、门浦保校（第六、七保）	8	315	10

注：时白峰片区属穿山乡。

1949年5月，白峰境域解放，人民政府接管学校，各校按地（村）名命名，同时对各类学校采取“维持现状，逐步改造”和贯彻“学校向工农开门，教育为生产服务，师生为人民服务”的办学方针。1951年，根据新的乡镇建置，境内设白峰乡、上阳乡2所中心小学。

随着国民经济的恢复和农村土地改革的完成，境内小学教育也得到发展。至1952年，学生、教职员工数比1949年均有增长。

1953年，贯彻“整顿巩固，重点发展，提高质量，稳步发展”方针，停止春季招生。

1958年“大跃进”时，贯彻“教育为无产阶级政治服务，教育与生产劳动相结合”的方针，“大办钢铁、大办粮食”等全民性活动频繁，学生投入生产劳动与政治活动时间过多，普遍对学习缺乏兴趣，缺课、流生多。

1960年，施行省教育厅颁发的《全日制小学教学计划》，减少小学生参加生产劳动时间，四年级以上学生每周参加生产劳动4个小时，全年上课时间36周。

1962年后，贯彻“调整、巩固、充实、提高”方针，执行公办、民办两条腿办学路线，村办小学全部转为民办小学，教师转为民办教师。

1964年4月，为提高贫下中农子女入学率，减少流生而提倡多种形式办学，简易小学（9月改名耕读小学）应运而生，至1969年停办，学生转入公办小学。

1966年5月“文化大革命”开始后，学校“停课闹革命”，教师外出串联，直至1967年9月复课，时学制缩短为5年。复课后一度以《毛主席语录》为教材。

1968年至1969年末，为落实“接受贫下中农再教育”方针，个个生产大队办学校，农村公办小学下放到生产大队办，成立大队“贫管会”，实行由“贫下中农管理学校”。本地教师全部回原籍任教。

1976年，教育事业逐步恢复正常。1978年，恢复公社中心学校机制。1979年实现普及初等教育，学龄儿童入学率年均达98%。1984年8月，境内共有小学15所，其中白峰乡9所、上阳乡6所。1985年，小学学制由5年恢复为6年。

1986年秋，境内小学全部实施九年制义务教育。至1993年，境内共有小学9所，学生1649人，教职工90人。

1984年8月至1985年7月白峰境内小学概况表

表 11-1-3

校名	创办年份	班级数（个）	在校学生数（人）	教职工数		校长或负责人
				合计（人）	专任教师（人）	
境内合计15所		57	1743	86	73	
其中白峰乡9所		32	1066	51	45	
白峰乡中心学校（县立第十模范初级小学）	1923	10	446	25	21	沃共鸣
仰岛小学	1965	5	206	7	7	胡协龙
小门小学（徐氏义塾）	1851	5	183	7	7	史珠光
门浦小学	1950	3	76	3	3	周方达
外峙小学	1950	3	67	3	1	马燕芬
神马小学	1951	2	27	2	2	周菊花
山防小学	1950	2	27	2	2	张翠瑶
官庄小学	1954	1	18	1	1	周维鸿
沿亭小学	1968	1	16	1	1	郑爱娥
其中上阳乡6所		25	677	35	28	
上阳乡中心学校（嘉逸国民学校）	1912	9	338	18	13	周方扬
上永联办小学	1942	5	117	5	5	孙楚德
道头小学	1949	2	26	3	3	方信祥
钟家湾小学	1948	4	94	4	4	童谦耀
马盘小学	1935	3	79	3	3	郑惠才
蕉山小学	1944	2	23	2	2	周瑞英

1993年第一学期白峰境内小学一览表

表 11-1-4

校名	校址	班级数（个）	学生数（人）	教职工数（人）	校长或负责人	创办年份
白峰镇中心小学	白峰村	13	582	30	舒国安	1923
仰岛小学	仰岛村	6	164	8	胡协龙	1965
小门小学	小门村	5	128	7	沃湖海	1950
门浦小学(前身山江小学)	门浦村	2	35	2	周方达	1950
外峙小学	外峙村	2	38	2	沈成章	1950
神马小学	神马村	1	7	1		1951
山防小学	山防村	1	10	1		1968
白峰镇第二小学	上阳夹塘	10	358	22	周信祥	1991
康头小学	康头	10	327	17	胡志芳	1912

1996年境内小学入学率为96%，巩固率为100%。1998年实现高标准普及九年制义务教育，入学率为99.5%，巩固率为100%。同时开始调整小学布局规划，至2006年，境内共设小学2所。

2006年第一学期白峰境内小学一览表

表11-1-5

学校名称	创办时间	班级数（个）	学生数（人）	教职工数（人）		校园面积（平方米）	建筑面积（平方米）
				小计	其中专任教师		
白峰镇中心小学	民国12年（1923）	16	578	31	29	16000.00	3790.00
上阳宁兴小学	2004年原夹塘小学与康头小学合并	9	238	13	13	9400.00	2295.00

2009年，上阳宁兴小学并入白峰镇中心小学。2017年，白峰镇中心小学改称白峰小学。

学制与课程

学制 清光绪三十四年（1908）执行《癸卯学制》，境内初等小学堂学制为5年。宣统元年（1909），初等小学堂有5年完全科、3年简易科2种。

民国2年（1913）执行《壬子癸丑学制》，初等教育段为7年，分初等小学校4年和高等小学校3年两级。民国12年施行《新学制》，境内小学修业年限定为6年，并提出义务教育暂定4年。民国21年12月，国民政府公布《小学法》，小学修业年限为6年，前4年为初级小学，后2年为高级小学。民国29年，教育部颁发《国民教育实施纲领》，中心国民学校和保国民学校的学制分别为6年和4年。

中华人民共和国成立后，境内小学学制仍沿用“四二分段制”。1963年试行《全日制十二年制中小学教学计划（草案）》，境内小学全日制学校均实行六年制。1964年，境内开办大批耕读（简易）小学，有全日制、半日制以及午班、晚班等形式，学制一律为4年。“文化大革命”期间，所有小学普遍推行“五年一贯制”。1986年秋季始实施九年制义务教育，小学为六年制，一直沿袭至今。

课程 在清代，境内初等小学堂开设修身、读经讲经、国文、算术、体操及随意科图画、手工等；高等小学堂加设历史、地理、格致及随意科农业、手工业等。民国时期废止读经课，高年级有公民训练、卫生、体育、国语、历史、地理、自然、算术、劳作、美术、音乐等课。低、中年级的历史、地理、自然合并为常识课。低年级的美术、劳作合并为工作课，音乐、体育合并为唱游课，取消卫生课。四年级起，算术课加授珠算。耕读（简易）小学和短期小学主要学习语文、算术两门课。

中华人民共和国成立后，境内小学课程均按县教育部门参照老解放区编印的教材而设置，一至四年级设语文、算术、体操、美工、唱歌5门课；五、六年级增设自然、历史、地理课。但受教师业务素质的限制，有些课程未能全面开设。1954年9月增设手工和班队活动课。1958年，把生产劳动也列入教学计划，还增设农业知识课。

1960年，教材统一使用省编教材后，学校施行浙江省教育厅颁布的《全日制小学教育计划》，课程设置与前基本相同。

1963年，境内各小学开设周会、语文、数学、历史、地理、自然、生产常识、体育、音乐、图画、手工等课。耕读（简易）小学，课程仅开设语文、算术和1节周会。

“文化大革命”初期，课程作了精简，开设政治、语文、数学、军事、革命文艺5门课，四、五年级再加设每周2课时的常识课。政治、语文合并为《毛主席语录》和毛主席著作选读课。

1978年7月，改政治课为思想品德课，恢复历史课、地理课，增设自然常识课和劳动课。1982年，增设科技课。1985年，开设思想品德、语文、数学、自然、历史、地理、体育、音乐、美术、劳动等10门课。1989年，历史、地理合并，称社会课。

1993年，小学教材统一为部编教材后，执行国家教委颁发的教学计划，全日制小学课程有思想品德、语文、数学、英语、科学、综合、体育、音乐、美术、信息技术10门课。1996年，增设班队活动、健康教育课，沿袭至2018年末。

1951年白峰境内“四二分段制”小学课程设置及每周课时安排一览表

表11-1-6

科目名称	各年级每周课时（时数）				各年级每周课时（时数）	
	一年级(课时)	二年级(课时)	三年级(课时)	四年级(课时)	五年级(课时)	六年级(课时)
每周总课时	24	24	25	26	29	29
语　文	12	12	12	12	10	10
算　术	5	5	6	7	7	7
自　然	—	—	—	—	3	3
历　史	—	—	—	—	3	3
地　理	—	—	—	—	2	2
体　操	2	2	2	2	2	2
唱　歌	3	3	3	3	1	1
美　工	2	2	2	2	1	1

注：一、二年级语文包含常识，四至六年级数学包含珠算，美工包括图画、劳作（也可独立开设）。

1963年白峰境内执行《全日制小学教学计划》小学课程设置一览表

表11-1-7　　单位：课时

科目名称		各年级每周课时数					
		一年级	二年级	三年级	四年级	五年级	六年级
每周总课时		28	28	30	30	31	32
周　会		1	1	1	1	1	1
语文	讲　读	12	12	11	11	8	8
	作　文	—	—	2	2	2	2
	写　字	3	3	3	3	2	2
数学	算　术	6	6	7	8	7	8
	珠　算	—	—	—	—	2	1
历　史		—	—	—	—	2	2
地　理		—	—	—	—	2	—
自　然		—	—	—	—	1	2
生产常识		—	—	—	—	—	2
体　育		2	2	2	2	2	2
音　乐		2	2	2	2	1	1
图　画		1	1	1	1	1	1
手　工		1	1	1	—	—	—

注：四年级以上学生每学年劳动半个月。

2018 年白峰街道中心小学课程设置一览表

表 11-1-8　　单位：课时

科目名称	各年级每周课时数					
	一年级	二年级	三年级	四年级	五年级	六年级
每周总课时	26	26	30	30	30	30
思想品德	2	2	2	2	2	2
语　文	9	9	7	7	6	6
数　学	5	5	4	4	4	4
英　语	—	—	3	3	3	3
科　学	—	—	2	2	3	3
综　合	1	1	3	3	3	3
体　育	4	4	3	3	3	3
美　术	2	2	2	2	2	2
音　乐	2	2	2	2	2	2
信息技术	—	—	1	1	1	1
班队活动	1	1	1	1	1	1

注：每课时 40 分钟。

学籍管理

成绩考核　民国以来，境内各类小学均举行月考、学期考、学年考，成绩采用百分法记分，60 分为及格。毕业考试要报请县教育行政机关派员监考。民国 19—23 年(1930—1934)，小学每年举行县毕业会考。民国 24 年（1935）起改为各小学自行毕业考，但县教育行政机关要进行抽考。

中华人民共和国成立后，改革考核制度。境内各小学对学生学业成绩的考核有考查和考试两种形式。考查：一般采用等级记分法（如甲、乙、丙、丁或优、良、中、低、劣）；1953 年学习苏联教育理论后，采用苏联五级记分法（5、4、3、2、1）。考试有单元考试、期中考试、期末考试、学年考试和毕业考试；考试方法多采用笔试。除 20 世纪 50—60 年代初采用苏联五级记分法记分外，都采用百分制记分。

“文化大革命”期间，一度取消过考试制度，学生按年度升级，到期毕业。学生升学，以推荐代替考试。

1977 年秋始，恢复成绩考核制度，每学年第一学期进行期中、期末考试，第二学期进行期中、学年考试，读完小学全部课程进行毕业考试。升初中时进行全县统一升学考试。对学生成绩的考核，以平时考查为主，采用笔试、口试等形式进行。学期、学年总评成绩不及格的科目，在下一学期开学时必须进行补考。毕业考试范围规定只考最后一学期或最后一学年所学的教材内容。

升级　毕业　民国时期，境内小学基本执行省教育厅根据教育部颁发的《修正小学课程》制订的小学升级、毕业标准。

1952—1978 年，境内小学根据教育部颁发的《小学暂行规程（草案）》，规定学生修完一学年，各课学业成绩均及格的准予升级。不及格的，教师应负责予以补习。补习后语文、算术仍有 1 课不及格或其他科目仍有 2 课不及格的，应予留级。学生修完小学全部课程，操行和学业成绩均及格的准予毕业。学业成绩不及格的，教师应负责予以补习，补习后及格的予以毕业。

1978—1986 年，境内小学按照省教育厅规定：学年经过考核评定，在德、智、体几方面都符合要求者准予升级；成绩优异，经过考核，语文、数学均能达到上一年级水平者，由学校批准，准予跳级；学习成绩太差，经过补考，语文、数学有 1 课加上其他课有 1 课不及格，应予以留级；学习期满，经考核鉴定，在德、智、体几方面都符合要求者，准予毕业，由学校发给毕业证书。1986 年下半年始实施九年制义务教育，小学实行不留级制度。学生修业期满，经考核，操行和学业成绩及格、体育合格，准予毕业，由学校发给毕业证书。达不到毕业标准，由学校发给结业证书。

学校简介

白峰小学 前身为县立第十模范小学，民国 12 年（1923）由白峰乐世祥创办，校址在白峰祠堂内。1943 年改名为白峰乡中心国民学校。1945 年在白峰悬洋屋西侧新建平房 10 余间作为校舍，设 4 个单式班初小，学生百余人，教师 6 人。1950 年更名为白峰乡中心学校，后校舍几经扩建。1989 年集资 25 万元建三层教学楼 1 幢。实验仪器、电化教学器材、音、体、美、劳等教学设施均按省定Ⅱ类标准配备。1992 年扩镇并乡，更名为白峰镇中心小学，1993 年有 13 个教学班，学生 586 人，教职工 30 人，其中专任教师 25 人，中级职称 9 人。校园占地面积 3486 平方米，建筑面积 2144 平方米。时任书记胡修业、校长舒国安。

白峰小学书法荣誉一览表

表 11-1-9

日期（年）	获奖名称	等第	授奖单位
2000	宁波市书法实验学校	市级	市书研会
2000	浙江省书法实验基地	省级	省书研会
2002	浙江省书法实验基地先进单位	省级	省书研会
2002	全国写字教育实验学校	全国	中国教育学会
2003	首届全国规范字书写大赛团体	三等奖	规范字大赛委员会
2003	宁波市首批艺术特色项目学校	市级	市教育局
2003	宁波市书法实验学校先进单位	市级	市书研会

白峰小学现校舍位于白峰村石板桥跟 58 号。始建于 1998 年 6 月，1999 年 9 月竣工，时有建筑面积 3000 多平方米。2003 年新建楷风楼 950 平方米。2008 年新建惠学楼 3970 平方米、六艺馆 1091 平方米，食堂翻建 1260 平方米，另有连廊 245 平方米。至 2018 年，学校共有建筑面积 10616 平方米，主楼 4 层。全校共有 24 个班级，796 名学生，49 名在编教师。学校先后被评为浙江省农村示范小学、全国写字教育

白峰小学

白峰小学宁兴楼

实验学校、浙江省首批艺术特色学校等。现任书记、校长张维亚。

白峰镇第二小学 前身为嘉逸国民学校，民国元年（1912）康头王惠霖、兆兰、宝蒿、守穆、嗣甸、守玉等创办，以嘉逸会产息为办学经费，校址设在康头村王氏宗祠内。民国22年（1933）改称柴桥区康头小学。民国32年（1943）改名为康阳小学。学校在20世纪40年代有中共地下党活动，党组织曾先后派遣中共地下党员吴家安、冯和兰安插康阳小学任教，晚上到各自然村组织农民办夜校，搞农会组织，宣传革命道理。1945年贺灏群（中共地下党员）任教务主任。

1950年学校改名上阳乡中心学校。1952年迁址青龙庵。1966年“文化大革命”期间，境内各小学下放到生产大队办，1978年恢复上阳公社中心学校建制。1991年易地道头夹塘新建校舍，次年1月竣工。原校舍改作康头小学。1992年7月，因扩镇并乡，道头夹塘新建校舍更名为白峰镇第二小学。

1993年末，有10个班级，358名学生，附设幼儿班2班，在班幼儿90人。有教职工22人，内有专任教师19人，其中中级职称5人。校园面积9934平方米，校舍建筑面积1959平方米。在任书记、校长周信祥。2000年8月撤销白峰镇第二小学，原学校改名夹塘小学，由白峰镇中心小学管辖。2004年，夹塘小学与康头小学合并，改名上阳宁兴小学。2009年上阳宁兴小学并入白峰小学。

上阳宁兴小学 为帮助偏远农村发展教育事业，宁兴控股集团于1997年出资捐助白峰镇第二小学建宁兴教学楼一幢（三层），建筑面积1000平方米。至2017年（中途学校先后并入上阳宁兴小学、白峰小学）20年时间，累计捐款达120万元，用于建造教学楼，操场跑道、奖学金、奖教金，配置电教设备等。2017年公司在白峰小学冠名宁兴楼，设立“宁兴教育奖学金”。

第四节 中学教育

发展历程

中华人民共和国成立初期，境内无中学。1958年，“大跃进”时期，根据浙江省教育厅提出的《关于1958年起普通中学发展的初步意见》，采取挖潜力、多招生、“小学加帽子”等措施，发展初中教育。是年秋，创办白峰中学，设1个班级，附属于白峰小学，1959年独立建制。

1966年，“文化大革命”开始，中学全面停课。1968年3月，学校革命委员会成立后，于9月复课，学制由3年改为2年。是年，提出读初中不出生产大队，完全小学大多附设初中班，师资不足，中学教师“下伸”，小学教师“上抽”到初中任教。

1971年9月，由钟家湾、上王、上阳3所小学附设初中班合并组建上阳中学。1973年春，白峰中学开办2年制高中班，始招生1班。1978年，调整和整顿初中，初中学制始恢复3年。1979年起，小门、白峰、仰岛小学附设初中班先后并入白峰中学。

1986年9月，白峰乡、上阳乡同时实施九年制义务教育。是年初一新生入学率为87.9%，初中在校生巩固率为83%。

1993年，境内共有九年一贯制学校2所，学生978人，教职工53人。

1993年第一学期白峰境内九年一贯制学校一览表

表11-1-10

校名	校址	班级数（个）	学生数（人）	教职工数(人)	校长或负责人	创办年份
白峰中学	白峰村	12	606	32	胡　平	1958
上阳中学	上阳村	8	372	21	郑伯群	1971

1995年，白峰中学高标准通过宁波市搞点划样两基（基本普及九年制义务教育、基本扫除青壮年文盲）评估验收。2002年9月，为了提高教育质量，整合师资、扩大规模，上阳中学并入白峰中学。2003年后，初一新生入学率和初中在校生巩固率均达100%。

学制与课程

1958年秋，境内初中学制为二年，试用省编教材，开设语文、数学、物理、化学、植物、动物、卫生常识、历史、地理、外语、体育、音乐、美术等课程。

1959年2月，境内初中所授课目分为三大类：政治思想教育，占总课时的19%；文化科学知识教学占55%（其中5%～10%根据当地实际，教学自己编写的乡土教材和其他补充教材）；生产劳动占26%。

1963年，对政治课、文化课、生产知识课以及劳动时间均作了重新规定：初中全年教学时间为9个月，劳动1个月，假期2个月。政治课按年级分别设置政治常识、经济常识、辩证唯物主义常识、时事政策教育等课，三年级增开生产知识课。

1969年春，课程有毛泽东思想教育、农业基础、军事体育、革命文艺、劳动等。文化基础知识课几乎被取消。

1972年，中学曾改制为5年，即初中3年、高中2年。1973年1月，又改学制为4年，即初中2年、高中2年。教学时间安排：初中每学期文化课18周，学工、学农、学军3周，机动0.5周；高中每学期文化课17.5周，学工、学农、学军3.5周，机动0.5周。

1978年秋，中学学制定为5年，即初中3年，高中2年。1984年实行“三三制”，即初、高中各3年，延续至今。

2018年白峰街道初中课程设置一览表

表11-1-11　　单位：课时

科目	一年级	二年级	三年级	科目	一年级	二年级	三年级
每周总课时	30	31	31	历史	3	2	—
政治	2	2	2	地理	3	2	—
语文	6	6	6	生物	2	2	—
数学	5	6	6	生理卫生	—	—	2
外语	5	5	5	体育	2	2	2
物理	—	2	3	美术	1	1	1
化学	—	—	3	音乐	1	1	1

注：生物包括植物和动物。劳动技术课每学期各年级安排2周。

学籍管理

成绩考查 1958年始，学生成绩考查分平时考查和阶段考查（共占60%）及学期考查（占40%），来评定学期成绩。统一采用百分制记分。“文化大革命”期间，废除考试制度。学科成绩由学生自行评定，小组、班级联评产生。开卷式、讨论式考试盛行。1978年秋，考试方法有笔试（开卷、闭卷）、口试、实验和操作等形式。主科采用百分制记分，其余学科采用等级制。学生成绩考核分考查和考试两种。考查成绩一般采用等级制，考试成绩采用百分制。每学期举行期中、期末两次考试。学期、学年的总评成绩按平时考查、期中考试成绩各占30%，期末考试成绩占40%累计。1998年后，用统一标准来衡量学生基础知识和基本技能的掌握情况和毕业水平，作为高一级学校招生时参考。

升级　留级 20世纪50年代，境内初级中学对学生升留级仍按民国时期规定，学课成绩均及格者予以升级，有3课不及格（其中2课系主科），经补考后仍有2课主科不及格应予留级。“文化大革命”时期，废除留级制度，无论学业成绩优劣，一概升级。1978年对学业成绩较差，经过补考后，6课必试科目有3课不及格者应予留级。1985年严格控制留级面，初中毕业班学生不留级，其他年级的留级率不得超过5%。1987年实施九年制义务教育后，初中实行不留级制度。

升学　毕业 1958年，境内初中学生升学考试，采用省统一命题，县集中改卷办法。20世纪60年代，学生在校修完初中3年课程，各科成绩及操行成绩均及格者，准予毕业，发给毕业证书。对于有不及格学科，而又不够留级条件的应届生发给结业或修业证书。“文化大革命”时期，升学采取推荐办法，读完2年就可发毕业证书。1977年始，升学采用推荐与考试成绩相结合的办法。学生学习期满，经考核，操行评定和考试成绩合格者发给毕业证书，不合格者发给肄业证书。1983年始由县招生办公室统一组织升学考试，试卷由地（市）统一命题，按考试成绩分学区录取入学。自1986年始，毕业证书须经区教育局审核验印。

学校简介

白峰中学 1958年秋创办，设1个班级，附属于白峰小学。1959年独立建制，校址在白峰汽车站南，首任校长胡金雨。1960年建成苏式教学楼1幢。1962年初，改办小学附设初中，是年末，被列为县属12所公立中学之一。1971年6月办起校办厂，1973—1974年获利润10余万元。1975年校长王才根等决定用这笔资金易地（白峰村庄山南麓）重建校舍约2350平方米（镇海县文教局拨款1万元），1976年夏，竣工启用，即迁现址。

1973年春，办二年制高中班，始招生1个班，后每年招2个班。1978年招高中3个班，生源来自白峰、上阳、梅山等乡。1979年起，小门、白峰、仰岛湾小学附设初中班先后并入。1981年高中部被撤销。1985年秋，设班级10个，有学生484人，教职工30人，其中专任教师20人。1987年，改名为北仑区白峰中学。1991年夏，白峰乡和区教委投资23万元，建四层教学楼1幢，次年春竣工。教学仪器、音、体、

白峰中学

原上阳中学教学楼

美、劳等器材和设施均按省定标准配备。

1993年有12个教学班，学生606人，教职工37人，其中专任教师25人。校园占地面积1.2万平方米，建筑面积3620平方米。至2018年全校共有9个教学班，学生328人，教职工41人，其中专任教师30人。校园占地面积20866平方米，建筑面积10637平方米。现任校长、书记张开佩。

2018年10月29日，近千名白峰中学校友齐聚白峰盛威体育馆庆祝母校60岁生日。在庆典中，由白峰街道联合北仑区慈善总会专门设立的“白峰教育发展基金”正式启动。该基金主要用于引进和留住优秀的教育人才，帮助因特殊困难或需求的师生以及白峰教育软硬件建设的补充。该基金收到盛威国际控股（中国）有限公司捐赠善款180万元，白峰中学高中1979届校友善款25万元。

上阳中学 学校位于上阳阮家。1971年9月，由钟家湾、上王、上阳3所小学附设初中班合并而成，定名上阳中学。时设4个班级，8名教师。1975年办两年制高中班，1979年停办。

学校坚持自力更生，勤俭办学，加强劳动教育。20世纪70年代，组织全校师生从山上挑来几千立方沙石填平溪坑、沙滩，辟面积5000余平方米操场，砌320米长乱石围墙。办学思想端正，治学态度严谨，自开办以来培养毕业生3000余人，为高一级学校输送合格新生近千人。

1993年，投资31万元建教学楼1幢，配有Ⅱ类标准仪器。是年末，设8个班级，有372名学生，32名教师，具有中级职称5人。校园占地面积9114平方米，建筑面积1931平方米。2002年9月，改革学校建制，上阳中学并入白峰中学。

第五节 东海少年军校

1988年10月13日，由东海舰队政治部、宁波团市委、市教委联合创办全国第一所具有海军特色学校——东海少年军校。设址于白峰仰岛湾37591部队驻地。

在创办过程中，时任团中央书记处书记李源潮、东海舰队司令员聂奎聚中将、宁波市委书记孙家贤、项秉炎等领导亲自过问。部队腾出营房2000平方米，设教学办公楼和教工、学生宿舍楼及食堂等附属设施，并专门进行整修；平整400多平方米训练场地，添置军事器材、课桌、床铺、被装等教学、生活必需品，并制定校牌、校徽、校旗、校歌、校服。地方提供教育经费，组织落实受训人员，每期可容纳60人受训。

1992年军校被团中央确定为全国青少年军事夏令营宁波营地，团中央拨款30万元，宁波市财政拨款15万元，为军校建714平方米综合教学楼一幢。1993年10月培训学生增至2个班，可达120人。办学经费由市财政每年拨款3万元，舰队每年下拨学员所需航用油料10吨和轻武器射击需耗弹药2500发，37591部队提供后勤保障等。

军校聘请团中央书记处书记、团省委书记、东海舰队首长、宁波市委领导任名誉校长，并成立由地方和部队干部组成军校常务领导班子，下设军训处、政宣处、后勤处，军地选调优秀战士、教师10人负责日常训练、教学和管理工作，并聘请跟班教师任中队指导员。教学训练内容着眼海军特色，自编10万字教材，设队列、内务、军事知识、射击、手旗通讯等科目。并订有教学、管理、保障岗位职责、工作规范守则、学员守则、内务规定、值班值勤制度、量化考核标准等。学生考核合格者，颁发结业证书。

军校以“强化青少年国防观念，铸造新一代海魂”为办学宗旨。学员培训期10天，向学生讲解人民解放军宗旨、海军发展史、人民军队光荣传统和英雄人物光辉业绩，观看军事影视片等；进行军事基础知识学习和训练，开设“海洋观念”“海军兵器常识”“三防知识”课程，组织学生参观潜艇、快艇、模拟远航，体验海上生活，进行队列、海军旗语通信、轻武器实弹射击等训练；进行严格的一日正规化军事生活，使学生了解军队纪律和条令条例，懂得加强纪律重要性，养成一切行动听指挥的军人作风和良好学习生活

东海少年军校

习惯；还积极开展丰富多彩有益活动，深化和巩固培训成果，如“我是一个兵”军事演讲、军事知识竞赛、文体比赛、夜间站岗、紧急集合、爬山侦察搜索等一系列逼真、紧张军事和文娱活动。在进行军事科目训练同时，结合文化知识学习，还开展回访活动，向母校汇报训练成果，扩大教育面。

少年军校融学校、家庭、部队教育为一体，拓宽国防教育路子，产生广泛社会影响，引起各界密切关注。办校5年来，接待前来采访体验生活的新闻单位、文艺团体20余批计200多人，中央电视台、浙江电视台和《人民日报》《解放军报》《中国青年报》《人民海军报》等新闻单位先后作了报道，全国各地纷纷来信要求前来培训。军校为推动社会国防教育起到率先垂范作用，1991年被省教委、团省委、省双拥办评为“国防教育先进单位”，1992年被评为宁波市“军民共建”、市“青少年国防教育”、省“国防教育”先进单位和先进集体及省先进少年军校，是年7月，被团中央、国家教委和全国双拥办评为全国先进少年军校。至1993年末培训学员近4000人。2014年东海少年军校停办。

第六节　捐资兴学助学

宁波开埠以来，乡人在外地谋生者渐多，视野为之开阔，深感文化教育之重要。清末，废科举、兴学堂，新学兴起。有识之士以普及家乡初等教育为己任，通过集资、合资、独资等多种形式开办小学。境内各大族亦以资助当地办学为荣，创办起嘉逸国民学校、县立第十模范初级小学校。

民国16年（1927）白峰境内办学助学情况表

表11-1-12

学校名称	创建时间	地址	始创与续办人	助学及沿革简介
嘉逸国民学校	民国元年（1912）	康头村王氏宗祠	王惠霖、兆兰、宝嵩、守穆、嗣旬、守玉等	以嘉逸会产息为经费。后为上阳中心学校
县立第十模范初级小学	民国12年（1923）	白峰村	乐世祥	后为白峰小学

第七节　成人教育

民国时期，成人教育称社会教育、平民教育、民众教育，即在普通学校以外另设教育机构和设施，给未受教育的成年失学民众以补充教育，或给受过基础教育的民众以继续教育。中华人民共和国成立后，成人教育曾称为社会教育、工农教育、业余教育等。

中华人民共和国成立初期，境内成人教育主要是针对干部、农民骨干等各类成人，实行文化教育与政治教育相结合。文化教育主要是扫盲和初等教育；政治教育围绕土地改革、镇压反革命、抗美援朝等政治运动编选教材宣讲。1980 年始，成人教育逐步向实用技术培训转移。1982 年，白峰乡、上阳乡分别开办乡成人教育中心（学校）。1992 年建镇后，成立白峰镇成人中等文化技术学校。2016 年 7 月成立白峰街道办事处后，改称白峰街道成教中心学校。

扫盲教育

中华人民共和国成立前民众识字教育　五四运动时期，境内兴起平民教育运动。民国 9 年（1920），组办义务学校及平民夜校，对象分别为青少年失学者及 20 ～ 40 岁的文盲、半文盲，授课为期 5 个月。民国 18 年（1929），镇海县成立识字运动宣传委员会，次年建立县民众教育团，负责境内各地民众学校。

抗日战争时期，境内部分村设立战时民众学校和夜校，开展扫盲和战时教育。有的村开办识字班，寓抗日宣传于文化教育之中。小学设社教部，负责民众识字教育，辅导民众学习。组织午间墙门识字小组，推行“小先生制”，发动学生开展一日一字民众识字运动。

抗日战争胜利后，共产党员冯和兰、吴家安等在上阳乡组织 100 余人到夜校学文化，宣传革命道理。境内各中心学校及保国民学校普设民教班，进行成人文化补习教育。

中华人民共和国成立后农民业余教育　中华人民共和国成立初期，境内各乡和农民协会组织冬学。1952 年，80% 以上冬学转为常年民校，组织知识青年和教师参加扫盲工作，举办速成识字扫盲班，组办工农速成初等学校（后改称工农青年速成初等学校）。1954 年，以生产合作社为基础，开办冬学。1955—1956 年，组织包教包学、送字上门、田间识字小组、妇女识字小组等多种形式开展扫盲教育。1957 年，文盲、半文盲率由解放初的 77.6% 下降到 70%。上阳乡勤丰村坚持常年学习，受到宁波专署文卫科通报表彰。三年困难时期，农民教育处于停顿状态。1962 年冬，复办各类农民学校。1963 年，全县推广上阳公社钟家湾大队农民学校坚持常年学习的经验。

“文化大革命”开始后，各类成人学校停办，文盲率回升。1970 年，各地开办政治夜校。1972 年，恢复农村文化夜校，继续开展扫盲工作。1979 年，白峰公社、上阳公社分别建立工农业余教育领导小组，社中心学校配业余教育干部。贯彻镇海县革委会《关于尽快扫除文盲，大力发展农民业余教育的通知》。是年，进行群众性文化普查，有 2/3 大队办业余文化夜校，农村少、青、壮年文盲、半文盲由 1978 年的 28% 降至 14.1%。1985 年初，境内 2 乡 12 ～ 40 周岁少、青、壮年人口 11472 人，非文盲率为 94.8%，达到省定基本扫除青、壮年文盲单位指标要求。

1985年白峰境内12周岁至40周岁人口非文盲率一览表

表11-1-13

乡镇名称	总人数（人）	文盲半文盲数（人）	非文盲数（人）	非文盲率（%）
合计	11472	600	10872	94.77
白峰乡	6233	283	5950	95.46
上阳乡	5239	317	4922	93.95

1989年，区政府分别与白峰乡政府、上阳乡政府签订扫盲指标责任书。各乡成立扫盲工作领导小组，把任务落实到各村和个人。1993年，白峰镇15～43周岁村民脱盲率达98.1%，通过市“两基”（基本普及九年制义务教育，基本扫除青壮年文盲）评估验收。1998年，通过市“两高”（高标准普及九年制义务教育，高标准扫除青壮年文盲）评估验收。1996—1998年，脱盲人员巩固率稳定在96%以上，达到高标准扫除青壮年文盲的要求，宣告近一个世纪的扫除文盲工作结束。

职业技术教育

1980年始，成人教育向实用技术培训转移。根据境内实际需要，确定培训内容有财会、海产养殖、淡水养殖、果木栽培、农机使用等。次年，白峰公社、上阳公社分别开办农业技术学校。1986年白峰乡、上阳乡分别开办乡成人教育中心（学校）。1992年5月，扩镇并乡后，成立白峰镇成人中等文化技术学校。1994年，全镇有1500余人次参加各种专业技术培训。2000—2001年，成校实施“燎原计划”，先后举办以农业、水产养殖、牲畜饲养、花卉、西瓜嫁接为主的技术培训班，培训人数占农业劳动力的20%左右。

2003年，区政府印发《关于开展被征地人员职业培训工作的若干意见》和《关于开展农业培训工作的实施意见》，镇成校对农民技术培训重点实施3项工程：一是以专业户、种田大户和村骨干为主要对象的绿色证书培训工程；二是以45岁以下青年骨干农民为主要对象的新世纪青年农民科技培训工程；三是以单项性实用新技术为内容的农民科技培训工程。2004—2005年，参加农民绿色证书培训、农业新技术、新品种推广和实用技术培训，二年四期参加学员160人。2006—2018年，镇成人中等文化技术学校多次举办农业种植、养殖、财会、保安、物业管理、社会公共管理、法律、机械等培训班，进行农民转岗技能培训、实用技术培训、社会化职业技术培训等共参加学员850人，收到较好的社会效果。

2004年3月至2018年9月白峰成校成人高中培训毕业情况表

表11-1-14

届次	培训时间	学员人数（人）	毕业情况
合计30届次		1071	
2004年春季届	2004.3—2005.7	62	已毕业
2004年秋季届	2004.9—2006.1	43	已毕业
2005年春季届	2005.3—2006.7	25	已毕业
2005年秋季届	2005.9—2007.1	30	已毕业
2006年春季届	2006.3—2007.7	42	已毕业
2006年秋季届	2006.9—2008.1	31	已毕业
2007年春季届	2007.3—2008.7	24	已毕业
2007年秋季届	2007.9—2009.2	16	已毕业

续表 11-1-14

届次	培训时间	学员人数（人）	毕业情况
2008 年春季届	2008.3—2009.7	5	已毕业
2008 年秋季届	2008.9—2010.2	8	已毕业
2009 年春季届	2009.2—2010.7	20	已毕业
2009 年秋季届	2009.9—2011.1	48	已毕业
2010 年春季届	2010.2—2011.7	33	已毕业
2010 年秋季届	2010.9—2012.1	39	已毕业
2011 年春季届	2011.2—2012.7	46	已毕业
2011 年秋季届	2011.9—2013.2	51	已毕业
2012 年春季届	2012.2—2013.7	38	已毕业
2012 年秋季届	2012.9—2014.1	62	已毕业
2013 年春季届	2013.3—2014.7	54	已毕业
2013 年秋季届	2013.9—2015.2	33	已毕业
2014 年春季届	2014.3—2015.7	35	已毕业
2014 年秋季届	2014.9—2016.1	38	已毕业
2015 年春季届	2015.3—2016.7	32	已毕业
2015 年秋季届	2015.9—2017.1	63	已毕业
2016 年春季届	2016.3—2017.7	50	已毕业
2016 年秋季届	2016.9—2018.1	17	已毕业 9 人
2017 年春季届	2017.3—2018.2	41	已毕业 13 人
2017 年秋季届	2017.9—2018.7	20	毕业
2018 年春季届	2018.3—2019.7	19	毕业
2018 年秋季届	2018.9—2020.1	46	毕业

附录：白峰成人学校简介

学校前身为创办于 1985 年的白峰乡成人教育中心，时配成教专职教师 1 名，教师编制在白峰乡中心学校；1992 年，更名为白峰镇成人中等文化技术学校，校长沃共鸣，在编教师 2 名，校址设在乡政府内；2003 年秋，北仑区教育局发文，白峰镇成校与郭巨镇成校合并，成立新的白峰镇成人中等文化技术学校，是年，北仑区编办发文，同意白峰镇成人中等文化技术学校为编制独立的事业单位，学校实现了教师编制、财务经费、校园“三独立”，校长张银康，在编教师 3 人，校址设在白峰村后弄口 33 号。同年在成人中等文化技术学校挂牌成立中共白峰镇委员会党校。2005 年，北仑区教育局发文成立白峰镇社区教育中心，2017 年，北仑区教育局发文成立白峰街道社区老年大学。学校建设成了集成人教育、社区教育、党校教育、老年大学教育为一体的综合性的区域居民终身教育服务基地。

2017 年末，学校占地面积 2300 平方米，建筑面积 2000 平方米，教学培训设施设备完善，建有中式烹饪师、中西式面点师、服装缝制工、育婴员、计算机操作员 5 个职业技能培训室及装备；4 个教室均配有多媒体教学培训设备，学校有在编教师 2 名，其中副高职称 1 名，编外教职工 2 名，兼职教师 30 余名，一年制以上长班 11 个班，学员 328 名。

学校成立以来，于 1998 年高标准地完成区域内青壮年中的文盲扫除工作；作为宁波市百万家庭计算机网络普及教育工程定点培训单位之一，对境内居民开展了计算机网络普及培训和中老年人智能手机操作技能培训；按照实际、实用、实效的原则，开展了农村实用技术及农民绿色证书培训；2004年起，对失地农民和农村富余劳动力开展了转岗再就业职业技能资格证书培训，主要培训项目有计算机操作员、服装设计定制工、育婴员、中西式面点师等，并连续六年中标宁波市企业一线职工培训项目，毕（结）业学员2142名，取得了很好的社会效益和经济效益；2004春学期起，开办“双证制”成人高中学历教育，至2017年末，累计毕业26届，毕业学员936名。2006年春学期起，开办成人大专财会、物流专业函授学历教育，至2015年末，毕业学员280名。2012年起，转办成人大专（本科）网络教育，至2017年末，毕业学员99名。

第二章 科技

明末清初，境内农副产品加工业已具相当水平。民国时期，农户始使用改良织布机织布。

中华人民共和国成立后，始运用动力碾米兼营发电，农业上引进水稻新品种进行试验与繁育。20世纪50年代初期，境内各乡开始推广农作物优良品种、栽培新技术和先进的耕作技术。嗣后，科普宣传、组建科技机构、推广新科技等举措多管齐下，科技成果不断涌现，有力地促进工、农、副业生产的全面发展。1964年，粮食亩产在以前不到400千克的情况下，提前实现《全国农业发展纲要》规定的亩产800千克目标。1988年，按照党和国家提出的“科学技术是第一生产力”重要理论，境内工、农、副业的科技活动积极向纵深发展。是年，白峰针机厂XD系列旋锻变径机NZS三角植绒机获国家“星火”成果铜牌奖、浙江省“星火”成果三等奖。1992年5月白峰建镇后，实施“科技兴农”“科技兴工”“科技兴镇”策略，坚持“实际、实用、实效”原则，科技成果又有新突破，同时促使各行业加快产业结构调整的步伐。

第一节 机构

农业科学技术推广站（简称“农科站”）

1972年4月，建立白峰公社农科站和上阳公社农科站。各公社农科站负责本区域范围内的粮食作物、经济作物、畜牧兽医等技术的引进、试验、示范、推广、指导，以及调研、培训等工作，各农科站配备农技干部若干名。恢复乡建制后，公社农科站改称乡农科站，各大队（村）设立相应农科组织。

农机管理站

1978年10月，境内分别建立白峰公社、上阳公社农机管理站。负责农业机械试验、推广管理工作。

农业服务公司

20世纪80年代初，白峰公社、上阳公社相继配备农技员、林特员、农机员、水利员。农技员主要负责推广普及、运用科学种植方法争取粮食作物高产丰收；林特员负责林业管理和果木栽培及引进新品种，利用新技术改良果木等工作；农机员从事农机管理和农机人员培训，推广和应用农业机械工作。水利员从事农田灌溉、水利排涝等工作。

1998年建立镇农业综合服务中心，各线专业人员努力培养科技示范典型，以点带面，为种植业、养殖业做好产前、产中、产后服务，得到境内农户赞誉。

2005年白峰镇农业办公室农技人员任职资格一览表

表11-2-1

姓名	技术职称	专业
傅国海	农艺师	栽培、植保
王诚意	农艺师	栽培、植保、蔬菜
张建国	农艺师	林业技术
蔡信国	工程师	农机管理
王祖飞	助理农艺师	林业技术
王国祥	技术员	水利
王永久	技术员	水产

科学技术普及协会

1986年4月，白峰乡、上阳乡分别成立科学技术普及协会，科普协会主要工作任务：举办科普讲座，编发科普资料，开展科技培训，交流科普经验，推广优良品种和先进栽培技术，推进企业技术改革等。

2003年8月，白峰、郭巨二镇合并建立新的白峰镇后，科普组织和科技推广应用工作得到进一步重视和加强。

第二节　科普宣传

中华人民共和国成立后，境内科普宣传活动主要形式有举办科普画廊、科普演讲、科技展览、科技表演、编发科普资料、开办技术夜校、编写科技黑板报、放映科技电影和幻灯片等。

1964年5月，境内举办科教影片展览，放映《预防病从口入》《知识老人》《预防近视眼》《不平静的夜》《金小蜂与红铃虫》等影片。

1979年后，境内中学和乡中心小学，开展青少年科技活动，相继建立空模、航模、无线电测向和数学、物理、化学、天文、地理、生物及计算机等各项兴趣小组。组织学生开展科技小发明、小论文比赛等活动。学校举办科技竞赛、科技制作成果展览、科学讨论会、科学讲座，放映科技电影和录像等，启迪青少年学生从小爱科学、学科学、用科学的精神。

1984年3月，境内举办《普及科学知识，反对封建迷信》展览。

20世纪90年代后，境内科普宣传活动更加频繁，宣传媒体和工具更加先进，有力促进“一优二高”农业和“科技兴农”“科技兴工”“科技兴镇”大气候的形成，并取得丰硕的成果。

第三节 推广新科技

新农机具推广

1957年推广脚踏打稻机，改变几百年用稻桶脱粒法。1958年2月，试行双轮双铧犁耕田，因畜力不配套，未能推广。6月，引进12匹马力柴油轧米机。20世纪60年代中期引进5台12型手扶拖拉机，主要用于耕田和货物运输。1970年后，引进二台“东方红”中型拖拉机，主要用于公社农机厂产品、原料、农产品的运输，随后境内大量购进手扶拖拉机，农忙时用于耕田，农闲时搞运输，基本结束用牛耕田的历史。1974年，试行三匹马力柴油打稻机，1975年后，推广1.5千瓦电动打稻机。20世纪80年代后，推广电动抽水机、手动（后来电动）喷雾机、小型耕田机、小型收割机。

育秧技术推广

1965年，试行推广塑料薄膜覆盖半旱秧田，此法具有秧龄期短，出苗率高，苗壮整齐，烂秧少的优点，一改几百年传统落后育秧法。1968年起，得到大面积推广。20世纪70年代初，为减少秧田面积，推广“小苗带土移栽”新技术，20世纪90年代后期，随着化学除草技术的推广应用试行水稻轻型栽培技术（俗称“抛秧”）获得成功。21世纪初，推广散直播，方法：即种子露白后直接播撒在大田中，具有减轻劳动强度，提高生产效益，节省成本等诸多优点。

直播油菜技术推广

1998年，镇农科站探索油菜种植方式，试行免耕直播新技术，经两年试验获得成功。该项技术具有成本低、产量高、籽粒饱满等优点。

反季节蔬菜栽培

境内反季节蔬菜栽培始于20世纪80年代初，从地膜覆盖开始，嗣后逐步分段采用小拱棚、中棚、大棚式栽培。

1989年后，随着大棚面积的扩大，不少菜种做到全年栽培，全年供应。如茄子往年仅在5—7月采收上市，1993年始，大棚茄子采收时间从12月至次年6月结束；胶菜以往仅在11月至次年3月上市，后春胶菜可在4—6月上市，夏胶菜在7—10月上市，改变过去只能在冬季吃大白菜的历史。包心菜过去只有在5—7月采收上市，20世纪90年代推广夏包心菜、秋冬包心菜等栽培新技术，可以一年四季种植应市。反季节蔬菜栽培后，使夏菜冬吃、冬菜夏吃成为现实。

第四节 开发引进新品种

1986—1988年，从广西、福建引进柑橘保鲜剂，经使用柑橘烂耗率在10%以下。1989年，叶面包、多元微肥植物生长调节剂在黄瓜、马铃薯、芦笋、小白菜、甘蓝、韭菜、番茄、灯椒、芹菜等蔬菜上广泛应用，致使产量增长7%～110%不等。运用柑橘、金柑高接换代，茶叶扦插法育苗等新技术，并从嘉兴、杭州、上海等市农科所（院）先后引进推广早晚稻、大麦优良品种近30个。1998年，推广应用水稻轻型栽培抛秧盘，工厂化育秧、直播、薄露灌溉等新技术10多项。

2001年，从浙江农业科学院引进西瓜、蘑菇、毛豆、葡萄、玉米等果蔬新品种40多个。引进杜英、红叶石楠、金叶黄杨、杜鹃等花卉植物20多个新品种。

第五节　科技成果

中共十一届三中全会以后，白峰在农业、工业、教育等领域科技活动都取得显著成绩。

1988年，白峰针机厂XD系列旋锻变径机NZS三角植绒机获国家“星火”成果铜牌奖、浙江省“星火”成果三等奖。

1992年，推广“液单12玉米”上台阶获宁波市农业丰收奖。

1996—2006年，宁波永发集团有限公司永发保险箱被评为国家级高新技术产品。

白峰蘑菇基地生产的“双石”牌蘑菇，2004年成为宁波市第四批无公害农产品产地。2006年通过市级地方生产标准并获得宁波市绿色农产品生产基地和无公害农产品认证。2009年获市级农业实用技术推广项目三等奖，并被授予“市级菜篮子基地”称号。

2013年1月5日，白峰农业服务公司蘑菇种植园运用新栽培技术获得蘑菇大丰收，获评为“市级农业标准化示范区”。

2014年6月26日，白峰中学机器人社团在第十一届全省中小学生智能机器人竞赛中获得佳绩，取得人型机器人项目的省、市一等奖四连冠。

2015年，宁波北仑传甬茶业有限公司“明州雀舌”绿茶在全国名优绿茶评比中获“华茗杯”金奖；2018年，在全国名优红、绿茶评比中获“中绿杯”银奖。

2018年，“虾”牌年糕制作工艺在浙江省农博会上获优质产品金奖。

第三章　卫生

旧时，境内乡民就医以土医生为主，辅以郎中串乡。中华人民共和国成立后，医疗卫生事业发展较快，群众卫生保健意识不断提高。1954年11月，境内分别成立白峰联合诊所、上阳联合诊所。1958年10月，各生产队（后称大队、村）建立保健站，使医疗卫生得到普及。改革开放后，随着经济发展，医疗体制改革，卫生服务体系建立健全，医疗设施日臻完善，形成乡（镇、街道）、村二级医疗网络，境内医疗条件大幅改善，妇幼保健工作有保障。同时通过开展爱国卫生运动、传染病（地方病）防治，并完成二次改水工程，使昔日危害人民健康的地方病、传染病和流行病得到有效控制。境内居民平均寿命增长显著。

第一节　机构

保健站

20 世纪 50 年代，农村实现农业合作化，各农业生产合作社设有农村保健站。其任务是为社员医治小伤小病、消毒包扎和开展预防接种工作。医疗卫生部门举办学习班短期培训农村保健员，传授消毒灭菌、外科小伤包扎、皮下和肌肉注射等技术。政府发给每个保健员一只木制保健药箱，配有一些消毒棉花、红药水、碘酒、胶布等简单药械。保健员身背保健箱与社员一起出工劳动，社员发生外伤即在田间给予治疗。一般每个农业生产合作社配保健员 1 名，规模大的配 2 名以上，保健员和社员同工同酬，药械由农业生产合作社开支。是农村卫生室的萌芽。

合作医疗站

20 世纪 60 年代初，各生产大队设合作医疗站，保健员改称半农半医人员（后改称“赤脚医生”），医疗部门对“赤脚医生”定期培训和有选择到医疗单位实习，以提高业务技术水平，通过几年来的实践和努力，能诊治农村常见病和多发病。每个大队均配 1 ～ 2 名“赤脚医生”，有的生产大队还配 1 ～ 2 名采摘中草药人员。

农村卫生室

1983 年，农村实行联产承包责任制，合作医疗制度解体。时各村组建农村卫生室，“赤脚医生”改称乡村医生。所在村提供卫生室用房和设备。实行谁看病，谁付钱政策。本村村民就诊，只收医药费，不收挂号费和手续费，少数村给予村民报销少量医药费。20 世纪 90 年代初，农村全面开展初级卫生保健工作，区卫生部门对农村卫生室进行全面整顿提高，加强对乡村医生的业务培训和管理，并开始业务考核，实行执业许可证制度，要求卫生室至少有诊疗室、药房和治疗室 3 间医疗用房，配有必需的药物和器材。对乡村医生实行考试，合格者方可执业。不符合标准的卫生室限期整改，不符合要求的不准营业。农村卫生室纳入规范化管理。至 2018 年末，全街道有 10 个村开设卫生室，有乡村医生 10 人。

2018 年末白峰街道村级卫生室一览表

表 11-3-1

所在地	医生	所在地	医生
白峰村蒋岙	傅正扬	神马新村	周亚菊
上阳村	王柯柯	司前村	郑幼娣
太平村	王永国	白峰菜场	刘志成
下阳村道头	颜金莲	小门村	徐士良
下阳村上王	王际能	外峙村	李永良

白峰街道社区卫生服务中心（北仑区第二人民医院白峰分院）

白峰街道社区卫生服务中心类型为公立，是医保定点医院，地址在白峰街道峰城路 88 号。

1954 年 11 月江峰联合诊所成立，设于门浦村善种庵（后称“白峰联合诊所”），1955 年，迁移至原

白峰街道社区卫生服务中心

白峰村陆瑞成宅内，1958年改名白峰卫生所。卫生所有医务人员7名，其中中医3名。是年，该所迁至务本堂上新屋乐美哉宅内。1968年，迁至小山头（六家竹园）新建5间平房，医疗用房面积260平方米，以西医为主，设有内、外、妇、中医伤骨科等，以中医伤骨科出名（当时顾文星伤科远近闻名），有医务人员10余名。1982年在原白峰村水珠桥（白峰西大河）北侧新建门诊楼，原小山头卫生所迁入新址并改称白峰公社（乡）卫生院。1992年建镇后改称白峰镇卫生院。1996年又扩建五层门诊楼，建筑面积1418平方米，设西医内外科、妇科、小儿科等15科。2006年，改称白峰镇社区卫生服务中心，有卫技人员75名，含中级职称9人；年门诊8.2万人次，日均225人次。2009年成为浙江省规范化社区卫生服务中心，也是浙江省三星级规范化预防接种门诊，宁波市四星级妇女保健、儿童保健门诊，宁波市首批数字化社区卫生服务中心。2012年扩建新门诊楼，2014年7月竣工，建筑面积3686平方米。2017年4月26日，与北仑区第二人民医院建立医共体模式，白峰街道社区卫生服务中心举行结对合作签约仪式暨第二人民医院白峰分院揭牌仪式。至2018年末，白峰社区卫生服务中心下设上阳社区卫生服务站、下阳社区卫生服务站2个，下辖村卫生室10个。中心占地面积7665.4平方米，总建筑面积5104平方米，绿化面积500平方米，核定床位6张。中心现有职工60人（在编42人），其中卫技人员49人，副高职称4名，中级职称19名，执业（助理）医师23人，注册护士13人。下设三部（即预防保健部、医疗康复部、后勤保障部）一室（即社区卫生服务办公室），共组建成立18支责任医生团队。中心尤以中医科（即中医伤科、丁氏中医外科、林氏中医肝科）为医院的特色专科。尤其中医康复科作为北仑区特色技术科室，购置有先进的专业仪器设备，主要有：美国DjO高级理疗工作站、中药熏蒸机、日本MINATO自动温热间歇牵引床、低周波治疗仪、电针仪，以及脊柱矫正治疗，骨折后功能障碍训练套组等一系列配套器械。提供优质的针灸、推拿、火罐、中药熏蒸、贴敷疗法、穴位注射、耳尖放血、物理治疗（低中频、红外线、超声波、牵引、运动、作业疗法）等特色技术。

附录：上阳卫生所简介

中华人民共和国成立初期，在康头本元堂开设的第一所医院叫“上阳联合诊所”。时设有中医科、外科、中药、西药房，医生有傅观青、林志祥、荆连裕、荆定菊、章明焕等，解决了上阳康头等村村民有史以来看病难的问题。后改名上阳卫生所，时增加了简单的医疗设备，并增设病床2张，引进从卫校毕业的医生。1972年，随着社会的发展，老卫生所已无法满足村民就医需求，遂在阮家建起平房5间，面积171平方米，各科室有了具体分工，医生也有增加。1988年，时道头为上阳乡中心，遂移址道头，建造楼房5间，并增加医生护士，

上阳社区卫生服务站

设备也有添加更新，改称上阳乡卫生院。上阳康头只设2个医生的分部。1992年扩镇并乡后，改称白峰镇卫生院上阳分院。2016年后，白峰街道社区卫生服务中心在下阳道头、上阳康头设2个社区卫生服务站，各配医生2名。

第二节 疾病防治

传染病防治

霍乱 据1994年版《镇海县志》载：清道光元年（1821），夏季霍乱流行，“患者上吐下泻，不逾时殒命，城乡死者数千人”。民国时期亦发生7次大流行，其中民国31年（1942）连续流行2个月，柴桥、郭巨（含白峰）一带死亡600余人。1962—2004年的43年中，有18年发生EL-Tor霍乱疫情，发病率在0.5/万人～7.5/万人。2006年监测腹泻病人中未检出霍乱菌株。

抗日战争时期，日寇在穿山投放细菌弹，使穿山半岛地区暴发霍乱，1940年8月，在白峰地区（包含郭巨）就有139人死于霍乱，有几户全家毁灭。如小门村的邹姓一家全亡，外峙村潘姓一家全亡，白峰村乐胜根一家5口只留下乐胜根一人。在短短几天里白峰死于非命就有75人。

疟疾 俗称“冷热病”。流行历史久远，发病率较高。民国28年（1939）、民国35年（1946）、民国37年（1948）和民国38（1949）年流行甚广。1954年发病率为15.8/万人，经过对临床病人治疗、休止期病人抗复发预防服药。1981年发病率降到1/万人以下，流行得到控制。1989年，省卫生厅确认北仑区基本消灭疟疾。

病毒性肝炎 20世纪70年代开始流行。1985年发病90余例，发病率45/万人。1988年，因食用受甲肝病毒污染的毛蚶，引起暴发流行，为发病高峰年，发病率为74/万人。1989年以后，应用甲肝免疫制剂，年发病率在27.5/万人～2.8/万人，呈下降趋势。乙肝疫苗纳入计划免疫，对阻断母婴垂直传播、降低新生儿带毒率或发病率作用明显。

伤寒、副伤寒 20世纪90年代后，出现5次流行高峰，分别在1990年、1993年、1997年、2001年、2004年，年发病率在0.5/万人～10/万人，平均发病率为3.5/万人，高于全省水平。21世纪后呈上升趋势，原因是河流污染严重，居民用河水洗菜所致。伤寒以散发性为主，发病者多为青壮年，发病主要在春、夏两季。2004年，区政府制订《北仑区伤寒、副伤寒防治方案》，提出规范防治措施，控制疫病发生。

结核病 民国时期，此病流行，死亡率高，中华人民共和国成立后患者大为减少。1978年据白峰乡小门村调查，患病率分别为30/万人和15/万人。主要防治措施：建立防痨网，接种卡介苗，建立疫情报告，正规化疗全程管理和病家访视制度。1984年专门制订《镇海县结核病防治工作条例》。2001年，国务院颁布《2001—2010年全国结核病防治规划》。是年，成立结核病控制项目办公室，落实归口管理和督导治疗，实行治疗费用“收、减、免”。

传染性非典型肺炎（简称“非典”） 2002年末至2003年秋，全国多地相继发现一种新型传染病——非典，省、市、区政府发出紧急命令，境内立即行动，拉开抗非典阻击战的序幕，严防非典传入境内。由于境内镇政府防控工作到位，措施严密有力，截至2012年末，未发现非典疑似病例。

地方病防治

血丝虫病 俗称“大脚疯”。1958年普查，阳性率6.24%。经治疗，结合改善居住环境等防治措施。1984年，确认境内基本消灭血丝虫病。1996年末，实现消灭血丝虫病。以后每年对居民进行血丝虫感染率抽象调查，未发现微丝蚴感染者。

其他疾病防治

据1984年调查，境内地方性甲状腺肿（俗称“粗脖子”“大项颈病”）的患病率为1.39%，地方性氟中毒患病率为0.18%，均不属流行疾病。

1960—1962年，因营养不良造成的浮肿病、儿童营养不良症、妇女闭经及肠原性青紫病等在境内普遍发生，患浮肿病的有200余人，也有死亡的。时采用医疗、营养、休息“三结合”方法防治，如服用黄豆粉与米糠合成的“营养粉”和青松毛糖浆等中草药制剂。1963年后随着政策调整、生产恢复发展，人民生活得以改善，这些疾病随之减少。1970年后基本消灭。

第三节　妇幼保健

妇女保健

新法接生　旧时，境内农渔村妇女分娩多由接生婆接生，也有自生自接，用未消毒剪刀或碎瓷片割断脐带，致产妇患产褥热或产后大出血，时有死亡，“妇女生小人好比过生死关，一只脚在棺材外，一只脚在棺材内”。1951年，北仑境内培训首批接生员25名。经培训后，取消“产婆”“老娘”旧称，概称“接生员”。郭巨区人民政府为了保障广大妇女儿童身心健康，计划进行新法接生员培训。时白峰乡、上阳乡10余名妇女到柴桥医院学习新法接生。1953年开始大批培训农业生产合作社保健员。1958年，白峰卫生所配助产人员，对各行政村接生员分期进行新法接生培训，提高她们的接生技术。至人民公社时期，各大队基本配齐新法接生员，新法接生率达75%以上。嗣后，产妇到医院分娩，新法接生率逐年上升，20世纪90年代初达到100%，有力保障妇幼健康。近30年，未发生产妇分娩时死亡。

妇女病防治　旧时，境内妇女常见病有月经不调、子宫下垂、尿瘘等，有“十女九带”之说。中华人民共和国成立后，开展妇女卫生保健宣传，实施新法接生，妇女病逐年减少。1960—1961年，因营养不良和劳累过度，妇女患闭经及子宫脱垂症较多，1963年后减少。1974年始，配合计划生育工作，不定期对育龄妇女进行妇科疾患检查。1994年开始对全镇育龄妇女进行一年1～2次的妇科检查。1996年镇计划生育服务站成立以来，结合技术服务，妇科病检查处于经常化。2003年始使用B超仪检查妇女病。2017年以后，对全街道64岁以下妇女定期进行“两癌”筛查，对怀疑有乳房、子宫等疾患及时进行相对措施，大大提高妇女身心健康。

妇女劳动保护　1956年开始农村推行妇女经期“三调三不调”（工种调轻不调重、调干不调湿、调近不调远）劳动保护制度，对保护妇女健康起到良好作用。1985年1月起，职工符合计划生育规定的，产假由56天延长到90天，如难产产假增加半个月，实行工间哺乳制度。1990年后，有关企业对女工劳动保护用品有所重视，对女工例假有不同程度的照顾。

儿童保健

20世纪50年代，重点防治危害儿童健康传染病，儿童普种牛痘，接种卡介苗。20世纪60年代初，普种卡介苗、口服小儿麻痹糖丸。20世纪60年代中期，注射乙脑疫苗，种麻疹减毒活疫苗，并进行新法育儿知识宣传和幼托组织保健指导。后又对12岁以下儿童免费驱治蛔虫。1980年，贯彻《三岁前儿童保健教育大纲》，逐步推进儿童保健系统管理。1985年白峰卫生所设立儿童保健门诊，建立儿童健康档案，主要防治儿童“四病”（肺炎、腹泻、贫血、佝偻病）。其时“四病”发病率高，营养不良儿童较多。20世纪90年代以来，儿童生长发育在平均水平线以上，“四病”发病率降低，佝偻病发病从50%下降至0.5%

左右，重症肺炎极少，营养不良很少发现，而儿童肥胖病逐年增加。1996—2004年，实施儿童免费系统保健服务，对境内儿童免体检费和咨询费，保健覆盖率在80%以上。

第四节 公共卫生

爱国卫生运动

境内民间历来有除夕“掸尘”、端午节悬艾剑、喷雄黄酒辟邪除虫传统习惯。民国期间，虽常开展夏令卫生宣传活动，但未能积极进行，效果甚微。

中华人民共和国成立后，1952年4月，镇海县成立卫生防疫委员会（次年改为爱国卫生运动委员会），开展爱国防疫群众运动。城乡普遍发动大扫除，订立爱国卫生公约，扑灭“五毒”（老鼠、蚊、蝇、虱、臭虫）。1956年提出除“四害”（老鼠、麻雀、蚊子、苍蝇），作为爱国卫生运动中心内容。1958年“大跃进”时期，掀起以除“四害”为中心爱国卫生运动高潮。6月15日，中共镇海县委、县人民委员会发出开展突出除“四害”指示，6月19日起连续3天突击消灭麻雀，每晨3时全县各地同时敲起各种响器，燃放爆竹，轰吓、围剿麻雀。1960年3月，执行中共中央《关于卫生工作的指示》，注意卫生工作有利于生产、工作、学习，标本兼治，突击与经常相结合，同时将“四害”中“麻雀”代以“臭虫”。1965年，农村结合积肥，开展“两管五改”（饮水与粪便管理，改良水源、厕所、畜圈、炉灶和环境）工作，提倡将露天粪缸“小段集中，远离水源，加盖搭棚，定期灭蛆”。“文化大革命”期间，爱国卫生运动委员会，以治“脏、乱、差”，整治环境卫生为重点，恢复每年元旦、春节、“五一”、国庆节前突击搞卫生和检查制度。1982年开展“五讲、四美、三热爱”（讲文明、讲礼貌、讲卫生、讲秩序、讲纪律，心灵美、语言美、行为美、环境美，热爱党、热爱祖国、热爱社会主义）活动，爱国卫生运动与创建文明单位结合起来。1983年，建立门前“三包”（包卫生、绿化、秩序）等卫生责任制度。1989年6月，全国爱卫会、省爱卫会对创无鼠害城区考核，境内各项指标均符合国家规定的灭鼠标准。1994年8月，全区爱卫会组织复查确认境内符合灭蟑、灭臭虫标准。2003年，区爱卫会发动杀灭“四害”和环境整治活动，突出整治蚊子滋生场所，喷洒药物。是年9月，通过区爱卫委对除“四害”先进市的达标复查。至2004年，小门村（2001年）、下林村（2002年）、虾康村（2004年）、蕉山村（2004年）先后被评为宁波市级卫生村。

二次改水

境域地处沿海半山区，饮用水资源缺乏。旧时，户户备水桶、吊桶到村里村外挑水，家家备缸盛水，多数人家用大缸盛雨水作饮用水。一月无雨便闹水荒。尤其是山区、海岛人民挨户守夜下井底汲水，有的半夜三更外出寻水，甚至到山坑水潭汲水。老百姓饮水难，民间称喝的是“苦水”。

中华人民共和国成立后，政府推行一村一塘（池）和挖灶边井，以自然村为单位挖建公用井，改善饮用水。1984年，白峰乡利用竺家坑水库水资源建造自来水厂，上阳乡利用黄龙坑水库水资源建造自来水厂，使境内2个乡、28个村全部喝上自来水，摆脱自古以来“吃泥水、吃毒水（农药污染）、喝死水、用污染水”的困境。1986年10月，全国爱国卫生运动委员会在宁波市召开全国农村改水工作会议，全国人大常委会副主任、中央爱国卫生运动委员会主任廖汉生出席会议。会议期间，中央爱卫会副主任、卫生部部长崔月黎和各省、直辖市、单列市的分管领导40余人莅临白峰乡水厂实地参观考察，表示赞许。2002年初，区政府决定对全区自来水管网和制水工艺进行统一改造，将二次改水作为政府一项实事工程。二次改水工程的具体要求：重新安装铺设自来水总管和支管，统一由市自来水公司供应优质卫生的自来水，实行一户一表，取消屋顶水箱（防止二次污染）。至2006年，完成二次改水，实行城乡一体化供水，使群众都可饮用优质卫生的自来水。

管粪改厕

旧时，境内以农业为主兼营林、牧、副、渔业。人民群众以务农维持生计，生活条件极差。多数农户家庭室内放粪桶，户外是露天粪缸、石槽和路边茅厕。农民把人畜粪便作为农作物主要肥料，春季雨水多，粪缸外溢，粪水遍地，臭气冲天；夏秋季蝇蛆成团乱滚，苍蝇蚊子满天飞，传染病流行，严重影响身体健康，甚至危及生命。中华人民共和国成立后，政府重视爱国卫生工作，贯彻以预防为主的卫生工作方针。1965年，党中央发出通知，在农村结合积肥，开展“两管五改”（饮用水与粪便管理，改良水源、厕所、畜圈、炉灶和环境）工作。

粪便管理 1978年，整顿加强爱国卫生运动组织，深入开展以治理脏、乱、差为重点的农村环境卫生整治活动。粪便革命从生产化肥开始，引导新一代农民使用化肥，减少用人粪便当肥料。卫生部门从防病保健出发，改变农村环境卫生状况。1989年，国务院发出《关于加强爱国卫生工作的决定》，根据国务院文件精神，境内爱国卫生工作迅速开展起来。1991年，全境取缔露天粪缸，建造三格式蓄粪池，改善农村环境卫生的群众运动随之全面铺开。是年末，境内所有露天粪缸被清除。

改厕 农村室内粪桶（无盖）当厕所，长期沿袭。既臭且脏，苍蝇满屋飞，蛆虫满地爬。1991年乡政府把改厕工作列入议事日程，初期还采取一些强制措施：凡农村新建房户到镇（乡）政府办手续时，要预付300元押金，新房和卫生户厕同时建造，验收合格后退还押金。后因农户自愿接受卫生户厕，两年后这一举措随之取消。1995年，农村初保阶段性工作告一段落。2001年，区爱卫办制订“农村环境卫生整治三年规划”，全面开展创建卫生村活动。2003年，在各村都新建卫生公厕1～2座，消灭露天粪缸、露天石槽。农村环境卫生进一步改善，“四害”密度也降至不足为害的标准。2004年，境内农村有7000余户农户，在新建房子里使用三格式化粪池，改观家庭卫生状况。

第十二篇　文化　体育

古时，境内相对贫瘠，村民一年到头忙碌于地里田间，奔波于生计，谈不上开展文化、体育活动。每逢春节等节日，时有大户人家花钱请戏班子到村里演出，往往能够吸引周边群众前来观看，场面颇为壮观。

境内的文化活动始于宋，盛于清，民国时期盛衰交替。抗日战争时期，境内曾组建“抗日救亡宣传队”，进行爱国、抗日救亡宣传。中华人民共和国成立后，文化事业得到发展，一些带有封建迷信和腐朽没落的文化逐渐消失，代之以进步、文明、健康的新文化。虽历“文化大革命”的10年曲折，但经拨乱反正，得到恢复发展。改革开放后，随着人民生活水平的不断提高，境内文化事业发展较快，各类文化机构设施不断建立和完善，民间文化娱乐活动日益丰富多彩，时代气息更加浓郁，整个文化进入一个新的时期。

中华人民共和国成立前，境内无专业体育组织。中华人民共和国成立后，政府十分重视人民群众的身体素质和健康水平，组织群众开展全民性的体育活动，提高人民群众的健康水平。学校体育也得到进一步重视。20世纪90年代后，进入全民健身阶段，群众性的各类单项性的体育协会及团体相继成立，群众体育活动蓬勃开展。

第一章　文化

旧时，境内文化活动，集中在春节等节日。时各个村落会举行大型文化活动，如庙会戏、迎神赛会、灯会等，并有舞蹈表演，如舞龙、马灯、纱船、车子舞（车子灯）等。明清时期，境内民间有业余器乐演奏会社组织，成员多为农民、手工业者、渔民等。民国时期，境内民众文化生活多以自娱自乐为主。

中华人民共和国成立后，文化设施逐步增添、改善，群众性文化活动逐渐兴起，时各村创办农村业余剧团，自编、自导、自演群众喜闻乐见的节目。“文化大革命”时期，传统的民间文化倍受摧残。20世纪70年代白峰公社和上阳公社相继办起电影放映队。20世纪80年代后期，文化事业得到恢复和发展，各类文化机构设施（如文化站、广播站、图书室、电视录像放映等）逐步建立，文化生活更加丰富多彩。尤其是白峰镇成立后，投入大量资金，新建、扩建一批文化机构和设施，积极开展创建“浙江省千镇万村种文化先进镇”“浙江省文化强镇”和“宁波市文化示范镇”活动，成效显著。

第一节　机构和设施

农村俱乐部

20世纪50年代初期，为配合土地改革、镇压反革命、抗美援朝、贯彻新婚姻法和农业合作化等运动，境内各乡部分村建立小型农村剧团，在节日、农闲期间进行自编、自导、自演古今戏曲，丰富群众业余文化生活。20世纪60年代初，根据上级指示精神，普遍建立农村俱乐部，以团支部为核心，以青年民兵为骨干组织业余文体队伍，俱乐部设主任1名，下设演唱、故事、创作、美术、黑板报及篮球、乒乓球等文体小组。利用节假日和晚上时间开展各种形式的文艺演出活动，宣传党的政策，歌颂英雄人物，宣扬先进典型，进行今昔对比等内容。

1963年末，镇海县举行第一次农村俱乐部会演，境内部分大队选送文艺节目参加会演。“文化大革命”期间，俱乐部活动全面停顿。大多改称为毛泽东思想宣传队。20世纪70年代节目以“革命样板戏”为主，20世纪80年代后，农村俱乐部又普遍建立，除文艺队伍活动外，还逐渐增加新的项目，设立篮球、乒乓球、台球、康乐球及各种棋类等活动场所，吸纳更多群众参与各类文体活动，20世纪90年代后俱乐部名称逐渐淡出。

文体站

1982年3月，建立白峰公社文化站，1983年10月更名为白峰乡文化站。1984年7月，建立上阳乡文化站。各乡文化站配工作人员1名，负责乡、村文化工作。各乡文化站还相继成立电影放映队、业余文艺队、图书室、通讯报导组、录像队等组织，开展文化娱乐、文艺宣传等活动。1992年5月建镇后，成立白峰镇文化站。2001年，文化站迁址白峰文广大楼。2006年8月，更名为白峰镇文体站。2010年10月，迁入清泰路222号新落成的文化活动中心办公。

2016年7月，撤销白峰镇，设立白峰街道，时白峰镇文体站更名为白峰街道文体站。文体站每年策划、组织、举办群众文化活动80余场次，放映电影70余场，戏曲送戏下乡演出80余场次，为白峰群众享受“就近、就便”的公共文体服务提供有力的保障。

影剧院

2018年末，白峰街道建有影剧院3个，分别是白峰影剧院、下阳道头影剧院、上阳庚头影剧院。每个影剧院可容纳观众600人左右，各影剧院灯光、音响、幕布等设备齐全，是承担白峰、下阳、上阳三地文艺演出、电影放映、大型会议、授课讲座和重要庆典的活动场所。

白峰影剧院

图书馆（室）

1984年7月，白峰乡、上阳乡在各文化站内设有图书室，为群众提供图书借阅。

2001年1月，新文广大楼落成后在一楼建立图书室，配备管理人员1名。2010年9月，文化活动中心投入使用后，在一楼建立白峰图书馆，亦称为宁波市图书馆白峰分馆，实行宁波市图书馆联网“一卡通”服务。图书馆面积400平方米，藏书量3.2万册，每年安排购书经费2万元，购入新书4600册。年订阅报纸杂志105种，设有电子阅览室80平方米，配备电脑25台，实行免费对外开放。到2018年末，白峰设有基层图书流通站11家，定期和区图书馆进行新书流通，各村、社区均建立村级农家图书室（农家书屋），藏书量达到5万册。

白峰文化活动中心

于2007年4月通过宁波市规划局审批，2008年3月动工建设，2010年9月建成并投入使用。文化活动中心位于清泰路222号，总用地面积2.5万平方米，总建筑面积5100平方米，活动中心内设有舞蹈排练厅、图书馆（包括电子阅览室）、书画展览厅、文化资源共享服务室、各文体协会活动室、乒乓球室、羽毛球室、台球房、健身房、乐器排练厅、报告厅、文体站办公室、老龄办、关工委、新四军研究分会办公室和北仑区青少年宫白峰分宫。在文化活动中心综合广场设有能容纳6000人的海享文化大舞台、篮球场、足球场、停车场及有600个座位的椭圆形影剧院，为群众提供形式多样、内容丰富的文体活动场所设施和多种服务。

白峰文化活动中心

农村文化礼堂

2018年末，境内建成小门村、阳东村、白峰村、上阳村、下阳村上王、新峰村下林、门浦村、勤山村8家农村文化礼堂。文化礼堂以有场所、有展示、有活动、有队伍、有机制为基本标准，集学教型、礼仪型、娱乐型为一体的村级文化阵地综合体。

文化礼堂配有专（兼）职管理人员和坐堂乡贤、宣讲员等，订有各项制度，做到“门常开、灯常亮”，在元旦、春节期间，组织开展“村晚”活动。

礼堂、讲堂、村史廊、民风廊、励志廊、成就廊、艺术廊等“两堂五廊”是农村文化礼堂的“标配”，家园馆、乡风文明馆、聊天长廊、天天演“舞台”等是“高配”。

文化礼堂设置“文化礼堂”名称和全省统一标识，设置社会主义核心价值观（富强、民主、文明、和谐、自由、平等、公正、法治、爱国、敬业、诚信、友善）24个字，在显著位置设置国旗及“务实”“守信”“崇学”“向善”四个价值观核心词。设有“文化讲堂”场所，配备桌椅、投影仪、音响等设备，可开展政策宣讲、主题教育、技能培训、交流恳谈等活动，下阳村上王社设置两间民俗展厅，展示年糕文化和渔家文化。

附录：门浦村文化礼堂简介

1. 先民迁徙与村落的形成

北仑尚为唐涂宋滩、海堧之地，门浦亦然。唐宋时期，门浦村域乃是一片海滩，海水直达野毛张大枫树跟。相传，大枫树为海船拴船所用，水深处为海，水浅处是浦，两侧高山如门，门内是浦，故名门浦。门浦村域面积3平方千米，有门浦、隔山王家、周家边、大涂岭、野毛张、小山防6个自然村组成。门浦村民以胡、王、张、徐等姓氏为主。胡氏于明天启年间（1621—1627）由柴桥五马桥迁入；隔山王氏也于明天启年间从高塘大同板桥跟（现属新碶街道）迁入；野毛张张氏于明万历年间（1573—1620）从霞浦迁入；小山防徐氏于清康熙年间（1662—1722）由鄞县五乡徐家洋迁入；大涂岭胡氏于清乾隆年间（1736—1795）从柴桥高车头迁入；野毛张王氏由上阳康头迁入；沿山一带由陆氏、鲍氏、崔氏、童氏、周氏等居住。门浦作为一个村庄，已有400年左右历史。

2. 从“土改”、互助组到高级社

1950年3月，镇海县委成立土地改革指挥部，抽调大批干部下乡推进土地改革。“土改”过程分为宣传发动、划分阶级成分、对地主说理斗争、征收没收土地财产、分配土地财产、总结复查6个阶段，于1951年末结束。1952—1953年，党和政府发出“组织起来，发展生产”的号召，引导农民本着“自愿互利、等价交换”的原则成立互助组，门浦成立了2个互助组。1954年始办“土地入社分红”的初级农业生产合作社，门浦的2个互助组升级为门浦和稼丰初级社。1955年8月，贯彻毛泽东主席关于“农业合作化问题的指示”，镇海县掀起第二次农业合作化高潮，1956年末，门浦的2个初级社合并为高级社，收益完全按劳分配。

3. 肩抬车拉修筑山塘水库

门浦地处半山区，种水稻灌溉水源不足，不少农田被称作“靠天田”，为改变落后的生产条件，力争多打粮食，自1958年人民公社化运动起，门浦人齐心协力筑建山塘水库。1958—1959年两年间兴建了杨家桥水库、里蚂蝗水库和野穹弄水库；1960年又建长四亩水库和中堰水库，这是相当了不起的功绩。这些工程都是在资金欠缺、机械化水平低下的情况下，全凭着社员的决心和干劲，使用肩膀抬、土箕担挑和手拉车运输这样几近原始的办法，才完成大量土石方的采集和堆积，从而摆脱从前天一旱抬着菩萨进深潭向“东海龙王”求雨，“靠天吃饭”的被动局面。自新农村建设以来，村里进一步加强了山塘水库的修缮和维护，大坝砌石加固，机械设施得到替换和更新。

4. 卷起铺盖梅山围海夺田

20世纪60年代初，原镇海县农村普遍出现生产资源欠缺，劳动力过剩的情况，为向大自然争取生产资源，梅山公社联手白峰公社各生产大队围垦七姓涂，创建盐场，以增加收益。这项工程先围建“下市头”塘，于1967年动工。门浦人轮流卷着铺盖，上梅山参战，一干就是三年多。接着又于1972年开始铺开七姓涂围塘大工程，前前后后苦干四五个年头。相比“燥脚燥手”造水库，在潮起潮落的海涂上围塘要艰难得多，但无论是涨潮“抛石”、滩涂“撑溜”，社员们一个个精神饱满，毫无怨言。七姓涂盐场于1982年产盐后，门浦人从中得到了实惠，一部分人成了盐工，家家户户能购买到价格优惠的自产盐，大队（村）里每年还能收获一定的利润，用于公益事业；盐场被开发征用后，门浦村也从中得益。

5. 电进村人欢笑

1975年门浦通电，从此黑夜照明告别煤油灯，脚踏打稻机改用电动打稻机，解放了劳动力。农田灌溉抽水也使用电力抽水机，还用电力轧米等。1996年门浦安装源自竺家坑水库的自来水，村民从此告别饮用靠“天水”，洗涤靠河水的困境。2016年白峰的自来水纳入北仑自来水公司统一管理。1996年门浦村接入北仑有线电视信号网线，电视节目收视质量大大提高。2013年由村统一为每户村民安装互动电视（点播）装置，村民由此可以依照自己的需要和喜好收视各类节目。这一系列变化，让村民们一个个欢天喜地。

6. 落实联产承包责任制

自20世纪50年代初级合作社开始，农民的生产方式一直是土地由集体统筹经营，在当初，这种形式使得欠缺农具的贫苦农民得以耕种，优越性十分明显，但随着各种客观条件的改变，其弊端也日益显现，最突出的是“出工一条龙，收工一阵风”“出勤不出力”等消极影响难以抑止，影响了多数农民的积极性。中共十一届三中全会召开以后，镇海县委贯彻中央《关于加快农业发展若干问题的决定》，全面推行家庭联产承包责任制。1983年白峰公社各生产队普遍实行了联产承包责任制。1984年初，依据中央关于《延长土地承包期，鼓励农民增加投入、培养地力、实行集约经营》文件精神，门浦大队开展农村土地承包发证工作，把农户土地承包期限延长至15年，1999年9月又实施第二轮联产承包责任制，30年不变。

7. 多种经营迎来花木飘香

1985年、1986年中共中央两个一号文件强调要改革农业管理体制，改革农产品统购派购制度，促进农村产业结构的合理化，进一步把农村经济搞活。白峰公社党委在北仑区委的部署、指导下，帮助门浦大队调整农业产业结构，让社员们明白“不种粮棉油，生活更富有”的道理，积极发展多种经营。社员通过向“中国杜鹃花之乡”柴桥和大碶塔峙等地花农学习取经，思想开了窍，一下子摸到了致富的门道，全村迅速掀起了粮田改种花木的热潮。热情高涨的社员不仅在本地种花木，还到村域之外租赁土地，规模经营花木生产，很快花木生产成为门浦人经济收益的支柱。

8. 大涂岭墩香火旺

门浦的大塗岭墩庙历史久远。相传，古时有个姓石的书生赴京赶考，路经大塗岭遇到一妇人带着个小女伤心地哭泣，书生便问妇人缘何落泪？妇人称死了丈夫没钱安葬。于是书生将身上银两悉数赠予母女，自己则放弃了赶考之行。事后，母女俩为感恩书生，为他砌了间小石屋，塑石像供奉，称“状元菩萨”，此石屋直至20世纪60年代“文化大革命”破“四旧”被拆。1986年，有门浦村民出资把失落石头菩萨重新请上大塗岭墩，重建一间小屋供奉，引来四方香客。2005年，又有郭巨村民出资、集资，修建从大岭下村到大塗岭墩长达200米水泥路，其后又修建大殿五间、东厢房三间、凉亭一间、状元亭一座、杂屋七间，水泥路通大岭下村和门浦村。

9. 胡家祠堂传至今

祠堂以同姓血亲关系的延续为纽带，把整个家属成员联系起来，并形成宗属内部凝聚力和亲和力。祠堂的基本功能除了供奉祭祀先祖，举办婚丧仪式、商议族内大事以外，还是族长行使族权族规的地方。门浦胡家祠堂建于清乾隆年间（1736—1795），五间两弄另加厢房和穿堂，院内场地宽敞，可供八人抬扛的大轿绕圈子，很有气势。胡家祠堂名谓“善继堂”，先祖之用意由楹联“念祖宗代代为善，愿儿孙世世相继”作进一步阐述。因年代久远，如今的“善继堂”风光不再，然先祖倡导的以善为本的理念已深入人心。

10. 上梁时分吉言多

本地百姓在砌屋上梁时，常请一名伶牙俐齿的人，手持一把酒壶四下浇洒，并演说一大通很夸张的“好话头”，表达对平安、吉祥生活的向往，称作“浇梁”。现摘录一小段如下：

东家运道较关好，鲁班师傅也赶到，拿起墨斗、角尺，直量量勿长勿短，横量量勿大勿小，第一取出正栋行条，第二取出屋柱屋品，第三取出窗框门框，李纯阳路过手捋捋，金凤凰飞来做窝。手拿酒壶七寸长，杜康造酒爱荫阳，爱得荫阳多富贵，荣华富贵万万年。一敬天，二敬地，浇梁先从东边起，浇梁浇到东，下代儿孙出国公；浇梁浇到南，文武状元出一对；浇梁浇到西，下代儿孙坐金殿；浇梁浇到北，下代儿孙做都督。浇梁浇到桁条头，青龙黄龙盘门口；浇梁浇到桁条腰，出来儿孙戴相帽；浇梁浇到桁条脚，出来儿孙穿盔甲；浇梁浇到屋正中，东家会养四条龙，青龙盘水缸，黄龙盘谷仓，白龙盘米缸，乌龙盘灶缸。

11. 火柜取暖焐黄豆

火柜是北仑山区、半山区农家必备的取暖家具。旧时，种田人家卧室的房里要件，除木床、靠窗口的房前桌和靠壁排列的两口红橱（或沙橱）外，在床右前侧、房前桌旁，还必置一张过冬取暖用的火柜。一到冬天，人们大多坐在火柜打发时光，甚至一日三餐饭也在火柜上饮用，甚是舒适。家中若是有客来访，主人家第一句话就是：“快快，火柜头焐一会再话。”火柜的功能除取暖外，还可在柜下的火盆里埋入“生头”（小块竹木燃料），用砂罐焐黄豆、焐番薯干、肉骨头、粥等。1974 年华东电网输入后，伴随着村民经济水准的提高，家中安装上了空调等现代家用电器，火柜这才与众多旧家具、旧家生（用具）一起被淘汰。

12. 戏曲剧作家胡涌

听说过张文祥刺马的故事吗？这是清末平民张文祥刺杀“两江总督”马新贻的故事，后被人传诵，成为清末四大奇案之一。张文祥（1824—1871），河南汝阳人，清道光二十九年（1849）曾南下宁波贩卖过毡帽，因此，宁波人对张文祥刺马的事也倍加关注。20 世纪 50 年代，宁波甬剧团曾上演过《张文祥刺马》这个戏。2012 年出版的《北仑区志》“文化艺术篇·戏剧”及“人物·著名文化体育人士名表”记载：胡涌，男，白峰门浦村人，1933 年生，20 世纪 50 年代曾创作大型甬剧《张文祥刺马》《万紫千红》、越剧《武松与潘金莲》等，后去贵州省戏剧家协会、贵州省文联任职。胡涌的戏剧创作业绩在 20 世纪 80 年代出版的《镇海县志》中也有记载。

13. 革命烈士胡孟勇

胡孟勇烈士，1951 年 1 月出生于门浦胡家，八岁入学，每年被评为三好学生。1969 年胡孟勇应征入伍，成为解放军驻温州洞头岛的 6415 部队 48 分队战士。不到一年就当了班长，次年入党。在国防施工中，他不怕苦和累，险活重活抢着干。一次施工，突发险情，他大喊“危险，让开！”并一个箭步推开了遇险的战士。1971 年 5 月 15 日，部队继续施工，早上 7 时 30 分，几声炮响后，胡孟勇突然发现坑道顶部有一块巨大险石，碎石“哗哗”而下，随时都有塌方危险。为了排除这个险情，胡孟勇劝战士们让开，自己挺身而出。这时“轰隆”一声巨响，几十立方米的大塌方发生了，战友脱离了危险，年仅 21 岁的他却壮烈牺牲于此。胡孟勇牺牲后浙江省军区追认他为烈士，遗体安葬在温州市洞头革命烈士陵园。

14. 巡回演出《沙家浜》

20 世纪 60 年代中期，农村掀起了普及革命现代京剧，大办文艺宣传队（简称“文宣队”）的热潮。当时门浦大队的年轻人非常活跃，学艺演戏的热情十分高涨，在大力推广的 8 个现代京剧中选定了《沙家浜》这个剧目，找来剧本和曲谱，认认真真、一句一句地将剧本和唱腔啃了下来，竟然演得像模像样。《沙家浜》

在本村作了首场演出后，得到社员们的充分肯定，邻近村落的群众得到信息纷纷进村邀请，于是这个剧目先后到白峰公社各大队及周边上阳、郭巨等4个公社几十个大队作义务宣传演出，受到各地群众广泛欢迎。大队“文宣队”此后还排演了《半篮花生》等几个现代小戏，都十分成功。

15. 欢乐马灯贺新春

跑马灯是宁波城乡颇具群众性节令习俗。跑马灯者一般是十二三岁男女儿童，另有一、二名领舞人，称为“门枪”。孩子颈上戴风兜，两边鬓角插绒球，下身着红或绿灯笼裤。男童颈上包彩色头巾，头巾下系英雄结，身着对襟短衫，并在腰间束彩带系上竹编布马，脚蹬饰有绒球彩鞋，显得威武标致。表演时左手拎马头，右手执马鞭，在锣鼓声中，由“门枪”引路，有时直线前进，有时曲折舞步，有时交叉奔驰，有时昂首漫步，变换出龙门门阵、梅花阵、蛇脱壳阵、剪刀阵、链绞阵等阵式。孩儿们步履轻快，腰胯稳健，表现出一种振奋乐观勇往直前的精神。马灯表演还有专门的伴奏乐叫“马灯调”，另有人吟唱。门浦村的马灯共7只，连同领舞人共十人左右。

16. 布龙翻腾展雄姿

门浦村老年协会于2003年请梅山舞龙师傅进村传授舞龙技艺，先后由胡加梅、王世祥为领队，每年春节前后以舞龙形式向村里群众恭贺新年，并至白峰、山防等地巡游，所得贺金供村老年协会作为活动资金。九节布龙由于节数适中，舞动起来矫健灵活，动作变化多样，能生动活泼地表现出龙的各种活动姿态，有盘龙、龙抓身、挨背龙、搁脚龙、左右跳、套头龙等24个动作套路和大游龙、小游龙、龙钻尾3个过渡程序。舞龙老艺人常说：“龙身一节节，人心要齐一”，就是说，舞龙要求高度的协调和统一，才能前后连贯，一气呵成。九节龙表演的速度快，运动的幅度也大，一队人在整个表演区中快速地飞舞，凭着纯熟的技艺和奔放的热情，把各个动作做得既干净利落又激烈敏捷，给观众造成目不暇接，翻江倒海的感受。

17. 健身舞蹈益处多

健身舞既是一项健身运动，又是受众广泛的舞蹈艺术。门浦村健身舞队建于2005年，由村妇女主任徐信娟组织发动，孙定花具体负责。孙定花爱好舞蹈艺术，在北仑接受过舞蹈培训，回村后不仅带动妇女群众跳健身舞，还积极传授伞舞、扇舞、柳条舞等具有观赏性的女子群舞，在本村庆祝“三八”妇女节、北仑海享大舞台和赴邻近乡村的文化走亲活动中表演，受到广泛好评。这支队伍的成员原先只知道围着锅台转，从没跳过舞，起先都怕学不会，不敢跳，可现在一个个像换了个人似的，变得生动活泼，能歌善舞。她们说：“阿拉已经找到了一个最适合自己的娱乐方式，姐妹们相聚在一起跳舞，真是其乐无穷。”

18. 女子腰鼓响咚咚

腰鼓属打击乐器。形似圆筒，两端略细，中间稍粗，两面蒙皮。鼓框上有环，用绸带悬挂在腰间，演奏时双手各执鼓槌击奏，并伴有舞蹈动作。腰鼓在民间十分盛行，人们跳着腰鼓舞，变换队形，或行走或在一个场地内边舞边敲。在表演的形式和技巧上，变化极为丰富，是城乡群众喜闻乐见的一种表演形式。门浦在村两委会的大力支持下，于2006年成立腰鼓队，由李纪英敲大钹指挥。队员们经过反复练习，逐步规范技巧和动作，既锻炼了身体，又活跃了村域的文化氛围，还为新婚人家助兴。

19. 悠扬民乐怡情操

民族乐器是中国的独特乐器。通常由琴、筝、箫、笛、二胡、琵琶、丝竹、鼓等组成。门浦的民乐队以吹竹笛、打鼓的王小华和拉二胡的胡仁祥为主力，由近十人组成。这支队伍时而为马灯、舞龙等民间表演艺术伴奏，时而为村里嫁娶人家助兴，还为村里的老年文体活动和拥军活动服务，是一支功底扎实，并且召之即来，来之能“响”的多用途艺术团队。

20. 自己动手村道硬化绿化

门浦的村道，以前曲曲弯弯，崎岖不平，且都为泥质或砂石质，村民行走极不方便。新农村建设以来，村道不断建设、修缮。为建设美好家园，方便日益增多的私家车通行和村民出行，2000 年，村两委会千方百计筹集资金，将门浦洞桥跟至杨家桥全长 750 米砂石路面改建成 4 米宽的水泥路。其中胡和勇和胡英夫分别捐了一万元，共集资八万元。村民还积极参加施工义务劳动，共投放 586 个义务工，于当年 5 月 23 日顺利竣工。到目前，村道硬化、绿化率达到 100%。此外村里还实施溪坑改造、建设休闲公园和十几个停车场，落实了保洁员，使村容村貌得到很大改观。

21. 社会保障提升生活质量

2003 年，北仑区实施被征地人员养老保障政策，采取个人、集体和政府按比例缴费的办法，解决被征地村民养老保障问题（简称“土保”），门浦村有土地被开发建设征用的农户被列入“土保”对象。2010 年起，所有村民可自愿申请加入“土保”，按年龄缴纳一定的养老基金，由待遇较低的“土保”转为待遇较高的“社会养老保险”（简称“社保”）。北仑区于 2003 年 10 月颁布《新型农村合作医疗管理实施办法》，规定自 2004 年 1 月 1 日起，农民按规定缴纳一定的费用可享受一定比例的门诊和大病住院的医疗保障。

22. 文化礼堂弘扬文明乡风

村两委会依照“生产发展，生活宽裕，乡风文明，村容整洁，管理民主”的新农村建设目标，于 2016 年折建重建文化大礼堂，礼堂分上下两层，既可召开会议或举办大型文体活动，又方便村民举办婚庆酒席。村两委会充分利用礼堂和讲堂加强对村民群众的公民道德教育、法律法规和家庭美德教育，不断提升村民群众的思想和道德修养。村老年协会关心老人，尤其是高龄老人的物质和精神生活，村老年活动所有图书室、棋牌室、电视室、讲习室（电大室）休闲室、乒乓球室等。

其他

2018 年末，白峰街道有民营歌舞厅 1 家，网吧 2 家，民营工艺美术社 1 家。

第二节　文艺团队

旧时，境内无专业文艺团体。逢年过节，由农民、手工业者、渔民等组成业余演出组织，开展舞龙、舞狮、马灯、车子灯等活动。中华人民共和国成立后，各村成立农村剧团。自编、自导、自演群众喜闻乐见的节目，同时还移植古装折子戏进行演出。农闲时邀请外地剧团到境内演出。

“文化大革命”期间，境内公社、大队相继建立“毛泽东思想宣传队”，配合形势进行宣传演出活动。移植革命样板戏“沙家浜”“红灯记”等。

文化站建立后，负责管理境内文化活动。电影放映队和录像队建立后，群众文化活动内容更加丰富多彩。21 世纪，境内各种文艺团体相继建立，从单一的少数人参加的文艺表演拓展为广大群众参与的各类文化活动。至 2018 年末，白峰街道（村、社区）共建立文体团队 53 个。

2018 年末白峰街道文艺团体一览表

表 12-1-1

文体团体	负责人	文体团体	负责人
白峰村戏曲队	乐志良	太平村舞龙队	舒燕萍
白峰村舞龙队	乐夫仁	下阳村喜乐洋鼓队	沈翠珍
白峰村舞蹈队	姚明珠	下阳村道头戏曲队	李梅月
小门村舞蹈队	张苏波	下阳村道头舞龙队	王米常
小门村广场舞队	张苏波	下阳村道头舞蹈队	李飞龙
小门村戏曲队	张夏兰	下阳村上王舞蹈队	顾碧芬
小门村舞龙队	徐信全	下阳村巾帼舞龙队	顾碧芬
新峰村广场舞队	汪益锋	下阳村虾康舞蹈队	方杏月
新峰村戏曲队	周方敦	下阳村虾康舞龙队	陆富建
新峰村舞龙队	周耐锦	阳东村戏曲队	张永珍
司沿村腰鼓队	翟玉燕	阳东村舞龙队	李红琴
港口村舞蹈队	史静波	阳东村武术队	蔡信意
官庄村腰鼓队	吴亚花	阳东村喜洋洋舞蹈队	胡飞华
官庄村扇子舞队	梅亚雪	阳东村古韵腰鼓队	胡飞华
官庄村广场健身舞队	陈文君	峰城社区书画协会	沃共鸣
门浦村腰鼓队	李纪英	峰城社区民乐戏曲队	张明德
门浦村舞蹈队	孙定花	峰城社区舞狮队	石素贞
门浦村广场舞队	徐兴娟	峰城社区健身舞队	贺如娟
门浦村小品队	乐安祥	峰城社区舞蹈队	周依成
勤山村洋鼓队	白　珊	峰城社区柔力球队	石群亿
勤山村戏曲队	王赛娟	怡峰社区舞龙队	张杏仙
勤山村广场舞队	张月芬	怡峰社区腰鼓队	郑爱珍
上阳村舞蹈队	虞芳芳	怡峰社区舞蹈队	张杏仙
上阳村腰鼓队	虞芳芳	怡峰社区柔力球队	贺秀兰
上阳村民乐队	虞芳芳	怡峰社区广场舞队	周爱珍
上阳村广场舞队	虞芳芳	怡峰社区武术队	周　丹
上阳村舞龙队	王如根		

第三节　民间文艺

民间音乐

器乐　明、清时期，境内有业余器乐演奏会社组织，成员多为农民、手工业者、渔民等。清末民初，演奏组织亦称“吹行”。逢庙会、灯会、节日、婚丧喜庆应邀参加演奏。主要有丝竹乐和吹打乐。曲牌有《将军令》《得胜调》《八板》《梅花三弄》《三六》《细则》等 10 余首。吹打乐《将军令》，以吹乐唢呐为主，加上锣、钹等打击乐演奏，迎神赛会等较大场合，也加入丝竹乐演奏，为渲染气氛，常用尖号（目莲号）

吹出“引子”，以壮声势；丝竹乐《凤妆台》，演奏乐器有三弦、琵琶、箫、笛、笙、扬琴、二胡，称“文乐”，逢迎神赛会等场合，增板胡等音量较高乐器烘托气势，也有击打瓷碗、盆、杯等以增柔音色的。

小调 即俚曲。曲调多由外地流入，有《马灯调》《五更调》《孟姜女》《怨郎五更调》《杨柳青》《醒世曲》《长工叹》等20余种，唱者多为农民、手工业者、渔民等，在新春佳节跟随各类花灯挨户伴唱。词曲通俗，为群众喜闻乐见。

民间舞蹈

马灯舞 又称跑马灯，起源于宋代。用竹、布扎马头状挂腹前，另制马屁股挂臀后，多由儿童扮演，涂脂化装，可数马并驾，或进或退，表现马的跑跳等动作，伴以乐器，边舞边唱，唱以马灯调为主，有时也插有杨柳青、四季调等。

车子舞 又称车子灯，相传在隋炀帝游江南时传入境内。制作材料竹、木、布、纸，扎成比人高的彩轿，两侧下画车轮状，一人经化妆在轿内负“车”行走，或两车并舞，以锣鼓、乐器伴奏。每节表演间歇伴有小调演唱，具有浓郁江南水乡气息。

大头舞 又称大头和尚，明、清时期从舟山传入。多为2人或4人扮演。表演者戴面具，穿彩服，摇蒲扇，作姿作态，亦有表演“打城隍”“柳翠烧香”等简单剧情的。

秧歌舞 “土改”时，农民分田分地，当家作主，到处欢欣鼓舞，扭起秧歌舞。男女老少普遍参加，自编自导自演，沿袭至今，成为人们经常性娱乐活动项目。20世纪50年代，有人编成“劝戒赌”顺口溜词，套用秧歌舞曲子进行传唱，歌词为：“沙蟹沙蟹莫去赌，民兵看见要扔赌，一扔扔到乡政府，问你下次还赌勿赌？下次勿赌，下次勿赌，如话下次再去赌，屁股打得嘞嘞糊”。现节庆游行队伍中常有秧歌舞表演，主要表现是扭腰摇头，两手摆动、两脚走八字交叉步，间或表露出一定的情态，十分有趣。现中老年人，尤其是妇女将其作为健身项目。

踏高跷 相传古人为采集树上野果，在脚下绑长棍而演变来的一种活动，历史久远。有年轻高跷手能脚踩一米多高木枝在泥泞水田里行走自如。在庆祝丰收、欢度春节等时表演。跷木高约1丈左右，人数不定，化装表演《唐僧取经》《铁公鸡》《乌龙院》等剧中人物。闪镜叉，每班10人左右，头裹布巾，上身赤裸，模拟京剧舞台枪花动作。

广场舞 广场舞是人们自发地以健身为目的在广场、公园等开敞空间进行的富有韵律的舞蹈，有节奏感强的音乐伴奏。广场舞是人们普遍参与的健身舞，舞蹈元素多种多样，包括民族舞、现代舞、街舞、拉丁舞等。进入21世纪以来，境内广场舞从无到有，队伍从小到大，从少到多。随着社会的不断进步发展，广场文化作为一种社会文化现象，广场文化重要表现形式的广场艺术，越来越受到人们的关注和参与。人们利用清晨和晚上时间，随带音响和小道具，涌向集聚地，参与健身锻炼活动，根据广场规模参加人数可多可少。并在重大节庆活动中参与登台演出和展示。

民间曲艺

唱走书 境内曲艺以唱走书较为盛行，称为蛟川走书。因旧时镇海别称“蛟川”，故名之。唱走书由单档（一个演员）或双档说唱表演，后场有二胡、扬琴、三弦等伴奏与和唱。走书演唱曲调有30余种，曲目有短、中、长及开篇之分，书目多为公案、言情、武侠、历史演义及革命斗争故事，也有各个历史阶段的时政故事，在过节或农闲时，境内各村或自然村常邀请有影响的艺人张亚琴、乐静等到本地演唱。1957年，由张亚琴创作、演唱的反映境内上阳乡妇女干部贺玲娣事迹的走书《抗台英雄贺玲娣》获省首届戏曲大会演一等奖，由乐静创作的反映在解放战争时期在境内下阳村上王成立的武工队组织的大碶警察所缴枪战斗《大碶缴枪记》走书，作品被辑入《宁波传统曲艺精选》，2005年出版曲艺作品集《奇葩留香——乐静演唱作品选》。随着文化事业的繁荣和发展，使群众享受到更多、更广泛的文化精品，走书虽已日渐减少，但仍时有组织演唱。

唱新闻　唱新闻是流传于浙东民间的曲艺形式，演唱者皆为盲人或半盲人，内容多是街头巷尾流传的古今故事和流行小调。书目可分两类，一种是小书目，也叫“开场书”，另一种是长篇大书目。也有现编现唱的短新闻。境内唱新闻艺人有朱金宝、王小定、刘夫昌等。

书法

20 世纪 90 年代，在镇文化站牵头下，聚集一批书画爱好者，成立白峰镇书画协会。1996 年提倡学校创办特色，时白峰镇中心小学确定以书法教育为特色项目。2000 年，学校被命名为省、市二级书法实验小学，2002 年又被中国教育学会命名为全国写字教育实验学校，成为北仑区唯一一所全国级书法实验学校。学校的书法特色在当地社会造成较好的影响，推动当地书法文化的长足发展。镇书画协会以峰城社区为平台，开办书法培训班，由白峰小学退休教师胡修业、沃共鸣义务担任培训教师。十多年来，造就白峰地方一支书法队伍，为当地书法文化的发展奠定坚实的基础。书法成为白峰一张闪亮的名片。1996 年成立白峰镇书画协会，会长沃共鸣，时有会员 17 人。到 2018 年末，有会员 21 人。

戏剧　故事

戏剧　抗战前、后，有“的笃班”（简称“绍兴戏”）在境内乡村演出。中华人民共和国成立初期，各村组建农村业余剧团，配合“土改”、抗美援朝、合作化运动，自编自演小戏、小节目、越剧折子戏进行宣传演出。20 世纪 60 年代，各大队成立农村俱乐部，在农村及工地进行宣传演出。“文化大革命”期间，各大队成立毛泽东思想宣传队，以演出京剧样板戏折子戏和选曲为主，同时也演出其他小戏和各种文艺节目。改革开放后，除继续开展自编自演节目外，主要由各村老年协会组织，邀请境外剧团到本地演出，以越剧为主。也有上级安排的送戏下乡剧团到境内演出。

故事　民间故事大多为人物故事，历史传说、神话和笑话。富有本地韵味和地方特色，如《双石人山》《宁国寺》《虾康的由来》《布谷鸟的传说》《桥洞菩萨》等，总计有数十篇。

歌谣　说唱

歌谣　民间歌谣众多，主要有劳动歌（山歌、田哥、渔歌、行业歌）、生活歌、情歌、仪式歌、时政歌、儿歌、历史传说歌及杂歌等，以乡村农民田头山歌最为普遍，除劳动歌和儿歌无固定曲谱外，其余大多依附民间小调曲谱，即兴而作并演唱。境内民间歌谣有《上轿歌》《长工谣》《摇啊摇》《车水拜家堂》等。

说唱　通常由一人或多人组成，边说边唱边演，形式有快板、走书、表演唱、小品、独角戏等。20 世纪 50—60 年代，除自编自演说唱如《九指公公》等外，常见的有《施老爷审堂》《包公案》《薛丁山征西》等。进入 21 世纪，文化站及村（社区）创作、排演很多说唱文艺节目，如反映开发建设的小品《明天会更好》，反映本地特色农产品年糕的小品《选择》，反映尊老敬老的说唱《夕阳春光》，反映新农村建设的说唱《幸福生活甜津津》，反映计划生育优生优育的独角戏《教子有方》，反映非遗传承的快板《难忘的童谣》等。

附录 1：歌谣

《上轿歌》

歌词：大哥抱上轿，小哥送上轿，抬到乌竹笆堂好人家，迈出石明堂，走进地板房，花花帐子拖叠床，龙凤帐钩吊两旁，绣花枕头配成双，新花棉被捂新郎，捂出一个小才郎。

《长工谣》

歌词：正月节子正月中，包袱整拢去上工，吃过主人一杯上工酒，好比西山黄眉落鸟笼。二月节子二月中，戏文场里闹哄哄，阿拉长工看戏吃眼福，手捏锄头立在田当中。三月节子三月中，秧子下落田当中，绵绵阴雨落不息，秧子烂腐怪长工。四月节子四月中，上畈耙田下畈种，六株稻苗种斩齐，主人还话欠种浓。五月节子五月中，桃子杨梅满山红，想吃桃子吃福气，主人家，早酸杨梅哄长工。六月节子六月中，沙尖割稻快如风，十枚手指九枚红，主人家，还嫌长工介吃用。

《囡要啥人抱》

歌词：囡啊囡，侬要啥人抱？我要阿爸抱，阿爸出门赚元宝。囡啊囡，侬要啥人抱？我要阿姆抱，阿姆烧火做袄袄。囡啊囡，侬要啥人抱？我要姐姐抱，姐姐楼登绣花袄。囡啊囡，侬要啥人抱？我要哥哥抱，哥哥斫柴磨茅刀。囡啊囡，侬要啥人抱？我要阿娘（奶奶、祖母）抱，阿娘腰骨弯勿倒。囡啊囡，侬要啥人抱？我要阿爷（祖父）抱，阿爷胡须捋捋困晏觉，算来算去吃人抱，囡囡去抱小花猫。

《跌跌绊绊》

歌词：跌跌绊绊，绊过南山，南山北麓，指引马牛，牛蹄马蹄，缩脚一跔。

《正月罗搓过》

歌词：正月罗搓过，二月芥菜大，三月拔茅针，四月拗乌笋，五月吃蒲羹，六月乘风凉，七月七巧阳，八月桂花香，九月九重阳，十月砂锅焐鸡娘，十一月投钱粮，十二月送年炮仗腊腊响。

《十二个月子字歌》

歌词：正月拜年吃瓜子，二月行会放鹞子，三月种田下秧子，四月晒场碾菜子，五月端午吃粽子，六月乘凉摇扇子，七月荷花结莲子，八月月饼嵌馅子，九月重阳做馒头，十月绣花姑娘上绑子，十一月里落雪子，十二月冻死叫花子。

《哭嫁歌》

歌词：乖乖囡啊，乖乖囡啊，狠狠心肠离我娘啊，只晓得今朝夫家去啊。囡啊，囡啊，侬要早早起呀，晏晏困呀，走路要稳当呀，邻舍隔壁少去走呀，人来客往要知礼呀，孝敬公公孝敬婆呀，敬重地头敬重谷呀，敬重老公有饭吃呀，侬总要公中意来婆欢喜呀，争我爹娘一口气呀，过了三月回门来呀，回家来看爹和娘呀，囡啊，囡啊，侬快快去呀！

《浇梁歌》

歌词：东家运道交关好，鲁班师傅也赶到，拿起水斗、角尺，直量量勿长勿短，横量量勿大勿小，第一取出正栋桁条，第二取出屋柱柱榀，第三取出窗框门框，李纯阳路过手捋捋，金凤凰飞来做窝，手拿酒壶七寸长，杜康造酒爱荫阳，爱得荫阳多富贵，荣华富贵万万年，一敬天，二敬地，浇梁先从东边起，浇梁浇到东，下代儿孙出国公；浇梁浇到南，文武状元出一对，浇梁浇到西，下代儿孙坐金殿；浇梁浇到北，下代儿孙做都督，浇梁浇到桁条头，青龙黄龙盘门口；浇梁浇到桁条腰，出来儿孙戴相帽；浇梁浇到桁条脚，出来儿孙穿盔甲；浇梁浇到屋正中，东家会养四条龙，青龙盘水缸，黄龙盘谷仓，白龙盘米缸，乌龙盘灶缸，

附录 2：说唱

奶奶的童谣（白峰文化站提供，2011 年 10 月）

幕内朗诵词：我小的时候，听奶奶讲童谣，一首首的童谣，生动又活泼，岁月匆匆过，如今白了头，一代一代传下去，多好听的童谣。四人齐笑。

过门：（伴天津快板）。

令阿郎，

车水八架塘，

四脚大面床，

捉根弹涂放放汤，

公一碗，婆一碗，

我和小叔拼一碗，

小叔借我白布衫，

我要小叔金子耳朵珊。

一个老头，

背把锄头，

走到河头，

柯根鱼头，

走到灶头，

煮好鱼头，

猫背鱼头，

擦起一拳头，

拷煞猫头。

甲问：咋话啦？齐答：好话头。

过门：（伴天津快板音乐）。

老鼠眼睛像葡萄，

老鼠大身像年糕，

老鼠尾巴像锉刀，

日里趣趣困闲觉，

夜里做贼做强盗。

小白菜嫩爱爱，

丈夫出门到上海，

廿元廿元带落来。

汏头皮，挑猪泥，

一挑挑到小山沿，

扒个破铜钿，

买块田，起透屋，

抬个老婆享享福，

生个儿子像萝卜，

酱油麻油温温吃。
乙问：咋话啦？齐答：不咋的！
过门（伴天津快板音乐）。
火萤头，夜夜来，
陈家门口搭灯台，
灯台破，三轮过，
三千铜钿上宁波，
宁波行里坐一坐，
看见花生大六六，
咬开纯是壳，
看见梨子红冬冬，
咬开纯是虫。
小娘爿，爿爿爿，
爿到梅山吃昼饭，
人家问侬啥下饭？
臭冬瓜，烂茄糊，
肚皮吃啦结固固，
砻糠堆里去捂捂，
生出一个小尼姑，
丙问：咋话啦？齐答：又掉。
过门：（天津快板音乐）
一粒星骨轮灯，
二粒星挂油瓶，
油瓶漏炒倭豆，
倭豆香加生姜，
生姜辣，加水塔，
水塔浓，加正公，
正公矮，捉只蟹，
蟹脚长，老子（鼠）会爬墙，
墙是介高，老子（鼠）会磨刀，
刀是介快，老子（鼠）会捉柴，
柴是介升，老子（鼠）会搓绳，
绳是介花，老子（鼠）会喊嬷，
嬷嬷，大脚胖会开花，哈哈……
摇啊摇，摇到外婆桥，
外婆来该放棉花，
舅舅来该摘枇杷。
舅妈布兰羁嘞朝塔朝塔走人家，
走了三日三夜勿居家，
走嘞屋里咕人家。
丁问：咋话啦？齐答：好东西还来后头啦！

幕内唱：四人舞蹈：手拿手绢儿。七八十岁老太婆舞蹈动作。

歌词：小时候听奶奶讲童谣，一首首的童谣，生动又活泼，岁月匆匆过，如今白了头，一代一代传下去，美丽的童谣，美丽的童谣。

附录3：小品

《明天会更好》（作者：李大为，2013年6月白峰文化站提供）

人物：

李光明—（北仑区白峰镇拆迁办工作人员）

爸爸—（北仑区白峰镇村民）

小梅—（女儿）

场景：农家小院内，爸爸手持泥瓦工工具正在一间小屋前忙活。

小梅：爸，爸，你快点啊

爸爸：你这孩子你这是喊啥呀，没看爸爸正忙着嘛！

小梅：爸，你腰不好，就别老动来动去的。你看你把衣服弄得这么脏，你干嘛呢？

爸爸：爸爸呀干大事呢！

小梅：什么大事？

爸爸：你看咱们这不是马上就拆迁了吗？

小梅：是啊！

爸爸：爸爸呀又在后面给你盖了一间小平房，这不刚刚完工。

小梅：啊？为什么要盖间小平房啊？

爸爸：你个傻女儿！我算了算咱家现在的住得这个面积有点小。所以啊我就拓展了一下空间。盖这么一间小平房。这样等拆迁的时候，咱可以分两套房了。到时候等你找对象结完婚以后，你一套。我一套。贼噶惬意呀。

小梅：啊？爸，这样能行吗？

爸爸：怎么不行啊？这事你不说，我不说，那拆迁的知道咱是刚盖的呀？

小梅：爸，这样不合适吧？

爸爸：这事你就别管了啊！你找我什么事啊？

小梅：我想告诉你个事……

爸爸：这孩子，啥事还扭扭捏捏的……你倒是说啊。

女儿：就是想带我男朋友回来见见你。

爸爸：（开玩笑地）哎呦，还真是女大不中留啊，保密工作搞得挺好，什么时候谈的对象我都不知道，这一下子就领回家来了。

小梅：（撒娇）爸，你说那去了，是人家一直在追我嘛，我还没同意呢，这不是带过来请你老人家让你把关嘛。

爸爸：行了吧，你是我女儿，我还不知道你的鬼心眼，还没同意……心里不知道多同意吧。你快给爸爸说说。他多大了？属啥呀？

小梅：28，属牛

爸爸：这个属相好！

小梅：怎么好？

爸爸：你看，他属牛你属兔，都吃草。将来日子肯定能过好。爸呀早就盼着你给我生个外孙呢！

小梅：爸，这哪跟哪啊。

爸爸：哪他什么时候来呀？

小梅：爸！（让我轻轻的告诉你音乐）唱：让我轻轻的告诉你，您呀不要太心急。我会让你看到我的幸福，比哪阳光更温暖。不要问我太多的问题，我会告诉你我们有多真，不要问我太多的问题，我们相爱到永远，永远。

爸爸：好好好。哪他到底什么什么时候来呀？

小梅：明天。

爸爸：干嘛明天，你现在给他打个电话让他马上过来。

小梅：爸，我们说好明天嘛！你看你又着急了吧！

爸爸：这事我当然着急嘛！

小梅：行了爸，明天你肯定会见到他的。我给你做好吃的了啊！（下）

爸爸：我再问问你—这孩子，我还没问完呢。哎呀！不错，快抱外孙了。（天不下雨，天不刮风音乐起）唱：天不下雨，天不刮风天上有太阳。我的心情，就好像吃了蜜一样。走了太阳，来了月亮就是晚上，过了今晚我就能见到我的郎。不是，那个她的郎。

光明：（敲门）

爸爸：谁呀？来了。

光明：您好。我是拆迁办，咱们这不是马上就要拆迁了吗。今天过来这要是核实一下你们家的具体情况。

爸爸：（惊慌失措，关门，藏好工具后再开门）好好。哪个您……请坐。来来来……抽烟、抽烟……

光明：不会。

爸爸：喝水？

光明：不渴。您就别客气了。你看啊，根据我们这的统计，你们现在居住的面积是75平方米。对吧大叔？

爸爸：啊？不，你们肯定搞错了。你们肯定没注意，我们还有一个小平房呢。加起来一共110多平方米呢！你们统计的有问题啊！

光明：大叔，我们统计的这个数啊，是肯定不会有问题的。您看，这是我今天上午刚刚到北仑区房产管理部门去调出来您的房屋资料，再说了，我们绝对不会让老百姓吃亏的。我们上次来初步调查摸底的时候还没看见这个小房子呢，您的这个小平房是刚盖的吧？

爸爸：怎么可能啊。你们肯定是弄错了。

（此处光明去看房，结果光明发现水泥还没干，爸爸狡辩说是梅雨天气返潮等情节。就在2人针锋相对，爸爸下了逐客令之时，小梅上）

小梅：光明？

光明：小梅？

小梅：我们不是说好了明天见面的吗？

光明：啊！

小梅：你怎么知道这是我家？

光明：这是你家？

小梅：是啊，（引荐动作）这是我爸爸，（再面向爸爸）这就是我男朋友。

爸爸：（很高姿态）你就是那个追她的男孩子啊……我就是小梅的爸爸，也就是说，是你未来的岳父……

光明：（殷勤地）岳父……叔叔，您坐。叔叔，抽烟。

爸爸：不会。

光明：喝水？

爸爸：不用。

光明：啊！

爸爸：（神态缓和些）行了孩子，这是我家，不用对我这么客气啊。（面向女儿）梅梅呀，我真没想到，你的男朋友就是他。真是大水冲了龙王庙，他叫什么名字来来着？

光明：光明。

爸爸：这个名起得好。梅梅呀，看来咱家以后的生活是一片光明呀！是吧光明。

小梅：你们在说什么呢？爸！

爸爸：你问光明啊？

小梅：什么事啊光明。你们搞得这么神秘。

光明：小梅，你看看这个。我今天来你家是核实你们家房子的事情。我们这统计的跟叔叔给我们说的不一样。我们也了解到你们家这个小平房是叔叔刚盖起来的。按照我们规定，这是不能算作拆迁面积的。

爸爸：咳！刚才呀，可能是不太好算的，这现在不都是一家人了么，这能不能算还用得着多说啊，不就是看你回去怎么跟你领导汇报嘛，还不就是你一句话的事。

光明：（为难状）叔叔，我们做事情是有原则的。

爸爸：我说你这个孩子。我这么跟你说吧。等这个房子拆迁完了。我们家可以分两套房子。到时候，我自己一套，你跟小梅一套。你懂吗？

光明：叔叔，我知道你也是为我们考虑的，但这种事情我真的不能这样做呢。

爸爸：你这孩子怎么这么死心眼呢。我告诉你，现在这个问题不光是房子的问题。还关系到你和我家梅梅以后关系的问题。我再问你一遍，这事你按不按照我的意思办？

光明：叔叔，真的不行。

爸爸：小梅，送客。

小梅：爸？

光明：叔叔，既然这样的话我也没什么好说的了。我走了。

爸爸：得，你…你…你明天你不用来了。

小梅：光明，你看这事有办法吗？爸爸这也是为了咱们以后好嘛！

光明：小梅。（音乐起）唱：你的心意，我能领会。可是我不能违背原则。拆迁工作，马虎不得，不是你我就能定夺。依法拆迁，我们都要去接受。不能太看重自己的利益。白峰镇的建设，人人都要多出力。为白峰镇明天，作呀作贡献。

小梅，你想想，假如每个人都像叔叔这样，你盖一套我盖一套，哪我们这个拆迁工作就没法进行下去了。再说了，我们每个人因为自己的利益而去违背原则的话，哪老百姓能服我们吗？小梅，这是我今天在北仑给叔叔买的治腰肌劳损的特效药，我先走了。

小梅：光明！（把光明拉住。将药递到爸爸手里）爸！

爸爸：梅梅呀！你妈走的早，就剩下咱俩相依为命。爸爸就怕你呀那天嫁出去了。就剩下我一个人。我就想再弄套房子，咱们能挨的近点，我就是想能经常看见你。我看出来了，光明是个好小伙子，（面朝2人）我也不为难你们了。你小子虽然有点死心眼，但确实很有原则。梅梅和你在一起，我放心。现在的年轻人就是要多干些给社会传递正能量的事情，我这个糟老头子就不拖你们的后腿了。

光明：叔叔，您放心。假如我和小梅结婚了，我们一定在你旁边买套房子。我们陪着您，我们孝顺你。

爸爸：行了，什么陪不陪的，有你这句话我就知足了。放心吧，我肯定会支持你工作的。

让咱们的拆迁工作顺顺利利的早点完成！把我们白峰镇，早日建设得漂漂亮亮的！在这里我们共同祝愿我们白峰镇的明天—会—更—好！（明天会更好的音乐）

《选择》（作者：王政，2018 年 7 月白峰文化站提供）

人物：

爷爷—王老汉　70 多岁　年糕匠人

立年—王老汉的儿子　45 岁　个体老板

娜娜—王老汉的孙女　22 岁　大学生

【爷爷在屋里教孙女做年糕的秘诀】

【舞台两侧，两束定点光，武侠风】

爷爷：准备好了吗！

娜娜：来吧！

爷爷：打！

【娜娜打一下年糕，配音效，爷爷一惊】

爷爷：再打！

【娜娜打一下年糕，配音效，爷爷又一惊，娜娜预备再打】

爷爷：住手！国仇家恨呐？

娜娜：爷爷…

爷爷：再三强调，注意力度！不然……

娜娜：会直接影响年糕的品质！

爷爷：知道咋还用那么大劲儿？

娜娜：我把它当我爸！

爷爷：大义灭亲啊？

娜娜：不是…我爸他…

爷爷；行了，赶紧收起来，把那盆儿花木搬回来，等会儿让你爸看到了我可保不了你！

娜娜：对了！爷爷，您不是常说咱们家打的年糕之所以出名，是因为还有最后一个秘诀吗，快说说…

爷爷：嘿嘿，操之过急，先把力度掌握好，你火候还没到呢……

娜娜：爷爷，我的时日，不多了……

爷爷：啊？你别吓爷爷！好好的怎么了？生病了？

娜娜：不是，是我爸逼的！

爷爷：你爸？

立年：（上场）爸，我回来了！

【娜娜迅速用桌布盖住打年糕用具】

【爷孙两人恶狠狠盯着立年】

立年：什么表情啊？国仇家恨啊……

爷爷：说！

立年：说什么啊？

爷爷：你逼我孙女什么了？

立年：我？

娜娜：他逼我去日本！

爷爷：日本？

立年：去日本留学的事儿啊？

娜娜：啊！

立年：就这事儿，又向你爷爷告状？你爷爷这么大岁数了，这一激动！万一……

爷爷：行了行了！死不了！我怎么越听越糊涂呢，好好的怎么就要去日本了呢？

【座机电话响】

爷爷：喂，老李头儿，又想吃年糕啦？拿5千克？行，放心，肯定是我亲手打出来的，什么时候用过机器啊！给20就行了，拿零钱啊，找不开，好！呵呵呵……

【立年手机响】

立年：喂，李老板！又要采购花木啦？拿500棵？行，放心，肯定是我自己的苗地里种出来的，什么时候干过收购倒卖的事儿啊！优惠，肯定优惠，抹掉零头，20万就行了，现在就全款？好！我们彼此信任！

爷爷：（马上拿起挂掉的电话）拿全款啊？

立年：挂了还能接啊？

【挂电话后，效果音“支付宝到账20万元”】

【立年得意地看着爷孙】

立年：爸，20块钱，您这么大岁数了就别折腾了。

爷爷：你管不着。

立年：行，去日本留学这事儿是我决定的，没来得及跟您说。让娜娜去学花木苗圃专业，学学人家的先进技术，学成回来，接我的班儿！

娜娜：我不！

【爷爷摆手制止娜娜的话】

爷爷：学多久？

立年：4年。

爷爷：啥时候走？

娜娜：下个月！所以我的时间不多了！您赶紧教我打—

爷爷：打，打什么打，女孩子家成天打打杀杀挂在嘴边成何体统！好好准备出国的事儿……

娜娜：爷爷？

立年：爸，你是不是又教她打年糕的秘诀啦？

爷爷：没有。

娜娜：教了！怎么了？

立年：你！爸，你怎么就想不明白呢，年糕能挣多少钱？花木能挣多少钱！

爷爷：不是钱的事儿……

娜娜：不是钱的事儿！是我自己要学的！

立年：你一个女孩子家家的，琴棋书画学什么不好！学什么打年糕啊！咱干点儿正事儿！

爷爷：打年糕怎么了？那些个搞琴棋书画的不吃年糕，都饿死啊？

立年：不能吃米饭啊？

爷爷：你—

娜娜：（忽然想起）对！米饭！

爷爷：嗯？你这到底向着谁啊？

娜娜：（拿出一叠资料）爸，你看这是我搜集的有关于技术的一些资料。

立年：看看！这才是我闺女！知道要出国，都提前做好准备了！

爷爷：这位老者是谁啊？

立年：嘿！双目有神，皮肤黝黑，精干有力！一看就是种花木的行家！对不？

娜娜：做米饭的。

立年：做饭的？

娜娜：做米饭的！银米饭！他叫村嶋孟，用了50年的时间，做出了殿堂级的米饭，就跟爷爷一样，纯手工、老方法，人家做的银米饭，现在世界闻名！

爷爷：嘿，这老孟头儿可以啊！世界闻名！嗯！双目有神，皮肤黝黑，精干有力！到了日本，帮爷爷牵个线儿，说不定有生之年，还能跟他喝上一盅！讨论讨论这老底子的味道……

娜娜：爷爷，人家说话您也听不懂啊。

爷爷：不碍事儿！都是手艺人，他做饭得淘米，咱打年糕也得淘米，水放多少？米加多少？我打几分钟？他蒸几分钟？高手过招，在于比划！这日本，值得一去！

立年：是得去！不过不是去学做饭，更不是打年糕！学花木！

娜娜：爸，您怎么就不明白呢……

立年：你怎么就不明白呢！年糕能挣多少钱？花木能挣多少钱？

娜娜：不是钱的事儿！是传承！

立年：传承，传承能当饭吃啊！

爷爷：混帐！怎么说话呢！要不是你爷爷把打年糕的手艺传给我，我怎么养家糊口！你吃石头长大的啊！

立年：爸，年代不同了，您还想让您亲孙女儿吃那个苦啊？就算没人学，您也不能传给娜娜啊，现代社会行业的选择有很多，很多手工行业正逐渐在被机器所取代，您得为您孙女儿的前途着想啊！

娜娜：那银米饭……

立年：世界知名，可全世界有几个？

爷爷：有一个算一个！

娜娜：贵在坚持！

立年：你……

爷爷：（伸手止住立年）但不是坚持打年糕……

娜娜：爷爷？

立年：您这觉悟，转变神速啊！随我！

爷爷：口无遮拦！孙女儿，你爸说的对。

爷爷：是，这个社会进步太快了，每天都有很多的传统技艺在消失，也不差我一个。

立年：漂亮！

爷爷：但是立年啊，多给孩子一些选择，就像我当初支持你做花木一样。

娜娜：我要做年糕！

立年：爸，您给她下药了？

爷爷：瞎说什么！

娜娜：爷爷，这就是我的选择！我准备自己创业！

立年：真新鲜，打年糕还算创业了？顶多算个家庭作坊！

娜娜：用机器加工代替手工年糕.

爷爷：机器？不行吧？

娜娜：所以我要先学会传统手艺，才能通过先进设备进行改良，这样老底子的味道不变，又能增加销量。

立年：幼稚！要你这么说，机器还万能了？那老底子的味道是机器能做出来的啊？

爷爷：这不像是你能说的话啊……

娜娜：随您……

立年：去！反正我不同意啊。

娜娜：不试试怎么知道！爷爷，只有大范围推广出去了，才能让更多的人知道我们家做年糕的手艺和历史，保护传承。成为第一个银年糕也不是不可能的嘛……

爷爷：爷爷做了一辈子，也不敢想像老孟头儿那样……

娜娜：我已经向大学生创业园递交了方案，你看怎么办呢？

立年：异想天开！放着捷径你不走，你也想做到50岁才有出路啊！再这么任性下去，你迟早会毁了你自己的路！

娜娜：那是你的路！从小到大我走的都是你安排的路！学校、专业、交友、出国、吃什么、穿什么、用什么都是你安排的路！我就不能有我自己的选择吗？

立年：不能！

爷爷：立年！

爸爸：让你少走弯路衣食无忧不好吗？走！办护照去！

【立年强行拉住娜娜的手】

娜娜：呀！（疼痛）

立年：怎么了？

娜娜：不用你管！

立年：让我看看！

娜娜：你管不着！

立年：站住！这手上怎么都是水泡啊！

爷爷：水泡？

立年：爸，你教也就算了，你还让她亲手打了？

娜娜：是我自己要学的！你管不着！

立年：我管不着？好，你长大了！我不管你！我让你选择，你可以不去日本，但就是不能选年糕！这算什么？你就用这样的方式糟践你自己？

爷爷：糟践？是！为了家人生计，我不得不糟践了那些吃不饱的墨水纸张！

立年：爸……

爷爷：糟践了你的母亲为了这卑贱的生计差点丢了性命！（一把扯掉年糕道具上的桌布）糟践了我这双带刺的老手不敢触碰我孙女出生时的小脸……

娜娜：爷爷………

爷爷：但是我没糟践这份手艺，没糟践他们对“老底子味道”的依赖和对家人的责任！我不后悔我的选择！

娜娜：爷爷，我也不后悔！爸，您常说，做事，要认真、踏实、执着。就像您做花木一样。但还要有热爱，热爱，是我们年轻一辈对事业的选择！打年糕也可以突破传统！只要忠一事，做一生。就没有做不好的事情！

【电话响，分别给定点光】

【画外音：老王，年糕打好了吗？

爷爷：马上，今天让你尝尝我孙女儿做的……

娜娜：喂，我的方案通过了？准备参加全国大学生创业交流会。

【画外音：坚持你的选择！别忘了跟家里人说，下周报道，地址……（起音乐）

立年、爷爷看向娜娜】

结束……

第四节 大型文化活动

庙会戏

中华人民共和国成立前，境内多数寺庙在神主诞期演戏祀神祈福。剧目多宣扬忠君扶朝，除邪扶正，因果报应。庙会戏中有还愿戏和同行戏，亦有演大型木偶戏的，其费用由庙产开支和庙脚弟子负担。还愿戏与同行戏则由还愿者支付和同业公摊或乐助。庙会戏规模有大有小，演戏时间有长有短，大多为三天三夜、五天五夜、七天七夜等，是以做戏文为主的祭祀祈福活动。

迎神赛会

俗称“行会”，相传盛行于明朝，将城隍、东岳大帝等神祇出巡保境与庆祝抗倭胜利游行结合起来。后更趋美化，竞为纷繁。

抗日战争前，寺庙神主偶像每隔1～3年出阁“巡行”，时令多在夏历二三月农闲期间，亦称青庙会、桃花会。抗战时停行，抗战后偶行数次。迎神赛会有一庙一会的，也有联合数庙组成一会的。行会一般3天，穿插夜会，规模、路线均据神庙统辖界域而定。

庙会由各会社组成，每会社由各保弟子承担。大型庙会队列长达1～2华里，所到处各宗祠摆爵献敬神，同时在该处表演节目。神轿前仪仗始是对锣开道，随后清道旗、皂隶4～6名，继为“肃静”“回避”及神衔等执事牌（俗称“硬脚牌”），总称神銮。神主封位高者还拥18对斧钺兵器，神轿后随千民伞，前簇后拥。行会队列组成大致为：

鸣器 炮担，用扎彩球弧形扁担挑铁皮箱两只，盛火药、铁炮，每组六七人挑担快行为先导，至爵献处，放礼炮10余响，示会列将到。旗锣，直径2尺余，拴于雕龙木杠，后垂绸绣旌旗，一人担肩而行，锣响一组13下，音响震数里。放铳，铳杆长约1米，3管一束，灌以火药，一般列在会列之首或神轿之前，一组6～7人，每到闹地，放铳鸣枪。

鼓阁 有“船鼓”和“抬阁”。船鼓为2人抬行方柜式鼓架，上置竹片作架，扎彩球花环，配置锣、琴、笛等乐器。亦有黄杨雕刻、用骨嵌镶的大鼓阁，4人抬行，配有管弦乐队，乐曲较高雅。抬阁乃用一口长方形木柜作底盘，8人抬，8人扶，盘上有5～7个儿童固定于三节高铁架上，扮演古装戏《渭水河》《大闹九江口》等帝王将相英雄豪杰形象。

旗伞 旌旗、圆伞。旌旗有大、中、小、长方、正方、三角等形状，五彩缤纷。大纛旗杆高3丈，一人撑竿，两人前后拉绳，每到大溪坑边，表演蹈旗武功，民谚“越大旗”出自此。伞均为圆顶黄罗伞，绣花佩丝穗。

灯具 有联灯和排灯。联灯分九连、十八连、二十四连等种，用玻璃彩绘灯罩置于木制梯形框架内。廿四连灯高达2丈，重上百千克，由壮汉一人双手握联灯底盘，力举胸前，前后4支长竿支撑，缓步而行。排灯，灯具横排，盏数较少。

特技 踏高跷：跷木高约2米左右，人数不定，化装表演《唐僧取经》《铁公鸡》《乌龙院》等剧中人物。闪锐叉，每班10人左右，头裹布巾，上身赤裸，模拟京剧舞台枪花动作。

甩火篮 用铜制碗形火篮2只，中拴4～5尺长绳，用双手甩舞，显现各种圆形图像，晚上点燃炭火，呈现各种弧状火带。

舞龙 又称龙灯、龙灯舞。龙是古老的图腾，传说龙能行云布雨、消灾降福，象征祥瑞。人们在喜庆的日子里用舞龙来祈祷龙的保佑，以求得风调雨顺、五谷丰登。龙用竹、布、草等扎制而成。境内的龙大多以竹篾编成圆筒，每个圆筒安装1根舞龙棒。圆筒外缝上漂亮的龙衣，将圆筒连接起来组成整条龙身。龙的节数以单数为吉利。境内多为九节龙，外地也有十一节、十三节或更多节数的长龙。20世纪70年代前，境内有少数村组织有舞龙（社团）队，20世纪80年代后，舞龙文化有很大的发展，基本上做到每个村（社）都有一支舞龙队。在春节，重要节庆巡游等活动时参加表演，有按套路表演的，也有自由表演的，表演时有响器伴奏，以壮声势，造成热闹气氛。

舞狮　又称狮舞，一般由2人藏身在假狮身内，一舞头，一操尾，在一扮武士执彩球者逗引下，模仿狮子形象动作，如搔痒、舔毛、打滚、抖毛、跳跃、跌扑、翻腾等，配合锣鼓进行舞蹈。也有单人饰舞小狮者。

造跌　或称“皂夫”，两人为一对，由10岁左右儿童扮演各种戏剧人物，站于成人肩上，称“天盘”或“上盘”，肩负者称“地盘”或“下盘”，负童行走，随锣鼓节奏，模拟戏剧动作，上下配合默契。

舞狮

灯会

新春灯会从正月初一到初八，十三到十八，两次上灯落灯，偶有延至正月二十的。民国初期，境内每年举办大中型灯会，从正月十五至十八在各保巡行。中华人民共和国成立后多次举行元宵灯会，现盛行。元宵节前夕，各村、单位竞扎彩灯，百姿纷呈，多有用彩电闪光装置于机动车上，千人聚集，规模盛大。元宵灯会中，还有各种形式音乐舞蹈特技表演。

展览

1952—2018年大型展览：1952年12月镇海县文化馆、公安局在境内合办反动会道门罪行巡回展览，会道门骨干现身说法，业余剧团配合演出活报剧；1956年2月，县农林局在境内主办农业展览，展出文字、图表、实物和模型，反映农业社会主义改造和农业发展成就；1958年1月又举行为期7天的农业成就展览；1963年5月地主庄院展览，展出四川地主刘文彩庄院图照和县内地主庄院模型，1964年改为“阶级教育展览”；1966年2月举办“农业学大寨”展览，展出县内“农业学大寨”先进典型，展期一星期；1967年7月“县无产阶级革命造反派联合指挥部”举办“三忠于”展览，历时半个月；1970年4月县人武部主办打倒“新沙皇”展览；1977年初举办揭露江青反革命集团罪行展览；1977年10月举办《周恩来伟大一生》展览。

20世纪80年代后，随着形势和政策变化，亦举办过多次展览。

2007年6月，举办安全生产图片展览；2013年9月12日，摆放展板，举办平安宣传展览；2014年10月20日，在青少年宫广场举办平安建设展览；2016年6月23日，举行禁毒反邪教展览；2017年10月24日，在阳东村举办反走私宣传展览；2018年7月18日，举办非法群租群居宣传展览。自2000年到2018年末，还多次举办过诸如消防知识、减灾防灾、改革开放40年成果、书法作品联展等展览。

年糕文化节

2015年1月至2018年12月，白峰街道（镇）连续举办5届年糕文化节。（详见第五篇第四章第二节）

第五节　广播　影视　新闻

广播

1958 年，镇海县广播站有线广播开始在白峰境内安装，从此有了广播声音。1969 年白峰公社、上阳公社相继建立广播站。有线广播接通初期广播喇叭为高音喇叭，在各村主要路段架设。后采用舌簧喇叭，安装在每户门窗上方。乡（公社）广播站配播音员 1 人，外线工 1 ～ 2 人，主要设备有扩音机、录音机、控制台及备用发电机。播送节目有新闻、文艺、农艺等，每天播音 3 次。1985 年后，主要转播区广播站节目，不定期播出本乡新闻和各类通知。1990 年完成穿山至白峰广播线路改造施工。1991 年广播覆盖率达到 100%。1984 年白峰乡广播站获省广播电视厅“网络标准化”证书，1986 年白峰乡广播站获省广播厅颁发的有线广播 4 个单项技术质量合格证书。

影视

电影　民国 26 年(1937)1 月 15 日境内在小门村第一次放映露天电影,放映的片子有《防毒》《农场》《玉黍蜀》及滑稽片《墨水瓶》等,观众在 1700 人以上。20 世纪 50 年代,境内驻军仰岛湾部队放映露天电影,周边群众可去部队观看，主要放映如《海鹰》《上甘岭》等战斗片。1974 年 9 月，白峰公社电影放映队成立,在境内轮流放映《咱们的牛百岁》《青松岭》《甜蜜的事业》《红牡丹》等生活片及《地道战》《地雷战》《英雄儿女》等战斗片。如遇到好片子，一个晚上要在境内好几个大队（村）轮流放映，以满足群众需求。1988 年，在白峰、道头、康头先后建影剧院，为群众提供无偿服务。由乡电影队到各影剧院免费放映。

附录：在镇海小门的一夜——放映教育电影纪实

徐名世

崎岖弯曲的小径，充塞着的尽是些大小的石子，一段高，一段低，这就是一条向着小门去的山路。今天我们的教育电影巡回队，巡回到这个乡村去，从镇海的柴桥出发，据说有 20 里路。发电机，放映机以及一切用具都早已派人抬去了。所以我们都是空着手走，由一个本地人做向导，虽则爬山越岭，并不感觉疲乏。

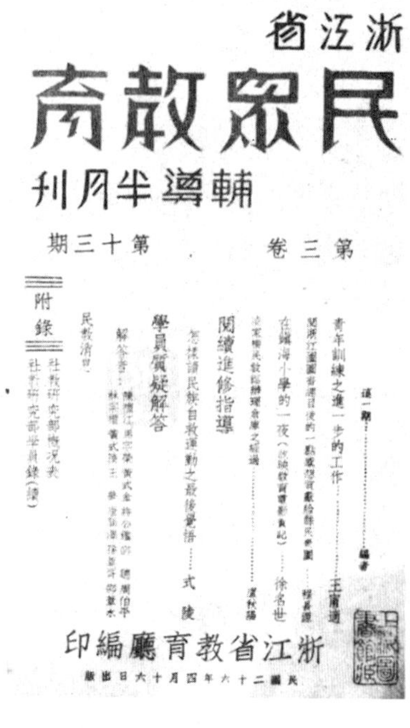
浙江省
民眾教育
輔導半月刊
第三卷　第十三期
在鎮海小學的一夜（放映教育電影記）……徐名世
閱讀進修指導
學員質疑解答
附錄
民教消息
浙江省教育廳編印
民國二十六年四月十六日出版

走了几个山岗，经过一个小小的村庄，在一幢房屋的墙壁上，看到代我们张贴的放映教育电影的通告，有几个人围着在读：“本月 15 日本队在小门放映教育电影，欢迎各界民众观看，不要半分钱，胜读万卷书……”我们都不禁高兴起来了，向导说：“这地叫山旁，算是小门的大门，再前进 5 里路就到了！”在一个不成样子的小店门口，上面盖着草棚，很像凉亭的样子，有几个人只顾自己坐在那边抽烟谈话，不管身旁的几只狗儿狂吠得怎样起劲。等到我们走近这小店门口时，坐着那边的人们才向我们问道：“两位是到小门去做影戏的先生吗？”我和王君都不禁笑起来，王君回说：“是的，吃了夜饭早些去看，不要钱的呢！”

一路上我们做了大众的目标，大大小小，男男女女的同胞们都向我们行注目礼，我对王君说："我们还不配深入民间，因为我们的服装还不能和民众一样，民众还把我们看做另一种人呀！"

到了小门，向导把我们领到了小门小学，这是我们已经接洽好了的歇脚处。校舍就是一个庙，狰狞的泥菩萨也还没有搬移掉，陈败简陋得真可以。校长钟先生很殷勤地招待我们，表示欢迎我们的意思。这时正是小学生放学的时候，我便借着这个机会，向那六十多个小学生讲了些放映教育电影的事，"要小朋友回去，在邻近的地方替我们宣传宣传，使人人都能够晓得。"这种活的宣传，我相信比贴几张通告，有效得多！

不久，校长陪着我们到村子里去走走，为了要容纳多量的观众，我们就选择了庙前的大空场，钟校长还帮我们借了二条棕绳，和三条长竹竿，我们便把银幕张了起来，"浙江省立宁波民众教育馆教育电影巡回队"的横额，便显现在空中，几个识一些字的民众，便围拢来在一字一字地诵读起来了！

接着我们又拜会小门乡的乡长，这乡长是一个老年的农夫，人也很忠厚，谈不多久，里面拿出许多金柑来，这是本地的特产，乡长自己种得很多，金黄的颜色，比市上买的要大得多，味道也好，可惜酸溜溜的，我们不敢多吃！（巡回放映教育电影的工作虽然很辛苦。但是口福却到处都有的）。随便探听了地方上的大概情形，便又回到校里晚餐，这要算乡村地方最客气的饭菜了，说到量，是满满的一桌，味道呢？却使人不敢恭维，可是肚子饿了一下子也就三碗。

男男女女，老老少少，村姑村妇都来了，有许多还穿着平时放在箱子里，非做客人不穿的红红绿绿的新衣服，两三个一堆一堆的站着在谈论，房外都已站满了人，匆匆吃了饭，我和王君便把一切放映用具，搬到空场去，还用木凳拦成一个方圈，好像警戒区域的样子。

大约六点钟了，看看场内已挤满了人，我便跳上桌子，拿出我们民众教育的法宝—叫笛—来"曜，曜，曜……"吹了一阵，于是民众们都把带有疑问的目光，转向我的身上来，我开始用了要守秩序，要守规则，以及放映教育电影的意义的话对民众说，倒还有些效力，接着就说到，通俗讲演的本题上来，我的题目是："怎样防空防毒？"我用了全副力量，把声音提得最高，同时用了许多警人的话，来集中听众的注意力，钟校长，乡长和王君也都竭力维护场内的秩序和肃静。40分钟才把我的话说完，末后又附带说了些听众应守的规则及影片内容的说明，才跳下桌子来。

暮色渐浓，我们就开始放映了。今晚放映的片子是："防毒""农场""玉黍蜀"及滑稽片"墨水瓶"等，一共六卷。因为观众们大都是种田的，所以我们特别放映"农场"和"玉蜀黍"，至于有关国防教育的"防毒"三卷，我们是到处都放映的，这和讲演的材料，很相呼应。

不幸的事情来了，在第一卷片子放映未完的时候，发电机自动地停止了工作，场内完全黑暗，人声顿时嘈杂起来，秩序也乱了，但是什么地方出了岔子，王君也一时找不出来，一会，钟校长拿了几枝洋烛来，事情仍旧很糟，我和王君都急得要命，假使修理不好，那不太使民众失望吗？

民众们也都十分着急，又很失望，有人竟一面叹气，一面这样的说："唉！为什么把这不好的机器拿到这里来用呢？我们走了十多里路仍旧看了个空！"这人的话说了便有许多人附和起来，群众不快的心理，便充分地表现出来！

我和钟校长都跳到桌上去向民众们解释："机器坏了，是不要紧的，等一下修理好了，仍可放映的，请大家静一点，不要失望！"接着我单独又向民众讲了些国际形势，及国内大事，使场内的秩序再恢复到原状。

王君很快地把重要部分来了一次拆装，他的敏捷的手腕是很佩服的，但也弄得满头大汗，可是也就因他满头大汗，机器又开始动作了！

哈！哈！光明的再临，我们都拍起手来，民众们也由失望地叹休变成快乐的微笑了！

侥幸得很！这一次总算一帆风顺地映完五卷影片。

放映完了民众开始纷纷散去的时候，我们听得民众们片段的谈话："真奇怪，气也会毒死人的！""为什么外国人种的东西要比我们大得多？”“外国人有钱，好用机器种田，我们怎能办到！”“日本人要是来放毒气，我们没有防毒面具怎样办呢？”“这次影戏做过之后，下一次不知什么时候再来？”……

据公认的估计，今夜的观众在一千七百以上。

……

整理收集了一切用具，已经十一点钟了！

一弯新月，偷偷地从山后爬上来。我们都感觉到有些寒意，积着十多天来的疲倦和睡眠不足的痛苦，急切地渴望着安歇了。但是这年老的乡长，却把我们引到了他的家里，走进门就见堂中高燃着红烛，中间摆着一桌饭菜，乡长要我们吃了再睡，我们无可奈何地吃着，还被他强迫着喝了几杯酒。席间乡长和校长要我们再留一天，明晚再放映一次，他们说：“这样难逢的机会，此地人也决不会放你们去的！”但是，我们婉言谢绝了；明天，一个新的地方，又有着许多人在渴望着呀！

睡在乡长家里，王君和我合一张铺想一想今夜的工作，觉得成绩还不算坏、临睡时王君笑说：“今天发电机要是修不好，说不定会挨打呢！”

1937年2月1日　写于石浦

附录：原稿影印件

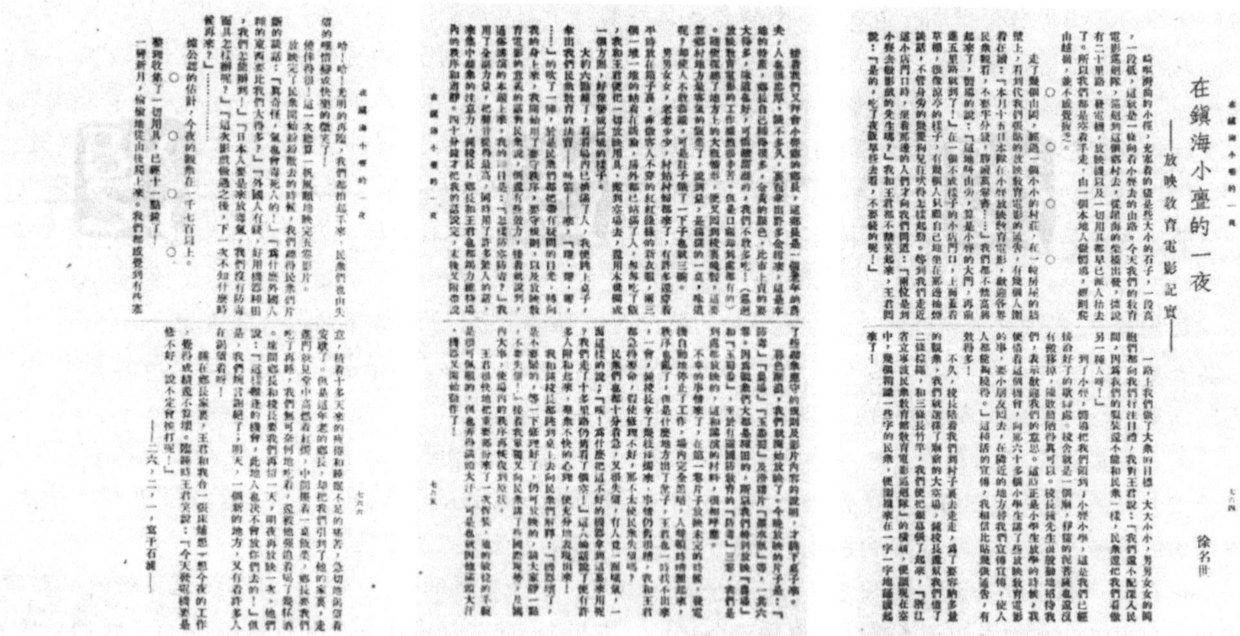

在鎮海小壹的一夜

——放映教育電影記實——

徐名世

电视　1991年白峰乡在遮山上建电视转播台一座，信号覆盖白峰主要区域。1992年扩镇并乡，白峰乡广播站与上阳乡广播站合并，成立白峰镇广播站，未几改名为白峰镇广播电视站。1992年，在上阳道头影剧院建设有线电视前端设备，1993年，在白峰峰城大酒店建立有线电视前端设备，开始发展电视业务，传输节目16套，自办节目1套。1995年12月，白峰镇广播电视站与北仑有线电视台联网，传送节目达31套。2000年，新建白峰广电大楼竣工并投入使用，其占地面积2700平方米，建筑面积1120平方米，总投资200万元。2001年4月广电站搬迁到新大楼，时转播电视节目达41套，有线电视用户5500户，入户率达78%。2003年，白峰镇与郭巨镇合并，成立新的白峰镇，广电站更名为白峰广播电视站，配备第一台工程车。是年，白峰广电站由区广播电视中心实行垂直管理。2007年，全镇建成750兆赫兹传输网，传输质量大为提高。2009 年，全镇电视信号由模拟信号转为数字信号，同时传输调频广播。2011 年，业务类型涵盖互动电视，宽带上网。2018 年末，拥有有线电视用户 5860 户，村级广播室 11 个，音频广播 180 余套。广电站现有职工 10 人，拥有各式工程车辆 5 台，配备光纤熔接设备和光时域反射仪各 1 套，拥有场强仪等专业广电设备仪器数 10 件，机房设备设施、专业播音室、排演大厅、活动室等一应俱全，装备有 35 千瓦专业发电机组一台。

多年来，白峰境内广电事业取得长足的发展。1998 年获评宁波市广播电视乡镇特级站；1999 年获宁波市东海文化明珠称号；2009 年被评为浙江省新一轮广播电视村村通工程建设先进集体；2012 年获评浙江省乡镇广播电视站建设管理先进站称号。

新闻

20 世纪 80 年代，白峰、上阳公社建有报道组，各设专职报道员 1 人，另聘请由村会计、团支部书记、妇女主任及社队企业、驻乡国家部门人员为兼职报道员。1992 年扩镇并乡后，镇建立报道组，设专职报道员 1 人，并组成由机关、学校、居委会、村、企业等单位人员组成的业余报道队伍。报道员采编的各类新闻稿件先后被《文汇报》、《乡镇企业报》、《浙江日报》、《宁波日报》、宁波人民广播电台、镇海县人民广播站、北仑区广播站、北仑广播电台、北仑广电中心等采用。乐胜龙在 1972 年 7 月至 1980 年 4 月担任白峰公社报道员期间，向镇海县广播站发稿 1150 余篇，用稿率 99.85%。时有 60% 的稿件被宁波人民广播电台采用，有 15% 的稿件被《浙江日报》、浙江人民广播电台采用。如小门大队抓革命促生产的报道刊于 1974 年 4 月 23 日《浙江日报》2 版，白峰公社党委注重理论学习的报道刊于 1974 年 8 月 15 日《浙江日报》头条。报道员石志藏的小通讯《他发挥了一技之长》1981 年 6 月 17 日刊登在《浙江日报》2 版，小通讯《她为什么把大肥猪卖掉》1982 年 12 月 12 日刊登在《宁波日报》头版，与他人合作的《军民共建文明村　同守东大门》1983 年 7 月 31 日刊登在《宁波日报》头版头条。

第六节　文学艺术

文学类

白峰籍现代文学作者主要有方文（祖籍下阳村道头）、周志锋（祖籍小门村）、李建树（祖籍小门村）、石志藏（祖籍小门村）等，他们的作品在各类报刊上发表，或著书出版，深受群众好评。

方文　曾担任浙江省广播电视厅党组书记、厅长、中国广播电视学会副会长。

方文文学类作品一览表

表 12-1-2

作品名称	出版社	出版时间
诱惑之城	浙江文艺出版社	2010.6
权力之树	浙江文艺出版社	2011.1
第一书记	人民日报出版社	2012.4
艰难崛起	人民日报出版社	2012.12
狮山之云	人民日报出版社	2013.10
出手	人民日报出版社	2019.1

周志锋 大学毕业后一直在高校从事古汉语教学与研究工作，研究方向为近代汉语、语文辞书和吴方言词汇。2001年被评为浙江省高校中青年学科带头人，又被评为宁波市有突出贡献科技工作者；2002年被评为宁波市高校名师培养对象：2006年被评为宁波市高校名师。现任宁波大学学报编辑部主任、宁波大学汉语研究所所长、汉语言文字学重点学科负责人及该专业硕士点负责人、浙江省语言学会副会长。

周志锋汉语语言学、文学类作品一览表

表12–1–3

作品名称	出版社	出版时间
宁波方言词典（合作）	汉语大词典出版	1996.5
大字典论稿	浙江教育出版社	1998.12
明清小说俗字俗语研究	中国社会科学出版社	2006.1
北仑方言（合作）	中国文史出版社	2007.12
周志锋解说宁波话	语文出版社	2012.7
阿拉宁波话（修订版、合作）	宁波出版社	2016.10

李建树 1966年7月毕业于浙江大学。当代作家。系中国作家协会会员、浙江省作家协会全委会委员、宁波市作家协会主席、名誉主席，《文学港》杂志主编、名誉主编、编审，宁波市第九、十、十一届人大代表常委会教科文卫委员。自幼爱好文学，中学时期即有散文、随笔在报刊发表。

李建树文学类作品一览表

表12–1–4

作品名称	出版社	出版时间
走向审判庭	中国少年儿童出版社	1988年
旺堆的世界	中国少年儿童出版社	1990年
外面的世界	新蕾出版社	1992年
快乐大院的故事	浙江少年儿童出版社	1993年
金十字架	上海少年儿童出版社	1995年
旺堆的故事	中国少年儿童出版社	1995年
校园明星孙天达	浙江少年儿童出版社	1998年
共建港城	宁波出版社	1998年
应昌期传	（台湾）理艺出版社	1999年
螳螂捕蝉黄雀在后	中国少儿出版社	2000年
石沉大海	浙江少年儿童出版社	2000年
宁波与日本航海交往史话	中国国际广播出版社	2000年
历史文化名城	宁波旅游教育出版社	2000年
谈家桢传	宁波出版社	2002年
越说越近	宁波出版社	2002年
曹雪芹	浙江少年儿童出版社	2004年
李建树校园小说新作选萃·高一新生	作家出版社	2005年
蓝军越过防线	湖北少年儿童出版社	2006年

石志藏 笔名“海市”。20 世纪 90 年代开始文学创作，在全国、省、市等报刊、杂志上发表作品百余篇近 20 万字，并多次在各类征文比赛中获奖。现为中国散文学会会员、宁波市作家协会会员、北仑区作家协会副主席。

石志藏文学类作品一览表

表 12–1–5

作品名称	出版社	出版时间
心中的童歌	人民文学出版社	2009.12
聆听拔节声	宁波出版社	2011.12
东篱采菊	宁波出版社	2013.12
木质的村庄	宁波出版社	2018.11

艺术类

戏剧 20 世纪 50 年代，胡涌（祖籍门浦村）根据清末平民张文祥刺杀两江总督马新贻的故事，创作大型甬剧《张文祥刺马》，由宁波甬剧团演出此剧。时还创作甬剧《万紫千红》、越剧《武松与潘金莲》等剧本。

影视 20 世纪 80 年代，胡涌编创长篇电视剧《敌营十八年》。1998 年，李建树根据自己校园小说《金十字架》改编电视剧《高一新生》（30 集），获第十八届电视“飞天奖”。2011 年 1 月，方文出版反腐中篇小说《权力之树》，后根据该小说拍摄成电视剧《红罂粟》（Ⅰ、Ⅱ），后又制作拍摄《红蜘蛛》（Ⅰ、Ⅱ）、《危险实录》《天若有情》（Ⅰ、Ⅱ）等电视连续剧。

书画 白峰籍书画名家王念萱（祖籍上阳村）。曾任上海市物价局办公室主任、中国物价自学函授学院上海分院副院长，现为上海市老干部岳阳楼书画社成员、香港国际羲之书画院荣誉教授。2002 年，在纪念中国人民解放军建军七十五周年书画展中创作参展书画作品，获二等奖，并载入《纪念册》。2002 年在东方书画院海内外名家作品邀请展中，参展的书法作品获金奖，并入编《海内外书画名家作品集》。2007 年在“首届中国画 · 画家乡全国书法、美术作品大赛”活动中，获参赛书画作品二等奖。2010 年创作的书画作品在“2010 年世界华人庆祝上海世界博览会开幕暨首届中国名家世博艺术杰出成就奖”评选活动中，获中国名家世画院、北京人民画院、中国文艺协会授予的“首届中国名家世博艺术杰出成就奖”和“世博艺术杰出成就人物”称号。

2012 年，在“八一”之歌“颂歌献给最可爱的人”——庆祝中国人民解放军建军八十五周年全国书画大赛中，参赛书画作品获金奖。并获“中国红色书画家”称号。2014 年在“筑梦中国 · 庆祝中华人民共和国成立 65 周年”首届中国书法红瓷艺术大赛中，参赛书画作品获金奖，并被授予“中国国礼（红瓷）书法大师”称号。

出版的艺术作品有《王念萱写生集》《王念萱书画艺术》《古今文常用字汇编》《王念萱山水画小品集》《王念萱花鸟画小品集》等。书画作品在全国各类书画大展赛中获创作一等奖 1 次，二等奖 2 次，金奖 10 次以上，优秀奖多次。

王念萱书画艺术

20 世纪 90 年代，白峰小学将书法教育作为学校的特色项目进行创办，有领导、有组织、有计划、有措施地发动全校师生开展书法教育教学活动，经过20多年的努力、坚持、拼搏，取得可喜的成效。学校、教师、学生在区、市、省乃至全国获得不少荣誉，成为白峰地方文化特色。

白峰小学教师书法荣誉一览表

表12-1-6

日期	姓名	获奖名称	等第	授奖单位
2002	胡修业	浙江省书法实验基地先进教师	省级	浙江省书研会
2003	胡修业	首届全国规范字书写（成人组硬笔）大赛	二等奖	规范字大赛委员会
2003	黄银君	首届全国规范字书写（成人组硬笔）大赛	三等奖	规范字大赛委员会
2003	张意君	首届全国规范字书写（成人组硬笔）大赛	优秀奖	规范字大赛委员会
2003	唐芳勇	首届全国规范字书写（成人组硬笔）大赛	优秀奖	规范字大赛委员会
2003	王培珍	首届全国规范字书写（成人组硬笔）大赛	优秀奖	规范字大赛委员会
2003	许静飞	首届全国规范字书写（成人组硬笔）大赛	优秀奖	规范字大赛委员会
2003	乐　军	首届全国规范字书写（成人组毛笔）大赛	优秀奖	规范字大赛委员会
2003	王培珍	首届全国规范字书写（成人组毛笔）大赛	优秀奖	规范字大赛委员会
2003	许静飞	首届全国规范字书写（成人组毛笔）大赛	三等奖	规范字大赛委员会
2003	胡修业	首届全国规范字书写（成人组毛笔）大赛	优秀奖	规范字大赛委员会
2003	黄银君	首届全国规范字书写（成人组毛笔）大赛	优秀奖	规范字大赛委员会
2003	沃湖海	首届全国规范字书写（成人组毛笔）大赛	优秀奖	规范字大赛委员会
2003	袁善尧	首届全国规范字书写（成人组毛笔）大赛	优秀奖	规范字大赛委员会
2003	胡修业	首届全国教师书法大赛（毛笔）	三等奖	中国写字教育分会
2003	王培珍	全国书法教学录像课	三等奖	全国写字教育分会
2004.7	胡修业	宁波市首届美术书法摄影优秀作品展老年组	三等奖	宁波市文化局
2005.10	胡修业	宁波市“社区文明风采书法比赛”非专业组	二等奖	宁波市民政局 宁波市文明办 宁波市文广新闻出版社
2006.10	王培珍	全国第四届曙光杯中小学书法比赛	园丁奖	
2006.10	胡修业	全国第四届曙光杯中小学书法比赛	园丁奖	
2006.10	孙林君	全国第四届曙光杯中小学书法比赛	园丁奖	
2006.10	王达达	全国第四届曙光杯中小学书法比赛	园丁奖	
2006.10	许静飞	全国第四届曙光杯中小学书法比赛	园丁奖	
2006.10	黄银君	全国第四届曙光杯中小学书法比赛	园丁奖	
2006.10	王晓东	第三届新世纪全国教师三笔字钢笔字	优秀奖	
2006.10	黄银君	第三届新世纪全国教师三笔字钢笔字	三等奖	
2006.10	周鲲鹏	第三届新世纪全国教师三笔字钢笔字	二等奖	
2006.10	孙林君	第三届新世纪全国教师三笔字钢笔字	二等奖	
2006.10	王达达	第三届新世纪全国教师三笔字粉笔字	三等奖	
2006.10	许静飞	第三届新世纪全国教师三笔字粉笔字	二等奖	
2006.10	孙林君	第三届新世纪全国教师三笔字粉笔字	二等奖	
2006.10	孙林君	第三届新世纪全国教师三笔字毛笔字	优秀奖	
2006.10	胡修业	第三届新世纪全国教师三笔字毛笔字	三等奖	
2006.11	胡修业	宁波市中小学教师书法比赛毛笔	佳作奖	

续表 12–1–6

日期	姓名	获奖名称	等第	授奖单位
2006.11	孙林君	宁波市中小学教师书法比赛钢笔	入选奖	
2006.11	王达达	宁波市中小学教师书法比赛钢笔	入选奖	
2006.11	许静飞	宁波市中小学教师书法比赛钢笔	入选奖	
2007.10	周鲲鹏	全国新世纪教师三笔字	三等奖	
2007.10	王晓东	全国新世纪教师三笔字	三等奖	
2007.10	许静飞	全国新世纪教师三笔字	一等奖	
2007.10	方艺斌	全国新世纪教师三笔字	二等奖	
2007.10	王达达	全国新世纪教师三笔字	三等奖	
2007.10	黄银君	全国新世纪教师三笔字	三等奖	
2007.10	王培珍	全国新世纪教师三笔字	二等奖	
2007.12	胡修业	宁波市“清风、和谐”反腐倡廉书画摄影大赛	优秀奖	宁波市纪委、宁波市委宣传部、宁波市文联
2008.8	许静飞	第五届新世纪全国教师三笔字粉笔	一等奖	
2008.8	孙林君	第五届新世纪全国教师三笔字粉笔	二等奖	
2008.8	王培珍	第五届新世纪全国教师三笔字毛笔	二等奖	
2008.8	方艺斌	第五届新世纪全国教师三笔字毛笔	二等奖	
2008.8	王达达	第五届新世纪全国教师三笔字毛笔	三等奖	
2008.8	黄银君	第五届新世纪全国教师三笔字钢笔	三等奖	
2008.8	周鲲鹏	第五届新世纪全国教师三笔字钢笔	三等奖	
2008.8	王晓东	第五届新世纪全国教师三笔字钢笔	三等奖	
2008.10	胡海辉	全国书法教育	先进校长	
2008.10	王培珍	全国书法教育	先进教师	
2010.6	孙林君	笔画的伸缩写字课	二等奖	中国教育学会
2010.6	王培珍	笔画的伸缩写字课	优秀指导教师奖	中国教育学会
2010.10	孙林君	第七届全国教师粉笔	一等奖	
2010.10	孙林君	七届全国教师毛笔	二等奖	
2010.10	王培珍	七届全国教师毛笔	二等奖	
2010.10	黄银君	七届全国教师硬笔	一等奖	
2010.10	孙林君	七届全国教师硬笔	二等奖	
2010.10	王晓东	七届全国教师硬笔	一等奖	
2011.12	孙林君	书法教案	三等奖	宁波市教育局
2011.12	王培珍	书法教案	二等奖	宁波市教育局
2016.5	林晓君	《让书写与审美比翼齐飞》书法论文	三等奖	省级
2017.9	胡修业	宁波市教育系统教职工“翰墨清风”廉政书法比赛	三等奖	宁波市教育局 宁波市教育工会

第七节　文物古迹

出土文物

境内出土文物主要在新峰村百丈社北侧海边，属战国时期遗址，面积数千平方米，文化层厚 1.5～2 米。1980 年平整土地时，出土罐、碗、鼎足等印文陶、拍印回字纹、方格纹、麻布纹等纹饰。尚有单孔石刀、石戈等。

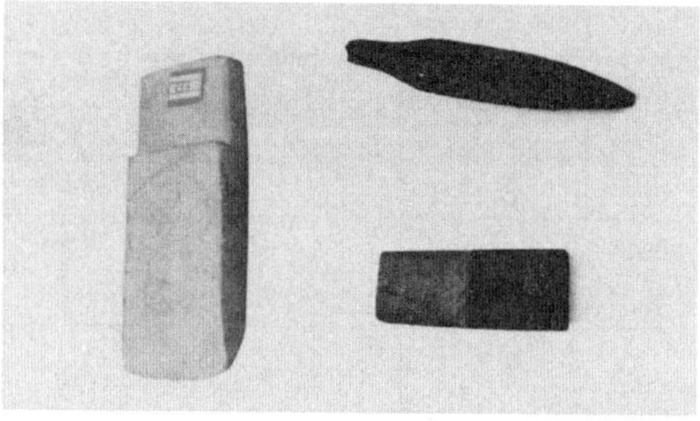

单孔石刀、石戈

历史古迹

境内海防遗址、寺庙、古宅等历史古迹是白峰悠久历史的见证，刻录着白峰变迁的印痕，是深厚历史文化底蕴的体现。境内许多古迹现已批准为区级文物保护点、第三次全国文物普查登录点（简称“三普登录点”）。

白峰街道不可移动文物一览表

表 12-1-7　　（2018 年 9 月统计）

名称	年代	类别	地址	备注
虾康烽火台	明洪武二十年（1387）	古遗址	白峰街道下阳村	区级文物保护点
太平岙巡检司城遗址	明正统十三年（1448）	古遗址	白峰街道太平村	区级文物保护点
长沙汀庙	清康熙二十一年（1682）	古建筑	白峰街道下阳村	区级文物保护单位
虾庙	清嘉庆二十一年（1816）	古建筑	白峰街道下阳村	区级文物保护点
猫礁庙	清同治十二年（1873）	古建筑	白峰街道阳东村	区级文物保护点
宁国禅寺	民国 6 年（1917）	近现代重要史迹及代表性建筑	白峰街道小门村	区级文物保护点
保宁庙	清同治十二年（1873）	古建筑	白峰街道白峰村	“三普”登录点
巨美里乐氏民居	清道光二十一年（1841）	古建筑	白峰街道白峰村	“三普”登录点
胡家善继堂民居	清	古建筑	白峰街道门浦村	“三普”登录点
马头墙 22 号林氏民居	清	古建筑	白峰街道勤山村	“三普”登录点
地楼里树德堂民居	清	古建筑	白峰街道勤山村	“三普”登录点
中凉新屋 75 号林氏民居	清	古建筑	白峰街道勤山村	“三普”登录点
上阳村东园王氏民居	清	古建筑	白峰街道上阳村	“三普”登录点
下阳村虾康西 40 号民居	清	古建筑	白峰街道下阳村	“三普”登录点
阳东村马盘王家 10 号民居	清	古建筑	白峰街道阳东村	“三普”登录点
小门村徐家 48 号民居	清	古建筑	白峰街道小门村	“三普”登录点
白峰村前新屋 41 号民居	清同治十三年（1874）	古建筑	白峰街道白峰村	“三普”登录点
司沿村司前大岙郑氏民居	民国 17 年（1928）	古建筑	白峰街道司沿村	“三普”登录点
金家 75 号金氏民居	民国	近现代重要史迹及代表性建筑	白峰街道司沿村	“三普”登录点

续表 12-1-7

名称	年代	类别	地址	备注
孝房新屋里民居	民国	近现代重要史迹及代表性建筑	白峰街道阳东村	“三普”登录点
司沿村郑氏尊亲堂民居	民国	近现代重要史迹及代表性建筑	白峰街道司沿村	“三普”登录点

第八节 非物质文化遗产

在白峰民间蕴藏着大量丰富多彩、特色鲜明的非物质文化遗产。这些文化资源是人民在长期生产生活实践中创造出来，经过历代传承和经营而留下来的宝贵财富，可谓是历史源远流长。随着城市化进程的加快、人们生活方式的改变和外来文化的冲击，白峰民间文化的传承与发展面临着前所未有的严峻形势。在各级政府的重视下，境内广大文化工作者正在为民间文化资源的挖掘、整理与保护作出积极的努力。至 2018 年，挖掘、整理传统技艺、人生礼俗、岁月节令、民间艺术、生产商贸习俗等 8 个大项共 102 种白峰非物质文化遗产。

白峰街道非物质文化遗产一览表（一）

表 12-1-8

类别	名称	类别	名称
民间艺术	丝竹乐	民间文学	木光僧看坟地的传说
民间艺术	吹打乐	民间文学	下湾玄坛庙传说
民间艺术	舞狮	民间文学	福泉山传奇
民间艺术	舞龙	民间文学	王氏始祖“则捨公”传奇
民间艺术	车子灯	民间文学	牛头山
民间艺术	马灯	民间文学	马拱井
民间艺术	高跷	民间文学	宁国寺的传说
民间艺术	唱新闻	民间文学	元菜叶爿救康王
民间艺术	蛟川走书	民间文学	姑嫂退倭寇
民间文学	钓眼老龙的传说	民间文学	好心郎中成神灵
民间文学	灵神庙传奇	民间文学	飞进隐山的蝗虫
民间文学	狗的由来	民间文学	外甥皇帝
民间文学	布谷鸟的传说	民间文学	“小气先生”请客
民间文学	百草的来历	民间文学	“扒灰佬”的传说
民间文学	双石人山野猪精故事	民间文学	桥洞菩萨
民间文学	双石人山的传说	民间文学	虾康的由来
民间文学	神马渡海为百姓	民间文学	太公说媒定亲
民间文学	里神马与外神马	民间文学	虾康龙潭

白峰街道非物质文化遗产一览表（二）

表 12–1–9

类别	名称	类别	名称
传统技艺	麻饼制作	岁月节令	重阳节
传统技艺	手工榨油	岁月节令	冬至
传统技艺	茶叶制作	岁月节令	除夕
传统技艺	手工弹棉花	岁月节令	春节
传统技艺	锡器制作	岁月节令	元宵节
传统技艺	渔网编织	岁月节令	清明节
传统技艺	蓑衣编织	岁月节令	端午节
传统技艺	牛车制作	岁月节令	立夏
传统技艺	碾子制作	岁月节令	七夕
传统技艺	四角风箱制作	岁月节令	中秋节
传统技艺	石磨制作	人生礼俗	坐月子
传统技艺	手工碾米	人生礼俗	满月、百日、周岁
传统技艺	带子编织	人生礼俗	祝寿
传统技艺	水车制作	人生礼俗	婚嫁
传统技艺	扁担制作	人生礼俗	说媒
传统技艺	落田耙制作	人生礼俗	择吉
传统技艺	木犁制作	人生礼俗	认辈分
传统技艺	挆箩绳	人生礼俗	闹洞房
传统技艺	泥马制作	人生礼俗	丧葬
传统技艺	搭酱瓶	民间信仰	祭灶
传统技艺	做年糕	民间信仰	请龙求雨
传统技艺	裹汤团搓汤果	民间信仰	请菩萨
传统技艺	做金团	民间信仰	庙会
传统技艺	磨炒毛麸	民间信仰	七月半羹饭
传统技艺	米馒头制作	民间信仰	请井头姑娘
传统技艺	长面制作	生产商贸习俗	农业生产
传统技艺	灰汁团制作	生产商贸习俗	造船
传统技艺	麻糍制作	生产商贸习俗	出海捕鱼
传统技艺	布鞋缝制	生产商贸习俗	商店开业、经商
传统技艺	草鞋编制	生产商贸习俗	集市
传统技艺	漆绘	消费习俗	服饰
传统技艺	漆塑	消费习俗	坐火柜头
传统技艺	煨粥	消费习俗	造屋

附录：传统技艺选介

操箩绳

在古老而原始的传统农业中，绳索应用广泛，木犁耕地，要用“犁索”，耙田要用“耙索”，箩筐要用“箩绳”，捆柴要用“草绳”。这些绳索的产生，离不开它的编制技艺。“操箩绳”就是其中的一项技艺。箩绳的主要原料是稻草、苧麻、棕榈丝等。稻草备料时，先用齿耙将草壳去掉，扎成一小捆一小捆的小草把，把它们浸在水中，然后捺起沥干，放在石墩上用木榔头捶成柔软状。若选用剑麻做原料，则要先将新鲜剑麻叶沉入河底，待肥厚的襄质充分腐烂，仅留白皙纤维时再洗净晒干备用。若用棕榈丝做原料，则要将棕榈片晒干，然后抽丝。

开始操箩绳时，先有一人坐在装有“摇扇”的板凳上，双手握住“摇柄”，慢慢摇动“摇扇”。摇柄呈Z字形，下端插入“夹板”，可以顺时针方向同时摇动，摇柄上端有插梢，用于绞紧单股索条。三人腋下夹住原料，双手将原料均匀地嵌入索条，边嵌边退，当单索条操至一定长度时（按用途定长短），另一人用“催索”（也称后摇扇）将三股索条固定后，反方向旋转，另一人用操索榔头将三股索条嵌入螺槽，随着“摇扇”和“催索”正反方向摇动，右手把榔头，左手捏索条，慢慢“三股合一”，形成一条坚韧而均匀的绳索。

泥马制作

泥马是人们下滩涂（泥涂）作业时使用的一种简易实用的交通工具。制作并不复杂。泥马按使用人年龄和性别，分为大、小2种；按使用功能，则分为宽、中、狭3种。以小型泥马制作为例，选用质地光滑的木板。泥马由五部分组成：一、墙板。二、梁（俗称“斗水”），分为头梁、前梁、中梁和后梁，支撑两边墙板。三、底板，用厚松木板，分头底板和身底板两段，用寸半铁钉钉在泥马墙板和梁的底部，钉尾敲扁，没入板中，以便刨削，底板须刨得光滑、平直，中间须微凸，两边稍圆。四、朴，用两块松木，两头削圆滑，中间开孔，用四枚铲钉钉在中梁后边墙板之上，用于固定泥马脚。五、脚，用两条微弯的圆松木，两头锯出互为直角的榫头，形成脚和把手。将泥马中间朴的榫孔与脚的榫头相交。至此，整条泥马制作完成，涂上油漆晾干后即可使用。

煨粥 旧时，农民习惯于头天晚上把大米和水置于甏内，在火缸的冷灰里扒一大洞，倒一畚草结头或柴末，将热灰从灶洞清出来，铺上柴末，坐上甏，盖上冷灰，暗火煨一夜，次日作早餐，俗称“煨粥”。此粥汁黏稠、味甘甜，是明火煮的粥所不及的。此俗随土灶消失渐废，现多用煤气灶或电饭煲煮粥。

搭酱粄 逢年过节家里煮酱粄汤果、酱粄桂圆蛋，其蜜甜喷香的氛围是白峰民间喜闻乐见的，在过去这还是招待新女婿、远客的点心餐，也是老少皆宜的甜点补品。酱粄传统做法：先找到甜白药（以小暑痘蓼、珠珠花辣蓼为主要原料的圆球形干发酵药），用研钵捣碎、研细，和入适量面粉，待用。再准备好糯米及相关的缸具盛器。搭酱粄的饭要用上等香糯米，数量因需而定，并应浸上数小时，淘净。置入锅中用柴火悠悠煮来。煮熟后，把这粒粒会爬、晶莹发亮的糯米饭盛入一只大团（平坦的竹编圆晒具）内，待米饭稍稍冷却，再将预先准备好的白药面粉徐徐拌入、调和均匀。白药量约为一斤糯米对一两白药粉为宜。待饭凉透，即把它装入干净的绿碧缸（一种绿釉陶制的盛钵）内，把它们堆实压紧，在饭中央留出一个直圆孔，然后加盖封存。找一处可以保温的地方，空出如绿碧缸大小的位置，先用火熜（一种可以盛柴火灰的取暖器）烘热。再置入盛有酱粄米饭的绿碧缸，在上下、周围以棉絮、衣服等盖严保温。过一够昼，待酒药发酵，飘发出醇香时，就可以开启绿碧盖，新做的酱粄酒酿就成功了。中心圆孔处会沁出清醇的酒酿露来，香甜如蜜。

做年糕 每年过年前，家家户户都有做年糕的风俗。“糕”谐音“高”，过年食年糕有“年年高”“一年更比一年高”的吉祥之意。其传统制作过程：选米，用米筛将碎米去掉，选取整粒的米，选米时选用黏性较强的晚米，再加一点糯米，当地主要是“外加一”和“内加一”2种方法，也就是说100千克晚米加10千克糯米或90千克晚米加10千克糯米。浸米，将选好的晚米加糯米后，一起在加入适量清水的水缸中浸泡3～5天，中途换水1～2次。碾粉，把浸泡后米沥干，装入米箩，挑到碾子里碾成粉，过筛后再次装入米箩，挑回家。搓粉，将筛好的米粉加入适量的水，拌匀后搓细。蒸粉，把搓好的粉放到饭蒸中蒸至熟透。搡拷，把熟透的粉块倒入石臼，一个人用捣舂头用力搡，另一人按搡的节奏把熟粉块翻盖（俗称盆对），第一个搡者乏力，换人续搡，直至搡熟。制作，将搡熟的粉团捧上厨板，分成若干块，几人分别用力搓按，分成小团，加少许食用油，搓长至5～6寸，直径约1～1.2寸，最后用年糕板将小圆条按扁，即成年糕，中间加红色印花点缀。年糕吃法很多，有炒年糕、汤年糕、糖炒年糕、油贴年糕、煨年糕等。

裹汤团 搓汤果，过年过节吃汤团、汤果，是白峰农村的传统风俗。汤团是用糯米为原料，在11月、12月用清水浸泡后磨成水磨粉，盛入面粉袋，用灰箩抽燥，再用大簝晒燥，盛在果桶或铅皮箱里，不使返潮发霉，称为“冬粉”。裹汤团时将“冬粉”和适量清水反复揉和至不粘手，然后嵌入猪油芝麻白糖馅或黄豆馅，搓成圆球状，用清水煮至汤团全部浮起来即可食用。除夕之夜，家家户户裹好汤团，正月初一清晨，供奉灶君，全家当早餐，称阖家团圆。正月用汤团招待客人，是农家好客的礼节。汤果是将湿糯米粉搓成细长条，然后摘成一粒一粒的小圆球状，在开水中烹煮。加上酱板，叫酱板汤果；与青菜一起烹煮，称菜汤果。

做金团 金团俗称“松花团”。先将糯米按4：6比例和粳米，水浸24小时后磨成水磨粉，用布袋沥燥后蒸熟，盛到一只陶器“绿碧”缸内反复揉和，使之柔韧，直至米粉不粘面板为止。接着将米粉分扎成粉团，再用手工揉和，嵌进适量的馅子，搓成团。最后团子滚上松花粉，放入印模，用手轻轻压平，出模即成。馅子主要有炒黄豆粉拌黄糖和炒芝麻粉拌白糖。金团印一般农家有备，亦相互借用，印纹有麒麟送子、蟠龙或凤翔之类带有彩头。正月客人来贴金团当点心，在旧时属较为高尚一类农家食品。平时，逢长辈寿庆，或定媳受聘等大喜事，也裹金团作礼物馈赠。清明前后，农家采艾青嫩叶，煮泡后倒烂，与蒸熟的米粉揉捏融合，做成的金团称“青金团”，“青团”则是裹入豆沙、雪里蕻咸菜炒笋片肉丝或马兰头炒香干等馅子直接搓成圆球状。

做米馒头 米馒头也称“馒头”，是一种用湿米粉发酵后制成的无馅圆形食品。在当地，米馒头除了当祭品，一般还作为过节的礼物。制作米馒头要选用黏性较强的晚稻米，其制作工艺流程：先浸米，用缸或桶加纯净的清水浸泡12小时。接着将酱板和浸泡好的米拌合，磨成水磨粉。再用4小时左右时间发酵，2次高起，2次用棒搅拌。然后把水锅烧开，蒸笼放入蒸布蒸热。热蒸笼取出后，用小酒杯舀发酵的水磨粉倒在蒸笼布上，旁边放一碗水，每舀一次，酒杯在水里浸一次，接着再舀，放满后开始蒸，蒸熟后即成一个个圆圆的米馒头。蒸馒头时，一定要掌握好火候，要烧旺、蒸熟，这样蒸出的馒头才不会粘牙。

搡麻糍 糯米麻糍制作要用优质糯米，水浸两天两夜后沥干，置于饭蒸中，上大灶锅蒸熟。在石捣臼内部四周抹上少许菜籽油渣，以防粘连。将糯米饭倒入捣臼内，一人用捣舂头搡糯米饭，一人不断翻转糯米团，直至一粒粒米饭搡成柔韧糯米团，称“搡熟”。将“搡熟”的糯米团放到事先撒满松花的桌板上擀平，迅速切成方形或菱形状即成，麻糍一般呈10厘米见方、1厘米厚度的饼状。清明则做青麻糍，先把野青嫩叶割来，须择净、清洗，用开水焯熟，绞干水分并切细，尽可能细一些，备用。将糯米按一定比例和晚米，水浸数天后磨成水磨粉，用布袋沥燥后，把米粉和青均匀地撒在饭蒸内，蒸至熟透，再经搡、擀、切等工序做成的麻糍称“青麻糍”。清明时节，青麻糍为清明祭祖必备。

做灰汁团 灰汁团是境内传统的农家时令食品，是用米粉和稻草灰汁合制成的小吃。它球形实心，大小如乒乓球，内无馅。灰棕色或者黄绿色，味微甜中略带稻灰的碱香，有一定的韧性，有嚼劲。其传统制作方法：先把红稻草烧成灰，置入脸盆内，倒入少量水，过滤后取汁备用。浸米，把洗净的早米放脸盆，倒入适量的水，一般要浸泡两小时。把浸泡的早米捞起，用石磨进行水磨，水磨时一边磨米，一边放水。磨完后，将水磨粉直接倒入锅内用文火烧，并且不断用铲子顺时针搅拌，逐步加入红糖和灰汁水。待水磨粉煮到八成熟且颜色略黄时出锅，趁热用手搓成一个个直径大约三四厘米大的圆子。最后把圆子放入垫有蒸笼布的蒸笼内蒸一个小时，蒸至半小时，锅内需加一次冷水，待圆子颜色呈深棕色即可。如此蒸出的灰汁团味道最佳，且不粘牙，灰汁团冷硬好吃。现已少见。

磨炒毛麸　炒毛麸是旧时白峰当地的传统美食。其制作工艺并不复杂，却烦琐，食材最好选用刚上市的早稻米，先将米粒淘洗后水浸数小时“发水”，然后沥水摊晾，使米粒稍“收水”，再放入土灶上的热镬内翻炒（如炒米量多应分次炒），将米粒炒熟至白中泛黄并透香时，用竹制的畚斗收贮起来，加入一定比例的黄糖上下翻捣拌和，使米粒均匀地沾染上熔化的糖末，再将炒熟的芝麻和黄豆，以及烘焙或翻炒过的散着清香的陈皮、三乃等辅料匀入炒米中，待冷却至常温后，经过石磨磨制，成为黄莹色中泛显出灰黑色的粉末状食品，并散发浓郁香味。炒毛麸传统的吃法是将其装在一个带有抽绳的布袋子里，插上一根中空的竹管当吸管，提在手里，嘬着吃。在过去经济不济的年代，炒毛麸一直是孩童解馋的零食，有时农民下地干活或出远门时亦作干粮随身携带。这一习俗已渐消失。

长面制作

长面，俗称“索面”，是本地富有特色的面食。它用上好面粉做成，是产妇坐月子时必备的营养食品。食用时可放生姜、红糖同煮，能助消化、开胃、补血，又能催奶，有利于产妇与婴儿的营养补给。长面也是祝寿送礼的佳品。长面制作工序：

一、选粉。长面制作需选出精细面粉，如今一号面粉出粉率为 40% 左右，可以直接用来制作长面。

二、和面拌粉。往面粉里掺水加盐拌匀，粉、水、盐三者没有规定比例，靠看天时、观风向、感湿度、凭经验办事，凭制作人的手感直觉和丰富的经验积累掌握分寸。

三、二揉四焐。揉面是为了增加面的韧度，反复焐面则是为了让面团变得柔软。一揉是在和面后用力揉搓，然后在面团上覆盖麻袋，焐上半小时，然后二揉。接着把面团铺成大大的平面，开成约 15 厘米宽的粗条，把粗条盘进圆桶，盖上油纸，上覆麻袋。冬季焐一小时，夏季焐半小时，此为一焐。然后取出粗条开成一指粗的细条，把细条再盘入桶内，盘一层细条，刷一遍菜油（防止粘连），再盖上油纸麻袋，此为二焐。三焐也要一小时。接着绕面，把细条绞花八字形绕到两只长 50 厘米左右竹筷上，两筷相距约 10 厘米。绕约 30 匝，然后连筷带细条，放进五格木箱，再盖油纸麻袋，不让见风。冬季焐一夜，夏季焐半夜，此为四焐。

四、拉面。把绕有细条的一只竹筷插在高 2 米多、上下各 50 个孔的木架高处，然后按住另一只竹筷往下拉。拉 3 次，用力须恰到好处。每次将细条拉长 60 ～ 70 厘米。最后一拉，正好把下面一支筷子插进下档的孔里。

五、开面。拿一双一头尖一头粗的长筷子，一手持一筷，尖的一头插入面条间的缝隙，筷子一上一下，分开丝丝缕缕的长面，防止面条粘连。

六、晒面。晒面一直要晒到筷头上面条发白方可。晒面最重要的看天色，空气湿度须正好，山头清晰的天气是晒面的好时机。如果空气中水分太足或太阳光太强，都达不到晒面要求。如果晚上满天星，白天西北风，这样的天气是晒面的最佳时机。

布鞋缝制

手工布鞋历史源远流长，它讲究工艺性和实用性的完美结合，适合多种场合穿着。传统手工布鞋缝制主要有以下几道工序：

一、打鞋样。平时一般都保留着各种大小不一的鞋样，可以按照原样子打出鞋样。

二、编布板。把布料用自制面糊粘起来，糊粘四五层，然后晾干，当做鞋面和鞋里的夹层（俗称为“百”），制作这种布板的工序叫“背百”。

三、包底脚。根据鞋样，在编好的布百下底角，用白布条沿着底角的边包一圈。

四、填鞋底。用小零头布、旧衣服、旧被单等，一层一层用面糊粘贴起来，粘贴至1厘米左右厚，作为布鞋底。也有不用面糊粘贴的。

五、纳鞋底。用细麻丝搓好的麻线，沿鞋底边圈，从外到里，一圈圈地用针缝制（俗称“切鞋底”），需要用顶针帮助针穿过鞋底。

六、做鞋圈。在编好的布百上按照剪好的鞋样剪下鞋圈，里层用洋布，外层用新直贡呢粘贴，上圈用黑洋布条滚圈，下圈用白布条滚圈。

七、上鞋圈。用搓好的白线把鞋圈缝在鞋底上。

八、楦鞋。做好的成鞋须经过鞋楦整形，楦鞋时，鞋楦规格大小须与鞋一致，这样楦出来鞋才美观、合脚。

九、修整、抹边。修整就是剪去多余的线头，除掉鞋面上的异物，抹边就是用专用的材料将鞋底毛边抹平。

草鞋编制

旧时，本地农民干活、挑担、砍柴等普遍穿着自己编制的草鞋。草鞋廉价而实用，草鞋利水、透气、轻便、柔软和防滑，而且还有按摩保健作用。草鞋编制的材料有多种，本地则以稻草和络麻为主。

草鞋编制的工具比较简单而原始。一只“草鞋耙”（也称“草鞋盘”，丁字形木架，上有九枚纽齿，中间一枚较长，其余八枚短粗），一根长约50厘米用于束腰扣鞋筋的弯弓形树杈枝条。编制草鞋前，先选好比较好的稻草（最好为糯稻草），用水喷湿，用木榔头在草根部细细地敲击，至根部柔软为止，也有用赤脚踩柔的。然后用麻或蒲草搓成绳（即“带”，也称“草鞋筋”）。做草绳一般按成人一只手臂加上胸宽的长度确定“带”。编草鞋时，人端坐在一条长凳上，臀部后边放着一捆已被敲软的草，腰里缠根绳子，一端将搓成的内筋分成四股套在草鞋盘上，另一端收拢后缠在束腰的弯弓型木枝条纽齿上（俗称“鞋鼻头官”）。先做长约为2寸的草鞋头，草鞋头要尖，草鞋大身约做成3寸宽，再做草鞋纽，后半部再做2寸。做草鞋后跟，做的过程中穿一层草（4～5根），用手勒紧，再穿一层草，再勒紧。按脚的形状收缩内筋和两侧放纽，直至成型。后跟的两根筋向两边穿在两只后纽上。脚尖头一根筋穿在两只前纽上。从“鞋盘”上取下的鞋样，要用鞋楦头撑满，穿好鞋绳后，草鞋即成。

漆绘

白峰漆绘起源于明清时期，2015年，列入宁波市非物质文化遗产保护名录。它效果持久，用途广泛，除作为挂框、挂联、屏风、套盘等室内装饰工艺品外，还有适合于厅堂所悬挂大型壁画的陈列和小型屏风装饰等，并普遍用于民间精制木制家具，如花板床、箱子、被柜、梳妆台等，也用于花轿、彩灯等这类“出嫁省不来，迎娶多绘彩”的传统工具。在庵堂、寺庙等宗教场所，采用彩绘，更显庄严隆重，弥足珍贵。漆绘作品具有质地坚固耐用、揩拭方便、历久常新等特点，表面呈现出宝石般的乌亮光泽，古朴浑厚，富丽堂皇，给人一种特殊的美感，因此更受到广大群众的欢迎和喜爱。

漆绘主要工具有漆、刮刀、刷子、笔、尺、沙皮等。其中生漆是漆绘工艺的主要原材料，它是从漆树上割下来的一种呈灰乳色的液体，生漆可以直接使用，也可以调灰料、调漆糊，用于漆器的底胚制作和漆画底板制作。髹涂的漆液干燥后，坚固耐用，打磨推光能发出美丽的光泽。

漆绘分为白描、彩描2种。白描是用白色的油漆，描在已经完成的漆面上，使漆面更具艺术的效果，其特点是清雅、纯洁，追求清新、自由的装饰审美意向，给人以纯真和朴素的美感。也有使用白描的方法，模拟白骨嵌镶，此种画法，形制古朴，要画得厚而均匀，不能露底，能使家具更显贵重。彩描是在完成的漆面上描绘，装饰性强烈，色彩鲜艳，除红、黑之外，又有黄、紫、白色等，所用材料是油漆颜料或金粉。

漆绘工艺采用涂、绘、勾、填、磨等多种手法，具有平、亮、细、匀、艳、雅的艺术表现效果。主要分五道工序，首先是打光，在准备漆绘处，用沙布打光，使其平整；其次是批漆，用漆和填料在打光的工件上把低处填平，待干燥后再继续打光；第三步是上底漆，为已打光的物件上底色；第四步是画草图，确定几个基本点，用特种铅笔画上各种图案草图；最后一步是漆绘，用已经调好的各种颜色的漆按原构思，画上各种图案。

白峰漆绘线条流畅，构图精美，题材较为传统。旧时漆绘作品多为那种神秘、威严、沉重、庄严、拘谨的图案纹饰，明、清至民国以来，开始转化为明朗、自由、清新、活泼的题材，包括水仙、牡丹、海棠、玉兰、梅花、莲花、芙蓉、茶花等各种草木花卉，啼鸣的喜鹊，飞舞的蜂蝶等飞鸟走兽，还有龙凤呈祥、荷花鸳鸯、松鹤延年、荷塘美景、岁寒三友等山水人物，充满生活情趣。这些题材主要表达吉祥富贵、兴旺发达、延年益寿、夫妻恩爱、生活幸福等美好寓意。

漆塑

即漆艺堆塑。旧时多用于花板床等高档木器装饰，与当地百姓生活息息相关。其品种丰富，大及眠床、橱柜等内房家具，小到提桶、果盒等生活用具，折射出当地人们的生活习惯和习俗。白峰民间现今保存着的明、清时期家具和生活用具，其彩漆部分光艳如新，看得出当年艺人手工技艺之精湛。

漆塑技艺流程复杂，即用生漆制的塑泥堆塑成龙凤、花鸟等各色立体图案，再上漆贴金，最后描金绘彩。主要工序有八道：打光、批灰、绘图、漆塑、铺沙、上漆、贴金、罩光。

现代表性传承人唐美定，为北仑区第三批区级传承人，出生于漆艺世家，师从其父，18 岁起学，至今 40 余年艺不离手。

唐美定漆塑书画作品集

第九节　墙体图文

墙头标语长期存在于境内每个村庄屋墙，墙头标语的变迁，是白峰发生巨大变化的侧影，并发挥过重要影响。

“墙体画”成为白峰街道的新风景

20世纪上半叶的革命战争年代，大量号召性的政治标语起到普及革命意识、激励人民投身革命事业的作用。如“誓死不做亡国奴”“打倒日本帝国主义”等；解放战争时期的“推翻蒋家王朝的统治”“打土豪，分田地”“土地回家”“没有共产党就没有新中国”等标语。

抗美援朝时有“雄赳赳，气昂昂，跨过鸭绿江”等标语，号召青年人踊跃参加志愿军抗美援朝。

20世纪50年代末至60年代初“大跃进”时期，以振奋人心、鼓舞斗志为主的标语出现在墙头上。如“自力更生、艰苦奋斗”“大办钢铁”“大办粮食”“人民公社好”等。

“文化大革命”时期，墙上处处可见的服务于阶级斗争的口号成为那个年代的一道特殊景观。如 “以阶级斗争为纲”“打倒牛鬼蛇神”“打倒封资修”“打倒走资派”“造反有理，革命无罪”“高举毛泽东思想旗帜”“大海航行靠舵手”等标语。其时，不仅墙上有大字的标语，甚至在一些房前屋后的墙面上也写满毛主席语录。

“文化大革命”后期，党中央发出“一手抓革命，一手抓生产”的号召。墙头上就写上“工业学大庆”“农业学大寨”“深挖洞、广积粮、不称霸”“备战备荒为人民”等墙头标语，以激发斗志。

改革开放初期，大量宣传大政方针、基本国策的标语也借助墙体标语而深入人心。如“认真贯彻十一届三中全会精神，搞好农村联产承包责任制”“勤劳致富”“解放思想，实事求是”“科学技术是第一生产力”等。配合计划生育基本国策的标语有“一对夫妇只生一个好”“生男生女一个样”“少生优生，幸福人生”等。在历次专项打击刑事犯罪等活动期间，也会有相应标语上墙，以震慑犯罪。

20世纪80年代后期始，横幅标语、广告牌标语、LED屏标语、影视标语等先后出现，并逐渐增多。加之墙头标语管理无序，一度各种商业广告泛滥，影响村镇美观。通过整治管理，墙头标语逐渐减少、规范。

进入21世纪，一股股惠民政策的春风吹进各乡村。新的墙头标语随之出现，如“创先争优”“建设美好新农村”“保护环境，美化家园”“绿水青山就是金山银山”“不忘初心、牢记使命”等。现在墙上的标语一般图文并茂，讲求美观和谐。

第二章　体育

境内体育活动历史久远。明清时期，为抵御海盗，民众体育以习武为主。民国时期有放风筝、垂钓、踢毽子、跳绳、踩高跷、跑步等。中华人民共和国成立后，贯彻中央提出的“发展体育运动，增强人民体质”的方针，有组织的体育活动和群众体育逐步兴起，尤其是学校体育和少年课余体育活动有明显的发展。20世纪80年代，各公社（乡）建立文化站，后又建立老年人体育协会，全民体育活动有专门工作机构。进入21世纪，全民健身蓬勃开展，各类体育组织相继成立，传统的和新兴的体育项目全面开展，尤以武术、广场舞、佳木斯操等项目参与人数较多。同时各类赛事不断举办。1992—2015年，白峰镇共举办全民运动会5届。2008年，白峰镇获浙江省小康型老年体育乡镇；2011年获浙江省体育强镇；2016年获浙江省第四批体育特色乡镇；2017年获浙江省体育特色街道等称号。至2018年，白峰街道（镇）共举办老年运动会20余届。

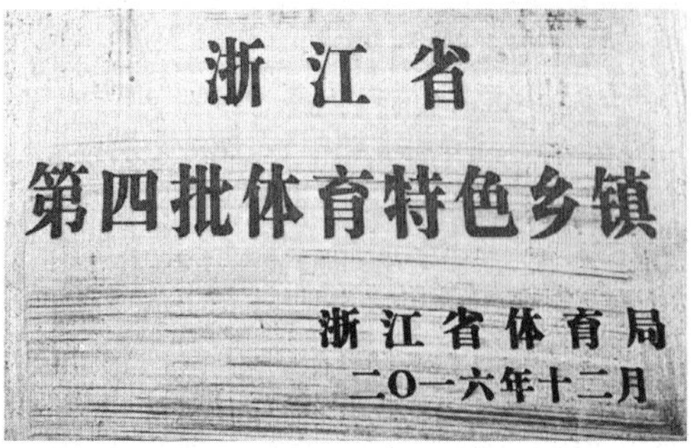

第一节　群众体育

活动内容

民间素有跳绳、踢毽子、放风筝、弈棋、武术、游泳等传统体育活动。中华人民共和国成立后，有关部门经常开展群众体育活动，如秧歌舞、拔河、自行车、乒乓球、篮球等比赛。20 世纪 90 年代初，群众自发开展晨练健身体育活动，有跑步、快走、爬山、打拳、练气功、太极拳、健身操、健身舞、扇子舞等，有的还在晚上进行锻炼。1992 年 5 月，白峰建镇后，群众体育事业得到较大发展，活动内容不断增多，有打篮球、羽毛球、乒乓球、排球、踢足球、拔河等。老年人有仿保龄球、飞镖、舞龙、投篮等活动和比赛。同时，还经常开展体育骨干培训。

2008—2011 年白峰镇体育骨干培训一览表

表 12-2-1

培训项目	培训人数（人）	培训日期	培训时间（天）
规定四套柔力球	10	2008.1	2
气排球培训	10	2008.2	2
规定三至四套柔力球	4	2008.3	2
门球	3	2008.4	2
健身气功	9	2008.5	2
健身舞蹈	6	2008.6	2
趣味六项	20	2008.8	2
门球	20	2008.9	2
气排球	6	2009.3	2
柔力球	8	2009.4	2
健身球操	3	2009.5	2
广场舞	8	2009.5	2
飞镖	4	2009.6	2
门球比赛规定	5	2009.7	2
健身气功三级社会体育指导员	14	2009.11	2
舞蹈	10	2010.3	2
健身气功三级社会体育指导员	8	2010.4	1
健身气功	13	2010.5	1
健身气功二级社会体育指导员	3	2010.6	3
太极拳	9	2010.7	3
羽毛球	12	2010.8	5
篮球	13	2010.9	1
市二级体育指导员	2	2011.5	3
国民体制（质）检测	2	2011.5	3
健身气功	4	2011.5	1
舞蹈	26	2011.6	5

活动场所与设施

20 世纪 70 年代前，境内无专门供群众体育活动的场所与设施。改革开放后，才开始建简易的体育场所和购置简单的健身器材。2006 年，以创建省体育强镇为契机，镇政府和各村投入大量资金和人力，新建各类活动场所和购置各类健身器材，为群众体育活动创造良好的条件。至 2018 年，街道、社区、村共有 17 处活动场所；企事业单位共有 16 处活动场所。

2018 年末白峰街道（社区、村）体育设施一览表

表 12-2-2

体育设施设置地点	场地总面积（平方米）	室外活动场地（个）										室内活动场地（个）					
		面积小计（平方米）	健身路径	篮球场	灯光篮球场	门球场	地掷球场	气排球场	网球场	健身场地	健身公园	面积小计（平方米）	乒乓室内	乒乓室外	棋牌室	健身房	健身场地
文化活动中心	5500	5200		1	1	1			1	1	1	300	1				1
街道活动中心	2000									1			1			1	
峰城社区	2520	1900	3		1			1		1	1	620	2		2	1	1
怡峰社区	3700	2900	3	1				1		3	1	800	2		2	1	3
白峰村	3330	2500	3	1	1					1	1	830	1		4	1	1
小门村	2260	1800	3	1	1	1				1	1	460	2		4	1	1
司沿村	1396	800	3	1						1	1	596	1		4	1	1
新峰村	1480	1000	3	2						1	1	480	1		4	1	1
港口村	2200	1800	3	2						1	1	400	1	1	4	1	1
门浦村	2140	1700	2		1					1	1	440	2		4		1
官庄村	925	600	3	1	1					1	1	325	1		2		1
上阳村	3229	2300	2		1					2	1	929	1		4	1	1
下阳村	2968	2100	4	1	1					1	1	868	2		4	1	1
阳东村	4029	3000	4	2	1					4	1	1029	2	1	4	1	1
勤山村	1798	1200	3	1						1	1	598	1		4		1
太平村	870	500	2							1	1	370	1		4		1
神马村	2000	1300	3		1					1	1	700	1		2		1

2018 年末白峰街道企事业单位体育设施一览表

表 12-2-3

单位名称	活动场地面积（平方米）	体育设施	活动项目
宁波永发集团有限公司	1000	乒乓球室、台球室、羽毛球室	乒乓球、台球、羽毛球
宁波甬孚纺机有限公司	500	乒乓球室、台球室	乒乓球、台球
宁波满洋船舶设备有限公司	700	台球室、羽毛球室	台球、羽毛球
宁波环海重工有限公司	50	球桌、球拍一套	乒乓球

续表 12-2-3

单位名称	活动场地面积（平方米）	体育设施	活动项目
白峰自来水厂	60	球桌、球拍一套	乒乓球
宁波北海燃料化工有限公司	70	球桌、球拍一套	乒乓球
北仑华艺精密铸造有限公司	50	乒乓球桌一套	乒乓球
白峰电镀厂	40	乒乓球设施一套	乒乓球
北仑尹晨复合材料有限公司	60	乒乓球设施一套	乒乓球
北仑奇霞制衣有限公司	55	乒乓球设施一套	乒乓球
威武机械制造有限公司	70	乒乓球设施一套	乒乓球
北仑振兴电梯部件厂	40	乒乓球设施一套	乒乓球
宁波永发集团有限公司	800	网球一套	网球
宁波甬孚纺机有限公司	100	健身器材综合一套	健身
宁波永港物流公司	60	羽毛球拍 4 件	羽毛球
白峰卫生院	60	乒乓球设施一套	乒乓球

业余体育运动队

20 世纪 80 年代前，境内无业余体育运动队，遇到赛事临时组队。20 世纪 90 年代开始组建少数业余体育运动队。至 2018 年末，全街道有各类业余体育运动队 17 个，人员 1298 人。

2018 年末白峰街道业余体育团队一览表

表 12-2-4

业余体育团队名称	人数（人）	负责人
篮球队	18	薛　明
乒乓球队	50	陈　耀
羽毛球队	40	雷孝飞
足球队	50	张　勇
健身气功队	100	朱葵花
武术队	150	韩　磊
广场舞队	200	乐爱卿
女子舞龙队	50	张杏仙
钓鱼协会	80	周成国
排球协会	50	壬鑫韵
柔力球队	60	贺如娟
腰鼓队	150	胡飞华
健美操队	100	胡群儿
门球队	70	徐信全
海钓协会	60	汪旺章
田径队	50	乐方方
舞狮队	20	石素贞

体育比赛

20 世纪 60 年代后，农村的群众体育逐步发展，各项活动增多，由公社（乡）组织举办的各种体育比赛、活动逐步开展起来，并选拔运动员参加上级举办的一些赛事。1993 年 11 月，虾康农民孙华安参加杭州西湖“桂花杯”国际马拉松赛，取得 C 组第八名；1996 年 5 月，参加宁波市第二届农运会万米田径赛获第一名；1996 年 7 月在浙江省第三届农民运动会上获男子万米跑冠军，并参加在上海举行的全国农民运动会。

2008—2015 年白峰镇参加各级各类体育竞赛成绩一览表

表 12-2-5

时间	运动队名称	比赛名称	获奖情况
2008.4	东方红足球队	北仑区“房产杯”足球比赛	第三名
2008.8	钓鱼协会	宁波市钓鱼比赛	团体第二名
2008.11	东港篮球队	北仑区首届百村篮球联赛	团体第三名
2009	排球队	北仑区沙滩排球邀请赛	入围奖
2009	足球队	北仑区足球协会足球邀请赛	第三名
2009	广场健身舞队	北仑区首届排舞大赛	三等奖
2010	乒乓球队	余姚市乒乓球邀请赛	团体第四名
2010	武术协会	全国武术邀请赛（杭州）	团体、个人 5 金 6 银
2010	篮球队	鄞州区篮球邀请赛	第三名
2011.5	门球队	浙江省首届海洋运动会门球比赛	团体第五名
2011.6	羽毛球队	北仑区百村羽毛球赛	参与奖
2011.6	武术队	浙江省全国务实大赛	金奖、银奖
2012.10.22	秧歌队	北仑区健身秧歌比赛	优秀表演奖
2012.11.25	广场舞队	北仑区排舞比赛	金奖
2013.7.12	白峰舞蹈队	北仑区首届流行舞大赛	金奖
2013.8.29	广播操队	区大型企业第九套广播体操比赛	金奖
2013.7.7	白峰舞蹈队	宁波市新宁波人舞蹈大赛	二等奖
2013.9.27	广场舞队	北仑区庆祝建国 64 周年排舞大赛	银奖
2014.2.14	舞龙队	宁波市舞龙大赛	第二名
2014.11.19	健身气功队	全国健身气功站点联赛总决赛展演	金奖
2015.3.5	舞龙队	宁波市闹元宵表演	第三名
2015.5.24	武术队	宁波市三角武术交流开幕式	金奖
2015.7.24	广场舞队	北仑区第六届社区艺术节排舞大赛	银奖
2015.11.4	舞龙队	浙江省第二届舞龙锦标赛	三等奖

2008—2015 年白峰镇组织体育活动、体育竞赛一览表

表 12-2-6

活动名称	活动地点	活动时间	参加人数
迎奥运中国象棋邀请赛	峰城社区	2008.3	85
全民健身武术交流大会	镇政府行政大楼广场	2008.4	100

续表 12-2-6

活动名称	活动地点	活动时间	参加人数
活力白峰乒乓球比赛	郭巨西门村	2008.5	70
白峰镇足球对抗赛	白峰小学足球场	2008.6	30
庆祝中国女排精英赛长跑	沿海公路	2008.7	100
篮球对抗赛	白峰中心广场	2008.8	40
第三届健身舞大赛	郭巨影剧院	2008.9	200
拔河比赛	白峰小学田径场	2008.10	150
乒乓球比赛	郭巨西门村	2009.3	70
足球精英赛	白峰小学足球场	2009.4	30
中国象棋大赛	峰城社区	2009.5	85
全民健身武术交流大会	镇政府行政大楼广场	2009.6	100
全民健身长跑	沿海公路	2009.7	100
第四届健身长跑	郭巨影剧院	2009.8	200
篮球精英赛	白峰小学操场	2009.9	40
拔河比赛	白峰小学田径场	2009.10	150
中国象棋精英邀请赛	峰城社区	2010.3	85
全民健身武术大赛	镇行政大楼广场	2010.4	100
乒乓球比赛	郭巨西门村	2010.5	70
足球大赛	白峰小学足球场	2010.6	50
长跑精英赛	沿海公路	2010.7	100
青春洋溢篮球大赛	白峰中心操场	2010.8	75
第四届健身舞大赛	郭巨影剧院	2010.9	200
青春杯拔河大赛	白峰小学田径场	2010.10	150
趣味乒乓球大赛	文化活动中心	2011.3	160
精英门球赛	小门村门球场	2011.4	100
青春四射广场舞比赛	文化活动执行广场	2011.5	300
机关篮球友谊赛	文化活动执行广场	2011.6	70
长沙汀庙元宵庙会	上王文化长廊广场	2012.2.5	500
全民健身日广场舞展演	文化中心广场	2012.8.6	300
佳木斯广场健身舞演出	怡峰社区	2013.4.20	150
首场广场舞、健身操大赛	小门村活动中心广场	2013.7.24	1000
备战区排舞比赛	边检站	2013.8.10	50
广场舞走进社区展演	峰南社区	2014.4.16	500
第三届民营企业职工运动会	文化活动中心	2014.6.21	300
第六个全民健身日大型展演	白峰影剧院	2014.8.7	600
市、区老体协下乡展演	活动中心	2014.9.7	400
庆祝老年节健身展示	健身公园	2014.9.28	150
第二届武术展演	峰南社区	2014.11.7	500
庆五一职工运动会	文化活动中心	2015.4.30	200
全民健身日展示	阳东村	2015.8.7	800
篮球赛开幕式演出	白峰体育公园广场	2015.8.28	300
白峰第五届全运会开幕式表演	白峰小学	2015.11.14	1000

2016—2018 年白峰街道参加各级各类体育竞赛一览表

表 12-2-7

活动名称	活动地点	活动时间	参加人数（人）	获奖情况
浙江省第二届女子体育节羽毛球比赛	嘉兴市终极运动会所	2016.10.8	50	双打二等奖、团体三等奖
浙江省第二届女子体育节健身气功比赛	嘉兴市体育馆	2016.9.10	50	团体二等奖
北仑区乒乓球比赛	新碶	2016.10.15	30	体育道德风尚奖
北仑区长跑比赛	春晓	2016.10.8	100	
北仑区健身气功比赛	宁波联合实验中学	2016.11.6	50	团体二等奖、个人一等奖
北仑区拔河、自行车比赛	梅山	2016.11.26	100	
北仑区足球比赛	新碶	2016.12.10	50	一等奖
北仑区羽毛球比赛	北仑体艺中心	2016.12.10	30	
浙江省健身气功站点联赛	象山	2017.5.9	20	一等奖
北仑区军民足球友谊赛	柴桥中学	2017.7.31	100	第一名
北仑区广场舞大赛	北仑体艺中心	2017.8.6	30	金奖
浙江省健身气功站点联赛总决赛	台州	2017.9.12	20	团体一等奖
北仑区北仑“领峰杯”第四届乒乓球双打比赛	白峰小学	2017.10.29	500	体育道德风尚奖
北仑区“宇丰环保杯”健身气功站点联赛	宁波联合实验小学	2017.11.12	30	团体一等奖
宁波市健身气功站点决赛	市老年体育中心	2017.12.1	25	团体一等奖
北仑区健身气功站联赛	大碶中学	2018.5.27	20	团体一等奖
北仑区“我们的 2018”排球大赛	北仑影剧院	2018.6.22	50	银奖
北仑区首届体育明星选秀大赛东部赛区	白峰文化广场	2018.7.26	1500	一等奖
北仑区迎“八一”军民足球赛	白峰足球场	2018.7.27	100	第一名
盛威体育馆开馆篮球赛	盛威体育馆	2018.9.11	200	第一名
北仑区第四届职工运动会乒乓球比赛	盛威体育馆	2018.10.13	500	体育道德风尚奖
北仑区第四届职工运动会健身气功比赛	柴桥实验小学	2018.10.21	20	一等奖
北仑区第四届职工运动会羽毛球比赛	北仑体艺中心	2018.10.30	20	一等奖
宁波市三角第十八届传统武术大赛	镇海蛟川中学	2018.11.18	30	一等奖
宁波市健身气功站点联赛总决赛	市老年体育活动中心	2018.11.23	25	第三名
宁波市美丽乡村迷你马拉松	阳东梅东公园	2018.12.15	500	体育道德风尚奖

2016—2018 年白峰街道参加各级各类体育竞赛获得的奖杯

第二节 老年体育

1995年，白峰镇成立老年人体育协会，宣传、组织全镇老年人开展体育健身活动。嗣后，各村（社区）先后成立老年人体育协会，老年人体育组织网络得到落实和健全。1996年11月，区老年人登山活动在白峰镇举行，64名老年运动员登攀海拔200多米的高山。同时，街道（镇）老年人体育协会也每年多次组织老年人体育运动会和体育培训。1999—2015年，组织老年运动员参加白峰镇全民运动会5届，每届参加人数300人左右。街道（镇）老体协每年组织举办综合或单项的体育比赛活动及培训、展示等。各村（社区）亦从实际出发，组织、举办运动会或单项竞赛活动。参加早、晚健身活动的老年人数不断增加，锻炼的项目有广场舞、佳木斯操、太极拳、太极剑、健身气功、功夫扇、健步走等。至2018年，白峰街道每年都组队参加区老体协组织和举办的各类培训、比赛、交流、展示等活动。

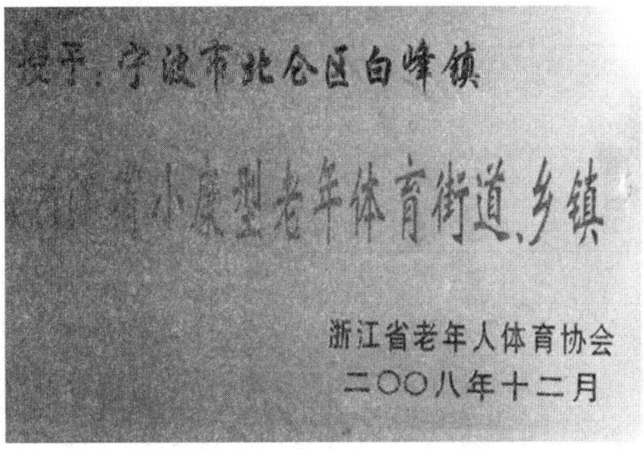

2011—2015年白峰镇老年人体育运动开展情况一览表

表12-2-8

年份	经常参加锻炼（人）	镇、村、社区运动会		单项比赛		各类培训班	
		次数（次）	人数（人）	次数（次）	人数（人）	次数（次）	人数（人）
2011	7448	14	1685	76	1239	136	2879
2012	8612	8	1220	47	488	145	3080
2013	8700	10	2800	47	836	150	3120
2014	7400	11	2600	41	910	120	2100
2015	7900	31	6080	44	1120	122	2300

2016—2018年白峰街道老年人体育运动开展情况一览表

表12-2-9

年份	经常参加锻炼（人）	街道、村、社区运动会		单项比赛		各类培训班	
		次数（次）	人数（人）	次数（次）	人数（人）	次数（次）	人数（人）
2016	3844	11	660	13	270	52	1100
2017	3921	11	610	15	302	72	1290
2018	4139	12	700	16	328	55	1380

2010—2015年白峰镇参加北仑区老年体育骨干培训一览表

表12-2-10

培训项目	培训人数（人）	培训日期	培训时间（天）
柔力球技术套路	6	2010.1.30	1
健身气功	6	2010.2.25—2010.2.26	2
门球	2	2010.3—2010.5	1
地掷球	3	2010.3.23	1
桥牌	4	2010.4.20	1
洪光经络操	5	2011.1.12	1
柔力球	4	2011.2.23	1
健身球操	8	2011.3.9	1
排舞	6	2011.5.12	1
健身气功	7	2011.9.16	1
健身秧歌	8	2012.2.21—2012.2.22	2
健身气功	5	2012.2.25—2012.2.26	2
经络操	6	2012.3.13—2012.3.14	2
健身球操第九套	5	2012.3.20	1
气排球	6	2012.3.25	1
柔力球	6	2012.4.16	1
快乐舞步健身操	6	2013.2.25—2013.2.26	2
快乐舞步健身操（下乡）	18	2013.2.25—2013.2.26	1
健身球操	5	2013.4.2—2013.4.3	2
柔力球（套路）	6	2013.4.26—2013.4.27	2
柔力球（走向复兴）	2	2014.7.12	1
老体干部学习班	3	2014.3.5	1
气排球	5	2014.3.11	1
健身操	6	2014.3.26—2014.3.27	2
柔力球	5	2014.5.20—2014.5.21	2
手杖操	5	2014.11.5—2014.11.6	2
柔力球套路	8	2015.1.22	1
柔力球长绸操	10	2015.3.7—2015.3.8	2
气排球	6	2015.3.27	1
地掷球	5	2015.7.7	1
老体协干部学习班	7	2015.11.26	1

2016—2018年白峰街道参加北仑区老年体育骨干培训一览表

表12-2-11

培训项目	培训人数（人）	培训日期	培训时间（天）
兜球裁判、教练	7	2016.1.26	1
柔力球教练员	6	2016.4.8	1
快乐舞步健身操教练员	6	2016.6.7—2016.6.8	2
健身秧歌	7	2016.12.15	1
柔力球教练员	5	2017.1.10—2017.1.11	2
地掷球教练员	5	2017.3.30	1
健身秧歌教练员	6	2017.11.17	1
健身项目培训班	7	2017.12.15	1
戏曲广播体操	6	2018.1.30—2018.1.31	2
柔力球培训班	6	2018.3.20—2018.3.21	2
可乐球	7	2018.4.19	1
地掷球	5	2018.5.9	1
体育骨干培训班	3	2018.6.15	1
电脑应用	2	2018.7.10	1
可乐球	7	2018.9.30	1

2016—2018年白峰街道参加北仑区老年体育竞赛成绩一览表

表12-2-12

时间	比赛名称	参加人数（人）	获奖情况
2016.3.2—2016.3.3	中国象棋	6	银奖
2016.3.9	兜球	6	金奖
2016.3.16	地掷球	7	银奖
2016.3.30	门球	9	金奖
2016.5.14	乒乓球	8	银奖
2016.5.21	趣味六项	23	金奖
2016.6.7	“海伯杯”钓鱼	6	金奖
2016.9.10	柔力球（行政村）	10	银奖
2016.9.10	柔力球（社区）	10	银奖
2016.10.8	佳木斯操	20	银奖
2017.3.1—2017.3.2	中国象棋	5	银奖
2017.3.21	兜球	5	金奖
2017.4.19	门球	8	金奖
2017.5.10—2017.5.11	地掷球	6	金奖
2017.5.27	乒乓球	7	银奖
2017.6.3	趣味六项	23	银奖
2017.9.23	柔力球（行政村）	10	银奖

续表 12-2-12

时间	比赛名称	参加人数（人）	获奖情况
2017.9.23	柔力球（社区）	10	金奖
2017.10.10	钓鱼	5	金奖
2018.3.6—2018.3.7	中国象棋	5	银奖
2018.3.28	兜球	5	银奖
2018.4.10	门球	8	银奖
2018.5.9	地掷球	6	银奖
2018.5.26	趣味六项	23	银奖
2018.6.5	钓鱼	5	金奖
2018.9.15	柔力球（行政村）	10	金奖
2018.9.15	柔力球（社区）	10	金奖
2018.11.20	可乐球	10	金奖

第三节　学校体育

体育教育

民国 12 年（1923），国民小学三年级以上设体育课。中华人民共和国成立后，学校教育贯彻德、智、体全面发展方针，中小学每周设体育课 2 节。1951 年后每天安排课间、课外活动，开展晨间或课间广播操。“文化大革命”期间，以劳动代替体育，军训取代体育课，以致体育运动水平下降，体育工作陷于停滞状态。1975 年起，逐步开展学校体育“达标”（即达到国家规定的“体育锻炼标准”）活动。1976 年后，学校体育课程重新纳入正轨。1979—1984 年，开展“两课”（每周上两节体育课）、“两操”（每天做广播体操、眼保健操）、“两活动”（晨间和课外活动）体育教学活动，使学生体质大为增强，学校体育水平显著提高。20 世纪 90 年代，学校体育作为一门重要课程，得到重视。有些学校每周或隔周组织一次“小型体育竞赛”，即让学生积极地开展各类体育活动，又让学生在和谐的竞争氛围中强健体魄。有些学校开展体育特色教育活动，取得可喜成绩。

“达标”锻炼

自 1964 年起，国家教委推行《国家体育锻炼标准》（简称《标准》），并规定每天 2 次眼保健操。20 世纪 80 年代起，中小学强调达标。2013—2018 年，白峰小学按《国家体育锻炼标准》达标率分别达到 99.2%、96.5%、93.9%、99.1%、96.2%、98.8%。

体育设施

白峰中学　2018 年 10 月，白峰街道投资 2500 余万元（其中 50% 由 86 届校友徐普南捐赠）在白峰中学旁建盛威体育馆 1 座，体育馆占地面积 7266 平方米，场馆面积 4740 平方米，内设排球馆、篮球馆、乒乓球馆等。白峰中学另有 200 米标准跑道田径场 1 个，面积达 7190 平方米，设排球场 1 个、篮球球场 2 个。

白峰小学　建有体育馆 1 座，面积 1091 平方米，有室内篮球场 1 个、排球场 1 个，室外有足球场 1 个、排球场 2 个、篮球场 1 个、网球场 1 个，有 200 米田径场 1 个。

体育竞赛

1990—2018年，境内中小学校先后举办多届运动会，其中白峰中学共举办41届，白峰小学共举办45届。同时，各校积极组织参加区内外各类竞赛活动，并取得优异成绩。

2006—2018年若干年白峰小学运动队参加区及以上体育比赛成绩一览表

表12-2-13

年份	举办单位	比赛项目	获得名次
2006	北仑区教育局	区中小学篮球联赛	小学组男子三等奖
2007	北仑区教育局	区中小学篮球联赛	小学男子组二等奖
2008	第五届全运会组委会	北仑区第五届全运会田径比赛	团体总分第七名
	北仑区教育局	区中小学生篮球联赛	小学女子组三等奖
	第五届全民组委会	北仑区全民运动会排球比赛	小学甲组第二名
2009	北仑区教育局	区第三届中小学生科技运动会	风筝比赛第七名
	北仑区教育局	区学生阳光体育运动	先进集体
	北仑区教育局	区第六届中小学生乒乓球比赛	小学组男子三等奖
2010	北仑区教育局	区中小学生排球比赛	体育道德风尚奖
	北仑教育工会	区教职工棋类比赛	团体总分第四名
	北仑区教育局	区教职工广播操比赛	三等奖
	北仑区教育局	区中小学生排球比赛	小学组第一名
2011	宁波市第十六届运动会组委会	市第十六届运动会	男子排球第二名
	北仑区教育局	区中小学生篮球比赛	小学男子组一等奖
	北仑区教育局	区第二十六届田径运动会	小学乙组团体第五名
	北仑区教育局	区中小学生篮球联赛	小学男子组第四名
2012	北仑区教育局	区教职工趣味健身比赛	三等奖
	北仑区全民运动会组委	区第六届全民运动会排球比赛	体育道德风尚奖
	北仑区全民运动会组委	区第六届全民运动会排球比赛	小学组第二名
2014	北仑区教育局	区中小学生排球比赛	体育道德风尚奖
	北仑区教育局	区中小学生排球比赛	小学女子组第一名
	北仑区教育局	区中小学生排球比赛	小学男子组第一名
	宁波市体育局	市青少年排球比赛	男子组第四名
2015	宁波市第十七届运动会组委会	市第十七届运动会	体育道德风尚奖
	北仑区教育局	区第九届中小学生科技运动会	小学团体总分第七名
2016	北仑区第七届组委会	区第七届运动会排球比赛	小学男子组第二名
	北仑区第七届组委会	区第七届运动会排球比赛	小学男子组第一名
2017	北仑区教育局	区中小学生足球比赛	小学男子组第五名
2018	宁波市教育局	浙江省校园足球联赛宁波赛区	小学男子组三等奖
	北仑区教育局	区中小学生体育节排球比赛	体育道德风尚奖

2011年白峰中学参加全国学生阳光体育比赛成绩一览表

表 12–2–14

时间	项目	奖项
2011.6	教育部体育卫生与艺术教育司主办，在重庆举行的2011年全国学生阳光体育运动展示活动1分钟双脚盘踢（踢毽）团体比赛	一等奖
2011.6	教育部体育卫生与艺术教育司主办，在重庆举行的2011年全国学生阳光体育运动展示活动30秒双摇跳绳团体比赛	一等奖
2011.6	教育部体育卫生与艺术教育司主办，在重庆举行的2011年全国学生阳光体育运动展示活动团体登山比赛	一等奖

2012—2018年若干年白峰中学参加排球比赛成绩一览表

表 12–2–15

时间	项目	奖项
2012.7	北仑区第六届运动会青少年部排球比赛	初中男子组第一名
2012.7	北仑区第六届运动会青少年部排球比赛	初中女子组第一名
2012.7	北仑区第六届运动会青少年部排球比赛	体育道德风尚奖
2013.5	北仑区教育局排球自编操比赛	第一名
2014.6	北仑区中小学生排球比赛（北仑区教育局主办）	初中男子组第一名
2014.6	北仑区中小学生排球比赛（北仑区教育局主办）	初中女子组第一名
2016.7	北仑区第七届运动会青少年部排球比赛	初中男子组第一名
2016.7	北仑区第七届运动会青少年部排球比赛	初中女子组第一名
2018.5	北仑区中小学体育节排球比赛	初中男子组第一名
2018.5	北仑区中小学体育节排球比赛	初中女子组第一名
2018.6	北仑区教育局社团评比	排球社团2017年学年区优秀社团

第十三篇 财税 金融

对工商业之课税，溯源甚古，始以经征各种杂税而逐步演变成系统之规。历代重农，赋大于税，白峰亦然，这种情况延至中华人民共和国成立之初。

古时，乡村征收赋税皆由县衙经营。清雍正年间（1723—1735），官府征粮，当堂设柜，从县衙户粮书吏中选清书者经办，曰:“柜书”。清乾隆年间（1736—1795），各庄设“庄书”，代理赋税征收事务，庄书从中收取“规费”。民国年间（1912—1949）废庄书制，乡公所乡长、事务员、乡丁承办6种地方自治（营业牌照税、使用牌照税、屠宰税、房捐、警捐、筵席税）征税，所得税额上缴县署。

中华人民共和国成立初期，境内无乡级财政，由县直管。具体政策措施在国家不同发展历史时期作多次改变调整，这种由县统收统支的财政体制一直延续到1985年7月白峰境域划归北仑区（1987年7月前称滨海区）。1986年1月，国家对财政体制做出重大改革，其中包括全面建立乡（镇）财政。嗣后，根据社会、政治、经济发展要求，财政体制不断改进优化。

1986年前，税收征管模式主要采取专管员管理制度，税收专管员集征、管、查职责于一体，可谓“一员进厂、各税统管”，权力较大。1986年设税务检查组。1994年“国税”与“地税”分设，“征收”和“稽查”职能分离。2018年7月，“国税”“地税”机构合并。经过几轮改革，新税制将更能适应经济发展要求，从而保证国家财政收入，为发展和完善市场经济起到巨大的作用。

中华人民共和国成立初期，境内无正规的金融机构，1954年创办信用合作社（简称“信用社”)。1987年后，中国农业银行、中国建设银行、中国邮政储蓄银行先后在白峰境内设立网点，开展各项金融业务。

第一章 财政

古代田赋为政府的主要财政收入。规定田赋正税和中央主管的税种，尽收尽解，官役俸工，恤孤救贫，祭祀杂支，由县留存直支。民国时期，沿袭旧制。

中华人民共和国成立初期，乡级财政由县统收统支。1958年，建立简易乡级财政，未几即废，由县财政直管。1986年，建立乡级财政后，实行划分收支范围、“分灶吃饭”的管理体制，乡（镇）级财政管理渐趋规范化。1994年实行分税制后，白峰逐年从补助型财政向增长型财政转变，并保持健康、持续、稳定的发展趋势。

第一节 机构

中华人民共和国成立后，乡级财政由镇海县财粮科实行统收统支。1958 年 10 月，郭巨人民公社（时境域属郭巨人民公社）置财政金融部，设财政员，不久停止。1986 年 1 月，白峰乡和上阳乡分别建立乡财政组，由乡长兼任组长，另设副组长、会计、出纳各 1 人为财政组成员，总揽全乡财政收支，业务受区财政局指导。1992 年扩镇并乡后，白峰与上阳合并为白峰镇，设镇财政所。其主要职责是：贯彻执行党和国家方针、政策，促进全镇商品经济和社会公益事业发展，支持全镇物质文明和精神文明建设；严格执行国家财政预决算制度，负责按期编制本镇财政收支预决算，一年一度向镇人民代表大会报告，按时办理预算内外资金收支报解、结算工作，报送各种报表；受上级财税机关委托，负责征收或代收农业税、农村特产税、农村工商税和其他财政收入，及时完成本乡应承担的国家财税任务；管好用好列入镇政府财政管理的各项预算内外资金收支；纠正和制止各部门、各单位向企业和农民的不合理摊派，督促和指导镇属各部门建立、健全财务管理制度，提高经营管理水平。2003 年 8 月新白峰镇政府（包括郭巨境域）成立，置白峰镇财政所。2016 年 7 月，撤销白峰镇建制，成立北仑区人民政府白峰街道办事处，设白峰街道财政所。

第二节 财政体制

境域隶属北仑区前财政体制变迁

中华人民共和国成立初期，实行“高度集中、统收统支”的财政管理体制。时境内无乡级财政，一切财政税务直属县财粮科，乡政府干部经费支出逐月向县报结。1954 年，国家改革财政体制，根据“统一领导、分级管理”的原则，采取“划税分成，固定比例，支出包干”的财政体制。

1958 年 10 月，建公社财政后，设收支科目，县对公社实行财政收支包干，即公社（管理区）干部工资按月向县实报，三项经费（公杂费、差旅费、邮电通信费）实行“定额包干、超支不补、结余留用”，然未几即废。

1963—1973 年，执行“定收定支，收支不挂钩，超收不分成，超支不补，短收不承担经济责任”的制度。1966 年，白峰、上阳两个公社开始编制财政预算，分“固定性支出”和“经常性支出”两种向县报送月底会计报表，由县财政拨款。

1974—1975 年，执行“定收定支，收支不挂钩，总额分成，下年使用”制度。1976 年执行“定收定支，收支挂钩，总额分成，一年一定”制度。1977 年执行“定收定支，收支挂钩，超收分成，一年一定”的体制。1980 年起试行“划分收支，分级包干”的体制。1985 年初实行“划分税种、核定收入、分级包干”的财政体制。预算管理权仍集中于县财政和各主管部门，乡预算内资金实行“统收统支”，即收入全额上缴县财政，支出由县财政统一拨付给主管部门，再由主管部门拨到乡或各基层单位。

境域隶属北仑区后财政体制

1985 年 7 月，白峰境域划归北仑区（1987 年 7 月前称滨海区）后，加强对乡（镇）财政的管理和扶持。1986 年 1 月 13 日，滨海区人民政府下发滨政发〔1986〕1 号文件，决定从 1986 年 1 月 1 日起全面建立乡（镇）财政，并作为财政体制改革一项重要任务。设乡财政组后，区对乡镇按“统一领导，分级管理”的原则，划定乡镇财政的收支范围，确定“以1984年、1985年两年平均收入为基数，定收定支，超收分成，结余留用，超支不补，收入上解，支出下拨，一年一定”的财政体制。

1989年，调整乡镇财政的收入包干基数和超基数分成比例。包干基数为1987年、1988年两年的“三税”（产品税、增值税、营业税）及固定收入的决算数的平均数。超基数分成比例白峰乡、上阳乡均按12%比例分成。城市维护建设税按1%比例征收的，全额返还；按5%征收的，大集体以下部分返还80%，大集体以上（含大集体）返还20%。赌博罚没收入：白峰乡、上阳乡均按2%比例返还。农林特产税按15%比例返还。耕地占用税按2.5%返还。

1994年1月1日起，改包干制为分税制。核定乡镇地方固定收入以1993年实绩为基数，递增7.3%，超收按一定比例返还和专项补助。

1996年，实行“核定地方税收基数，超收分成，专项分成”的财政管理体制。以1995年固定收入、专项收入实绩为基数，递增率为10%。支出基数以1995年区财政下达数为基数，以1995年在编的乡镇人员的工资及政策性增支数为增加数。固定收入超基数部分以不同乡镇按45%、35%分成。专项收入分成：个人所得税，白峰镇基数内按50%分成，超基数部分按8%分成。此乡镇财政体制一定3年。

2001年，实行“划分收支，核定基数，比例递增、收入共享、超收多分”的乡镇财政体制。固定收入基数以1999年实绩数定率环比增长，确定白峰镇年递增率为7%。基数内白峰镇为30%分成。超基数白峰镇留成70%。专项收入以不同项目、乡镇类别按基数内、外划分不同比例分成。

2003年，实行“划分收支、分类分成、定额上解（定额补助）、转移支付、自求平衡”的乡镇分税制财政体制。乡镇级固定收入：扣除20%后全额留成。各乡镇比上年可用财力增加部分中的20%作为统筹资金，由区财政集中调度，统一用于乡镇转移支付资金，以弥补相对困难乡镇财力的不足。农业税正税、农林特产税收入按农村税费改革支付办法执行。

从2006年开始，区对街道、乡镇实行新一轮财政体制，一定5年不变。上一轮分税制政策不变，核定新的补助、上解基数。

2014年，中央出台《深化财税体制改革总体方案》，旨在建立现代财政制度，境内财政渐处规范化管理。

第三节 财政收支

境内历来经济收入以农副业为主，财政收入微薄。民国时期，地方财政收入，主要来自赋税的地方附加税和地方财产收入，入不敷出时则增加地方杂捐等。

中华人民共和国成立后，乡（镇）财政收支，主要由国家预算内资金收支、财政预算外资金收支、乡（镇）自筹资金收支三部分组成。

国家预算内资金收入，主要是按体制划给乡（镇）财政经办之各种税收收入，包括工商三税（产品税、增值税、营业税）、城乡个体工商户所得税、城市维护建设税、农业税（2004年后免缴）、农村特产税等。其支出主要包括一般公共服务费、公共安全、文化体育、科学技术费、教育、卫生、社会保障和就业、环境保护和城乡社区事务费、农林水事务费、工商业金融事务、交通运输以及其他事业费支出。财政预算外资金收支，主要包括教育附加收入和其他收入。此项收入一般用于维护公共设施、扶持小型企业、支援农业生产和农林水事业发展、文教体卫及计生事业、行政机关经费等支出，尤以补充教育事业经费为主。乡（镇）自筹资金收支，主要是乡（镇）办企业、事业上缴收入、土地征用费收入、乡（镇）政府统筹教育和广播电视集资及其他收入，自筹资金一般均属有计划、有目标筹集，其支出亦大多属对口使用，尤以社会公益事业费用为主。

中华人民共和国成立后，因缺乏稳固的收入基础财源，地方固定税收增长速度缓慢，白峰财政收支一直处于不平衡状况，收入中的部分来源要靠上级补助，属补助型财政。1994 年实行分税制后，白峰镇财政在收支两方面，尤其在收入方面增长幅度较大，做到年度收支平衡，略有结余，实现从补助型财政向增长型财政转变，并一直保持健康、持续、稳定的发展趋势。2018 年，全街道财政收入达到 12429 万元。

2002—2018 年白峰镇（街道）级财政收支情况表

表 13-1-1　　　　单位：万元

年份	财政收入			支出合计	预算内支出						预算外及自筹支出
	合计	体制决算收入	预算及自筹资金		小计	支农资金	文教卫生费	社会福利优税费	行政管理费	其他支出	
2002	1300.54	737.00	563.54	1288.92	1288.92	60.47	708.54	61.65	192.80	265.46	
2003	3162.35	1304.76	1857.59	3098.60	3098.60	190.6	1781.08	466.75	552.16	108.01	
2004	4350.00	1323.00	3027.00	4320.86	4320.86	241.17	2366.90	844.49	754.60	113.70	
2005	5359.36	1429.10	3966.26	5319.49	5319.49	338	2462.09	1472.6	886.00	160.80	
2006	6415.33	1531.60	4883.73	6311.47	6311.47	670.33	2482.26	1834.53	1165.75	158.60	
2007	7406.00	5753.00	1653.00	7252.00	4826.00	469.00	2187.00		1258.00	912.00	2426.00
2008	8049.00	4864.00	3185.00	8018.00	4846.00	374.00	2051.00		1731.00	690.00	3172.00
2009	8541.00	5570.00	2971.00	8464.00	5511.00	325.00	2581.00	75.00	1873.00	657.00	2953.00
2010	8443.00	6292.00	2151.00	8992.00	6289.00	496.00	3199.00	60.00	2213.00	321.00	2703
2011	10116.00	7783.00	2333.00	10967.00	8637.00	530.00	3512.00	124.00	2666.00	1805.00	2330.00
2012	10267.00	7337.00	2930.00	9782.00	6852.00	260.00	3208.00	66.00	2185.00	1133.00	2930.00
2013	9662.00	7196.00	2466.00	11461.00	7348.00	285.00	3372.00	172.00	2608.00	911.00	4113.00
2014	10555.00	7583.00	2972.00	12071.00	8083.00	123.00	3728.00	88.00	3236.00	908.00	3988.00
2015	9370.00	8504.00	866.00	11275.00	8466.00	54.00	3795.00		3277.00	1340.00	2809.00
2016	11947.00	10708.00	1239.00	11806.00	8154.00	1446.00	3280.00		3597.00	169.00	3652
2017	10753	8664.00	2089.00	9759.00	7874.00	355.00	2700.00	531.00	3044.00	1244.00	1885.00
2018	12429	10070.00	2359.00	12166.00	10045.00	1547.00	2702.00	174.00	3442.00	2180.00	2121.00

第四节　公债　国库券

中华人民共和国成立初期，为了弥补因战争造成的财政赤字，恢复和发展经济，发行公债是政府采取的重要金融措施。此后为支援经济建设，中央财政部于 1954 年至 1958 年又发行“国家经济建设公债”。1958 年，国家的经济秩序由于“大跃进”“浮夸风”被打乱，国债被迫暂停。直到 1981 年国家恢复国债的发行。在 1950—1958 年国家发行 6 次公债，由县财政和各乡（镇）共同承办，每次都得到境内广大人民群众的支持。

1950 年 1 月，国家发行人民胜利折实公债，以实物为计算单位，单位定名为“分”。每分按上海等六大城市大米 6 市斤、面粉 1.5 市斤、白细布 4 市尺、煤炭 16 市斤 4 种实物的平均批发价总和计算。公债票面为 1 分、10 分、100 分、500 分 4 种。年息 5 厘，分 5 年偿还。还本付息工作是从发行后的次年 3 月 31 日起办理，采用还本付息一次性完成的办法。

部分国家经济建设公债样张

部分国库券样张

1954—1958 年，每年发行“国家经济建设公债”。每年 1 月开始发行，10 月 1 日起计算，年息均 4 厘。1954 年发行的公债面额（单位按人民币旧制）有 1 万元、2 万元、5 万元、10 万元、50 万元等，次年增加 100 万元面额。1956 年起公债面额为 1 元、2 元、5 元、10 元、50 元、100 元（当时以新币 1∶10000 兑换旧币）等 6 种。发行的方法采用由认购人一次认购后，约定时间可一次或分次交款，凡提前交款的给予一定的利息补贴。

1981 年起，国家发行国库券。发行对象以企事业单位、政府机关、团体和农村富裕社队为主，当年未分配个人认购任务，期限 10 年，年息 4%；1982 年扩大到个人认购，个人认购的利息为 8%；1985 年，期限改为 5 年，单位购买利息改为 5%，个人购买的改为 9%；1986 年起，调整年息，单位的为 6%，个人的为 10%；1988 年期限改为 3 年；1989 年起，国库券的年利率调整为 14%；1991 年，年利率又调回 10%。对 1985 年后发行的国库券，个人持有的可以贴现，单位的可以凭以申请抵押贷款。1981—1984 年发行的国库券可从认购后 5 年逐年还本 20%。

1992 年起采用银行承购包销方式发行，年利率和期限每年都有调整，国库券利率稍高于银行同期储蓄利率，且不征收利息所得税。

第二章 税务

近代境内税收大致分田赋（农业税）、盐税、货物税、营业税、所得税、地方税和杂捐杂税 7 类。清同治元年（1862），开办厘金（民国初期又称统捐）。

民国初期，盐税作为外债抵押，田赋、厘金（统捐）多被地方军阀截留，各地自定章程，征收苛捐杂税，税政混乱。

中华人民共和国成立后，根据“暂时沿用旧制，部分废除，在征收中逐步整理”的原则开展工作，废除各项苛捐杂税，实行高度集中统一管理体制，从此，改变旧时机构重叠、政出多门的状况。在“大跃进”期间和“文化大革命”时期，机构被打乱，税收削弱。1978 年中共十一届三中全会以后，机构才得以恢复充实，税收加强。以后，随着各个时期政治经济发展变化，按照“统一领导，分级管理”原则，作多次变革。

第一节　机构

1949年10月，镇海县各区成立税务所，境内由柴桥税务所管辖，农业税和契税由县财粮科直管。1985年10月，由滨海区（1987年7月改称北仑区）财政税务局郭巨税务所管辖。

1994年9月，北仑区税务系统国、地两税机构分设后，北仑区地方税务局和国家税务局先后设白峰税务所，分别负责境内地税、国税征管。2001年6月，北仑区国家税务局白峰税务所撤销，境内国税由北仑区国家税务局管理局征管，后区局机构虽有调整，但国税一直由北仑区国家税务局相关内设部门直管。2003年5月，北仑区地方税务局白峰税务所撤销，境内地税由北仑区地方税务局第三税务所负责征管。

2018年7月，北仑区国税、地税机构合并后，境内税收征管由国家税务总局宁波市北仑区税务局柴桥税务所负责。

第二节　农业税

田赋是中国最古老的税种，也是历史上最主要的财政收入。清末田赋有地丁、南米、租课3项。地丁，即地税与人丁税合称。南米原为供应南方驻军的军粮，以石计算。租课，公田的租课与税课。民国后南米改称抵补金，民国16年（1927）租课亦改称地丁。民国元年至民国21年（1912—1932）沿用清旧制。田赋按田级（民田、民地、山地、荡田）分等分区计征。地丁折征银两，再按银两折合银圆；抵补金以米石计征，按米石折算银圆。民国21—29年（1932—1940），改地丁、抵押补金为上、下期田赋税。民国30—37年（1941—1948）田赋改征实物，正附捐税与田亩捐合并，按元折征稻谷。民国时期，田赋附加及带征名目繁多，内容庞杂，20年地丁项下每两银圆附有县税、征收税、自治附捐、建设特捐、建设附捐、教育附捐、治虫费等。

中华人民共和国成立初期，浙江省人民政府颁布《1949年征收农业税暂行办法》，规定每户占有土地数分16级，以土地好坏分甲、乙、丙、丁四等，分别制订每亩应纳税额。1950年9月，政务院颁布《新解放区农业税暂行条例》，正式废除民国时期田赋制度，建立农业税，亦称公粮。根据当时土地占有情况，采取差额较大的全额累进税制，税率分40级。农业收入计算以土地常年产量为标准，地方附加不得超过正税的15%。1952年土地改革后，农村土地占有情况发生根本变化，1952年和1953年，政务院修改《新解放区农业税暂行条例》，实行差额较小的全额累进税制，税率分24级。1958年6月，国家颁布《中华人民共和国农业税条例》，同时制订《农业税条例施行细则》，废除累进税制，实行比例税制。根据土地自然条件、当地耕作水平和正常年景产量情况，评定计税产量，依照规定税率计征，此条例执行至2003年末。

农业税以征收现粮为主，缺粮队（户）征收代金，代金价格按国家稻谷收购价计算。1955年以前，现粮以国营贸易公司收购稻谷中等价格为准：代物（棉花）、代金（缺粮代金）价格，1953年前为每百千克7.50元（新人民币），1954年为7.90元，1955年为7.60元。1956年、1957年现粮、代物7.60元，代金7.50元。1963年起，随着粮食和棉花收购价格调整。1966—1978年，现粮早籼谷9.70元，晚粳谷11.30元，山区杂粮（薯干）9.20元。代物按种植面积比例计价征收。种植面积50%以上的8.10元，20%～50%的8.80元，20%以下的9.25元。代金9.25元。1979—1983年，现粮调整为早稻谷11.70元、晚粳谷13.40元、薯干11.00元。代物1980—1983年不分种植面积比例调整为10.50元。1983年末实行联产承包责任制，农业税恢复以户为单位缴纳。1984年起农业税改为“实物征收，货币结算”，1984—1985年不分现粮、代物、代金，统一折征人民币，10月底前为11.70元，1985年11月1日起为13.40元，后改为15.50元。1987年、1988年代金稻谷标准价每百千克17.00元。1989年22.10元。1990年、1991年22.20元，1992年24.60元，1993年28.20元，1994年46.00元，1995年56.26元，1996年64.26元，2001年46.00元。2004年起取消农业税和农林特产税。

民国36年（1947）白峰境内各项土地正、附税税额一览表

表13-2-1　　单位：元/亩

科　则	正税税额		附税税额		正附税税额合计
	上期	下期	上期	下期	
民　田	0.117	0.038	0.333	0.050	0.538
民　地	0.103	0.032	0.311	0.042	0.488
山	0.003	—	0.080	—	0.083
蓄　荡	0.053	—	0.158	—	0.211
荒　荡	0.023	0.009	0.111	0.012	0.155
上沙田	0.075	—	0.268	—	0.343
中沙田	0.053	—	0.158	—	0.211

1950—1985年若干年份白峰境内农业税正附税额一览表

表13-2-2

年　份	1950	1952	1957	1963	1965	1979	1985
占实际产量（%）	19.30	17.90	13.90	9.00	7.27	5.23	3.81

1950—1985年白峰境内农业税附加税率一览表

表13-2-3

年　份	1950	1951	1953—1954	1955	1956	1957	1961—1962	1963	1964—1985
税率占正税（%）	15.00	20.00	停征	5.00	7.50	10.00	10.00	10.00	15.00

第三节　工商税收

中华人民共和国成立前工商税收

清同治元年（1862）浙江开办厘金，境内主要征收茧捐、茶厘捐等。民国时期征收的工商税收项目有盐税、厘金和统捐、统税和货物税、所得税和利得税、遗产税、营业税、地方捐税等。

盐税　民国2年（1913）12月公布《盐税条例》，盐税不列入地丁征收。次年春改为按担征收。民国

30年（1941）盐税改以量征收为以价征收。

民国时期若干年份白峰境内各类盐税税额一览表

表13-2-4 单位：元/担

类别	民国11年（1922）	民国18年（1929）	民国20年（1931）			民国28年（1939）		
	正税	正税	正税	附加	合计	正税	附加	合计
引地食盐税	1.50	1.50	2.85	2.15	5.00	2.85	3.55	6.40
近场轻税	0.60	0.60	1.00	0	1.00	1.00	1.40	2.40
渔业用盐税	0.20	0.20	0.30	0	0.30	0.30	0	0.30

厘金和统捐 清同治元年（1862）浙江开办厘金，境内主要有茧捐、茶厘捐。民国初期称统捐，民国20年（1931）1月裁撤，开征货物税和营业税。

统税和货物税 民国31年（1942）3月境内开征茶叶统税，次年3月增竹木、皮毛、陶瓷、纸箱4种。由于物价上涨，民国30年（1941）9月由原从量定额税率改为2.5%～80%不等的从价比例税率。民国35年（1946）8月又增化妆品税、国产烟酒税和矿产税，合称货物税。

所得税和利得税 民国25年（1936）7月国民政府公布《所得税暂行条例》，民国32年（1943）2月公布《所得税法》，民国35年（1946）4月又公布《修正所得税法》，分为营利事业所得税、薪给报酬所得税等5类。民国37年（1948）行政院颁布《整理财政补充办法》，对所得税作分级归并，税率有所降低。

遗产税 民国27年（1938）国民政府首次公布《遗产税暂行条例》，次年公布施行细则。规定遗产总额在5000元以下者免税，5000～50000元者征税1%，50000以上者按超额累进税率征收。民国35年（1946）4月改为未满100万元者免税，100万～200万元者征税1%，200万元以上者分17级征税。民国37年（1948）8月又修改为未满2万元（金圆券）者免税，2万～4万元者征税1%，4万元以上者分10级征税。此税收入甚微。

营业税 民国20年（1931）6月国民政府颁布《营业税法》，境内原有屠宰税改征营业税，税率提高至0.2%～10%，此后略有调整。

地方捐税 民国时期始有国家税、地方税之分，县征收7种。民国2年(1913)境内开征烟酒营业牌照税，每年分1月、7月两次征收。民国4年（1915）1月开征屠宰税，猪每头收大洋3角、羊2角、牛1元。民国27年（1938）7月，按营业额计算改征普通营业牌照税。次年，征收范围扩大至所有行业。民国30年（1941）凡使用公共道路或河流的车船、肩舆、驮兽均须请领牌照并缴纳使用牌照税，按人力、兽力、机器品名数量课征定额税。

其他税收主要有契税、房捐和警捐、山地收益捐、杂税等。

契税 1941年国民政府修订1914年颁布的《契税条例》，增加交换、赠与2个税目，税率定卖契10%，典契6%，交换契4%，赠与契10%，契纸费2元。1942年5月财政部颁布《契税条例》，又增分割、占有2个税目，税率提高为卖契15%、典契10%、交换契6%、赠与契15%、分割契6%。

房捐和警捐 房捐始于清，1928年6月公布《浙江省店屋捐、住房捐章程》，营业用房店屋捐按租价征收15%，房主房客各负担一半，充警察经费。1941年5月行政院公布《房捐征收通则》，税率规定出租房按租价征收5%，自用房按房价征收0.5%，1943年3月税率调整为出租营业用房按租价征收20%，自有营业用房按房价征收2%，出租住房征收10%，自有住房征收1%。警捐为浙江省单行税种，税率征收与房捐同。

山地收益捐 1943年开征以山地产品为征税对象，税率5%。

杂税 民国时期杂税主要有牙帖和当帖捐税、战时消费税和消费特税、钱业捐、迷信捐、广告捐、交易税、证券交易税、棉麻营业专税、货物附加税、蚕业专款捐等。

中华人民共和国成立后工商税收

中华人民共和国成立后，废除和修改旧税法，不断改革，调整税种。1950 年全国税收统一，建立新的税收工作，开征新税。7 月，境内开征的有货物税、工商业税（营业税、所得税、临时商业税）、盐税、存款利息所得税、印花税、屠宰税、车船使用牌照税等。1953 年根据“保证税收，简化手续”的原则，修改税制，合并货物税、营业税、印花税，改征商品流通税。税制修正后，境内征收的工商税收项目有商品流通税、工商业税、屠宰税、牲畜交易税、车船使用牌照税、利息所得税等。1958 年 9 月，取消商品流通税，改征工商统一税，单独设立工商所得税。1962 年开征集市交易税，1965 年 9 月停征。1973 年 1 月全面试行工商税，将原工商统一税及其附加、车船使用牌照税、屠宰税和盐税合并。此时，国营企业只缴工商税 1 种，集体企业缴工商税和工商所得税 2 种，个人缴纳车船使用牌照税和屠宰税 2 种。盐税仍照原办法征收。1974 年 7 月停征车船使用牌照税，税制进一步简化。1982 年起为适应“搞活、开放”方针，对工商税收制度作重大改革，开征部分新税种。1983 年实行第一步利改税，国营企业由上缴利润改缴所得税。1 月 1 日开征能源交通重点建设基金。3 月 1 日恢复征收牲畜交易税。10 月 1 日开征建筑税。农村专业户（包括承包专业户和自营专业户）经营工业、商业、交通运输、建筑安装、修理、饮食、服务业的收入和生产销售的农、林、牧、渔产品按《工商税务条例（草案）》的规定征收工商税。

1984 年，执行国务院《国营企业第二步利改税试行办法》，10 月起，对内资企业实行新税制，将工商税按照征收对象分为产品税、增值税、营业税和盐税；原来的工商所得税分别改征集体企业所得税、个体工商业户所得税；先后开征资源税、奖金税、个人收入调节税等。建立以流转税和所得税为主体，其他各税相配合的复合税制。

1994 年，按照统一税法、公平税负、简化分权的原则，再一次对工商税制进行全面改革，这是新中国成立后规模最大、内容最广的一次改革。在总体保持原税负的基础上，内资、外资企业统一实行以增值税为主、消费税和营业税为辅的流转税制；在降低原有所得税税率的基础上，内资企业实行统一的所得税制，实行税利分流，税后还贷，税后承包；将原有的个人收入调节税、个人所得税和个体工商户所得税加以合并，制定统一的个人所得税，进一步调整和完善地方税收体系。

2000 年后工商税税种有少量调整，境内主要征收的有流转税类（含增值税、消费税、营业税、工商统一税、工商税、产品税），所得税类（含企业所得税、外商投资企业所得税、个人所得税、国有企业所得税、国有企业调节税、集体企业所得税、个体工商户所得税、私营企业所得税、中外合资经营企业所得税、个人收入调节税），资源类税（含资源税、城镇土地使用税、土地增值税、盐税），财产和行为税类（含印花税、房产税、车船使用税、牲畜交易税、屠宰税），特定目的税类（含城市维护建设税、教育费附加、建筑税、固定资产投资方向调节税、奖金税），车辆购置税共 6 大类。

1950—1994 年白峰境内主要工商税税目一览表

表 13-2-5

税种	征收时间	税种	征收时间	税种	征收时间
货物税	1950—1957	工商税	1973—1984	事业单位奖金税	1986—1990
工商业税	1950—1957	个人所得税	1980.9—1990	集体企业奖金税	1986—1990
印花税	1950—1957 1988.10—1990	增值税	1982.12—1990	个体工商业户所得税	1986—1990
利息所得税	1950—1958	烧酒特别税	1982—1990	个人收入调节税	1987—1990

续表 13-2-5

税种	征收时间	税种	征收时间	税种	征收时间
屠宰税	1950—1990	国营企业调节税	1983—1990	私营企业所得税	1988—1990
车船使用牌照税	1950—1985	国营企业所得税	1983—1990	筵席税	1988—1990
盐税	1950—1990	产品税	1984.10—1990	调节税	1989—1990
棉纱统销税	1951—1952	营业税	1984.10—1990	特别消费税	1989—1990
商品流通税	1953—1957	建筑税	1984—1990	资源税	1994 至今
牲畜交易税	1953—1990	国营企业奖金税	1985—1990	企业所得税	1994 至今
工商统一税	1958—1990	集体企业所得税	1986.1—1990	个人所得税（初称调节税）	1994 至今
工商所得税	1958—1984	车船使用税	1986.10—1990		
集市交易税	1962—1965	房产税	1986.10—1990		

1958—1984 年白峰境内各类盐税税额一览表

表 13-2-6　　　　单位：元 / 担

盐别	1958.7.1 起	1960.9.1 起	1961.4.1 起	1966.8.1 起	1978.11.1 起	1979.12.1 起	1984.5.1 起	1984.5.15 起
食盐	8.10	7.92	7.49	7.29	7.21	国营盐场 7.21 集体盐场 6.92	国营盐场 7.21 集体盐场 6.92	6.92
渔盐	2.10	1.86	1.40	1.20	1.20	国营盐场 1.20 集体盐场 1.055	国营盐场 1.20 集体盐场 1.055	1.20
农牧盐	3.24	3.00	2.54	2.34	2.34	国营盐场 2.34 集体盐场 2.195	国营盐场 2.34 集体盐场 2.195	2.34
工业盐	0	0	0	0	0	0	酸碱制革 0.65 制皂 3.25	酸碱制革 0.65 制皂 3.25

其他税收主要有契税、特种消费行为税、渔业税等。

契税　1950 年 3 月政务院公布《契税暂行条例》，1952 年公布《修正浙江省契税暂行条例施行细则》，税率为卖契按卖价征收 6%，典契按典价征收 3%，赠与契按现值征收 6%，交换契按交换差价征收 6%，由房屋买主、承典人、差价付款人完纳契税。

特种消费行为税　1950 年开征特种消费行为税，1953 年取消，改征文化娱乐税，1966 年 11 月停征。

渔业税　1956 年 4 月，开征渔业税，限海产鱼类、虾、蟹、海蜇。集体渔业生产单位、水产企业按销售收入总额 8%计征，个体渔民按 9%计征。1966 年 8 月起，投售给国营水产公司者征收 5%（1972 年改为 3%），卖予其他单位或个人者征收 8%。1985 年 5 月起，规定渔民至市区港口投售水产品，免征渔业税。

第四节 税收征管

税收征管模式

中华人民共和国成立初期，工商业税，区别情况，实行不同的征收方法：其一查账征收，对账证比较健全、纳税态度较好的企业，经申报核对账证，检查纳税情况，确定后进行征税；其二民主评议征税收，对账证不够健全，货源不易控制的较大纳税户，采取税务机关与群众评议相结合的方法征收；其三定期定额征收，对小型纳税户及摊贩，采取定期定额征收，先分户，分行业找出典型，分等分级找出代表户进行调查，然后按上期营业、税务情况及发展趋势，进行民主评议，由税务机关核实，一般半年一评，分月交纳，所得税随营业额附征。1956年，对私营工商业社会主义改造基本完成以后，对国营、合作社营、公社合营、合作商店等企业营业税实行账面查实计征，将原来“自行申报，事后核实”的方法改为“报前辅导，报后审查”，对照纳税环节，适用税率，以及工农产品划分、纳税价格等进行重点核实。除定期定额户外，都实行查账征收。同时按户建立纳税制度，做好纳税鉴定。1958年以后，对财务制度执行比较健全、纳税资料比较完整、纳税态度较好的国营企业，实行“三自”办税，即自己开票，自己申报，自己交库。同时，要求每个专管员对所管辖的户、纳税单位认真查管，做到消灭错、漏、欠现象。1979年起，个体户逐年增多，营业范围不断扩大，对重点行业、规模较大个体户，也采用自报公议和由税务所核定征收。

根据农村税源分散特点，自1956年起，改变过去以“块”为主，“条”“块”结合管理方式，逐年推行以“条”为主，以“块”为辅的形式。时由于人员偏紧，税收“征、管、查”基本实行“三体合一”模式。

1986年始，设税务检查组。1988年，建立税务专管员定户管理制度，分两种征管形式：其一对账证齐全、财务管理规范的单位，由企业办税人员计算应纳税额，自行申报，由税务专管员审核后开具缴纳书缴纳税款；其二对账证不齐全、财务核算不规范的企业和个体工商户，由税务专管员根据其经营状况，核定其税收定额，据此缴纳税款。

1994年，国家实行财税体制改革，对地方实行分税制，分设国税和地税两套征收机构，并成立独立的稽查机构，“征收”和“稽查”职能实现分离。1995年取消税收专管员制度，改上门收税为纳税人自核自缴，实现由专管户向专管事的职能转变。2005年实行税收管理员制度，确定管户与管事相结合、管理与服务相结合、属地管理与分类管理相结合的原则等。2008年启动税源专业化管理改革。2015年，提出以服务深度融合、执法适度整合、信息高度聚合，来解决国地税征管上存在的一些主要问题。近年来，“互联网＋税务”、以大数据为基础的电子税务局、手机APP等进一步促进税收征管。

2018年7月，国税、地税机构合并，旨在降低税收征纳成本，提高征管效率，不断优化税收营商环境，助力经济高质量发展。

各项税收收入执行情况

20世纪80年代起，白峰境内工商税收逐年上升。2010年白峰镇（含郭巨）地方级一般预算收入达到6413.01万元，2015年达到14877.44万元，2018年白峰街道达到6104万元。

2010 年白峰镇各项税收收入执行情况表

表 13-2-7

收　入　项　目	收入实绩（万元）	2009 年实绩（万元）	完成调整预算（%）
一般预算收入	6413.01	4785.38	+34.01
（一）工商税收类	1975.20	1950.17	+1.28
1. 营业税	430.76	513.46	−16.11
2. 企业所得税	670.23	681.14	−1.60
3. 个人所得税	728.54	537.81	+26.95
4. 其他税费收入	145.67	217.76	−33.11
（二）城建税	368.02	218.68	+68.29
（三）教育附加税			
（四）增值税	4069.79	2616.53	+55.54

2015 年白峰镇各项税收收入执行情况表

表 13-2-8

收　入　项　目	收入实绩（万元）	2014 年实绩（万元）	同比增（%）
一般预算收入	14879.44	11285.13	31.85
（一）工商税收类	8218.60	5202.17	57.98
1. 营业税	233.52	1962.99	−88.10
2. 企业所得税	6591.04	2129.44	209.60
3. 个人所得税	902.98	694.96	29.93
4. 其他税费收入	491.06	415.18	18.28
（二）城建税	535.06	577.30	−7.32
（三）教育附加税			
（四）增值税	6125.78	5505.66	11.26

2018 年白峰街道各项税收收入执行情况表

表 13-2-9

收　入　项　目	年初预算（万元）	调整预算（万元）	收入实绩（万元）	2017 年实绩（万元）	同比增（%）	完成当年预算（%）
一般预算收入	5156.00	5156.00	6124.00	4379.00	39.85	118.77
（一）工商税收类	1466.00	1466.00	2236.00	999.00	123.82	152.52
1. 营业税						
2. 企业所得税	744.00	744.00	1269.00	379.00	234.83	170.56
3. 个人所得税	492.00	492.00	521.00	364.00	43.13	105.89
4. 其他税费收入	230.00	230.00	446.00	256.00	74.22	193.91
（二）城建税	480.00	480.00	502.00	472.00	6.40	104.58
（三）教育附加税	350.00	350.00	339.00	360.00	−5.83	96.86
（四）增值税	2860.00	2860.00	3047.00	2548.00	19.58	106.54

第三章　金融

境内历代流通货币，种类繁多，形制多变，主要有铜钱、铜圆、镍币、银两、银圆、纸币等。现金流转是境内传统的货币支付方式，后随信息科技的发展，电子支付应运而生，进而向移动支付发展，支付方式渐呈多元化。

中华人民共和国成立前，贫苦农民遇到天灾人祸，无钱度日，只得向富户借钱，利息极高，过期不还利滚利，不少农户因此家破人亡。

中华人民共和国成立后，政府组织农民成立农村信用合作社，采取自愿入股的方式吸收资金，向农民发放贷款，以解决临时资金困难，从而取缔高利贷。1954 年 4 月，创办白峰乡信用社和上阳乡信用社。

改革开放后，白峰城乡建设不断推进，第一、二、三产业全面发展，吸引众多金融机构来白峰设点开展业务。至 2018 年末，境内有北仑农村商业银行（简称“农商银行”）、中国农业银行、中国建设银行和中国邮政储蓄银行等网点，为境内居民和单位提供金融服务。

第一节　通用货币和货币支付方式

历史上，境内通行历朝铸钱，有汉五铢钱、唐开元通宝、宋钱、元至大通宝，清铸钱较多见。民国时期曾流通银圆，纸币有法币、关金券、金圆券。沦陷时期有伪币“中储券”。镇海县抗日政府曾发行临时兑换券。中华人民共和国成立后，人民币为唯一通用货币。

银两

银两分元宝、银锭、碎银，流行至清末和民国初期，铸造银圆后，银两逐渐消失。民国 22 年（1933），国民政府明令“废两改元”，禁止银两流通。

银圆

明嘉靖年间，外国银圆流入，清初有本洋、鹰洋。清光绪年间有龙元，辛亥革命后有“袁洋”（铸有袁世凯头像）、“孙洋”（开国纪念币）、“船洋”（铸有孙中山头像）等及广东的双毫、单毫银角。民国 22 年（1933），银圆成本位币，以流通“船洋”为主。

宣统元宝

银圆（袁洋）壹圆

银圆 20 银毫

铜钱（铜钿）

铜圆（铜板）

铜钱、铜圆

铜钱又称铜钿，历代均有制造。清及民国初，境内沿用清代制钱。铜圆出现后，铜钱逐渐淘汰。铜圆又称铜板，始于清光绪年间。境内流通铜圆以当十为主。3 枚为 1 分，10 分折 1 银角。抗日战争开始后，铜圆多被销溶。1940 年后，铜圆消失。

镍币、铝币

民国初年，曾流通铸有袁世凯头像的面值五分镍币。民国 24 年（1935）实行法币政策后，一度用镍币为辅币，有五分、拾分、廿分 3 种。镍币正面为孙中山像，背面为古代布币图案。民国 28—33 年间（1939—1944）尚流通有一分、五分、拾分铝币。抗战始均逐渐停止使用。

镍币廿分

镍币拾分

镍币贰仙

镍币壹仙

镍币半圆

法币

民国 24 年（1935）11 月，国民政府规定以中央、中国、交通（后加中国农民）等国家银行所发行的纸币为法币。面额有壹分、伍分、壹角、贰角、壹圆、伍圆、拾圆等。当时境内流通的还有四明、实业、浙江地方等银行发行的纸币。

民国 27 年（1938）8 月，公布中国交通银行发行纸币按票面以 9 折计算。民国 31 年起由中央银行独家发行法币。法币发行始与银圆等值，面额最高为拾圆。民国 36 年 12 月，浙江省银行镇海办事处奉令宣布 8 种新币上市，法币面额迅速增大，币值猛跌，后法币发行最高面额达 500 万圆，贬值为 600 万法币相等于 1 个银圆。

伪币中储券

抗日战争时期，汪伪政权“中央储备银行”发行的伪币“中央储备银行兑换券”（简称“中储券”），流通于华中、华东，华南沦陷区。抗日战争胜利后，中储券禁止使用，法币取而代之。

中央、交通银行发行的法币

关金券

临时兑换券

民国 34 年（1945）4 月，临时流通兑换券系是年 3 月后镇海县抗日政府印钞厂制，票面有壹角、贰角、伍角、壹圆和伍圆 5 种，限镇海县境内通行。壹圆券相等于 1 市斤大米价值。民国 34 年（1945）9 月底，新四军浙东游击纵队奉命北撤，由抗日民主政府用粮食或棉花兑回临时兑换券，集中烧毁。

关金券

即海关金单位兑换券。民国 31 年（1942），国民政府在内地发行。抗日战争胜利后大量流入境内，一元关金券折法币 20 元。

金圆券

民国 37 年（1948）8 月，国民党政府改革币制，由中央银行发行金圆券，停止法币流通，以 1∶300 万元限期收兑；同时强制收兑民间金银、外币。金圆券标榜为金本位货币，原定含金量 0.22217 克。初期最高面额为拾圆，2 元等于 1 银圆。民国 38 年（1949）4 月，面额最高为 100 万圆，贬值至 24 万元等于 1 银圆。

人民币

1949 年 5 月，境内解放后即流通人民币。7 月，中国人民银行镇海县支行建立，宣布人民币为唯一合法货币，禁止其他货币流通。为稳定社会，收兑部分金圆券，比价为 1∶25.6 万元。在当地政府与有关部门配合下，采取经济和行政措施，肃清旧通货，统一货币流通，稳定金融物价，建立统一人民币市场。当时发行面值为壹圆、伍圆、拾圆、贰拾圆、伍拾圆、壹佰圆、贰佰圆、伍佰圆、壹仟圆、伍仟圆、壹万圆、伍万圆 12 种，即第一套人民币。

1955 年 4 月 1 日（壹万圆以上）和 5 月 10 日（壹万圆以下）第一套人民币停止流通。

1955 年 2 月 21 日，国务院决定，自 1955 年 3 月 1 日起，由中国人民银行发行新版人民币（第二套），主币面额有壹圆、贰圆、叁圆、伍圆、拾圆 5 种；辅币有壹分、贰分、伍分、壹角、贰角、伍角 6 种。与第一套人民币比值为 1∶10000。4 月 1 日起停止老版币流通。1957 年 12 月 1 日，发行壹分、贰分、伍分 3 种铝合金硬币。

1964 年 4 月 15 日起收回由苏联代印的叁圆、伍圆、拾圆 3 种面额的人民币，5 月 15 日起停止收兑。其余贰圆、壹圆、贰角、壹角分别在 1976 年 12 月、1973 年 8 月、1971 年 11 月、1967 年 11 月银行执行只收不付。

1962 年 4 月 20 日，中国人民银行发行第三套人民币，面额为壹角、贰角、伍角、壹圆、贰圆、伍圆、拾圆主辅币共 7 种，比价未变。

1980 年 4 月 15 日，人民银行发行壹圆、伍角、贰角、壹角 4 种铜镍合金硬币。该套人民币从 1967 年 12 月至 2000 年 7 月人民银行分别执行只收不付，是流通时间较长的一套人民币。

中共十一届三中全会后，国家实行改革开放，国民经济加快发展，市场不断繁荣，社会商品零售额持续增长，要求货币发行总量和券别结构与之相适应。1987 年 4 月 25 日，国务院决定，4 月 27 日由中国人民银行发行第四套人民币，主币有壹圆、贰圆、伍圆、拾圆、伍拾圆和壹佰圆 6 种，辅币有壹角、贰角、伍角 3 种。发行采取一次公布、分次发行办法。4 月 27 日，首发伍拾圆和伍角，1988 年 5 月 10 日发行壹佰圆、贰圆、壹圆和贰角，1988 年 9 月 22 日发行壹角、伍圆、拾圆，1992 年 6 月 1 日发行壹角、伍角、壹圆铝镁、铜锌、钢芯镀镍合金硬币。

1999 年 10 月 1 日，中国人民银行发行第五套人民币，共 8 种面额：壹佰圆、伍拾圆、贰拾圆、拾圆、伍圆、壹圆、伍角、壹角。

2006 年 8 月 31 日，中国人民银行公告，2007 年 4 月 1 日起，壹分、贰分、伍分纸币停止流通。

货币支付方式

长期以来，现金流转是境内老百姓购买商品、服务的传统货币支付方式。20 世纪 90 年代后期，境内逐渐出现消费者用银行卡在商户 POS 机上“刷卡”进行支付的新型支付方式，但安装 POS 机的商户以及使用者甚少，交易金额较大的则可通过银行转账或票据支付。进入 21 世纪，境内商贸服务业快速发展，以及电子支付带来的便利不断显现，安装 POS 机的商户逐渐增多，“刷卡”消费渐成时尚，亦有通过网上银行、手机银行、ATM 机等自助设施进行转账支付。2010 年后，支付宝、微信支付、云闪付等移动支付系统先后推出，通过手机扫描二维码即可完成货币流转，方便快捷，加之智能手机的普及，移动支付为境内越来越多的商户和消费者所使用，甚至有些小商小贩都通过“扫码”收款。

第二节　非银行金融服务

典当

俗称“当铺”。旧时，农户在发生经济困难时，到柴桥把家中的金银珠宝、衣服布匹、铜锡器皿和木器家具等物作当押，待有钱时赎回。当押时，一般全新物件打七折，低则仅存三、四折。当期为 18 个月，期满赎回时，当押者要付利息，一般为月息 2%，成交后由当铺出具收据，名“当票”。期满后，当押者持当票办理赎回手续；当押物件期满时如当押户无力赎回，要没当。中华人民共和国成立后，典当行逐渐歇业。进入 21 世纪，随着市场经济的发展，针对中小企业融资难等问题，典当行又再度兴起，其利率一般比银行贷款利率高，境内有个人、中小企业通过典当借款用于短期资金周转。

钱庄

旧时，当地财力雄厚的富户开设或合资经营钱庄。最初业务主要是货币兑换，后渐增加存款、放款和汇兑业务。

担保公司

2000 年始，北仑区境内陆续成立数家担保公司，境内有企业通过担保公司担保，向银行借款，借款人为担保公司提供一定的反担保措施，反担保措施较为灵活，担保公司向借款人收取相应的服务费用。

第三节　民间借贷

民间借贷自古有之。旧时老百姓之间大多是实物借贷。清末至民国时期，白峰境内的商品经济逐渐发展，货币的借贷活动增多。普通民众在生产生活中遇到困难，除向典当质押外，就须仰赖民间借贷，有的求助于亲友邻里“纠会”以互助，也有的被迫借高利贷而遭重利盘剥。白峰境内传统借贷形式：

纠会

是旧社会民间盛行的一种信用互助形式，一般由困难人（会首）邀请亲友若干人（称会脚）参加，约定每月或每年聚会一次。第一次聚会时，各交一定数量的会款，会首先收第一次会款。以后对会脚收取会款有三种形式：会首事先商定会脚次序排列先后得款称轮会；事先没有商定会脚得款次序，在聚会时按骰子摇出点子最大者得会款称摇会；聚会时采用投标竞争方法，各人在纸上写投标金额，当众开标，以投标（利息）最高者得会款，称标会。

典押

旧时，经济发生困难者，为了借钱应急，不得已将田地、房屋等财产典押给别人，双方商定后书写押契，写明抵押何物、数量，押米或钱若干，抵押期限，年息一般 20% ～ 30%，大多数到期归还本息，赎回押契；也有的无法按期归还本息，时间过长资不抵债的，双方到政府和收粮处办理转产手续。所押财产归债主所有。

高利贷

旧时民间借贷利率甚高，名目繁多。一曰“庄息”，即以钱庄利息，息以日计，每百元日息 2%；二曰“当息”，以当店利率，以月计息，一般为二分利；三曰“印子钱”，以百元计息，月息 2%～ 4%；四曰“三月一加对”，借贷 10 元，3 个月连本带息还 20 元，6 个月还 40 元，12 个月还 120 元。

放青苗

旧时借贷除现金外，还有借钱还粮、借粮还钱等形式。尤以春荒时节放青苗最甚，即在春耕时节，向地主借粮、借钱，以青苗作抵押，春借 100 千克粮，秋收还 180 千克；春借薯干等杂粮 100 千克，秋后还稻谷 100 千克；或以市价七折放粮款，秋后还谷。此类借贷在抗日战争至解放战争时期，因货币贬值而特别流行。

中华人民共和国成立后，对民间借贷持批判态度而销声匿迹。1964 年，政府规定凡月息超过 1.5% 为高利贷，即予打击。改革开放以后，随着市场经济的发展，民间借贷又趋活跃。农民造楼房、结婚、经商、做实业等急需钱款，有的向亲友借款，这种借贷一般不付利息，纯属互相帮助；也有的通过亲友介绍，向有余钱的人家借款，利息由双方协商，一般比银行贷款高。20 世纪 80—90 年代，境内乡（镇、村）工业、个体工业迅猛发展，有些企业为了开发新项目、扩大生产或进行技改，急需大量资金投入，通过向社会及本单位职工集资的方式筹措资金，集资款的利息略高于银行贷款。1991 年，最高人民法院规定民间借贷利率最高不得超过银行贷款利率的四倍。2000 年后，合会、高利贷等又有抬头，但非常隐蔽，其中不乏嗜赌者借高利赌博。2015 年，最高人民法院明确借贷年利率超过 36% 的，不受法律保护。

第四节 金融机构

北仑农商银行白峰支行

1954 年 4 月，白峰乡信用社和上阳乡信用社成立。1958 年末，信用社并入人民公社信用部。1961 年后，恢复信用社为独立机构。1972 年，信用社机构下伸至生产大队，各大队先后分别设信用服务站。1977 年，根据国务院《关于整顿和加强银行工作的几项规定》，信用社“既是农村集体金融组织，又是国家银行在农村的基层机构”，职工直接由县银行统一管理，工资和福利待遇均与银行职工一致。1982 年，信用社进行体制改革，恢复其群众性、民主性、灵活性的特点。1987 年 12 月 7 日，北仑区信用联社成立，白峰、上阳信用社均属区信用联社辖。1989 年，信用社全面推行经营承包责任制，改变在劳资分配上的平均主义，增强信用社的活力。1992 年 5 月，撤销下伸信用服务站。

2004 年，信用社改制后，并入北仑区信用联社。境内设白峰大社，址在峰城路 77 号，建筑面积 210 平方米，下设上阳分社，址在上阳道头夹塘 75 号，租用上阳菜场店面房。2011 年成立白峰菜场分社，址在峰城路 205 号。各网点设有自助终端。另外，在白峰、上阳设立小金额“丰收驿站”多家，方便群众存取款。2018 年 10 月，白峰信用社更名为北仑农商银行白峰支行，上阳分社和白峰菜场分社分别更名为白峰支行上阳分理处和白峰支行菜场分理处。

1954—1977 年白峰境内信用社基本情况表

表 13-3-1

年份	分社个数	职工人数（人）	分社名	负责人	职工人数（人）
1954	4	8	白峰	徐阿贵	2
			山江	朱兴太	2
			上阳	顾文圣	2
			下阳	项友根	2
1956	2	6	白峰	朱兴泰	3
			上阳	顾文圣	3
1958 至 1960	4	8	白峰	唐静甫	2
			小门	胡才章	2
			上阳	顾文圣	2
			下阳	王才夫	2
1961 年以后	2	8	上阳	顾文圣	4
			白峰	胡才章	4

中国农业银行宁波白峰支行

1987 年，成立中国农业银行北仑区支行白峰办事处，后改称分理处，2013 年升格为支行，现址为白峰街道枫江路 1336 号。

中国建设银行宁波北仑白峰支行

2000 年 2 月，成立中国建设银行北仑区支行白峰储蓄所，2014 年升格为支行，现址为白峰街道峰城路 207 ～ 209 号。

中国邮政储蓄银行北仑白峰支行

2005 年 6 月，成立中国邮政储蓄银行北仑白峰支行，现址为北仑区白峰街道枫江路 1301 号。同时成立上阳邮政储蓄所，址在上阳道头夹塘 47 号。

第五节 金融业务

中华人民共和国成立后，各银行（信用社）的经营业务有专业分工：信用社和农业银行专营农村金融业务；工商银行主要为工商企业服务；建设银行以基本建设贷款为主要业务；中国银行着重为外贸进出口服务等。时白峰境内金融机构仅有信用社，故工商企业、基建和外贸等相关金融业务需到专业银行设置在柴桥的网点或镇海县（后为北仑区）级机构办理。20 世纪 90 年代中期，各家银行（信用社）经营的业务逐步冲破原有分工，相互交叉，相互竞争。

人民币存、贷款业务一直是境内各金融机构最主要的业务。随着改革开放深入和经济发展需要，各金融机构先后拓展外币存款、对外结算、个人消费信贷、信用卡、个人理财和各种代理等新业务，金融产品种类层出不穷。同时随着计算机、网络技术和各类金融科技产品的发展升级，金融机构从最初使用算盘、圆珠笔、复写纸等，依靠手工操作开展业务逐渐向电子化操作转变，2000 年后，基本实现智能化机械操作；20 世纪 90 年代，先后使用自动点钞机、验钞机等设施。通过设置自动柜员机，开通网上银行、手机银行，为客户提供 24 小时自助服务。金融机构为客户提供的服务越来越便捷、智能、安全。

北仑农商银行白峰支行

存款业务 1954 年，白峰乡和上阳乡农村信用社成立后，开始办理农村定期、活期储蓄业务，深受人民群众拥护，特别是中华人民共和国第一部宪法规定，国家保护公民的储蓄所有权，有力地推动储蓄业务发展。人民公社成立后，信用社办理农村社队存款和社员储蓄存款。1972 年信用社认真贯彻“存款自愿，取款自由，存款有息，为储户保密”的储蓄原则，储蓄存款稳步上升。中共十一届三中全会以后，随着白峰境内经济加快发展和人民生活水平的提高，储蓄和对公存款迅速发展，信用社把组织和筹集资金摆在工作首位，存款逐年大幅度递增。

信贷业务 信用社成立初期信贷的重点是支持农业生产合作社（组）发展农业生产，兼放少量社员生产、生活贷款。1955 年后，信用社开始发放集体农业生产费用贷款。时信用社资金严重不足，由县人民银行委托信用社发放，有时直接对信用社发放支持款。合作化后，信用社发放的贷款对象主要是集体企业、农业生产合作社。1959 年，开始发放社队企业生产费用贷款。20 世纪 60 年代，农村集体贷款主要是农业贷款，支持生产队购置农机具和电灌设备及解决农民生活暂时困难。“文化大革命”期间，一度冻结农贷。20 世纪 70 年代初，支持社队工业发展。1975 年，农贷重点支持农田基本建设，发放贷款顺序为社员贷款、农业生产费用贷款、社队企业生产费用贷款、农业生产设备费用贷款、社队企业设备贷款。其中农业生产设备费用贷款执行低息政策。1978 年起，农业生产服务的社队企业设备贷款也实行低息。同时，为照顾贫困生产队，发放部分专项无息贷款。1980 年后，农村信贷实行“区别对待，择优扶植”的原则，重点支持乡镇企业、专业户、重点户发展生产。1985 年，为适应农村商品生产发展，农村信贷重点支持“三户”（专业户、重点贫困户、承包户），促使其迅速进入运输、商业、家庭工业、饮食、公用服务和文化事业等经营活动。对乡镇企业，尤其对创汇企业和贫困村村办企业，给予大力支持。1988 年，紧缩银根，加强信贷管理，对乡（镇）办企业贷款在信贷总规模内严控专业指标；对信用信贷资金实行两项比例管理，以制约乡镇办企业贷款增加。1990 年后，实行《信用社农户联保贷款管理办法》，发放农村种植业和养殖业费用贷款、个体商户经营贷款，使以上各行业得以保障，较大幅度地促进农业生产和个体经营业发展。次年，根据“三农”（农业、农村、农民）经济结构，对种植面积较大的农户、农业专业户确有资金需求者，予以大力支持，以调动农业大户、专业户生产积极性。20 世纪 90 年代，金融体制多次改革，信用社实行“自主经营、自负盈亏”体制，加强对信贷资金的控制，注重事前调查和客户情况分析，将放贷与收贷挂钩，将业绩与奖惩挂钩，信贷业务朝“效益、优质、安全”方向发展。2000 年，开展信贷支持青年创业发展，鼓励历届大中专毕业生、失地农民、失业青年积极创业。2012 年，积极为农家乐经营户发展提供资金支持，促进农户就业。

2018 年，白峰信用社更名为北仑农商银行白峰支行后，经营业务包括：吸收公众存款；发放短期、中期和长期贷款；办理国内外结算；办理票据承兑与贴现；从事银行卡业务；代理收付款项及代理保险业务；提供保管箱服务；经中国银行业监督管理机构批准的其他业务。

白峰信用社 1954—1977 年度主要业务一览表

表 13-3-2

年份	职工人数（个）	固定资产（元）	股金（元）	存款（元）		贷款（元）		盈亏（元）	并入社数（个）
				合计	储蓄	发放数	余额		
1954	4		3719.00	38859.00	38859.00	18538.00	7171.00	1750.00	3
1955	6		4652.00	74609.00	74609.00	28129.00	11976.00	1631.00	3
1956	6		7388.00	60646.00	24203.00	135825.00	139623.00	1236.00	3
1957	6	67.00	9276.00	143125.00	36537.00	111034.00	91446.00	5781.00	2
1958	6	67.00	10401.00	130339.00	25467.00	198256.00	65785.00	7734.00	3
1959	6	67.00	10600.00	197282.00	95775.00	79200.00	53177.00	1197.00	3
1960	6	411.00	8163.00	246551.00	75740.00	62259.00	37028.00	−192.00	3
1961	6	392.00	8880.00	193760.00	139292.00	83835.00	47242.00	3215.00	2
1962	5	392.00	8385.00	144974.00	92263.00	68322.00	40389.00	4305.00	2
1963	6	451.00	8983.00	163953.00	34981.00	77863.00	41360.00	561.00	2
1964	6	643.00	9105.00	247113.00	105868.00	77089.00	40408.00	968.00	2
1965	6	1454.00	8989.00	322619.00	71144.00	90839.00	68416.00	1428.00	2
1966	6	1621.00	9408.00	459521.00	90849.00	93190.00	84409.00	2526.00	2
1967	6	1923.00	9424.00	321511.00	150321.00	71234.00	100961.00	3174.00	2
1968	6	1972.00	9424.00	587191.00	77571.00	117715.00	126313.00	1530.00	2
1969	6	1923.00	9424.00	535979.00	65560.00	79290.00	146971.00	4606.00	2
1970	7	1923.00	9796.00	352134.00	51639.00	102593.00	212753.00	3162.00	2
1971	7	8067.00	9424.00	438075	95006.00	93988.00	211048.00	1751.00	2
1972	8	9152.00	9424.00	467782.00	113705.00	239312.00	305288.00	507.00	2
1973	8	9171.00	9424.00	614902.00	159372.00	276013.00	191377.00	−1188.00	2
1974	8	9410.00	9424.00	769776.00	123226.00	341736.00	368006.00	2416.00	2
1975	8	9968.00	9424.00	957205.00	163661.00	539000.00	204304.00	2078.00	2
1976	8	11135.00	9424.00	510255.00	147271.00	449267.00	332384.00	3284.00	2
1977	8	10198.00	9424.00	613890.00	145910.00	255891.00	299382.00	308.00	2

1988—1993 年白峰境内信用社各项存款一览表

表 13-3-3　　单位：万元

年份	白峰信用社			上阳信用社		
	合计	个人存款	集体存款	合计	个人存款	集体存款
1988	457.00	248.90	208.10	226.50	159.10	67.40
1989	564.90	337.70	227.20	212.70	158.80	53.90
1990	680.90	504.40	176.50	402.80	345.20	57.60
1991	895.70	635.80	259.90	415.40	337.30	78.10
1992	1812.80	1303.50	509.30			
1993	2555.30	1742.20	813.10			

1988—1993 年白峰境内信用社储蓄存款一览表

表 13-3-4　　单位：万元

年份	白峰信用社			上阳信用社		
	合计	定期存款	活期存款	合计	定期存款	活期存款
1988	246.90	201.70	45.20	159.10	45.10	114.00
1989	337.80	278.70	59.10	158.80	24.10	134.70
1990	501.40	436.10	68.30	240.20	37.20	203.00
1991	635.80	546.90	88.90	337.30	52.90	284.40
1992	1303.50	1102.10	201.40			
1993	1742.20	1501.00	241.20			

1988—1993 年白峰、上阳信用社集体、个体户结算存款一览表

表 13-3-5　　单位：万元

社名	白峰信用社					
年份	合计	个体户存款	集体农业存款	乡镇企事业存款	集体定期存款	国家单位存款
1988	208.12	20.60	32.24	132.57		22.71
1989	227.23	22.82	51.26	116.37		36.78
1990	166.45	17.18	68.17	50.27	6.50	24.33
1991	259.91	42.98	56.15	88.38	14.10	58.30
1992	509.34	23.20	49.71	303.58	18.69	114.16
1993	653.08	142.46	15.67	248.70	14.41	231.84
社名	上阳信用社					
年份	合计	个体户存款	集体农业存款	乡镇企事业存款	集体定期存款	国家单位存款
1988	67.36	4.92	6.66	40.65	3.00	12.13
1989	53.90	5.25	12.14	30.39		6.12
1990	57.61	3.71	6.34	37.73	1.00	8.83
1991	78.05	3.82	11.95	53.25	1.00	8.03

1988—1993年白峰、上阳信用社各项贷款年末余额一览表

表13-3-6　　单位：万元

社名	白峰信用社						
年份	合计	承包户贷款	集体贷款	乡镇流动资金贷款	乡镇固定资产贷款	个体工商贷款	其他贷款
1988	254.20	52.80	52.40	127.20	2.10	19.70	
1989	377.40	36.40	151.40	165.30	0.80	23.50	
1990	569.30	53.60	205.00	264.20	20.50	26.00	
1991	677.80		228.30	303.50	52.50	23.50	
1992	1999.40	287.50	477.80	1156.50	47.50	30.10	
1993	2526.10	324.60	865.80	1262.90	41.20	31.60	
社名	上阳信用社						
年份	合计	承包户贷款	集体贷款	乡镇流动资金贷款	乡镇固定资产贷款	个体工商贷款	其他贷款
1988	188.90	19.60	11.70	123.50	22.00	12.10	
1989	231.40	39.30	8.80	157.60	14.50	11.20	
1990	355.00	56.70	8.30	264.20	12.70	13.10	
1991	443.00	66.30	21.90	279.40	61.20	14.20	

1988—1993年白峰、上阳信用社各项贷款累计发放数一览表

表13-3-7　　单位：万元

社名	白峰信用社						
年份	合计	承包户贷款	集体农贷	乡镇流动资金贷款	乡镇固定资产贷款	个体工商贷款	其他贷款
1988	476.30	18.40	73.50	344.30	1.00	39.10	
1989	570.30	25.10	205.80	283.60	0.30	55.50	
1990	332.40	52.50	153.60	45.70	20.00	60.60	
1991	859.90	111.80	129.50	537.40	32.00	49.20	
1992	3630.70	496.40	853.70	2214.70	15.20	50.70	
1993	7164.00	603.10	3317.30	3210.60		33.00	
社名	上阳信用社（1988—1991）						
年份	合计	承包户贷款	集体农贷	乡镇流动资金贷款	乡镇固定资产贷款	个体工商贷款	其他贷款
1988	316.60	20.00	8.10	235.00	22.80	30.70	
1989	548.50	38.20	1.10	464.00	10.00	35.20	
1990	493.30	67.00	4.10	406.40	3.40	12.40	
1991	592.40	78.20	18.80	433.00	50.40	12.00	

2005—2018 年农商银行白峰支行存、贷款一览表

表 13-3-8　　单位：万元

年末存款总额				年末贷款总额			
年份	金额	年份	金额	年份	金额	年份	金额
2005	18002.00	2012	65606.00	2005	13112.00	2012	41384.00
2006	25516.00	2013	61517.00	2006	13216.00	2013	48436.00
2007	22870.00	2014	81762.00	2007	14695.00	2014	51845.00
2008	43587.00	2015	88032.00	2008	15995.00	2015	44468.00
2009	46558.00	2016	65515.00	2009	22525.00	2016	37706.00
2010	55300.00	2017	82245.00	2010	27314.00	2017	36368.00
2011	60918.00	2018	90983.00	2011	32715.00	2018	36053.00

中国农业银行宁波白峰支行

经营业务包括：吸收公众存款；发放短期、中期、长期贷款；办理国内结算；办理票据承兑与贴现；代理发行、代理兑付、承销政府债券；买卖政府债券；从事银行卡业务；代理收付款项；代理资金清算；各类汇兑业务；外汇存款；外汇汇款；外币兑换；资信调查、咨询、见证业务；企业、个人财务顾问服务；证券公司客户交易结算资金存管业务；证券投资基金托管业务；企业年金托管业务；产业投资基金托管业务；代理开放式基金业务；电话银行、手机银行、网上银行业务；办理黄金买卖业务；代理：企业财产保险、家庭财产保险、机动车辆保险、与贷款标的物相关的财产保险、意外伤害保险、人寿保险、健康保险业务（在许可证件有效期内经营）。

1988—2018 年若干年中国农业银行宁波白峰支行存、贷款一览表

表 13-3-9　　单位：万元

年份	年末存款	年末贷款	备注
1988	4328.96	7464.80	5 月开始
1989	5239.08	10830.92	
1990	7042.43	10998.20	
2013		16779.00	
2014		14529.00	
2015	39863.00	14748.00	
2016	36929.00	15391.00	
2017	38503.00	15175.00	
2018	34879.00	17650.00	

中国建设银行宁波北仑白峰支行

经营业务包括：吸收公众存款；发放短期、中期和长期贷款；办理国内外结算；办理票据承兑与贴现；发行金融债券；代理发行、代理兑付、承销政府债券；买卖、代理买卖外汇；从事银行卡业务；代理收付

款项及代理保险业务；经中国银行业监督管理机构等监管部门批准的其他业务。（依法须经批准的项目，经相关部门批准后方可开展经营活动）。

中国邮政储蓄银行北仑白峰支行

经营业务包括：提供以本币、外币储蓄存款为主体的负债业务；以国内汇总、转账业务、银行卡、代理保险及证券、代收代付等多种形式的中间业务；以及银行间债券市场业务、大额协议存款、银团贷款和小额信贷渠道的资产业务。

2005—2018 年中国邮政储蓄银行白峰支行存款一览表

表 13-3-10　　单位：万元

年份	年末存款	年份	年末存款	年份	年末存款
2005	9038.00	2010	11811.00	2015	14409.00
2006	9817.00	2011	12379.00	2016	14816.00
2007	10322.00	2012	12879.00	2017	14497.00
2008	10842.00	2013	13301.00	2018	15164.00
2009	11342.00	2014	13911.00		

2005—2018 年中国邮政储蓄银行上阳储蓄所存款一览表

表 13-3-11　　单位：万元

年份	年末存款	年份	年末存款	年份	年末存款
2005	7863.00	2010	9237.00	2015	9976.00
2006	8054.00	2011	9504.00	2016	10192.00
2007	8304.00	2012	9734.00	2017	10217.00
2008	8607.00	2013	9853.00	2018	8895.00
2009	8986.00	2014	9806.00		

第十四篇　城乡建设

道路泥泞，河流淤塞，蚊蝇乱飞，破砖旧瓦满地，农房分布零乱，自然集镇陈旧破烂，这是旧时白峰村镇的真实写照。20世纪50年代，白峰乡政府所在地的集镇建设开始起步，农村道路、河道、桥梁陆续整修，农民住房始有翻建。20世纪60年代起，村镇建设事业有一定发展，但缺乏总体规划，以致布局零乱，镇容不甚雅观。20世纪70年代起，农户新建房相对集中，自然村落得以改造，农居建设进入一个新的发展时期。

20世纪80年代中期始，为了适应开发建设和对外开放的需要，始建主街道、商业网点及农贸市场等基础设施；公路陆续修筑通车，初步改变过去道路狭窄、交通不便的状况；农民大批翻建楼房，并注重结构和造型；环境污染逐步得到治理，农村基础设施建设亦有较快发展，村镇面貌初步得到改观。

1992年白峰建镇后，始编《北仑区白峰镇总体规划》，境内村镇建设由此步入崭新的建设和发展时期。2003年完成总体规划修编工作，规划年限为2003—2020年。白峰境域功能定位为港口的重要组成部分，宁波市制造业的重要基地，北仑区重要的物流中心之一，生态环境优美的北仑副中心城区。2004年，随着329国道改造升级，沿海中线建成，以及四期集装箱码头等一些大项目相继开工，加快白峰城乡建设的步伐。2005年又修订《白峰镇区控制性详细规划》，进一步明确镇区的功能定位。2016年撤镇建立白峰街道。2017年细化白峰发展规划，编制完成《白峰街道小城镇环境综合整治规划》，全力打造“山水林田相应、港产鱼游相宜”的滨海宜居生态小镇。并以全域景区化理念编制完成《白峰街道新农村建设总体规划》，将辖区内12个村全部纳入建设范围，以“连片打造、集中建带、整体改善”为目标梯次推进。白峰街道先后获浙江省美丽乡村示范乡镇、宁波市“十佳美丽乡镇（街道）”等称号。规划的实施，不仅加快城乡建设，而且借助市场辐射功能，促进白峰开发建设和第二、三的发展。

第一章　城区建设

民国及以前时期，白峰境内自然集镇街路狭小，设施简陋，房屋低矮，垃圾、污水到处可见，中心段街路多为集市贸易场所，沿街设摊。时集镇房屋均属私产，建筑、修缮均属个人行为，政府亦无建设规划，故集镇面貌长期无大变化，维持古老风格。

中华人民共和国成立后，随着乡人民政府的建立，政府机关所在地的集镇陆续翻建，供销合作社、信用合作社、粮站等先后建立，饮食服务、文化教育、卫生等事业都有发展，公共建筑随之增加，面貌有所改变。但至20世纪60年代前，仍无供水设施，仅筑有石砌阴沟，污水直通河道，公共卫生设施甚少，亦无电灯照明。中共十一届三中全会以后，村镇建设得到重视。始对集镇主要街道翻修改建为水泥路面，建新路贯通公路大道。20世纪80年代中期，始翻修巷弄，并采用砼筒铺设下水道。后按部就班贯彻实施建设规划，街道不断拓宽延长，公共建筑大量增加，新建居民住宅新村、菜市场，商业氛围日益浓厚。2018年城区区域面积与中华人民共和国成立初期相比扩大3倍多，初步形成一个功能齐全，生产、生活设施配套的小城镇。

第一节 城区区域拓展

白峰城区，以峰城社区、怡峰社区、白峰村、山防安置点为主体，是白峰街道办事处所在地，是街道政治、经济、文化、交通中心。中华人民共和国成立后，乡政府所在地白峰村区域面积仅0.25平方千米左右。自1985年开始，经过数次扩展，至2018年末，城区面积达到1.1平方千米。城区东至司前河，西至牛头山路，南至329国道，北至穿山港岸线，党政机关、商业、文化、教育、卫生、水电、邮政、银行、交通等公共服务设施皆集中于此。城区内公交车东通郭巨、西达柴桥街道、南接梅山跨海大桥，并直达北仑城区、小港街道红联渡口和宁波。白峰码头是水陆交通枢纽，渡轮直达舟山定海，快艇直达普陀山。

第二节 街道

中华人民共和国成立前，白峰境内集镇地处白峰村，仅有一条长约100米、宽3～5米的石板路面小街路。小街路两旁有烟酒、日杂、水产、山货、租赁等商店和摊贩10余家。中华人民共和国成立后，白峰村成为白峰乡（公社）政府驻地，是全乡政治、经济和文化活动中心。20世纪80年代中期，白峰乡政府驻地始建城区街道。至2018年，白峰城区建成峰城路、清泰路、安泰路、龙口路、枫江路、上白路、和峰路、海峰路、怡峰路、牛头山路，3条横穿东西、7条纵贯南北的街道10条，并基本实现街道硬化、绿化、亮化、净化和美化。

主要街道

峰城路 东起和峰路(329国道),西讫新峰村原下林车站。始建于1955年,1956年竣工,时称穿白公路、郭白公路。1985年称329国道。2005年329国道改道后成为城区街路,称峰城路。全长1.23千米,宽16米,混凝土路面。2017年进行街路改造，改为沥青路面，街面两侧设置人行道，路灯亦进行改造升级。

清泰路 东起六和路，西讫海滨路。始建于2004年，时东起六和路、西接329国道（和峰路），长0.5千米。2009年9月向西延伸至龙口路，西延0.26千米。2017年再次向西延伸至海滨路，延伸0.89千米。现清泰路全长达1.65千米，路两旁设人行道和绿化带。

安泰路 东起六和路,西讫牛头山路。全长1.1千米,宽7.5～16米。始建于1988年,时称新街,长0.65千米。2005年更名为安泰路。2007年4月向东延伸至怡峰路。2011年2月又向东延伸至六和路。2016年10月至2017年9月安泰路西段（牛头山路至和峰路）进行改造,由混凝土路面改为沥青路面,东段（和峰路至六和路）为混凝土路面。

龙口路 南起峰城路，北讫清泰路。全长0.7千米，宽5～16米，混凝土路面。始建于1962年，自峰城路至安泰路，长0.3千米，宽5米，俗称老街。2008年向北延伸至清泰路，延伸0.4千米，延伸段拓宽至16米，设人行道和绿化带。

枫江路 南起峰城路，北讫清泰路。全长0.49千米，宽7～12米，南为沥青路面，北为混凝土路面。

始建于20世纪80年代初，2004年改建，后又分段建成。2015年10月向北延伸至清泰路，路两旁建有人行道。

上白路　南起329国道，北讫峰城路。全长0.66千米，宽7米。始建于1966年12月，1967年5月竣工通车，始北起白峰汽车站，南至上阳凉亭车站，故称上白公路。1991年上白公路白峰段改道后，上白公路白峰村段成为乡村道路。20世纪末该路段由沙石路面改为混凝土路面，成为城区街道，定名上白路，后几经改造，路面质量得到升级。

和峰路　南北走向，系329国道白峰过境段。和峰路2004年12月完成拓宽改造，南起峰城路，北讫舟渡码头。全长0.889千米，宽22.5米，混凝土路面。沿途有舟渡码头、街道办事处、怡峰家园、商店和民宅等。

海峰路　南起峰城路，北讫白峰街道办事处。始建于1986年，原为连接舟渡码头公路，后称329国道。2005年329国道白峰村至舟渡码头段改道后，该路段成为城区街路，全长300米，宽15米。原为混凝土路面，2018年改造为沥青路面，两侧设人行道和绿化带。

怡峰路　南起安泰路，北讫清泰路。全长0.18千米，宽14米，混凝土路面。2005年建成，两侧设人行道和绿化带。

牛头山路　南起峰城路，北讫清泰路。全长0.55千米，宽12米，混凝土路面。2015年4月建成，两侧设人行道和绿化带。

商业街整治

2017年，白峰街道小城镇环境综合整治方案获批后，为全方位提升白峰街区的市容市貌，根据道路性质，商业分布情况，对峰城路、安泰路进行重点整治，使2条商业街“动”“静”结合，相得益彰。峰城路设计方案凸显“动”字，建筑立面改造充分体现“浙东民居”风格，打造成一条洁美商业街；安泰路沿街改造项目凸显“静”字，打造成一条“清雅安泰”的商业步行街。商业街整治后，融人行、车流、购物、景观为一体，成为生态型城镇重要组成部分。街路宽度按主次等级分为6米、10米、12米不等。一般分置车行道、人行道，部分设隔离绿化带和花坛布景。至2018年，白峰商业街商贾云集，店铺林立，一个欣欣向荣的商业街区由此形成。

第三节　居民住宅

中华人民共和国成立前，居民住房都是私房，多为砖木瓦房或泥坪草舍。中华人民共和国成立后，随着经济发展、人民生活水平提高和城镇建设需要，在集镇周边新建住房逐年增多，每户建筑面积约为100～120平方米。亦有单位建造职工住宅房，住房结构多为2卧1厅1厨1卫。20世纪80年代中期起，住宅建设采用混凝土框架结构，以增强抗震能力。

1986年起至20世纪末，在司前畈新建住宅房82幢，其中神马岛村民建35幢，山防村村民建25幢，司前村村民建22幢，多为2层楼房，每幢2～3间。后原神马村又另建有老年房4幢共64套，均为2层楼房。

20世纪90年代，先后在峰城社区东西地块新建住宅楼27幢，住宅楼高度三至五层，其中有18幢共261套，9幢共59套。

2004年初，新建怡峰家园住宅房25幢，2006年建成。建筑面积10.8万平方米，分A、B、C3个小区。

2010年，因建设疏港高速公路需要，实施山防“农村宅基地整理复垦异地安置项目”，整村搬迁。2012年在下林前头畈安置点开工建设，2015年建成。共建住宅180幢，建筑面积39600平方米，形成一个新的城镇小区。

第四节　公共建筑

旧时，集镇房屋都是低矮的平房。中华人民共和国成立后，集镇的公共建筑与经济建设同步发展。20 世纪 80 年代前，公共建筑有所发展，但速度缓慢。20 世纪 80 年代后，公共建筑大量增加，面积不断扩大。至 2018 年，主要公共建筑：

白峰街道办事处　位于龙口路 43 号，原为峰城（金信）大酒店。2005 年 6 月改建为行政办公用房，2006 年 9 月竣工投用，建筑面积 6725 平方米，主楼五层。

白峰街道文化活动中心（青少年宫）　位于清泰路 222 号。始建于 2008 年 3 月，2009 年竣工，建筑面积 5100 平方米，主楼 4 层。

白峰影剧院　位于清泰路 222 号东侧。2008 年动工建设，2009 年竣工，建筑面积 968 平方米，高度 9 米。

文化活动中心广场　位于清泰路 222 号。2008 年始建，2010 年竣工投用，面积 16500 平方米。

白峰派出所　位于枫江路 1388 号。2000 年 10 月动工建设，2001 年 5 月竣工投用，建筑面积 1590 平方米，主楼 4 层。

渔政站　位于白峰派出所东侧。始建于 2007 年，2009 年竣工，建筑面积 1830 平方米，主楼 5 层。

邮政电信楼　位于枫江路 1366 号。始建于 1996 年，1998 年竣工，建筑面积 2000 平方米，主楼高 4 层。

白峰供电所　位于枫江路 1415 号。2003 年 3 月始建，10 月竣工投用，建筑面积 2380 平方米，主楼 3 层。

白峰市场监督所　位于枫江路 1387 号。始建于 1999 年 5 月，2000 年 1 月竣工，建筑面积 1981 平方米，主楼 4 层。

农业银行白峰支行　位于枫江路 1336 号。始建于 1992 年，1993 年 5 月竣工投用，建筑面积 694 平方米，主楼 3 层。

农商银行白峰支行　位于峰城路 77 号。1985 年始建，1986 年竣工，建筑面积 830 平方米，主楼 3 层。

白峰广电站　位于峰城路 172 号。2000 年 4 月动工建造，2001 年 1 月竣工投用，建筑面积 1391.2 平方米，主楼 3 层。

白峰医院　位于峰城路 88 号。始建于 1996 年 5 月，1997 年 11 月竣工，建筑面积 1418 平方米。2012 年扩建新门诊楼，2014 年 7 月竣工，建筑面积 3686 平方米。至 2018 年，共有建筑面积 5104 平方米，主楼 3 层。

郭巨水管站　位于峰城路 47 号。始建于 1993 年 5 月，1993 年 12 月竣工，建筑面积 429.3 平方米，主楼 3 层。

白峰小学　位于白峰村石板桥跟 58 号。始建于 1998 年 6 月，1999 年 9 月竣工，时有建筑面积 3000 多平方米。2003 年新建楷风楼 950 平方米。2008 年新建惠学楼 3970 平方米、六艺馆 1091 平方米，食堂翻建 1260 平方米，另有连廊 245 平方米。至 2018 年，学校共有建筑面积计 10616 平方米，主楼 4 层。

白峰中学　位于白峰街道共青路。1974 年下半年，在白峰村遮山下易地新建校园，1976 年夏新校舍竣工投用。1991 年在会堂旧址新建 4 层教学楼 1117 平方米。1995 年拆除原教学楼，在原址新建 4 层教学楼 1406 平方米。2004 年 10 月，新建 4 层科技实验楼 2177 平方米。至 2018 年，学校共有建筑面积 10637 平方米。

盛威体育馆　位于白峰街道共青路。始建于 2017 年 6 月，2018 年 9 月竣工，建筑面积 4739 平方米。

白峰幼儿园　位于清泰路 1 号。2005 年开工建设，2006 年 10 月竣工，建筑面积 1135 平方米，主楼 3 层。

白峰综合市场　坐落于白峰村遮山桥东侧，2006 年 11 月开工建设，2007 年 12 月竣工投入使用。（详见第五篇第一章第五节）

第二章　乡村建设

旧时，白峰农村一派萧条景象。污水、垃圾、破砖旧瓦随处可见，露天厕缸臭气熏天，蚊蝇满天飞舞；乡间道路几为泥道，每逢下雨落雪，坑坑洼洼，难以行走；农民的住房不是平房就是草房，居住分散杂乱；夜间更是漆黑一片，悄然无声。

中华人民共和国成立后至改革开放前，农村面貌虽有改观，但变化不大。改革开放后，农村发生翻天覆地的变化，平坦的水泥公路直通各村，崭新的楼房遍地都是，公用设施不断改善，自来水、电话、有线电视通入农户。进入21世纪，农村城镇化建设加速，各村公用事业、村容村貌、生态环境、村民生活质量等都取得巨大进步。至2018年，白峰农村建设成为布局合理、风景优美、交通便捷、人民安居乐业的社会主义现代化新农村。

第一节　农房建设

农村住宅变化

白峰农村住宅，历来一姓或几姓聚居建宅，形成自然村落，大者几十户、上百户，小者几户、十几户，也有零星独户，分布零乱。民国时期，村民住宅多系砖木结构房子，且多为平房，房型有七架屋、五架屋、四架屋、三架屋等，亦有少数泥墙草房。中华人民共和国成立初期至20世纪70年代中期，新建住房较少，多为无房者新建或草房翻建瓦房。

中共十一届三中全会后，随着生产力的发展和农民经济收入的增加，境内有农户将小屋、旧屋翻建或新批地基建砖混结构两层楼新房子。20世纪80年代后期始，楼房越建越好，并讲究室内外布局，卫生间贴瓷砖，安装抽水马桶，门窗改为不锈钢结构，富裕农户墙壁刷涂料、或贴墙纸、或做三夹板墙裙，亦有将衣橱做在墙壁里，外墙瓷砖贴面，屋顶盖有琉璃瓦，安装不锈钢防盗门窗。20世纪90年代，兴建以混凝土现浇替代以往水泥预制件为主材料的新型框架结构别墅式住房，楼层由两层提升至三层、四层，居室注重通风采光，窗户增多增大，正屋前建有阳台走廊，外墙马赛克贴面，室内装潢讲究，上做吊顶泥墁，下铺地砖或契口木纹地板，配置吊灯、吸顶灯、壁灯等高中档灯具，院内筑有花坛，种植常绿树木或花果。有的村采取统一规划、统一设计、统一安置、有序建造，通过移民等措施建造新的楼房住宅。至2018年，境内村民住宅95%以上改建成为两层及两层以上楼房。

农村私人建房管理

长期以来，农村建房缺少必要的规范与管理，农宅选址、建房审批、建筑管理等方面无健全的制度。乱占耕地、无证施工、违章操作，加之建筑工匠技术参差不齐，建房事故时有发生，造成农民生命财产的严重损失。1987年始，政府通过考核整顿，组建专业施工队，健全有图施工、签订合同后施工及验收等制度，开展工匠培训，建立农房建筑档案等，使农房建筑步入正轨，建房乱占耕地的情况亦逐步得到控制。2016年10月，北仑区政府出台《关于进一步加强和规范农村宅基地管理的实施意见》，从申请对象、分户条件、审批流程、批后监管等方面规范农村宅基地审批管理。2018 年 5 月起，北仑区全面开展农房确权登记工作，建立“户申请、村集中、街道受理、部门联审、区管登记”的办证机制。

第二节　农村现代化建设

改革开放以来，白峰不断解放和发展农村社会生产力，推动农村全面进步，以实现经济效益、生态效益和社会效益的最大化。2003 年响应浙江省全面推进以改善农村生态环境、提高农民生活质量为核心的“千村示范、万村整治”工程，2005 年按照“生产发展、生活富裕、乡风文明、村容整洁、管理民主”的要求开展社会主义新农村建设，2013 年启动以实现城乡一体化为发展目标的美丽乡村建设，2018 年实施以解决“三农”问题为重点的乡村振兴战略，农村面貌焕然一新。

科学推进农村规划

在村庄规划编制时，坚持“多规合一”，突出“实用性”，通盘考虑土地利用、产业发展、居民点布局、人居环境整治、生态保护和历史文化传承。注重保留乡村特色风貌和乡土味道，加强农房建设质量安全管理，加大对传统村落等保护力度。

美丽乡村建设

逐步实施农村人居环境整治提升，瞄准农村实际情况和农民需求，着力从农村厕所改革、生活污水治理、生活垃圾收运处置、村庄清洁和绿化行动、美丽宜居乡村和美丽庭院创建活动等方面推进整治提升行动。对长期困扰农村人居环境的生活垃圾问题，实施专项治理行动，坚持减量、分类，进而推广城乡环卫一体化治理。

农村公共服务体系建设

建立城乡公共资源均衡配置机制，强化农村基本公共服务供给城乡统筹，逐步实现标准统一、制度并轨。聚焦教育、医疗、就业、养老、文化、体育、社会保障等农民群众的关切领域，科学规划，有序推进。逐步完善城乡路网和公交网络，推进电力、通信、供水、燃气、污水收集等市政管网向乡村延伸。

推动产业深度融合

改变传统的农业生产经营模式，推进农业现代化示范区建设，以培育重点企业，打造特色农产品品牌。通过发挥境内龙头企业引领作用优势，逐步构建和完善农业产业体系，拓宽农民增收渠道。引导农村发展休闲农业、景观农业、体验农业、乡村旅游、农家乐等新产业、新业态，充分发挥新产业、新业态带动农业农村发展的作用。推动龙头企业、农民专业合作社、家庭农场开展战略合作，打造“互联网 + 农业”模式，加快农业全产业链的建设。

精神文明建设

加强乡风文明建设，促进农村形成新文化、新风尚。通过文化宣传墙、宣传栏积极推广宣传社会主义核心价值观与优秀乡村文化；建立农家图书室与农村文化礼堂，为培育文明乡风、提升农民文化素养筑牢基础；发挥文明道德模范的引领和带动作用，在农村开展文明道德模范评选并积极宣传其优秀文明事迹，促进农村深化移风易俗，形成良好风气与文明风尚。

第三章　供水　供电　供气

白峰供水、供电、供气等公用事业，起步迟，规模小。1971 年后，部分大队自行创办柴油发电机供电，至 1977 年实现大电网队队通电；1984 年白峰自来水厂建成供水；1985 年，部分农户使用煤气。至 2018 年，白峰日供水量冬季为 3000 ～ 4000 立方米，夏季为 7000 ～ 8000 立方米；境内设液化气供应点 3 个，年均供应液化气 2 万瓶左右。

第一节　供水

自古以来，直至 20 世纪 80 年代初，白峰境域村民一直以雨水（贮于水缸，俗称“天水”）、井水、河水、溪水为饮用水。贮水缸俗称“天水缸”，几乎家家必备，大户人家多达 3 ～ 4 只，常年饮用，部分作为太平水，预防火灾。村民洗涤多赖河水、溪水，沿河筑有埠头，便于洗涤。

1984 年 9 月，白峰乡在白峰村遮山河边建自来水厂，于 1985 年 5 月建成供水，日供水量 1920 立方米。是年，先为司前村、白峰村、下林村村民提供自来水，后逐渐扩展到除小门、屺峙、外峙村外的白峰片各村供水。

1987 年 6 月，上阳乡在太平岙建自来水厂，于 1988 年 4 月建成供水，日供量 430 立方米。是年，先为除虾康、马盘、蕉山村外的上阳片各村供水。1988 年后，白峰乡的小门村、屺峙村和上阳乡的虾康村、马盘村、蕉山村先后利用本村水库建造村级小型自来水厂，为村民提供自来水。

1997 年，白峰自来水厂在蒋岙村蛇尖头新建自来水厂，于 1998 年竣工，原白峰自来水厂迁入新地，日供水量达到 7200 立方米。至 2002 年，白峰自来水厂、上阳自来水厂及各村小型自来水厂供水用户达到 6382 户。

2003 年，白峰境域开始铺设宁波自来水公司的大管网，首先在小门和司沿 2 个村进行改造。至 2009 年大管网通到各村村口。2011 年，境内自来水供水移交给宁波自来水公司供水和管理，境内用上清洁环保的大管网自来水。2018 年，除新峰村屺峙社、司沿村官前自然村、下阳村虾康社、阳东村马盘社外，其余各村都用上由宁波自来水公司提供的优质自来水，用户水表达到 9900 只，日供水量冬季为 3000 ～ 4000 立方米，夏季为 7000 ～ 8000 立方米。

第二节　供电

20 世纪 70 年代初前，境内村民靠菜油、煤油灯照明，动力全靠畜力、人力启动。1971 年后，钟家湾、上王、东园等大队自行创办柴油发电机，供村民（社员）家庭用电。20 世纪 70 年代中后期，全境实施大电网通电，各大队自行出资立电线杆、架设输供电线路、配备配电变压器，实现户户通电。白峰公社、上阳公社分别配设专职电工，负责低压电力线整改维修。1984 年，白峰乡、上阳乡分别成立农电管理站，负责低压电力线整改维修，统管农村电费及 10 千伏高压运行。1992 年 5 月扩镇并乡后建立白峰电管站，各村配电工 1 名。是年，实行用电“三公开”（电量公开、电价公开、电费公开）、“四到户”（销售到户、抄表到户、收费到户、服务到户）、“五统一”（统一电价、统一发票、统一抄表、统一核算、统一考核）。2002 年 12 月，各村的配电变压器及配电设施、低压照明线路产权无偿移交给北仑供电局，由村级集体所有制转为国有。2003 年后，农村多次进行电网改造，包括加强农网建设、提高电网安全质量、提升优质服务水平等，使境内电网安全运行。

第三节　供气

中华人民共和国成立之前，村民炊事皆用泥灶，木柴、稻草和麦秆为燃料。20 世纪 60 年代中期部分村民始用煤球炉子生火炊事，少数也有用煤油炉炊事。20 世纪 70 年代，个别生产大队推广使用沼气，利用粪料和猪牛栏料贮池制气烧饭炒菜，后因烦琐费时而停用。1985 年，部分农民使用液化石油气（俗称“煤气”），其间，多数村民仍以柴草为主，间用煤球，液化石油气仅作临时急用或作柴草煤球之补充。2000 年后，电气炊具渐进百姓之家，如电饭煲、微波炉等。煤气液化气普及，电气炊具也进入多数人家，但木柴仍有部分村民在作燃料。2018 年全境共有 3 个液化气供应点。2000 年以来，年均供应液化气 2 万瓶左右。

第四章　征地　拆迁

中华人民共和国成立后，因建设发展需要，征地、拆迁是政府的一项重要工作，但规模一直不大。2003 年后，大规模经济建设在境内展开，大批土地被征用，原从事农业生产的农民，被征地后大部分转岗，从事其他工作，政府对被征地人员实施生活和养老保障政策。根据《宁波市征收集体所有土地房屋拆迁条例》和《宁波市征收集体所有土地房屋拆迁条例实施细则》及北仑区人民政府有关文件精神，白峰街道（镇）及成立的支大工作指挥部配合区政府有关部门和拆迁人，为支援开发建设开展拆迁工作。

第一节　征地

20 世纪 50 年代，企事业单位征用土地需向政府申请，经批准即可使用。1958 年 1 月，全国人大常委会原则批准《国家建设征用土地办法》，根据征用土地数量逐级上报批准。1964 年 8 月，国务院规定不分城市和农村，企事业单位征用土地由县人民委员会审批。是年起，生产队被征用土地后出现的剩余劳动力，由劳动部门指定用地单位给予安排“土地征用工”。

1959 年后，凡属于人民公社在本社范围内的建设用地均由人民公社自行调度。1976 年，农村社、队企业使用土地原“三定”任务不变，也不核减农业税，由用地单位负责。20 世纪 80 年代初期，社、队办企业使用集体土地，经批准后由用地单位与土地所属生产大队、生产队签订《使用土地协议书》，由用地单位补贴给所属生产队，一次性补偿青苗费，并安排土地工进社办厂工作，农业税由用地单位缴纳，涉及粮油任务的经公社协调后平衡。1987 年 1 月起执行《中华人民共和国土地管理法》，使乡（镇）企、事业单位用地逐步走上依法用地、计划用地的正常轨道。对国营企业、全民大集体企业、全民事业单位和公益事业用地办理征用土地，乡（镇、村）办企、事业单位办理集体建设使用土地，在征、使用土地中，由用地单位向被征地单位农民集体经济组织支付土地补偿费、劳力安置费、青苗补偿费。征、使用土地后，由用地单位招收“土地征用工”或一次性补偿劳力安置费，涉及粮食任务和农业税的由区粮食、财政部门分别按有关规定办理。1989 年始，土地管理部门负责对乡（镇）企业建设用地的立项申请，政府批准用地后建设单位方可破土动工。

为鼓励被征地人员自谋职业及用人单位接纳被征地人员，2003 年始，通过区、街道（镇）、村（社区）三级劳动就业服务平台通力合作，帮被征地人员实现就业。

生活保障

被征地人员的待业生活费的发放标准，随着人民生活水平的提高而提高。月人均发放金额：2003 年 1 月至 2004 年 7 月，每月 192.50 元；2004 年 8 月至 2006 年 9 月，每月 213 元；2006 年 9 月始，每月 228 元。至 2018 年每人每月 611 元。

养老保障

2003 年，征地产生的被征地人员，由镇和村自行安置解决，并按照政策为其做好养老保障。至 2018 年，全街道（镇）参加“土保”9801 人，参加“城保”9711 人。

2016—2018 年白峰街道（镇）被征地人员养老保障一览表

表 14-4-1　　单位：人

征地年份	养老保障	
	参加“土保”人数	参加“社保”人数
合计	889	1485
2016	217	367
2017	369	582
2018	303	536

第二节　拆迁

拆迁流程

一、制定集体所有土地房屋拆迁实施方案，并报批准；二、实施方案批准之日起 5 日内发布拆迁公告；三、公布房屋拆迁补偿安置的具体方案；四、入户调查，分户测量评估；五、测量与评估复核；六、可补偿安置面积调查及结果公示；七、评估及评估结果公示；八、签订房屋拆迁补偿安置协议；九、对集体所有土地房屋实施拆迁；十、一方当事人不履行拆迁补偿安置协议的，另一方当事人可以依照约定申请仲裁，也可以依法向人民法院提起诉讼。

房屋拆迁补偿政策按照宁波市人民政府和北仑区人民政府制定的有关政策文件执行。

拆迁情况

1998 年进港公路扩宽，官庄村拆迁 3 户；2003 年沿海中线拓宽，官庄村拆迁 12 户；2003 年 329 国道扩宽，新峰村屺峙拆迁 4 户；2003 年怡峰家园安置房建设，司沿村司前拆迁 4 户；2005 年进港公路拓宽，港口村轮仰拆迁 9 户；2005 年企业用地，神马村拆迁 116 户；2009 年穿山疏港高速公路建设，小门村拆迁 52 户；2010 年穿山港疏港高速公路建设，门浦村拆迁 40 户；2010 年枫江路建设，司沿村司前拆迁 2 户。

2012—2017 年白峰街道（镇）房屋拆迁一览表

表 14-4-2

年份	项目名称	户数（户）	面积（平方米）
2012	穿山疏港高速	8	757.00
2013	宅基地整理复垦	49	6483.00
2014	宅基地整理复垦	11	1221.00
2015	宅基地整理复垦	30	2804.00
2016	清泰路延伸	8	2423.00
2016	宅基地整理复垦	16	1076.00
2017	穿山港铁路支线	352	79014.00
2017	慢行系统	2	452.00
2017	工业小区规划扩展	28	6239.00

安置

房屋征用安置实行调产安置、货币安置和迁建安置。

调产安置 由拆迁人提供相应的购房资金，由被拆迁人直接向房地产开发商自愿选购政府定价、市场运作的商品住宅。政府按规划安排被拆迁户住宅安置地块，由房地产开发公司进行开发。调产安置房的价格由政府定价，对拆迁户实行优惠。为妥善安置被拆迁户住宅，政府建设怡峰家园和东香茗园 2 个安置房小区，共有安置房 80 幢 2356 套，建筑面积 316178 平方米。其中：怡峰家园 25 幢 896 套，建筑面积 10.8 万平方米；东香茗园 55 幢 1460 套，建筑面积 208178 平方米。安置小区成为被拆迁户的新家。

货币安置 由拆迁人提供相应的补偿资金，供被拆迁人自行选购安置用房。

迁建安置 以按规划易地安排宅基地为主进行安置，并给予适当的经济补偿。因宅基地整理复垦、水利工程建设需要等，1992 年太平村双石人山移民 25 户，1997 年山防村竺家坑移民 10 户，2009 年小门村移民 35 户，2011 年白峰村山防移民 210 户。

第五章 环境保护和市容环境卫生管理

20 世纪 50 年代前，白峰境内以农业为主，经济结构比较单一，环境污染源少，虽毁山毁林严重，但水质、空气很纯净。20 世纪 60 年代后，随着化肥、农药普遍使用，以及 20 世纪 80 年代后工业的迅速发展和人口的增长，环境问题日益突出。由于对环境保护工作缺乏认识，多数工厂在兴建时都没有建设相应的污染治理设施，在生产过程中排放的废水、废气、废渣污染境内环境和河海、水源。尤其是农村居民区附近的中、小企业对周围环境危害十分严重。环境污染逐步加剧，时已有《中华人民共和国环境保护法（试行）》，但基本处于“有法不依”的状态。

1989年12月《中华人民共和国环境保护法》出台，生态环境保护提到十分重要的位置，并逐渐加大对破坏生态环境行为的打击力度。2002年提出生态文明建设思想，2013年又把生态文明建设放在突出地位，并进入全面、深度的污染治理阶段。

随着白峰城镇化建设步伐加快，境内环境卫生、占道经营、交通秩序、环境污染、乱搭乱建等问题日益凸显，逐渐得到社会和政府的重视。但一直以来相关管理部门“分兵把守、各管一摊”，“执法空档”“多头执法”等情况时有发生。2004年7月，将市容环境卫生、市政设施、城市绿化、公用事业管理等领域的全部或部分职能进行整合，成立宁波市城管行政执法支队北仑大队白峰中队，后其职责不断增加。2013年1月，启动综合行政执法改革，职能进一步扩大，市容环境卫生逐步实现集中管理。通过历年环卫和城管项目建设以及财政持续投入，环卫和城管设施日益完善，并向智能化管理发展。2017年，以全域景区化理念建设美丽乡村，推进境域环境连片整治。现全境域山清水秀，蓝天碧水空气好，成为城里人羡慕的良好居住地和旅游胜地。2005年，阳东村被授予宁波市生态示范村；2006年小门村、下阳村被授予宁波市生态示范村；2017年街道先后获“浙江省卫生街道”“小城镇环境整治省级样板”等称号。

第一节　环境保护

主要污染源

水质污染　20世纪60年代开始，农副业生产应用化学肥料和药物防治病虫害，且用量逐年增多，部分有害物质经雨淋和灌排随水流入河海，农民将农药喷具在河中洗刷，污染水体。20世纪70年代末开始，村、乡（镇）、民营工业先后得到发展，工业用水不断增加，随之排放的污水也日益增多。另外生活污水、垃圾和粪便等的排放，加剧水质污染，有些被排放的河流水质发黑发臭，甚至影响正常的水产养殖。境内排放有害物质污水主要有化工、洗染类等企业。

大气污染　20世纪80年代前，大气污染源主要是燃煤废烟和工业排气，这类炉灶、锅炉排气筒很低，燃烧不完全，缺少除尘设备，污染物容易扩散，居民烧柴、煤球（饼）造成的污染也相当严重。进入21世纪，境内交通车辆不断增多，车辆排出的尾气也成为主要污染源。另外，还有农民焚烧秸秆产生的有毒有害物质和烟雾污染等。大气污染物主要有二氧化硫、一氧化碳、氮氧化物，煤粉尘等。

生态环境治理

整治落后产能　1999—2000年，先后关停砖瓦厂3座，并实施“腾笼换鸟”计划，其中1座改建湿地公园，1座复为耕地，另一座改作其他用途。并先后完成5家涉氨冷冻厂的整治工作，另有1家停产歇业。每年减少煤炭消耗量520吨，减少二氧化碳排放量3443吨。通过关、停、并、转、改等综合措施，淘汰高能耗、高污染、落后产能和生产工艺设备，使境内工业企业做到污染物达标排放，且不超过排污总量指标要求。境内现有企业125家，规上企业7家，均实现达标排放。其中白峰电镀厂和宁波锦艺机械科技有限公司属强制性清洁生产审核企业，均通过验收审核。

水环境治理　对河、湖、库、塘进行全面清淤，2007—2018年，完成清淤河道6条近7000米，清淤量3.7万立方米。推进水系沟通和生态补水工程，完成黄龙坑溪坑整治工程、小门碶扩建工程和小门枫棚岭溪坑整治工程，投入资金500万元，完成4个村庄水环境项目。污水治理工作基本完成计划，实现街道全覆盖。累计投入资金1500万元，完成农村污水管网60.4千米、污水处理终端14座。在工业污水整治方面，小门工业园区内28家企业完成纳管工作，并配有北仑区首个街道独立的污水处理厂（岩东排水公司白峰污水处理厂）进行集中处理。2017年，二次水改涉及5个村，共投入资金56.3万余元，受益1245户，实现全街道二次水改全域覆盖。全域水质获得明显提高，高质量通过省市剿灭劣V类水考核验收和“污水零直排区”创建验收工作。

农业生态环境保护 2018年末，白峰街道有无公害农产品基地4个，无公害农产品5个，市级农业标准化示范基地3个，市级家禽养殖场1个，市级标准化家禽养殖区1个。2014年，关停养殖场12家，北仑区益丰畜禽养殖场和宁波日华农业有限公司，通过改造升级予以保留。两家养殖场均采用雨污分流的排水体制，将养殖场产生的污染物再循环综合利用，境内养殖场动物粪便综合利用率达100%。境内因地制宜推广农业节水新技术，针对水田推广管道灌溉节水工作，林园地推广喷微灌技术，农业灌溉节水有效利用系数为0.60。全面推广以控制氮、磷流失为主的节肥增效施肥技术和作物配方肥应用，提倡增施商品有机肥，使化肥施用强度不断下降，2018年，化肥施用量为750千克/公顷。在秸秆综合利用技术方面，引导农户通过对秸秆粉碎还田等综合利用方法。推广使用环境污染小的农膜以及农膜使用技术，推广草纤维地膜等可降解地膜，推广一膜多茬，旧膜覆盖技术；同时加强旧农膜回收系统建设，鼓励废旧农膜加工再利用，确保农膜回收率，2018年，农膜回收率为93%。均达到国家生态文明示范乡镇标准。

使用清洁能源 境内绝大多数居民的生活用能源为清洁能源，清洁能源消耗的种类主要是天然气、液化石油气、太阳能。据2018年统计，境内共有农户7448户，使用清洁能源有7262户，使用清洁能源的农户比例为97.5%。达到国家生态文明建设示范乡镇标准。

造林绿化 20世纪90年代初，在林业部门的帮助下，境内开始生态公益林建设。至2000年，生态公益林面积达到3333余公顷。又在低山荒山种植毛竹。2017年，白峰境域森林覆盖率达到70%左右。全面推广海绵绿地和海绵公园建设，至2018年末，建成阳东湿地公园、白峰湿地公园（白峰街道水生植物繁育基地）和百丈河景公园、生态河道项目。有公园绿地9处（不包括村级公园，村级公园是一村一公园），占地面积3万余平方米；生态绿道及游步道10处，长度约20千米；境内绿地总面积达28.68万平方米，人均公共绿地面积约31平方米。

法治治理 20世纪80年代初，根据《中华人民共和国环境保护法（试行）》规定，新建工业严格执行“三同时”（即环保设施与主体工程同时设计、同时施工，同时投产），加强环保意识，加强检测调查。并根据法律和“谁污染谁治理”的要求，凡已投入正常生产有水、气污染的企业必须采取防治措施，添置设备，由一名厂长负责环保工作，建立奖惩考核制度，超标排放的，征收排污费。1989年12月，《中华人民共和国环境保护法》正式颁布，生态环境治理“法治化”成为常态。

附录：污染事故处理案例

1995年6月，上阳油库由于输油管老化破裂，导致近2吨柴油泄漏入海，白峰、梅山两乡镇6.7公顷海涂受污染，海涂养殖受损严重，半年内无法再生产，造成经济损失约32万元。后经环保等有关部门协调，上阳油库赔偿经济损失16万元。

2001年4月15日晚，宁波市北仑区白峰上阳电化厂排放超标废水，造成鱼塘鱼种、蟹种、河蟹、河鱼等水产损失，被法院判决赔偿养殖户6.4万元。

2017年5月26日，宁波瑞鑫清洗技术有限公司的银舟15号油污水接收船用潜水泵将约10吨油污水从银舟15号船舱排放至司沿码头边雨水沟内，油污随雨水流入海涂，致使海涂上水草及海水沾染油污，附近海面油花明显。该企业非法排放危险废物的行为被追究法律责任。

2018年12月7日，宁波港集装箱运输有限公司运输车辆发生侧翻事故，车内20吨天然橡胶全部倾倒在沟渠，流入沿海中线北侧河道，现场约600米河道河水呈乳白色。事发后，白峰街道、北仑生态环境分局组织多家单位参与污染事故的应急处置，但仍造成部分河水因受污染失去原有生态环境价值。通过磋商，最终与宁波港集装箱运输有限公司达成了总金额为99.6万元的生态环境损害赔偿协议。这也是宁波市首例因交通事故导致生态环境损害赔偿案件。

第二节　市容环境卫生管理

队伍与设施（装备）建设

1994年境内建立环境卫生管理站（简称"环卫站"），有管理人员3人、保洁员4人，主要担负对城区及周边地区的环卫管理和保洁，时有人力手拉车4辆。2004年，各村先后建立保洁员队伍，健全镇、村两级环卫网络。2010年环卫站有管理人员3人、职工17人。环卫设备有垃圾清运汽车2辆、吸粪车1辆、清扫车1辆、人力三轮车15辆。有公共厕所4座、垃圾筒箱58只、果壳箱38只。2018年环卫站有管理人员12人、环卫车驾驶员9人、保洁员56人。配有清运车2辆、吸粪车1辆、清扫车1辆、洒水车1辆、垃圾收集车2辆、垃圾拉臂车2辆、保洁三轮车40辆。网点拥有公共厕所4座、垃圾压缩站1座，各村有公共厕所30座，并全部改造完成。城区及附近有垃圾桶260只、果壳箱52只。

2004年7月，成立宁波市城管行政执法支队北仑大队白峰中队，时有正式队员3人和协管员6人，有执法三轮摩托车2辆。后随职能扩大，队员人数、设施（装备）相应增加。2016年12月改称北仑区综合行政执法局白峰综合行政执法中队。2018年，共有执法队员9人和协管员16人，有执法车2辆、电动巡逻车3辆、对讲机9台、执法记录仪38台。

2013年12月建立"河长制"和"小微水体长制"。2016年10月，成立白峰街道小城镇环境综合整治（美丽集镇建设）工作领导小组和办公室。2017年6月建立"路长制"，实现对境域市容环境卫生管理全覆盖。

日常维护和管理

环境卫生管理站　1994年日清运垃圾3～4吨。2010年日清扫面积12.62万平方米。2018年，环卫管理主要工作：一抓清扫保洁，划分清扫保洁路段，实行定路段、定人员、定职责管理模式，日清扫面积48万平方米；负责对路段内的墙壁、电柱、刻画、涂写和乱张贴进行全方位清除保洁，全境每年清除在万件以上。二抓清运力度，每日需清运垃圾20多吨，在清运中坚持安全、高效原则，根据季节及时收运垃圾，做到日产日清，每日对垃圾中转站、垃圾放置点进行冲洗、消毒；加强对垃圾运输途中因污水滴漏、飘洒造成二次污染。三抓公共厕所管理，坚持每天4次打扫，及时冲水，做到无臭无味、无蚊子苍蝇，门窗保持干净整洁，公厕四周无明显杂草。

综合行政执法中队　自2004年7月成立城管行政执法中队以来，其执法范围由市容环境卫生、市政设施、城市绿化、公用事业管理逐步扩大到市容和环境卫生管理、城乡规划管理、市政公用管理、城市绿化管理、殡葬管理等方面的全部行政处罚权和建设管理、环境保护、食品安全管理、农业管理、林业管理、海洋与渔业管理、土地管理和矿产资源监督管理、水行政管理、工商行政管理、公安交通管理有关法律、法规、规章规定的部分行政处罚权。2018年，全年一般案件立案40余起，简易程序案件立案3起；分别开展"乱堆物""乱摆摊""乱占道""夜间市容环境大整治""两整两提"等专项活动140次，出动1100余人次，教育整改无证经营1680余起、占道跨门经营230余起；规范人行道停车秩序，实施机动车人行道违停抄告440余辆，规范非机动车停车1200余辆；加强乱贴乱涂行为的监管，督促“门前五包”单位、经营户及时清除责任区的乱贴、乱画、乱涂行为，清除责任区外的乱贴小广告300多张，清除招租、售房等广告150多条；清理各类垃圾20车。

市容环境卫生整治

2005年起，境域对河溪、水池进行彻底整治，使河床干净、水体清洁，对生产、生活垃圾实行“户集、村收、区处理”的模式，使境域面貌焕然一新。

2013年，白峰街道开始推进“三改一拆”（三改指旧住宅区、旧厂区、城中村改造和拆除违法建筑，简称“三改一拆”）和“无违建”创建工作，全面开展占有耕地的违法建筑、道路两侧、影响消防安全、非法“一户多宅”、涉水、“破烂王”、宗教场所违建等各类整治攻坚行动。至2018年，共拆违635处，面积710796平方米。街道先后获宁波市无违建创建先进街道、宁波市基本无违建乡镇（街道）称号。

2014年始，境域开展“五水共治”专项行动（即“治污水、防洪水、排涝水、保供水、抓节水”）。

2017年，白峰街道探索出“四箱合一、四线合一”（广电、移动、联通、电信箱线）共杆共箱的共享模式，破解空中管线整治顽疾，为宁波市首创。完成329国道、进港公路白峰段、老白中线两侧及安泰路等沿线近78.4千米的杆线整治，拔除沿线废旧电线杆410根，完成安泰路等线路“上改下”4.2千米，完成入户线整治1700多户。“空中蜘蛛网”巧落地被省市多家媒体报道。

2017年起，白峰街道在全区率先实施河埠头整治工作，首创生态河埠头。

2018年11月，在白峰村山防社试点开展生活垃圾分类工作。

安泰路整治前后

河溪污水整治前后

第十五篇　社　会

宋绍熙年间（1190—1194）已有王姓人氏在庚阳、马婆等山麓、溪谷和向阳坡地生息活动，后又有多姓人氏从省内外迁入境内定居，从事农耕生产，人口渐增。中华人民共和国成立前，因普遍存在“重男轻女”“养儿防老”“多子多福”等封建思想，早婚早育十分普遍。但由于贫穷落后，医疗条件差，加上战乱频繁死亡率高，存活少，人口素质差，长寿少，人口增长率偏低。时有“生生一眠床，死死一叠床”之说。清康熙五十年（1711）颁布“滋生人丁”“永不加赋”令，境内人口自然增长率提高。雍正元年（1723）推行“摊丁入地”取消人丁税，人口增长。民国初至民国30年（1941），境内人口数量变化甚微。抗日战争时期，境内部分村庄遭日军细菌弹轰炸，社会动荡，民不聊生，部分居民流徙外乡，人口锐减。中华人民共和国成立初期，由于社会安定、经济发展、人民生活水平提高，卫生条件改善，寿命不断延长。时受封建旧观念影响，以致人口增长迅猛，人口密度增加。1953年境内人口11605人，1982年为20989人，29年间增加9384人，年均增长324人，年均增长率为1.54%。20世纪80年代始，因坚持贯彻落实计划生育基本国策，人口猛增的势头得以缓解，境内人口增长能适应本地区社会和经济的发展。20世纪90年代后，由于九年制义务教育和高中教育先后普及，人口文化素质显著提高，并有越来越多的人接受高等教育。家庭结构由传统多代相处一堂的多人直系家庭趋向于父母、子女组成的3～4人小型家庭。随着白峰开发建设，外来入境人口逐年增加，2018年白峰派出所登记的暂住人口为6552人。据2018年人口统计资料，境内有姓氏125个。

中华人民共和国成立前，白峰境内农民普遍处于贫苦落后的境地。他们大多向地主租田耕种，终年劳碌，起早摸黑，所得无几，还要做长工、短工，甚至讨饭才能勉强维持温饱，住的房屋则多为低矮草房或小瓦房。加之政局动荡，税目繁多，物价多变，人民生活苦不堪言。中华人民共和国成立后，通过土地改革和农业合作化，农业生产得到发展，农民生活逐步得到改善。1957年后20年时间，采取“大锅饭”生产方式，搞极端平均主义，农民生活水平提高不明显。1978年以来农村进行经济体制改革，逐步实行家庭联产承包责任制，进而为农业适度规模经营，农民生产积极性被调动起来，并在改革开放的新形势下多种经营全面发展，乡（镇、村）、私营经济蓬勃兴起，部分农村劳动力向第二、三产业转移，农民经济收入大幅度提高。境内农村居民人均年收入由1978年不足200元，提高到2018年超过18000元。同时，居民生活状况发生翻天覆地的变化，社会保障能力也大幅度提升，逐步从温饱型家庭向小康型家庭转变，人民生活水平是“芝麻开花，节节高”。

白峰境内风俗淳厚，民情纯朴。俗语说“千里不同风，百里不同俗”，因地处东海之滨，民间对天神、海神多有敬畏，故形成独特的地方风俗。境内丰富多彩的民间习俗寄托着乡人美好的愿望和衷心祈求，也夹杂着不少封建迷信观念。随着社会的发展变化，境内的风俗也在不断发生变化，一些陈俗陋习逐渐被淘汰，新习俗、新风尚正在形成。

白峰的宗教主要有佛教、道教、基督教和天主教。自唐宋以来，境内佛教、道教兴盛。唐大顺二年（891）在白峰门浦就建有报恩寺；唐乾宁三年（896）在山防建有保安寺。清光绪年间，基督教、天主教先后传入境内。中华人民共和国成立后，宗教活动渐衰，寺观庵庙多数毁废，有的改成学校或粮库，僧尼大多还俗。

“文化大革命”期间，宗教活动被禁止。20世纪70年代后期始，落实宗教政策，宗教活动渐恢复。

白峰方言属吴语系，跟宁波市区、舟山地区基本相同，差异甚微。从记录方言来说，很多词语“有音无字”，只好借用近音字代替。白峰的方言词汇、民间谚语、常用的歇后语丰富多彩，生动形象，颇有地方特色。

第一章　人口　姓氏

据1994年《镇海县志》记载，县境内人口数始记于宋宝庆三年（1227），时白峰境域属海晏乡（海晏乡辖区为现柴桥街道、白峰街道、梅山街道、春晓街道），以海晏乡为调查单位进行统计，白峰境内具体人口查无考。清宣统三年（1911）后，白峰境域行政区划时有变动，人口数也无从考证。白峰境内人口从1953年中华人民共和国成立后第一次全国人口普查后才有确切记录。至2018年末，全街道共有20160人，其中：男性9982人，占总人口的49.5%；女性10178人，占总人口的50.5%。有姓氏125个（不含外来人口）。

第一节　人口数量及变动

中华人民共和国成立后，于1953年、1964年、1982年、1990年、2000年、2010年开展6次全国人口普查，白峰街道境内历次普查总人口分别是：

第一次全国人口普查　总人口11605人，其中：白峰乡3067人；山江乡3314人；上阳乡2634人；下阳乡2590人。

第二次全国人口普查　总人口15688人，其中：白峰公社8704人；上阳公社6984人。比第一次全国人口普查时净增4083人，增长35.18%，年均增长率3.20%。

第二次全国人口普查白峰公社、上阳公社（单位）总户数、总人口和性别比例一览表
（1964年6月底止）

表15-1-1

公社（单位）	总户数（户）	总人口数（人）			占总人口的比例（%）		性别比例
		合计	男	女	男	女	（女=100）
白峰	2024	8704	4586	4118	52.69	47.31	111.36
上阳	1576	6984	3693	3291	52.88	47.12	112.22

第三次全国人口普查　总人口20989人，其中：白峰公社11780人；上阳公社9209人。比第二次全国人口普查时净增5301人，增长33.79%，年均增长率1.88%。

第四次全国人口普查　总人口21240人，其中：白峰乡11733人；上阳乡9507人。比第三次全国人口普查时净增加 251 人，增长 1.2%，年均增长率 0.15%。

第五次全国人口普查　全镇总人口 20040 人，比第四次全国人口普查时减少 1200 人，增长 -5.65%，年均增长率 -0.565%。

第六次全国人口普查　总人口（不包括郭巨片）18589 人，比第五次全国人口普查时减少 1451 人，增长 -7.24%，年均增长率 -0.724%。

1963 年至 1982 年 6 月白峰公社历年人口变动一览表

表 15-1-2

时间	总人口（人）	出生数（人）	出生率（‰）	死亡数（人）	死亡率（‰）	自增数（人）	自增率（‰）
1963 年	8704	426	48.94	77	8.85	349	40.10
1964 年	9334	381	40.82	42	4.50	339	36.32
1965 年	10019	357	35.63	54	5.39	303	31.24
1966 年	10224	313	30.61	62	6.06	251	24.55
1967 年	10485	216	20.60	41	3.91	175	16.69
1968 年	10769	260	24.14	41	3.81	219	20.34
1969 年	10799	241	22.32	27	2.50	214	19.82
1970 年	10733	267	24.88	51	4.75	216	20.12
1971 年	10839	260	23.99	71	6.55	189	17.44
1972 年	11020	215	19.51	55	4.99	160	14.52
1973 年	11201	186	16.61	38	3.39	148	13.21
1974 年	11227	136	12.11	46	4.10	90	8.02
1976 年	11619	195	16.78	55	4.73	140	12.05
1977 年	11734	166	14.15	62	5.28	104	8.86
1978 年	11738	192	16.36	52	4.43	140	11.93
1979 年	11646	197	16.92	58	4.98	139	11.94
1980 年	11750	171	14.55	59	5.02	112	9.53
1981 年	11802	192	16.27	68	5.76	124	10.51
1982 年 7 月	11846	89	7.51	38	3.21	51	4.31

1961—1978 年上阳公社人口变动一览表

表 15-1-3

年份	户数（户）		人口（人）	
	总户数	其中：农业户	总人口	其中：农业人口
1961	1551	1494	6240	6220
1962	1593	1518	6567	6531
1963	1576	1456	6891	6878
1964	1577	1458	7115	7085
1965	1610	1497	7387	7347
1966	1633	1513	7652	7610
1967	1665	1553	7796	7746

续表 15-1-3

年份	户数（户）		人口（人）	
	总户数	其中：农业户	总人口	其中：农业人口
1968	1676	1563	7948	7900
1969	1785	1670	8180	8130
1970	1760	1650	8390	8350
1971	1763	1655	8500	8450
1972	1998	1890	8561	8510
1973	2016	1900	8635	8585
1974	2082	1962	8700	8635
1975	2144	2030	8747	8700
1976	2249	2134	8835	8800
1977	2330	2200	8881	8830
1978	2391	2236	8886	8826

1985—1991 年白峰乡人口变动一览表

表 15-1-4

年份	总户数（户）	总人口（人）			其中农业人口（人）	出生（人）	死亡（人）	迁入（人）	迁出（人）
		合计	男	女					
1985	3633	11454	5388	6066	10314	99	71	84	104
1986	3744	11820	5865	5955	11022	160	67	44	197
1987	3844	11836	5900	5936	11137	217	59	35	149
1988	4092	11928	5946	5982	11241	190	63		
1989	4164	11672	5864	5808	11252	156	75		
1990	4205	11733	5904	5829	11298	175	71	24	55
1991	4231	11751	5912	5839	11325	139	71	39	87

1985—1991 年上阳乡人口变动一览表

表 15-1-5

年份	总户数（户）	总人口（人）			其中农业人口（人）	出生（人）	死亡（人）	迁入（人）	迁出（人）
		合计	男	女					
1985	3114	9279	4760	4519	8327	68	64	11	30
1986	3207	9332	4799	4533	8925	154	47	31	37
1987	3330	9452	4857	4595	9035	211	53	8	29
1988	3416	9461	4863	4598	9075	148	63		
1989	3513	9475	4868	4607	9124	136	57		
1990	3555	9507	4870	4637	9153	128	64	10	21
1991	3643	9516	4881	4635	9163	107	49	42	91

1992—2002 白峰镇人口变动一览表

表 15-1-6

年份	总户数（户）	总人口（人）			其中非农业人口（人）	出生（人）	死亡（人）	迁入（人）		迁出（人）	
		合计	男	女				省内	省外	省内	省外
1992	7902	21097	10739	10358	791	194	137			72	
1993	7879	21094	10745	10349	817	194	135	10	24	23	32
1994	7679	20869	10634	10235	764	254	150	18	18	28	22
1995	7678	20764	10605	10159	796	189	180	19	12	37	6
1996	7685	20702	10600	10102	862	238	137	51	26	68	24
1997	7654	20643	10553	10090	894	173	142	37	42	39	25
1998	7605	20490	10473	10017	899	143	125	38	33	57	12
1999	7545	20312	10336	9976	946	129	134	54	66	82	8
2000	7581	20040	10202	9838	1041	153	129	14	40	48	20
2001	7560	19614	9995	9619	1041	80	120	31	37	75	50
2002	7705	19180	9824	9356	1210	103	146	33	37	82	27

2003—2015 年白峰镇人口变动一览表

表 15-1-7

年份	总户数（户）	总人口（人）			其中非农业人口（人）	出生（人）	死亡（人）	迁入（人）		迁出（人）	
		合计	男	女				省内	省外	省内	省外
2003	7692	19229	9815	9414	1325	141	137	50	80	22	17
2004	7945	19386	9965	9521	1406	106	113	56	81	21	17
2005	8199	19677	9949	9728	1566	172	135	105	103	13	11
2006	8316	19875	10024	9851	1745	147	152	67	80	11	15
2007	8376	20019	10041	9976	1840	147	157	37	61	7	15
2008	8472	20247	10101	10146	2014	138	212	64	95	5	12
2009	8389	20302	10123	10179	2134	121	160	53	84	8	20
2010	8344	20443	10200	10243	2229	147	136	35	109	9	13
2011	8229	20573	10244	10329	2938	130	138	36	116	8	39
2012	8189	20636	10269	10367	3597	147	176	23	81	9	21
2013	8130	20649	10262	10387	3826	145	150	19	68	16	23
2014	8059	20631	10232	10399	4009	201	179	21	83	16	22
2015	7942	20411	10110	10301	5159	157	141	19	82	17	25

2016—2018年白峰街道人口变动一览表

表15-1-8

年份	总户数（户）	总人口（人）			其中非农业人口（人）	出生（人）	死亡（人）	迁入（人）		迁出（人）	
		合计	男	女				省内	省外	省内	省外
2016	8096	20229	10004	10225	5036	145	71	14	55	12	24
2017	8023	20094	9928	10166	4990	162	86	18	84	16	17
2018	8049	20160	9982	10178	4945	109	59	58	73	11	23

1982年白峰公社、上阳公社人口分布与密度一览表

表15-1-9

公社	人口（人）	面积（平方千米）	密度（人/平方千米）
白峰	11780	22.50	523.55
上阳	9209	31.06	296.49

2006年白峰镇人口分布与密度一览表（含郭巨境域）

表15-1-10

地区	人口（人）	占北仑区人口比例（%）	面积（平方千米）	人口密度(人/平方千米）
白峰镇	44006	12.38	110.40	399.00

注：时白峰镇包括郭巨片区。

第二节　人口构成

民族构成

境内为汉族聚居区，根据2018年人口调查统计，全街道共有20160人。其中有少数民族14个111人，其余均为汉族。

2018年末白峰街道人口民族构成一览表

表15-1-11　　单位：人

村（社区）	人口数	
合计	20160	
白峰	2111	汉族2101、苗族3、土家族1、满族1、壮族5
小门	1857	汉族1854、侗族3
新峰	1285	汉族1279、佤族1、苗族1、壮族2、侗族2

续表 15-1-11

村（社区）	人口数	
司沿	1401	汉族 1399、壮族 2
港口	1734	汉族 1702、壮族 17、仡佬族 5、彝族 2、黎族 2、布依族 2、苗族 2、土家族 2
官庄	673	汉族 672、壮族 1
门浦	949	汉族 946、土家族 1、苗族 2
勤山	1300	汉族 1292、土家族 8
上阳	2075	汉族 2060、壮族 2、土家族 7、彝族 2、畲族 3、混血人族 1
太平	377	汉族 373、土家族 3、哈尼族 1
下阳	2584	汉族 2575、土家族 8、布依族 1
阳东	2190	汉族 2175、土家族 6、壮族 3、彝族 1、傈僳族 1、黎族 2、壮族 2
峰城社区	896	汉族 894、佤族 1、壮族 1
怡峰社区	728	汉族 727、布依族 1

年龄段构成

2018 年末，白峰街道 60 岁及以上有 6460 人，占总人口的 31.78%，按国际标准，人口老龄化较严重。

2018 年白峰街道各村（社区）人口年龄段一览表

表 15-1-12　　单位：人

村（社区）	年龄段（岁）						
	0 ~ 4	5 ~ 9	10 ~ 14	15 ~ 19	20 ~ 24	25 ~ 29	30 ~ 34
合计	548	534	649	525	825	1258	1288
白峰	54	38	51	56	86	130	115
小门	39	47	59	54	72	106	113
新峰	35	34	33	29	62	91	64
司沿	34	27	44	36	62	91	79
官庄	18	12	31	14	38	51	28
港口	29	63	67	41	77	110	124
门浦	23	23	25	25	51	61	49
勤山	40	23	31	36	55	90	94
上阳	63	60	92	45	79	115	138
太平	11	14	7	6	14	28	29
阳东	41	57	78	71	100	132	137
下阳	110	57	68	70	91	181	166
峰城	20	36	31	26	10	29	75
怡峰	31	43	32	16	28	43	77

续表 15-1-12

村（社区）	年龄段（岁）						
	35 ~ 39	40 ~ 44	45 ~ 49	50 ~ 54	55 ~ 59	60 ~ 64	65 ~ 69
合计	1411	1202	1661	2166	1670	2057	1608
白峰	128	114	163	236	186	265	192
小门	127	117	127	194	159	195	221
新峰	79	79	110	155	93	140	96
司沿	91	81	114	157	123	140	114
官庄	39	39	69	90	53	84	31
港口	113	111	147	141	152	162	134
门浦	57	41	80	116	82	97	69
勤山	73	72	129	144	121	133	90
上阳	134	115	173	226	161	247	169
太平	17	25	29	47	36	36	24
阳东	121	144	209	239	180	215	169
下阳	145	154	214	312	228	238	215
峰城	214	64	43	46	51	47	41
怡峰	73	46	54	63	45	58	43
村（社区）	年龄段（岁）						
	70 ~ 74	75 ~ 79	80 ~ 84	85 ~ 89	90 ~ 94	95 ~ 99	100 岁
合计	1084	649	476	375	120	26	4
白峰	128	73	51	32	13	4	0
小门	64	56	48	43	11	4	1
新峰	79	39	33	20	11	2	0
司沿	81	51	33	33	10	0	0
官庄	43	12	16	5	0	0	0
港口	81	56	57	48	17	4	0
门浦	50	23	27	18	5	1	0
勤山	60	44	31	25	6	2	2
上阳	120	63	37	20	16	2	1
太平	22	12	11	7	0	0	0
阳东	131	67	43	40	13	3	0
下阳	145	82	58	42	7	1	0
峰城	48	46	24	34	9	1	0
怡峰	32	25	7	8	2	2	0

2018年白峰街道各村（社区）60岁以上占总人口比例一览表

表15-1-13

村名（社区）	60岁以上（人）	占总人口比例（%）	村名（社区）	60岁以上（人）	占总人口比例（%）
合计	6460	31.78			
小计	3325		小计	3135	
白峰	754	35.71	勤山	329	25.31
小门	644	34.68	上阳	691	33.30
新峰	419	32.61	太平	113	29.97
司沿	462	32.97	阳东	681	31.09
官庄	191	28.38	下阳	897	34.71
港口	559	32.24	峰城	247	27.57
门浦	296	31.19	怡峰	177	24.31

性别构成

2018年末，白峰街道户籍人口中，男性9982人，占总人口的49.52%；女性10178人，占总人口的50.48%。

2018年末白峰街道各村（社区）户籍人口性别一览表

表15-1-14

村（社区）	户籍人口情况				
	总人口（人）	男性（人）	占总人口比例（%）	女性（人）	占总人口比例（%）
合计	20160	9982	49.52	10178	50.48
小门	1857	910	49.00	947	51.00
新峰	1285	619	48.17	666	51.83
白峰	2111	1050	49.74	1061	50.26
司沿	1401	675	48.18	726	51.82
官庄	673	320	47.55	353	52.45
港口	1734	826	47.64	908	52.36
门浦	949	468	49.32	481	50.68
勤山	1300	672	51.69	628	48.31
上阳	2075	1045	50.36	1030	49.64
太平	377	178	47.21	199	52.79
阳东	2190	1080	49.32	1110	50.68
下阳	2584	1263	48.88	1321	51.12
峰城	896	501	55.92	395	44.08
怡峰	728	375	51.51	353	48.49

文化程度构成

清末以来，境内曾开设私塾，私塾是中国古代家庭、宗族或教师个人设立的教学场所，为儿童提供蒙学教育。其时，一般只有地主、富农子弟能上学读书，而多数农民生活困难，拿不出钱供孩子读书，境况稍好的家庭也只能靠交粮食作为学费，也有勉强进私塾，因交不起学费而只得中途辍学，成为文盲或半文盲。因此，能去私塾读书的孩子并不多见，并大多为男性。此举一直延续到民国时期。中华人民共和国成立后，政府十分重视教育工作，一方面在农村青壮年农民中开展扫盲工作，另一方面在农村增设小学，动员农民子弟上学读书，并对经济有困难的农民子女实行学杂费减免等优惠措施。村民逐渐摆脱“目不识丁”的状态，文化水平得以提高。20 世纪 90 年代后，境内教育事业快速发展，幼儿教育、普通教育、成人教育并进，人们受教育程度普遍提高。1998 年，境内实现“高标准普及九年制义务教育、高标准扫除青壮年文盲”。2001—2006 年，实现高中教育普及，并有越来越多的文化人口向大专以上文化程度转移。2018 年，境内具有大专及以上文化程度人数达 2815 人。

2018 年末白峰街道各村（社区）文化程度状况一览表

表 15-1-15　　单位：人

村（社区）	6 周岁以上总人数	文化程度调查						
		研究生	大学本科生	大专生	高中、中专生	初中生	小学生	文盲和半文盲
合计	19394	98	1084	1633	3388	5995	5606	1590
小门	1793	16	30	100	305	590	465	287
新峰	1239	3	93	104	128	471	327	113
白峰	2047	27	278	298	312	401	415	316
司沿	1356	3	50	62	223	523	471	24
官庄	652		28	30	254	257	31	52
港口	1692	5	6	12	463	628	422	156
门浦	903	5	20	30	70	482	200	96
勤山	1253	2	52	145	286	314	244	210
上阳	2002	15	136	107	150	300	1200	94
太平	360		50	75	94	63	70	8
阳东	2123	4	76	90	306	807	758	82
下阳	2417	17	60	348	370	681	895	46
峰城	866		149	178	284	192	48	15
怡峰	691	1	56	54	143	286	60	91

在业人口产业构成

历史上白峰是以农业生产为主的区域，也有少数人从事渔业、盐业生产等，从事竹、木、泥、漆、石等手工业者一般都亦工亦农，多数不脱离农业生产。中华人民共和国成立初期，劳动力的产业状况基本没有改变。1958 年人民公社建立后，始有少数劳动力转向工业、副业生产。中共十一届三中全会后，村、乡（镇）企业崛起，后随着经济体制改革逐步深入、家庭联产承包责任制的推行和农业生产新技术的推广运用，农村劳动力从业情况不断变化，从事第一产业逐年减少，第二、三产业逐年增加。

第三节 婚姻与家庭

婚姻状况

婚姻状况与当时的社会制度、人们婚姻观念及生活医疗水平有关。旧时，在封建统治下的婚姻形成基本以“父母之命、媒妁之言”为准则，讲究门当户对，早婚，甚至近亲结婚的习俗风行，一般青年多在 20 岁之前完婚。富贵人家可以三妻四妾，而有些贫困农民终身未娶。男尊女卑，男子退婚、丧偶可以再娶，女子退婚不能再嫁，丧偶须终身守寡。领童养媳、入赘、换亲、典妻等劣俗也时有发生。中华人民共和国成立后，《中华人民共和国婚姻法》的颁布给婚姻制度带来质的改变，随着青年男女文化素质不断提高，思想观念也不断转变，男女平等、婚恋自由、晚婚晚育等观念逐渐深入人心，并得到整个社会的认同，但早婚仍偶有发生。20 世纪 80—90 年代，职业、家境一度成为择偶重要因素。跨入 21 世纪，婚姻观念呈现出多元化趋势，整体婚姻状况很难描述，奉子成婚、闪婚、试婚、网婚、不婚等现象渐现。

2018 年末白峰街道各村（社区）18 周岁（含 18 周岁）以上人口婚姻一览表

表 15-1-16

村别	项目	人数（人）	男		女	
			人数（人）	占比（%）	人数（人）	占比（%）
合计	合计	18939	9495	50.13	9444	49.87
	未婚	2186	1331	60.89	855	39.11
	有配偶	14378	7189	50.00	7189	50.00
	丧偶	1434	470	32.78	964	67.22
	离婚	576	316	54.86	260	45.14
	再婚	365	189	51.78	176	48.22
白峰村	合计	2110	1032	48.90	1078	51.10
	未婚	183	113	61.70	70	38.30
	有配偶	1632	816	50.00	816	50.00
	丧偶	177	35	19.80	142	80.20
	离婚	89	52	58.40	37	41.60
	再婚	29	16	55.20	13	44.80
小门村	合计	1691	870	51.40	821	48.60
	未婚	150	102	68.00	48	32.00
	有配偶	1360	680	50.00	680	50.00
	丧偶	100	28	28.00	72	72.00
	离婚	25	20	80.00	5	20.00
	再婚	56	40	71.40	16	28.60
新峰村	合计	1175	574	48.90	601	51.10
	未婚	108	52	48.10	56	51.90
	有配偶	828	414	50.00	414	50.00
	丧偶	113	41	36.30	72	63.70

续表 15–1–16

村别	项目	人数（人）	男		女	
			人数（人）	占比（%）	人数（人）	占比（%）
新峰村	离婚	69	37	53.60	32	46.40
	再婚	57	30	52.60	27	47.40
司沿村	合计	1250	604	48.30	646	51.70
	未婚	145	88	60.70	57	39.30
	有配偶	880	440	50.00	440	50.00
	丧偶	114	25	21.90	89	78.10
	离婚	75	37	49.30	38	50.70
	再婚	36	14	38.90	22	61.10
港口村	合计	1734	832	48.00	902	52.00
	未婚	193	91	47.20	102	52.80
	有配偶	1416	708	50.00	708	50.00
	丧偶	92	15	16.30	77	83.70
	离婚	23	14	60.90	9	39.10
	再婚	10	4	40.00	6	60.00
官庄村	合计	697	391	56.10	306	43.90
	未婚	193	152	78.80	41	21.20
	有配偶	448	224	50.00	224	50.00
	丧偶	40	6	15.00	34	85.00
	离婚	8	5	62.50	3	37.50
	再婚	8	4	50.00	4	50.00
门浦村	合计	911	442	48.50	469	51.50
	未婚	109	56	51.40	53	48.60
	有配偶	744	372	50.00	372	50.00
	丧偶	50	10	20.00	40	80.00
	离婚	6	2	33.30	4	66.70
	再婚	2	2	100.00	0	0
勤山村	合计	1227	604	49.20	623	50.80
	未婚	138	78	56.50	60	43.50
	有配偶	936	468	50.00	468	50.00
	丧偶	84	25	29.80	59	70.20
	离婚	21	7	33.30	14	66.70
	再婚	48	26	54.20	22	45.80
上阳村	合计	1821	990	54.40	831	45.60
	未婚	100	65	61.00	35	45.00
	有配偶	1416	708	50.00	708	50.00
	丧偶	280	196	70.00	84	30.00
	离婚	18	14	77.80	4	22.20
	再婚	7	7	100.00		
太平村	合计	331	176	53.20	155	46.80
	未婚	34	28	82.40	6	17.60

续表 15-1-16

村别	项目	人数（人）	男		女	
			人数（人）	占比（%）	人数（人）	占比（%）
太平村	有配偶	246	123	50.00	123	50.00
	丧偶	28	10	35.70	18	64.30
	离婚	14	10	71.00	4	29.00
	再婚	9	5	55.60	4	44.40
下阳村	合计	2354	1138	48.00	1216	52.00
	未婚	220	136	61.80	84	38.20
	有配偶	1734	867	50.00	867	50.00
	丧偶	191	43	22.50	148	77.50
	离婚	132	63	47.70	69	52.30
	再婚	77	29	37.70	48	62.30
阳东村	合计	1986	985	49.60	1001	50.40
	未婚	237	153	64.60	84	35.40
	有配偶	1518	759	50.00	759	50.00
	丧偶	136	20	14.70	116	85.30
	离婚	74	44	59.50	30	40.50
	再婚	21	9	42.90	12	57.10
峰城社区	合计	925	486	52.50	439	47.50
	未婚	205	123	60.00	82	40.00
	有配偶	690	345	50.00	345	50.00
	丧偶	12	8	66.70	4	33.30
	离婚	13	7	53.80	6	46.20
	再婚	5	3	60.00	2	40.00
怡峰社区	合计	727	371	51.00	356	49.00
	未婚	171	94	54.90	77	45.10
	有配偶	530	265	50.00	265	50.00
	丧偶	17	8	47.10	9	52.90
	离婚	9	4	44.40	5	55.60
	再婚					

家庭结构和户规模

旧时，提倡多子多福，人丁兴旺，一户七八口者不在少数，有的四世同堂，一家十几口，甚至几十口。中华人民共和国成立后，于 1953 年开展第一次全国人口普查时，境内平均每百户人口 389 人。20 世纪 60 年代，户均人口呈增多趋势，1964 年平均每百户人口达 436 人，比 1953 年增加 47 人。20 世纪 80 年代后，家庭结构由传统多代相处一堂的多人直系家庭，趋向于父母子女 3 ～ 4 人小型化家庭。

2018年末白峰街道家庭户规模一览表

表 15-1-17

户规模	户数（户）	所占比例（%）
总户数	8079	
1人户	2018	24.98
2人户	2143	26.53
3人户	2392	29.61
4人户	939	11.62
5人户	462	5.72
6人户	102	1.26
7人户	21	0.26
8人户	2	0.02

2018年末白峰街道各村（社区）家庭户规模一览表

表 15-1-18

村社区	总户数（户）	1人户		2人户		3人户		4人户		5人户		6人户		7人户		8人户	
		户数（户）	占比（%）	户数（户）	占比（%）	户数（户）	占比（%）	户数（户）	占比（%）	户数（户）	占比（%）	户数（户）	占比（%）	户数（户）	占比（%）	户数（户）	占比（%）
小门	721	118	16.36	193	26.77	251	34.81	110	15.25	47	6.51	1	0.14	1	0.14	0	0
新峰	534	108	21.40	149	29.60	156	31.00	59	11.70	49	3.80	11	2.20	2	0.40	0	0
白峰	821	177	21.56	231	28.14	259	32.00	93	11.00	48	5.90	10	1.20	3	0.03	0	0
司沿	545	124	23.00	140	26.00	175	32.00	64	12.00	37	6.80	5	1.00	0	0	0	0
官庄	261	56	21.00	72	28.00	75	29.00	44	17.00	10	4.00	4	1.00	0	0	0	0
港口	594	88	15.00	159	27.00	175	30.00	86	14.00	60	10.00	21	3.50	5	0.80	0	0
门浦	361	70	19.00	103	29.00	134	37.00	43	12.00	7	1.90	1	0.20	2	0.50	1	0.20
勤山	508	120	24.00	127	25.00	160	31.00	67	12.00	26	5.00	8	1.60	0	0	0	0
上阳	857	213	25.00	264	31.00	247	29.00	88	10.30	35	4.00	8	0.90	2	0.20	0	0
太平	150	41	27.00	42	28.00	45	30.00	11	7.00	9	0.60	2	0.13	0	0	0	0
阳东	823	149	18.00	222	27.00	294	36.00	92	11.20	55	6.70	7	0.80	3	0.40	1	0.12
下阳	963	181	19.00	266	28.00	298	31.00	127	13.20	68	7.10	20	2.10	3	0.30	0	0
峰城	631	473	75.00	102	16.00	42	6.60	12	1.90	2	0.30	0	0	0	0	0	0
怡峰	310	100	32.30	73	23.60	81	26.00	43	14.00	9	3.00	4	1.30	0	0	0	0

第四节　支宁　知青

1959年，为了支援社会主义建设，境内一部分农村青年响应国家号召赴宁夏地区工作（简称“支宁”）。1964年开始一部分城镇知识青年（简称“知青”）上山下乡到境内插队落户，从事农业生产。这是中华人民共和国成立以来党和政府有组织、有领导的二次劳动力转移。后因诸多原因，大部分“支宁”人员返回家乡，知识青年返回城镇。

2003 年后，大规模经济建设在境内展开，大批土地被征用，原从事农业生产的农民，被征地后大部分转岗，从事其他工作，政府对被征地人员实施生活和养老保障政策。

支宁

1959 年 3 月，经过层层发动、自愿报名、身体检查、组织审批，境内有 39 名农村青年由公社武装部部长领队，赴宁夏回族自治区支援经济建设。超额完成县人民政府分配的“支宁”任务。1970 年后，因生活等多方面原因，大部分“支宁”人员返回家乡。

1959 年白峰境内支援宁夏人数一览表

表 15-1-19 单位：人

片区	生产大队	人数			片区	生产大队	人数		
		小计	男	女			小计	男	女
合计		39	26	13	白峰	外峙	1	1	
白峰片区	白峰	3	1	2	上阳片区	蕉山	4	2	2
	屺峙	2	1	1		道头	2	1	1
	神马	2	1	1		上王	2	2	
	百丈	2	2			虾康	2	1	1
	小门	3	2	1		勤丰	2	1	1
	门浦	3	1	2		山坑	1		1
	轮江	3	3			石山	1	1	
	司前	2	2			东园	4	4	

注：时白峰街道属郭巨人民公社。

知青

1964 年开始，广大城镇知识青年响应党中央的号召，到农村插队落户，参加农业劳动，接受贫下中农再教育。1965 年 5 月，白峰公社、上阳公社分别设立知识青年办公室，各配专职干部 1 名。至 1978 年，白峰公社共接收县内外知识青年 80 名（其中女性 49 名），分别到 13 个生产大队插队落户，参加农业劳动；上阳公社共接收县内外知识青年 75 名（其中女性 31 名），分别到 13 个生产大队插队落户，参加农业劳动。

20 世纪 70 年代初，百丈村“知青”住过的房子

1980年前白峰境内各大队插队知识青年人数一览表

表15-1-20　　　　　　　　　　　　　　　　　　　　　　　　单位：人

公社	大队	人数			公社	大队	人数			公社	大队	人数		
		小计	男	女			小计	男	女			小计	男	女
合计		185	92	93	白峰公社	百丈	5	3	2	上阳公社	下湾	4	3	1
白峰公社	白峰	5	3	2		蒋岙	2	1	1		焦山	6	4	2
	门浦	15	8	7		小门	15	4	11		勤丰	5	2	3
	官庄	6		6		山防	4	1	3		东园	4	1	3
	轮江	8	5	3		神马	5		5		黎明	3	1	2
	外峙	4	2	2	上阳公社	虾康	5	4	1		山坑	2	1	1
	司沿	4	2	2		上王	7	5	2		石山	11	4	7
	下林	3	1	2		道头	8	5	3		太平	34	20	14
	屺峙	4	1	3		钟家湾	9	5	4		马盘	7	6	1

按照当时政策规定，镇海县知青下乡2年以上，根据招工条件可以招工，或者招生、参军或父母退休、退职回城顶职。1979年起，既有知青下乡插队，也有招工、招生、参军离开境内。1980年后，因生活环境不适应等诸多因素，大部分在境内插队的知青陆续回城就业。

第五节　人口管理

中华人民共和国成立前，境内人口一直是“高出生、高死亡、低增长”。政府对人口不加控制，民间放任盲目生育，许多贫困家庭无力抚养多子女，则采取堕胎、溺婴等办法，以控制家庭人口的增长。20世纪50—60年代，人口政策经过多次变化，人口进入“高出生、低死亡、高增长”阶段。1973年推行“晚、稀、少”生育政策，1982年计划生育被列为基本国策，境内人口一直处于“低出生、低死亡、低增长”状态。2014年始，为应对人口老龄化问题，促进人口长期均衡发展，计划生育政策做出重大调整，一方是独生子女的夫妇可生育两个孩子。后又提倡一对夫妇生育二胎。

1963—1981年白峰公社人口自然变动情况的对比一览表

表15-1-21　　　　　　　　　　　　　　　　　　　　　　　　单位：人

年份	出生数	年平均出生数	年平均出生率‰	死亡数	年平均死亡数	年平均死亡率‰	自增数	年平均自增数	年平均自增率‰	自然增长率升降
1963—1965	1164	388	41.34	173	58	6.20	891	297	31.82	下降21.17‰
1969—1971	768	256	23.73	151	50	4.66	617	206	19.06	下降12.76‰
1979—1981	560	187	15.94	185	62	5.26	375	125	10.65	下降10.65‰

生育政策

1955年3月，贯彻卫生部《关于节制生育问题的报告》。

1963年，党和政府提出实行计划生育，宣传控制人口增长的重要意义，号召各级干部带头落实计划生育措施。1973年提出“晚、稀、少”生育政策，男女晚婚年龄为25周岁，后期，晚婚年龄女改为23周岁。每对夫妇以生两个孩子为宜，两胎间隔4年以上。1979年，提倡一对夫妇只生一个孩子。凡生一个孩子，表示不再生育，夫妇双方并落实有效节育措施的，颁发独生子女父母光荣证，并实行一定的鼓励政策。

1982年，计划生育被定为基本国策，并写入宪法。按《浙江省计划生育条例(试行)》，大力推行晚婚晚育，提倡一对夫妇只生育一个孩子，对农村确有实际困难的按政策有计划安排生育第二个孩子。1985年，按省条例规定，推行“双农独女”再照顾生育一个孩子的政策，并规定：女方在24周岁以后生育、14周岁以下的独生子女，每年可享受保健费30～50元；农村独生子女家庭，在承包土地、划给自留山、调整自留地和安排建房用地等方面给予照顾。

1996年，出台《关于贯彻〈浙江省计划生育条例〉的若干规定》，规定照顾再生育对象生育间隔：山区4周年、平原地区6周年。

2001年，《中华人民共和国人口与计划生育法》以及2002年新修订的《浙江省人口与计划生育条例》出台后，计划生育工作步入法治轨道。2003年，执行《北仑区贯彻〈浙江省人口与计划生育条例〉若干规定》《北仑区人口与计划生育工作综合改革实施意见》《北仑区建立计划生育利益导向机制的若干意见》，对计划生育实行综合治理。将独生子女父母奖励费全部调整到100元/年，“双农独女户”办理不再生育手续的，一次性奖励2000元；未婚独生子女发生意外伤残死亡，夫妻未再生育的，给予一次性1万元养老补助。

2005年8月，按照区、市政府规定，对农业户籍人口未缴纳社保金的、1973年来没有违反计划生育政策、现存1个子女或子女死亡现无子女的，年满60周岁以上（含60周岁），按每人每月80元（后调为100元）的标准发放奖励扶助金，直到亡故。2006年，把终身未生育的夫妇列入奖励扶助范围。

2011年11月，夫妻双方均为独生子女，并且只有一个子女的，可以生育二胎。2014年1月，一方是独生子女的夫妇可生育两个孩子。2016年1月，全面实施一对夫妇可生育两个孩子政策。

管理队伍

20世纪70年代初，境内的计划生育工作主要由白峰人民公社和上阳人民公社妇联主任负责，后由公社党政负责人、妇联主任、团委书记、卫生院院长和民政干部等组成计划生育领导小组管理。各大队由大队党支部书记或大队长、大队妇女主任、团支部书记、“赤脚医生”等组成计划生育领导小组。大队妇女主任负责具体工作。

1973年公社配备计划生育专职干部，各生产队的计划生育工作由大队妇女主任和各生产队妇女队长抓。1983年后各生产队也配备计划生育宣传员。1985年白峰乡、上阳乡分别成立计划生育办公室，由一名副乡长分管，配备专职干部1名，境内各村都有计划生育领导小组，由各村民委员会主任分管，具体工作由妇女主任负责。同时建立计划生育宣传网络。1989年，乡、村计划生育协会及分会相继成立，形成覆盖全境的计划生育工作网络。

计生服务措施

中华人民共和国成立前，境内育龄妇女缺少避孕方法。中华人民共和国成立初，对避孕和堕胎采取严格的控制措施。

1956年，对上述限制有所放宽，开设避孕指导门诊，指导育龄夫妇使用避孕药具。1962年，避孕药具投放市场，公开销售，并从使用避孕工具发展为使用药物、避孕工具、结扎等多种避孕方法。

20世纪90年代中期贯彻宣传教育、经常性工作“三为主”方针，实现孕后管理向孕前管理转变。20世纪90年代后期开展避孕节育措施知情选择工作，预防和减少非意愿妊娠。2000年后，计划生育符合率均保持较高水平。

第六节　长寿老人

旧时，由于科技落后、医疗条件差、食物短缺等各种原因，境内老百姓寿命普遍不高，能活到60岁以上就算长寿老人，有的四五十岁甚至二三十岁就去世。时有“人生七十古来稀”之说。中华人民共和国成立后，随着社会经济的发展和科技的进步，人民生活条件与医疗卫生保障措施不断完善，人的寿命逐步延长。进入21世纪，由于境内老年人口日益增多，人口老龄化趋势激增。现在境内群众有这样的顺口溜：“过去人生70古来稀，现在70、80不稀奇，60还是小弟弟，90身体健，100岁也常见。”2000年第五次全国人口普查时，境内总人口为20040人，其中60岁以上老人5769人，占总人口的28.79%。2018年末，全街道60岁以上老人6581人，其中95～99岁老人21人（男9人、女12人），100岁以上4人，女性占多，年龄最大的105岁。

2018年末白峰街道各村（社区）95岁及以上老人一览表

表15-1-22

村（社区）	姓　名	性别	年龄	出生年月	家庭住址
怡峰	沈娥月	女	96	1922.9.25	白峰街道神马新村116号106室
峰城	王守依	男	96	1922.11.23	白峰街道上阳村山坑
阳东	蔡哉友	男	95	1923.10	阳东村马盘蔡家83号
阳东	施幼清	女	96	1922.5	阳东村钟家湾厂里15号
阳东	俞兰英	女	95	1923.1	阳东村钟家湾85号
太平	张翠玉	女	96	1922.12	太平村大园24号
上阳	黄梅英	女	99	1919.2.28	上阳村石山
上阳	李玉香	女	96	1922.1.25	上阳村石山
上阳	丁翠文	女	95	1923.1.14	上阳村山坑
勤山	王翠英	女	104	1914.12	勤山村上枫棚16号
勤山	林志夫	男	100	1918.9	勤山村蕉山下中凉新屋111号
勤山	郑翠文	女	99	1919.10	勤山村蕉山下中凉新屋65号
下阳	王成栋	男	96	1922.9	下阳村上王东86号
门浦	王金翠	女	95	1923.7	门浦桥外69号
门浦	郑翠娟	女	95	1923.12	白峰街道安泰路250弄4号102室
门浦	胡幼兰	女	96	1922.10	门浦桥里18号
港口	史美香	女	97	1921.12	外峙南头48号
港口	张位来	男	96	1922.12	外峙北岙22号
港口	周仁财	男	95	1923.6	轮江唐家22号

续表 15–1–22

村（社区）	姓　名	性别	年龄	出生年月	家庭住址
港口	张和意	男	95	1923.10	外峙下江边 55 号
小门	胡爱云	女	101	1917.2.22	小门沃家 86 号
小门	徐菊英	女	98	1920.10.17	小门沃家
小门	张生德	男	97	1921.1.25	小门徐家
小门	乐瑞兰	女	96	1922.1.26	小门沃家
小门	郑莲青	女	95	1923.1.26	小门水坑
新峰	乐春月	女	96	1922.7.31	新峰屺峙
新峰	张梅云	女	95	1923.8.19	新峰村

2010—2018 年末百岁（虚岁）老人一览表

表 15–1–23

姓名	性别	出生年月	住址
刘文玲	女	1908.12	下阳村上王社
李玉英	女	1905.1	新峰村屺峙社
李翠青	女	1913.2	阳东村马盘社
周云清	男	1914.10.26	神马村老年房
边阿翠	女	1911.12	勤山村蕉山社
胡阿雪	女	1914.12.29	港口村外峙社
郑成南	男	1917.7.15	司沿村大岙里
黄梅英	女	1919.2.18	上阳村石山社
王翠英	女	1914.12.14	勤山村上枫棚 16 号
胡爱云	女	1917.7.2	小门村居家养老服务站托老所
林志夫	男	1918.9.24	勤山村蕉山社中凉新屋 111 号

第七节　侨胞　港澳台居民

至 2018 年末，白峰街道外籍华人、华侨、侨眷、港澳居民眷属、归国留学人员、留学生眷属、留学生、台胞和白峰街道居民在海外（含港澳地区）亲属人数统计如下：

2018 年末白峰街道外籍华人、华侨、侨眷、港澳居民眷属、归国留学人员、留学生眷属、留学生、台胞人数统计一览表

表 15-1-24

单位：人

村名	外籍华人	华侨	侨眷	港澳居民眷属	归国留学人员	留学生眷属	留学生	台胞
合计	11	18	35	12	13	48	11	3
白峰		1	2		2	8	2	
门浦		1	2		2	8	2	
小门	3	5	6		2	8	2	3
新峰					2	6	1	
司沿	1	1	4			4	2	
港口	3		4		1	2		
下阳				4	2	4		
阳东		1	2	2	1	4	1	
怡峰	3	5	5		1	2		
峰域				4				
上阳				2				
其他	1	4	10			2	1	

2018 年末白峰街道居民在海外亲属人数统计一览表

表 15-1-25

单位：人

村名	华侨									外籍华人					留学生							
	小计	美国	日本	加拿大	比利时	柬埔寨	韩国	澳大利亚	瑞典	小计	澳大利亚	美国	加拿大	新加坡	小计	美国	意大利	英国	日本	加拿大	澳大利亚	乌克兰
合计	18	11	1	1	1	1	1	1	1	11	2	3	3	3	11	4	1	2	1	1	1	1
太平	2	2																				
官庄	1	1													1			1				
怡峰	6	6								3			3									
司沿	3		1		1				1													
门浦	1			1											2					1		1
白峰	1					1				1	1				2	1			1			
小门	3	2					1			3		3			2	2						
阳东	1							1							2	1					1	
下阳																						
峰城															1		1					
上阳																						
港口										3				3								
新峰															1			1				
其他										1	1											

第八节 姓氏构成和渊源

据2018年末调查统计，境内共有姓氏125个（不含外来人口）。其中：王姓人口最多，为3316人，占总人口的16.44%；其次周姓为1295人，占总人口的6.42%；第三位张姓1257人，占总人口的6.23%。第四位至第十位排序分别是李姓1172人、郑姓1139人、乐姓980人、胡姓859人、林姓583人、陈姓484人、曹姓362人。前十位姓氏人口共11447人，占总人口的56.78%。

2018年白峰街道各村（社区）人数最多的三个姓氏一览表

表15-1-26　　单位：人

村（社区）	人数最多三大姓氏人数（人）			村（社区）	人数最多三大姓氏人数（人）		
白峰	乐619	李172	陈125	上阳	王1103	周75	张69
新峰	周380	冯115	郑106	太平	王122	郑44	干、张15
小门	徐257	郑185	胡145	下阳	王830	曹176	胡146
司沿	郑256	张152	乐138	阳东	王412	郑325	李201
官庄	王83	马82	陈50	勤山	林460	王135	胡118
港口	张311	周158	李102	峰城社区	乐108	王152	张52
门浦	胡217	王169	张59	怡峰社区	周212	何65	王45

白峰村主要姓氏渊源

白峰社　董姓分前董和后董，前董，北宋末年自中原迁入白峰小山头（已绝代）；后董，于清康熙四十六年（1707）从宁波江北区灵绪乡董家畈迁入。乐姓，明洪武十一至十三年间（1378—1380）自大碶塔峙盘岙迁入。颜姓，于清嘉庆（1796—1820）中期由慈溪迁入；李姓，于清嘉庆中后期由柴桥东山门迁入；唐姓，于嘉庆后期由小港蔚斗唐家迁入；蔡姓，于清咸丰年间（1851—1861）由郭巨山头蔡迁入。

蒋岙社　蒋家岙蒋姓，明正统年间（1436—1449）从戚家山街道蒋家迁入；李姓，于清嘉庆年间（1796—1820）中后期自柴桥街道东山门迁入。

山防社　陈家陈姓，明嘉靖年间（1522—1566）从郭巨街道迁入；虞家虞姓，清康熙年间（1662—1722）从大碶街道扎马村迁入；谢家谢姓，清康熙年间（1662—1722）从大碶街道柴楼村迁入；塔山沃姓，清乾隆年间（1736—1795）从柴桥街道沃家村迁入；邵家邵姓，明万历年间（1573—1620）从小港街道里邵迁入；乐家乐姓，清康熙年间从白峰迁入。

小门村主要姓氏渊源

枫棚岭下徐姓，明成化年间（1465—1487），由山东省迁入；徐家徐姓，明嘉靖年间（1522—1566）从枫棚岭下迁入；王家王姓，清乾隆年间（1736—1795）从霞浦街道陈华村迁入；水坑石姓，雍正年间（1723—1735）由柴桥街道河头村迁入；中岭脚李姓，明崇祯年间（1628—1644）从柴桥街道迁入；燕窝胡姓，清顺治年间（1644—1661）由柴桥街道胡家迁入；海口周姓，清嘉庆年间（1796—1820）从霞浦街道陈华村迁入；史家史姓，清乾隆年间从霞浦街道杨木村迁入；郑家郑姓，清顺治年间从柴桥街道郑家迁入；文山头胡姓，清道光年间（1821—1850）从柴桥街道车门里迁入；东山邹姓，清康熙年间（1662—1722）从柴桥街道穿山村邹家迁入；沃家沃姓，清顺治年间从柴桥街道洪岙村迁入。

新峰村主要姓氏渊源

屺峙社　傅家傅姓，清乾隆年间（1736—1795）从霞浦街道上傅村迁入；岙里郑姓，明崇祯年间（1628—1644）从柴桥街道郑家迁入；周家周姓，明天启年间（1621—1627）从柴桥街道穿山村周家迁入。

百丈社　百丈塘周姓，清康熙年间（1662—1722）从柴桥街道穿山村迁入。

下林社　下林主姓冯、顾，冯姓于清康熙年间（1662—1722）从慈溪迁入。顾姓，于明万历年间（1573—1620）从新碶街道高塘妙林顾迁入，郑姓于明末清初从柴桥街道后郑迁入。

司沿村主要姓氏渊源

司前社　金家金姓，清乾隆年间（1736—1795）从大碶街道塔峙岙迁入；官前乐姓，清嘉庆年间（1796—1820）从白峰村迁入；下厂张姓，清康熙年间（1662—1722）从霞浦街道霞南村迁入；郑家郑姓，明万历年间（1573—1620）从江北区半浦迁入；大岙郑姓，清乾隆年间从江北区半浦迁入。

沿亭社　许家许姓，明万历年间（1573—1620）从宁波西乡迁入；沿亭岙里马姓，清末从大碶街道塔峙迁入；张家张姓，清嘉庆年间（1796—1820）从霞浦街道下张迁入；袁家袁姓，清乾隆二十五年（1760）从柴桥街道长山头迁入。

港口村主要姓氏渊源

外峙社　前头岙李姓，清乾隆年间（1736—1795）从霞浦街道山前村迁入；西山张姓，清嘉庆年间（1796—1820）从霞浦街道霞南村迁入；西山沈姓，清光绪年间（1875—1908）从柴桥街道后所村迁入；南头阮姓，清嘉庆年间从大碶街道石湫迁入；蒲湾周姓，清嘉庆年间从柴桥街道童家弄迁入；北岙沃姓，清乾隆年间从柴桥街道沃家迁入；下江边张姓，清乾隆年间从霞浦街道霞南村迁入。

轮仰社　胡家胡姓，清康熙年间（1662—1722）从柴桥街道巉里迁入；仰岛湾李姓，清乾隆年间（1736—1795）从柴桥街道东山门迁入；园夹岙李姓，清乾隆年间从小港街道李家迁入；大众里张姓，清康熙年间（1662—1722）从霞浦街道霞南村迁入；唐家唐姓，清嘉庆年间（1796—1820）从小港街道唐家迁入。

门浦村主要姓氏渊源

胡家胡姓，明天启年间（1621—1627）从柴桥街道五马桥迁入；大涂岭胡姓，清乾隆年间（1736—1795）从柴桥街道高车头迁入；隔山王家王姓，明天启年间从新碶街道高塘板桥跟迁入；小山防徐姓，清康熙年间（1662—1722）从鄞州区五乡镇徐家洋迁入；野毛张张姓，明万历年间（1573—1620）从霞浦街道迁入。

官庄村主要姓氏渊源

马家马姓，清康熙年间（1662—1722）从大碶街道塔峙岙迁入；虞家虞姓，清顺治年间（1644—1661）从大碶街道扎马村迁入；胡家胡姓，清乾隆年间（1736—1795）从柴桥街道樟漕头迁入；王家王姓，清乾隆年间从上阳村庲头迁入；陈家陈姓，清乾隆年间从郭巨街道西门村迁入。

勤山村主要姓氏渊源

勤丰社　下枫棚蒋姓，清乾隆年间（1736—1795）从慈溪市迁入；上枫棚胡姓，清雍正年间（1723—1735）从新碶街道算山村迁入；黄老岙陈姓，清乾隆年间从大碶街道周隘陈迁入；下李家李姓，清乾隆年间从柴桥街道东山门迁入；龙爪岐李姓，清乾隆年间从柴桥街道东山门迁入。

蕉山社　蕉山下林姓，明成化年间（1465—1487）从福建省迁入；杨家弄张姓，清嘉庆年间（1796—

1820）从鄞州区宝幢迁入。

上阳村主要姓氏渊源

东园社 东园王姓，宋绍熙年间（1190—1194）从霞浦街道迁入；阮家阮姓，明崇祯年间（1628—1644）由鄞州区五乡镇石山弄阮家迁入。

山坑社 山坑王姓，宋绍熙年间（1190—1194）从霞浦街道迁入。袁家袁姓，清乾隆二十五年（1760）从柴桥街道长山头迁入。

石山社 石山王姓，南宋绍兴二年（1132），王氏先祖因避兵乱由明州迁往霞浦，历三世，于绍熙年间（1190—1194）迁入该地定居。

太平村主要姓氏渊源

岙底郑姓，清乾隆年间（1736—1795）从柴桥街道高车头迁入；大园王姓，清末自上阳村庲头迁入；岙口王姓，清乾隆年间从大碶街道烟墩村迁入；双石人张姓，1955年从郭巨街道峙头迁入。

下阳村主要姓氏渊源

道头社 地厂徐姓，清嘉庆年间（1796—1820）从霞浦街道书院村迁入；凉亭张姓，清代从柴桥街道横下张迁入；道头方姓，清乾隆年间（1736—1795）从新碶街道小山村迁入。

上王社 上王王姓，明成化年间（1465—1487）从梅山街道霞岸村迁入。

虾庲社 虾庲曹姓，清康熙年间（1662—1722）从柴桥街道堂楼下迁入。

阳东村主要姓氏渊源

黎明社 朱家岙王姓，清乾隆年间（1736—1795）从上阳村庲头迁入。

马盘社 里马盘郑姓，清乾隆年间（1736—1795）从柴桥街道后郑村迁入；舒姓，清康熙二十九年（1690）自奉化舒家迁入，距今已有十四代子孙；蔡姓，清道光年间（1821—1850）自镇海迁入，2004年与沈家、下郑家合并称为蔡家；王姓从本村黎明社迁入，迁入年份不详；外马盘李姓，明天启年间（1621—1627）从柴桥街道紫石麟角湾迁入。

钟家湾社 郑家塘郑姓，清乾隆年间（1736—1795）从慈溪市伏龙山郑家迁入；钟家湾张姓，清乾隆年间从霞浦街道迁入；石家湾周姓，清乾隆年间从绍兴市迁入。

下湾社 下湾顾姓，清康熙年间（1662—1722）从大碶街道后洋顾迁入。

怡峰社区主要姓氏渊源

神马社 里神马周姓，清康熙年间（1662—1722）从柴桥街道上周迁入，1986年迁至神马新村（涨浦山）；里神马何姓，自清雍正元年（1723）从柴桥上周迁入。

第九节 氏族谱牒和宗祠

氏族谱牒

氏族谱牒不仅记录着一姓氏宗族的来源、迁徙的轨迹，还包罗该家族生息、繁衍、婚姻、文化、族规、家约等历史文化的全过程。氏族谱牒又称宗谱、族谱、祠谱、家谱、房谱等，一般都有家规族训，对于规范人生和教育子弟有着积极的意义，是弘扬家族正气的主要载体。

清至民国，白峰境内民间各姓氏修编谱牒蔚然成风，每个宗族一般都修编，谱书多至牛毛充栋。中华人民共和国成立后，社会结构起了很大变化，宗族观念趋于淡化，被认为代表着“封建族权”的氏族谱牒多被毁损，修谱之举更是鲜有所闻，“文化大革命”则令更多的氏族谱牒遭遇灭顶之灾。中共十一届三中全会以后，境内社会逐渐复苏的一个表现，就是重新燃起对家族的认同，谱牒研究重获关注。在白峰境内，民间有抢救家谱和编修谱牒的村（社），一般都由老年协会起头，族规也作适当修正。

这次为编纂街道志社会篇，在全街道范围搜集遗谱，共搜集到宗谱6册。但因保管不善，多数残缺不全。参考其史料价值，对考证白峰民居变迁、人口繁衍、历史人物都有一定作用。其卷首皆有谱序，俗称“谱头”，大多概述本族世系、创始发源、分支流脉、动迁定居、丁口繁衍、兴衰起落和氏族先人科举功名等。

白峰街道部分氏族谱牒一览表

表 15–1–27

谱牒名	修谱时间	主修者	保藏者
上王王氏宗谱	首修清康熙三十一年（1692）最后修2010年	最后修王林双	王林双
康头王氏宗谱	嘉靖十三年甲午十月	王氏五十九叶裔孙寿川	王炳相
周氏宗谱	1972年	周志章、周汉宏	周志章
蕉山林氏宗谱	20世纪30年代		林彩章
蒋氏宗谱	清乾隆二十五年（1692）	勤山下枫棚	蒋達挺
徐氏宗谱	20世纪20年代	小门村	徐志碎

宗祠

宗祠在白峰境内俗称祠堂、祖堂，是供奉祖先神主，存放家族亡故先辈牌位，进行祭祀的场所，也是举办婚丧仪式、商量族内大事和族长行使族权族规的地方，被视为凝聚宗族血脉的象征。旧时，白峰境内各大姓氏宗族都建有不同规模的祠堂。“文化大革命”时期，部分宗祠遭到拆毁。20世纪90年代后，大部分宗祠被拆除改建民宅、仓库、会堂等，境内基本无完整的宗祠。

附录1：氏族谱牒选介

家规族训——开祠堂门

白峰乐氏族内，凡发生小辈打骂长辈、不赡养老人，或其他越规行为败坏族风经劝告无效者，可请示族长准许施行族规，即开祠堂门。受害人也可直接开启祠堂门，要求族内对违规者实施处罚。违规者务必向族长和持首认错，并向受害者赔礼道歉，获得受害人谅解，然后鸣放炮仗三只，方可关闭祠堂门。否则由族人对违规者罚猪头一只、老酒一埕，并点燃红烛一对、清香三支，在宗祠供过先祖后，由乐氏子孙食用所罚酒肉，吃罢鸣放炮仗三只，方可关闭祠堂门。

家规族训——上王王氏宗族禁伐规约

清朝道光年间，王氏宗族为保护山林，将屋后山视为族之本源，于道光二十一年（1841）二月定下了村民守则。守则规定将屋后山更名为大青蓬。划定保护范围为东至大坑，南至镇国，西至沿岗，北至岩边，并立下石碑为界。守则规定，不禁止族人少量砍伐，但贪得无厌砍伐树木将被视为百世不赦之罪。族人应共同维护本族山林茂盛。

守则立定后，本族村民都互相遵守。至今，上王大青蓬山郁郁葱葱。现有原文保留在镇海档案馆。

其成原文如下：

立公懿永禁振，宗长，日疑；房长，日昆，日思，日良；住首，贤孝，酮来等，切本族坐山，一阁土名；屋后山，更名大青蓬，东至大坑南至镇国。茂及山界，西至沿岗，北至岩边登讲并埋石为界。先人创业之余，因将是山累世成样，斧斤不加此屋后山，之所以更名大青蓬也，数十年，子姓繁盛乔宗者是雯天祥，曰文砍亦不计较，今有坎兴者到此谓本族者之衰弱，由于坐山之剥代使然，夫乃知先人之所以成样是山者非为一己之私，见实为族之本源。因同族内外人等，栽成松本样。就柴薪岩青葱而秀丽。亦来始族中之庶富多此一助也。上以继先人成样之心。下以裕后人之基,世世子孙须知样成坐山斩木即养成自己本源，慎勿贪婪，目前微利干犯，百世不赦之罪，其或借公济私，互相取利，若有人救阻，实为我王氏门中之孝子贤孙也！

恐后无凭，立此公益禁虐四纸。

四房各执一纸，世代存照。

道光廿一年二月立

附录 2：宗祠选介

上阳村康头祠堂

康头祠堂始建于明成化年间（1465—1488），清乾隆年间（1736—1796）扩建，是旧社会康头地标性建筑。康头祠堂坐北朝南，大门高约 4.5 米、宽 2.5 米左右，朱黑大门板二扇，高 3 米每扇宽 1 米、用 10 厘米厚实木制作，3.5 米高左右围墙，下脚 1 米左右用石块画缝砌筑，上部用青砖空斗，墙顶屋脊状。人民公社化时在围墙外东边设有黑板报，宣传党的方针政策与新闻。大门上有“和穆照也”的石刻横幅匾额（何人所题无可考证），后进有匾一块，叙述王氏原出自姬姓，系周文王之后的概述历史。

走上大门三阶步格过 30 厘米高石地伏进入前道地，道地分上下两格。下道地两边有石条围起来花坛，种有大冬青树左右各四株、高大茂盛。中间再上一格有一字排开 50 厘米左右转方石柱 4 根，中间两根高 4 米左右、两边二根稍低（遇节日时搭彩棚楼所用）。上下格道地深度 10 米左右。再上一格进入前进，前进中间是穿堂，过穿堂进入天井，前进后檐建有戏台，穿堂东西两边是地板房间。天井东西两旁建有厢楼各二间。拾阶三格进入后大进，共计五间，大厅三间后面是康头太公排位，抬梁穿斗混合结构，东西两间是地板房。戏台四柱卷棚藻井，单檐歇山顶，四角挑檐。康头祠堂五间出面、有屋上将军、龙头、姜太公钓鱼，雄伟壮观，地坪全部用小青板铺成。重大事情开祠堂门，每年冬至日 60 岁以上长辈吃冬至羹饭。（康头祠堂有祠堂地，种祠堂地的人称为持首，冬至日羹饭由持首操办），后大殿东边檐巡开有边门，外面建有杂物间。祠堂占地约 900 平方米。古时外村人称：山防人出一根龙（龙灯），走到枫棚岭墩一瞭，康头祠堂像大庙。

中华人民共和国成立前，康头祠堂曾办过康头小学，东西两边厢房楼房下面是低年级教室，东边楼上是高年级教室，西边楼上是教师办公室、宿舍，边间地板房也是教室。1952 年，康头小学迁入青龙庵。祠堂成为农村供销合作社，内经营棉布、小百货、副食和农资供应。20 世纪 70 代年末供销社迁出，康头祠堂给公社驻庲头点和社办服装厂。20 世纪 80 年代末庲头祠堂被拆除，建造庲头影剧院。

上王王氏宗祠

“王氏宗祠”即上王新祠堂。位于大岙中岙口，建造于清乾隆年间（1736—1796）。四合院木结构瓦房。其后进七柱二抬行五间，前进五柱拼五间，东西二廊楼各二间一弄。坐北朝南，前进中间开大门。后大进五间后半进，装置木结构梯格形台阶，专供历代祖先牌位安放，正中高层设立“天地君亲师”牌位，下立“王公则捨字显臣”牌位，左右分立仁、义、礼、智四房先祖牌位，以下按辈有序排列先祖牌位。中堂牌位前放设大供桌，桌前放拜跪凳具。中间装置六扇门，左右各 2 间装置工艺窗门，外为宽 2 米游巡走廊，游巡东西开小门，距后屋檐墙 4 米建围墙为后花园，祠堂内所有墙面、台阶铺设石板石料，总建筑面积 680 平方米。全座祠堂的结构、材料，工艺雕刻精致，胜于“长沙汀庙”。是一座完整规范充分体现宗族气质、风范、文明、宏伟的祠堂。

每逢冬至日，在族长的召集下，本族所有男丁子孙，上午都到祠堂参加祭祖仪式，按照辈分由上至下依次参拜祖先牌位，礼毕后每人可分得馒头、糖果等食品带回家。五十岁以上男丁（女婿也可以），在祠堂吃“冬至羹饭”，当年出生的男丁在这天登记入册，为以后修谱备用，并可领到一套餐具作纪念。人民公社成立后，祠堂分给几个生产队作物资及粮食仓库使用。

1982 年 2 月初晚上，因失火祠堂被毁。

小门村燕窝胡氏祖堂

小门村燕窝胡氏祖堂始建于清咸丰年间（1851），“天行健，君之以自强不息，地势坤，君子以厚德载物。”当今政通人和，谱事重新，小门燕窝胡氏子孙当承先祖创业之精神，自强不息，以振兴中华，民族复兴构建和谐社会为己任，奋之报国，不负祖先殷切期望。

太公训子孙：“治家以勤俭，居心以忠厚，教子以礼仪，处世以谦和。”

门浦胡家祖堂

祖堂以同姓血亲关系的延续为纽带，把整个家族成员联系起来，并形成宗族内部的凝聚力和亲和力。祖堂的基本功能除了供奉祭祀先祖、举办婚丧仪式、商议族内大事以外，还是族长行使族权族规的地方。

门浦胡家祖堂建于乾隆年间（1736—1790），五间两弄另加厢房和穿堂，院内场地宽敞，可供八人抬扛的大轿绕圈子，很有气势。胡家祖堂名谓“善继堂”，先祖之用意由楹联“念祖宗代代为善，愿儿孙世世相继”作进一步阐述。因年代久远，如今的“善继堂”风光不再，然先祖倡导的以善为本的理念已深入人心。

乐氏宗祠（祠堂）

清乾隆五十一年（1786），白峰乐氏从同属一支的小港街头支乐氏析出自立，于村域优越地段建造大跨梁三大间合一之宗祠（东西首各有直弄，与后弄相通，内置已故世孙牌位），大门正上方悬挂“乐氏宗祠”祠名，大门两侧刻有“昔支分盘谷、今繁衍枫江”之屏联，堂内高悬“兄弟尚书”匾额。宗祠虽无厢房、戏台，仍气势不凡，是乐氏祭祀祖先的唯一场所。1923—1945 年，宗祠成为可容百余名学生的初级小学，1950—1956 年，宗祠成为白峰乡政府办公之地，嗣后，又成为村行政和民兵等组织活动场所。20 世纪 60 年代中期，宗祠拆除，成为新建民宅之地基。

下林冯家祠堂

下林冯家祠堂建于清乾隆年间（1736—1795），坐西朝东为五开间，大门匾额为“继志堂”，两房楹联：“慈水分支统总一脉，林山卦宅继志万年”。传递了先祖从慈溪迁徙而来，在下林生根落脚，虽相距遥远，却一脉相传之信息。并以“继志万年”一词，告诫子孙后代继承和发扬前辈的创业精神。

祠堂20世纪50年代为部队驻军，20世纪60年代中期为大队办公室、民兵室，20世纪70年代为队办厂，1978年拆除建队办工厂。

第二章　人民生活

中华人民共和国成立前，由于土地私有制，“耕者无其田”，人民生活大多难以解决温饱。时抗灾能力很差，水、旱、虫、疫频频发生，往往歉收，口粮也成问题，乞讨逃荒者甚多。一些自耕农、手工业者和小业主，生活虽好些，亦只能勉强维持生计。只有极少数地主、乡绅、工商业者，才过着宽绰富裕的生活。

中华人民共和国成立后，经过土地改革，农民分得土地，实现“耕者有其田”，广大农民逐步摆脱贫困。但由于人民公社“大跃进”及“文化大革命”的影响，农民生产积极性大受挫伤，生活水平提高不快。1959—1961年三年困难时期，社员生活艰苦，米粮定量不足，饮食以稀饭素菜为主。1966年以后，粮食产量下降，影响农民的生活。

中共十一届三中全会后，贯彻“改革、开放、搞活”方针，通过实行家庭联产承包责任制，发展乡镇企业，产业化经营，减免农业税，实行粮食补贴等一系列扶农政策。境内村民收入持续快速增长，生活水平亦随之显著提高，逐步实现居住“楼房化”、饮食服饰“小康化”、生活用品“电气化”、出门“包车化”。进而使村民的生活观念也发生很大变化，过去以穷为荣，以富为耻，有钱也不敢张扬，而如今“万元户”在境内是贫困户的代名词。过去村民由于保障少，所以“养儿防老”是普遍心态，如今生活不用愁，基本有保障。

第一节　经济收入

旧时，白峰境内居民多从农，渔盐民占极少数，且兼务农。许多贫苦农民缺田少地，依靠种租田、做长工、打短工养活全家。租田耕种，所得虽比打工多些，勉强维持生活，但遇到歉年除缴租、付牛耕谷和留种子后，所剩无几，故有“边割边甩，放落沙尖吼饭”之谚。放牛仔报酬更是少得可怜，甚至“白吃饭”，只在春节前回家过年时从东家那里领到15～16条年糕和15～16只芦稷饼（高粱块）。

中华人民共和国成立后，先后进行土地改革、互助合作，同时兴修水利，引进、推广先进农业技术和农作物优良品种，农产品产量提高，农民收入逐年增长，但增速缓慢。1954年建初级合作社至1983年期间，社员的经济收入单一，主要来自生产队分配，分配形式以工分计酬，社员的日“工分”值均低于1元人民币。20世纪50年代人均年收入50～60元；20世纪60年代为70～90元；20世纪70年代末，白峰公社为175元，上阳公社为165元。中共十一届三中全会以后，进行农村经济体制改革，落实家庭联产承包责任制，农村经济结构发生变化，单一的种植逐步向多种经营发展。同时，国家连续多次提高农副产品收购价格，使农民得到实惠。特别是乡镇工业的迅速发展，集体经济不断壮大，境内居民收入普遍稳步增长。1985 年，白峰乡农民人均收入 531 元；上阳乡 509 元。进入 20 世纪 90 年代，随着改革的不断深入，第二、三产业蓬勃发展，农民收入迅速增长。2018 年境内各村农民人均收入超过 18000 元，其中，白峰村 18160 元，新峰村 15000 元，小门村 20000 元，司沿村 19800 元，门浦村 15000 元，官庄村 17600 元，港口村 18900 元，勤山村 17000 元，上阳村 20000 元，太平村 15000 元，下阳村 30412 元，阳东村 18000 元。现经商办企业的家庭资产在几百万元、上千万元也有不少。

1986—2006 年白峰境域农村居民年人均收入一览表

表 15-2-1　　单位：元

年份	全年纯收入	年份	全年纯收入	年份	全年纯收入
1986	805.00	1993	2076.85	2000	5148.03
1988	1039.00	1995	3641.31	2002	5918.50
1989	1239.00	1996	4368.14	2003	6388.00
1990	1236.12	1997	4679.00	2004	7151.00
1991	1426.76	1998	4843.00	2005	8000.00
1992	1486.00	1999	4978.11	2006	9110.00

2007—2017 年白峰镇（街道）经济情况一览表

表 15-2-2

年份	户数（户）	人口（人）	耕地面积（公顷）	山林面积（公顷）	农村经济总收入（万元）	村集体经济总收入（万元）	年人均收入（元）
2007	7638	18463	874.00	3354.20	73215.00	799.35	7802.00
2008	7629	18391	816.40	3294.80	77744.00	914.09	8364.00
2009	7578	18443	823.20			984.44	16326.00
2010	7548	18589	784.50			1065.87	9779.00
2011	7549	19062	769.60			1143.33	11797.00
2012	7503	19075	769.93			1250.73	12495.00
2013	7469	19115	763.80			1211.42	13878.00
2014	7418	19146	763.86			1251.26	15412.00
2015	7389	19139	762.00			1339.81	16247.00
2016	7702	20576	761.98			1281.81	
2017	7143	18502	757.90			1191.54	

2018年白峰街道各村经济情况一览表

表15-2-3

村名	户数（户）	人口（人）	耕地面积（公顷）	集体经济总收入（万元）
合计	6945	18251	1098.69	1130.96
官庄	259	666	37.40	36.27
门浦	359	895	58.06	68.44
小门	716	1821	104.46	200.22
太平	149	363	20.80	5.31
下阳	956	2571	157.07	78.33
阳东	818	2172	171.87	61.92
勤山	503	1280	68.53	24.63
上阳	743	2050	120.94	35.26
司沿	537	1376	71.60	62.61
新峰	500	1266	69.50	138.89
港口	590	1708	87.13	155.12
白峰	815	2083	131.33	263.96

第二节　饮食

中华人民共和国成立前，境内居民的口粮以番薯、大米为主，番薯（鲜番薯、番薯干）占主食60%～70%，辅以南瓜、高粱、麦粞、麸皮之类。严重饥荒时期亦以草根、树皮为食。菜以青菜、萝卜、茄子、冬瓜、葫芦、丝瓜等为主，常年“下饭”有咸菜、菜干、腌冬瓜、苋菜梗、茄糊、小鱼鲓等。也偶尔到河溪田间捉螺蛳、河蚌一类食用。家养的鸡及所生鸡蛋平时很少吃，省下来招待客人或上市出售换生活用品，逢年过节或来客时，才买些鱼、肉。糕点也是难以奢望之物，农户人家只会在祭灶、春节时少量购买，腊月二十三、过年是孩童们最向往的日子。

中华人民共和国成立后，生活有所改善。20世纪50年代主食番薯仍占很大比例，菜品改变不大。三年困难时期，粮食歉收，居民普遍“低标准、瓜菜代”，出现营养不良现象。20世纪70年代主食大米的居民增多，20世纪70年代末，荤菜的比例明显上升。20世纪80年代后，居民常年都以吃大米为主，菜肴荤素参半，鱼、肉、禽、蛋渐成家常菜。不少人家注重营养，讲究菜肴的合理搭配。逢年过节，菜肴普遍丰盛，每有“红白”喜事必设席待客，菜肴更为高档，备有冷盆热炒，间隔甜食点心，再加“大下饭”，铺张之风渐盛行。20世纪90年代饮食改善更为明显，烟、酒逐渐追求高档，糖果糕点、水果，以及牛奶、可乐、雪碧等饮料普遍食用。根据对境内50户农户的调查，1996年每人年均粮食支出超过200元，鱼、肉、茶、禽、油、糖、酒等副食品均超过400元，上述被调查户多系中等偏下消费户，不少人家要超过此数。进入21世纪，境内居民的饮食水平进一步提高，到酒店吃饭不再是奢望，保健滋补品大量进入百姓生活之中，越来越多的人讲究食疗养生，吃绿色食品。随着交通物流事业发展，亦可以享受到越来越多来自天南地北的各种美食。

2005 年、2010 年、2018 年境内 96 户农户食品消费情况调查一览表

表 15-2-4　　　　单位：元

品名	2005 年（32 户）		2010 年（32 户）		2018 年（32 户）	
	总数	户均	总数	户均	总数	户均
合计	218944	6842	254064	7927	314259	9523
粮食	14400	450	15840	495	15114	458
蔬菜	39200	1225	44416	1388	54450	1650
肉类	20800	650	29888	934	39270	1190
家禽	5440	170	6600	200	9900	300
食油	5280	165	6600	200	7920	240
水产品	76640	2395	81920	2560	93390	2830
食糖	704	22	800	25	990	30
香烟	35520	1110	42080	1315	55440	1680
酒类	16160	505	19840	620	29205	885
饮料	4800	150	6080	190	8580	260

第三节　住房

白峰濒海，常遭暴风、海潮、洪水侵袭，古时乡间几乎全为草房。民国时期，村落稀疏分散，房屋以砖木结构为主，多简陋低矮，间有少量草房、泥墙房，楼房极少。村民家庭一般人口多，少则五六口，多则十几口。一般人家多为前间做房，后间打灶。夏天，常有男人在屋檐下搭铺以度苦夏。许多贫雇农无房，今日借东家，明日租西家，居无定所。更有赤贫者只能住凉亭、破庙。

中华人民共和国成立后，贫苦农民分到田地和房屋，社会安定，村民对改善居住条件的欲望与日俱增。但较长时间内，农村经济发展缓慢，百姓建房甚少，主要是草房、泥墙房改为瓦房。20 世纪 70 年代，村民开始翻建、拆建老房，也有新建住房的，时以平房为主，一般用廉价的建筑材料。以二五开砖砌墙，用松树或毛竹作椽子，篾簟代砖皮，以黄泥、石灰做刀灰。石灰头、黄泥拌和少量水泥成“三和土”，敲打铺就地面。20 世纪 80 年代建材市场开放，村民把多年积蓄大量投资到建新房上来，有村民开始用水泥楼板建新楼房，质量也比以前考究多了。嗣后，翻建楼房成为时尚，有平房翻楼房的，也有楼房重翻

20 世纪 60 年代农村居民住房

21 世纪农村居民住房

楼房的，房式屋型也趋多样化，有的造套房，甚至造独院式别墅。1982—1991年，经政府批准拆建、翻建、新建房屋3000余户，每户平均100～120平方米。至2018年，境内95%农户住进新楼房。由于实行计划生育，家庭人口减少，居住更为宽裕。还有许多村民购置商品房，殷实之户则更注重商品房的面积、结构和小区环境。并越来越讲究所建（购）新房装潢高档豪华，以及各种生活设施的配套。至2003年，家家户户用上自来水和电灯，70%以上的农户拥有卫生设施，80%的农户使用液化气。20世纪60年代人们向往的“楼上楼下，电灯电话”基本实现。现境内人均居住面积达到30多平方米。

第四节　服饰

中华人民共和国成立前，境内农民为了方便生产劳动，大多穿土布短装，一般为土布对襟短衫，只是不同季节有单、夹、棉之分。有些农民居家时，上身很少穿短衫，男的多赤膊，极少见到汗衫。在冬天，农民除上身穿棉袄外，下身有穿棉裤的，也有穿夹裤或单裤的。有妇女用青白方格布兜头作为帽饰。闲时在家多穿千层布底鞋，冬天有蚌壳棉鞋。多数农民很少穿袜，只有大冷时才穿土布袜。出门劳动时多穿草鞋山袜，雨天穿蓑衣、戴斗笠、打赤脚或拖木屐，夏天戴草帽。较富裕的人家，男子有长衫、长袍、礼帽，女子有旗袍等。不少农民因无钱添置新装，衣着常打补丁，故有“新三年，旧三年，缝缝补补又三年”之说，只有外出做客或喜庆吉日穿得较好些。一般不轻易丢弃旧衣服，留给弟妹穿着，便有“新阿大，旧阿二，破阿三”之谚。少数人家因无好衣，常向亲友“借衣出客”。

20世纪50年代起，穿卡其布衣服的增多，列宁装、中山装、人民装相继流行，翻领大衣取代棉袍、长袍、长衫，衬衫取代对襟短衫，绒线衫、绒线裤取代夹衣夹裤，亦有冬季内穿卫生衫。少数人雨天穿套鞋（橡胶雨鞋）。时男的戴解放帽、八角帽、工人帽、鸭舌帽，女的用色彩鲜艳的方格巾兜头。

20世纪60年代，服装款式比较单一，男子以中山装为主，颜色多为蓝色或藏青，女子也同样穿着。夏天穿汗衫、汗背心的逐渐增多。“文化大革命”期间，草绿色军装成为年轻男女一时之时尚。20世纪70年代后期，人们开始穿“的确良”（化纤织物）衣服，服式多样，青年人服饰翻新，中老年人墨守成规，中山装与西装、滑雪衫、牛仔衫并存。20世纪80年代，服装面料以“的确良”为主，丝绸、毛呢需求大增，棉织品退居次位。服装款式不断更新，男的有滑雪衫、夹克衫、猎装、休闲衫、牛仔服、西装等。女子服装更是日新月异，单是裙子就有连衫裙、超短裙、直筒裙、百褶裙、旗袍裙、迷你裙、裙裤等，花样繁多，色彩缤纷。各类名牌服装，争奇斗艳，层出不穷。男女鞋子种类日益增多，式样不断变化，有各种塑料鞋、橡胶鞋、牛筋底鞋、登山鞋、旅游鞋、运动鞋、保暖鞋、风凉鞋、皮鞋等，尤其女式皮鞋更是繁多，分平跟、中跟、高跟、坡跟等。太阳帽、运动帽、工艺帽等各种帽饰花样翻新，成为美化人民生活的装饰品。

20世纪90年代，夹克衫和西装成为普通老百姓穿着的衣服。冬季穿各式羊毛衫和羽绒服，夏季穿各类T恤衫和短袖衬衫，女子则更喜穿各式裙子，休闲服饰逐渐成为主流。妇女佩戴金银首饰者也逐渐增多。进入21世纪，这类穿戴更为普遍，特别是年轻人大多数衣着皆讲究牌子、款式，追求新潮时髦。

第五节　用品

中华人民共和国成立前，境内少数殷富人家房中有大眠床、七弯凉床、三弯凉床、衣橱、开门箱、被柜、踏床橱、房桌、提桶、锡瓶、锡酒壶、锡茶壶、蜡烛台、大小红脚桶、红茶盘等，厅堂有茶几、八仙桌、红木大椅子。而一般人家只有一张陈旧老式踏步床，少有“棕棚”（棕榈床），多以木板或竹笆代之。另加几个箱子、一口木橱、一张木头矮方桌及几条低长凳。贫困户更是寥寥数件，甚至睡地铺。

中华人民共和国成立后，随着生产力的解放，农民生活水平有了改善，居家用品的数量有了增加，质量有了提高。尤其是在中共十一届三中全会以后，逐渐使用搪瓷、铝制品用具，收音机、自鸣钟、手表、缝纫机、自行车开始进入农家。从20世纪80年代起，农村建楼房者甚多，过去陈旧老式的家具被新型现代家具替代。高低床、席梦思、沙发、餐桌、食品橱、书橱、组合家具，以及电风扇、冰箱、电视机、录音机、VCD音响、洗衣机等家电产品，陆续进入寻常百姓家。新婚房家具则流行“24只脚”（即高低床、三门大橱、五斗橱、灯橱、写字台、房桌）。20世纪90年代初，新建套房增多，家具不但讲究实用，更讲究美观。20世纪90年代末至21世纪初，不少农户开始购置彩电、取暖器、热水器、空调、电脑等家用电器，大部分人购置智能手机。嗣后，又流行平板数字电视机。据2012年抽样调查，全街道8049户农户中，电视机基本普及，少数人家有2台；家家户户都有电瓶车，三轮电瓶车成为去田头干农活必需交通工具。至21世纪初，境内40%农户购置私家小汽车，现全街道共有私家车4874辆。

2018年境内农户拥有耐用消费品情况调查一览表

表15-2-5

彩电（台）	冰箱（台）	洗衣机（台）	热水器（台）	智能手机（只）	电瓶车（辆）	空调（台）	私家车（辆）
12215	7379	5117	5738	13489	7052	8005	4874

第三章　社会保险

中华人民共和国成立前，劳动人民的生老病死无保障。中华人民共和国成立后，随着国家劳动制度改革的不断深化，社会保障制度逐步建立和完善，劳动人民的各种权益受到保护，得到保障。1984年始，境内着力构筑社会保障体系，分期实施养老保险、医疗保险、失业保险、工伤保险、生育保险。老有所养、病有所医，失业、工伤后生活受到保障，保险覆盖面逐年扩大。

第一节　养老保险

1997年12月，宁波市颁发《关于宁波市城镇、县以下集体企业职工基本养老保险实施办法》，境内镇办企业分两步在正副厂长、书记和中层干部中实施社会养老保险制度。2000年5月，村支部（总支）书记实行社会养老保险，确定月投保额为227元，其中乡、村二级负担182元，个人负担45元。后社会养老保险扩大至乡镇企业全体职工和各类工商企业职工、个体劳动者、自由职业者以及无社会保险的城乡居民，投保额也有所提高。2003年，实施被征地人员养老保险政策，采取个人、集体和政府按比例缴费的办法，解决被征地人员的养老保障问题。

参保年龄女16～50周岁，男16～60周岁；到达法定退休年龄（男满60周岁，女满50周岁），缴费满 15 年以上。同时符合以上两个条件，可以办理退休手续，享受养老保险待遇。参加社会养老保险的由区社保处统一办理。至 2018 年末，全街道有 9801 人参加“土保”，9711 人参加“城保”。

第二节 医疗保险

新型农村合作医疗制度

新型农村合作医疗制度是由政府支持、引导、组织，农民自愿参加，个人、集体和政府多方筹资，以大病统筹为主的农民医疗互助共济制度。1968 年境内各生产大队建立合作医疗制度。1998 年 1 月 1 日起实行农民大病医疗保险。参保对象为未参加城镇职工医疗保险、户口在境内的农业人口、城镇居民。参保时必须以户为单位，实行以户编号、一人一证的医疗保障制度。自 2004 年以来，农村合作医疗保险费筹集标准不统一，一年一变，保费数额不断提高，筹集渠道不断拓宽。至 2018 年末大病医疗保险需每人每年 A 级交费 700 元，报销金额提高到 60%，B 级交费 400 元，报销金额提高到 50%。

城镇职工基本医疗保险

2001 年 1 月起，境内城镇职工实行医疗保险，参加保险的主要对象是境内所有企业（国有、集体、合作制、外商投资、私营等各种所有制企业）、国家机关、事业单位、社会团体、民办非企业的事业单位及其职工，参加医疗保险人员必须先参加基本养老保险。非公有制企业职工的医疗保险自 2007 年开始实行。保险费用由用人单位和职工个人共同缴纳。职工未办理退休手续时，应连续缴纳基本医疗保险费。缴费年限不足 20 年的，应按当年缴纳基数一次性补足 20 年，方可享受退休人员基本医疗保险待遇。基本医疗保险基金由统筹基金和个人账户构成。个人账户金额由基本医疗保险费的一部分和个人缴纳的基本医疗保险费组成。个人账户主要用于支付符合医疗保险开支范围内的普通门诊和急诊医疗费用，住院及特殊病种按规定应由个人负担的，也可以从个人账户中支出。统筹基金主要用于支付符合基本医疗保险开支范围的住院、特殊病种医疗费中按规定应由统筹基金负担的部分。

基本医疗保险实行定点医疗机构和定点零售药店管理，参保人员在社会保险机构定点的医疗机构就医、购药，也可以凭定点医疗机构开具的处方到定点药店购药，上述发生的费用由个人账户支付，个人账户不足的，由个人自付。参保人员住院发生的费用，在起付标准以下的，由个人账户支付或个人承担。在起付标准以上的至最高支付限额以上的医疗费用主要由统筹基金支付，个人也要适当承担。参加城镇职工基本医疗保险的由区社保处统一办理。

第三节 工伤保险

为保障职工的人身安全，降低企业的工伤赔付风险，区政府努力维护企业职工的合法权益，使其在遭到工伤事故时能够及时获得经济上的补偿，享受工伤保险待遇。

1995 年 1 月起，区政府《关于印发〈宁波市北仑区职工工伤保险暂行办法〉的通知》（仑政〔1994〕113 号）文件施行，办法实施范围和对象定为参加离退休费社会统筹和养老保险的企事业单位的全体职工（包括“三资”企业的中方人员）。1998 年 1 月，《宁波市企业职工工伤保险暂行办法》（市政府第 68 号令）施行，境内的城镇国有、集体、私营、外商投资等各类企业纳入工伤保险范围，工伤保险费用实行社会统筹，设立工伤保险基金。2002年8月，区劳动局设立社保科，承担区内职工劳动能力鉴定、工伤认定的职责。2004年，农民工参加工伤保险及工伤保险市统筹工作开始启动，统一由区社保处办理。

第四节　失业保险

失业保险制度是在职职工由于非本人自愿原因失去职业，在规定的失业期间内，由社会给予物质帮助的制度；对于失业职工本人来说，可以通过领取失业救济金，使基本生活有所保证，从而安心参加转业训练，获得重新就业所需要的技能条件；从政府部门来说，通过把失业保险基金用于组织失业职工开展转业训练和扶持失业职工进行生产自救，支付帮助失业职工再就业确需支付的其他费用，从而促进和实现失业职工再就业。失业保险基金实行统筹，并由社会保险机构支付失业保险。白峰境内全民、大集体企事业单位在参保中都含失业保险，保障职工利益。

1986年10月1日起，境内开始实施失业保险（当时称为职工待业保险），参保对象为国有、集体企业中的固定职工和劳动合同制工人，机关、团体、事业单位中的合同制工人，内联企业中劳动关系在境内的职工。基金比例为每月按工资总额的1%缴纳。1996年1月1日起，参保对象扩大为国有、集体、股份制、合作、私营、外商合资、独资企业等合同制工人，基金缴纳由单位和个人两部分组成，其中单位按月工资总额的1%缴纳，个人按月平均工资的0.5%缴纳。1999年1月1日后，失业保险再次调整，事业单位职工亦纳入保险对象，缴纳标准调整为单位按月工资总额的2%，个人为月平均工资的1%缴纳，农民工本人不缴纳失业保险基金。

根据2003年《浙江省失业保险条例》的规定，实施失业保险征缴范围：全镇范围内所有企业、事业单位、社会团体、民办企事业、有雇工的城镇个体工商户及其形成劳动关系的职工、雇员均应参加失业保险。由区社保处统一办理。

第五节　生育保险

生育保险制度是妇女劳动者由于生育子女而暂时丧失劳动能力，失去正常工资收入来源时，由社会给予参加保险的女职工必要的物质帮助的制度。其目的是为了处在生育期的女职工的身心健康，补偿因繁衍后代中断劳动而失去或减少的收入，保证她们产前产后的基本生活，保护女职工的劳动力和保证劳动力再生产。1994年12月14日，劳动部颁布《关于企业职工生育保险试行办法》。

1995年1月1日起，区政府《关于印发〈宁波市北仑区女职工生育基金统筹暂行办法〉的通知》（仑政〔1994〕114号）文件施行，实施范围和对象定为参加离退休费社会统筹和养老保险的企事业单位的全体职工（包括“三资”企业的中方人员）。2003年5月1日，《宁波市城镇企业职工生育保险暂行办法》（市政府第108号令）施行，把城镇各类企业、民办企业单位及其职工纳入生育保险范畴，生育保险费用按照“以支定收，收支基本平衡”的原则实行社会统筹，建立生育保险基金。

第四章　民情风俗

白峰先民依海而生，在漫长的历史长河中，在长期的生产生活中，兴渔盐之利，行舟楫之便，对天神海神多有敬畏，形成独具特色的风俗习惯。在长期封建统治下，境内民情风俗具有浓重的封建色彩。鸦片战争以后，受到西俗的影响，废科举、兴学校、易冠服、改跪拜、剪辫放足，经常出现旧俗中有新的因素，新俗中又有旧的形式等新旧交错的复杂现象。辛亥革命后，旧的封建伦理道德和婚姻礼教受到一定程度的冲击，但由于民间风俗的传承性，很多陈规陋俗仍在延续。

中华人民共和国成立后，白峰的民情风俗起了除旧立新、移风易俗的巨大变化。旧社会遗留下来的歪风邪气、陋俗恶习有的被清除，有的被取缔。封建婚姻制度被废除，男女平等、婚恋自由、尊老爱幼成为新的社会风尚。改革开放后，由于社会的不断变革，人民的生活习惯也发生质的飞跃。有些传统节日被淡化，有些被赋予更多的内容，有些发生由繁到简的变化。大量新风不断出现，但许多陈俗陋习仍不时沉渣泛起。白峰正在通过加强社会主义精神文明建设，继承优良传统，改革陈规陋俗，树立社会新风尚。

第一节　亲族称谓

对亲属的称谓实为境内方言重要组成部分，早已约定俗成。境内的亲族称谓基本与周边街道相同，差异甚微。自古以来，亲族称谓严格遵从长幼辈分，颇为讲究，现在日常生活中则更显自然、随和。

血亲、姻亲成员称谓一览表

表 15-4-1

<table>
<tr><th colspan="2">亲缘关系</th><th colspan="2">俗称</th></tr>
<tr><td rowspan="11">父系</td><td>曾祖父</td><td>太公</td><td rowspan="2">或皆称阿太</td></tr>
<tr><td>曾祖母</td><td>太婆</td></tr>
<tr><td>祖父</td><td colspan="2">阿爷、爷爷</td></tr>
<tr><td>祖母</td><td colspan="2">阿娘、奶奶</td></tr>
<tr><td>父亲</td><td colspan="2">阿爹、阿爸、爸爸、爹爹</td></tr>
<tr><td>伯父</td><td colspan="2">阿伯、伯伯</td></tr>
<tr><td>伯母</td><td colspan="2">阿姆</td></tr>
<tr><td>叔父</td><td colspan="2">阿叔、阿大</td></tr>
<tr><td>叔母</td><td colspan="2">阿婶、婶婶</td></tr>
<tr><td>姑母</td><td colspan="2">父姊称嬷嬷、妹称阿姑，也通称姑妈、姑姑</td></tr>
<tr><td>姑夫</td><td colspan="2">姑丈、姑父</td></tr>
</table>

续表 15-4-1

亲缘关系		俗称	
母系	曾外祖父	太外公、太公	或皆称阿太
	曾外祖母	太外婆、太婆	
	外祖父	外公	
	外祖母	外婆	
	母亲	阿姆、姆妈、妈妈、倭（读音）	
	舅父	舅舅、阿舅	
	舅母	舅姆、舅妈	
	姨母	母姊称姨娘、妹称阿姨	
	姨夫	姨爹、姨父	
夫妻	丈夫	老公；或冠以子女名称 xx 爸（爹），也有称他爹（爸）；年轻人直呼其名，年老者称老头	
	妻子	老婒；或冠以子女名称 xx 娘（妈），也有称他娘（妈）；年轻人直呼其名，年老者称老太伴	
	公公	阿公，现多随夫称爸爸、阿爸	
	婆婆	阿婆，现多随夫称姆妈、阿姆	
夫系	丈夫的伯父母	伯公、伯婆	现多随丈夫称呼
	丈夫的叔父母	叔公、叔婆	
	丈夫的舅父母	舅公、舅婆	
	丈夫的姑父母	姑丈公、姑婆	
	丈夫的姨父母	姨丈公、姨婆	
	丈夫的兄弟	阿伯、阿叔	旧时多以子女辈分尊称对方，现多以兄弟姐妹相称
	丈夫的姐妹	阿姑	
	丈夫的兄嫂	妯娌之间称叔伯姆，或以姐妹相称	
	丈夫的弟媳		
	丈夫的姐妹夫	姑丈	
	丈夫兄弟的子女	儿子称阿侄；女儿称侄女	现多直呼其名
	丈夫姐妹的子女	儿子称外甥；女儿称外甥女	
妻系	岳父	丈人，现多随妻称爸爸、阿爸、阿爹	
	岳母	丈姆，现多随妻称姆妈、阿姆	
	妻子的伯父母	伯公、伯婆	现多随妻称呼
	妻子的叔父母	叔公、叔婆	
	妻子的舅父母	舅公、舅婆	
	妻子的姑父母	姑丈公、姑婆	
	妻子的姨父母	姨丈公、姨婆	
	妻子的兄弟	阿舅，或以兄弟相称	
	妻子的兄嫂、弟媳	兄嫂亦称舅嫂。现多以姐妹相称	
	妻子的姐妹	妻姐称姨嬷、妹称小姨	
	妻子的姐妹夫	连襟之间称姨丈，或以兄弟相称	
	妻子兄弟的子女	儿子称内侄子或阿侄；女儿称内侄女或侄女。现多直呼其名	
	妻子姐妹的子女	儿子称外甥；女儿称外甥女。现多直呼其名	
兄弟姐妹	亲兄弟姐妹	兄弟大称哥、小称弟，姐妹大称姐、小称妹	

续表 15-4-1

亲缘关系		俗称
堂表亲	堂兄弟	年龄相差不大者多直呼其名，或以兄弟姐妹称呼
	堂姐妹	
	表兄弟	
	表姐妹	

第二节　岁时习俗

境内的岁时习俗，历代史传地志和其他古籍记载甚多，它不仅历史悠久，而且颇具地方特色。时移世易，许多习俗已有变更。这里择要记述于后。

时令习俗

春节　旧时，农历正月初一称元旦。后与国际接轨，公历1月1日为元旦，农历正月初一称春节。是日凌晨，设香案，陈果品祭天，并放爆竹，谓“开门迎财神”。全家穿新衣，早餐兴吃糖年糕或酱粄年糕，以讨“生活年年高”之吉兆。小孩先依序拜家中长辈，再向邻居长者礼拜，叫“拜岁”。长辈向下辈祝福，给儿童分发糖果、糕点。长者赐以钱币，称“压岁钱”。长者一般多去寺庙烧香，称“拜菩萨岁”；也去祖坟祭拜，谓“拜坟头岁”。旧俗初一不汲水、不扫地、不动剪刀，食品需用刀者，都在除夕夜预先切好。出门见人忌讲不吉利话、忌吵嘴、忌问“早”，要互道“新年好”“春节好”之类的问候和祝福。是夕黄昏即睡，不点灯火，传说夏日可免蚊害。初二开始走亲访友，直至初五，农民始下地干活，商店开门营业，俗称“初五开假”。中华人民共和国成立后，国家规定，初一至初三为法定假日。现在国家规定从除夕开始假期，到正月初七上班。现民间通过电话、短信、微信等拜年问候渐成常态。

元宵　农历正月十五为元宵节，亦称“上灯节”。乡民多食糯米汤团，意为“团团圆圆”。旧时多自制彩灯，晚上或悬挂屋檐，或小孩提灯外出游玩。旧时各神庙张灯结彩，祭神三日，叫“上灯”“摆祭”，也有请戏班演戏，到十八结束，称“落灯”。中华人民共和国成立后，“摆祭”俗废，闹花灯仍盛行。是夜乡间灯会游行，乡民晚餐后皆去观灯。

立春　立春为二十四节气之首。旧时农家晨起燃放爆竹用牲酒祭神，称“接春”；用荠菜、艾草做春盘、春饼，并饮春酒，称“打春”“闹春”。立春日要忌用捣臼舂米，“舂”与“春”谐音，“捣舂”不祥，故避。

清明　本来是农历节气之一，后来逐渐演变为祭祀祖先、追念先贤的上坟祭祖节日。上坟的祭品，青麻糍必不可少。在先人坟前供奉，焚香燃烛，子孙虔诚参拜。祭毕，烧锡箔，并将五色纸钱制成的幡盖，陈于坟头，加土，除草，有的还插上几枝柳枝。在家设酒馔祭祀，称做“清明羹饭”。境内对父母亡后的3年内“上新坟”尤为重视，必须早起前往祭奠，供饭、鱼、肉、酒、菜，在日出前上好坟，即使身在外地的游子，也尽可能在这一天回家。清明扫墓之俗至今犹盛，但祭品比较随意，纸钱多改为花圈。机关、学校集体组织扫墓活动，向烈士陵园敬献花圈等以表达对先烈的缅怀之情。

立夏　每年公历5月6日前后，这个节气称立夏。家家煮食茶叶蛋，儿童还用彩线结成网袋（蛋套筒）盛蛋挂于胸前，有“立夏吃只蛋、气力大一万”之谚。中午吃豇豆糯米饭和乌笋、软菜（莙荙），所煮乌笋、软菜皆不切碎，叫做“脚骨笋”“扇风菜”。传说“立夏吃乌笋，可使脚骨健”，吃软菜可防中暑，吃豇豆饭可解苍蝇之毒。饭后，挂大秤于门梁，除孕妇外，互秤体重。

端午　农历五月初五为端午节，又称“端阳节”“端五节”。古代“午”与“五”通用，又以奇数为阳，偶数为阴，故有此称。有谚语："蒲剑斩千妖，艾旗招百福。"很多人家会把艾叶或者菖蒲挂到门外，或用艾叶熏房，以镇宅辟邪、攘毒防病。用雄黄渍酒或饮、或洒屋角、或在小孩前额书写"王"字；在床上或房门贴"端午老虎"；用红、黄、蓝、白、黑五色丝线系在孩童的脖颈、手腕或脚踝上，称"长命缕"；用香料装入绸袋，称"香袋"，挂于小孩胸前、腰间，或悬在床帐或摇篮边，以驱虫避毒，图吉利。户户用新芦叶、竹壳包裹各式各样粽子，以示对爱国诗人屈原的纪念。亦有给小孩吃蚯蚓炖蛋和清炖癞蛤蟆，认为可以清凉解毒。毛脚女婿要挑"端午担"送到女方家，少则四色，多则八色、十二色，其中鱼要成双，鹅头颈涂红颜色。现时，饮雄黄酒、贴端午老虎、熏蚊烟等俗已改，吃粽子、插艾、女婿送节礼等仍存。

入梅 芒种后逢丙日入梅，也叫"入霉"，为期1个月左右，梅雨期多雨水，农家忙农事，农户防衣服发霉。

三伏 夏至后第三个庚日为初伏，立秋后第一个庚日为末伏。初伏、末伏各以10天为期。中伏时间较长。三伏期天气最热，盐民旺晒，中伏农家忙割。各家曝晒衣服称"晾霉"。

七夕 传说七月初七晚上牛郎织女相会。旧时，妇女以槿叶水洗发，陈瓜果向织女乞巧，月光下穿针线比巧。"乞巧"活动今已不再流行。

中元 农历七月十五日为"中元节"，俗称"鬼节"，佛教称"盂兰盆会"，意即"救倒悬"。是日，各寺庵设斋祭祀，诵经拜忏。参加法事的僧人少则几人，多则几十人。时间较长，有7天或49天的，谓"水陆道场"。民间各氏族在祠庙或祖堂请僧众放焰口，施食和念经咒追荐死者，并在该日前后做"七月半羹饭"。今放焰口已废，办羹饭祭祖之俗仍存。

地藏王生日 农历七月三十日为地藏王诞辰日。是夜，家家户户会在门栿上、屋檐下、小路边插上许多点燃的香棒，或陈果设茗祀地藏王，各家儿童沿石板缝或在泥地上插地藏香，有的老妇还会到桥边点上香烛或烧一些纸钱，祈求家人平安。《鄞城十二个月竹枝词》云："七月秋风海角凉，儿童竞插地藏香。连宵焰口江心寺，万盏红灯放水乡。"此俗民国时渐废，现民间插地藏香仍偶见。

灶神生日 灶神，俗称"灶跟菩萨"，是供奉于"灶龛"上的一张纸画神像，传说灶神是玉帝派至人间监督善恶之神。农历八月初三，为灶神生日，各家以素食、糕点、果品祭灶神。此时，芋艿已到成熟期，农民首次掏芋艿，称"开芋艿门"，用以祭灶神。此俗随城镇化进程加速而逐渐消失。

立秋 二十四节气中作为秋天开始。是日，以吃西瓜"被秋"，儿童还吃炒萝卜籽或炒白药，说孩子吃后会长大得快。现只吃西瓜。

中秋 亦称"仲秋节""八月节"等。时至农历八月十五日，正值三秋之中，故名中秋。节前，亲友之间互赠月饼，新婚女婿给丈人、丈母娘"送节"。是日，各户设家宴，合家团聚，吃月饼。境内盛行吃汤果和鸭子炖芋艿（圆芋艿意味团圆）。至夜，明月当空，人们欢坐庭中，焚香，以月饼、瓜果、毛豆子等供品祭月。供桌上还要放一碗清水，祭毕，用水洗眼，据说能眼净目明，俗称"求甘露"。观赏月华，称"中秋赏月"。旧时大户人家对中秋节尤为重视，祭月祀祖，宴请伙计，还要请戏班子演戏。天下中秋皆十五，唯独宁波过十六。此俗据传与南宋宰相鄞县东钱湖人史浩有关。一说史浩母亲寿诞为八月十六，于是史家过中秋的时间改为八月十六，后来族风蔚成乡风，相沿成习。一说史浩在杭州为官，每年中秋都要回乡和家人团聚，有一次因路上耽误，八月十六才到家，人们便将之后的中秋节往后延了一天，相沿至今。

重阳 农历九月初九，也叫重九。古人登高宴赏，境内民间有做米馒头习俗。1988年被浙江省定为"老人节"，2013年被定为全国老年节。政府、老年协会等单位在节日前夕对老人进行慰问，并赠送节日礼品。

冬至 旧时民间有"冬至大如年，皇帝老倌要谢年"之谚。是日，民间普遍以"冬至汤果"具香烛祀神，俗称"冬至羹饭"，大族和旺族都要祭祖、续谱。冬至是游子寻根认祖之日。一年中冬至日白天最短，黑夜最长，故有不少人家这天晚上睡得很早，俗话"睏睏冬至夜，嬉嬉夏至日"。

送灶神 夏历十二月二十三日夜，灶堂设果饵祭灶神，供品称"祭灶果"。另供清水、炒黄豆，用稻草扎草马一匹，送灶神上天奏本。俗传神食祭灶果、糯米团后粘口，只能讲好话。今灶具多改，灶神像已少见，但食“祭灶果”之俗仍存。

除夕　是农历一年的最后一天（农历十二月三十日），俗称“大年夜”，以前外出亲人都得回家。前数日洒扫堂室庭院，清除牛厩、猪栏、鸡窝、路沟，“掸尘”迎新春。各家水缸要挑满水，米缸盛满米。做年糕、米馒头、糯米米鬼，捏年糕团如鱼、如元宝置米缸内，谓之“缸缸满，甏甏满”。祀神及祖先叫“送年”亦称“谢年”。全家人围坐圆桌吃年夜饭，按辈分排座次，品尝酒菜，谓之“分岁”。安灶神马于灶曰“接灶”。点烛焚香，长幼坐以达旦叫“守岁”。长辈赐孩童“压岁钱”。贴春联、易门神，称为“从新”。天未昏即点灯，谓之“接光”。入夜，燃放爆竹称“关门炮”，认为可辟邪。是夜，妇女忙于搓汤果、备菜肴以免来日动用刀砧。置米馒头或糯米团于秤、磨、帚、刀、剪、筷、尺之上，以慰器物一岁之劳苦。也有大户人家高烧明烛，通宵达旦。现迷信较浓之习俗已减，节前大扫除，办年货，做年糕、米馒头，搓汤果，分“压岁钱”，放花炮等俗仍存，除夕夜多观看电视节目“守岁”。

新节日　纪念日

元旦　1949 年 9 月 27 日，中国人民政治协商会议第一次全体会议通告，将公历 1 月 1 日正式定为元旦。学校、机关、工厂、团体放假 1 天，组织文艺、体育、展览等庆祝活动。

妇女节　3 月 8 日为国际劳动妇女节。妇女集会举行庆祝活动，妇联召开表彰会，褒奖先进个人、集体。妇女放假半天。

植树节　1979 年 2 月 23 日，第五届全国人民代表大会常务委员会第六次会议决定 3 月 12 日为植树节，机关、学校、居民组织植树活动。是日又为孙中山逝世纪念日。

劳动节　5 月 1 日为国际劳动节。法定放假 1 天。工会组织职工文艺演出、体育比赛、展览等庆祝联欢活动。表彰劳动模范、先进集体和个人。1999 年 9 月，国务院调整法定假日为 3 天。2008 年 5 月 1 日起，又调整为 1 天。

青年节　1949 年 12 月 23 日，政务院规定 5 月 4 日为青年节，学校、工厂、机关、团体组织青年举行庆祝活动。共青团表彰先进青年集体和个人。14 周岁以上青年放假半天。

儿童节　6 月 1 日为国际儿童节。节日前后，书店、公园、儿童游乐场所、儿童用品商店等优待儿童，免费或减价为儿童服务。工厂企业、机关团体、幼儿园赠送礼品。中小学、幼儿园组织文艺演出及游乐活动。不满 14 周岁的少年儿童放假 1 天。

中国共产党诞生纪念日　7 月 1 日。各级党组织举行庆祝活动，表彰优秀党员和先进党支部，举行新党员宣誓仪式。

建军节　8 月 1 日为中国人民解放军建军纪念日。该日组织军民联欢，慰问军烈属，开展拥军爱民活动。现役军人放假半天。

教师节　1985 年 1 月 21 日，第六届全国人民代表大会常务委员会第九次会议作出决议，将 9 月 10 日定为教师节。

烈士纪念日　2014 年 8 月 31 日，第十二届全国人大常委会第十次会议规定，将 9 月 30 日定为烈士纪念日，举行纪念烈士活动。

国庆节　10 月 1 日为中华人民共和国成立纪念日，法定放假 2 天。主要路口悬挂横幅，张贴标语。机关、学校悬挂国旗，企事业单位扎彩悬灯，商店设节日橱窗。是日举行庆祝集会、文艺体育活动，亲人团聚会餐。1999 年 9 月 18 日，国务院调整法定假日为 3 天。

护士节　5 月 12 日为国际护士节，是为了纪念近代护理的创始人——英国护士南丁格尔而设立的，是全世界护士的共同节日。

老年节　农历九月初九为传统的重阳节。人们在此日登高、赏菊、插茱萸，也在此日祭祖与推行敬老活动。1988 年，浙江省定重阳为浙江省老人节，2013 年国家定重阳为老年节。各地党政组织和老年组织于是日开展各种敬老庆祝活动，开祝寿会、老年体育比赛等。

其他岁时习俗

敲更 古代把一夜分为5更，更夫击梆巡夜报时，称为“敲更”。春节期间，家家户户为过年作准备，做年糕、揞餽、酿酒、腌腊肉等。冬天气候干燥，为防火，民间有敲更的习俗。每到晚上七时许就可以听到“笃笃”敲竹筒声及“寒冬腊月，火烛小心，灶前灶后，柴间灰堆，仔细看看”的叫喊声。此俗现已消失。

献灯 又称“灯会”，俗称“敲马灯”。旧时在正月初二至十四进行。时间上分2个阶段，第一阶段为初二上灯，初五落灯，这几天主要是向各氏族的祠堂拜“帧子”太公（即太公画像），管理氏族田产的人届时在祠堂外恭候，遇献灯者就给个红包。第二阶段是初八上灯，十四落灯，按地域略有不同。多为表演马灯、鼓阁、舞龙等民间文艺，为节日助兴。此俗现淡化。

腊八节 农历十二月初八日为“腊八节”,喝腊八粥是“腊八节”的习俗。腊八粥的传统食材包括大米、小米、玉米、薏米、红枣、莲子、花生、桂圆和各种豆类（如红豆、绿豆、黄豆、黑豆、芸豆等），用多种食材熬制的粥称“腊八粥”。

第三节　礼仪习俗

境内的礼仪习俗渗透于婚嫁、生育、寿诞及丧葬等各方面，为社会生活中重要组成部分。随着时代的进步，多有更新和简化。

婚嫁

提亲 古代婚姻是父母之命、媒妁之言，青年男女是不可私订婚姻、擅作主张的，甚至连双方父母也不能亲自出面，需有媒人在其间穿针引线。配亲要看双方门第和贫富，即所谓“门当户对”。男方先请媒人到女家讨得女方“生辰八字”，再请算命先生排一排八字，看男女是否相克。如有相克，不能配婚。

发送 定亲时，男女双方互换庚贴，上写姓名、生辰八字、籍贯，用礼盒装上庚贴，送往对方。届时男方将金银首饰、绸缎、绍兴老酒、麻饼、金团及看似平常却寓意吉祥的“豆胖”（即米胖、年糕干胖、炒花生、松花黄豆、炒倭豆等）送至女方家中，另有桂圆、枣、莲子等雅称“元宝”包头，均是馈赠的礼物，俗称“送担”。男家、女家双方都邀请亲戚到场喝订婚酒，俗称“发送酒”，女方到男家吃“发送酒”时要回赠“豆胖”。是日，女方还应问明男方及其父母、挈郎和揭方巾福气婆的鞋子尺寸，提前预制，待结婚时赠予。

贺礼 订婚酒后，男家确定好“好日”日期后，请媒人向女家传送“日子书”。嗣后，男家、女家发请帖将办“好日酒”的日期告知各自的亲朋好友，同时分发喜饼喜糖，境内传统以定做麻饼当喜饼。男方还要将女家回的“豆胖”发给同族人和邻舍隔壁。亲友按亲疏关系送贺礼，五服之内可以不送礼。给女方送贺礼称“送嫁”，多为衣料、被单及日常用品等；送给男方的多为钱，或喜幛、喜轴，送钱一般在“好日”当天中午喝喜酒前，俗称“送人情”，届时男家设好“局房”，“局房”先生将贺礼情况登记在“人情簿”上，亦是为方便以后回礼。

搬嫁妆 婚礼前一天，男方去女方搬嫁妆。女方将嫁妆陈列在庭院中，让人观赏。发妆前，男方要送一笔礼金（拆妆钿）给女方父母。发妆先马桶，再被褥，先后有序。搬妆队伍以鞭炮送行，富裕之家搬妆队伍绵延1里多长，以显阔气。嫁妆进入男方大门前，要放鞭炮迎接。请夫妇双全、子孙满堂或家庭富裕的“福气婆”来铺床，以求吉利。马桶进入新郎房后，选一个父母双全的儿童，让他打开马桶盖，取出一对红丝网络套装的“红蛋”然后撒尿于马桶，尿毕吃蛋，意为早生贵子。

开面 亦称“开脸”“绞面”“绞脸”。即由送嫂用双线绞去新娘脸上的毫毛，剪去额发和鬓角，修眉毛扮妆。女子一生只开一次面，作为嫁人的标志，意思是开了面就不再是任性撒娇的姑娘，须是能吃苦耐劳的贤妻良母了。中午，女家办“开面酒”，宴请宾客。女家还要分酱粄汤果给族人和邻居，俗称“开面汤果”。

迎亲 迎亲前一天，男方设酒席谢媒，并以酱粄汤果分赠邻里。入晚，新郎要与父母双全的男孩（即“郎头”，亦称“挈郎”，指未婚少年）同睡一床。迎亲时，“望娘盘担”先行，“望娘盘”必有一只鹅（以鹅代雁），象征婚姻坚贞和谐。女方回赠礼物，必有状如手帕的五色布袋，寓意“五代见面”。

花轿

以花轿迎娶新娘，是白峰人自南宋时形成的风俗。花轿由四人抬着前往，后随专侍新娘的送嫂，临到新娘家，女方放鞭炮迎接。女方亲友故意闭塞门户或设置障碍物，不让入内，抬轿的就得给些礼金才行，称送“轿门纸包”。此时，新娘按惯例拖延上轿时间，俗称“捱上轿”。在迎亲者“三请”“四请”后，起床梳妆、穿霞帔、戴凤冠和戴“戴头褛”，接着由其兄长“抱上轿”，如无兄长则由弟弟或其他亲人携袖导扶上轿，称“领上轿”。临上轿前，其母喂一口“上轿饭”，意示不忘养育之恩。接着母亲、姐妹等女眷均号哭相送，称“哭嫁”。有俚语曰：“娘家哭得震天响，婆家家当嗒嗒涨。”新娘上轿坐定后，不可移动座位。座下放只铜火熜，内燃炭火及芸香，随轿需有两男青年缓缓前行，称“押轿”。轿子将到，新郎家安排人前去接待。相遇时，男方向女方赠糕点，以示敬意。这时押轿者从火熜内点一袋烟，一袋袋地吸着回去，称“接香火”。

婚礼 新娘和送亲队伍到了新郎家，新郎的亲朋也会“拦轿门”。新娘被敲出糖后，大门打开，鸣炮奏乐，以示欢迎。花轿停在堂前，轿夫开启轿门，一盛装幼儿向新娘三鞠躬后，拽新娘袖领其出轿。新娘跨藤筐而过，曰“跨鞍”。请夫妇双全、子孙满堂的老妇持秤杆揭去戴在新娘头上的“戴头褛”，置于床顶。新娘由送嫂搀扶，踩着红地毯，缓步而行，步入堂前。此时新郎由两个挈郎陪同前来，与新娘子并立于堂前。拜堂开始，燃烛焚香，鸣爆竹、奏乐。乐止，一儿童读祝文。傧相诵唱：“香烟缥缈，灯火辉煌，新郎新娘齐登花堂。”接着司仪唱曰：“跪拜，一拜天地，二拜高堂（父母），夫妻对拜，送入洞房。”两挈郎棒花烛先导，新郎新娘踏着铺在地面的麻袋入洞房。麻袋需5只，由送嫂前后交替，称“传宗接代”。交杯酒，亦称“合卺礼”，系用一条红绳系住两只酒杯，斟满酒后，新郎新娘各端一杯同饮，饮半杯后交换酒杯，一齐饮干，也有端酒交臂同饮的。随后，新人开始宴请亲朋好友。喜宴后，新娘要给公公婆婆和男方的长辈倒茶，称“敬茶”。长辈们要拿出“茶钿”给新娘子。新娘“敬茶”前，其公公婆婆还要被亲朋打扮成猥琐模样，进行捉弄，即“扒灰”。接着，新娘子还要“出厨”，即新娘在厨工的帮助下，手握菜刀，对着鸡鸭鱼肉斩，每斩一刀，嘴中都要念念有词：“种稻有谷、生出儿子考大学、夫妻要和睦、孝敬公婆是享福”等诸如此类的吉祥话，预示新娘在以后的家里会成为一位贤妻良母。

喜宴 结婚酒席一般延续3天，大户人家也有5天的。第一天搬嫁妆，称“上场便饭”，第二天为“正酒”，第三天称“散场酒”。正酒最为隆重，乐队（俗称“吹行”）奏迎宾曲。以舅为尊，坐中堂首位。新郎向诸宾客斟酒。酒席设新郎专席，称“贺郎酒”。席间由新娘向众位宾客斟酒。

闹洞房 是夜，亲朋好友用种种方法，追使新郎新娘大出洋相，借以取乐，并索取香烟或糖果，至深夜才散，俗称“闹洞房”。时有“新婚三日呒大小”“越闹越发”之说，这是一个吉日的热闹场面。次日凌晨，新婚夫妇起床后，亲朋家孩童涌入新房，寻找新郎新娘吃剩的“床头糕”。

回门 成亲次日，男方备轿请阿舅，中午要宴请阿舅。宴后，用便轿接新郎新娘回娘家，称“回门”。

随轿送“望娘盘”一担。岳父母家宴请“生头女婿”，是日为婚嫁中女家最为热闹的一天。宴毕原轿返回，轿资费双方父母各自承担。翌日，需再去拜望丈人丈母，称“做福女婿”。古时“回门”有在结婚三日后，也有满月“回门”省亲的。

满月担 结婚满一个月，女方父母要给女婿挑“满月担”。满月担有四洋盆菜肴及寓意早生贵子的枣、花生、桂圆、莲子及“龙凤金团”48只。还有藤编针笸、剪刀、尺、针等，此后女儿方能在娘家宿夜。婚后，新娘第一次作针凿，先为新郎做条裤、一双袜。有俚语：“若要富，先做裤，若要发，先做袜。”

其他婚配习俗 旧时，抱养幼女，待成年时与其子结婚，称“养生媳妇”（童养媳）。两家互换姐妹为妻，称“调亲”。因生活贫困被迫将妻租给别人，称“典妻”，而典夫多以生育为目的。指腹为婚，即双方婴儿出生前，尚在胎里，就由双方父母议婚联姻，若生一男一女，便结为夫妻。富家豪绅的男人可娶两至三房妻子，娶第二个开始称之“纳妾”，俗称“抬小老婆”。还有未婚夫婿有病，迫女至男家“冲喜”，婿死，女子就成寡妇。富家子女早夭，移柩合葬为之冥配，称“阴配”。中华人民共和国成立后概被废除。以寡妇再嫁为不光彩，若携子女，蔑称为“拖油瓶”。歧视赘婿，称“上门女婿”，在女家地位卑下。女的死了丈夫，另找男人进门，谓“进舍夫”，被人指指点点。现均视为正常现象。

中华人民共和国成立初，结婚多沿用旧俗，迎亲时以花轿抬新娘。1953年国家颁布《中华人民共和国婚姻法》深得人心，追求恋爱自由、婚姻自由、婚礼从简的风气为之展开，也使一些家底薄的青年男女双方节省了结婚开支。传统的习俗未能彻底废除，但程序已简单多了，婚宴仍一直保留，即便在三年困难时期和“文化大革命”时期，人们根深蒂固地认为摆过酒席才算是正式结婚。20世纪60年代中期至80年代初，由于经济发展，农民家庭收入增加，出现婚嫁高礼金的情况，嫁妆从三大件（自行车、缝纫机、手表）到新三大件（电冰箱、彩电、洗衣机），逐渐用自行车、拖拉机接新娘，讲究结婚排场，使结婚费用较大幅度地增长。20世纪90年代后多以轿车迎亲，穿婚纱礼服、拍结婚照、录像较为普遍。也有旅游结婚的，但回来酒席照办。闹洞房之习渐淡，但婚礼讲排场、办酒席之风更盛。现“扒灰”“敬茶”“闹洞房”“回门”等旧俗又有恢复。社会的进步使订婚恋爱观念有所改变，“父母之命”变为父母参与监督，“媒妁之言”变为介绍。结婚必先到政府民政部门办理结婚登记手续，同时要参加婚前检查和婚前健康教育，婚姻方面的法治意识普遍得到提高。

生育

催生 临产前，娘家要送金团、肉、鸡蛋、桂圆、核桃、糖等食品及婴儿的衣着用品。农村多用担挑，故称“催生担”。一到女儿家，将催生的衣物用包袱裹住，从窗户投到孕妇床上，以包裹的朝向预卜孕妇生男生女。婴儿的衣物、涎兜都需要黄色，孕妇要吃什么，公婆就给她吃什么，俗称“依耳孕”。

红房 旧时，产妇称“红人”，月内不能串邻走舍。产房称“红房”，非侍值人员不进房内。长辈一般不进“红房”，意谓婴儿过早见长辈会“折福减寿”。现多在医院做产，此俗废，即使在家分娩也已不落俗套。

坐月 俗称“做生姆”，又称“做产”。婴儿出世，亲友送糖面，表示添丁之喜。娘家要送“贺生担”，又称“生姆担”。担内有鸡、肉、蛋、河虾、鲫鱼及长面、红糖等。亲友也要馈送一些菜肴及婴儿衣着之类。在做产一月内，产妇饮食有诸多讲究，旨在增加营养，以期奶水充足和尽快恢复体力，同时亦不能出房走动，以免受风着凉，影响健康。此俗今仍盛行。

开口奶 婴儿出生后，母亲先不喂奶，而向别的产妇讨奶吃，生男讨女婴之母乳，生女反之，称“开口奶”，说是长大后男女求婚能一说即合。喂奶前先喂婴儿一口黄连汤，一为解毒；二寓意先苦后甜。又把肥肉、糕、酒、鱼、糖分别制成汤，用手指涂婴儿嘴，边涂边念：“吃了肉，长得胖；吃了糕，长得高；吃了酒，福禄寿；吃了糖和鱼，往后生活甜又富。”此俗现已废。

祭床公床婆 产后第三天，在产妇床前供奉果茗，祭床公床婆。点香烛于米筛上，放十二只“相谅盏”，两碗“盖糖饭”。祭毕，“相谅盏”分送邻居儿童，意谓长大后“相讲相谅”，和睦相处。今在医院做产，此类习俗皆废。

满月　婴儿出生第三天接受外婆家的赠礼。旧时凡产妇生头胎，娘家要送婴儿一年四季所用衣裤、兜篷、尿布以及座车、摇篮等。富有人家要送银项圈、银手镯，甚至是金质的。出生一个月称“满月”。孕妇坐月子期满，故又称“出月”。届时要办满月酒，主人家发请帖，设宴招待宾客以示庆贺。外婆家送各种菜肴及糕饼、红蛋、花生等。这些礼物要用杠箱抬去，以示阔气，称“满月杠”。姨妈、舅姆也要送礼物给婴儿，其中有红黄蓝白黑五色结成的“长命索”。长命索是系着状如锁或如意的饰物，挂在婴儿颈项，取长命百岁之意。此俗仍盛行。

开荤　婴儿第一次进食，其父用鹅舌头擦几下婴儿的嘴唇，称“开荤”，意谓吃了公鹅冠瘤，以后跌倒时头会像公鹅头一样昂起，不伤脸面。

望外婆　婴儿第一次走外婆家，去时鼻头抹些镬煤，意谓“避邪”，俗称“乌鼻头管望外婆”，外婆给婴儿挂五彩长命线，意谓长命富贵。现已不多见。

留百岁毛　婴儿出生100天时举行祝贺礼俗，拜祭“王母娘娘”，供以素食，为婴儿剃发。剃发需由祖父抱着在堂前进行，在囟门及脑后留一撮头发，叫“百岁毛”。古人称“身体发肤，受之父母”，因此又称“孝顺发”。剃下的胎毛有的专请店家制成毛笔永久保存，说今后长出的头发会又黑又密。剃完头，给婴儿穿红着绿，由他人打开伞抱着，绕四邻走一圈，意为见世面，长大后能经风雨。

取名　为孩子取名是一件大事。旧时，由于怕孩子长不大，常用猫、狗等名称作为乳名，正式取名也有带迷信成分，请算命的排生辰八字，认为五行不全者用金木水土火等字或这些字作偏旁的字来命名。取名历来很有讲究，常烙有时代印记。

满周　拿周婴儿一周岁时，亲友多有馈送。外婆家要送由小到大五个等级的金团，称“五代见面”。满周岁，小儿开始学步，外婆送“虎头鞋”。虎头鞋用黄布精制，鞋头绣老虎头，虎额绣王字。虎是百兽之王，认为穿了可以壮胆驱邪。届时罗列百物，让孩子自取，以卜将来成就，名曰“拿周”。

戴长命锁　戴长命锁者多为体弱多病的孩子或独生子女，含有避祸祛邪、祝愿体健长寿之意。锁为传统的古锁式样，富有人家为金制品，一般人家为银制品，贫困人家为铁制品，多刻有“长命百岁”“富贵长寿”等字样，系上红头绳或长丝带，套在孩子的脖子上，待孩子长到16岁时才能取下，如16岁还不取下，待结婚入洞房时取下。亦有戴银项圈的，其用意与戴长命锁同。

寄拜　旧时，接连生了几胎女孩后才生男孩；或者接连生了几个男孩都夭殇后又生男孩，家长怕重蹈覆辙，就让该男孩寄拜一个多子多福的人为干爹。有两家深交或恩泽，以儿女寄拜作为干亲，增进友谊。也有迷信子女“八字”不能永年或与父母冲克而出寄。承寄之后，寄拜者每逢节日，须向干父母送礼，受寄拜者也要给寄拜者一些钱物。也有因婴儿体弱多病父母担心养不大，就将孩子拜僧道为师，但不出家，以求长命，叫做“寄名”。

夜啼　喊魂　旧时，婴儿夜哭不停，家长会认为鬼在作祟。用红纸写上“天赤赤，地黄黄，小儿夜哭在娘房，过路君子读一遍，一夜睡到大天亮”的谶语，趁无人看见时贴在路旁，以解婴儿夜哭。孩子因惊吓而闹病，在科学不发达的时代认为“丢了魂”，就将孩子抱到床跟前，点燃一支香，插在床头跟前，或插在扫帚柄上，祈求床公床婆或扫帚娘娘将失去的魂叫回来，俗称“喊魂”。此俗今已少见。

中华人民共和国成立后，境内生育旧俗渐减，但部分仍流行，如临产前娘家送鸡蛋、桂圆、黄糖等食品及婴儿衣物，办满月酒、周岁酒等。20世纪90年代后，办酒席隆重有加。近来部分旧俗又有复行趋势。

寿诞

做生　旧俗，男子30岁诞日都要“做生”，但不做寿，俗语“三十不做，四十不发”。“做生”时办酒席请客，亲友送礼祝贺。40岁一般不做或提早一年庆祝，因“四”与“死”谐音。50岁以后寿诞一般由子女为父母“做寿”，亲友主动祝寿，不发请帖，俗语“请吃酒，挜拜生”。60岁及以上老人的逢十寿辰，称“做大寿”，民间有“做九不做十”的习惯，如60大寿在59岁做，为避“十全为满，满则招损”之讳。祝寿礼物有长（寿）面、油包（叫寿桃）、寿烛等，也有烛票或送银钱的。亲戚一般送“四色”寿礼，女婿、外甥要送“八色”或“十二色”（所谓“色”，就是指一种果品或一种菜肴）。油包要有104只，意为“出头出脑”。祝寿日要向四邻分赠寿包、金团。富贵人家设寿堂，挂灯结彩，张挂寿屏、寿幛，鼓乐吹打，演戏作乐。勤俭人家一般从简。劳苦人家则不庆寿，所谓“穷人呒生日”。

花甲寿　60岁寿诞称“花甲寿”。旧时年满六十称“花甲”，认为60岁的人真正达到了寿数，故寿庆要大办，一般由寿者儿孙出面张罗。诞日之前，子女还得把丧葬用的一切准备好。所备之物，其名以“寿”字起首，如“寿衣”“寿材”“寿坟”。“六十三，鲤鱼跳沙滩。”63岁被认为是兆凶之年，为挨过这一关，有人买条鲤鱼到阿育王寺放生池里放生。境内有“人到六十六，阎罗大王请吃肉”之民谚，即66岁吃66块肉。肉由已嫁女儿孝敬父母，说吃后可望长寿。吃素者以烤麸代替。

阴寿　父母去世后，逢十做“阴寿”，称做“做十头”。寿堂陈设素色，礼拜如在世，亲朋也送糕、烛、面、桃等礼品，请念佛念“寿生经”。也有在寺院拜忏做佛事，以祝冥寿。至百岁止。

20世纪50年代后，寿庆崇尚俭朴。20世纪80年代后，大操大办之风又有兴起。20世纪90年代后贺礼以送生日蛋糕、礼品为多。进入21世纪，为老人祝寿的方式现多样化，如老年协会在老人节期间为逢十的老人照相留影、馈赠礼物，为百岁老人祝寿；亦有子女陪老人旅游等。

丧葬

送终　人离世弥留之际，子女跪床前，喂粥汤或桂圆汤。人一咽气即一齐号哭，同时焚香、念经，烧戒牒（路引），称为“送终”。人死后，家人即往本庙拈香为亡人向阴司“报到”，并祈祷。替死者沐浴、理发、剪指甲、更衣，将床席、褥草放路旁烧毁，名曰“烧苫包”。

报讣　着人遍赴近亲家报讣音，告知死讯及丧期、葬期等有关事宜。报丧者须倒挟雨伞，行至门前将伞柄朝下放置门外，以示凶信。

设灵　陪尸　料理停当后，尸体移入灵堂，点脚后灯，设灵牌，摆香烛供品。举行祭奠，俗称“吊孝”。晚上由家人陪尸，谓“守灵”，或请人诵经，称“念摊尸经”。旧俗，不在家寿终者不得入堂，在屋外另搭篷帐停尸。

戴孝　孝子孝孙穿麻衣、着蒲鞋，腰束草绳，头戴三梁冠。孝孙在帽檐上别一块圆形红布，表示孝中有吉。侄子戴两梁草冠。远亲嫡亲均男戴白帽，女戴孝兜。本家晚辈穿麻衣，并以白布满鞋面，后嵌一方红布。凡参加丧礼的下辈，都应白线杂麻缠头颈，现渐以黑色臂章代之。

落殓　灵堂停尸3～5天，择吉时（一般为涨潮时）将遗体移入棺材称“落殓”或“入木”。以白布成帽分送吊唁者称“破孝”。亲戚临吊俱送薄棉被，称送“重被”或“情被”。入木时由嫡系子孙分批罗拜，亲子捧头扛脚移尸入棺，放上殉葬品，高呼品名及赠者姓名，叫做“报衣单”。报毕，将衣单焚烧，装入纸袋，放进死者口袋。盖棺前，由长子站在屋檐下，大声问道：“某某病好否？”堂内众人齐答“好了！”连问三声后，然后钉棺梢。亲人抚棺围哭，告别遗体。出丧前，行堂祭礼。

出丧　灵柩出门，奠酒于杠，称“醮杠”。杠词内容有对死者的悼念或赞评，或对死者儿孙的祝愿等。醮毕，随之抬棺上路。由女婿捧神主牌先导。燃香烛，引灵幡，孝子孝孙手持2尺长的哭丧棒扶棺躬身而行，宗亲、戚友等随后。吹打哀乐，钓锣声继之，沿途放爆竹，谓“引路炮”；散发纸钱，谓“买路钱”。棺木过桥，孝子伏于桥上，让棺木从身上抬过，意为尊重“桥神”。遇村须绕道而行。送棺进穴前动土叫“开山”。灵棺到达墓穴后，孝子率送葬众人列队先左后右，绕墓穴行三圈，启开坟门。用芝麻秆点火烧之，谓“暖圹”。然后放灵棺入穴。在灵棺头点上“随身灯”，最后封闭墓门。卸丧服，凡草冠、引路幡及各种冥器皆烧之。安葬后祭过土地神“关山”。送灵牌于宗祠叫“上堂”。出殡回家，家门外燃上火堆，送殡者一一从火堆上面跨过，孝物在火苗上掸几下，俗称“掸晦气”。

做七　做百　做周年　做忌日　人亡日起逢七办羹饭叫“做七”，称“头七”“二七”……“七七”为“断七”，意即满四十九天。最慎重是做“五七”，“六七”由出嫁女儿回娘家来做，并念一堂经，俗称“六七羹饭”。至百日祭祀叫“做百”，一周年再祭称“做周年”，连做三年，谓“满孝”。“做百”和“做周年”要请念佛念经以尽孝道，至亲也要前去悼念亡灵。以后每逢先人的生日、卒日（称“忌日”）办羹饭祭祀称“做忌日”，直至满百后方止。

造寿坟　夹寿材　乡人习惯年老在世时造坟，称“造寿坟”。凡造坟多请风水先生选择墓地，境内古风行合葬制，多造双穴坟。1997 年 11 月 1 日起，实行殡葬改革后，凡生前无寿坟者，一概葬于公墓，墓的档次视死者的家庭经济条件而定。生前做棺材称“夹寿材”，时间多选在农历六月十二。实行殡葬改革后，此俗渐废。

旧俗丧葬仪式繁杂，都要摆阔气、讲场面，花费很大，贫家往往因此而负债。中华人民共和国成立后，丧葬旧俗有所改革，出现了简办丧事的新风。20 世纪 80 年代后，念佛伴灵、焚化纸钱、逢七祭奠者渐多。现开追悼会，送花圈、挽联，臂戴黑纱等现代治丧礼仪与披麻戴孝、穿白衣等旧俗共同流行，丧礼又趋铺张。

第四节　生活习俗

生活习俗包括饮食、服饰、居住等方面。此类习俗，随着物质生产水平的提高与生活方式的变化而更新，同时亦因社会经济发展的不平衡性而具若干差异。

饮食

主食　境内俗以大米为主食，亦有以六谷（玉米）糊为主食，一日三餐，早餐多吃泡饭、粥（传统多用火缸煨粥）。青黄不接或逢灾歉收时，以番薯干垫饭、瓜菜拌饭，或以番薯、南瓜等代饭。历来崇节俭，从小教育小孩：剩饭碗头，下世要饿肚皮；饭粒跌落，会被雷打。煮饭多用冷饭作“饭娘”，以提高出饭率，祀神祭祖时，才煮纯米饭。有客来家，锅内煮饭分两夹，一边放大米，一边入薯干，不使混合，俗称“两夹饭”，给客人吃大米饭，自食薯干饭。两餐间加食，俗称“吃点心饭”，待客、请工匠和农忙季节多吃点心饭。中华人民共和国成立后，粥饭中掺入瓜菜渐少。1959—1962 年三年困难时期，多数农户仍以瓜菜代粮。20 世纪 70 年代后，多数农户粮食有余。现偶食番薯、南瓜、玉米等粗杂粮和面条、饺子等面食以调剂口味。早餐除传统泡饭、粥外，有馄饨、麦片、包子、大饼、油条、面包等。“吃点心饭”之俗现已少见。

点心　白峰民间传统点心有汤团、汤果、金团、米馒头、麻糍、灰汁团、炒毛麸、馄饨、油包、粽子、年糕、酱板等。（部分点心制作工艺详见第十二篇第一章第八节之附录）

菜肴　俗称“下饭”。白峰靠海，海鲜及其制品自然成为境内老百姓主要“下饭”，有大小黄鱼、带鱼、鲳鱼、鳓鱼、弹涂、乌贼、白蟹、虾、蛤蜊、蛏子、泥螺等，传统海鲜制品主要有三鲍鳓鱼、大黄鱼鲞、螟哺鲞、三矾海蜇、鳗鲞、炝蟹、蟹酱、蟹糊、鱼烤、糟鱼、醉泥螺等，蟹酱、蟹糊等称“压饭榔头”。旧时蔬菜品种不多，肉、禽、蛋极少，雪里蕻咸齑是境内家家户户必备“长下饭”，另有菜蕻干、腌冬瓜、苋菜股等常备“下饭”。20 世纪 50 年代后，蔬菜品种始有增加，肉、禽、蛋也逐渐增多。由于海产品长期过度捕捞，20 世纪 80 年代后期始，黄鱼、鳓鱼、乌贼、白蟹等渐成菜肴珍品，肉、禽、蛋、淡水鱼相对增多，蔬菜品种则日益丰富。

酒　境内居民历来喜饮黄酒，少数饮烧酒。春节期间，几乎家家户户都有过年走亲戚、喝老酒的传统习惯。长期以来由于物资匮乏，所以农家都会自酿一点米酒，这一情形延续较长时间。20世纪80年代后，酒成为大众饮料，有汽酒、啤酒、黄酒以及各种度数的烧酒。20世纪90年代后又有葡萄酒、威士忌等，品种繁多，价格差距甚大。

服饰

服装 清末民国初，一般富家，男穿长衫、马褂，女穿旗袍。一般农民、 船工、石匠、木泥工匠等体力劳动者，平日穿对襟粗布短衣，着腰围、裤管宽大、穿着时在腰部打折系带的“叠腰裤”、笼裤。逢年过节或做客时方穿长衫。女穿大襟衣裳、围裙之青布襕。20世纪30年代后，政教人员中流行中山装，妇女旗袍改小而短。春秋服装以夹为主，夏着单，冬穿棉，内加背心，外套罩衫。20世纪50年代初，学生、干部、工人中流行列宁装和中山装。“文化大革命”期间，风行军装。20世纪70年代末，社会上出现“喇叭裤”。20世纪80年代后期，服装面料渐趋高档，渐流行西装、夹克衫和休闲衫。20世纪90年代末始，服装趋向多样化，款式年年翻新，绒线衫、腈纶衫、羊毛衫普及男女老少，滑雪衫、健美裤、牛仔服、夹克衫、西装、羽绒衫等风靡乡村。青年人着装向个性化发展，女子穿旗袍渐成时髦。

帽子 民国时期，劳动人民一般夏季戴草帽，冬季戴布帽、毡帽，年老男子多戴罗宋帽，雨天戴笠帽。年轻女子不戴帽，或用头巾。老年妇女爱用“包头”，有的戴黑色或棕色的盆形网眼绒线帽。学生戴学生帽或绒球毛线帽，20世纪50年代流行“干部帽”（圆顶或八角有舌）。夏天戴阔边草帽。中年妇女冬季流行包方格布头巾。“文化大革命”时期流行军帽。20世纪80年代后，帽型繁多，夏天有草帽、太阳帽，冬天戴鸭舌帽、东北帽、皮帽、滑雪帽、绒帽等。

鞋 清末民国初，多穿自制的草鞋、布鞋、蚌壳式棉鞋，青年女子着绣花鞋，幼儿穿虎头鞋，雨天多穿木屐。20世纪50年代兴穿胶鞋，但仍以布鞋为主。20世纪70年代盛行塑料凉鞋。20世纪80年代起，穿猪、羊、牛皮鞋及人造仿牛皮鞋者渐多，青年男女一度兴高统皮靴。现鞋子花样繁多，质量渐趋高级。青年女子喜高跟鞋，年轻男子好旅游鞋，老年人冬季则尚保暖鞋。

袜 清末民国初，农村仅有布袜、袜套。20世纪20年代起有棉纱袜，分长筒和短筒两种。富有家庭青年女子穿长筒丝袜。20世纪50年代，多穿中筒或短筒纱袜。20世纪60年代起，有尼龙袜、锦纶袜等多种质料的袜子。20世纪80年代起，女青年穿长筒丝袜，少数人还穿袜裤。现人们穿鞋时多穿尼龙袜、锦纶袜，妇女多穿长筒丝袜、连裤袜。

发型 清代，男性个个留辫子，少女梳独根长辫，妇女梳圆形发髻，插钗或套网络。辛亥革命后，男子大多数剪辫，发型增多。男子多数剃光头、平头或西式分头，孩子剃“铲刀头”或扎独角、双角小辫，已婚女子仍梳髻，未婚女子梳辫子或刘海式齐耳短发。中华人民共和国成立后30年，男女发型变化不大。20世纪80年代始，男女发型多姿多彩，烫发盛行。青壮年多为短发，亦有港式长发、大鬓角、大包头、西式三七分头，少数为长鬓。老年男性则以光头、平头为主。女子有刘海式、童化式、波浪式、披肩式、瀑布式等，少数剃短发。老年妇女都是剪齐耳短发，也有少数烫发。20世纪90年代后期，男女青年在翻新各种发式的基础上，流行染发，黄、红、蓝各种颜色，不一而足。现也偶见青年男子留长发绑辫子的。

居住

旧时，境内贫困之家多以稻草、茅草、毛竹搭建，俗称“草屋”。家境稍好一点的，屋面以编茅覆盖，四周以夯实黄泥为墙，或以碎瓦片、乱石垒墙，泥地面，有栋、柱、梁为支撑骨架。柱下垫以石磉盘，以防腐烂。中华人民共和国成立前，民宅以砖木结构为主，多为平屋或“畚斗楼”。大户望族数代共居，单独成幢，有三、五、七间之分。中堂间称“堂前”，婚丧喜事时作礼堂。旁留两弄堂，称“几间几弄”。屋前天井称“明堂”，可纳凉、晾晒。天井两旁厢房称“明轩”。正屋多坐北朝南，门额砖刻“居之安”“竹苞松茂”“紫气东来”等字样。正屋后再建二进房屋的称“连三进”。房屋进深以柱计数，有五、七架之分。

搁栅上面铺有木板，称“搁板”，其空间称“搁登”，有扶梯或可以随意搬动的木梯上达。“搁登”一般作为谷仓，或堆放杂物。农家多在正屋旁附建单披顶的“披屋”或草舍，作厨房、厕所、牛棚、猪舍或堆放农具杂物。灶房，俗称“灶跟间”，大户习砌三眼柴灶，即外、中、里三口镬，镬间埋两只或一只“汤锅”，以利用烧饭余热温水。中等以下人家一般砌二眼灶或独眼灶。灶用砖石垒成，灶台高及成人的腰，坐人烧火的灶洞旁边称“灶口地冈”，亦有农户在紧挨灶洞旁装一长方形木制风箱。“火镗”“火钳”“火管”“火耙”“火栖”等为农户烧火畚灰必备工具。“灶口地冈”与灶台之间有如墙的隔，朝灶台一面镂空，称“灶梁头”，用于放油瓶盐罐等杂物。灶隔靠墙的一头，是窜到屋顶的烟囱，烟囱下边做有土龛，用于供“灶跟菩萨”。灶台旁置一水缸，用于贮水。另置“火缸”一只，放灶洞畚出来的柴火灰，用作热水、煨粥等。

20世纪50年代起多建砖墙、人字形木架顶平屋。20世纪70年代起，农村翻建房屋，虽然仍旧是平房，但毕竟比老房子高爽宽敞。进入20世纪80年代，农民开始建造楼房，一般是二层楼房，砖混结构，水泥楼板，有的还建有阳台。20世纪90年代以后，富裕农民开始建造别墅式楼房，有套间、有阳台，琉璃瓦盖屋面，铝合金做窗户，内部设施配套，装饰考究。现随白峰境内经济发展，城镇化建设加快，多层高层住宅建筑也不断增多。由于农户厨房土灶逐渐淘汰，“汤锅”“火缸”亦成历史。

建房，亦称“起屋”。民间一直认为建房是有关子孙后代兴旺发达的大事，故对房屋的风水和建房仪式等十分重视。

选址定位 旧时建房先要请风水先生看“风水”，选择地基，决定方向；请阴阳先生拣日子，决定哪天开工，哪天上梁。房屋要坐北朝南，但不能朝正南，一般稍向东偏或稍向西偏。因庙宇大殿朝正南，否则对神不敬，定门向以东为上，称“紫气东来”，是祥瑞和美好的期冀。后墙不能靠河流溪水，认为水从后面流淌，家不发。建房应单数成间，忌造双数，尤以四间最忌。不论贫富，厕所决不能建在正屋的东西方。

破土 旧时全年除清明节、大寒日可以任意动土外，其余日子动土须请阴阳先生拣日选辰。破土动工前，要祭祀土地菩萨。祭祀时放礼炮以示隆重。祭时，一人执香领路，一人用锄头作挖土状，以示动工建宅。焚化“甲马”（绘有神像的黄彩纸），以祈施工中不出事故。开工先挖地槽放石头，打夯定基。

上梁 上正梁之日，亲朋好友纷纷送来礼品或礼金（俗称“人情”）祝贺。上梁要选良辰吉时，一般定在“月圆”“涨潮”的时辰为吉利，取其合家团圆、钱财如潮水涨进之意。还要焚香点烛，磕头礼拜，燃放鞭炮，敬神祭祖。梁的两头缠红布，俗称“缠梁红”。用小型银钉钉在正栋上，宁波话“银”与“人”谐音，取其人丁兴旺、人丁节节高升之意。“作头师傅”（亦称“把作师傅”）头顶盘子，边说吉利话，边登梯一步步往上爬。到了上面临时搭的台上，按方位唱《上梁歌》。主人家送红纸包钱，“作头师傅”手拿酒壶一边洒酒“浇梁”，一边唱吉词。酒毕，作头师傅高喊“上梁！”四工匠分两头用绳拉梁慢慢上柱顶。梁的东端应高于西端而上，因东首为“青龙座”，西首为“白虎座”，“白虎”要低于“青龙”。此时鞭炮齐鸣，“作头师傅”将粽子、馒头、糖果等物往下抛撒，称为“抛梁”。下面围观的人蜂拥而上接抢。此时，爆竹声不绝，热闹非凡，此谓“抢上梁馒头”。晚上主人家宴请亲朋好友、泥水木匠吃“竖屋酒”，少的三桌，多的十几桌。四邻则用红布作旗，挂在自家的屋脊上，以免被“占风水”。

进屋 房子造好举家迁入新居时，邀请亲朋好友吃“进屋酒”。一是庆贺乔迁之喜，二是祭祀神仙祖宗。

中华人民共和国成立后，建房仪式渐趋简化，但上梁抛馒头，吃“竖屋酒”“进屋酒”等风俗仍盛行。20世纪80年代后，亲友馈赠的礼金、礼品日渐贵重，主人宴请也日趋高档。

第五节　生产习俗

在长期的生产活动中，白峰境内形成一系列的民俗事象。其中农业、渔业、商业以及一些手工业的习俗，最具特色。

农事

报春牛　每近立春，有报春牛者进农宅持泥捏小牛在米缸、谷仓或门口正反各绕3圈，边唱吉词“黄龙盘谷仓，青龙盘米缸”等，或口念“吉祥如意”。并推销木板印的“春牛图”，上有当年二十四节气、霉伏期、潮汐等与农事有关的天文气象预报。外饰以十二生肖，中缀以牧童骑牛图。户主回赠年糕、大米或钱币后，贴图于门墙，以示吉祥。20世纪50年代后，报春者以口含吉词为主。“文化大革命”期间，图上加印“抓革命，促生产”领袖语录等。近年多印“恭喜发财”“招财进宝”“年年有余”等吉词。

敬牛　俗有“小小一头牛、性命在里头”之说。在农业上凡耕田、耙田、车水、碾米等重活全赖牛完成，民间视牛为农家之宝，故形成许多敬牛的习俗。春耕开始给牛喂棉籽饼，给牛增加营养。清明这天，牛可以随意到任何一家田里吃芘花草子，主人家决不埋怨干涉，认为清明是牛的“放青”日。立夏是牛的生日，这一天，让牛休息，擦洗并沐浴牛身，而后灌黄酒，喂鸡蛋，为牛欢庆生日。放牛娃在这天食麻糍，吃蛋，意谓“人牛共庆”。过冬称“关冬”，喂早稻草，每天一个煮烂花饼汤，有通肠润便的作用。年三十祭祀牛神。旧时大部分农户牛肉不进门，有的人家遇到牛死去，还进行土葬。

积肥　积人畜粪肥、捻河泥、削草皮烧焦泥，种紫云英等为传统积肥方式，每农户必置有屙缸一两只。20世纪60年代，农田主要施农家土杂肥，以后化肥数量和品种逐年增多。20世纪80年代起主要用化肥，农民很少积肥，至今基本上都用化肥，积肥习俗已不多见。

孵秧子　清明前后浸种称“秧子落缸”。秧子上放一张红纸，压一把刀镰，称“催芽”，意欲镇邪。集体生产后此俗废。

插秧　第一天拔秧称“开秧门”，结束叫“关秧门”。蹲下去拔秧，先用缚秧苗的稻草在秧田上面横扫几下，以防手背发肿，俗称“发秧疯”。古时，农家于此两日小宴，也有吃团子和笋，因其时亲邻互相帮工协作，故借以酬劳。团子有团圆（和睦）之意，笋隐喻足力硬健。餐间，每人要吃一个鸡蛋，意谓“讨彩头”。种田时一天除早、中、晚餐，另加上下午点心。

尝新　新谷登场后，择优质早稻米磨粉，拌以早稻草灰汁，蒸成“灰汁团”，先供灶君、祖宗，称“尝新”。此俗今废，改以吃新米饭为尝新。

爱护农具　俗有种田靠三生：即中生（牲畜）、后生（壮汉）和傢生（农具）之说。一般农户各类农具配备齐全，农户有情愿不买家具也宁愿备足农具。农民是小本经济，故对农具十分爱护，细心使用，尽量延长使用寿命。各种竹木农具每季使用完毕后，及时洗清晒燥藏好，如水车盘等还高高搁起。在开春农闲季节，各农具所需绳索，都自己动手搓麻绳、打草索和拣秧巴草等，准备齐全。春分前后待农具修理完毕，还用桐油红全面油漆防腐。

请工匠　凡种田户，牛犁车耙、箩篮箁簟等生产工具一般俱全，平时使用十分爱护，在每年春耕前要雇请工匠补修一次。木工称“春作木匠”，专行木器农具；竹匠称“簟匠”，专编修竹器农具。凡竹木匠到来，东家均以客人相待，中午、晚上供应两餐饭，要添几碗新鲜蔬菜鱼肉，每餐用老酒，下午还有点心。

祭田公田婆　系旧时农业生产祭祀风俗。一年共分4次。第一次在清明后下种前，择黄道吉日，点香焚纸，祭祀人站在秧田下首缺口的田塍上，朝田畈作揖行礼，祈祷田公田婆保佑秧苗壮大，后将香枝插于田塍，谓之“许愿”。第二次于开秧门前，摆供品及肉类于田塍，人仍立于秧田缺口，燃香祈祷，以保佑秧苗到稻田里快长，谓之“尝甜头”。第三次是夏至这一天，供酒肉饭菜于田头，并燃烧麦秆，祈语为：“田公田婆保佑风调雨顺，无虫无灾，来日丰收，再来重谢！”有的穿蓑衣戴笠帽，以象征“求雨”，烧麦秆寓意赶害虫。最后一次是开镰收割之前，祭品丰盛，并摘谷穗插于供品上，以报答田公田婆保佑之恩，称“还愿”。平时，凡在田间就餐，或吃点心之前，先撮一小块糕点或米饭以祭祀田公田婆。

商贸　手工业

讲吉利　重禁忌　旧俗商家开张五更祭财神，称“接财神”。天亮开排门叫“开市”，开口第一句话说“恭喜发财”。晚上收业称“上排门”或“打烊”。祀神猪头称“利市”，猪舌头叫“赚头”。结账称“盘利”。年终在壁柜、货仓贴上用红纸写的“招财进宝”“黄金万两”等连体字，门上贴“生意兴隆通四海，财源茂盛达三江”等楹联。

请财神　旧时商店自农历正月初一起都停止营业，初四三更时分“请财神”，放爆竹，供财神像。以猪、羊、鸡、鹅、鲤鱼五牲为祭品，猪羊多扣头尾，中设一刀猪肉、羊肉，称“全猪全羊”。鸡、鹅、鲤鱼须成双。酒杯要摆 5 只，称“五路财神”，以祈求在新的一年里能够得到财神的保佑。所点龙凤烛又称“足斤”“脚缸烛”。正月初五，商店设五色茶点恭迎第一个顾客，并呼其为“财神”，不管营业额大小均给予优惠，或对折付款或馈送礼品。若顾客衣着华丽、成交额大则预兆全年生意兴隆。若开门后久无光顾，店主即焚香烛至财神殿祈拜或卜签，称“求财神”。若上年生意清淡亏本，商人则一家都去境庙敬神，路遇僧尼，则将其夹在中间过市，以为财神常附身僧尼，此称“兜财神”。中华人民共和国成立后此俗均废，后随市场经济的发展，此俗复兴，但已简化。

招徕术　旧时商店招徕顾客，主要有赊账、留客宿夜和优待船老大。对老顾客常用记账方式凭“经折”购物，代替现金交易，逢节收账。抗日战争起物价一日三涨，才一律改用现金交易。时交通不便，招待远路顾客过夜以形成“老买主”。而船老大常替乡下客捎带商品，为“大买主”。有的店铺以办菊花会、挂名画、放唱片、夏天施茶水等，糖摊多以小调唱当地新闻招徕顾客。对当地一些“殷户”，如富豪、官宦之家或寺院住持，在年关和中秋之际，赠以祭灶果、月饼，以增感情，使之成为常年顾客。有些商店为了扩大销售，还发行“红票”，即礼券，类似现在的购物券。红票购兑商品按喜庆礼尚、岁时节气，各有不同。如人们将黑枣、花生、桂圆、莲子合为一份礼单，取其谐音“早生贵子”。有些商品纸包上写有“百年好合”“寿比南山”“长命富贵”等词语。中华人民共和国成立后，商店主要用广告宣传招徕，近年广告多通过电视、广播、网络、报刊和发放传单等方式传播，并以有奖销售、展销会、送货上门等形式扩大销售。

市集　亦称“市日”“市场”。旧时为方便人们进行商品交易以约定俗成的时间确定集日。农村多以自然村落为址，而城镇集市则以繁荣街道而设。集市多属综合性的物资交易，如农业生产用具、日常生活资料和用品，也有五金器材、布匹纺织品等。集市中还有相对集中的药材市、木料市、蔬菜市、水产涂货市等不一而定。据民国《镇海县志》载，旧时北仑区域内有集市 26 个，其中境内庚头市名列其中。

拜师学艺　旧时工匠多系祖传，少数出门拜师。学徒拜师须找“保头人”荐举，立“师徒合约”。学期三年内供食宿，不计工钱，意外伤亡不关师傅。徒弟逢节要送礼，第一、二年帮工打杂为主，称“做下手”，半途被辞退，称为“回汤豆腐干”。满师要办“满师酒”祭鲁班，学徒须向师傅、师母行三跪九叩大礼，师兄弟间斟酒庆贺。如外出求业，师父则赠工具。学徒满师后称“半壮”，其工钱只能拿师傅的半数。“半壮”在外工作或承接业务，不得抢师傅生意，否则叫“摘（读‘捉’）师傅帽子”，被同行责难。师徒亲如父子，婚丧喜庆、起屋造坟多主动相助。师徒之礼今尚存，但比旧时简单。

渔事

造船 造船对于渔民来说是重大事件，与起屋风俗差不多，屋漏可以修，耕牛可将就，而船绝对不能有漏水现象，所以请木匠造船也要选吉日良辰。开工前，须用三牲福礼敬请天地神灵，向大木师傅敬酒、送“红包”。新船梁头（“龙骨”）定位时要披红挂彩；装淡水的“水舱”梁头合拢处要衬银洋（或铜板、铜钱），并用银钉（或铜钉）订合，渔民称它为“船灵魂”，亦称“水活灵”。渔民认为船是木龙，龙行于水，有了灵魂，就能乘风破浪，一帆风顺。最后一道工序装“船眼睛”，叫“定彩”。“定彩”也要选择吉期，并按金木水火土五行，用五色彩条扎在作为银眼珠的银针上，由船主将它嵌进船头，然后用崭新的红布将它蒙住，这叫“封眼”。在船尾板上贴上“海不扬波”的横幅。新船下水时，船主揭去红布，称“启眼”。敲锣打鼓、鸣放鞭炮。由身强力壮、父母双全（有福气）的几十名青壮年将船体徐徐“赴水”（推入水中），谐音“富庶”，以示吉利。赴水时，东家站在船头上向木工师傅和围观者抛分馒头，谓之“发福”。渔船后舱，设有神龛，专供船关菩萨（老爷），叫圣堂舱。

同舟共济 渔民平时有亲家、冤家，此乃社会常事。但一旦下海出船，则团结一致风雨同舟，服从老大统一指挥，加强团结、遵守纪律胜于任何职业。

海祭 新船赴水时，要用三牲福礼向船关菩萨祈福。渔民出海捕鱼，谓之“开洋”，都办“开洋酒”，用猪头等祭品供奉海龙王，烧化疏牒，俗称“行文书”。渔船回洋叫“谢洋”，则办“谢洋酒”，酒席盛差多寡，视渔汛丰歉而定。供奉时向海中洒一杯酒和碎肉祭品少许，称“酬游魂”。

忌讳 旧说“初五、十四、廿三，神仙出门挈空篮”，每季头次出海，须避开农历初八、廿三。忌双脚荡在船外，以免“水鬼拖脚”；忌在船上吹口哨，以免“引浪招风”；忌妇女跨越船头，以免冲犯船神；忌在船靠岸时大声喊叫，以免“把野鬼引上岸”；忌在船头撒尿，在出网时大小便；忌有红、白事未满月者下海；忌筷子搁碗上，讳搁船；忌酒杯、羹匙翻放，讳翻船；忌头搁膝盖，手捧双脚；忌说“碰石岩”“挖海底”“浮尸”之类的话；忌七男一女同船过渡，意为“八仙过海”不吉利，遇到时，船上的人就故意说“今天船上有九个人”（一个指船关菩萨）以解忌；剩饭菜弃海忌说“倒掉”，称“卖掉”“过鲜”，讳船倒翻；开饭时，先向大海撒几粒米饭，与鬼神结缘；吃鱼先吃头，意为“一头顺风”；称筷子为“撑篙”，羹匙叫“掏篰”，猪耳为“顺风”，均含吉利之意。

第六节 信仰习俗

旧时节日、礼仪、生产、生活或娱乐习俗中均带信仰习俗，且多含迷信成分。中华人民共和国成立后，人们文化水平提高，观念变化，信仰习俗随之更新，有的逐渐消失。

拜十庙 走十桥 “拜十庙、走十桥”盛行于舟山地区，因地缘关系，境内亦有流行。农历正月初十天不亮，妇女成群结队出发，身着素衣，腰系布褴，肩背黄袋。入庙点香烛、拜菩萨、烧经，然后还要买牒、盖印。牒传说是人死后到阴间“出入证”，上面需要盖过章，人们想要在死后顺利进出关隘和庙宇，都要在生前准备好牒。可以根据所在地的范围来选择十座庙，但是路线一定要预先设计好，不能走回头路，而最后一座庙，应该是自己本辖区的庙，说明已经走好十庙，到自己所住区域庙里的菩萨前报到，方才算完成任务。正月十四夜，妇女有“走十桥”的习俗。圆月初升，就有妇女肩挎香袋出门，每到一桥必焚香燃烛，然后三步一拜过桥。拜桥神的目的是企盼桥神之助，让来生有个美满的婚姻。“走十桥”不能走回头路，否则来生婚姻必受挫折。到了第一桥头要念叨：“第一座是金桥，金打金锁金链条，风吹吹，浪漂漂，童男童女扶过桥。”接下来每过一桥，分别冠以“银、铜、铁、铝、石、木、竹、草、泥”，主体经文大意不变。此俗解放后一度泯灭，近年又复萌，许多中、青年妇女亦加入其中。

花朝　传说农历二月初二是百花娘子的生日，故称“花朝节”。旧时，做母亲的用五彩线为自己的女孩穿耳孔、缠足。女孩们相约在露天煮菜羹菜饭以娱乐，故民谣“二月二，菜羹菜饭煮露天”之句。

六月六　传说农历六月初六是海龙王晒鳞日，各寺庙都在这一天由老妪“晒经”，晒经者务必翻晒经页，并用新棉花揩经页。将揩过经书的棉花用以制作日后亡故用的枕头，以期吉祥。这天藏书之家将书籍图册拿到庭院中暴晒，据说可不生蠹虫。人们还在这一天将狗猫抛入小河或池塘中，让其洗澡，说能免生虱子和跳蚤，故有“六月六，黄狗猫汰浴”的谚语。作父母的则携孩童去河边洗澡，意为让孩子如狗猫一样易养易长。

赶八寺　农历八月初八，老年妇女结队去八个寺院烧香拜佛，俗称“赶八寺”，应“八字”谐音（意为人之命运），走八寺目的是为了来世修一个好八字，祈祷下世自己和家人的命运能平安长寿、和谐安康，有“今生多烧八寺香，下世嫁个富贵郎”之谚。

请井潭姑娘、屙缸姑娘　多于正月十四、十五日夜进行，俗称“请井潭姑娘、屙缸姑娘”，以卜年成丰歉及婚姻等，参与者多为年轻妇女。请者选定多年水井或粪缸，白天前往祝祷预约，及晚用一筷子插在淘米箩箕上，上盖绉帕，由两姑娘抬到井旁或厕旁，焚香祈请至家，供于桌上，两姑娘在左右两边以手指悬箩箕随之移动，桌面预先筛好沙土或米。作划以签，卜毕送回。中华人民共和国成立后一度泯灭，现又有极少数人仿行。

第七节　陈俗陋习

陈俗陋习是封建社会的产物，随着社会的发展和科学的进步，人们的观念逐渐得到改变。通过破旧立新，移风易俗，许多陈俗陋习已经绝迹，有的尚存一定的影响。

缠足　留辫　缠足俗称“裹小脚”。旧时，除农村贫苦人家参加劳动生产的女子外，一般女孩 4 ～ 5 岁即要缠足。小足又被戏称“三寸金莲”，但实际已成畸形，它使妇女肉体深受痛苦，且行走不便。辛亥革命后，缠足渐绝。清朝男子则要蓄发留辫，否则要受到严厉惩处，民国渐废。

吸毒　吸毒者大多骨瘦如柴，人称“鸦片鬼”。“鸦片鬼”瘾来时，涕泪满面，痛苦万状，一经吸入则精神陡增。吸毒成瘾者，万念俱灰，终日伴灯而卧，故多倾家荡产，家破人亡。中华人民共和国成立后，政府下令严禁吸毒，一旦发现则从严打击。

算命　求签　关肚仙　旧时人们迷信“命运”，凡事迷信“命里注定”。结婚前要“合八字”，平时生小孩、生病，或遇有不顺心的事都要算命或求签，甚至关肚仙。算命形式有盲人算命、相面算命、拆字算命、衔牌算命等。算命先生用花言巧语，投其所好，骗取钱财，被骗者十分笃信。求签则为占卜者到寺庙中抽取占卜用的竹签以预测未来吉凶祸福的做法。关肚仙是巫师通过装神弄鬼替人醮忏祈祷、超度亡魂、占卜，实为揣摩占卜者的心理，说几句似是而非的话，让你自己去推测。境内已少见。

赌博　旧时，无论城乡，赌风盛行，且名目繁多，逢年过节、婚丧喜庆更甚。嗜赌者往往倾家荡产，致使杀人越货，扰乱治安。中华人民共和国成立后，政府将赌博列为罪行，严惩不贷，赌风才得以绝迹。20 世纪 80 年代后死灰复燃，赌博歪风又暗中萌起，屡禁难止。

溺婴　弃婴　旧社会穷人无力扶养众多子女，将新生儿（多是女婴）塞入马桶或红脚桶中闷死、溺死，或弃于路旁、厕侧、育婴堂。也有非婚生子女溺婴、弃婴。20 世纪 50 年代后贯彻婚姻法，溺婴、弃婴犯法，且生活水平逐年提高，又推行计划生育，奖励独生子女户，此陋俗乃止。

讲吉凶预兆　旧时，境内许多人认为喜鹊叫有喜，乌鸦叫报凶；灯花爆有喜；蜘蛛悬丝挂和杯筷多置兆客到；路上遇出丧、见棺材有喜；梦中见财有凶；鸟粪污头、脏水污衣将不吉；耳鸣是背后有人骂；眼皮男左女右跳兆财；鸡上屋预示火灾，半夜闻犬悲吠要死人等。此类征兆极少数人仍信。

倒药渣 旧时病人服完中药以后，把药渣倒到路中央，让行人践踏，以求早日病愈。经宣传教育有很大好转，但仍偶见。

占年景 就是对年景的估计，旧时农民用迷信说法来占卜年景。“年三十晚上观灯花，正月初一看风向”“风吹佛爷面，有粮也不贱”“风吹佛爷背，无粮也不贵”，这些俚语的含意是年三十晚上根据供桌上蜡烛火花的形状与火焰方向，判断这一年农作物宜种什么，不宜种什么；正月初一刮北风，这一年就是好年头，五谷丰登，价格便宜，要是正月初一刮南风，这一年的年景就不好，粮食歉收，价格昂贵。现已无人信。

看风水 旧时建房、筑坟以及一切动土的工程，事先请“阴阳先生”用“罗盘”定向，再以家人生辰八字排定与方位有无冲克，论风水好坏。“风水”之说现极少数人仍信。

赶天狗 旧俗每逢月食，敲打铜锣、面盆等铜铁响器，燃放爆竹，说是能吓退吃月亮的天狗，至月复明乃止。随着文化科学知识普及，此俗在20世纪40年代后渐绝。

第八节　社会新风

中华人民共和国成立后，进行一系列的社会、政治、经济制度改革，人民物质生活水平日益提高。为了推动精神文明与物质文明均衡发展、相互促进，与时俱进，积极倡导各种新风尚，社会主义精神文明建设效果显著。虽然精神文明在某些方面偶有滑坡现象，但良好的社会风气仍占上风。

尊老敬老

在社会主义精神文明建设中，历届政府十分重视尊老敬老工作，使之渐成社会新风。1956年农业合作化后，对孤残者实行“五保”(保吃、保住、保穿、保医、保葬）政策，对辖区内的孤寡老人发动群众互助互济、街邻相帮，群众中照顾孤寡老人的好人好事层出不穷。1986年初，在境内建敬老院，现成为“五保”人员集中供养与社会养老于一体的养老院。近年来舆论提倡“尊老”，政府法定“老年节”，法律规定“子女有赡养父母的义务”；村村建立老年协会，保护老年人应得权益；70周岁以上老年人免费乘公交车，并设老弱病残专座；街道建立老年公寓，有的村办起老年食堂，使鳏寡老人生活有保障。退休职工、教师、干部有退休金，村民有土保、社保、医保，如特殊困难还有补助金，解决老年人后顾之忧。

自由恋爱

旧时，男女婚嫁都由父母、媒妁包办，男女在婚前彼此互不认识，直至拜堂成亲入洞房后才相互见面。1950年4月30日，中央人民政府颁布《中华人民共和国婚姻法》后，逐步废除旧婚姻制度，男女成年后都可自由选择对象，双方在谈恋爱过程中相互了解，如情投意合者，进而议婚结婚。离婚或丧偶的男女双方，不论青年还是中老年，都可以自由找对象，谈恋爱，再次结婚。

优生优育

20世纪70年代初推行晚婚晚育、计划生育政策以后，经长期的宣传教育，广大群众一般都能自觉执行。1979年起，提倡一对夫妇只生一个孩子。育龄夫妇领取独生子女证的不断增多。与此同时，政府、妇联和计划生育组织，开始重视人口素质，抓优生优育的工作。包括禁止近亲、遗传病患者结婚，坚持进行婚前教育和健康检查，举办孕妇讲习班，普及优生知识，卫生院进行产前胎位检查，传授有关抚养幼儿和开发智力的知识等。

学雷锋

1963年3月5日以来，响应毛泽东主席号召，白峰境内学雷锋活动广泛开展，各级共青团组织、学校、工厂、企事业单位，通过广泛宣传雷锋事迹，做好事活动蔚然成风，有为“五保户”料理家务，为孤寡老人、残疾人送温暖；农忙季节，团员青年结伴为集体割麦不记工分不留名；尊敬老人、爱护幼小、关心集体、助人为乐都以雷锋为楷模，社会风气为之一新。每年3月，各项活动再掀高潮，持之以恒，代代相传。

五讲四美三热爱

20世纪80年代初，在人民群众特别是青少年中开展文明礼貌活动，大兴“五讲四美”之风，即“讲文明、讲礼貌、讲道德、讲纪律、讲团结”和“语言美、行为美、心灵美、环境美”。后又和“热爱党、热爱祖国、热爱社会主义”统一起来，称“五讲四美三热爱”活动。这是作为贯彻中共十二大精神，建设社会主义精神文明的重要内容。活动开展以来，在治理“脏、乱、差”环境，争取党风和社会风气好转，发扬共产主义风格等方面，取得一定的成绩，涌现一批先进集体、先进个人和文明单位。

文明创建活动

20世纪80年代，开展“文明礼貌月”活动以来，境内各企、事业单位都制定文明礼貌服务公约，争创文明单位。农村制订村规民约，提倡勤劳致富，移风易俗，邻里团结和睦。每年进行总结评比，评出各级文明单位进行表彰。为了树立先进典型，开展评选“文明户”活动，被评上的家庭，都在门上挂上“文明户”搪瓷牌。在此基础上，由妇联组织开展创建以“邻里团结好、家庭和睦好、婆媳关系好、计划生育好、教育子女好”为内容的“五好家庭”活动。在争创过程中，倡导文明、健康、科学的生活方式，鼓励每个家庭成员，发扬积极、向上、进取精神，促进家风、民风和社会风气的好转。从而，出现许多好婆婆、好媳妇、好子女、好妯娌和好邻居。每年末进行总结评比，评上“五好家庭”的发给证书。以群众为主体，村为依托，开展创建文明示范村活动，围绕“三优”（优美的村落环境，优良的社会秩序，优质的便民服务），提倡“三德”（社会公德、职业道德、家庭美德），培育“四有”（有理想、有道德、有文化、有纪律）新人。2005年按照“生产发展、生活宽裕、乡风文明、村容整洁、管理民主”的要求，推进社会主义新农村建设。境内文明单位、文明村、文明户大量涌现。

20世纪90年代中期始，由团委发起在生产、经营、管理和服务中开展创建“青年文明号”活动，旨在组织和引导青年立足本职岗位诚实劳动、文明从业，树立适应社会主义市场经济要求的敬业意识、创业精神和质量、效益、安全、竞争、服务等观念，展现当代青年的精神风貌，塑造行业和企事业单位的良好形象。由活动组织管理部门制定创建标准、考评办法，经过认定后授予“青年文明号”牌匾，并给予表彰和一定的奖励。在境内产生极大的综合效益，呈现出蓬勃的发展态势。

志愿者服务

20世纪90年代后期始，由团委牵头，定期开展“青年志愿者”活动。届时，各行各业的青年志愿者上街设摊，义务为群众修理日用器具、理发、咨询等，深得群众称道。后逐步吸引越来越多的社群、个人加入，志愿者队伍不断壮大，基本上全民皆有参与，服务内容亦不断延伸，涵盖重要活动服务、义务献血、社会公益、帮困、居家养老等多方面。志愿者通过参与志愿服务，促进社会的进步，同时自身也得到很大提升。

第五章　宗教

境内居民信佛教、道教、天主教、基督教者皆有，其中以佛教信众居多。佛教、天主教、基督教均有寺庙和教堂作固定礼拜场所，并有僧尼和教会神职人员主持其事，唯独道教无道观，亦无正式出家道士，仅有在家“念伴”，遇丧聘请其作道士。

第一节　佛教

据民国《镇海县志》载，佛教在唐朝时已传入境内。每逢朔望之期，四乡善男信女虔诚进香顶礼膜拜；当遇灾或有病，便到庙堂求签拜佛；或在家设神龛供奉观世音菩萨。时佛教和迷信活动掺混不清。

中华人民共和国成立后，虽正常的佛教活动得到保护，但广泛宣传反对迷信，求神拜佛现象大为减少。有些庵庙被学校或粮站等占用，许多僧尼还俗参加生产劳动。“文化大革命”时期，佛教活动更被作为“四旧”横扫。1979 年落实宗教政策，境内被毁或失修的寺、庙大都逐步得到修复重建，佛教信徒的活动渐多。寺院佛事活动主要有：僧尼师徒每天早晨、夜晚上殿诵经念佛，晨钟暮鼓，为信徒做佛事；或外出到丧事人家超度亡灵；或逢佛诞举行祝颂仪式。境内民间的佛教信徒多数为中老年妇女，每逢初一、月半或佛诞到庙里烧香念佛、讲经，以祈求消灾、得福、延寿。还有去天童、育王等地“朝山进香”，一般连续 3 年，更有虔诚者七八年的。进入 21 世纪，烧香更盛、更远，去普陀山、五台山、峨眉山、九华山“四大佛国”烧香拜佛的越来越多。也有在家念经吃素的，如初一、月半、观音素、十斋素，甚至极个别常年吃素的，这些人多数为老年妇女。至 2018 年，境内有寺、庙 31 处。

唐代佛寺一览表

表 15-5-1

寺名	原寺名	建造年代	寺址	备注
真修讲寺	报恩寺	唐大顺二年（891）	白峰门浦	民国初圮毁
明慧禅寺	保安寺	唐乾宁三年（896）	白峰山防	清末改庵，后圮

现存佛寺、庙宇一览表

表 15-5-2

名称	建造年代	地址	备注
金鹅寺	唐大顺二年（891）	白峰门浦	原名报恩寺，后改称真修讲寺。民国初圮毁，后重建，改称金鹅寺，合作社期间被拆。2002 年重建
万年禅寺	明洪武元年（1368）	勤山村戴家岙	始建于日头山高岗上，清光绪元年（1875）迁址至戴家岙

续表 15-5-2

名称	建造年代	地址	备注
青龙寺	明洪武三年（1370）	上阳村城司岐	始称青龙庵，原址洞桥溪坑东边。1952 年下半年办庫头小学，1958 年庵全部拆除。1991 年移址城司岐重建，称青龙寺
宁国寺	明崇祯十三年（1640）	小门村青龙山、白虎山之间	始称宁国庵，民国初改称宁国寺。20 世纪 50 年代为小门小学校舍。1993 年 12 月复建宁国寺
延庆寺	清乾隆年间（1736—1795）	白峰山防分水岭墩	中华人民共和国成立初期，因年久失修，寺宇被拆。20 世纪 90 年代初重建。2009 年因建疏港高速公路，寺宇迁至钟家屋下
兆嘉禅寺	清道光十八年（1838）	白峰屺峙山东麓山坡	始称兆嘉庵。1956 年庵被拆除。2005—2015 年重建，称兆嘉禅寺
海中寺	1977 年	怡峰社区神马社神马岛	始称海中庵。2000 年更名为海中寺
上太平庙	明洪武年间（1368—1398）	上阳村	“文化大革命”期间被毁。20 世纪 70 年代后期修复
保安庙	明嘉靖年间（1522—1566）	小门村	始建上保安庙、下保安庙。1958 年下保安庙圮毁。1967 年上保安庙圮毁。2009 年 6 月重建，二庙合一称保安庙
乌礁庙	明朝后期或清朝初期	下阳村道头	中华人民共和国成立后，改作为学校、供销社、粮站、乡政府办公用房。“文化大革命”圮毁。1998 年重建，2003 年扩建
许家庙	明万历二十七年（1599）	官庄村	清仁治二年（1645）扩建。“文化大革命”期间被毁。2018 年重建
白峰庙（前董庙）	清康熙年间（1662—1722）	白峰村	原称前董庙。中华人民共和国成立后，改作粮庄、乡政府办公用房。20 世纪 80 年代重建。2003 年改称“白峰庙”
长沙汀庙	清康熙十七年（1678）	下阳村上王社	中华人民共和国成立后，改作学校和上王大队办公室。1992 年，重新整理装修，恢复长沙汀庙。2011 年被北仑区人民政府批准为区级文物保护单位
梁家庙	清雍正年间（1723—1735）	神马新村	原建于神马岛，2005 年拆迁。2007 年在神马新村重建
马盘庙	清乾隆年间（1736—1795）	阳东村马盘	中华人民共和国成立后，改作学校。20 世纪 80 年代修缮后恢复庙宇
孙坚庙	清乾隆年间（1736—1795）	港口村	1954 年因国防建设需要被征用。1998 年重建
保宁庙	清乾隆四年（1739）	白峰村山防	清嘉庆十八年（1813）扩建
屺峙庙	清乾隆四十四年（1779）	新峰村屺峙	中华人民共和国成立后，在“土改”时作为公产分给三户村民居住。20 世纪 60 年代拆除建百丈砖瓦厂。1996—2008 年，分四期在原址重建屺峙庙
下太平庙	清光绪元年（1875）	太平村	1960 年改作生产队仓库。1963 年拆除。1990 年重建。2004 年又建房二间
上林庙	清咸丰三年（1853）	白峰村蒋岙社	20 世纪中期拆除。1995 年重建
司前庙	清嘉庆十八年（1813）	司沿村	原名云雩庙，亦称云雩三公别庙。民国时期更名司前庙。中华人民共和国成立后，庙被拆除，改作粮站。1986 年后重建司前庙
北岙庙	清道光年间（1821—1850）	港口村外峙岛	1958 年部分庙宇房屋被拆除。2013 年，重新修缮

续表 15-5-2

名称	建造年代	地址	备注
澄江庙	清嘉庆年间（1796—1820）	阳东村	2002 年重建
猫礁庙	清同治十二年（1873）	阳东村钟家湾	清光绪十一年（1885）重修。至今保存较好，是北仑区典型的清代晚期庙宇，具有较高的文物保护价值
昌盛庙	清光绪年间（1875—1908）	港口村	1956 年“8·1”强台风部分殿屋被摧毁，1992 年新建二间大殿屋
妙山庙	清光绪三年（1877）	司沿村	中华人民共和国成立后，改作集体仓库、食堂、会计办公室。1994 年迁址重建。2003 年扩建
枫棚庙	建于清朝（年代不详）	勤山村	1956 年“8·1”强台风大部分殿屋被摧毁。“文化大革命”期间又遭破坏。2012 年重建
玄坛庙	不详	阳东村下湾	
虾康庙	不详	下阳村虾康	中华人民共和国成立后，被生产大队做仓库。“文化大革命”期间又遭破坏。后又修复
新嘉庙	不详	门浦村	因年久失修倒塌，于嘉庆年间（1796—1820）重建。1968 年因围海塘被拆，1999 年重建
大涂岭墩庙	不详	门浦村	“文化大革命”时遭破坏，2005 年重建

现存庵、殿一览表

表 15-5-3

庵、殿名	建造年代	寺址	备注
善种庵	清乾隆年间（1736—1795）	门浦村	为胡氏族家庵（包括官庄胡姓）。民国 21 年改办小学。中华人民共和国成立后开办联合诊所、门浦小学。1985 年重建
梨园殿	清同治四年（1865）	新峰村下林	“文化大革命”时遭破坏。1985 年重建，2008 年扩建

第二节　道教

相传道教自东汉时传入境内。清末民国初，境内道教仍为兴旺。从事道教活动的道士分出家道士（在道观活动）、散居道士（即在家道士）。白峰境内无道观，道士都为散居道士，且以道乐为长，“吹、拉、弹、打、写、念、唱”，一专多能，技艺精湛。法事活动“神”“道”兼做。神家主要服务于喜庆场合，如定亲、结婚、满月、做寿、乔迁、开业等及民间节日、庙会等，演出十番锣鼓、十番吹打、江南丝竹及各种戏文，包括越剧、京剧、滩簧等，俗称“堂名”。道家主要服务于丧葬、荐亡、驱邪，做“斋醮”“道场”“谢红”等，头戴九经帽，身穿长领八卦衣，脚着双梁云鞋，手持法器，画符念咒，吹打吆喝。道士一般有自己的组织，并有堂名。

道士在早期也是一种职业，从事道教活动的人都要拜师学艺。中华人民共和国成立后，“斋醮”“道场”“谢红”等法事一度绝迹。20 世纪 80 年代后期，社会上法事活动日趋频繁，但道士都是家传或自学成道，为丧家作殡葬礼仪。

第三节 天主教

民国11年（1922）在神马岛中塘建祈祷所，俗称“神马天主教堂”，共有5间大堂、5间附房、2间长廊。民国期间传教活动正常，时有神父1人、修女1人。中华人民共和国成立初无变化。“文化大革命”时期传教活动停止。中共十一届三中全会后，逐步得到恢复。2005年5月，因神马岛开发建设需要，天主教堂被拆除。2006年7月，搬至怡峰家园物业管理房三楼作为临时祈祷所。

天主教堂

2007年7月在白峰舟渡码头西侧建造新堂，2008年4月竣工，新堂占地面积1000平方米，建筑面积800平方米，建有二层楼房大堂5间，附房3间。2018年，有教徒80余人，教会负责人宋庆跃。

第四节 基督教

1989年7月，郭巨主教胡振明到下林大园地66号设堂建立下林基督教堂，1995年3月动工，是年10月完工。占地面积600平方米，建筑面积280平方米，新建主堂5间，两边小屋。因建造时质量差，又经过20年的使用，教堂成为危房，经上级有关部门同意，2016年在新峰村下林社原蘑菇基地征地1797平方米，重新建造新教堂。2016年8月10日动工，2017年5月28日竣工。建造主堂7间972.27平方米，附属房6间300平方米，门卫及杂房3间100平方米。2017年9月迁至新堂。

基督教堂

第六章 地方语言

白峰境内通行宁波话，是吴语的一种重要方言，属于吴语太湖片明州小片，分布在浙江宁波、舟山及周边一带，各地方言十分接近，内部一致性很高。因为白峰话多以降调结尾，故给人以“石骨铁硬”

的感觉。中华人民共和国成立以来，特别是20世纪80年代后，社会发展迅速，随着普通话推广、文化教育普及、与外界交流不断扩大、外地人口增加和新闻传播媒介等因素的影响，普通话在实际生活中的应用性大为加强。现在青少年一代很多听不懂境内的老话，他们所说的方言，一些较古的读音和词语逐渐消失，接近普通话的读音和大批表述新事物的词语则普遍流行，代表着新派白峰方言。这既是社会进步的一大表现，也可能带来地方语言文化的断层。本章记录世居境内的老年人所说的部分方言土语、谚语、歇后语三类。

第一节　方言

阿拉　我们
阿里　哪里；什么地方
矮凳　凳子
暗力薄胧　光线暗
傲　夸奖
巴结　勤快；主动地干
拔糯　被；让；给
白白力力　徒然；没有效果和意义
白篮　用篾编成的圆形平底大容器
白头红　鼻血
扳锄　狭长而厚实的重型锄头
板筛　用来筛糠等的密孔器具
半雌雄　两性人
半生里熟　半生半熟
半死烂活　半死不活
半夜餐　夜宵
半夜过　半夜
榜早　提前；趁早
薄刀　菜刀
暴生　起初；初次
暴腌　短时间腌一下
背包袱　承担后果
背脊骨　脊柱骨
背耙　上当
背时背搭　指人老过时、讲话啰唆
背夜　熬夜
被柜　放被头的大木柜
被窠　被窝
被头　被子
畚箕　用来盛土、盛猪粪等的竹器
笨贼佬　笨蛋
笨贼佬　非常愚蠢
甏　瓮
秕花　紫云英
笔尖　很尖
边沿头　边上；边缘
缏　音皮。用针缝
别采　别的地方
别娘告　其他
别人家　别人
蹩　音别。脚腕扭伤
冰骨尸冷　形容物体冷，喻心寒或失望
冰冷气出　食物冷了；很冷清
箭　篾条等编成的大型容器
参念　祈祷、祈求；诅咒
草鸡　母鸡的统称
草子　黄花苜蓿
叉夹饼　理解错了，两头受指责
茶乱　精神不正常的人
茶叶茶　用开水冲泡茶叶而成的饮料
差眼眼　差一点点
拆乱话　说谎
柴角卵子　松球
炒毛麸　米炒熟后加配料磨成的粉末
辰光　时候
撑　购置
吃饭家生　指赖以养家糊口的工具
吃赔账　赔偿因工作疏忽造成的经济损失
吃小苦　受苦
虫足蛛　蜘蛛

臭冬瓜　加盐腌制的臭味冬瓜
出甏脚　暗中中伤，私下暴露
出膊出乱　赤身露体（裸体）
厨工　厨师
触霉头　运气不好，惹得没趣
传　念叨
串阵　串来串去
纯米饭　不加杂粮的米饭
纯做　一共只有
擉风调　爱搬弄是非的人
脆队　结交
撮　拾；捡
撮纸头　抓阄
错拼　错开；对不上
溚溚滴　很湿，水往下滴；很穷
打嗝　嗝音该。打嗝
打横　干零活；中途做别的事
打泅　游泳
大笔头　大大地
大度　不馋；不贪食
大姑娘　未婚女青年
大好佬　有财势的人
大糊塔气　傻里傻气
大脚髈　大腿
大面大德　大面盘有善相
大人　大音驮。成年人；指父母
大头和尚　戴面具拿破扇逗乐的人
大头壳子　形如弥勒佛的头套面具
汏　洗
担饭　带饭菜；送饭菜
担钩　挑担时用的钩子
担双身　怀孕
单头重　担子一头重，一头轻
旦超　只要
但被其　随便其（他）
弹路　跳鱼
当木　随即；立刻
当值　照顾；服侍
当中壜　当中
挡　扶
荡口杯　漱口刷牙带柄的杯子
荡头　这里
捣鲠　反对；阻挠
捣亲　从中捣乱，阻挠人家亲事
倒大　夫妻或恋爱对象女比男大
倒爷笨　越长越笨
道忙　这次
稻桶　脱粒用的四方形大木桶
的角四方　很方正
扽　音屯。手伸入洞孔等摸取东西
地作货　田地上出产的农副产品
点心饭　下午三点左右吃的点心
点心时　下午二三点钟
电光灯　手电筒
簟匠　篾工
刁革登　革登音灯。赌气；刁难
爹头娘脚　说话做事无条理，乱来
跌倒司讲　退一步说；大不了
顶头模脚　径直；直接
定规　坚决；硬是
冻进　着凉
斗　凑钱
独加　大家
笃定　心绪安定，做事有把握
笃知　知道
肚里货　食用的禽畜内脏
肚脐眼　肚脐
对百筋　伤劳筋骨，极不容易
对半夹起　各一半
顿点　等下；停下
顿一尚　等一下
多嘴活猢　贬称多嘴的人
恶尖尖　凶狠的样子
恶弄送　恶作剧
恶气倒出　满腔怨怒
发火　发怒；恼
发心　下决心
罚愿　赌咒、发誓；叫苦、讨饶
翻顶倒　翻跟斗
反使　反而
犯关　糟透、完蛋；有忧愁含意
饭官　南瓜

饭桶 形容只会吃饭不会做事的人
方顿顿 方方的
防 料；估计
房空 室内家具
放命 特别
风水 台风
锋快 很锋利
腐漨漨 漨音特。又湿又黏糊；乱糟糟
该面 那里
该向 那边
干剥剥 干硬，缺少水分
割稻汛里 稻子收割的季节
阁登 阁楼，一般用来堆放杂物
格勒 所以；怪不得
格貌 这样；那样
羹调 调羹、汤匙
咕 唠里唠叨地责备
顾野 眼睛看别处；注意力不集中
刮刮煞煞 全部；一总；一并
关胎 牲畜交配
掼 扔；用棍棒等打
滚天黑地 烟雾，沙尘等遮天飞扬
过 用菜肴下饭、下酒
哈答糊涂 马马虎虎，糊里糊涂
哈七搭八 说话不着边际，胡编乱讲
汗毛管 汗毛孔
汗毛伶仃 寒冷或恐惧时汗毛竖起，喻心里惧怕
好模好样 好端端
好日 结婚
好相量 不多；有限
抲 握，用手拿；抓，捕捉
抲跌 摔跤
和白拦摊 糟蹋的程度很深，不可收拾
和家老少 全家人
和落三亩 全部归一
和总 全部
黑骨死嫩 物质新鲜，色泽好
黑嫩 很嫩
黑炭 戏称皮肤极黑的人
恨性命 拼命；竭尽全力
桁条 樑，横架于房上的横樑
红粉细白 白嫩，营养充分
红毛瓶 玻璃瓶
红猛日头 灿烂而灼热的太阳
红希希 有点儿红
哄闹热 挤热闹
候心老命 竭尽其力
后抢袋 裤子后右侧或两侧口袋
后热 后天
后头来 后来
厚层层 厚厚的
胡琴 二胡
花癫 想异性而精神失常的人
花佬 妓女
花絮 棉絮
滑里滑达 物体易滑不易抓牢
话 说；讲；批评；指责
黄央央 因羞愧而脸色不好看
灰尘膨蓬 灰尘积累或灰尘飞扬
灰蛋 咸鸭蛋
回掉 转卖；转买
会钞 出钱付款
混滚 含混
活被 都怪；都因为
活节 刚才
活句 鬼
活灵 灵魂
活络 机灵；敏捷；灵活
活狲 猴子
火川 烧火用的铁制叉条
火熜 冬天取暖用的铜手炉
火柜 冬天内置热灰可取暖的木床
火热烔 烔音同。比较热
肌身热 发烧
鸡笼篰 鸡舍；鸡窝
积落 积攒；积存
家计 室内器物、家具
家生 做生活用的工具；器具
夹箩 一种编制细密的双层竹箩
夹皮 蛤
肩胛头 肩膀

见情 感谢；记住恩情
讲大道 聊天
讲夜话 说梦话
酱板 糯米饭加甜酒曲配制的食品
交关 很；非常；形容很多
浇身 用毛巾擦洗身体
脚高脚低 办事没准；高低不平地走
脚骨 脚；腿
脚后跟 脚跟
脚脚末头 脚趾
脚娘肚 腿肚子
脚搲脚 能力差不多，不相上下
叫连 蝉
结棍 结实强壮；厉害；吃重
结结 仅仅
解板 锯板
介管 这么；这么些
庎橱 食橱；碗橱
借手 左手
今密子 今天
近横 附近一带
精光的滑 光滑；空无所有
净多没少 少音小。很多；过分地多
纠作 整理、收拾；纠缠、整治
旧那那 陈旧，不新
距倒 跪倒
聚头 一道
看 饲养；放养
看相 看中而希望得到
鲓头 小海鱼干制的总称
可怜可相 可怜巴巴
刻忖 厌恶；憎恶
坑跟间 厕所
空省 宽敞；空闲
扣 事先说定
扣扣好 刚刚好
跍 蹲
快口药 消炎药
筷箸笼 盛筷子的笼子
睏失告 睡过了头
拉倒 算了；作罢
瘌头花 杜鹃花、映山红
辣火酱 辣酱
辣茄 辣椒
来该 正在
赖孵 孵音部。母鸡不下蛋赖在窝里
赖花头 有时候，偶尔
癞施 蛙类的统称
拦板 很少；不多
蓝扮 偶然
蓝结结 蓝蓝的
蓝药水 紫药水
懒呵呵 懒惰，不勤快
烂腐 烂掉；形容差、不好
烂腐匹脚 事或物做得不好
烂腐塔气 货物质量不好，或事情做得不够完善
郎中 医生
老成人 上了年纪的人
老底子 从前
老酒 酒的通称，专指黄酒
老扣 不多
老老 经常
老木仃冻 年老反应迟钝
老三骨气 好摆老资格
老三老四 说话口气大，傲慢不虚心
老实头 老实巴交
乐胃 舒服
勒牢其 拦住他
雷大 很大
擂倒牌子 不要面子，破罐破摔的人
擂滚动 碾滚压颠身子剧烈挣扎
冷刮刮 冷，很凉
离爹离娘 骂人不孝父母
利市头 猪头
粒粒瘃瘃 瘃音足。不光滑，有颗粒
连底冰 结到底的冰
凉床 旧式大木床，做工考究
两隔生 黏合不紧，有隔阂
两叔伯姆 伯音拜。两妯娌
亮槅 槅音耕。窗栅栏
料理 调味品

料勺 舀粪的长柄勺
拎勿清 再三解释不理解
领径 方便；不复杂
领头 衣服领子
六谷 玉米
龙光闪 闪电
聋彭 聋子
楼登 楼上
芦稷 高粱
落棺材 走绝路，做无可奈何的事
落霜 霜；霜冻
落位 舒适
落雨 下雨
落轧 上当；中圈套
落直 品德端正；妥帖
绿壳 强盗
麻饼 一种扁平的大圆面饼
麻将 麻雀；麻将牌
麻皮 麻子
蚂卒 蝗虫
买柴病 疟疾
慢拖拖 运作缓慢
冒 呕吐
每遭 经常
焗 烧
门门账 理该；理当
门铿 铁制的旧式门襻
闷烣烣 烣音白。天气闷热
米筛 用来筛米等的器具
密擦紧 很密；很紧
眠床 床
苗绳 插秧用的准绳
明当响亮 说话办事不隐讳，可以公开
明照 明天
莫 音猫。不要；恐怕
呒爹娘监训 没有教养
呒规蹈矩 没有礼貌，没有规矩
呒角锄头 说话没有分寸的人
呒结果 没有好的结局
呒落头 不正经，心无分寸又口无遮拦
呒清白头 无缘无故
呒账得算 算不出价值；不必细算价值
木夫夫 缺少光泽
木屐 木拖鞋
目篠洞暗 一片赤黑，毫无一丝光亮
奶话东西 玩具
奶欢 婴儿
奶奶脯 乳房
耐心耐相 性情温和，有耐心
难熬 难过；悲伤
脑算 因疏忽而错算
闹热 热闹
能可 宁可；宁愿
尼朵皮 耳朵
泥刀 瓦刀，瓦工工具
泥水 泥瓦匠
泥腥不拉 食物不够新鲜和干净
娘西娘倒 骂人的程度深而厉害
宁 人
牛楗间 牛圈
牛娘 母牛
扭 用手指使劲拧一小块皮肉
拗斗 舀水的木器，有柄有“嘴”
侬 你
脓线头 脓根子
弄送 欺侮；戏弄
弄勿好 也许；可能
挬 音肉。两手用力揉搓
呕 叫；喊
爬起 起床
排刷 洗衣服的刷子
排销 用来连接木板的竹钉
派来 原来
胖脯 爆米花
泡春 过度嬉闹；过度活跃
泡汤 落空；消失
屁股脚 胯骨
屁轻 很轻
婆柴 捆柴
蒲荠 荸荠
其 他（她）
其拉 他们

起风　刮风
千定万定　千万；务必
强头倔脑　固执己见，听不进忠告
呛嗡　因食物误入气管而咳嗽
敲　音靠。制作家具
挈　音切。用手提
勤力　勤快
区煞　幸亏；亏得
蛐蟮　蚯蚓
劝上轿　耐心诱导
绕　用针缝
热折　小孩手脚不停，常弄坏东西
人客　客人
仍规　仍音成。依旧
日头　太阳
揉　音糯。用手心轻轻来回抚摸
肉割割　心疼，舍不得
肉痛　心疼；舍不得
箬壳　笋长成竹子后蜕下的壳
三脚猫　一知半解并不内行的人
三弄四弄　居然；竟然
沙尖　带锯齿的割稻弯刀
啥人　啥音束、嗦。谁
煞格　厉害；过瘾
煞口　着力地；不停地
煞辣　言行泼辣，厉害
煞清爽　很干净，很清楚
山粉　番薯粉，勾芡用
上半日　上午
上登　上面
上呛　上一段时间
尚怕　生怕；恐怕；担心
稍势　稍微
伸懒势　势音四。伸懒腰
生辣　瓜果等不十分熟；菜炒得嫩
生头陌脚　陌生不熟悉
生头人　陌生人
省勒　免得
失眼　走眼；看错
湿扎扎　有点湿；数量不多
十三点　比喻说话做事出格的人
石骨铁硬　坚硬，喻人品刚正
时格　老是；一直
时呛　有段较长的时间
时眼　挺；相当；形容许多
实惠　朴实；实在
食罩　用来罩饭菜的圆形罩子
是话　如果
是会　真的；果然
是介光景　一定的时候
手骨　手；手臂
手睁指头　胳臂肘儿
寿头骨气　傻里傻气
受委气　受气，委曲
刷桌布　擦桌子、洗碗等用的抹布
霜缸酱　豆豉；用豆类发酵后加工制成
水出烂糟　瓜果饮食等湿且烂
顺大过便　顺便
顺手　右手
蛳螺　螺蛳
嘶　音西。大声叫喊
松毛　松叶
馊气　饭菜等变质
随势　毫不费力，足以胜任
索面　一种产妇吃的面条
溚溚滚　沸水，形容火热
汤锅　两个灶眼之间的小水锅
汤果　糯米粉做的圆柱形无馅圆子
堂向　这边
堂眼　这里
套　绕；走迂回而远的路
剃头　理发
天家　天气
天亮饭　早饭
天亮头　早晨
添　垫、衬；往磨眼里续东西
田鸡奴奴　蝌蚪
甜口　有点儿甜
甜嫩嫩　有点儿甜
挑　给人好处、甜头、机会
调大　空闲；不忙
调直　妥帖

铁防　如果；万一；可能
铁色无里　完全一样
铁丝客篓　小气、一毛不拔
听张　听见
停　踩、蹬；栖息
停当　稳重可靠；妥帖
铜锣　一种铜制响器
统整　全部；都
头颈骨　头颈；脖子
头起家　起先；刚才
头痛膨胀　头痛并昏沉发胀的感觉
透刮新鲜　食物很新鲜
团荡　举止失当、没有分寸的人
退板　差、不好
退过　糟透、完蛋；算了
退皮　两相抵消
驮　拿
歪嘴匹脚　五官生得不够端正
外鹅　大雁
旺兴夹脚　骄傲浮夸，做事莽撞
围身布襕　襕音蓝。干活时用的围裙
蚊虫　蚊子
揾　蘸
倭豆　蚕豆
捼鸡贼　捼音窝。专门偷鸡的小偷
乌风猛报　强冷空气来时，那种乌云密布，北风呼啸的态势
乌青　皮肤内淤血
乌探　地方
乌贼膘肠　目鱼内脏
屋落　家；家里
屋山尖头　屋脊的两端
勿打记头　突然
勿结　不知
勿落直　行为不端正
勿长毛　长音涨。指人品行不良
雾露　雾
西样怪气　阴阳怪气
息息介　安分；听话
稀里罕镂　言行出格，出乎常规
戏文　戏
细相　细巧；好看；爱挑食
虾虫孱　龙头鱼
虾皮弹虫　虾蛄
瞎眼　瞎子
下半日　下午
下饭　菜肴
鲜白蟹　新鲜的梭子蟹
嫌贬　嫌；不满
筅帚　炊帚，刷洗锅碗等用的小竹帚
限早之　过去
相　看
香瓜子　葵花子
香午笋　莴笋
小肠气　疝气
小官人　未婚男青年
小货铜钿　私房钱
小结结　身材小
小娘　女孩；小姑娘
小气月四　小气鬼
小人　小孩；指子女
小弯比　小男孩
鞋蒲荠　低能儿；痴傻的人
心急慌忙　慌乱，慌忙
心焦　寂寞
心塞眼闭　无指望了；死心
胸块头　胸腔　胸口
袖头子　袖子
嗅　音兄。用鼻子闻；吻
嗅嘴　嗅音兄。亲嘴
削　用巴掌打（耳光）
噱　音血，怂恿；逗引；激
雪白粉嫩　肤色白皙细嫩
雪地蕻　雪里蕻
血得斯红　很红
丫鹊　喜鹊
牙须　胡子
盐茄糊　用盐腌制的茄子
眼壳子高　看不起人
眼孔浅　气量小；妒忌心强
炀　熔化；溶化
洋番薯　马铃薯

洋实无道　不礼貌，不规矩

痒麻色嘍　发痒的感觉

腰子病　肾炎

摇皮　合叶，由两片金属组成

要紧得慢　紧要；紧要处

夜到　晚上

夜饭　晚饭

夜快　傍晚

夜桶　马桶

一眼眼　一点儿

移　软体动物爬行

异样骨得　言行与平常不同，令人反感

阴阳先生　以看相、占卜、看宅、看坟地基等为业的人，俗称风水先生

应嗨　答应

应嘴　回嘴；顶嘴

硬伤　本不该搞坏而搞坏

油挪挪　油腻

油绳　麻花

油头铁脑　不合情理，行为不检

游四门　比喻四处游荡

有两遭　有时候

鱼草　鱼类

愚猪　猪

抈　挥动；晃动

薀草　生于河底的水草

杂七格勒　花样繁多无序

咋　排泄大小便；腹泻

咋管　多少

咋光景　怎么样

咋结煞　怎么办；如何得了

咋貌介　怎么样

咋西娘格　怎么回事

在行　行音杭。机灵；聪明

早半上　上午九十点钟

早蒲　瓠子

灶跟　厨房

灶口地缸　灶背后放柴和烧火的地方

灶头　灶；灶台

造孽　吵架

燥烤饭　干米饭

燥粥内饭　煮得又湿又烂的饭

扠烂屙　做事马虎、不负责任

贼钝　很钝

贼骨头　贼；小偷

贼老　很老

甑　音增。盛菜肴的陶器

扎面子　争光，露脸

轧　挤；卡住

粘胶胶　胶音高。黏黏的

占摆　占地方

张　窥看

张网货　用张网捕捉的海鲜

长盂盂　长长的

帐子　蚊帐

真真　真的；实在

争　口角；争辩

正够　完全足够

直拔头　笔直，也引申为心直，说话及考虑问题不周到

直过　收支相等

直利利　说话直率，不加修饰

值钿　疼爱

指末头　手指

昼饭　中饭

昼过　中午

猪槽　盛猪食的槽形容器

砖皮　椽上的薄砖片

壮壮鱼头　小梅鱼

桌凳　桌子

紫得得　紫色

自家　自己

总洁　只不过；只好

走人家　串门

呢　吮吸

作头　泥工等手工业的工头

做队　做伴

做对手　做帮手

做家　节省；节约

做乱梦　做梦

做生活　干活

做无赖　小孩肆意哭闹

第二节　谚语

农事谚

草子种三年，坏田变良田。
吃过谷雨饭，发风落雨要出畈。
大麦浇芽，油菜浇花。
大铜钿赚不来，小铜钿眼勿开。
冬麦要压，越压越发。
冬牛要捂，春牛要露。
豆朗多荚，麦朗多叶。
儿好要靠娘，稻好要靠秧。
立春种树树成荫，谷雨种树枉费心。
芒种芒种，百样要种。
芒种芒种忙忙种，早上勿调晚上工。
棉花勿打杈，光长柴火梗。
廿亩棉花廿亩稻，晴也好雨也好。
清明前后，种瓜点豆。
人误地一时，地误人一年。
人要桂圆枣子，田要河泥草子。
若要牛出力，夜草喂巴结。
十年针松一根椽，十年檫树好打船。
田荒穷一年，山荒穷一世。
勿到霜降先落霜，晚稻糯谷变砻糠。
夏至杨梅满山红，小署杨梅要出虫。
养鸡要勤，养鸭要腥，养鹅要青。
种树造林，莫过清明。
种田人不离田头，捕鱼人不离船头。
种田勿留种，饿煞吃人拥。

生活谚

败子回头金不换。
菜蕻炒年糕，越吃越馋痨。
吃饭防噎，走路防跌。
吃勿穷，穿勿穷，算计勿好一世穷。
吃着勿如坐着，坐着不如庉着。
出门阿里，不及屋里。
打肿脸面充胖子。
大难不死，必有后福。
爹娘缺半边，儿女苦如楝。
冬吃萝卜夏吃姜，从来不用看医生。
冬天进补，夏天打虎。
儿子好，勿算好；媳妇好，才算好。
儿子像阿娘，银子好打墙。
隔夜饭好吃，隔壁气难受。
狗生狗值钿，猫生猫值钿，瘌头儿子自中意。
光棍做人活神仙，生起病来叫黄天。
海蜇勿上矾，只好沙滩掼。
好心犯恶意，石头压脚面。
后生怕激，老头怕逼。
鸡鹅鸭脚板，冻冻会冻惯。
家勿和被人欺，邻不和被贼欺。
肩胛头当栈房，脚娘肚当米缸。
讲讲话话散散心，闷冬勿响要生病。
讲讲神仙阿爸，做做死蟹一只。
教子有方，门庭兴旺；教子无方，家计荡光。
金窠银窠，勿如自家草窠。
久病无孝子。
快活身体，难为肚皮。
老成人靠饭劲。
老酒糯米做，吃仔闲话多。
老人勿讲古，后生会失谱。
冷冷勒风里，穷穷勒家里。
立夏吃只蛋，气力大一万。
六十岁学跌打。
卖柴老侬烧柴叶，卖菜老侬吃黄叶。
慢慢来，廿岁抬。
门口撒屙天要亮。
木匠走进三日烧，泥水走进三日挑。
木勿凿勿通，人勿学勿懂。
廿年新妇廿年婆，再过廿年做太婆。
宁可买勿值，勿可买吃食。
牛怕上轭，人怕落轧。
怕老婆，铜钿多。

千层衣，勿及一层破花絮。
清官难断家务事。
穷呒穷到底，富呒富到根。
人多好用力，人少好吃食。
人老露筋，船老露钉。
人呒章程，苦勒伤心。
人心隔肚皮，三爹六主意。
人心齐，泰山移。
三年饭讨过，官都勿想做。
三日勿吃鲜，蛳螺带壳咽。
三日勿吃咸齑汤，脚骨有眼酸汪汪。
三岁打娘娘会笑，廿岁打娘娘上吊。
上磨肩胛，下磨脚底。
上山怕虎，落海怕雾。
少壮不努力，老大徒悲伤。
生意做勿着一时，老婆抬勿着一世。
十二月廿八，呒纳办法。
手痛要络，脚痛要搁。
蔬菜三分粮，咸齑当长羹。
树大分杈，子大分家。
树高千丈，叶落归根。
死人臭一埸（处）臭，活人臭埸埸臭。
死要面子活受罪。
贪吃懒做，挨冻受饿。
贪贱买老牛，一年倒两头。
贪小失大，贪嘴落夜。
天亮要吃饱，昼过要吃好，夜到要吃少。
天怕雪后风，人怕老来穷。
天晴带伞，肚饱带饭。
调样生活，换副筋骨。
听过勿如看过，看过勿如做过。
桐油畚斗，滴水勿漏。
屋里烧缸灶，外头充好佬。
勿到黄河心勿死，到了黄河出眼泪。
勿听老人言，吃亏在眼前。
先算后用，一世勿穷。
小洞勿补，大洞叫苦。
小头耿耿响，大头勿管账。
小头勿去，大头勿来。
新三年，旧三年，缝缝补补又三年。
绣花枕头烂草包，聪明面孔笨肚肠。
学好三年，学坏三天。
养儿防老，积谷防饥。
要好看红绿，要好吃鱼肉。
要紧勿得慢，尿瓶挈只环。
一寸光阴一寸金，寸金难买寸光阴。
有吃呒吃，莫庉朝西朝北。
有愁呒愁，愁六月呒日头。
有钱勿买疙瘩菜。
遇事勿恼，长生勿老。
越庉越懒，越吃越馋。
灶口地坑看老婆，越看越动火（喜欢）。
造孽劝开，夫妻劝拢。
长子不得力，苦到脚骨直。
只要老公好，苦苦也呒告。
只有看中意，呒纳做中意。
只有眼荒，呒纳肚慌。
志气要争，门面要绷。
种田要好秧，养儿要好娘。
自家笨，还要怪刀钝。
自家做做来勿及，人家做做勿中意。
嘴上无毛，办事勿牢。

社交谚

摆着和尚骂贼秃。
病从口入，祸从口出。
吃了人家嘴软，拿了人家手软。
大人不见小人过。
带鱼吃肚皮，闲话讲道理。
对折拦腰掼，零头掳掳翻。
隔壁做官，大家喜欢；隔壁做贼，大家吓煞。
各人自扫门前雪，不管他人瓦上霜。
过头饭好吃，过头话勿讲。
好汉勿吃眼前亏。
和气生财，生意会来。
画龙画虎难画骨，知人知面不知心。
会赚铜钿多背债，会讲闲话多招怪。
老凑老，讲讲有味道。
良药苦口利于病，忠言逆耳利于行。
鲁班师傅造凉亭，还要拨小讨饭批评。
娘舅大石头，闲话独句头。
宁可给乖人背包袱，勿可给笨人出主意。

亲帮亲，邻帮邻。
亲兄弟，明算账。
请吃酒，捱拜生。
人情做到底，送佛到西天。
人要好话听，佛要香火敬。
认理勿认人，帮理勿帮亲。
上半夜忖忖人家，下半夜忖忖自家。
舌头呒骨，随人嚼法。
生头熟人客，装勒勿认得。
树老根多，人老话多。
为人勿做亏心事，不怕半夜鬼敲门。
勿讲一肚气，讲讲两肚气。
小来外婆家，中年丈姆家，老来姐妹家。
一句话把人讲笑，一句话把人讲跳。
一日两日是人客，三日四日是便客。
一只碗不会响，二只碗叮噹响。
有借有还，再借勿难。
有理走遍天下，无理寸步难行。
丈姆一声呕，鸡蛋一畚斗。
只好欠恶霸，勿好欠众家。
种田人讲节气，生意人讲和气。
嘴巴快，多招怪。
做做做勿煞，气气要气煞。

其他谚

奔奔前头，驮驮零头。
笨贼偷捣臼，乖人遮亮头。
裁缝靠熨斗，鞋匠靠楦头。
船到桥门自会直，勿是碰就是蹩。
呆大自有呆大福，烂泥菩萨庑瓦屋。
倒贴工钿白吃饭，生活拨侬学学惯。
疔疮破头，力大如牛。
恶人告状，先喊冤枉。
恶人自有恶人磨，杨辣自有蛤蚆拖。
各庙各菩萨，各人参念法。
狗肉香，佛来张。
好记心勿及烂笔头。
好马勿吃回头草。
好省勿省，念佛送鲞。
讲讲勿相信，自家去打听。
开一头门，多一头风。
老蟹还是小蟹乖，小蟹打洞会转弯。
麻雀虽小，五脏俱全。
呒没杀猪屠，也勿会吃带毛猪。
呒事勿可胆大，有事勿可胆小。
怕痛怕痒，做勿来外科医生。
千年海底松，万年燥搁枫。
前磕跌，后做忌。
清明螺，鲜如鹅；八月蛏，一根筋。
日里讲勒夜里，菩萨还在庙里。
三分相貌七分扮，癞头扮来像小旦。
三个臭皮匠，抵个诸葛亮。
三兄四弟一条心，后山烂泥变黄金。
师傅徒弟，推板三年；老板伙计，差眼本钿。
虱多勿痒，债多勿愁。
天高勿算高，人心节节高。
天上斑鸠，地上泥鳅。
铜钿也要，面孔也要。
铜锣响，脚底痒。
偷鸡勿着蚀把米。
头一主意是主意，第二主意是狗屁。
外行生意勿可做，内行生意勿可错。
屋怕勿稳，人怕忘本。
勿怕别人看不起，只怕自家勿争气。
勿怕勿识货，只怕货比货。
勿怕一万，只怕万一。
勿是侬财，勿落侬袋。
勿贪财，祸勿来。
心急吃勿来热粥。
秀才不出门，能知天下事。
鸭肉骨头水搨音塔糕，八月十六等勿到。
眼大无光，屋大无窗。
夜做夜，豆腐慢慢卖。
有眼不识泰山，灰堆坌出鸭蛋。
远来和尚会念经。
中药店里揩桌布，揩来揩去总是苦。
捉奸捉双，捉贼捉赃。
捉漏趁天晴，读书趁年轻。
自呒用，怪祖宗。

第三节 歇后语

阿黄舂年糕——吃力勿讨好
八十岁学吹打——上气不接下气
八只瓶，七只盖——弄勿落直
白米饭喂狗——反咬一口
摆勒和尚骂贼秃——指桑骂槐
半斤八两——差不多
大树松花彭彭扬——夸夸其谈
奔大家，穿朱纱——讨好有钱人
船头上跑马——走投无路
打落牙齿肚里咽——有苦说不出
打破砂锅问到底——抓住不放
大襟布衫——节（只）陀进，勿陀出
厕缸石头——臭僵硬
翻转石头压脚面——自作自受
狗拖老鼠——多管闲事
狗眼看穷人——势利
狗嘴里吐勿出象牙——呒啥好话
老牛身上拔根毛——不在乎
挂羊头卖狗肉——有名无实
过河拆桥——不留后路
抲勒牛头活饮水——硬做
候先生，候年庚——日子难过
猢孙戴帽子——像煞有介事
猢狲屁股——坐不牢
皇帝勿急急太监——自作多情
黄婆卖瓜——自卖自夸
黄鼠狼看蒲样——吊煞
火烧眉毛——急在眼前
鸡蛋碰石头——不自量力
既要当婊子，又要立牌方——不知廉耻
江西人钉碗——自顾自
姜太公钓鱼——愿者上钩
脚底里擦油——溜得快
脚娘肚弹琵琶——吓煞
脚娘肚当米缸——做一日，吃一日
叫花子吃死白蟹——只只好
井里插竹竿——光棍一条
空口讲白话——呒证呒据
苦竹根头出苦笋——苦到头
裤带头打结——记得牢靠
裤脚敛仔等蛇咬——寻祸作孽
快刀斩乱麻——一切两断（段）
蜡烛相——不点不亮
癞蛤蟆吃天鹅肉——痴心妄想
烂田翻捣臼——越陷越深
老虎头上拍苍蝇——送死
老鼠跳进白米缸——白吃白拿
老鹰嘴巴——勿吉利
老鹰拖小鸡——勿费力
鳓鱼骨头——里戳外
六月里做亲——勿要棉被
砻糠搓绳——起头难
眉毛胡子一把抓——主次勿分
眠床底下放鹞子——高勿起来
母鸡守鸭蛋——枉费心机
木匠拉锯——有来有去
泥菩萨过河——自身难保
弄堂里背毛竹——直来直去
跑龙套出场——摇旗呐喊
强盗扮书生——假装斯文
桥倒压勿煞差鱼——呒心事
桥管桥，路管路——两勿搭界
拳头打跳蚤——有劲用不上
人家棺材抬到自己屋里来——多管闲事
三十夜等月亮——白费功夫
三只指头撮田螺——十拿九稳
沙滩上走路——一步一个脚印
湿手遭米粉——甩勿掉
十节尾巴九节黄——来日不多
十五只吊桶打水——七上八落

十只指末头连排梢——笨手笨脚
石板凳掼乌龟——硬碰硬
蛳螺壳里做道场——地方小
死马当活马医——试试看
抬勒棺材上阵——拼死
抬勒老婆忘勒娘——忘恩负义
铁秤砣落水——沉到底
兔子尾巴——长不了
文不像读书人，武不像救火兵——派发来用场
乌鳢鱼扮河桩——装死
屋山尖头开门——断六亲
瞎眼吃汤团——心里有数
下巴骨弹落——呒话可说
咸鱼放酱油——好省

第十六篇　人物　荣誉

白峰依山傍海，人杰地灵，人文荟萃。有史以来，白峰人在祖国各地，创业奋斗，贡献社会，历代不乏文臣武士、名儒良医、能工巧匠。好学上进之风，自古有之。明、清两代，在这偏僻之地曾出过多名进士、举人、秀才等文人和军功七品散官。近、现代，白峰孕育出一批业绩显著人士，或在家乡，或在外地，他们在发展科学技术、反对外来侵略、进行革命斗争和社会主义建设中作出卓越的贡献。无数革命先烈留下可歌可泣的事迹，许多劳动模范、先进生产者创造光辉业绩。他们是白峰历史发展的代表。

中华人民共和国成立后，境内各乡（公社、镇、街道）、村（社、大队）、单位积极开展争创先进集体、先进个人活动，取得可喜成绩，多个集体和个人被评为市级及以上先进集体和先进个人。

第一章　人物

本章收录人物遵循“生不立传”原则，主要收录白峰籍或居留白峰境内，对白峰有重大贡献或有影响的已故人士，作传略20人；对革命烈士设专节，作传17人；对古代人物列表21人；对在世的白峰籍任副县（市、区）级以上干部和在部队任副团级以上干部及有高级专业技术职称、研究生学历人员也分别列表100人。排列按出生年月先后为序。因条件所限，缺漏定多，以待补遗。

第一节　人物传略

古代人物

王孟驯（生卒年不详） 上阳庚阳人。明成化二十一年（1485），镇海县内水灾严重，县令宋宣致书于王孟驯，请其出稻谷五百石赈济灾民。王孟驯以国家百姓为重，慷慨赈济。有司部门上报朝廷后，朝廷下达玺书，表彰其为义民，并在村里树立石碑坊。现碑为新立。

附录：敕书【详见丛录一：碑记选（一）】（2）

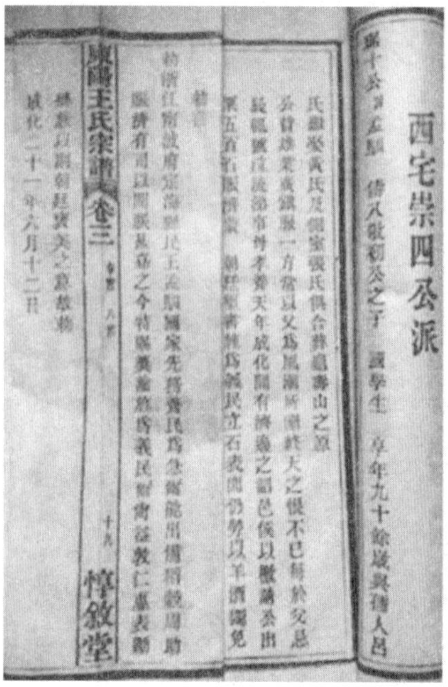

上阳村康头族谱记载圣旨碑原文

上阳村康头圣旨碑、旌义亭（2014 年仿制）

近、现代人物

乐颖巨（1807—？） 字天爵，白峰村人。清道光二十五年（1845）与司前金百鉴共同主持筑建涨浦山至屺峙庙山海塘。道光二十三年（1843）与其兄颖存、弟颖尧兴办白峰第一家工业企业——巨美酒厂。咸丰三年（1853）又与司前金百鉴、郑学宏和蒋岙李统赞共同主持海塘加固重修事宜，并将碶闸移至涨浦山山嘴，命名“枫城碶”。道光和咸丰年间任前董庙柱首。同治九年（1870）主持修缮老屋“正修堂”，并立“耕读传家”匾额（今尚在），教育后人。

王位育（生卒年不详） 上阳康阳人。清代名人，系崇三公第十八世孙。人称华佗再世，扁鹊重生，行医四方，以义为重，医治贫苦多病百姓，不取分文。清咸丰十一年（1861）冬，镇海县县官母亲双目失明，闻讯请王位育就医，单方一味，病人一药而治。后来，县官赠送“杏林春满”匾额一道，挂于西房祖堂。

张惠仁

乐嘉祥（1894—1951） 白峰村人。民国 5 年（1916）毕业于浙江第四中学（后改宁波中学）。毕业后先后任镇海县便蒙学校（后改镇海城关小学、城关中心小学）校长、县教育科科长、镇海县参议员。民国 12 年（1923）在白峰主持废私塾办新学的教育改革，在其倡导下，镇海县政府在白峰设立第十模范初级小学。民国 29 年（1940）升为完小。民国 33 年（1944）集结社会贤达，筹资兴办白峰乡中心小学，翌年九月正式开学，其与沙孟海是同学，后成好友。辛亥革命时乐嘉祥是白峰第一个割去长辫子的响应者。

张惠仁（1906—1967） 阳东村朱家岙人。1951 年 3 月带领 8 户农民自愿互利，成立白峰境内第一个互助组，并任组长，后因种植大番薯出名，被评为省级劳动模范。1952 年，张惠仁带领阳东村农民成立黎明初级合作社，并担任社长。黎明初级合作社是镇海县最早的 4 个农业初级合作社之一。1955 年 6 月省人民委员会授予下阳乡张惠仁农业合作社“农业爱国丰产模范单位”等称号，1956 年 2 月张惠仁出席浙江省第四届农业爱国丰产模范代表会议。

徐里平（1914—1968）　小门村人。1931 年“九一八”事变后，其以教书为掩护，积极投身于大碶地区抗日救亡运动，同年加入中国共产党，并在中共镇海县特别支部里负责青年团工作，领导大碶地区群众开展秘密和公开的革命活动，如发展组织、领导学校罢课，组织集会游行、散发传单、张贴标语、开展宣传演出等。中共镇海特支成立以后，为了便于领导，各校的党员作相应的调整，时敏小学的徐里平调到林头小学任教。1932 年春，中共宁波市委为了培训党的骨干，曾派镇海特支徐里平去上海党中央训练班学习，到沪后因病回镇海。后因叛徒出卖，于 1932 年 4 月被捕。在中共党组织的营救下出狱，一直为党工作。中华人民共和国成立后任上海《解放日报》副主编，1968 年去世。

徐里平

徐德明（1916—2003）　北仑区白峰街道小门村人。1938 年 9 月加入中国共产党。1945 年 10 月，加入新四军一纵队，任军政治部报社记者、编辑。1946 年 1 月任九兵团报社记者、副总编。经历解放战争中的淮海、渡江、解放上海等战役。1950 年 11 月，在志愿军政治部工作。1952 年 4 月，由志愿军派往朝鲜内阁任新闻顾问。1954 年 2 月，任志愿军报社编辑。经历抗美援朝战争与停战等多个时期。

1958 年 4 月，任辽宁省丹东市《丹东日报》编委。1976 年退休后回老家镇海。1978 年，改办离休。1985 年回丹东定居。2003 年 9 月病故。

徐德明

林志伟（1918—1951）　勤山村蕉山下人。抗日战争胜利后，在中共地下党员罗德生、冯和兰启发下走上革命道路。1946 年 4 月加入中国共产党，任中共上阳地下党小组组长，并打入国民党地方组织，以结拜兄弟形式组织农民成立农会，主持上太平庙农会成立大会。1947 年 1 月底，中共镇海江南地下党领导人罗德生来到上阳庲头红色堡垒户王利芳家。后因王利芳家目标太大，为确保安全转移到蕉山下林志伟家。从这以后罗德生多数住在林志伟家或庲头他妹林冬梅家。1947 年 10 月的一天，宁波警察局韩玉林得知罗德生近期在上阳活动，带 4 个警察到上阳准备搜捕罗德生。罗德生当时正在上阳，晚上打算去林志伟家住，林志伟当即派人告诉罗德生，晚上不要来他家，叫他去钟家湾。当警察赶到林志伟家时，他很客气告诉他们，罗德生最近不在上阳，并招待他们，使罗德生虎口脱险。

上阳解放后，林志伟相继担任支前和剿匪组组长、上阳乡联合村村长。1951 年镇反运动时，因“武装匪特罪”，被判处死刑，执行枪决。1980 年，镇海县人民法院经过调查，按照党的“有反必肃，有错必纠”的方针，撤销镇海县人民政府 1951 年 4 月 9 日对林志伟一案所作罪行和判决，宣告无罪。

林志伟

胡玉生（1918—2007）　阳东村钟家湾人（原籍江苏盐城）。1939 年参加新四军。1949 年 4 月加入中国共产党。1951 年参加抗美援朝。1953 年到东海舰队工程部任事务长。1962 年回乡务农。胡玉生在部队期间曾历任班长、排长、副连长。历经胶辽线、孟良崮、枣庄、海庄、辽河、莱阳、济南、淮海、渡长江、解放登步岛等战役，数次负伤，数次获二、三等功。他在部队南下解放登步后在阳东村钟家湾安家落户。

胡玉生

王回春（1920—1942）　上阳村山坑人。少年时在上阳小学读书。1937 年 7 月全面抗战爆发后，民国政府命令各地进行壮丁训练，王回春同仇敌忾，奋勇应命，组织本地优秀青年赴镇海受训。经过 6 个月的培训，王回春被分派到上阳乡抗日自卫队任副队长，率领壮丁开始军训。当时由于受“好男不当兵”的影响，部分村民对参加抗日自卫有些不理解，王回春任劳任怨，积极向当地群众讲解抗日救国的道理，使民众提高觉悟，打消顾虑，纷纷报名参加军训。

1941年4月镇海县城沦陷，各地相继成立游击队进行抗日。王回春痛恨日本侵略军残暴猖獗，遂告别父母妻子，率部奔赴抗日前线。4月底，宁波所属各县相继沦陷，鄞县、镇海、定海合办“战地工作推进委员会”，王回春担任该会自卫队第一大队中尉队长，奉命率兵驻防江南（今北仑）。日本侵略军渡江南犯，他率部迎头痛击，岌岌危局得平一时。

1942年6月29日夜，部队驻灵峰山麓的姚墅岙村时遭日本侵略军偷袭，当部队发现时，哨兵已被杀害。第一大队士兵立即进行抵抗，由于日本侵略军凶猛、武器精良，知难以抵抗，便四处寻路逃散。王回春奋勇向前独自持枪迎敌，毫不退缩，终因寡不敌众，弹中前胸血流满腔，牺牲在姚墅岙村，年仅22岁。

周全金（1920—1989） 阳东村钟家湾石家湾人。中华人民共和国成立初期任村民兵连长，负责下阳学校管理，参加过村土地改革，1958年任黎明社社长，后任钟家湾村党支部书记，其间曾参加过浙江省农业先进集体代表大会。1968年“文化大革命”期间任镇海县革委会副主任。1978年退休。1989年病逝。

周全金

周全金出席浙江省农业先进集体代表会议纪念章

张和法

张和法（1920—1996） 阳东村下湾人。1946年4月，由中共地下党员冯和兰介绍加入中国共产党。入党后，张和法以组织农民办夜校、读书为名，学习文化为掩护，宣传共产党的革命真理。并发动群众实行耕者有其田，组织农会，实行“二五减租”等活动。是年末，江南武工队成立后，武工队领导人余力行、罗德生等经过分析研究，决定到大碶警察所收缴枪支。翌年正月十三，正逢大碶市日，人来人往，根据组织安排，参加缴枪7个人，其中张和法负责门岗夺枪。在激战中张和法右手手心中弹受伤，战斗结束共缴获机枪1挺、长枪13支、子弹数百发。3天后在大嵩江下船转战到舟山岛，编入东海游击总队后到六横岛活动，惊动国民党（汤恩伯）部队，并派来兵舰包围六横岛。大批敌人从兵舰里发起登陆进攻，东海游击总队的战士们坚持一天一夜战斗，打退敌人多次进攻，结果子弹打尽。上级领导经过分析，在集体突围完全不可能的情况下，命令部队分散突围。在当地一老百姓帮助下张和法等3人一起乘小舢板，闯过敌舰的封锁回到上阳。经过商量，先到家里住下，开荒种番薯，以后再找部队。

解放后，张和法没有向人民政府登记，自认为自己的组织老领导找不到了，就一切都算了，又因地下革命活动很多方面都是拉伪职人员作掩护、作担保，在“土改镇反”期间张和法被判处三年管教。“文化大革命”期间又被打成反革命、叛徒，被关押、批斗、游街等。1971年，镇海县有关部门再次派人到六横、舟山、岱山调查。由岱山供销社工作的张万茂证实六横突围中有一个张阿岳（张和发化名）与其他2人一起突围。

在“文化大革命”期间，由中共江南地区原地下党领导人余力行作证，并来信到上阳公社党委，证明张和发是一个农民党员。1971 年，上阳公社党委在下湾大队开会，给张和发平反，1980 年恢复党籍。

王鹏程（1921—？） 上阳村人。1940 年从湖南长沙广益高中毕业后，考入国立湘雅医学院，踏上行医治学之路。

中华人民共和国成立不久，已毕业留校任教 7 年之久，在外科学和医疗预防方面崭露头角的王鹏程主动要求参加抗美援朝。1953 年，加入志愿军参加抗美援朝战争，主要从事救治伤员和战地医疗教学工作，还担任“国际医疗服务队第十四队”队长。

停战后，因战地的工作需要，王鹏程奉命留在战地培训军医，不到一年的时间，王鹏程怀揣三等军功奖章回到长沙。当时，湘雅医学院解剖学与外科学正面临重重困难，于是，王鹏程受命于非常时期，挑起组建“局部解剖学与外科学教研室”的重任。1956 年，“湘雅医学院局部解剖学与外科学教研室”挂牌成立。他所领导的教研室数次被评为先进教研室。

从 20 世纪 70 年代开始，除领导教研室工作外还先后担任科研和教务处长、副院长等职务。1972 年，长沙马王堆西汉古墓的女尸出土。作为组织工作和科研工作的主要负责人之一，他与同事一起，全身心投入古尸的研究之中。经过几年的研究，他主持的长沙马王堆一号汉墓古尸系统研究工作终见成效，并获得全国科学大奖。1976 年 9 月 9 日，毛泽东主席逝世。当晚，他便被卫生部急电召进北京，参加由有关专家教授组成的毛泽东遗体保护研究小组。1982 年，王鹏程出任湖南医学院第七任院长，直到 1984 年退居二线任顾问。

王鹏程

王鹏程曾任湖南省解剖学会会长 8 年之久。同时，兼任校学位评定委员会主席、学术委员会主任委员等，曾担任过中国解剖学会总会第五、六、七届理事会理事及湖南分会第二、三届理事会会长和第四届名誉会长，中华医学会总会第十九届理事会理事及湖南分会第七、八届理事会会长和第九届顾问。此外，还应聘为中国抗癌协会湖南分会第一、二届理事会学术顾问等。1978 年恢复学位职称制度后，王鹏程即晋升为教授。1994 年起，享受政府特殊津贴。

张惠信（1922—2007） 阳东村钟家湾张家湾人。1946 年 4 月由中共地下党员冯和兰介绍加入中国共产党。在上阳组织农会，开展“二五减租”运动。1947 年 10 月协助中共地下党员罗德生（镇海县特派员）、余力行等人在上阳创建“江南武工队”，后身份暴露，张惠信全力掩护罗德生、余力行脱险。1949 年 5 月，上阳解放后，张惠信积极发动群众参加支前、剿匪，并任上阳乡支前、剿匪副组长。1950 年在杭州浙江干校学习后进入县委“土改”工作队，在大榭参加“土改”工作。1951—1979 年，先后在舟山支前粮站和郭巨粮站工作。1979 年离休。

张惠信

周国良（1922—2005） 北仑区白峰街道新峰村百丈塘人。1940 年 11 月参加革命，1941 年 4 月加入中国共产党。1940 年 11 月，先后在盐城抗日军政大学五分校、苏北新四军军部通讯科、安徽华中局党校任学员、机务员等职。1945 年 2 月，先后任山东华东通讯局、第三野战军采购股长。1948 年 8 月，在济南广播电台、徐州军管会、广播电台任副台长、军代表。1949 年以后，先后任上海电信局供应科副科长、上海电信局南翔发讯台主任、中共上海市肃反第十专门小组正科级组员等职。1958 年 5 月在上海县七一公社下放劳动。1980 年以后在上海市邮电管理局供应处、物管处、邮电器材公司任副处长、副经理。1984 年 12 月离休。2005 年 5 月病故。

周国良

徐堪（1923—？） 小门人村人。1945 年 7 月参加革命，1950 年 9 月加入中国共产党。1945 年 7 月，参加新四军浙东游击纵队。1945 年 9 月先后在山东临沂山东大学预科学习、鲁中蒙阴总粮站坦埠分站任站长协理，后部队改编为华东野战军

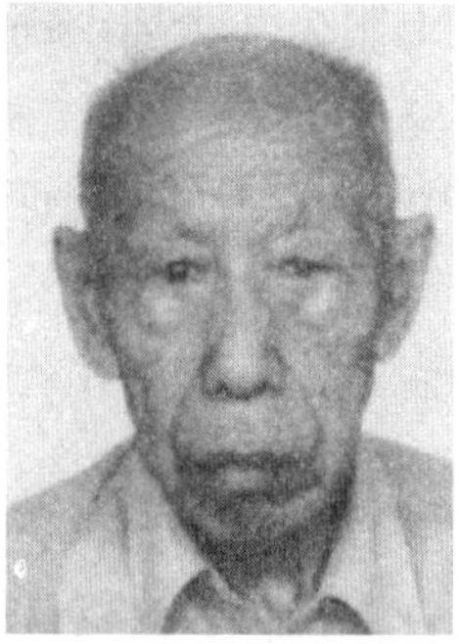

徐　堪

直属先遣纵队一支队三营任工作队员。1949 年，随部队解放合肥、杭州，任衢州地委干事、工作队中队长。参加过孟良崮、渡江战役。1951 年 6 月任《台州大众》报、《农民大众》报经理、组长。1960 年 11 月，任宁波庄桥改造落后队洪塘片副组长。1962 年 2 月，任宁波影剧院管理处经理。1965 年 2 月，任宁波二中副校长。1971 年 12 月，任宁波六中副校长。1982 年 12 月离休，享受县处级政治、生活待遇。

王云全

王云全（1925—2005） 下阳村上王人。1945 年 11 月参加新四军（苏中二分区），1947 年 8 月加入中国共产党。1952 年 9 月参加抗美援朝。并先后参加苏中七战七捷战役、两次涟水保卫战、莱芜战役及孟良崮、南麻临朐、沙士集、外线出击、豫东、淮海、渡江等战役。

1948 年豫东战役立二等功，1949 年渡江战役立四等功，1951 年在松江立四等功，1959 年在唐山立三等功。并晋升为大尉军衔。

王云全曾先后获华中南、淮海、渡江胜利纪念章，解放奖章，抗美援朝纪念章，朝鲜军功章和抗日战争胜利 60 周年纪念章。

王志康

王志康（1926—2007） 下阳村上王人。1947 年 5 月加入中国共产党。是年末，中共镇海县江南武工队在其家成立。1948 年以后，在中共上阳地下党小组组长林志伟领导下，从事革命活动，多次冒着生命危险掩护革命同志。1949 年 5 月，配合上阳“土改”工作队队长丁大章组织农会为迎接解放军筹款、筹粮，由于革命工作需要曾打入国民党基层政权，解放后被划为反革命，受到不公正的对待。1978 年 9 月，在原江南武工队队长余力行证明下平反昭雪，并恢复党籍，参加组织生活。

王骥程

王骥程（1928—卒年不详） 上阳村人。1951 年毕业于浙江大学化学工程系，同年就读化工系研究生班并兼任助教工作，1953 年研究生毕业任化工系物理化学助教，后任化工原理实验室主任。1955 年起任化工系科研秘书，开始着手筹建中国第一个化工自动化专业并担任筹建组副组长，1956 年为化工专业学生编纂仪表与自动化课程的教材。1957—1958 年去中科院自动化班学习，任四班班长，进修自动化专业知识。回校后任化工自动化教研室副主任、化工动态学与过程控制研究室主任等。20 世纪 60 年代，开始化工动态学和早期计算机在生产上应用研究，参与“六五”国家重点科研“化工动态学和计算机在精馏过程中的应用”项目，并在上海炼油厂常减压装置上开展计算机控制的应用研究，是中国最早的计算机在工业过程控制中的应用。同时发表“套管换热器流量通道动态特性的研究”“控制系统，数学模型及计算机”“前馈控制在常压蒸馏装置上的应用问题”等论文和试验报告。1978 年王骥程被晋升为副教授并开始招收硕士研究生。进入 20 世纪 80 年代，开始微机优化控制研究，以罐头食品杀菌釜、聚合反应器、生化反应器、精馏塔为对象，并把诸如模糊控制、推理控制、自适应控制、智能控制、进行大量的应用性理论研究和实际应用。其中乐果生产自动化获杭州市科技进步奖三等奖；选择性调节试验研究获浙江大学科技三等奖；SGK 罐头杀菌釜微机实时控制获杭州市科委电子计算机应用一等奖；醋酸生产过程乙醛分馏部分微机化控制获化工部科技进步奖三等奖；醋酸生产过程微机优化控制获国家教委科技进步奖二等奖。1983 年晋升为教授、博士生导师。20 世纪 90 年代开始，从事工业过程控制系统结构自动生成及综合的应用性理论研究，拟实现计算自控方案结构优选、工程设计、制表绘图工作。同时还直接参与和指导“八五”国家重大科技攻关项目、140 万吨催化裂化装置计算机优化控制系统研究。1989—1993 年根据浙江省教育事业发展的需要，组织上决定王骥程兼任杭州高等工业专科学校校长。

董全甫（1930—1980） 阳东村钟家湾人。中国共产党党员。1951年参加中国人民解放军（志愿军），先在舟山部队服役，提拔为营教导员，后调至张家口，任副团级干部。转业后任浙江省三门县公安局局长。

董全甫

第二节 革命烈士

白峰革命烈士陵园立碑54人，其中无名革命烈士20人。本志立传白峰籍革命烈士9人，非白峰籍革命烈士8人，共17人。

白峰藉革命烈士

徐建农（1911—1942） 小门村人。1937年参加抗日救亡运动。1938年在丽水碧湖镇参加浙江省战时工作人员训练团，后任镇海县抗日武装部队中队长，是年加入中国共产党。1942年4月2日，徐建农得到上级党组织指示，去柴桥上傅收缴一支土匪部队的枪支，结果这一消息被国民党民兵团贺宝利部获悉，在缴枪回来的路上遭贺部伏击，激战后寡不敌众不幸被捕，于4月6日在三山（今春晓）咸昶西大溪坑青龙碶遇害。

徐建农

徐长海（1912—1943） 原名士祁，小门村人，系徐建农胞弟。1936年初参加上海职业救国会。1937年返回白峰参加抗日救亡运动。1938年在丽水碧湖镇参加浙江省战时工作人员训练团，结业后被分配到浙江省第十流动施教团，施教于奉化、定海、镇海等地，是年6月加入中国共产党。1942年7月，任中共三东特派员领导的定（海）象（山）保安总队第一支队第五大队政治指导员。1943年10月，五大队在斗争中面目逐渐暴露，国民党定海县兼象山县县长苏本善企图兼并五大队。中共浙东区党委决定，将五大队撤往四明山区，与新四军浙东游击纵队会合。其中第一中队与短枪队顺利撤出，徐长海和大队副吴志先（中共党员）到第二中队驻地传达命令，不料二中队中队长俞磊峰叛变，徐、吴两人突遭袭击，吴志先当场牺牲，徐长海被捕。翌日，徐长海被押解到镇海县紫石乡，在大溟村山嘴英勇就义。

徐长海

王祖慰（1929—1952） 上阳村山坑人。中国新民主主义青年团团员。中华人民共和国成立前在上海做工。1949年7月，上海解放后参加中国人民解放军，在南京军政学校学习，后调哈尔滨空军某部队任机械师。1952年9月，在训练中受重伤后牺牲，时年23岁。

王继祥（1930—1951） 上阳村东园人。1949年4月20日参加革命，后任中国人民志愿军第20军特务团战士。1951年6月6日，在朝鲜台松谷战役中牺牲，时年21岁。2013年已在白峰革命烈士陵园立碑。

贺玲娣（1932—1956） 女，梅山乡碑塔村人。1948年嫁到上阳乡焦山下，1952年入团并担任村妇女干部。1954年合作化高潮掀起，蕉山、下湾、枫棚三村联合成立勤丰高级社，被选为副社长，是年10月加入中国共产党。1956年1月，任上阳乡妇女主任；2月，省人民委员会授予上阳乡蕉山农业合作社为1955年度爱国丰产模范称号，并出席省第四届农业劳模会议。

1956年8月1日，罕见的强台风在象山港正面登陆，地处象山港口的上阳首当其冲。是日白天，因狂风肆虐、暴雨倾泻不止，巨浪阵阵冲击海塘，整个上阳乡面临巨大的灾难。上阳乡党政领导紧急动员和组织全体共产党员、共青团员和青壮年民兵全部投入护塘抢险第一线。乡领导考虑到贺玲娣是个女同志，两次劝阻其不要到海塘上去，叫她留下来搞后勤工作，但她坚持要到抢险第一线去。入夜，风力增强，大雨瓢泼，巨浪滔天，天黑得面对面不见人，分不清风雨声、浪涛声、人喊声。约22时许，只听到山崩地裂般一声巨响，4000米长的外海塘先后倒塌，汹涌的海水越过内塘，势如万马奔腾冲向纵深地带。这时，护塘抢险人员向安全地带撤退。贺玲娣经过一天的苦战，体力不支，加上身穿蓑衣，虽艰难地跨过3条河沟，但到钟家湾新横河板桥跟过河时，被狂风卷入河中，不幸献出年轻的生命。

王祖慰

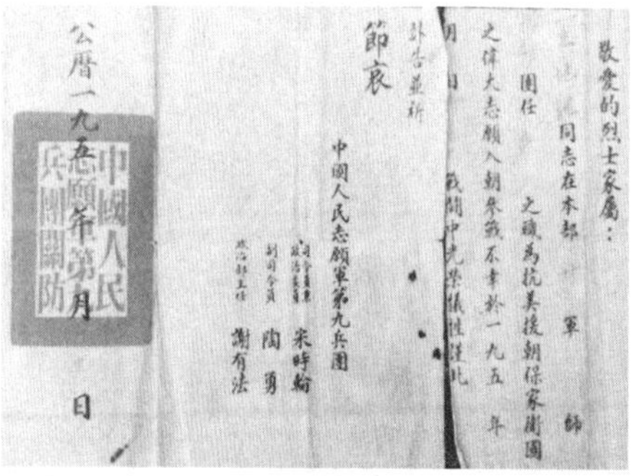

王继祥烈士证书

贺玲娣

郑果成（1937—1957） 上阳村石山人。1955年3月入伍，在海军舟山1881部队任副班长。1957年12月13日，在舟山值勤时不幸牺牲，时年20岁。

王伟元

王伟元（1938—1991） 黎明村人。1957年加入共青团，1980年3月加入中国共产党。历任黎明村团支部书记、民兵连长、治保主任、生产大队大队长、党支部书记等职。他对党忠心耿耿，埋头苦干。特别是担任村党支部书记以后，认真执行党的方针、政策，领导群众走社会主义道路，出色完成各项任务。

王伟元为人正直，爱憎分明，为维护人民的利益与坏人坏事进行坚决的斗争。他对村里不法分子王布根聚众赌博、诈骗偷盗、寻衅闹事、动则打人等严重扰乱社会治安、危害群众生命财产安全的不法行为深恶痛绝。他不畏强暴，不怕恐吓，积极协助司法机关对王布根的犯罪行为给予惩处。但王布根在刑满释放后劣性不改，继续作恶，对王伟元等同志怀恨在心，伺机报复。

1991年1月9日傍晚，王布根以结算账目为由，将王伟元骗至自己家中，趁其不备，用铁榔头猛击王伟元头部，王伟元不幸牺牲。

王甫祥（1949—1969） 上阳村东园人。共青团员。1968年4月入伍，中国人民解放军6418部队71分队战士，曾获一等功。1969年7月24日，打坑道时因发生意外事故，在萧山215工地牺牲，时年20岁。

胡孟勇（1951—1971） 门浦村胡家人。1969年，18岁的胡孟勇参加中国人民解放军，成为驻温州洞头岛 6415 部队某连 1 名战士。不到一年时间，他从战士、副班长升为班长，翌年加入中国共产党。入党后，在学习和工作上投入更大热情，当时部队在进行国防施工，他参加机械施工队，在施工中不怕苦不怕累，险活重活抢着干。在一次施工中，突发险情，他大喊一声："危险，让开！"但新战士陈金山还在犹豫，他一个箭步冲上去，一把推开陈金山，而他却被石块砸中受伤出血。同志们都为他担心，他却说："没关系，只擦破了点皮，没什么。"

胡孟勇

1971 年 5 月 15 日，部队又继续施工。早上 7 时 30 分，几声炮响后，胡孟勇带着两位战士，冒着烟雾，察看爆破施工效果，突然发现坑道顶上有一块险石，旁边碎石在"哗哗"地下落，随时都有塌方的危险。胡孟勇为了排险挺身而上，并叫别人让开，这时"轰"的一声，几十立方米的大塌方发生了，战友脱离危险，他却壮烈牺牲。

非白峰籍革命烈士

王志成（生年不详—1949） 山东临壮县人。在家乡入伍参加抗日战争。解放战争时期，先后参加济南、孟良崮、淮海和渡江战役，后参加解放穿山半岛战斗。1949 年 6 月随部队进驻白峰，准备解放舟山。7 月，任中国人民解放军某营营长，在带领通讯员和几名战士到柴桥后所村勘测地形时，被太师山的国民党守军冷枪击中牺牲，遗体安葬在门浦龙爪峧岭登。2013 年迁入白峰革命烈士陵园立碑。

李敬德（生年不详—1949） 山东新中县郭庄人。在家乡入伍参加抗日战争。解放战争时期，先后参加济南、莱芜、淮海和渡江战役。1949 年 5 月 28 日下午，由山防往门浦进军郭巨，途经石柱岭时遭到大涂岭国民党匪军阻击，李敬德和战友刘傅山一起牺牲，遗体安葬在门浦村石柱岭。2013 年迁入白峰革命烈士陵园立碑。

刘傅山（生年不详—1949） 山东新泰县人。在家乡入伍参加抗日战争。解放战争时期，先后参加济南、莱芜、淮海和渡江战役。1949 年 5 月 28 日下午，由山防往门浦进军郭巨，途经石柱岭时遭到大涂岭国民党匪军阻击，刘傅山和排长李敬德一起牺牲，遗体安葬在门浦村石柱岭。2013 年迁入白峰革命烈士陵园立碑。

张有忠（生年不详—1949） 籍贯无考。中国人民解放军十七支队三大队九中队战士。1949 年 5 月 28 日下午，在解放郭巨战斗中牺牲，遗体安葬在阳东村马盘岙底。2013 年迁入白峰革命陵园立碑。

杨忠元（生年不详—1950） 江苏省台水县人。中国人民解放军某分队战士。1950 年 2 月遭舟山起飞的国民党军飞机机枪扫射，在白峰牺牲，遗体安葬在屺峙山脚下。2013 年迁入白峰革命烈士陵园立碑。

郑国松（生年不详—1955） 浙江绍兴人。1955 年，在白峰仰岛湾 201 工地施工时牺牲。2013 年迁入白峰革命烈士陵园立碑。

赵立安（生年不详—1957） 山东海其县人。1957 年 2 月，在白峰仰岛湾 201 工地施工时牺牲。2013 年迁入白峰革命烈士陵园立碑。

李春悦（1933—1978） 黑龙江宁婆县人。中国人民解放军 37591 部队司令部管理科科长，中共党员。1978 年 1 月，在白峰仰岛湾 201 工地施工时牺牲。2013 年迁入白峰革命烈士陵园立碑。

无名革命烈士

在解放穿山半岛白峰境域战斗中牺牲的战士中，还有许多无名烈士，其中第二十二军六十四师牺牲战士遗体安葬情况：郭巨福明暗山垅 3 位，仰岛湾官庄山 1 位，小门中岭脚 1 位；第二十一军六十一师牺牲战士遗体安葬情况：钟家湾炮台岗 2 位，上王东山 1 位，蕉山峧门登 4 位，马盘庙后山 1 位，虾康童家 1 位，勤山村龙爪峧 1 位，外峙后山 1 位，阳东村朱家岙 4 位。这 20 位无名烈士遗骸在 2007 年 12 月全部迁入白峰革命烈士陵园立碑。

附录：烈士陵园和革命历史纪念馆

烈士陵园

位于勤山村戴家岙，陵园占地面积1400余平方米，由白峰镇投入资金共120余万元，于2005年清明节建成开放。

2017年下半年开始，对烈士陵园进行全面升级改造。于2018年3月20日全部完成（升级改造资金由街道出资17万元、盛威国际出资17万元）。陵园内建有林茂成烈士半身像、罗德生烈士、小门一门双烈士徐建农、徐长海烈士和江之铭、徐阿定烈士、冯和兰、吴家安烈士等在白峰战斗过的革命先烈的纪念碑，解放穿山半岛牺牲的无名烈士纪念碑。

2010年10月，白峰革命烈士陵园被批准为宁波市中共党史教育基地和北仑区爱国主义教育基地。2013年，对全部有名烈士坟墓都立碑，陵园内共有有名烈士34名，无名烈士20名。

革命历史纪念馆

坐落在勤山村戴家岙烈士陵园西侧，占地面积1600平方米（其中展馆面积160平方米），2016年5月始建，2017年2月建成。

革命历史纪念馆匾额，由原北仑区政协主席、新四军历史研究会会长张嘉梁题写。纪念馆布展内容共分为六部分：第一章：御外侮，海防前哨。第二章：赴国难，同仇敌忾。第三章：不屈不挠的敌后抗战。第四章：求解放，前赴后继。第五章：谱新篇，舍生取义。第六章：英名墙。通过翔实的文献、文物、油画、照片、视频等真实展现了革命烈士和人民群众在抗击倭寇、抗日战争、解放战争及建设新中国时期不屈的英雄形象和无私的奉献精神。

2017年，白峰革命历史纪念馆及烈士陵园被中共北仑区委党校确定为干部教育培训基地。

白峰烈士陵园

白峰革命历史纪念馆

第三节　人物表

本节收录境内未入传的人物，简以列表。凡古代人物祖籍栏内冠现在的村名，全节共列人物120人。

白峰境域古代人物一览表

表 16-1-1

姓　名	性别	祖　籍	资　历	姓　名	性别	祖　籍	资　历
乐显仁	男	白峰村	举人国子监	王箕南	男	上阳村	清代国学生
胡同均	男	门浦村	举人	王箕瑞	男	上阳村	清代国学生
徐沛蓁	男	小门村	举人	王箕方	男	上阳村	清代国学生
徐锡兰	男	小门村	教谕	王箕达	男	上阳村	清代国学生
王左溪	男	上阳村	按察使	王箕纯	男	上阳村	清代国学生
王世瑛	男	上阳村	七品散官	王酮华	男	上阳村	清代国学生
王克成	男	上阳村	安抚使	王济川	男	上阳村	清代国学生
王义裕	男	上阳村	秀才	王用能	男	上阳村	进士
王平山	男	上阳村	枢密副使	王衮彬	男	上阳村	清代国学生
王良珪	男	上阳村	知县	王箕位	男	上阳村	清代国学生
王衮奎	男	上阳村	清代国学生				

任副县（市、区）级以上干部一览表

表 16-1-2

姓　名	性别	出生年月	学历	祖籍村	任职单位及主要职务
周全金	男	1920	初小	钟家湾	镇海县革命委员会副主任、县委委员
王　荣	男	1923	初小	下阳村上王	福建省莆田地区管理处处长
史志侦	男	1930.1	初中	小门村	宁波市农业局副局长
方　文	男	1939.10	中专	下阳村道头	浙江省广播电视厅厅长、省政协常委
王战金	男	1949.4	初中	上阳村山坑	舟山市普陀区区委常委、人武部部长
周新华	男	1952.11	本科	下阳村虾康	宁波市审计局副局长
王林康	男	1953.5	大专	下阳村上王	北仑区委常委、宣传部部长；宁海县委常委、宣传部部长
李　谦	男	1961.7	大学	门浦	宁波市人大常委会副主任、党组成员
王旭昉	男	1962.9	大学	上阳村山坑	浙江省应急管理厅党委委员、副厅长、一级巡视员、省政协委员
王志军	男	1963.11	本科	上阳村石山	宁波市监委，2003 年驻市司法局任党委检察组组长
金　艳	女	1965.7	本科	司沿村	北仑区人大常委会副主任
王国铭	男	1965.11	大学	太平岙村	北仑区副区长、人大常委会副主任
胡世新	男	1969.1	硕士	门浦	宁波市海事法院温州海事法庭庭长

任部队副团级以上干部一览表

表 16-1-3

姓　名	性别	出生年月	祖籍村	职务或职称	任职时间
王在舜	男	1923	上王村	正团级	1951
林丁康	男	1936.12	上阳蕉山	副团级	1975—1984

续表 16-1-3

姓　名	性别	出生年月	祖籍村	职务或职称	任职时间
胡加华	男	1938.3	门浦村	正团级、主任	1983—1989
胡德庆	男	1938.9	小门村	正团级、所长	1988—1993
郑全贵	男	1938	屺峙村	大校、技术 7 级	1978—1998
王嘉清	男	1942.4	上阳村	副团级	1978—1984
沈企周	男	1944.9	门浦村	大校、教授	1997—2002
周忠良	男	1948	神马村	副团级、科长	1985.7—1991.9
乐布良	男	1949.1	司沿村	副部长	1987—1993
张锡祥	男	1951.11	门浦村	正团级	1996—1999
周新华	男	1952.11	下阳村虾康	军需处处长、审计处处长	1996—2004
阮春华	男	1955.3	下阳村道头	上校、副师级（技术 7 级）	2004—2015
袁尧松	男	1955.12	沿亭村	副师级	1999.5—2006
林志良	男	1958.11	勤山村蕉山	正团级	1998—2007.7
周福华	男	1961.7	司沿村	装备部处长、正团级	2006—2012
金国耐	男	1961.7	司沿村	站长、正团级	1999—2004
周伟明	男	1963.6	百丈村	政委、海军中校	1986.7—1999.9
王志军	男	1963.11	上阳村	正团级	1998—2003
袁佩亚	女	1966.4	司沿村沿亭	副团级	1991.3—2000.12
王晓明	男	1966.3	上阳村	正团级	2007.1—2011.11
胡正波	男	1970.1	门浦村	副师级（技术 7 级）	2016—2019
李信章	男	1973.9	白峰村蒋岙	政治部副主任、正团级	2012

高级知识分子和研究生学历一览表

表 16-1-4

姓　名	性别	出生年月	学（资）历	祖籍	职务或职称	任职单位
王能远	男	1924.7		上阳村康头	高级工程师	铁路设计院铁道出版社
胡　涌	男	1933		门浦村		贵州省文联
谢仁章	男	1934.12	本科	白峰山防	副教授	浙江理工大学
李建树	男	1940	本科	小门村	作家协会主席	宁波市作家协会
王国良	男	1951.8	硕士	下阳村上王	教授	宁波万里学校
曹存富	男	1956.1	本科	虾康	高级教师	北仑区教育局
舒文明	男	1956.4	大专	马盘	高级教师	北仑长江中学
周志峰	男	1958.5	研究生导师	小门村	院长、教授	宁波大学文学院
曹存祥	男	1958.10	大专	虾康	高级教师	大碶成校
乐永尧	男	1961.3		白峰村	高级工程师	中国有色金属工业西安勘察设计研究院浙江分院
曹存国	男	1961.7	本科	虾康	高级教师	大碶成校
沃永利	男	1964.12	大专	外峙	高级教师	大碶小学
谢荣耀	男	1966	硕士	白峰村		北仑区商检局
林海伦	男	1966	本科	勤山村	主任中药师	宁波市药品检验所
邬立平	男	1966.3	本科	港口村	高级工程师	四川绵竹华丰磷化工有限公司

续表 16-1-4

姓　名	性别	出生年月	学（资）历	祖籍	职务或职称	任职单位
李雅芳	女	1966.3	大专	门浦村	高级教师	北仑区岷山学校
林耕波	男	1966.4	本科	勤山村蕉山	高级教师	明港高级中学
胡　芹	女	1966.10	双硕士	门浦村	律师	深圳招商局
周伟军	男	1967.9	本科	神马	建筑师	加拿大
方　勇	男	1967.10	博士	下阳村道头	主任医师	上海交通大学医学院
胡雪蓉	女	1968.1	双硕士	门浦村	律师	北高通商事务所
邬海峰	男	1968.10	本科	港口村	副研究员	北京格正射线研究所
徐慧杰	男	1969.8	博士	小门村	主任工程师	美国旧金山苗毕达市半导体晶园检测公司
胡继荣	男	1970.3	硕士	门浦村	高级工程师	加拿大多伦多市
王剑波	男	1970.4	本科	上阳村	高级教师	北仑华山小学
钟光辉	男	1970.9	硕士	白峰蒋岙	主任医师	宁波市中医院
乐　军	男	1970.9	本科	白峰村	高级教师	北仑绍成小学
王财定	男	1970.9	本科	上王	高级教师	大碶成校
徐敏杰	男	1971.7	硕士	小门村	系统工程师	美国密苏里州圣路易斯万事达卡公司
徐雪亚	女	1971.7	本科	阳东村马盘	高级教师	北仑小浃江学校
胡世平	男	1972	硕士	门浦村	会计师	宁波东海银行
沃赛芬	女	1972.4	本科	外峙	高级教师	宁波东海实验学校
郑水芬	女	1972.10	本科	阳东村马盘	高级教师	北仑新碶中学
蔡南耀	男	1973.4	研究生	白峰村		北仑区人民政府办公室
乐海伟	男	1973.6	本科	司沿村	神经外科主任医师	北仑区人民医院
胡海辉	男	1973.10	本科	下阳村道头	高级教师	北仑区教育局副局长
胡小芬	女	1973.12	本科	小门村	高级教师	北仑华山小学
沃芬芳	女	1975.11	本科	外峙	高级教师	北仑实验小学
沃静波	男	1976.9	本科	小门村	主任医师	北仑柴桥医院
李军科	男	1978.9	硕士	外峙	工程师	上海杜美精密有限公司
沃天斌	男	1979.4	博士	外峙	工程师	宁波创元信息有限公司
李贤杰	男	1981.10	医学硕士	阳东村马盘	副主任医师	宁波大学附属医院
曹飞凤	女	1983.4	博士	外峙	副教授	浙江工程大学
孙　泓	男	1986.7	硕士	上阳村		绍兴市市政府
胡碧琴	女	1986.10	博士	钟家湾		浙江纺织学院
蒋斌杰	男	1986.11	研究生	白峰蒋岙	资深工程师	中芯国际集成电路制造有限公司
林贺盛	男	1987.8	研究生	勤山村	工程师	宁波润全科技有限公司
王志杰	男	1987.8	硕士	上阳村	大学讲师	鄞州城市职业技术学院
王鸿娜	女	1987.12	硕士	白峰	项目经理	（上海）通标标准技术服务有限公司
胡波琴	女	1988.2	博士	钟家湾		美国
张日益	男	1988.10	硕士	门浦村		宁波职业技术学院
何敏菲	女	1989.3	研究生	勤山村	工程师	宁波美康生物科技有限公司
李乐莺	女	1989	博士	小门村		英国伦敦大学

续表 16-1-4

姓 名	性别	出生年月	学（资）历	祖籍	职务或职称	任职单位
钟本本	女	1990.8	研究生	小门村		白峰小学教师
周 坤	男	1990.8	研究生	白峰山防		杭州大搜汽车佛去有限公司
曹高琪	男	1991.4	硕士	外峙	支行副行长	宁波银行
乐舟萍	女	1991.6	硕士	白峰村		全职妈妈
郑 豪	男	1991.11	硕士	马盘		中石化国防事业宁波有限公司
张靖宇	男	1992.8	硕士	钟家湾		通联数据股份公司
曹妙凤	女	1993.9	硕士	外峙		
沃玉斌	男	1994.4	硕士	白峰山防		北仑区市场监管局
乐丹盛	女	1994.9	研究生	白峰		浙江省人民医院
胡凌慰	男	1994.10	研究生	小门村		宁波益信汇通投资有限公司
邹东升	男	不详	研究生	小门村	教授	美国雪城大学
乐 军	男	不详	本科	白峰村	教授	中国科学院研究室

第二章　荣誉

1955—2018 年，境内共被授予市（地）级及以上各类先进集体 188 单位次。其中国家级 6 单位次、省级 51 单位次、市（地）级 131 单位次。共授予先进人物 92 人次，其中国家级 16 人次、省级 47 人次、市（地）级 29 人次（包括白峰籍人士在白峰境外工作人员），有突出贡献名人 2 人。

第一节　先进集体

白峰街道获评国家级（部门）先进集体单位一览表

表 16-2-1

受证单位	荣誉称号	发证单位	授予年份
白峰镇菜市场	全国绿色零售市场	商务部	2009
白峰镇小门村	人口和计划生育基层自治示范村	国家人口和计划生育委员会、中国计生协会	2010
白峰镇	全国社区教育示范镇	中国成人教育协会社区教育专业委员会	2011
白峰镇小门村	全国民主法治示范村	司法部、民政部	2012
白峰镇	2012—2013 年度国家级生态乡镇	环境保护部	2014
传甬茶业有限公司	“明州雀舌”绿茶获全国华茗杯金奖	全国茶叶行业协会	2015 2017

白峰街道获评省级（部门）先进集体单位一览表

表 16–2–2

受证单位	荣誉称号	发证单位	授予年份
上阳乡蕉山农业合作社	浙江省爱国丰产模范单位	省人民委员会	1955
上阳乡勤丰农业合作社	浙江省 1957 年度社会主义农业建设先进单位	省人民政府	1957
小门生产队	浙江省农业社会主义建设先进单位	省人民政府	1958
黎明生产队	浙江省农业社会主义建设先进单位	省人民政府	1958
白峰公社外峙大队	浙江省农业先进单位	省人民政府	1962
上阳公社钟家湾大队	浙江省农业先进单位	省人民政府	1962
小门村	浙江省先进基层党组织	省委	1999
小门村	浙江省省级文明村	省委、省人民政府	2003
白峰镇	档案工作目标管理省三级	省档案局	2002
小门村	浙江省农村基层组织建设先锋工程“五好”村党组织	省委	2004
小门村	浙江省全面小康建设示范村	省委、省人民政府	2006
白峰镇	浙江省科普示范镇	省科学技术协会	2006
峰城社区	浙江省老龄工作规范社区	省老龄工作委员会	2006
小门村	省级卫生村	省爱国卫生运动委员会	2007
阳东村	浙江省卫生村	省爱国运动委员会	2007
门浦村	浙江省卫生村	省爱国运动委员会	2007
白峰镇	2006 年、2007 年浙江省农函大先进辅导站	省科学技术协会	2008
白峰镇	浙江省示范司法所	省司法厅	2008
白峰镇	浙江省小康型老年体育乡镇（街道）	省老年人体育协会	2008
司沿村	浙江省行政村示范档案室	省档案局	2009
白峰镇人民政府	浙江省省级规范化司法所	省司法厅	2010
白峰村	浙江省乡村体育俱乐部	省体育局	2010
小门村	浙江省绿化示范村	省绿化委员会、林业厅	2010
小门村	浙江省行政村示范档案室	省档案局	2010
白峰镇	浙江省生态镇	省环境保护厅	2010
白峰街道文化站	浙江省特级文化站	省文化厅	2010
小门村	浙江省“十一五”计生协工作先进集体	省委组织部、省社会保障部、人口和计生委、计生协会	2011
小门村	浙江省省级小康体育村	省体育局	2011
小门村	浙江省第四批村级体育俱乐部	省体育局	2011
小门村	浙江省民主法治示范村	省司法厅、民政局普法厅	2011
小门村	浙江省双强百村称号（党建强、发展强）	省人民政府	2011
白峰镇	浙江省体育强镇	省体育局群众体育处	2011
白峰镇	浙江省生态乡镇	省环保厅	2011
白峰镇	浙江省教育强镇	省教育厅	2011
白峰镇	浙江省文化强镇	省文化厅	2012
下阳村	浙江省特色旅游村	省旅游局	2012

续表 16-2-2

受证单位	荣誉称号	发证单位	授予年份
小门村	浙江省妇联基层组织建设示范村	省妇女联合会	2012
阳东村	浙江省行政村示范档案室	省档案局	2012
阳东村	浙江省无邪教村	省防邪教处理问题办公室	2012
阳东村	浙江省级民主法制示范村	省司法厅、民政厅	2014
门浦村	浙江省慈善村	省慈善总会	2014
白峰镇	省社区教育示范学校	省教育厅	2014
白峰街道办事处	浙江省“五水共治”工作先进单位	省委、省人民政府	2016
白峰街道	浙江省体育现代化乡镇	省体育局	2016
白峰街道文化站	浙江省特级文化站	省文化厅	2017
阳东村	浙江省美丽乡村示范村	省村整建办	2017
白峰街道	浙江省卫生街道	省爱国运动委员会	2017
白峰街道	浙江省美丽乡村示范镇	省村整建办	2017
白峰街道	浙江省体育特色街道	省体育局	2017
白峰街道	浙江省小城镇环境整治行动省级样板	省小城镇综合整治行动领导小组办公室	2018
福口乐食品厂	浙江省农博会虾康牌年糕优质产品金奖	省农博会组委会	2018

白峰街道获评市、地级（部门）先进集体单位一览表

表 16-2-3

受证单位	荣誉称号	发证单位	授予年份
小门村	宁波市小康村先进党组织	市委	1994
白峰镇	宁波市双拥模范镇	市委、市人民政府、市军分区	1994
白峰镇	宁波市双拥模范乡镇	市委、市人民政府、市军分区	1995
小门村	宁波市级文明单位	市委、市人民政府	1996
小门村	宁波市社会主义新农村建设示范村	市委、市人民政府	1997
小门村	宁波市爱国卫生村	市爱国卫生运动委员会	1998
小门村	宁波市生态村	市人民政府	1998
小门村	宁波市军警民共建先进单位	市国防教育、市双拥共建办	1998
白峰镇	宁波市教育强镇	市人民政府	2000
小门村	宁波市民主法治示范村	市委、市人民政府	2000
白峰镇	宁波市科技工作先进乡镇	市人民政府	2000
小门村	宁波市先进基层党组织	市委	2000
白峰镇	宁波市三五普法先进集体	市人民政府	2001
白峰镇	宁波市 2000 年第五次全国人口普查先进单位	市第五次全国人口普查领导小组	2001
小门村	宁波市村民自治模范村	市人民政府	2003
白峰镇	宁波市人民调解工作先进集体	市司法局	2004
小门村	宁波市文明村	市人民政府	2004—2005
白峰镇	2003—2004 年度宁波市军民共建先进单位	市双拥共建和国防教育联合领导小组	2005
阳东村	宁波市园林式村庄	市绿化委员会	2005
门浦村	宁波市四星级民主法治村	市司法局、民政局	2005

续表 16-2-3

受证单位	荣誉称号	发证单位	授予年份
白峰镇	宁波市建设“平安宁波”2005年度平安乡镇	市人民政府	2006
小门村	宁波市全面小康建设示范村	市人民政府	2006
小门村	宁波市级生态村	市生态建设领导小组办公室	2006
小门村	宁波市行政村规范化档案室	市档案局	2006
白峰镇	宁波市卫生镇	市爱国卫生运动委员会	2006
门浦村	宁波市卫生村	市爱卫会	2006
门浦村	宁波市文明村	市委、市人民政府	2007
下阳村	宁波市生态村	市生态建设领导小组	2007
白峰镇	宁波市2006年度共青团强镇	市人民政府	2007
门浦村	宁波市村务公开管理示范村	市委、市人民政府	2007
白峰镇	宁波市优秀人民调解委员会	市司法局	2007
峰城社区	宁波市卫生先进单位	市卫生局	2007
阳东村	宁波市村务公开管理示范村	市委、市人民政府	2007
阳东村	宁波市文明村	市委、市人民政府	2007
门浦村	宁波市生态村	市生态建设领导小组	2008
白峰镇	宁波市2007年度先进司法所	市司法局	2008
白峰镇	宁波市2007年度共青团强镇	市团市委	2008
司沿村	宁波市村务公开民主管理示范村	市委、市人民政府	2008
白峰镇	宁波市造林绿化先进单位	市绿化委员会	2008
门浦村	宁波市绿化工程示范村	宁波市绿化委员会	2008
白峰镇	宁波市基层劳动和社会保障工作先进单位	市劳动和社会保障局	2008
司沿村	宁波市千村绿化工程示范村	市绿化委员会	2008
白峰村	宁波市文明村	市委、市人民政府	2008
司沿村	宁波市文明村	市委、市人民政府	2008
白峰镇	宁波市2008年度共青团强镇	共青团市委	2009
门浦村	宁波市全面小康村	市委、市人民政府	2009
白峰镇	宁波市2006—2008年度宁波市三八红旗集体	市妇女联合会	2009
白峰镇	宁波市2007—2008年度宁波市人口和计划生育工作先进集体	市人民政府	2009
白峰镇	宁波市2009年度宁波市乡镇（街道）示范综合工作中心	市社会治安综合治理委员会	2009
白峰镇	宁波市2009年度社会治安综合治理工作先进单位	市人民政府	2009
小门村	宁波市巾帼示范村	市双学双比活动协调小组	2009
白峰镇政府	宁波市双拥模范镇	市委、市人民政府	2009
小门村	宁波市2007—2008年宁波市先进妇女组织	市妇女联合会	2009
白峰镇	宁波市社区教育示范乡镇	市教育局	2009
阳东村	宁波市民主法制示范村	市委、市人民政府	2009
永发集团	宁波市创业创新综合示范企业	市人民政府	2009
白峰镇	宁波市2010年度社会治安综合治理工作先进单位	市委、市人民政府	2010

续表 16-2-3

受证单位	荣誉称号	发证单位	授予年份
白峰镇	宁波市五四红旗团委	共青团市委	2010
白峰镇	宁波市农村中文化活动先进镇	市文明办	2010
小门村	宁波市妇联基层组织建设示范村	市妇女联合会	2010
司沿村	宁波市卫生村	市爱国运动委员会	2010
小门村	宁波市“十一五”婚育文明建设示范村	市人口和计划生育委员会	2010
上阳村	宁波市农村社区建设示范村	市委、市人民政府	2010
阳东村	宁波市农村社区建设示范村	市委、市人民政府	2010
神马新村	宁波市文明村	市委、市人民政府	2010
白峰镇	宁波市第六次人口普查先进集体	市统计局、市第六次人口普查领导小组	2010
白峰镇政府	宁波市 2009—2010 年度宁波市先进妇女组织	市妇女联合会	2011
阳东村	宁波市文明村	市委、市人民政府	2011
白峰镇	宁波市生态镇	市生态建设领导小组	2011
宁波市永发集团有限公司	宁波市和谐企业创建先进单位	市委、市人民政府	2011
白峰镇	宁波市生态镇	市生态市建设工作领导小组办公室	2011
白峰镇	宁波市生态镇	市生态市建设工作领导小组办公室	2011
司沿村	宁波市社区建设示范村	市委、市人民政府	2011
门浦村	宁波市农村社区建设示范村	市委、市人民政府办公厅	2011
白峰镇	宁波市妇联基层组织建设示范乡镇	市妇女联合会	2011
阳东村	宁波市妇联基层组织建设示范村	市妇女联合会	2011
小门村	宁波市城乡结对“共建文明”先进村	市精神文明建设指导委员会	2011
阳东村	宁波市森林村庄	市关注森林组织委员会	2011
白峰镇政府	宁波市人口和计划生育先进集体	市人民政府	2011
下阳村	宁波市社区建设示范村	市委、市人民政府办公厅	2012
小门村	2012 年度宁波市妇女之家示范村	市妇女联合会	2012
阳东村	宁波市抗台风救灾先进集体	市委、市人民政府	2012
阳东村	宁波市“六有”村关工会	市关心下一代工作委员会	2012
下阳村	宁波市森林村庄	市关注森林委员会	2012
新峰村	宁波市森林村庄	市关注森林委员会	2012
白峰镇	宁波市文化示范乡镇	市委、市人民政府	2012
白峰镇	宁波市维稳先进集体	市委、市人民政府	2013
白峰镇	宁波市全市党的十八大期间信访工作先进集体	市人民政府办公厅	2013
白峰镇	宁波市无邪教乡镇	市防范和处理邪教问题领导小组办公室	2013
白峰镇政府	宁波市 2011—2012 年国防教育先进单位	市委办公厅	2013
阳东村	宁波市人口和计划生育基层群众自治示范村	市计生委、民政局	2013
白峰镇社会保障救助服务站	宁波市居民社会养老保障先进单位	市人民政府	2013
门浦村	宁波市慈善村	市慈善总会	2013
白峰城管中队	宁波市市城管行政执法文明中队	市城管局	2014

续表 16-2-3

受证单位	荣誉称号	发证单位	授予年份
白峰镇	宁波市学前教育示范乡镇	市人民政府	2014
白峰镇	宁波市双拥模范镇	市委、市人民政府、军分区	2014
白峰镇政府	宁波市食品安全示范街道	市食品安全委	2014
白峰镇政府	宁波市 2013 年区电网建设先进单位一等奖	市电网建设领导小组	2014
门浦村	宁波市级文明村	市委、市人民政府办公厅	2014
阳东村	宁波市优秀基层业余文化团队	市文化广电新闻出版局	2014
白峰镇	宁波市工商联合会先进基层商会	市工商联合会	2014
白峰镇	宁波市农业标准化示范乡镇	市农业局	2015
白峰镇	宁波市公共文化示范区	市教育局	2015
峰城社区	宁波市慈善社区	市慈善委员会	2015
白峰镇人民政府	宁波市 2015 年度农村指导员工作先进集体	市委、市人民政府	2016
白峰镇	宁波市农村指导员先进集体	市人民政府	2016
阳东村	宁波市五好村、关工委	市关心下一代工作委员会	2016
白峰街道	宁波市无违建街道	市人民政府	2016
峰城社区	宁波市五治融合社区	市司法局	2017
白峰街道武装部	先进基层武装部	宁波军分区	2017
下阳村	宁波市卫生村	市爱国运动委员会	2017
阳东村	宁波市统一战线同心，共建美丽乡村示范村	市委统战部	2018
白峰街道	宁波市“中国建功标兵”	市巾帼建功活动协调小组	2018
白峰街道	宁波市第三批美丽乡村示范乡镇	市“村整发办”	2018
白峰街道	宁波市美丽乡镇（街道）	市“美丽办”	2018
峰城社区	宁波市五好社区关工委	市关心下一代工作委员会	2018
峰城社区	宁波市最佳子女服务社区	市志愿服务工作委员会	2018
白峰村	宁波市美丽乡村合格村（第三批）	市“村整建办”	2018
司沿村	宁波市美丽乡村合格村（第三批）	市“村整建办”	2018
港口村	宁波市美丽乡村合格村（第三批）	市“村整建办”	2018
新峰村	宁波市美丽乡村合格村（第三批）	市“村整建办”	2018
下阳村	宁波市美丽乡村合格村（第三批）	市“村整建办”	2018
阳东村	宁波市美丽乡村合格村（第三批）	市“村整建办”	2018
白峰街道	宁波市美丽乡村示范乡镇	市“村整建办”	2018
白峰街道	宁波市美丽乡村风景线（龙马风情）	市村整建办	2018
白峰村	宁波市 2018 农村生活垃圾处理工作示范村	市村整建办	2018
上阳村	宁波市 2018 农村生活垃圾处理工作示范村	市村整建办	2018
白峰街道	宁波市农村生活垃圾处理工作示范街道	市村整建办	2018
白峰街道	宁波市第二批美丽乡村风景线	市村整建办	2018
峰城社区	宁波市 2017 年度民主法治示范社区	市法治办、普法办	2018
门浦村	宁波市第三批美丽乡村合格村	市村整建办	2018

第二节　先进人物

白峰街道获国家级（部门）荣誉称号人物一览表

表 16-2-4

姓　名	性别	授予时工作单位	荣誉称号	授予单位	授予年份
唐美定	男	白峰村	“燕京杯”全国文学作品大赛金奖	全国文学艺术作品大赛组委会	2008
唐美定	男	白峰村	中华文化名人	全国文学艺术作品大赛组委会	2009
郑菊卿	女	白峰村	全国孝亲敬老之星	全国敬老爱老助老主题教育活动组委会	2010
唐美定	男	白峰村	华夏漆画创作杰出人物	中华社会文化发展基金会	2013
戴秀康	男	港口村	献血三等奖	国家卫计委	2015
徐既仁	男	小门村	中国好人榜	中央文明办	2017

白峰籍人士在外地工作获国家级（部门）荣誉称号人物一览表

表 16-2-5

姓　名	性别	授予时工作单位	荣誉称号	授予单位	授予年份
王国华	男	电子工业部安徽省合肥市 43 研究所	推动科学技术进步工作中作出贡献	中华人民共和国机械电子工业部	1991
王国华	男	电子工业部安徽省合肥市 43 研究所	促进科学技术进步工作中作出贡献	中华人民共和国国家机械电子工业部	1992
王国华	男	电子工业部安徽省合肥市 43 研究所	入选《中国当代科技发明家大辞典》	《中国当代科技发明家大辞典》编辑委员会	1993
王国华	男	电子工业部安徽省合肥市 43 研究所	自然科学作出突出贡献	中华人民共和国国务院	1994
方　文	男	浙江省广播电视厅	电视学会贡献奖	中国广播电视学会	2000
阮春华	男	海军 92674 部队	科技进步四等奖	中国人民解放军海军	2004
徐幼群	女	新碶街道计生办	全国婚育新风进万家活动先进个人	国家计生委、民政部、中宣部、教育部、全国总工会等 11 个部委	2005
胡倍蕾	女	省体训一大队	全国排球联赛第三名	中国排球协会	2005
方　文	男	省广电厅	贡献奖	中国广播电视协会	2006
王元君	男	中国第五批赴海地维和部队	和平勋章	联合国维和部队	2007

白峰街道获省级（部门）荣誉称号人物一览表

表 16-2-6

姓　名	性别	授予时工作单位	荣誉称号	授予单位	授予年份
傅良月	男	屺峙农业生产合作社	浙江省先进工作者	省人民委员会	1956
乐雪梅	女	白峰信用合作社	浙江省先进工作者	省人民委员会	1963
赵宏法	男	白峰供销社	浙江省先进工作者	省人民委员会	1963
周杏月	女	屺峙大队	浙江省先进工作者	省革委会	1978
周昌夫	男	白峰信用社	浙江省安保先进	省农业银行	1987
邹柏林	男	小门村	浙江省脱贫致富带头人	省委	1995
傅国海	男	白峰镇农科站	浙江省乡镇优秀农技员	省农技推广基金会	1996
孙华安	男	虾康村	浙江省第三届农运会田径赛1万米第一名	省农业厅、省体委、省农民体育协会	1996
张建国	男	白峰镇农办	浙江省林业工作站先进工作者	省林业厅	1997
王诚意	男	白峰镇农办	浙江省乡镇优秀农技员	省农业厅、省农技推广基金会	2003、2004、2005
钟振祥	男	白峰镇	浙江省农函大先进个人	省科学技术协会	2008
唐美定	男	白峰村	浙江省优秀民间文艺人才	省委宣传部、省文化厅、省文联	2009
胡小良	男	小门村	2008 年浙商创新奖	浙江省商会	2009
贺如娟	女	白峰中学	浙江省农村教师突出贡献奖	省人民政府	2009
郑朝阳	男	白峰农办	浙江省社区矫正规范落实年活动先进个人	省社区矫正工作委员会办公室	2010
王诚意	男	白峰镇上阳村	浙江省第六次人口普查省级先进个人	省统计局、省六次人口普查办公室	2011
丁建福	男	官庄村	浙江省见义勇为先进	省人民政府	2012
唐美定	男	白峰村	浙江省暨宁波市职工科技周“百位工艺大师绝技展”金奖	省、市第三届职工科技周	2012
唐美定	男	白峰村	浙江省暨宁波市职工科技周“百位工艺大师绝技展”金奖	省、市第三届职工科技周	2012
王方杰	男	上阳村王方杰家庭	浙江省绿色家庭	省妇联、省环保局	2012
戴秀康	男	港口村	浙江省特别奉献二等奖	省献血工作领导小组	2014
沈善良	男	下阳村虾康	浙江省绿色家庭	省妇联	2015
徐既仁	男	小门村	最美浙江人	省委宣传部	2016
张哲鹏	男	白峰街道	浙江省 G20 峰会工作先进个人	省委、省人民政府	2016
吴小军	男	白峰街道	2016 年省优秀农村指导员	省委	2017
郑菊青	女	白峰村郑菊青家庭	浙江省七届文明家庭	省文明办	2017
范慧福	男	白峰派出所	浙江省“十九大安保成绩突出个人”	省公安厅	2017
郑国元	男	小门村	浙江省级最美护林人	省林业厅	2017
董江松	男	白峰村	G20 峰会消防安保先进个人	省林业厅	2017
吴小军	男	白峰农办	“千村示范、万村整治工程和美丽浙江建设突出贡献个人	省委	2018
周　宁	男	峰城社区	浙江省新时期“千名好支书”	省委组织部	2018

续表 16-2-6

姓　名	性别	授予时工作单位	荣誉称号	授予单位	授予年份
胡伦科	男	街道办事处	浙江省人民调解工作先进	省委办公厅	2018
贺红燕	女	白峰街道	党的十九大维稳安保突出贡献浙江省先进个人	省委	2018

白峰籍人士在外地工作获省级（部门）荣誉称号人物一览表

表 16-2-7

姓　名	性别	授予时工作单位	荣誉称号	授予单位	授予年份
王菊定	女	郭巨信用社	浙江省先进生产工作者	省人民政府	1956
孙楚德	男	郭巨小学	浙江省社会主义建设积极分子	省人民委员会	1958
费尧章	男	郭巨供销社生产资料商店	浙江省先进生产（工作）者	省人民政府	1958
方　文	男	舟山大巨守备区	三等功	大巨守备区	1959
方　文	男	舟山大巨守备区	三等功	大巨守备区	1960
方　文	男	河北宣化通信兵学校	三等功并五好学员	大巨守备区	1962
王万存	男	郭巨镇政府	浙江省民政系统先进工作者	省民政厅、人事局	1994
王国华	男	电力工业部安徽省合肥市43研究所	安徽省科学研究事业作出突出贡献获省人民政府特殊津贴	安徽省人民政府	1994
乐志明	男	宁波南苑集团	浙江省十佳青年企业家	团省委、省经委	1996
王国良	男	宁波万里学校	浙江省优秀教师	省教育委员会	1996
徐幼群	女	新碶街道	浙江省计生协会先进工作者	省计生协会	2005
王元君	男	广东省公安边防总会	二等功	广东省边防总队	2007
王元君	男	广东省公安边防总会	广东省优秀青年卫士	广东省人民政府	2007
徐幼群	女	新碶街道	浙省最美计生人	浙江省人口计生委	2012

白峰街道获市级（部门）荣誉称号人物一览表

表 16-2-8

姓　名	性别	授予时工作单位	荣誉称号	授予单位	授予年份
王诚意	男	上阳公社农科站	宁波市灭鼠工作先进个人	市人民政府	1991
王祖飞	男	上阳公社农办	宁波市先进林业工作者	市林业局	1990—1994
孙华安	男	虾康村	宁波市农民运动会1万米第一名	市农民体育协会	1992
王诚意	男	上阳公社	宁波市农业丰收奖	市人民政府	1993
孙华安	男	虾康村	宁波市农民优秀运动员	宁波市体育运动委员会、农村经济委员会、农民体育协会	1996
王诚意	男	白峰镇农办	宁波市农业丰收三等奖	宁波市人民政府	2001
胡小良	男	小门村	宁波市最具社会责任感企业家	市人民政府	2008
郑君飞	男	白峰街道农办	宁波市优秀党务工作者	市委	2011
张明德	男	白峰镇政府	宁波市老龄工作先进个人	市人民政府	2012
乐定安	男	白峰村	宁波市见义勇为二等奖	市见义勇为基金会	2013

续表 16–2–8

姓　名	性别	授予时工作单位	荣誉称号	授予单位	授予年份
唐美定	男	白峰村	宁波市人民政府、文广局确定为“白峰漆塑”代表性传承人	市人民政府、市文广局	2015
李永良	男	外峙村	宁波好人	市文明办	2016
陈　磊	男	白峰街道	宁波市最美农村指导员	市委	2017
顾碧芬	女	下阳村上王	宁波市绿色家庭	市妇联	2017
黄珍珠	女	白峰街道农办	宁波市第三次全国农业普查先进个人	甬农普组	2018
朱胜祥	男	白峰街道	宁波市“党的十九大维稳安保工作表现突出个人”	市委	2018
郑君飞	男	白峰街道农办	宁波最美林业人	市农业局	2018
王永久	男	白峰农办	宁波市优秀农村工作指导员	市委	2013
俞志耀	男	白峰司法所	宁波市“党的十九大维稳安保工作表现突出个人”	市委	2018

白峰籍人士在外地工作获市、地级（部门）荣誉称号人物一览表

表 16–2–9

姓　名	性别	授予时工作单位	荣誉称号	授予单位	授予年份
张明德	男	梅山乡政府	宁波市教育先进乡（镇）领导干部	市教育委员会	1989
张明德	男	郭巨镇政府	宁波市基层民兵三落实先进个人	市人民政府	1992
张明德	男	郭巨镇政府	宁波市创建双拥模范港城活动先进个人	市拥军优属、拥政爱民联合领导小组	1994
张明德	男	郭巨镇政府	宁波市纪念建军 70 周年国防知识竞赛宁波市三等奖	市国防教育办公室	1997
王国良	男	宁波万里学校	宁波市自然科学优秀论文	市委、组织部、人事局、市科学技术协会	1997
王振明	男	霞浦中学	宁波市劳动模范	市人民政府	1998
王万存	男	郭巨镇	宁波市先进老龄工作者	市老龄委、人事局	1999.10
王国良	男	宁波万里学校	宁波市高校名教师	市人民政府	2002
徐幼群	男	新碶街道	宁波市 2005—2006 年度十佳乡镇街道人口计生工作者	市人民政府	2007
徐幼群	女	新碶街道	宁波市人口奖	市人口奖遴选委员会	2011

有突出贡献名人一览表

表 16–2–10

姓　名	性别	出生年月	祖籍村	主要事迹
徐普南	男	1971.12	小门村	关心家乡各类事业发展，2012 年开始每年注资 500 万建立“普世慈善基金”，用于建设学校、体育馆、道路、烈士陵园建设，赞助老年人活动基金等。连续 7 年每年为小门、下林村 70 岁以上老年人发红包 200 万元，2015 年被评为宁波好人
胡小良	男	1964.1	小门村	致富不忘乡亲，共同建设新农村，为增强小门村集体经济，投资回报额达 1000 多万元。2007 年起出资百万元在村设立“永发文明基金”，定期向学校、敬老院和慈善机构献爱心，为德智体表现优秀的学生困难家庭发放助学金

丛　录

一、碑记选

（一）明代及以前墓碣类

1. 明监察御史沃頫夫人乐氏墓志铭

赐进士第、光禄大夫、柱国、太子太傅、吏部尚书致仕，同郡屠滽撰文
赐进士第、嘉议大夫、都察院左副都御史，同郡朱瑄书丹
赐进士第、中宪大夫、福建按察史副使，同郡陈振篆盖

知荆州府事、前监察御史定川沃公，谢事归于乡，林泉之乐未涯也，乃营乐丘于崔西岙之原。念其配敕赠孺人乐氏早卒，殡于黄土岭祖茔之傍，爰命其子义官汝谐制礼服新木具迁葬于新茔。汝谐奉公命卜弘治癸亥十二月三日举行。追思失怙时尚幼，经今四十余年不知母亡之始末，请公口状，闻之哀毁，哽咽不能自来。乃介其弟正舍汝贤乞铭于予。滽与公同乡榜，同进士，同居台宪，又有姻□之好，不敢以耄耋荒辞于状。

孺人讳素英，白峰右族乐氏女也。祖讳□领，永乐壬午乡荐，历官至国子学□。父讳□龄，耕读治生，不求闻达。孺人生有淑质，与凡女不同，自少素闲女红，颇涉经史。及长，父母为择其所宜配，乃归于公。时公补邑庠生[①]，初食廪[②]，孺人乘间谓公曰："吾舅纳妾以配夫子，惟欲有以相成之，妾当躬任内责，以□□□□□以□夫子之忧，夫子其专心于劳，以副舅姑之望可也。"公深纳之。□灵□□克副所言，孝事舅姑，祗饬至察，相夫教子，克顺克慈，至于姻族臧□□有恩礼，而公之家道克成，孺人之功居多。满期同荣偕老，不意公屡困场屋，□□孺人竟以疾卒于天顺甲申六月廿九日。沃生宣德甲寅十月十五日，享年六十有一。后公登甲科，历官至今日，深有以副孺人之言，而孺人不可作矣，呜呼惜哉！公为侍御时，朝廷惟恩追赠，足以彰淑德也。子男一，即汝谐。孙男一，天佑。孙女三，如珪、如璧、如珉，俱初。

铭曰：可嘉者德，可哀者年，生不见夫子之有立有沾，□无□有，沾□□无，偏今而后，脱波旧龙，归下新阡，琢词贞石，懿行永传。

注释：

①庠生：明清科举制度中府、州、县学生员的别称。古代学校称庠，故学生称庠生，庠生也就是秀才，所以秀才也叫"邑庠生"，或叫"茂才"。

②廪：特指公家供给官吏和在学生员的粮食。

碑说 碑存于镇海区文保所。碑质红砂石，高 59 厘米，宽 56 厘米，厚 8 厘米。碑额"沃母乐氏墓志铭"，篆体。碑正文楷体，记述沃頖夫人乐氏生平之事。

2. 康阳圣旨碑

敕书

敕[①]浙江宁波府定海县民王孟驯[②]：国家先务，养民为急。尔能出备稻谷，周助赈济，有司以闻，朕甚嘉之。今特赐奖谕，旌为义民。尔尚益敦仁惠，表励乡族，以副朝廷褒美之意，故敕[③]。

成化二十一年六月十二日

康阳圣旨碑（复制）

注释：

①敕：帝王的诏书、命令。

②王孟驯：康阳人。素好行义，以资雄于乡。明成化年间，镇海水灾，孟驯出谷五百石赈济。后又出资助筑后海塘、造长山桥，出粮食给官兵抗御倭寇，百姓颂之。

③故敕：《镇海县志·金石》中"故敕"为"此敕"。

碑说 碑原立于海晏康阳，为明成化二十一年（1485）所立。后毁。碑文载于民国《镇海县志·金石》。碑额"圣旨"。明成化二十一年，镇海县内水灾严重，县令宋宣致书于王孟驯，请其出稻谷五百石赈济灾民。王孟驯以国家百姓为重，慷慨赈济。有司部门上报朝廷后，朝廷下达玺书，表彰其为义民，并在村里树立石碑坊。现碑为新立。

（二）中华人民共和国成立后墓碣类

1. 罗德生烈士碑

罗德生（1911—1948），男，原名陆汉炎，浙江临海人，制鞋工人出身。1940 年加入中国共产党。1942 年奉命在奉化建立秘密联络站。1943 年 7 月调任中共镇海县特派员，隐蔽于镇海江南（今北仑）高塘乡妙林村，秘密培养积极分子，发展党组织。1946 年内战爆发后，在清泰、郧隘、上阳等地秘密发动贫苦农民，并在教育界和开明绅士中进行统战工作，开展"抗丁、抗税、抗粮"斗争。1947 年下半年，配合中共东海工委派来镇海江南（今北仑）筹组武装的同志，于 1948 年 2 月 22 日成功地缴获大碶警察所枪支，4 月初加入东海游击总队，化名王介生，任第三中队政治指导员。10 月中旬，敌到岵中"清剿"，罗不幸被捕，坚强不屈，于 11 月 11 日在定海西门白虎山嘴英勇就义，终年 37 岁。

宁波市新四军研究所

宁波市北仑区新四军研究会

北仑区白峰镇人民政府

二〇〇三年夏月

碑说 碑立于白峰街道白峰革命烈士陵园内。碑质梅园石，高 220 厘米，宽 80 厘米，厚 12 厘米。

碑阳镌“罗德生烈士永垂不朽”九个大字，薛驹题。建有碑亭，气势雄伟。碑阴正文楷体，为罗德生烈士生平简介。

2. 江之铭、徐阿定烈士碑

江之铭（生年不详—1948)，原名龙翔，安徽桐城人。早在抗日战争初期“八一三”淞沪战役时，他身为抗日名将谢晋元部下，英勇善战。后来到苏北参加革命。1947年由华中军区派到舟山群岛游击支队任副支队长。1948年4月初，东海游击总队成立时任副总队长。1948年8月，在六横突围战中率领突围战士与余力行政治部副主任汇合。后与王起政委一起率部到镇海（今北仑）峙头，被叛徒杀害，壮烈牺牲。

徐阿定烈士，江之铭副总队长警卫员，忠心耿耿。1948年10月同江之铭一起被叛徒杀害，壮烈牺牲。

白峰镇人民政府立

2013年9月

碑说 碑立于白峰街道白峰革命烈士陵园内。碑质黑大理石，高120厘米，宽62厘米，厚10厘米。碑文楷体，记载江之铭、徐阿定烈士生平事迹。

3. 徐建农、徐长海烈士碑

徐建农、徐长海（原名士祁)，为兄弟俩，分别于1911年、1912年出生于白峰小门村徐家。1937年起投身抗日救亡运动，均在1938年加入中国共产党。

徐建农，任镇海县抗日武装部队中队长。在柴桥、郭巨一带积极开展抗日活动。1942年4月，去柴桥收缴一支土匪部队枪支，回来路上遭贺部伏击被捕，在三山被定海国民兵团杀害。时年31岁。

徐长海，1942年冬调到中共三东工委领导的定海国民兵团第五大队任政治指导员。在峙头办医务所，上阳万年寺办枪械修理所。1943年10月，奉命撤至四明山。因该部中队长叛变，遭定海国民兵团突然袭击被捕，英勇就义于紫石大溟村。时年31岁。

白峰镇人民政府立

2013年9月

碑说 碑立于白峰街道白峰革命烈士陵园内。碑质黑大理石，碑高120厘米、宽62厘米、厚10厘米。碑阴额“一门双烈士简介”。碑文楷体，记载徐建农、徐长海两位烈士生平事迹。

罗德生烈士碑

江之铭、徐阿定烈士碑

徐建农、徐长海烈士碑

（三）寺庙类

1. 白峰小门宁国禅寺碑

宁国禅寺原名宁国庵，明朝崇祯十三年（1640）始建。民国8年（1919）由住持德善组织重修。民国22年（1933）由住持法善、本性重建，后改宁国禅寺。壬申年（1992）桂月，由妙增组织再次重修。

癸酉八月沃共鸣书

碑说 碑立于白峰街道小门村宁国禅寺大门外侧。碑质青石，高1.66米，宽0.63米，厚0.10米。碑阳镌“宁波市北仑区文物保护点、宁国禅寺，北仑区人民政府公元一九九三年八月公布，白峰镇人民政府立”。碑阴镌宁国禅寺简介。碑文楷体，沃共鸣书于1993年。

小门村宁国禅寺碑

宁国禅寺位于白峰镇小门村石家山东麓，坐西朝东，占地1万平方米，建筑面积2863平方米。原名宁国庵，又名严家庵。中华人民共和国成立后一度改作小学。1993年8月，经北仑区人民政府批准修复开放。寺中玉佛殿为区级文物保护点。

2. 白峰神马海中庵碑记

佛教有大、小乘之分，小乘者利在修身，大乘者利在度众。白峰海中庵永定师太，俗姓柴，名桂兰，出身善门，早具慧根。及长，勤习三藏之法，勉行戒忍之行，破无明，证法身，终得正觉，皈依佛门，誓愿以大乘佛法普度众生。

东海明珠神马岛在北仑白峰境内，山袅云烟，林生春晖，穿山半岛隔岸相望，群峰起伏苍翠如屏，黄峙广洋周边围绕，波澜不惊，明静若镜，海鸟翔集，岛礁星罗，抬眼普陀佛国近在咫尺，早晚可承大士甘露，仰望万里长空云蒸霞蔚，晨昏常现菩萨瑞光。永定师太感菩萨梦兆，遂宏愿在岛上开辟佛国道场，于是辟荆斩棘，搭茅静修，以慈悲为怀，广结善缘，以岐黄之术，救治疾苦。

是以信众日广，善款月累，师太于一九八〇年建精舍，名“海中庵”。越十余年，又陆续兴建天王、大雄、三圣诸殿，庵堂规模初具，神马岛上呈现黄墙飞檐映松竹，云霞潮音和钟磬的胜景。每至佛诞，香客如潮，千里传播，名声日隆。二〇〇六年起，永定师太又重建大雄、天王两殿，历经寒暑，海中庵殿宇更加辉煌。

值大雄宝殿落成之机，嘱余撰联，观神马殊胜，感师太功德，成二联，书之赞曰：“沧海无波，潮月空山，时出烟云铺下界；白峰有道，露风灵竹，晓来钟磬彻诸天。”“海中藏仙境，佛日生辉，永照大千世界；庵里弘法音，神驹驮经，定兴不二法门。”又作诗记其胜，曰：“黄峙无澜平若镜，青山隔岸绿如屏，烟霞飘缈钟声远，神马谁疑是蜃瀛。”是为记。

芦江胡嘉祥

公元二〇〇七年四月二十八日

碑说 碑文载于胡氏宗亲网。碑文记述白峰里神马岛海中庵天王、大雄、三圣诸殿等建设情况。

3. 白峰钟家湾猫礁庙韩世忠圣德碑

韩公讳世忠，字良臣，陕西绥德人，南宋名将。生于北宋哲宗元祐四年（1089 己巳年），卒于南宋绍兴二十一年（1151 辛未年）。享年六拾三岁，追封蕲王。

夫人梁氏红玉，原籍安徽池州，北宋徽宗崇宁元年（1102 壬午年），在江苏淮安出生，于南宋高宗绍兴五年（1135 乙卯年）对金战争中为国捐躯，年仅三十四岁，追封安国夫人和杨国夫人。

韩公十八岁起身行伍，性格耿直，轻财重义，勇冠三军。大败西夏于银州；擒方腊于帮源洞；斩苗、刘于朝堂；降曹成、诛刘忠，战功显赫，位至将帅。

北宋钦宗靖康元年，金兵北来，铁骑纵横，渡黄河，掳徽、钦，狼烟遍及中原。幸天不绝宋，康王泥马渡江，即位商丘，迁都临安。公元一一三零年，韩公与夫人梁氏领八千兵，用计设伏在镇江金山龙王庙，大败金兵。金国三太子兀术险丧性命，仓皇渡江，长江之中，战舰如云，韩公亲自指挥，梁夫人披甲擂鼓，将十万金兵逼至黄天荡，围困四十八天。兀术情急，掘通老鹳河，狼狈逃窜。牛头山大战，与岳武穆联军，再败金兵。

韩公治军严整，身先士卒，平民乱、抗金兵、除刘豫、破伪齐与金联军七十多万，大小战争无数，屡建奇功。迭任武胜军节度使、御营左军都统制、武宁与安化军节度使、京东和淮东路宣抚处置使，敕赐“武功第一”称号，封为英国公。

韩公一生反对与金议和，力图恢复中原，怒责秦桧以“莫须有”罪名加害岳武穆，愤而辞职，闭门谢客。一代名将，壮志未酬身先退，于公元一一五一年郁郁而亡，葬于江苏吴县灵岩山西南麓。

胡守信根据史料撰文

二〇〇九年六月

碑说 碑立于白峰街道阳东村猫礁庙内。碑质大理石，嵌墙。碑额“猫礁庙韩公圣德碑”，魏碑体。碑文楷体，记述抗金名将韩世忠与妻子梁红玉英勇杀敌、屡建奇功的事迹。

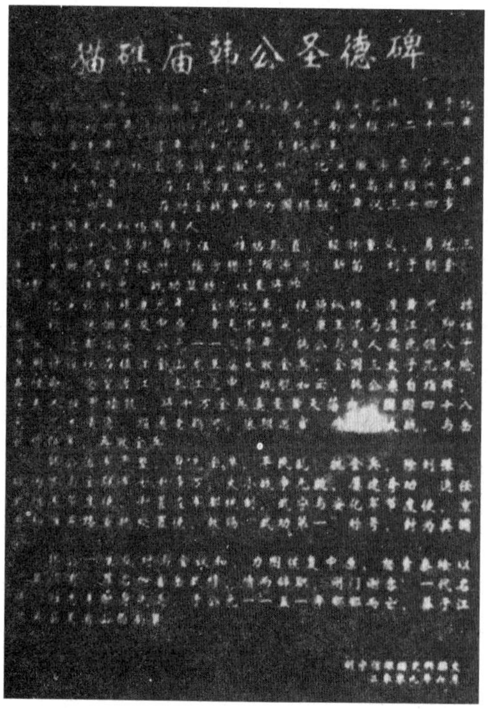

猫礁庙韩公圣德碑

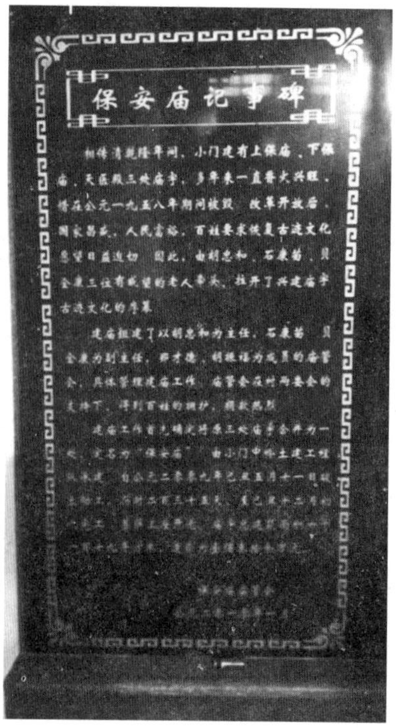

保安庙记事碑

4. 小门保安庙记事碑

相传清乾隆年间，小门建有上保庙、下保庙、天医殿三处庙宇，多年来一直香火兴旺，惜在公元一九五八年期间被毁。改革开放后，国家昌盛，人民富裕。百姓要求恢复古迹文化愿望日益迫切。因此，由胡忠和、石康苗、贝正康三位有威望的老人牵头，拉开了兴建庙宇古迹文化的序幕。

建庙组建了以胡忠和为主任，石康苗、贝正康为副主任，郑才德、胡振福为成员的庙管会，具体管理建庙工作。庙管会在村两委会的支持下，得到百姓的拥护，捐款热烈。

建庙工程首先确定将原三处庙宇合并为一处，定名为“保安庙”，由小门中岭土建工程队承建，自公元二零零九年己丑五月十一日破土动工，历时二百三十五天，至己丑十二月初九完工，菩萨上座开光，庙宇总建筑面积一千一百一十九平方米，造资为壹佰叁拾余万元。

保安庙庙管会

公元二〇一〇年一月

碑说 碑立于白峰街道小门村保安庙。碑质黑大理石，碑高118厘米、宽60厘米，嵌墙。碑额“保安庙记事碑”。碑文楷体，记述保安庙建造之经过。

（四）其他类

1. 庲头青龙庵王家恒部队整训处

一九四三年四月，四明山根据地派来左丁、毛维青、阮世炯三个党员来中共地下党员王家恒部队（王家恒同志是国民兵团三大队指导员、三中队队长），准备在三大队建立党组织，控制和改造这支部队并进行整训。

白峰镇人民政府立

二〇一四年五月

碑说 碑立在原青龙庵广场，碑质山西黑大理石，碑高60厘米、宽90厘米、厚8厘米，底盘高58厘米、宽12厘米、厚40厘米。

2. 上阳上王村江南武工队建立处

一九四七年十二月二十二日，根据岱山《书院会议》精神，江南武工队在上阳乡上王村中共地下党员王志康家成立，队长：余力行，队员七名。

白峰镇人民政府立

二〇一四年五月

碑说 碑立在上王长沙汀庙前，碑质山西黑大理石，碑高60厘米、宽90厘米、厚8厘米，底盘高58厘米、宽12厘米、厚40厘米。

3. 下湾中共地下党小组成立处

一九四六年四月，在上阳乡下湾朱仁定家成立中共上阳地下党小组，中共地下党员冯和兰在画有毛主席画像的党旗下领誓，林志伟、吴家安、张惠信、陆才根、张和法加入中国共产党。林志伟任组长、吴家安为副组长。

白峰镇人民政府立

二〇一四年五月

碑说 碑立在下湾祥和公园内，碑质山西黑大理石，碑高60厘米，宽90厘米，厚8厘米，底盘高58厘米、宽12厘米、厚40厘米。

康头青龙庵王家恒部队整训处

上阳上王村江南武工队建立处

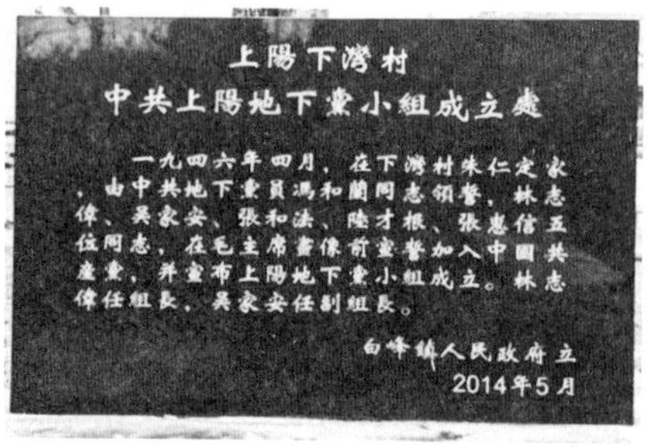

下湾中共地下党小组成立处

二、诗词选

（一）鬻海歌

宋·柳永

鬻海之民何所营，妇无蚕织夫无耕。
衣食之源太寥落，牢盆鬻就汝输征。
年年春夏潮盈浦，潮退刮泥成岛屿。
风干日曝咸味加，始灌潮波塯成卤。
卤浓碱淡未得闲，采樵深入无穷山。
豹踪虎迹不敢避，朝阳山去夕阳还。
船载肩擎未遑歇，投入巨灶炎炎热。
晨烧暮烁堆积高，才得波涛变成雪。
自从潴卤至飞霜，元非假贷充糇粮。
秤入宫中得微值，一缗往往十缗偿。
周而复始无休息，官租未了私租逼。
驱妻逐子课工程，虽作人形俱菜色。

鬻海之民何苦门，安得母富子不贫。
本朝一物不失所，愿广皇仁到海滨。
甲兵净洗征轮缀，君有余财罢盐铁。
太平相业尔惟盐，化作夏商周时节。

（二）盐民苦

盐民苦，苦难言，早晨出门鸡未啼。
百挑百担卤和泥，摸黑归家星满天。
头顶烈日肉包皮，肩痛腰酸无力气。
卖盐要挑十几里，一担只兑几斤米。
板主还要收租钱，弄得生活苦连天。
苦卤苦水苦扁担，两只脚底磨泥滩。
披星戴月出门槛，回家身矮三寸三。
潮漫泥场蟹要钳，板产三担算丰年。
老廒收盐心思奸，卖盐似过阎王关。
明明一担一百，克斤扣两剩半担。
菜粥菜饭汤，吃到大麦上。
晒上白盐换薯干，一家老小苦难言。
早出晚归两头星，雨打日晒苦伤心。
白天汗水半夜露，未曾穿过燥衣裤。
脸肿眼花站勿停，苦煞阿拉晒盐人。
妹妹命生苦，嫁到摇星浦。
晒盐加织蒲，头裹黄土布。
脚踏阎王路，浓话苦勿苦。

（录自《镇海乡土谚语》）

（三）盐民歌

一根扁担二头弯，两只脚底磨沙滩。
一年三百六十日，祖祖辈辈挑盐担。
起早落夜出门槛，百步沙滩来往返。
阿拉宁波人咽靠山，苦卤苦水苦扁担。
行行介够苦，两行苦泪拌苦饭。

（录自《镇海乡土谚语》）

（四）双石人歌

清·虞景璜

苍颜突立竖山骨，巉巉石气团鹤发。怒或为阴喜为晴，至今英灵尚勃窣。
昔闻巨灵有神奇，两手能使苍崖裂。年深风雪厉似剑，巨灵手迹今已没。
又闻南阳望夫人，独立山头化为石。山边日日行人归，莫问山头形影只。
今兹不言亦不语，两两相对隔咫尺。尘沙昏霾丛荆棘，招摇山妖与木客。
天暗月黑鬼神号，狐兔相吊惊魂魄。我来此地不敢前，双石崚嶒骨高骞。
蚴蛇蜿蜒蛟龙旋，苔花剥蚀大如钱。石罅吐出千斛气，顷刻云雨偏大千。
人言此石信有神，何以千年旱如煎？忆昔祖龙并吞时，欲作长城连幽燕。
穿山凿石不应用，驱遣百神施毒鞭。横遭恶虐不能忍，逃入五老之峰巅。
东西屹屹各相向，惊见沧海变桑田。秦汉魏晋越千年，此恨犹如眼前事。
时或喑呜天地愁，满山风雨皆是泪。不情不绪两心同，寒山无色树悽惨。
翁仲心事少人知，欲占阴晴毋乃甚。石如有灵头应点。

（录自民国《镇海县志》）

（五）捉夫谣

清·姚燮

江头白鸦拍烟起，飞飞呀呀入城里。
城鬼捉夫如捉囚，手裂大布蒙夫头。
锒当锁禁钉室幽，铁钉插壁夫难逃。
板床尘腻牛血臊，碧灯射隙闻鬼嗥。
当官当夫给钱粟，鬼来捉夫要钱赎。
朝出担水三千斤，暮缚囚床一杯粥。
夫家无钱来赎夫，囚门顿首号妻孥。
阴风掠衣头发乱，飞虫啮领刀割肤。
谁来怜尔喉舌枯。

（录自《北仑区志》）

（六）不再哭泣的时代

沙　丁

大炮吞噬了家

眼见娇妻倒在血泊里
这些血腥的隐痛——
我们休要哭泣
今天
我们休要哭泣
是不再哭泣的时代

多少人流亡了
带着饥饿与孩子
男人代替了母职
叮咛下一代
只须深深记住
母亲死于枪下
家毁于难……
把昔日沉痛的记忆
挂在心头
今天
是不再哭泣的时代

（录自《北仑区志》）

（七）楹联　对联

1. 前董庙楹联

神殿：圣德显庄村岁庆民康物阜　　神威扬海晏年祈雨顺风调
大殿：分支镇邑东南地　　永作官庄雨露天
戏台：圣德并鲤山而永固　　神恩偕龙水以长流
大门：座对遮山而永固　　门迎枫水以长流

（录自前董庙）

2. 白峰庙楹联

神殿：圣德显庄村岁庆民康物阜　　神威扬峰城年祈雨顺风调
大殿：虎伏南山皆屏障　　龙蟠北海尽威严
小人心无非万般机械　　君子腹止此一片忠贞

（录自白峰庙）

3. 白峰乐氏宗祠楹联

昔支分盘谷　　今繁衍枫江
金紫银青棠棣光辉照异代　　左丞右弼熏篪勋业茂当时
经学大儒励素丝之节　　清淡名教钦冰玉之姿

祭祀以时聊答先人遗泽　　箕裘克绍还期后嗣多贤
元辅枢衡八表仰羽仪之重　　熙朝敕法千秋留丹笔之恩
一阳初动日映画堂呈俎豆　　彩线新添凤吹玉烛荐蒸尝
春祀秋尝遵万古圣贤礼乐　　左昭右穆序一家世代源通

（录自白峰乐氏宗祠）

4. 上王长沙汀庙正殿楹联

玉面神光千秋垂泽崇仁军　　乌威圣德万古流芳英烈将
行些善事天知地鉴鬼神钦　　做个好人心正身安魂梦稳

（录自上王长沙汀庙）

5. 门浦胡家祠堂楹联

念祖宗代代为善　　愿儿孙世世相继

（录自门浦胡家祠堂）

6. 明慧寺楹联

山上云雾缭绕，坐坛诵吟　　山下古刹钟声，水陆道场

（录自明慧寺）

7. 上王长沙汀庙戏台对联

婉转歌声绕竹溪　　跹蹁妙舞翻沙汀

（录自上王长沙汀庙）

8. 宁国禅寺山门前对联

青龙在左高僧有幸兴佛地　　白虎居右奸相无福沾宝穴

（录自宁国禅寺）

三、白峰常见的姓氏图腾

王姓图腾　王姓是远古三苗之一的柯约耶劳的族称。王姓由天齐建木和盖天图组成，或者说是酋长戴了一顶半月形的钺斧天文仪器作成的王冠。

李姓图腾　李姓是九黎民族之一的氏族的族称。皋陶是李姓的始祖。黎就是虎，又可以写作（豸里）、狸、理，通假谐音作李。李姓图腾由虎、木、子三部分组成。

张姓图腾　张姓是炎帝共工氏的文明创造的图腾标志。它的本义并不是长长弓箭。“弓”实际上代表盖天图，一般作天穹的“穹”。“钺”是模仿其形状而来。

陈姓图腾　是太昊氏炎帝氏及其后裔的天文中心的象形。陈由“东”和“太阳升降的阶梯”组成。东为日在木中，此木又叫榑木、扶木、扶桑、若（叒）、建木。

王姓图腾

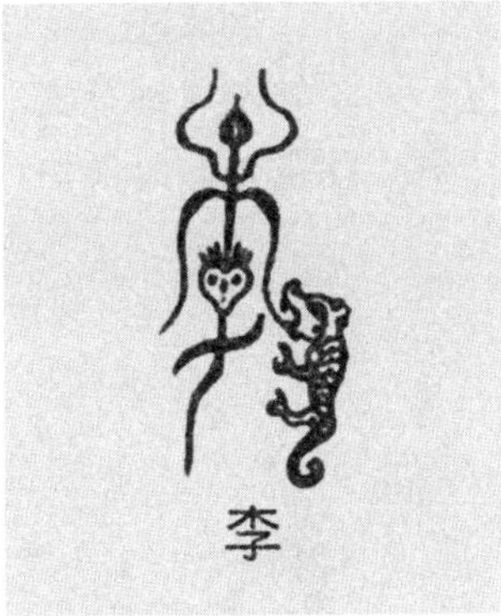

李姓图腾

张姓图腾

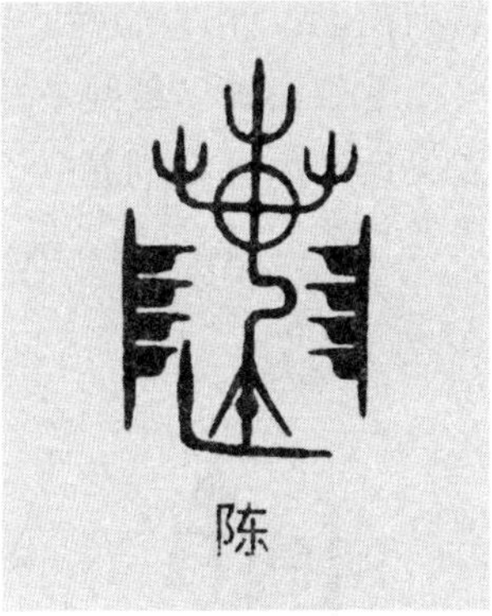

陈姓图腾

周姓图腾 本是周族人的族称，这个族称图腾记载周族始祖后稷诞生的传说。周人的始祖弃刚出生时，他的母亲以为不吉祥，把他丢弃在冰上，被一只大鸟所救才得以不死，他的母亲感到非常奇怪，又把他抱回来。后来，弃成为周人的农业始祖后稷。“周”与“稷”都是大鸟救弃的图腾记述。古文“周”是鸟和“田粟”的合文。

徐姓图腾 徐是淮夷一支的族称，由“余”和“太阳鸟”组成。（左边是玄鸟向日，暗合徐氏始祖由鸟所生的传说。）

林姓图腾 林姓是东夷一支称林方，南迁后称“郴”。林义与曹近似，“木”是建木，也就是天杆圭表，又名扶桑、扶木。二来，建木并立为林。“林”下为天齐坛台（渐台）。林姓是风姓别支，又作梵。商末比干之子避难长林山得姓。

蒋姓图腾 蒋姓是掌握建木天杆刻度的氏族。“蒋”，由甾木、寸、爿合成。甫木设在中，筑坛台需要把土加高夯实，于是发明版筑垒壁的筑墙技术，“爿”即版筑的“版”。坛与版筑合文为蒋。

周姓图腾

徐姓图腾

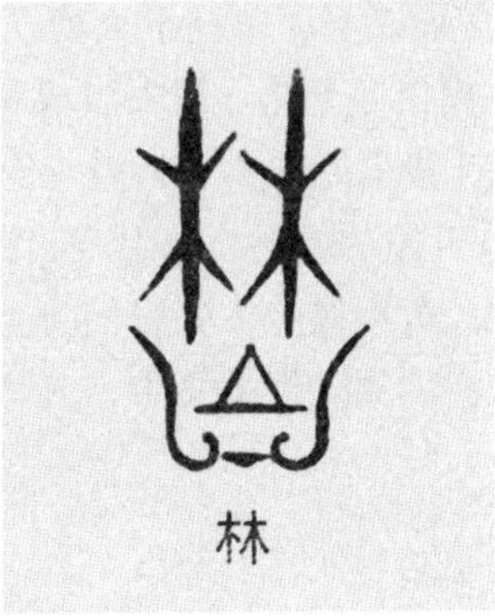

林姓图腾

蒋姓图腾

蔡姓图腾 蔡姓是炎帝氏中的以长尾鸟为图腾的氏族的族称。因为这种鸟好杀好斗，直到斗死才肯罢休，在甲骨文中作“杀”解，这种长尾鸟是山雉。

袁姓图腾 袁是观测太阳周天运行的氏族的族称。袁由上、中、下三部分组成。“土”为天穹盖天图，两个盖天图合成一个浑天圆图，楷书写作“口”，所以口下是两个“天俞”（个），代表盖天图，因为天俞和人等高，人又是穿衣服的，所以天俞又代表人。“表”上“土”的是圭，下为“衣”，即象征观测者。袁源于辕，远祖轩辕氏。

顾姓图腾 顾是以鸟与门户结合的图腾得姓。崇凤之族。起源主要有三：1. 出自己姓昆吾氏，以国名为氏。2. 出自姒姓，越王勾践后裔，以祖上封号为氏。3. 出自少数民族。始祖：顾摇。

董姓图腾 董姓是炎帝第五世祝融（烛龙）八姓之一。董姓是风姓分支，祖先名飂叔安，其子继承太昊氏（风姓）驯养扬子鳄（古称龙）的本领，服侍于舜，赐董姓，为侯伯，因而可以在居邑设立天文仪器“重”，有了祭天权。

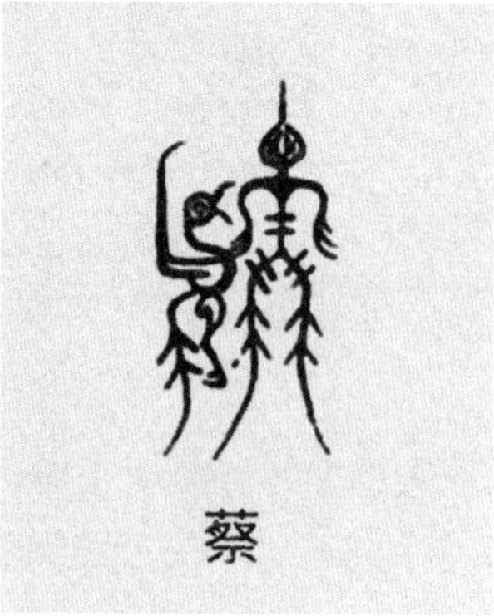

蔡姓图腾

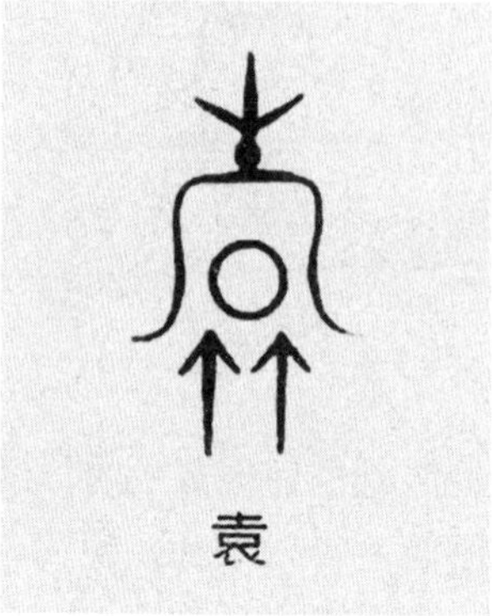

袁姓图腾

顾姓图腾

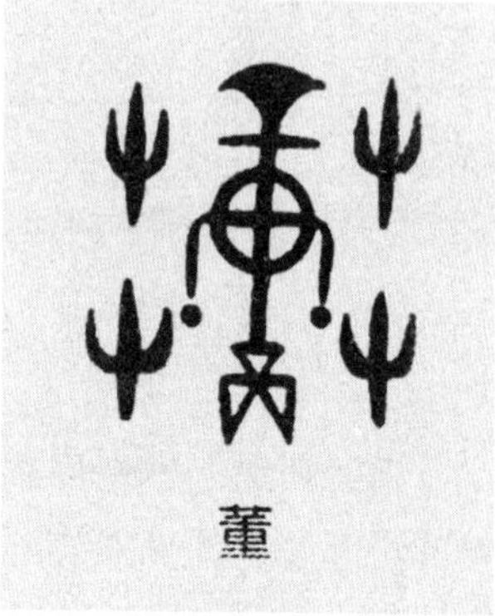

董姓图腾

金姓图腾 金的本义为天余四方重、番仪。天俞两侧的“八”代表分判，其下为山，是立天俞的天齐。

曹姓图腾 曹姓是炎帝第五世祝融八姓之一的族称。曹上部取象在灵台（瑶台或坛台）设立的春秋东西卯酉二建木，是两个“东”字左右并列，表示卯和酉在一条水平线上，中间穿过建木。下部就是灵台，又是日出汤谷的象形。曹姓始祖为陆终五子安。曹族迁到中国台湾后称为曹人。周文王第十三子振铎封曹得姓。

郑姓图腾 郑姓是炎帝祝融支以封建地为命名的族称，本为“酉”姓。郑由“酉”和“太阳运行的阶梯”组成。“酉”是仰韶时代的尖底瓶插在地上作为“酉时”（傍晚的时候）的观测仪器，很可能就是后代滴漏的原始形态。“酉”放在宫殿议事厅中柱下火塘（灶）前。“酉”后来演化为“尊”，所以“尊”又成为氏族族长的标志，在陶器时代相当于鼎，代表政权和权力。酉人居地为郑。

黄姓图腾 黄字的初文（最原始的本字），是一个象形字，中间的环状物，当系佩之体，即双珩之所合成，也就是璧，上面是用来缠系玉佩的佩衿，古代称“复”，上面的一横是玉衡，下面是二系垂。中间的璧，古代又叫“璜”。从字形上看，黄字像上古先民们身上经常佩饰的玉佩，它就是“璜”字的初文。可见，“黄”的最原始意思是指佩玉，在商、周青铜器文中，凡言赏赐佩玉，均用“黄”字。

金姓图腾

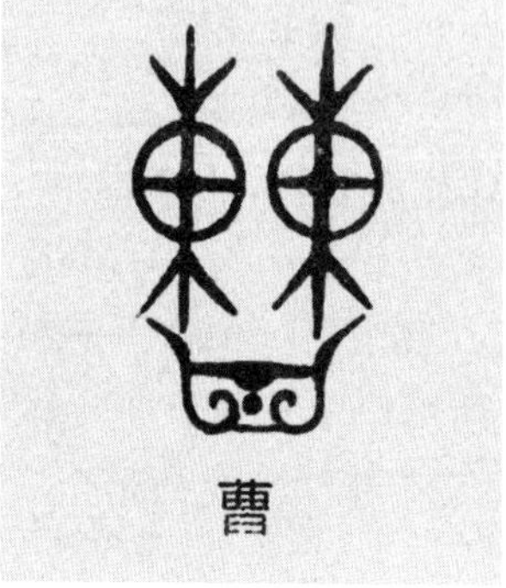

曹姓图腾

郑姓图腾

黄姓图腾

四、白峰建镇后党政文件选辑

（所选文件，一律按成文时间为序。部分有删节）

转发市人民政府关于北仑区行政区划调整的批复的通知

仑政〔2003〕108 号

二OO三年八月十八日

各镇、乡人民政府，区政府、开发区管委会各部门、各直属单位：

现将宁波市人民政府《关于北仑区行政区划调整的批复》转发给你们，请结合实际，认真贯彻执行。

关于北仑区行政区划调整的批复

甬政发〔2003〕83 号

二OO三年八月十二日

北仑区人民政府：

你区《关于要求调整北仑区部分乡镇行政区划的请示》（仑政〔2003〕77 号）悉。根据《浙江省人民政府关于宁波市北仑区行政区划调整的批复》（浙政函〔2003〕107 号）精神，经研究，同意北仑区乡镇行政区划作如下调整：

一、撤销新碶镇建制……

二、撤销小港镇建制……

三、撤销霞浦镇建制……

四、撤销大碶镇建制……

五、撤销柴桥镇建制……

六、撤销白峰镇、郭巨镇建制，以原两镇的行政区域组建新的白峰镇，辖 2 个社区，52 个建制村，镇政府驻原白峰镇白峰村。

七、撤销三山乡建制……

请你们切实加强领导，严格按照国家有关法律、法规规定和“精简、效能”的机构设置原则，适时周密组织实施，妥善做好各项工作，确保行政区划调整工作顺利完成和社会稳定，促进当地经济、社会的发展。

关于同意调整白峰镇行政村规模的批复

仑政〔2005〕21号

二OO五年五月二十五日

白峰镇人民政府：

你镇《关于要求调整白峰镇白峰等行政村规模的请示》（峰政〔2005〕22号）悉。经本届政府第17次常务会议研究，同意调整白峰镇行政村规模。现批复如下：

一、同意撤销白峰、蒋岙、山防等3个行政村，合并设立新行政村，村名为白峰村。新村区域范围为原白峰、蒋岙、山防村的区域。村民委员会驻地暂定原白峰村。

二、同意撤销屺峙、下林、百丈等3个行政村，合并设立新行政村，村名为新峰村。新村区域范围为原屺峙、下林、百丈村的区域。村民委员会驻地暂定原下林村。

三、同意撤销司前、沿亭等2个行政村，合并设立新行政村，村名为司沿村。新村区域范围为原司前、沿亭村的区域。村民委员会驻地暂定原司前村。

四、同意撤销轮仰、外峙等2个行政村，合并设立新行政村，村名为港口村。新村区域范围为原轮仰、外峙村的区域。村民委员会驻地暂定原轮仰村。

五、撤销虾康、上王、道头等3个行政村，合并设立新行政村，村名为下阳村。新村区域范围为原虾康、上王、道头村的区域。村民委员会驻地暂定原道头村。

六、同意撤销钟家湾、马盘、黎明、下湾等4个行政村，合并设立新行政村，村名为阳东村。新村区域范围为原钟家湾、马盘、黎明、下湾村的区域。村民委员会驻地暂定原钟家湾村。

七、同意撤销勤丰、蕉山等2个行政村，合并设立新行政村，村名为勤山村。新村区域范围为原勤丰、蕉山村的区域。村民委员会驻地暂定原蕉山村。

八、同意撤销石山、东园、山坑等3个行政村，合并设立新行政村，村名为上阳村。新村区域范围为原石山、东园、山坑村的区域。村民委员会驻地暂定原头小学。

接文后，希你们认真做好新行政村的组织设置、政策处理等工作，确保行政村规模调整顺利进行和农村经济社全的稳定发展。

此复。

宁波市北仑区人民政府
关于同意设立白峰镇峰南社区居委会的批复

仑政批〔2013〕34号

二〇一三年十月十五日印发

白峰镇人民政府：

你镇《关于要求设立白峰镇峰南社会居委会的请示》（峰政〔2013〕78号）收悉，经区政府第25次常务会议研究，同意设立白峰镇峰南社会居委会，该社区范围为东到进港公路至门浦村王家，南到门浦村安置小区南端，西到上白线至六和路，北至枫江路，希你镇收文后，按照社区居委会建设标准和要求，进一步做好相关工作，同时，请区民政局做好指导工作。

此复。

宁波市北仑区人民政府
关于同意撤销白峰镇上宅村等8个村民委员会的批复

仑政批〔2013〕35号

二〇一三年十月十五日

白峰镇人民政府：

你镇《关于同意撤销白峰镇上宅村等8个村行政建制的请示》（峰政〔2013〕95号）收悉。经区政府第25次常务会议研究，同意撤销白峰镇上宅村、中宅村、竹湾村、沙湾村、花船村、光明村、神马村、后墩村8个村民委员会，村民按居住地纳入相应社区居委会管理和服务。希你镇接文后，做好与相应社区居委会的衔接工作。同时，请区民政局做好指导工作。

此复

宁波市北仑区人民政府关于白峰镇行政区划调整的通知

仑政〔2016〕46号

二〇一六年七月二十一日

各街道办事处，白峰镇人民政府，区政府、开发区管委会各部门、各直属单位，驻区垂直各单位：

根据《浙江省人民政府关于宁波市北仑区部分行政区划调整的批复》（浙政函〔2016〕95号）和《宁波市人民政府关于北仑区部分行政区划调整的批复》（甬政发〔2016〕71号）精神，撤销白峰镇建制，在此区域设立白峰街道和郭巨街道。

白峰街道：辖区面积49.06平方公里，下辖2个社区（峰城、怡峰）、12个行政村（白峰、新峰、司沿、港口、小门、门浦、官庄、上阳、下阳、太平、阳东、勤山），常住人口3.1万人，其中户籍人口2.1万人，外来人口1万人。2015年，该区域实现地区生产总值25.7亿元，街道办事处驻白峰龙口路43号。

郭巨街道：

……

白峰镇和区级有关部门要切实加强领导，严格遵循国家有关法律规定和“精简、统一、效能”的机构设置原则，严格按照国务院不新建政府性楼堂馆所、不增加“三公”经费的“约法三章”要求，精心组织，周密实施，积极稳妥地做好各项工作，抓紧落实调整事务，确保行政区划调整顺利进行和社会稳定。

关于做好2013年度白峰镇农业农村工作的若干意见

峰政〔2013〕19号

二〇一三年四月二十三日

2013年我镇农业农村工作的总体要求是：全面贯彻落实党的十八大和中央、省、市、区农村工作会议精神，以“发展高效、生态、休闲白峰现代农业，打造优质、精品、绿色白峰农产品”为主导思想，以加速推进城乡融合发展为目标，强改革谋创新，积极发展现代休闲农业，深化美丽乡村和生态白峰建设，建设幸福美好家园，挖掘和整合本地现有农业资源，调整产业结构，优化资源配置，发展具有本地特色农业产业。

一、增强农业实力，发展现代观光休闲农业。

适应全域城市化快速推进的需求，大力发展以“特色、精品、生态、休闲、观光”为特征的现代综合农业，拓功能、树品牌、创特色、优主体、强科技，加快农业转型升级，提质增效。

1. 加快建设特色农业精品园。根据区农业产业化要求，结合我镇实际情况，注重规划引领和梯度推进，着力构建现代综合农业产业体系。通过完善设施配套、强化科技支撑、健全农产品营销、创新经营体制，积极发展花卉苗木、林业特产、蔬菜瓜果、特色养殖等主导特色产业，稳步发展和提升白峰阳东现代农业基地（名阳农庄），稳固白峰镇（阳东）标准化蘑菇基地，完成以隧道发酵为核心技术的培养料集中处理工艺，打造“白峰双石蘑菇”品牌，同时引进秀珍菇等珍稀菇种植，建设“稻草牛粪等农业废料——珍稀菇——双孢蘑菇——精品花木、蔬果种植”的白峰蘑菇生态种植循环示范园区。

2. 大力推进特色农业产业基地建设。加大扶持规模户、农业企业、合作社、新兴家庭农场，引导和指导农户发展标准化种养殖，扩大规模，调整农业产业结构，重点发展有特色农业基地，如：太禾农业市规模家禽养殖场、日华农业勤山养牛基地、上阳茶叶基地（整合资源，打造“明州雀舌”等精品茶叶）、北仑香露桃子基地（新建上宅近200亩桃子基地，引进种植新品种2～3个，发展“北仑香露”桃子基地）、上宅白枇杷基地、石山香榧种植基地等。

3. 强化品牌提升品质保障安全。发展具有白峰特色品牌农业，进一步搭建和完善星阳菜场和中河路白峰名优特农产品展销店平台，主推白峰蘑菇、白峰特禽、虾康年糕、总台山鲜牛肉、明州雀舌茶叶等特色农产品，推广“直供直销”“农超对接”模式，扩大销售渠道；同时，抓宣传抓监督检查，抓月巡查抓抽样检测，抓标准化生产抓规范化管理，抓亮点抓网格化管理，多渠道多途径保障我镇农产品质量安全。

4. 打造休闲观光农业产业带。以总台山、日头山、虾康龙潭等森林游步道和国电穿山风电场、上阳中营风能发电为主线，结合山林抚育彩色、观花、乡土、珍贵树种造林、造地项目复绿工程，打造休闲观光的农业产业带。

二、健全和提升农业基层服务体系……

三、改善和提升农业农村生态环境水平……

四、加大农业水利设施建设，提高防灾减灾能力。

统筹兼顾，加大农业水利基础设施建设，切实提高防灾减灾能力。实施水库山塘整治工程，项目内容包括黄龙坑水库、华峙水库、戴革岙山塘、岙里山塘等4座山塘水库加固项目；实施市区级小型农田水利项目，着重对沿海矸闸及水环境方面进行建设；完成区政府投资项目，包括总长2千米左右的水系沟通及1座阻水桥梁改造，分别为峰城内矸外移及配套水环境、鲤鱼山嘴河道、双岙内外矸连接河道、尖岭高速出口水系沟通及大岭下溪坑改道工程；实施重点工程配套项目，该项目指门浦疏港高速置换山塘，包括下游配套泄洪工程等；调整方案有步骤地实施造地项目300亩；实施总长10千米河道清淤工作。修订和完善防汛防台风预警体系，加强农村气象灾害预防体系建设，增强防灾减灾能力。

五、深化改革，激发农村发展活力。

1. 创新农业经营体制。坚持家庭承包经营基础，积极培育新型经营主体，发展多种形式的适度规模经营。抓住农房“两改”、高山移民、项目征地拆迁等农业人口转移集聚契机，丰富完善土地流转市场体系，促进土地向农业龙头企业、专业合作社、规模户等流转，不断提高农业生产经营的组织化程度。

2. 深化完善农村股份制改革。继续抓好村级财务规范化管理，杜绝原始白条发票入账；做好村级财务审计工作，包括村干部离任、群众信访、货币资金管理、非生产性开支、村干部报酬等各方面财务审计工作；加强对各村（组）农业承包合同的管理，规范合同签订，加强监督经济合同的结算兑现；做好财务（村务）二公开、一监督和村委重大事项及时公开；加强对基建工程的监管，2万元以上的基建工程（包括上级委托的各项基建工程）必须报镇纪委审核，各村实施的各项基建工程，必须按有关程序实施。积极创建农村集体“三资”代理服务中心标准化建设工作，达到组织机构、业务工作、内部管理、队伍建设、基础设施等各项工作标准化规范化。

3. 加快城乡结合综合配套改革。加大优质公共资源延伸农村力度，优化城乡教育卫生文体等基础公共服务均衡配置，促进城乡社会事业逐步实现水平上的城乡均等和制度上的城乡融合。进一步完善城乡居民基本养老、基本医疗保障体系建设，加快城乡社会保障体系统筹接轨，推进从制度全覆盖向人群全覆盖转变。积极探索农村资源资产化、资本化、财富化。

《白峰镇关于实行拆除违法建筑“零违建”报告制》的通知

峰委〔2013〕32号

二○一三年五月二十七日

一、报告范围

（一）全镇各机关事业单位、农村基层组织（社区居委会、农村村委会）。

（二）全镇党员干部。主要包括全镇党政机关内党员、国家公职人员，党组织关系在我镇社区、农村的党员以及社区居委会、农村村委会非党干部等。全镇其他财政供养人员（包括上述各单位编外人员）参照执行。

二、报告内容

报告内容为以下七类重点整治对象：

（一）占用耕地违法建筑，主要是指违法占用耕地、不符合土地利用总体规划的建筑物。

（二）严重影响公共安全和重大建设的违法建筑。

（三）严重违反城乡规划的违法建筑。

（四）沿路沿河（含河道、水库、海塘，下同）违法建筑。

（五）镇内必须淘汰的落后产能项目中的违法建筑。

（六）严重影响“美好家园”建设，对人民群众居住环境产生严重影响的违法建筑。

（七）各类在建、新建违法建筑。

三、报告流程……

四、拆除办法

按照“谁管理、谁负责”和“谁所有、谁负责”的原则，全镇各机关事业单位、农村基层组织必须在2013年7月25日前完成自拆整改工作。届时未拆除的，由区、镇级部门组织人员予以拆除。

党员干部的违法建筑必须在2013年7月25日前自行拆除，对未在规定期限内自行拆除的，由所属单位负责督促拆除。逾期不拆除的，由所在单位按干部管理权限，将情况报至本级“三改一拆”工作领导小组办公室以及纪检机关和组织人事部门，并由区、镇级部门组织人员予以拆除。

五、相关要求……

白峰街道小城镇环境综合整治行动（美丽集镇建设）工作方案

仑峰办〔2017〕11号

二〇一七年三月十七日

为贯彻落实《中共宁波市关于补短板创优势提升城市综合竞争力的意见》，着力补齐白峰街道小城镇建设短板，全面实现“提升城乡品质、建设美丽新白峰”的目标，根据《宁波市北仑区小城镇环境综合整治行动（美丽集镇建设）工作方案》要求，特制订本工作方案如下：

一、指导思想

坚持以人民为中心，以五大发展理念为引领，以“八八战略”为总纲，深入实施新型城市化战略，在白峰街道全面开展小城镇环境综合整治和美丽集镇建设，着力解决小城镇规划不合理，生产生活设施供给滞后、特色缺失、管理薄弱等问题，全面提升小城镇生产、生活和生态环境质量。

二、总体目标

从2016年下半年开始，以白峰街道建成区为主要对象，兼顾驻地行政村（社区）的行政区域范围和仍具备集镇功能的原乡镇政府驻地（下阳片区），分步、分类开展以加强规划设计引领，整治环境卫生、整治城镇秩序、整治乡容镇貌为主要内容的小城镇环境综合整治行动。力争用3年左右时间，努力使白峰街道环境面貌显著改善、公共秩序显著改观、服务功能持续增强、管理水平持续提升，地域特色更加鲜明、乡风民风更加文明，使统筹城乡发展、美丽集镇建设成果惠泽全民。

三、基本原则……

四、主要任务

（一）整治环境卫生

1．加强地面保洁。健全地面保洁机制，加大重点区域保洁力度，全面整治主次干道、大街小巷、镇村接合部、农贸市场、居住小区、公园广场、车站码头、建筑工地和学校周边等区域，做到垃圾日产日清。注意防止垃圾收集、堆放、转运和处理过程中的扬尘污染，加快收集转运车辆更新、提档，消除“跑冒滴漏”现象。

2．保持水体清洁。结合“五水共治”，强化公共水域综合整治，巩固提升“清三河”成效，加强河流、湖泊、池塘、沟渠等各类水域保洁。开展河道绿道贯通整治，保持河道护岸完整，环境整洁，确保水清岸绿景美。逐步恢复坑塘、河湖、湿地等各类水体的自然连通，推进清淤疏浚，保持水体洁净。对现有的湿地公园进行改扩建，将“海绵小城镇”融入水域景观设计，保护和利用水田、湖泊、水库、水塘、生态洼地等乡村特色“海绵体”收集滞留雨水，合理控制小城镇不透水比例，促进雨水积存、渗透和净化。

3．争创省级卫生街道。贯彻落实国家相关法律法规和省卫生乡镇建设标准，加强病媒生物防治和环境保护，促进绿色发展。保障食品安全和生活饮用水卫生，建立健全长效机制，全力争创国家级和省级卫生街道。

（二）整治城镇秩序

1．治理道乱占。加强道路路域环境综合治理，参照“三改一拆”无违建示范道路的标准，逐步实现田路分家、路宅分家，改善道路交通功能，取缔占道经营、堆物、违建等现象，全面整治公路桥下空间违法堆物、违法施工和违法建筑等，严禁擅自增设平交道口、道路开口、敷设管线、占用或挖掘各类道路，基本消除街面“僵尸车”。加强对面向道路的沿街排油、排污口整治。整治客货运市场秩序，合理划定客运停车场点，严禁客运车辆乱停乱靠等不文明行为，规范货车通行。

2．治理车乱开。借鉴城市交通拥堵治理工作经验，加大交通安全宣传力度。重点在白峰码头、峰城路、安泰路等路段加强道路交通违法行为查处，重点整治车辆不按规定停放、车辆不按交通信号灯规定通行、车辆逆向行驶、机动车占用非机动车道行驶、车辆违反规定载人、酒后驾驶机动车、无证驾驶机动车、驾驶无牌无证机动车、骑乘摩托车不按规定戴安全头盔等行为。加大查处力度，杜绝燃油助力车上路行驶。整治机动车非法运营和出租车拒载行为。

3．治理摊乱摆。加强联合执法，规范经营秩序，合理划定街道摊贩设置点，全面取缔违规经营、乱设摊点等行为，整治游商游贩。加大对白峰综合市场及下阳菜场等地的改造提升力度，对不符合小城镇综合整治规划要求、擅自设立的农贸市场及市场内外秩序脏乱差等现象，加大整治改造力度，做到取缔一批、规范一批、改造提升一批，分批争创星级农贸市场。

4．治理房乱建。加快推进集中居住社区建设，积极推进峰城社区提档整治，积极推进白峰村、新峰村、司沿村的整村提升改造，优化住宅功能布局，改善居住环境。禁止在公路建筑控制区范围内修建建筑物和地面构筑物，公路建筑控制区划定前已经合法修建的不得扩建。加大对违法建筑的查处和整治力度，坚决遏止和打击违法建设行为。结合“三改一拆”“四边三化”等工作，消除“赤膊墙”和“蓝色屋面”。

5．治理线乱拉。规范户外缆线架设，按照强弱分设、入管入盒、标识清晰、牢固安全、整齐有序、美观协调的要求，着力解决乱接乱牵、乱拉乱挂的“空中蜘蛛网”现象。借鉴城市地下综合管廊的做法，实施架空线入地改造。加强电网、通信及相关线网改造升级，建成结构合理、技术先进、安全可靠、节能高效的综合网络。要遵循“总体规划、统一标准、各负其责、互通共享”的原则，建立管线信息系统，实现互连互通、共享交换。

（三）整治乡容镇貌

1．加强沿街立面整治。规范329国道沿线两侧、峰城路、安泰路沿街两侧及综合菜场周边的防盗窗、遮阳檐蓬、空调室外机、卷闸门等建（构）筑物设置和门（楼）牌、广告牌匾、各种灯饰、非公路标志等，保持沿街及两侧立面整洁美观。力争完善监控设施，全面拆除已装防盗窗；沿街卷闸门的立面整治，要与沿街建筑风格和整体街景相协调；加强沿街小广告、乱张贴乱涂写，以及广告牌、路牌、门牌清理，依法拆除有碍观瞻、未经审批或手续不全的广告牌。

2．推进可再生能源建筑一体化。大力推进太阳能建筑一体化，积极采用整体改造、推广分离式太阳能光热技术和空气源热泵技术等方法，改造有碍景观的屋顶整体式太阳能热水器装置。

3．治理低小散块状行业。深化“腾笼换鸟”，深入实施低小散块状行业整治提升“十百千万”计划，全面排查整治安全生产、环境保护、产品质量、节能降耗不达标以及其他违法生产的低小散、脏乱差企业（作坊）。坚决淘汰高污染的落后产能，克服传统产业调整的惯性和惰性，扭转“劣币驱逐良币”的格局，为转型升级腾出空间、扫清障碍。加强对小门工业园区和标准厂房的规范化管理。

4．完善配套设施。完善环卫站、垃圾中转站、垃圾箱等环卫设施，推进垃圾分类处理，提高减量化、无害化、资源化处理水平。加强污水收集处理和设施运行维护管理，加大通过政府购买服务等方式委托第三方管护，稳步提高生活污水的收集处理率、运行负荷率和出水达标率。完善道路交通设施和慢行交通系统，打通“断头路”，改善影响通行的拥堵点，增设停车设施，改建消防通道，修补破损路，整治低洼路，做到路面整洁无杂物、排水通畅无淤积；完善护栏、路灯、信号灯、交通标识等安全设施以及地名标志设施，形成安全、畅通的路网结构。加强港口码头船舶污染物收集和处理等设施建设。加快宽带基础设施升级改造，扩大光纤到户网络覆盖范围、规模和4G网络建设。推广农业电子商务，推进电商配送设施建设。

5．提升绿化景观。大力实施植树增绿、见缝插绿、拆违补绿、拆墙透绿行动，多植乔木和珍贵、乡土、彩色树种，做好庭院绿化、道路绿化、公园绿化，提升园林绿化水平，美化城镇景观。加大便民公园绿地建设力度。

6．提升管理水平。建立健全小城镇环境综合整治长效管理机制，规范环卫、道路交通和乡容镇貌管理。坚持管理专业化，逐步放开市政养护、园林管护、环卫保洁等作业市场，推行政府购买公共服务。深入推进城管执法体制改革，推动“智慧城管”进一步延伸，提高街道管理的科学化、精细化、标准化水平。

（四）保障措施及任务分解……

白峰街道工作人员问责实施办法（试行）

仑峰工委〔2017〕28号

二〇一七年五月十一日

一、为进一步加强机关效能建设，提升队伍整体形象，根据中央及省、市、区作风建设的有关规定及《北仑区（开发区）党政机关及其工作人员问责办法》，结合街道实际，制订本实施办法。

二、本办法适用于街道自聘工作人员，具体包括：以街道及街道下属单位名义签订用工合同的人员，以第三方劳务派遣、服务外包形式签订用工合同的人员，以及以其他单位名义签订用工合同而实际由街道管理使用的工作人员。

对行政村、社区专职工作人员需要实施问责的，参照执行。

对机关事业在编人员需要实施问责的，直接适用《北仑区（开发区）党政机关及其工作人员问责办法》。

三、本办法所称问责，是指对街道工作人员违反法律、法规、规章和日常管理制度，不履行、不正确履行职责，作风不正，工作不力等行为，根据情节、后果进行责任追究的一种方式。

四、问责坚持严格要求、实事求是、权责一致、惩教结合、分级管理、依法有序的原则。

五、工作人员受到问责，同时需要追究纪律责任的，依规给予党纪政纪处分；涉嫌犯罪的，移送司法机关依法处理。

六、工作人员有下列情形之一的，应当予以问责：

（一）不服从组织安排、岗位调动，不服从临时性工作指派任务的；

（二）对党委、政府作出的决策部署、制定的工作目标、下达的指令性任务以及上级的批示、指示等落实不及时或推诿扯皮的；

（三）对岗位职责范围内的工作不履行或不正确履行监督管理职责的；

（四）在实施或协助实施许可审批、监督检查、仲裁调解、确权给付、征迁安置、奖扶帮困等工作中不履行或不正确履行工作职责的；

（五）在工程建设、物资采购、内部管理等工作中不履行或不正确履行工作职责的；

（六）因工作不力、措施不当，引发群体或舆情事件，以及在事件处置过程中不积极主动、敷衍塞责，影响工作的；

（七）不准确、及时执行信息报告统计制度影响工作的，以及擅自散布、泄露工作信息导致不良后果的；

（八）散布有损党政机关形象或不利工作、团结的言论、文字，以及授意、指使、怂恿他人等进行无理取闹、上访、妨碍工作推进的；

（九）对管理服务对象态度冷漠、蛮横粗暴以及其他不文明行为，或者因工作不当导致服务对象有效投诉的；

（十）利用工作之便、岗位影响进行吃、拿、卡、要以及获取其他利益的；

（十一）不遵守考勤制度、上班值班纪律，上班时间从事与工作无关活动，串岗脱岗、擅离职守的；

（十二）有其他违反党政工作及日常管理相关规定，违反机关效能作风相关规定，以及有失党政机关工作人员规范的行为。

七、对工作人员的问责方式主要包括：

（一）诫勉谈话；

（二）通报批评；

（三）责令公开道歉；

（四）调整工作岗位；

（五）辞退（解除合同）。

以上问责方式可以单独或合并适用。

八、对工作人员的问责，应根据责任性质、情节轻重、损害后果和影响程度，决定问责方式。

九、发现工作人员虽具有问责情形，但是情节轻微，未造成不良影响后果，而且主动纠正弥补的，可以通过廉政提醒谈话、书面检讨等形式免于问责处理。

十、工作人员受到问责处理后，扣减当年度街道全年考核奖；12 个月内又需进行问责的，一律予以辞退（解除合同）。

本办法自印发之日起执行。

《白峰街道关于开展“大脚板走一线、小分队破难题”攻坚行动的实施方案》的通知

仑峰工委〔2017〕49 号

二〇一七年五月十八日

为深入贯彻落实中央和省市系列重大决策部署和区第八次党代会精神，切实推动“重点工作抓落实”在全区深入推进，根据区委、区政府关于在全区开展“大脚板走一线、小分队破难题”攻坚行动的要求，结合白峰实际，制定如下具体实施方案。

一、总体要求

认真践行习近平总书记提出的“秉持浙江精神，干在实处、走在前列、勇立潮头”的新要求，围绕更高水平全面建成小康社会目标，聚焦事关长远发展的重点问题、制约转型升级的难点问题和人民群众关注的热点问题，坚持“干字当头、实字为效”，组织开展白峰街道“大脚板走一线、小分队破难题”攻坚行动，深入一线，深入群众，真抓落实，着力促进机关作风大转变、重点工作大突破、经济发展大提质，不断增强发展新动能。

二、主要任务

开展“大脚板走一线、小分队破难题”攻坚行动，要把握“敢破立求突破、全力全速抓落实”主基调，组建攻坚破难小分队，实施点对点跟进，实打实服务，确保抓一项成一项、干一件成一件。重点抓实抓好以下六大攻坚行为：

（一）重大功能平台攻坚行动。围绕重大功能平台，找准推进建设的障碍和制约，建立协调紧密、高效顺畅的推进机制。勇于解放思想，大胆干，努力形成新的经济增长点、新的发展动能、新的竞争优势。

（二）重大基础设施攻坚行动。围绕重大基础设施建设，对症下药，精准施策，着力破解征地拆迁等难题，加大推进力度，加快建设进度。

（三）重大产业项目攻坚行动。围绕加大招商引资和促进有效投资，主动对接、精准衔接，以咬定青山不放松的韧劲抓紧抓实重大产业项目，确保早落地、早建成、早投产、早见效，借势借力走出一条优质发展的新路子。

（四）重大专项任务攻坚行动。围绕重大专项任务，全面动员、全民参与，各司其职、各负其责，确保每一项重大专项任务按既定时间节点全面完成，切实兑现“决不把违法建筑、污泥浊水、脏乱差环境”带入全面小康的承诺。

（五）重大改革项目攻坚行动。围绕重大改革项目，紧紧扭住供给侧结构性改革这一主线，压实改则责任，狠抓改革落地，打通关节、疏通堵点，力争形成一批可借鉴、可复制、可推广的成果。

（六）重大难题破解攻坚行动。围绕重大制约难题，因情施策，创新方法、逐一破解。严格落实信访维稳责任制，加大社会治理创新力度，完善社会风险、经济风险的防控措施。强化“敢担当、善作为”导向，着力解决干部不作为、慢作为等问题，以干部作风大转变推动发展大提质。

三、实施步骤

各项工作保持与全区同步，具体为：

（一）动员部署。5月上旬召开动员部署会议，制定具体细化方案，进一步统一思想、明确责任，有序开展攻坚行动。

（二）全面推进。5月至12月，各小分队按照分工项目，沉入一线、走进现场，开展蹲点调研，制定各自抓落实的具体计划，明确进度要求，排列问题清单，落实攻坚责任，精准发力破难题，扑下身子抓落实，不达目的不罢休，不破难题不收场。

（三）总结提高。12月底，对攻坚行动开展情况进行总结评估，开展查漏补缺，巩固工作成效，激励先进、鞭策后进，并把破解难题和建章立制结合起来，形成抓落实的长效机制。

四、保障措施……

白峰街道全面推行“村民说事”制度的实施方案

仑峰工委〔2017〕88号

二〇一七年十二月二十日

一、指导思想

为认真学习贯彻落实党的十九大精神，深入践行以人民为中心的发展思想，发展社会主义民主政治，健全人民当家作主制度体系，打造基层共建共治共享的社会治理格局，巩固党的执政基础，开创善治和美乡村建设新局面。

二、重要意义

农村基层社会治理是国家治理体系的基础，是习近平总书记治国理政新思想的重要组成部分，直接关系到基层群众切身利益，关系到农村基层和谐稳定，关系到党的执政根基稳固。实践证明，推行“村民说事”制度，是基层党员群众常态化制度化参与村务管理、决策和监督的有力抓手，是创新农村基层社会治理的有效途径，为新形势下推进党领导下的基层协商民主建设、推动农村社会治理规范化积累了成功经验。全面推行“村民说事”制度，对于进一步破解农村基层社会治理新情况新问题、完善村级组织运行机制，推动新一届村级组织班子高效履职、打造白峰基层铁军，推进“两学一做”学习教育常态化制度化、建强基层战斗堡垒，努力开创农村工作新局面，加快建设美丽新农村等具有重要的现实意义。

三、目标任务

“村民说事”制度是以农村党组织为领导核心，以“说”的公开、“议”的规范、“办”的主动、“评”的倒逼，推动干部转作风、基层保稳定、经济促发展、村务强监督，形成干群合力干事创业的工作局面。具体要实现四个目标：

（一）搭建协商民主平台，破解村务决策不规范。“村民说事”要以“敞开说”和“共同议”相结合的方式，为村民参与村务管理提供制度化的渠道，破解村级权力运行的不透明、不规范，把群众的知情权、参与权和管理权落到实处。

（二）提供诉求表达渠道，破解矛盾纠纷化解难。随着农村经济社会快速发展，引发工程项目及征地拆迁、村级组织换届、村务管理等矛盾纠纷。要通过当事村民与街道、村干部的面对面沟通，让大家把利益诉求说出来、矛盾纠纷摆出来，坦诚商讨解决方法，一件一件抓落实，有效畅通群众诉求表达和干群联系渠道，实现矛盾不出村。

（三）打造联系群众窗口，破解服务群众不到位。“村民说事”要坚持一切依靠群众，真正把广大村民作为主体，让村干部面对面听群众倒“苦水”、吐怨言、说实话，确保群众有苦能诉，有理能讲，有问题能解决，零距离服务群众，不断提升基层党组织的服务力、凝聚力和向心力。

（四）创新干部评议标准，破解干好干坏一个样。“村民说事”要把民意评价作为干部考评的重要内容，由“民间评审团”监督村级权力运行，让干部直面群众提出的令人脸红心跳的问题，认识到自身工作与群众要求之间的差距，进一步增强责任意识、宗旨意识。

四、基本原则

坚持尊重民意和依法办事相结合的原则。各村党支部、村委会要充分“听事”，尊重民意，又要依法依规为群众办事。

坚持定点定时说事和及时议事相结合的原则。在各村挂牌设立“说事室”，固定每个月1个以上“说事日”（各村结合本村实际情况确定）。“说事日”当天，由村党支部、村委会干部和联村干部一起，与村民代表或户代表采用拉家常的方式，面对面开展讨论，对村里的大事和群众提出的问题、矛盾、纠纷，能当场议定解决的当场议定解决，不能当场解决的，落实专人办理，并在下一个“说事日”向群众说明办理情况。

坚持疏导思想和解决问题相结合的原则。要注重做好群众的思想工作，帮助群众澄清模糊的思想认识，切实解决好群众的实际问题。

坚持抓点示范和整体推进相结合的原则。“说事”制度先在阳东村进行试点，发挥示范作用，并在试点成功基础上在全街道推开。

五、“说事”范畴

“村民说事”制度，核心在“议”，关键在实效。要紧扣“说、议、办、评”四个环节进行深化，推进村级权力公开、公平、公正运行，不断提升村级治理规范化水平。

（一）说经济社会发展的大事——征求对本村村庄经济和社会发展规划、重大项目建设、资产经营计划、集体资产经营方案及农村产业结构调整、主导产业培育、招商引资等关系村级经济社会发展的大事，集思广益、献计献策、群策群力，寻求克难奋进的对策和思路，增强村级经济新动能。

（二）说美丽乡村建设的实事——征求村民出点子、献方案，共同协商制定本村村庄建设规划，村集体土地、房屋、林地等安排使用；共同商讨开展环境综合整治、文化遗产保护开发、风景线打造，以及健全文化服务体系、活跃文化生活、推进乡风文明等美丽乡村建设的实事。

（三）说影响和谐稳定的难事——围绕依法治村、完善村务公开、化解邻里矛盾、履行村规民约以及保障安全生产、加强流动人口管理、缓解信访纠纷、应对突发事件等影响村庄和谐稳定的难事，征求村民谈想法、想对策。如对“邻里纠纷、打架斗殴、聚众赌博、非法无礼上访”等影响和谐稳定的难事，件件讲清，共同评说，妥善处理。

（四）说惠民利民便民的好事——征求对村级各项公益事业、完善基础设施、优化便民服务，以及农村劳动力培训、农民创业就业信息的意见；通报农产品市场信息、农技服务等情况；提供法律援助、社会保险、卫生计生等咨询，努力提升惠民服务质量和效率，增强百姓的获得感。

（五）说扶贫助残帮困的急事——统一对本村低收入农户、低保户、老弱病残户、受灾户、临时困难户以及失学儿童、留守儿童等民生关怀的急事；磋商对各类困难对象的帮扶打算和通报前期帮扶工作的进展情况。广泛征求村民建议，不断画好党群同心圆，弘扬社会正能量。

（六）说基层组织建设的要事——征求对本村村级班子自身建设、党员教育管理、干部作风建设、廉洁自律制度等关系根基稳固的意见和建议，不断夯实基层基础，打造基层铁军。

（七）说其他群众牵挂的心事——引导村民及早说、主动说心头牵挂的其他党务、村务、民情、民事。

六、操作要点

（一）“说”的操作要点

建立完善说事流程和配套体系，重点做到“五有五说”：

1．有说事场所，定点定时专门说。各行政村每月固定 1 个以上“说事日”，依托便民服务中心、农村文化礼堂等设置“说事厅”定点说；依托“日访夜谈”“网格党建”等载体开展上门说，依托聊天长廊、文体广场等人气集中点开展现场说，引导干部说政策搞宣讲、村民说事情摆问题。

2．有说事清单，明确边界引导说。既要做到说发展、说和谐、说文明、说清廉、说民主，也要根据村庄特点不同、村庄发展不同等情况，因地制宜设计说事主题、突出说事重点。

3．有说事平台，线上线下联动说。推动“一中心四平台全网格”向农村延伸，根据各村实际情况，在政务服务网设立民情反映网页和留言专栏，推广使用“村情通”等载体；按照“网格化管理、组团式服务”要求，整合村内“党群同心圆”“先锋联户”、网格专员等资源，实行包片联户，搭建起 24 小时线上线下说事平台。

4．有说事热线，随时随地动态说。结合各村实际，建立村民信箱、说事热线、党群 QQ 群、民情微信群等“热线通道”，建立干群“民情联系卡”，将联村干部、村干部及农村工作指导员的联系电话、职责范围，统一制卡，发放给每个农户，便于群众联系说事和时时监督。

5．有说事档案，前因后果记录说。统一建立“村民说事”台账，将说事厅说事情况、平台反映情况、夜谈说事情况等按时按事逐一记录，逐条登记“村民说事”流转表，明确接办责任人、处理时间表，实现严格的队长清单。

（二）“议”的操作要点

明确议事要求，推动村事规范议、灵活议，重点做好“四事四议”：

1．常规事项，立即办理。对于一些法律法规、规章制度、实施办法等已有明文规定的常规事项，由接访干部按照相关规定进行立即办理、全程包办。

2．一般事项，定期速议。村两委每月召开 1 次以上村务会商会议，通报上阶段说事办结情况，协商本月登记流转表登记事项及相关村务，并根据议事内容邀请相关党员群众参与议事，对于村级层面能够解决的常规事做到随议随办。

3．重大事项，共商共议。对于一些村级层面难以解决，或者需要广大干部群众共同参与的全局性、重大性村民事务，动态编制村务联席会议议题清单，并根据清单排定联席会议计划表，由村党组织书记或者村民委员会主任主持召开，并邀请有关街道科室、联村干部、专业人员、党员代表、村民代表等共同召开村务联席会议。提前向参会人员发送会议通告和议题方案，加强会前研究和酝酿，并按照“五议两公开”的要求来讨论表决，提高议事质量，由村监会全程监督。

4. 特定事项，专事专议。对于突发性、紧迫性问题，实际分解流转协商，根据说事内容与责任分工，进行“分管村干部 + 说事人员 + 街道相关科室”的专议专办；对涉及发展党员、党员奖惩、党务公开等党内重要事务，由村党组织书记主持召开党员大会进行讨论协商；对涉及村与周边社区、企业等区域的有关事项，可提交区域协商议事会商议；对涉及需要街道共同参与协商的相关事项，经村级商议后，流转至街道党工委商议决定。

（三）“办”的操作要点

落实村事办理的责任主体，提高办事质量，重点构建完善“三大机制”：

1. 建立村民诉求分流承办机制。拓展村级便民服务中心“百姓事马上办”功能，编制村级事项服务清单，发挥网格专员、志愿者队伍、工青妇群团组织作用，在村级事务员中设定专职代办员，强化业务技能培训，深化最多跑一次改革，做到“一窗受理、集成服务”；充分发挥“一中心四平台一网格”在民意收集、流转办理、结果反馈等闭环运作效果，使民事村办的程序和内容全程有记录、过程可追溯、办理有结果。

2. 建立重大事项督察专报机制。对于民事村办的重大事项，按照干部职责分工不同进行督促交办。在村级层面，建立“村民说事”承办情况定期报告制度，由村党组织书记督促相关承办村干部切实负起责任，抓好重点事项的办理，并在下一个村务议事会上汇报办理情况；在街道层面，建立“一季度一督察一通报”制度，街道党工委加强对各村办理实施情况定期检查，推动村级事务有效落实。

3. 建立村情周报分析分办机制。建立街道党工委“村民说事”专题分析分办制度，每月召开村情分析例会，对群众反映强烈的共性问题和影响社会和谐稳定的个性问题进行专题讨论，提出解决方案和具体化措施；建立联村干部村情周报制度，每周将“村民说事”的难事、急事上报街道党工委，及时研究解决相关问题；建立街道干部联合办公制度，对一些难以解决的问题和一些需要跨村协调的问题，由有关街道村干部集中研究解决。

（四）“评”的操作要点

以群众满意作为村事评判的根本标准，强化评估实效，重点要形成“四评机制”：

1. 严格落实“一事一评”。根据“说、议、办、评”的要求，全流程设计并填写《“村民说事”登记流转表》。事情办结之后，说事人应对代办、交办、联办结果进行意见反馈和满意度评估，不满意的应填写反馈意见并提交下个村务议事会商议，满意的应签字并进行归档，形成闭环效应。

2. 定期做好“街村互评”。联村干部要及时关注村民交办事项的评价，督促村干部做好办理工作，办理结果作为村干部年度考核的重要依据。村干部应对联办事项进行评价，督促联村干部抓好流转办理，联办结果作为联村干部考核的重要内容。

3. 深化村民“民主评议”。每年末结合“走村不漏户、群众考干部”“双述双评”等活动进行综合评价，评价结果作为村干部和联村干部差异化考核和评先树优的重要依据。

4. 开展“满意评估”。每年年末开展“村民说事”满意度评估，委托民意调查机构等第三方开展村民评价工作，评价结果作为街道、村目标管理考核及“村民说事”示范村、先进村、合格村评定的重要依据。

七、实施步骤

具体分动员准备、试点实施、总结提炼和全面推开四个阶段进行。

（一）动员准备阶段（2017 年 9 月 26 日至 10 月 15 日）

街道成立“村民说事”工作领导小组及工作组，进行动员部署，制定出台实施方案。

（二）试点实施阶段（2017 年 10 月 16 日至 11 月 30 日）

在试点村阳东村挂牌设立“说事室”，按照程序，定期开展村民说事，做好相关记录及档案资料。

（三）总结提炼阶段（2017 年 12 月 1 日至 12 月 15 日）

对试点村阳东村“说事”制度开展的情况进行总结提炼，为在全街道推开提供经验。

（四）全面推开阶段（2017年12月16日至2018年6月30日）

在阳东村试点成功的基础上，于2018年6月30日前，实现“村民说事”全覆盖，并对“村民说事”制度落实情况进行总结评估，选树先进典型，探索形成一批好的经验。同时，查漏补缺、巩固成果，形成长效机制，适时探索“居民说事”制度。

八、保障措施

（一）加强领导，明确工作职责。街道成立“说事”工作领导小组，由党工委书记任组长，党工委副书记、纪工委书记、组织委员、分管农村副主任任副组长，相关职能科室为成员，领导小组下设办公室，由党群书记兼任办公室主任，具体负责组织实施此项工作，街道组织办、纪工委、宣传办、综治办等负责制定相关配套支持政策，加强具体指导。各村成立“说事”工作领导小组，由党支部书记为组长、村委会主任为副组长，联村干部、村党支部、村委会成员和村文书为工作组成员，每次“说事”会情况都要形成台账资料归入村档案。

（二）精心组织，加强舆论宣传。充分利用会议、专栏等形式广泛宣传发动，使广大党员和群众认识到推行“说事”制度是保障村民民主权利的重要手段，是加强农村基层组织建设的长效机制，引导他们积极支持并参与“说事”，使“说事”制度家喻户晓，深入人心，成为广大干部群众的自觉行为。

（三）严格考核，强化监督检查。街道党工委、办事处将“说事”工作纳入各村年度目标责任制考核。街道“说事”工作领导小组要及时掌握“说事”制度的工作进展情况，坚持定期或不定期地对各村活动开展情况进行督促检查和指导，尤其是要加强对集中议事、定期评事活动的指导。充分发挥街道纪工委、人大代表、政协委员作用，加强对“说事”制度监督检查，分析“说事”制度的成效及存在问题。同时，要大力宣传“说事”中涌现出的先进典型，发挥示范引导作用，使此项工作在全街道范围内深入开展。加强对办结事项的回访，了解有无新的意见和要求，防止问题反弹。

白峰街道便民服务中心深入推进“最多跑一次”暨“无差别全科受理”改革工作实施方案

仑峰办〔2018〕51号

二〇一八年十二月二十日

一、实施总体要求

高举习近平新时代中国特色社会主义思想伟大旗帜，全面贯彻党的十九大精神，以“精简、便民、高效”为基本原则，总结经验、大胆创新，深化“最多跑一次”改革，网上办事事项比重大幅提高，打造更加规范、高效、便民的审批服务，促进政府职能转变，增强群众和企业对改革的获得感和满意度。

二、主要任务

（一）增服务、提效能。实施服务大厅改造升级，将街道服务大厅改造为“无差别”受理窗口，开展人工窗口和智能化大厅相结合的“无差别”受理模式。鼓励群众和企业不到现场办事，充分使用网络申报。鼓励群众和企业不到现场取证，进一步提高办件结果的快递服务，积极推进“零跑腿”审批。合理分流办事人群。

“无差别”受理除可在网上申报事项外的所有事项，即在任何一个综合受理窗口均可受理所有事项。申请人提交的材料齐全且符合法定形式的，经综合受理窗口初审后予以受理，流转至“后台”（包括中心内和中心外）审批，后台业务专员接到前台服务窗口转交的承诺事项有关材料后，应在规定时限内按程序完成审批（审核）、作出决定。对于即办件，推行网上受理审核，当即办结推送。属于当场不能办结的承诺事项，向申请人出具《受理通知单》，并在承诺时间内办结。加大窗口工作人员业务培训力度，打造素质过硬、业务过硬的“全科型”服务队伍。通过综合窗口“无差别”受理，使群众进“一个门”，到“一个窗”，就能办成“一件事”。

（二）推进各类政务服务事项向便民服务中心集中。以街道便民服务平台为主要平台，按照“应进尽进”的原则，除了受制于场地条件或客观不宜进驻的事项外，所有群众和企业办事事项原则上都能在便民服务平台办理，实现平台以外“无权力”，实现“一个窗口对外”。编制“标准化”办事指南，整合和优化权力运行“业务流”，建立动态调整机制。调整街道便民服务平台内设机构和办事大厅，设置电子政务服务平台和实体政务服务平台，完成事项的受理工作。按实际需求设置窗口，完善受理、办理运行机制，推进综合窗口“无差别”综合受理。同时配合区级层面已经形成的“受理—勘查—审批”三分离的审批模式履行好街道属地职责。

（三）全面推动政务服务网上办理，为推广网上受理打好基础。加快电子印章应用，大力推进数据共享交换。以“无差别”窗口为重点，深化资源整合，健全政务信息共享数据交换机制，破除信息壁垒，推动信息跨部门、跨行业互通共享、校验核对，各部门业务专网先通过网络直连、地址转换、数据摆渡等方式，与电子政务外网做到双向实时互通，实现各应用系统与省政务服务网实时数据交换共享，促进“一网通办”。

（四）建立联动机制，加快推进“最多跑一次”改革向基层延伸，推动街道便民服务平台和社区代办点建设，努力实现“就近跑一次”。以街道便民服务平台为中心，将事项预审、标准化管理、自助服务等向社区、村代办点辐射，通过审批“一站化”、管理“标准化”、服务“扁平化”，有效提高基层办事质量和服务水平。加快推进浙江政务服务网向基层社区延伸，实现数据整合融通。推进落实政务服务“就近能办、同城通办”。推行“网格＋窗口”服务模式，创新拓展网格员代办职能，形成网格员服务代办新机制。

三、实施步骤

第一阶段：准备阶段（2018 年 12 月底前）。根据区“无差别全科受理”方案，制定街道便民中心“大厅无差别全科受理”工作方案，并加强各窗口轮岗交流。

第二阶段：实施进驻阶段（2019 年 1 月底前）。完成部门人员、事项进驻，综合窗口逐步和部门人员事项对接。制定培训计划并完成相关培训，做好窗口调整以及专网专线等调整方案。

第三阶段：改造提升阶段（2019 年 2 月至 2019 年 3 月底前）。街道办公场地改造，在便民服务大厅改造设立 3 个“无差别”窗口，完成相关事项的流程再造和相关网络的调试工作，街道服务大厅正式对外实行“无差别”受理。

四、保障措施……

白峰街道“牢记初心使命、勇于奉献担当”专题教育实践活动实施方案

仑峰工委〔2018〕57 号

二〇一八年十二月二十四日

为更好地服务保障市委“六争攻坚”、区委“两整两提”专项攻坚行动，进一步强化广大街道党员干部的奉献意识和担当意识，切实增强“争”的意识、提高“干”的本领、培树“拼”的作风、凝聚“攀”的合力，加快建设“双城”发展战略，根据区委统一部署，现就街道全体党员干部中开展“牢记初心使命、勇于奉献担当”专题教育实践活动，制定如下实施方案：

一、总体要求

认真贯彻落实习近平总书记“干在实处永无止境，走在前列要谋新篇，勇立潮头方显担当”的重要指示精神，结合推进“六争攻坚”和“两整两提”行动，以夯实思想根基、锤炼党性观念、改进工作作风、提升服务效能为主线，教育引导街道党员干部不忘初心、牢记使命，进一步强化街道全体党员干部党性修养及责任意识，激发对党忠诚、乐于奉献的精神，为高质量建设“三生三宜”美丽新白峰作出新的贡献。

二、工作目标

通过开展“牢记初心使命、勇于奉献担当”专题教育实践活动，突出加强街道全体党员干部队伍政治、思想和作风建设，努力使街道全体党员干部宗旨意识进一步增强，责任担当进一步强化，工作作风进一步改进，攻坚成效进一步拓展，办事效率进一步提高，群众满意度进一步提升。重点解决好以下 4 个方面问题：

一是宗旨意识不强，“有限性”奉献担当的问题。主要表现为，缺乏大局观，不讲奉献讲索取，斤斤计较个人得失，甚至在朋友圈、微信群发牢骚、讲怪话，传播负能量；缺乏为民情怀，不主动回应群众关切，对群众来信来访不重视，对群众反映强烈的问题无动于衷、消极应付；办事拖拉，群众和企业到机关事难办、来回折腾；争抢攻坚、争先进位的劲头不足，先锋模范作用发挥不好，贪图安逸、不思进取，在其位不谋其政，不愿攻坚破难啃硬骨头；敬法畏纪意识不强，不遵守党的纪律规矩，违规接受宴请、收受礼品购物卡、酒后驾车等。

二是内生动力不足，“选择性”奉献担当的问题。主要表现为，贯彻上级决策打折扣、做选择、搞变通，说一套做一套；缺乏责任心、事业心、进取心，盯着位置干，瞄着好处上，个人愿望落空便心灰意冷，提升无望就消极怠工；勇挑重担、直面挑战的动力不足，工作中挑肥拣瘦，不愿挑担攻坚，推让破难任务；缺乏持之以恒、一抓到底的韧劲，干工作时好时坏，积极性忽冷忽热；工作标准不高，办文办会办事不规范、不严谨；自我要求不严，作风散漫，上下班、请销假制度和就餐秩序坚持不好，工作时间上网聊天、玩手机、炒股票等。

三是勇气魄力不大，“利己性”奉献担当的问题。主要表现为，自我保护、逃避责任的自利思想较重，缺乏迎难而上的硬气，遇到难题矛盾上交，领导不过问、不批示，问题就拖着等着；缺乏攻坚克难、改革突破的胆气，图省事、怕惹事、躲着事，借故客观、强调特殊，没有胆量带头破解难题；不担当、不作为、不负责，上推下卸责任，遇事打太极，部门间协调效率低，致使攻坚任务推动乏力、迟滞缓慢；表态多调门高、行动少落实差，搞形式主义，做表面文章，甚至搞“形象工程”“盆景工程”应付检查。

四是敬业尽责不好，“机械性”奉献担当的问题。主要表现为，干事精气神不足，机械执行法规条文，没有“明文规定”就不敢闯、不愿试，缺乏突破的信心和勇气；调查研究走过场、不深入，搞走秀式调研，调查报告缺乏针对性和可操作性；假借文件规定、条件限制不愿担责，遇到矛盾问题一推了之，只提反对意见，不拿解决措施；贯彻上级法规要求循旧例、走老路，不愿意开拓创新履职尽责、不能够创造性抓好工作落实；专业能力偏弱，攻坚缺乏招数，破难不见成效。

三、主要内容

专题教育实践活动总体上与市委“六争攻坚”、区委“两整两提”专项行动相衔接，具体分三步走。2019 年 1 月底前为第一阶段：思想发动和分析检查阶段（重点任务和责任分工见附件）；2019 年 2 月—12 月为第二阶段：深化教育、深入整改和岗位践行阶段；2020 年为第三阶段：认识再提升、整改总盘点、成效大检验阶段。“不忘初心、牢记使命”主题教育部署展开后，相关步骤同步推进、统筹实施。主要任务如下：

（一）加强教育引导，夯实思想根基

1. 开展专题理论学习。开展“读原著悟初心、讲奉献勇担当”专题理论学习活动，把《习近平新时代中国特色社会主义思想三十讲》等书目作为必读内容，跟进学习习近平总书记最新重要讲话、重要指示精神。街道党工委理论学习中心组集体学习研讨每季度不少于 1 次，中心组成员每年至少撰写 1 篇学习心得、调研报告或理论文章。引导街道全体党员干部将理论学习成果转化为讲政治顾大局的实际行动，积极支持和配合机构改革，不妄议中央大政方针，不传播小道消息，不在网上散布不良信息，带头抵制负面言行。

2．开展奉献担当大讨论。组织开展“奉献在岗位、担当有作为”主题大讨论，引导街道全体党员干部辨清弄明党的宗旨是什么、岗位奉献怎么看、担当作为如何干，进一步提高思想认识、弘扬奉献精神、激发担当作为。注重把思想辨析与实践践行紧密结合起来，在街道全体党员干部中开展以“一张笑脸相迎、一声问候暖心、一颗诚心办事”为主要内容的“三个一”活动，将宗旨意识和服务理念体现在党员干部的日常工作之中。

3．开展群众性理论宣讲。组织开展“千名支书讲党课”和“万名党员上讲台”活动，以党章为根本遵循，切实落实党员领导干部带头讲党课制度，街道党政领导班子每年至少到联系村（社区）讲1次党课，基层党组织书记每年讲党课不少于1次，每名党员每年至少上台交流1次体会，宣讲政策法规、服务举措、攻坚实绩等，达到自我教育和相互教育的目的。

（二）加强组织观念，锤炼党性修养

1．分析查摆存在问题。每名党员对照“有限性”“选择性”“利己性”“机械性”奉献担当等4个方面问题，结合岗位实际和履职情况，逐项对照自查落实情况，深入分析查找存在问题，逐项制定整改措施。党员的问题清单由街道党政办（组织办）审查存档。街道纪工委将针对问题查摆情况开展专项督查。

2．组织党性评议分析。每年结合民主评议党员，对奉献精神和担当意识进行民主测评，结果在一定范围内公开。根据民主评议结果，以“重温入党初心、践行使命担当”为主要内容，结合分析查摆的4个方面问题，每名党员撰写党性分析材料。党支部书记对所属党员的党性分析材料进行审核把关。

3．召开专题组织生活会。严格按照《党内政治生活若干准则》规定要求，各级党组织逐级召开专题组织生活会，结合党性分析材料，针对分析查摆的4个方面具体问题，深入开展批评与自我批评，支部书记对每名党员进行点评。街道党工委将对各基层党组织专题组织生活会进行指导把关，对于批评不深入、走形式的，要责令重新召开。

（三）加强岗位实践，提升服务效能

1．立足本职岗位建功。实施“阵地亮标识、党员亮身份、岗位亮职责、党建亮绩效”亮显工程，按岗位类别设立党员责任区、先锋岗，通过戴党徽、挂标牌、亮出党员承诺牌等形式，强化党员身份意识、责任意识。街道各科室根据具体情况，适时开展岗位技能竞赛，督促街道党员干部提升技能、增强本领。各基层党组织根据支部党员特长，开展相应的岗位争先服务活动。

2．走进基层强化本领。继续推进“四点钟课堂”“领锋学堂”“红匠工作室”，通过集中培训、挂职锻炼、委托培养、师徒结对等方式，提高做好新时代群众工作能力。深化“1+N”先锋网格微组织扎实推进“组织进组、党员联户”工作，结合“服务企业、服务群众、服务基层”活动，每年至少组织1次党员干部进村、社区（企业）开展服务活动，力所能及地帮助解决民生小事或企业发展问题。

3．攻坚一线锤炼提升。认真落实区委《“六争攻坚”当标兵、“三年攀高”争先进活动方案》《关于强化务实为民大力开展“两整两提”专项攻坚行动的通知》《关于在全区基层党组织和党员干部中开展“两整两提、红领争先”行动的通知》等具体要求。建立攻坚行动小组，选调党员干部到“六争攻坚”“两整两提”行动一线开展工作，提升本领。

（四）加强关爱激励，激发担当干劲

1．加强正面导向激励。结合庆祝“七一”建党节，评选表彰街道优秀党员、优秀党务工作者、先进基层党组织。规范民主评议党员和优秀党员表彰激励机制，采取召开表彰会、事迹上墙、制作荣誉牌等措施，加大奖励激励力度。持续开展以“身边的感动”为主题的典型学习引领活动，评比表彰一批“两整两提”攻坚破难项目优秀案例，选树一批服务保障“两整两提”专项攻坚行动的“红领先锋”，形成“奉献精神天天见、担当典型聚身边”的良好局面。

2．组织干部风采展示。广泛开展“亮身份、亮岗位、亮承诺、比服务、比业绩、比贡献”活动，深入推进风采展示，遴选攻坚任务较重、实绩比较突出、群众满意度高的党员干部上台，比奉献担当、晒攻坚成绩、展干部风采，激励和鼓舞党员干部担当作为、奋发干事。街道每年组织1次科级干部风采展示，各基层党组织每年组织1次优秀党员风采展示。

3．实施关心关爱工程。全面贯彻《关于进一步关心关爱干部十六条措施》，深化落实分层分级谈心谈话和“双向约谈”制度，真心实意关心和帮助干部，进一步盘活干部队伍资源、提升干部队伍活力，激励广大干部增强使命担当。深入落实党内关怀帮扶机制，切实履行党组织关爱党员职责，继续深化“一米阳光”暖心党建，打通服务群众“最后一公里”。

（五）加强督察整治，改进工作作风

1．整治“四个方面问题”。抓好党员干部“有限性”“选择性”“利己性”“机械性”奉献担当等问题的整改落实，逐项逐条拉单列表、对单销号，整改情况上墙公布。各党支部书记要强化监督管理的第一责任人职责，对各支部查摆整改问题情况进行检查验收。街道纪工委将全程监督指导。

2．突出查纠作风问题。大力推进清廉白峰建设，保持正风肃纪高压态势，常态化开展工作作风、服务效能、办公秩序等自查自纠，每季度不少于1次。对“六争攻坚”“两整两提”专项行动和街道中心任务中表态多、行动少、落实差以及群众反映强烈、造成严重后果的，街道将加大问责和通报力度。

3.优化考核考评机制。树立以实干论英雄、凭实绩用干部的鲜明导向，完善目标管理考核和“岗位对责、绩效对账”考核等制度，体现奖优罚劣。认真贯彻执行《北仑区改革创新容错纠错实施办法（试行）》，按照“三个区分开来”的原则，为奉献干事、担当作为的干部撑腰鼓劲。

四、组织保障

（一）加强组织领导。成立街道专题教育实践活动领导小组，下设办公室，负责专题教育实践活动的筹划部署、组织推进工作。街道党工委书记为专题教育实践活动的第一责任人。党支部书记要组织领导好本支部的专题教育实践活动，切实抓好具体工作落实。

（二）做好统筹协调。与街道各项中心工作任务实施统筹安排，压茬推进、相互促进，通过专题教育实践活动，激发党员干部奉献担当、攻坚破难、狠抓落实的强大动力，为推进市委“六争攻坚”、区委“两整两提”行动提供强有力的服务保障。

（三）强化实践检验。坚持既看思想政治教育、问题查摆整改、建立制度机制等情况，每名党员干部攻坚破难实绩，通过全方位、立体式的对账对效，确保活动始终聚焦和服务于市委“六争攻坚”、区委“两整两提”行动。

（四）营造浓厚氛围。充分运用峰之语等各类宣传媒体和平台，宣传报道街道全体党员干部奉献担当的典型事迹，以及各级党组织开展专题教育实践活动的鲜活经验，在街道上下营造我奉献我光荣、勇担当有作为的浓厚氛围。

参考文献

一、编著单位：镇海县地方志编纂委员会
书　　名：镇海县志
出 版 社：中国大百科全书出版社上海分社
出版时间：1994 年
二、编著单位：镇海县土地志编纂委员会
书　　名：镇海县土地志
出 版 社：上海辞书出版社
出版时间：1999 年
三、编著单位：镇海县农业志编纂委员会
书　　名：镇海县农业志（暨镇海区、北仑区农业志）
出 版 社：北京中华书局
出版时间：2001 年
四、编著单位：宁波市北仑区地方志编纂委员会
书　　名：宁波市北仑区志（上册、下册）
出 版 社：浙江人民出版社
出版时间：2013 年 6 月
五、编著单位：北仑区人民代表大会志编纂委员会
书　　名：北仑区人民代表大会志
出 版 社：上海辞书出版社
出版时间：2011 年
六、编著单位：宁波市北仑区地名志编纂委员会
书　　名：宁波市北仑区地名志
出 版 社：内蒙古科学技术出版社
出版时间：2001 年 10 月
七、编著单位：宁波市北仑区军事志编纂委员会
书　　名：宁波市北仑区军事志
出 版 社：浙江开源印务有限公司
出版时间：2011 年 2 月
八、编著单位：宁波市北仑区工商行政管理局北仑分局
书　　名：宁波市北仑区工商行政管理志
出版时间：2012 年
九、编著单位：宁波市北仑区卫生志编纂委员会

书　　名：宁波市北仑区卫生志
出 版 社：上海辞书出版社
出版时间：2007 年
十、编著单位：中共宁波市北仑区委组织部
书　　名：中国共产党浙江省宁波市北仑区组织史资料第一卷（1926-01—1987-12）
出 版 社：北京新华出版社
出版时间：1993 年 7 月
编著单位：中共宁波市北仑区委组织部
书　　名：中国共产党浙江省宁波市北仑区组织史资料第二卷（1988-01—1993-12）
出 版 社：北京人民日报出版社
出版时间：1994 年 9 月
编著单位：中共宁波市北仑区委组织部
书　　名：中国共产党浙江省宁波市北仑区组织史资料第三卷（1994-01—1998-12）
出 版 社：内部印发
出版时间：2008 年 1 月
编著单位：中共宁波市北仑区委组织部
书　　名：中国共产党浙江省宁波市北仑区组织史资料第四卷（1999-01—2003-12）
出 版 社：内部印发
出版时间：2008 年 1 月
编著单位：中共宁波市北仑区委组织部
书　　名：中国共产党浙江省宁波市北仑区组织史资料第五卷（2004-01—2008-12）
出 版 社：内部印发
出版时间：2016 年 1 月
十一、编著单位：中共北仑区委党史研究室（区地方志办公室）
书　　名：2008—2019 年度《北仑年鉴》
出 版 社：浙江人民出版社
出版时间：分别为 2013 年 6 月至 2019 年 12 月
十二、编著单位：宁波市北仑区人民政府统计局
书　　名：宁波市北仑区（第一至第六次）全国人口普查资料
出 版 社：内部印发
出版时间：分别为 1953 年 7 月、1964 年 7 月、1982 年 7 月、1990 年 7 月、2000 年 11 月 2010 年 11 月
十三、编著单位：宁波市北仑区地方志编纂委员会
书　　名：北仑人物（上、中）
出 版 社：内部印发
出版时间：分别为 2005 年、2006 年

十四、编著单位：浙江省宁波市北仑区党史办公室
书　　名：宁波市北仑区抗日战争时期人口伤亡和财产损失
出 版 社：北京中共党史出版社
出版时间：2015 年 9 月
十五、编著单位：北仑区新四军历史研究会、北仑区民政局、北仑区党史办
书　　名：北仑革命烈士谱
出 版 社：宁波出版社
出版时间：2012 年 12 月
十六、编著单位：宁波市北仑区广电新闻出版局
书　　名：宁波市非物质文化遗产田野调查，副题《甬上风物·北仑卷》
出 版 社：宁波出版社
出版时间：2009 年 8 月
十七、编著单位：宁波市北仑区地方志编纂委员会
书　　名：北仑民间故事
出 版 社：中国文史出版社
出版时间：2008 年
十八、编著单位：北仑区新四军历史研究会、北仑区档案局、北仑区党史办
书　　名：北仑海洋、海岛与海防
出 版 社：宁波出版社
出版时间：2018 年 12 月
十九、编著单位：宁波市北仑区地方志（年鉴）编纂委员会
书　　名：北仑历代碑刻选注
出 版 社：宁波出版社
出版时间：2019 年 12 月
二十、编著单位：镇海、北仑区教育志修志办公室
书　　名：宁波市镇海、北仑区中小学校史集
编　　辑：宁波市镇海、北仑区教育委员会合编
出版时间：1994 年 4 月
二十一、编著单位：镇海县水利志编写小组
书　　名：镇海县水利志
出 版 社：杭州大学出版社
出版时间：1993 年 12 月
二十二、编著单位：宁波盐志编纂委员会
书　　名：宁波盐志
出 版 社：宁波出版社
出版时间：2009 年 12 月
二十三、编著单位：宁波词典编委会
书　　名：宁波词典
出 版 社：复旦大学出版社
出版时间：1992 年 12 月

编后记

2018 年 5 月，中共白峰街道党工委和街道办事处本着“资政、教化、存史”的需要，决定编纂《白峰街道志》，并成立白峰街道志编纂委员会和编纂办公室。编纂期间，白峰街道的党政领导虽有更迭，但都能一如既往地重视关心，从而使编纂工作有始有终，并画上圆满句号。

白峰有着悠久的历史，长期以来人们对乡土大事仅凭口传心记，没有系统的文字记载，最终都随岁月流逝。能为白峰记载历史、填补空白，对于我们来说，是一项感到无上荣光的神圣使命。

“修志之难，莫过于志。”因是白峰街道首轮修志，在编志伊始，我们首先研究白峰境域地情特点，拟定纲目。资料搜集是编纂的起点，我们先易后难，从内到外，由近及远，查阅档案，实地访问，并对境内的山水、碶塘、岙岭等寻踪觅迹，究根溯源。又通过走访知情人士、召开座谈会，广征博采，将采集的资料作分析综合，分类归纳，精心提炼，去伪存真，认真梳理。尔后，集思广益、字斟句酌地编写。历经 3 年零 7 个月，终成志稿。2021 年 12 月交专家初审，同时我们对全部志稿进行自审，并根据初审意见和自审情况修改后，于 2022 年 2 月形成评审稿。4 月 21 日，组织北仑区志书有关行家召开《白峰街道志》评审会，行家们对志稿的质量予以充分肯定，并提出一些修改意见。根据评审意见进一步充实内容、考证史料、调整篇章，1 个月后终成 16 篇、71 章、272 节的正式稿，报区地方志办公室审批。

《白峰街道志》门类齐全，横列纵叙。开卷设“凡例”，作为阅读指南，卷首“总述”“大事记”构成总体观念，卷末置“丛录”，以增加白峰丰厚的人文历史底蕴，各篇章涵盖地理、政治、经济、社会、文化、教育、军事、科技等诸多方面内容。全志以事实为依据，寓褒贬于叙事之中，不妄加评说，力求真实完整地展示白峰历史变迁、人事沧桑、时代变幻、社会嬗变的原始画卷，并充分体现白峰地方特色和时代特点。坚持“详今略古”，志书以中华人民共和国成立后的史实为主，对民国时期及以前的大事、要事作了必要的追溯，从而确保志书“纵不断线、横不缺项”。全志基本上达到资料性、思想性、科学性的统一。

修志过程中，始终得到中共北仑区党史研究室（区地方志办公室）副主任贺海波、原主任盛光杰和张立平的关心和大力支持，深表感谢；还要感谢《北仑区志》副主编柳中愉对本志的审阅和统稿，提出不少改进和补充的意见；在“志稿”征求意见过程中特邀街道（乡、镇）历届部分领导和知情的长者参加审阅，通过集思广益，力争精益求精，从而确保志书质量，向他们表示由衷的感谢。我们还要衷心感谢浙江省广播电视厅原党组书记、厅长方文先生为志书作序。

修志需“集万物于一书”，是一项艰巨而复杂浩繁的系统工程，首轮修志更感其难，况历史久远，政区数次变迁，诸多档案、文献散失，难以概全。尽管我们编纂过程中殚精竭虑，然自觉学识肤浅、水平有限，疏漏、错误、芜杂难免，真诚希望得到读者批评、指正，以冀后人续修时，纠谬补遗。

编　者

2022 年 5 月